I0826402

Deep Learning & IA Superhéroe

Primera Edición

Primera edición:

Noviembre de 2024

Publicado por Cuantum Technologies LLC.

Plano, TX.

ISBN 979-8-89587-364-9

"Artificial intelligence is the new electricity."

- Andrew Ng, Co-founder of Coursera and Adjunct Professor at Stanford University

Quiénes somos

Bienvenido a este libro creado por Cuantum Technologies. Somos un equipo de desarrolladores apasionados comprometidos con la creación de software que ofrece experiencias creativas y resuelve problemas del mundo real. Nuestro enfoque se centra en construir aplicaciones web de alta calidad que proporcionen una experiencia de usuario fluida y satisfagan las necesidades de nuestros clientes.

En nuestra empresa, creemos que programar no se trata solo de escribir código. Se trata de resolver problemas y crear soluciones que marquen la diferencia en la vida de las personas. Constantemente exploramos nuevas tecnologías y técnicas para mantenernos a la vanguardia de la industria, y estamos emocionados de compartir nuestro conocimiento y experiencia contigo a través de este libro.

Nuestro enfoque del desarrollo de software se basa en la colaboración y la creatividad. Trabajamos en estrecha colaboración con nuestros clientes para comprender sus necesidades y crear soluciones adaptadas a sus requisitos específicos. Creemos que el software debe ser intuitivo, fácil de usar y visualmente atractivo, y nos esforzamos por crear aplicaciones que cumplan con estos criterios.

Este libro tiene como objetivo proporcionar un enfoque práctico y detallado para comenzar con "Natural Language Processing con Python Edición Actualizada: Desde lo Básico a Proyectos Avanzados". Ya seas un principiante sin experiencia en programación o un programador experimentado que busca expandir sus habilidades, este libro está diseñado para ayudarte a desarrollar tus habilidades y construir una base sólida en Procesamiento de Lenguaje Natural (PLN) con Python.

Nuestra Filosofía:

En el corazón de Cuantum, creemos que la mejor manera de crear software es a través de la colaboración y la creatividad. Valoramos la opinión de nuestros clientes y trabajamos estrechamente con ellos para crear soluciones que satisfagan sus necesidades. También creemos que el software debe ser intuitivo, fácil de usar y visualmente atractivo, y nos esforzamos por crear aplicaciones que cumplan con estos criterios.

También creemos que la programación es una habilidad que se puede aprender y desarrollar con el tiempo. Animamos a nuestros desarrolladores a explorar nuevas tecnologías y técnicas, y les proporcionamos las herramientas y recursos que necesitan para mantenerse a la vanguardia de la industria. También creemos que la programación debe ser divertida y gratificante, y nos esforzamos por crear un entorno de trabajo que fomente la creatividad y la innovación.

Nuestra Experiencia:

En nuestra empresa de software, nos especializamos en construir aplicaciones web que ofrecen experiencias creativas y resuelven problemas del mundo real. Nuestros desarrolladores tienen experiencia en una amplia gama de lenguajes de programación y marcos de trabajo, incluyendo Python, IA, ChatGPT, Django, React, Three.js y Vue.js, entre otros. Constantemente exploramos nuevas tecnologías y técnicas para mantenernos a la vanguardia de la industria, y nos enorgullecemos de nuestra capacidad para crear soluciones que satisfagan las necesidades de nuestros clientes.

También tenemos una amplia experiencia en análisis y visualización de datos, aprendizaje automático e inteligencia artificial. Creemos que estas tecnologías tienen el potencial de transformar la forma en que vivimos y trabajamos, y estamos emocionados de estar a la vanguardia de esta revolución.

En conclusión, nuestra empresa está dedicada a crear software web que fomente experiencias creativas y resuelva problemas del mundo real. Priorizamos la colaboración y la creatividad, y nos esforzamos por desarrollar soluciones que sean intuitivas, fáciles de usar y visualmente atractivas. Nos apasiona la programación y estamos ansiosos por compartir nuestro conocimiento y experiencia contigo a través de este libro. Ya seas un principiante o un programador experimentado, esperamos que encuentres este libro como un recurso valioso en tu camino hacia convertirte en un experto en Natural Language Processing con Python Edición Actualizada: Desde lo Básico a Proyectos Avanzados.

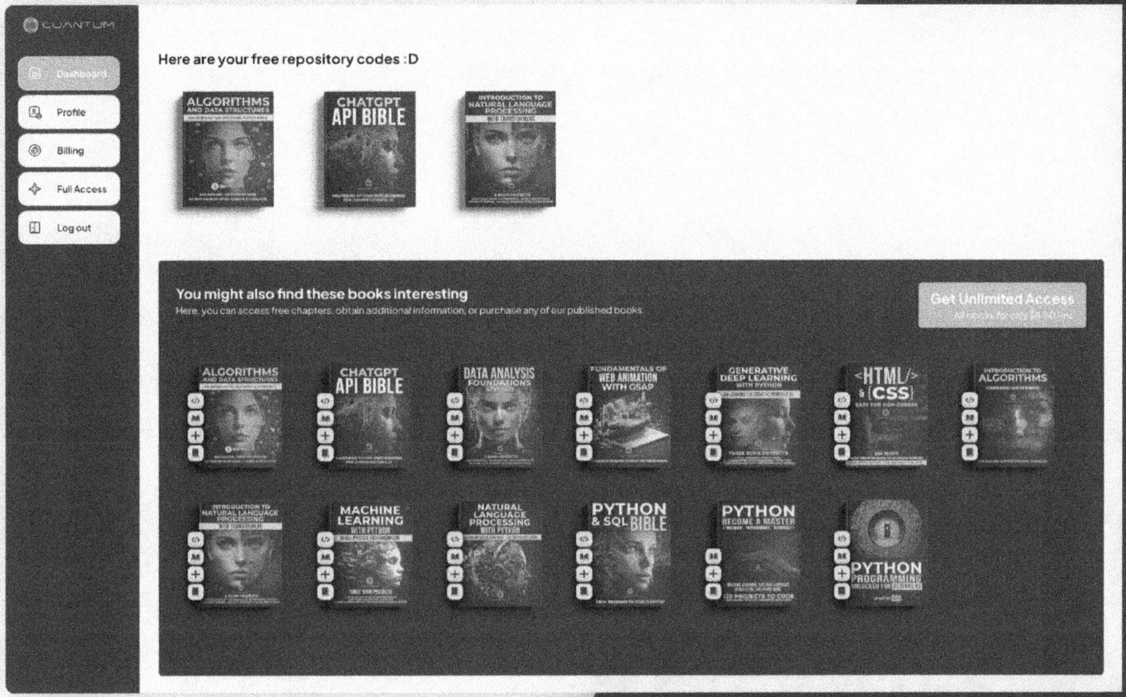

TABLA DE CONTENIDOS

QUIÉNES SOMOS **5**

NUESTRA FILOSOFÍA: 6
NUESTRA EXPERIENCIA: 6

INTRODUCCIÓN **17**

CAPÍTULO 1: INTRODUCCIÓN A REDES NEURONALES Y DEEP LEARNING **23**

1.1 PERCEPTRÓN Y PERCEPTRÓN MULTICAPA (MLP) 24
1.1.1 El Perceptrón *24*
1.1.2 Limitaciones del Perceptrón *29*
1.1.3 Perceptrón Multicapa (MLP) *30*
1.1.4. El Poder del Deep Learning *34*
1.2 RETROPROPAGACIÓN, DESCENSO POR GRADIENTE Y OPTIMIZADORES 36
1.2.1 Descenso por Gradiente *36*
1.2.2 Retropropagación *46*
1.2.3 Optimizadores en Redes Neuronales *47*
1.3 SOBREAJUSTE, SUBAJUSTE Y TÉCNICAS DE REGULARIZACIÓN 58
1.3.1. Sobreajuste *58*
1.3.2 Subajuste *66*
1.3.3 Técnicas de Regularización *73*
1.4 FUNCIONES DE PÉRDIDA EN DEEP LEARNING 89
1.4.1 Error Cuadrático Medio (MSE) *90*
1.4.2 Pérdida por Entropía Cruzada Binaria (Log Loss) *94*
1.4.3. Pérdida por Entropía Cruzada Categórica *98*
1.4.4. Pérdida Hinge *102*
1.4.5. Funciones de pérdida personalizadas *106*
EJERCICIOS PRÁCTICOS CAPÍTULO 1 109
Ejercicio 1: Implementación de un Perceptrón Simple *109*
Ejercicio 2: Entrenamiento de un Perceptrón Multicapa (MLP) *110*
Ejercicio 3: Descenso de Gradiente en una Función Cuadrática *111*
Ejercicio 4: Retropropagación con el MLP de Scikit-learn *112*
Ejercicio 5: Aplicación de la Regularización L2 (Ridge) a una Red Neuronal *112*
Ejercicio 6: Implementación de la Pérdida por Entropía Cruzada Binaria *113*
RESUMEN DEL CAPÍTULO 1 114

CAPÍTULO 2: DEEP LEARNING CON TENSORFLOW 2.X **117**

2.1 Introducción a TensorFlow 2.x 117
2.1.1 Instalando TensorFlow 2.x *124*
2.1.2 Trabajando con Tensores en TensorFlow *125*
2.1.3 Construcción de Redes Neuronales con TensorFlow y Keras *136*
2.1.4 Conjuntos de Datos y Tuberías de Datos en TensorFlow *139*
2.2 Construcción, Entrenamiento y Ajuste Fino de Redes Neuronales en TensorFlow 143
2.2.1 Construcción de un Modelo de Red Neuronal *144*
2.2.2 Compilación del modelo *149*
2.2.3 Entrenamiento del modelo *151*
2.2.4 Evaluación del modelo *155*
2.2.5 Ajuste fino del modelo *157*
2.3 Uso de TensorFlow Hub y Model Zoo para Modelos Preentrenados 171
2.3.1 Descripción general de TensorFlow Hub *172*
2.3.2 Ajuste fino de modelos preentrenados *177*
2.3.3 TensorFlow Model Zoo *181*
2.3.4 Transferencia de aprendizaje con modelos preentrenados *186*
2.3.5 Modelos preentrenados para procesamiento de lenguaje natural (NLP) *187*
2.4 Guardar, Cargar y Desplegar Modelos de TensorFlow 191
2.4.1 Guardar Modelos de TensorFlow *192*
2.4.2 Carga de modelos de TensorFlow *200*
2.4.3 Despliegue de modelos de TensorFlow *206*
Ejercicios Prácticos Capítulo 2 212
Ejercicio 1: Guardar y cargar un modelo de TensorFlow *212*
Ejercicio 2: Guardar y cargar checkpoints del modelo *213*
Ejercicio 3: Desplegar un modelo de TensorFlow con TensorFlow Serving *214*
Ejercicio 4: Convertir un modelo a TensorFlow Lite *214*
Ejercicio 5: Ajuste fino de un modelo preentrenado de TensorFlow Hub *215*
Resumen del Capítulo 2 216

CAPÍTULO 3: APRENDIZAJE PROFUNDO CON KERAS 219

3.1 Introducción a la API de Keras en TensorFlow 2.x 219
3.1.1 Características clave de la API de Keras *220*
3.1.2 Tipos de modelos en Keras: API Sequential vs. API Funcional *221*
3.1.3 Compilación y entrenamiento del modelo *230*
3.1.4 Evaluación y prueba del modelo *233*
3.2 Construcción de modelos secuenciales y funcionales con Keras 236
3.2.1 Construcción de modelos con la API Sequential *236*
3.2.2 Construcción de modelos con la API funcional *244*
3.3 Model Checkpointing, Early Stopping y Callbacks en Keras 256
3.3.1 Model Checkpointing en Keras *256*
3.3.2 Early Stopping en Keras *261*
3.3.3 Uso de múltiples callbacks *265*

3.3.4 Callbacks personalizados en Keras ... 268
3.4 Desplegando Modelos Keras a Producción ... 272
3.4.1 Guardar y Cargar un Modelo Keras ... 273
3.4.2 Desplegando Modelos Keras con TensorFlow Serving ... 279
3.4.3 Desplegando Modelos Keras con Flask (Integración de Aplicaciones Web) ... 285
3.4.4 Desplegando Modelos Keras en Dispositivos Móviles con TensorFlow Lite ... 291
Ejercicios prácticos Capítulo 3 ... 295
Ejercicio 1: Guardar y cargar un modelo Keras ... 295
Ejercicio 2: Desplegar un modelo Keras con TensorFlow Serving ... 296
Ejercicio 3: Desplegar un modelo Keras con Flask ... 297
Ejercicio 4: Convertir un modelo Keras a TensorFlow Lite ... 298
Ejercicio 5: Usar Model Checkpointing y Early Stopping ... 299
Resumen del Capítulo 3 ... 300

QUIZ PARTE 1: FUNDAMENTOS DE REDES NEURONALES Y APRENDIZAJE PROFUNDO ... 302

1. Introducción a las Redes Neuronales y Aprendizaje Profundo (Capítulo 6) ... 302
2. Aprendizaje Profundo con TensorFlow 2.x (Capítulo 7) ... 303
3. Aprendizaje Profundo con Keras (Capítulo 8) ... 304
Respuestas al Cuestionario: ... 305

CAPÍTULO 4: APRENDIZAJE PROFUNDO CON PYTORCH ... 310

4.1 Introducción a PyTorch y su Gráfico Computacional Dinámico ... 311
4.1.1 Tensores en PyTorch ... 311
4.1.2 Gráficos Computacionales Dinámicos ... 317
4.1.3 Diferenciación automática con Autograd ... 323
4.2 Construcción y entrenamiento de redes neuronales con PyTorch ... 326
4.2.1 Definir un modelo de red neuronal en PyTorch ... 327
4.2.2 Definir la función de pérdida y el optimizador ... 331
4.2.3 Entrenamiento de la red neuronal ... 334
4.2.4 Evaluación del Modelo ... 339
4.3 Aprendizaje por Transferencia y Ajuste Fino de Modelos Preentrenados en PyTorch ... 344
4.3.1 Modelos Preentrenados en PyTorch ... 346
4.3.2 Extracción de Características con Modelos Preentrenados ... 350
4.3.3 Ajuste Fino de un Modelo Preentrenado ... 353
4.3.4 Entrenando el Modelo con Aprendizaje por Transferencia ... 357
4.3.5 Evaluación del Modelo Ajustado Finamente ... 363
4.4 Guardado y Carga de Modelos en PyTorch ... 367
4.4.1 Guardado y Carga del Modelo Completo ... 367
4.4.2 Guardar y Cargar el state_dict del Modelo ... 372
4.4.3 Guardar y cargar puntos de control del modelo ... 377
4.4.4 Mejores prácticas para guardar y cargar modelos ... 385
4.5 Implementación de modelos PyTorch con TorchServe ... 386

4.5.1 Preparación del modelo para TorchServe 387
4.5.2 Escribir un controlador de modelo personalizado (Opcional) 392
4.5.3 Creación del archivo de modelo (.mar) 396
4.5.4 Iniciar el servidor de modelos TorchServe 397
4.5.5 Realizar predicciones a través de la API 398
4.5.6 Monitorización y gestión de modelos con TorchServe 401
EJERCICIOS PRÁCTICOS DEL CAPÍTULO 4 403
Ejercicio 1: Guardar y cargar el state_dict de un modelo 403
Ejercicio 2: Guardar y cargar un punto de control del modelo 404
Ejercicio 3: Implementar un modelo PyTorch con TorchServe 405
Ejercicio 4: Cargar un modelo preentrenado y realizar fine-tuning 406
RESUMEN DEL CAPÍTULO 4 408

CAPÍTULO 5: REDES NEURONALES CONVOLUCIONALES (CNNS) 411

5.1 INTRODUCCIÓN A LAS CNNS Y EL PROCESAMIENTO DE IMÁGENES 411
5.1.1 La arquitectura de una CNN 413
5.1.2 Capa Convolucional 417
5.1.3 Capa de Pooling 425
5.1.4 Funciones de Activación en las CNNs 433
5.1.5 Procesamiento de Imágenes con CNNs 434
5.2 IMPLEMENTACIÓN DE CNNS CON TENSORFLOW, KERAS Y PYTORCH 440
5.2.1 Implementación de CNN con TensorFlow 440
5.2.2 Implementación de CNN con Keras 444
5.2.3 Implementación de CNN con PyTorch 447
5.3 TÉCNICAS AVANZADAS DE CNN (RESNET, INCEPTION, DENSENET) 453
5.3.1 ResNet: Redes Residuales 454
5.3.2 Inception: GoogLeNet y Módulos Inception 461
5.3.3 DenseNet: Conexiones Densas para Reutilización Eficiente de Características 468
5.4 APLICACIONES PRÁCTICAS DE LAS CNNS (CLASIFICACIÓN DE IMÁGENES, DETECCIÓN DE OBJETOS) 475
5.4.1 Clasificación de Imágenes Usando CNNs 476
5.4.2 Detección de Objetos Usando Redes Neuronales Convolucionales (CNNs) 480
5.4.3 Comparación entre Clasificación de Imágenes y Detección de Objetos 483
5.4.4 Aplicaciones Reales de las Redes Neuronales Convolucionales (CNNs) 486
EJERCICIOS PRÁCTICOS CAPÍTULO 5 487
Ejercicio 1: Implementar una CNN Básica para la Clasificación de Imágenes 487
Ejercicio 2: Ajuste Fino de un ResNet Preentrenado para CIFAR-10 488
Ejercicio 3: Detección de Objetos Usando Faster R-CNN 490
Ejercicio 4: Implementación del Módulo Inception en una CNN Personalizada 490
RESUMEN DEL CAPÍTULO 5 492

CAPÍTULO 6: REDES NEURONALES RECURRENTES (RNNS) Y LSTMS 495

6.1 INTRODUCCIÓN A RNNS, LSTMS Y GRUS 496

6.1.1 Redes Neuronales Recurrentes (RNNs) *496*
6.1.2 Redes de Memoria a Largo Plazo (LSTMs) *501*
6.1.3 Unidades Recurrentes Gated (GRUs) *506*
6.2 Implementación de RNNs y LSTMs en TensorFlow, Keras y PyTorch 510
6.2.1 Implementación de RNNs y LSTMs en TensorFlow *511*
6.2.2 Implementación de RNNs y LSTMs en Keras *515*
6.2.3 Implementación de RNNs y LSTMs en PyTorch *520*
6.3 Aplicaciones de RNNs en el Procesamiento del Lenguaje Natural (NLP) 527
6.3.1 Modelado del Lenguaje con RNNs *529*
6.3.2 Generación de Texto con RNNs *533*
6.3.3 Análisis de Sentimientos con RNNs *537*
6.4 Redes Transformer para Modelado de Secuencias 541
6.4.1 La Arquitectura Transformer *541*
6.4.2 Implementación de Transformers en TensorFlow *546*
6.4.3 Implementación de Transformer en PyTorch *552*
6.4.4 ¿Por qué usar Transformers? *556*
Ejercicios Prácticos Capítulo 6 559
Ejercicio 1: Implementa un RNN Simple para Clasificación de Secuencias *559*
Ejercicio 2: Implementa un LSTM para Generación de Texto *561*
Ejercicio 3: Implementa un Transformer para Aprendizaje de Secuencia a Secuencia *563*
Resumen del Capítulo 6 564

QUIZ PARTE 2: FRAMEWORKS AVANZADOS DE DEEP LEARNING 567

Capítulo 4: Deep Learning con PyTorch *567*
Capítulo 5: Redes Neuronales Convolucionales (CNNs) *567*
Capítulo 6: Redes Neuronales Recurrentes (RNNs) y LSTMs *568*
Respuestas: 568

CAPÍTULO 7: CONCEPTOS AVANZADOS DE DEEP LEARNING 573

7.1 Autoencoders y Variational Autoencoders (VAEs) 573
7.1.1 Autoencoders: Una Visión General *574*
7.1.2 Autoencoders Variacionales (VAEs) *581*
7.2 Redes Generativas Adversarias (GANs) y sus Aplicaciones 585
7.2.1 Introducción a las GANs *585*
7.2.2 Implementación de una GAN Simple en PyTorch *587*
7.2.3 Aplicaciones de las GANs *590*
7.3 Transferencia de Aprendizaje y Ajuste Fino de Redes Preentrenadas 596
7.3.1 ¿Qué es la Transferencia de Aprendizaje? *596*
7.3.2 Cuándo Usar la Transferencia de Aprendizaje *598*
7.3.3 Ajuste Fino de una Red Preentrenada en Keras *599*
7.3.4 Ajuste Fino del Modelo *603*
7.3.5 Transferencia de Aprendizaje en PyTorch *607*

7.4 Aprendizaje Auto-supervisado y Modelos Fundamentales 610
7.4.1 ¿Qué es el Aprendizaje Auto-supervisado? *610*
7.4.2 Tareas Previas en el Aprendizaje Auto-supervisado *611*
7.4.3 Modelos Fundamentales: Un Nuevo Paradigma en la IA *614*
7.4.4 Ejemplos de Modelos Fundamentales *615*
Ejercicios Prácticos del Capítulo 7 619
Ejercicio 1: Construir y Entrenar un Autoencoder Simple *619*
Ejercicio 2: Implementar un Autoencoder Variacional (VAE) *620*
Ejercicio 3: Afinar un Modelo ResNet Preentrenado para la Clasificación de Imágenes *622*
Ejercicio 4: Aprendizaje Autodirigido con Pérdida Contrastiva *623*
Resumen del Capítulo 7 624

CAPÍTULO 8: MACHINE LEARNING EN LA NUBE Y LA COMPUTACIÓN EN EL EDGE 627

8.1 Ejecución de Modelos de Machine Learning en la Nube (AWS, Google Cloud, Azure) 628
8.1.1 Amazon Web Services (AWS) *628*
8.1.2 Google Cloud Platform (GCP) *632*
8.1.3 Microsoft Azure *635*
8.2 Introducción a TensorFlow Lite y ONNX para Dispositivos de Borde 639
8.2.1 TensorFlow Lite (TFLite) *640*
8.2.2 ONNX (Open Neural Network Exchange) *647*
8.2.3 Comparación entre TensorFlow Lite y ONNX para despliegue en dispositivos de borde *653*
8.3 Despliegue de Modelos en Dispositivos Móviles y de Borde 654
8.3.1 Técnicas de Optimización de Modelos para Dispositivos de Borde *655*
8.3.2 Desplegando Modelos en Dispositivos Android *656*
8.3.3 Desplegando Modelos en Dispositivos iOS *659*
8.3.4 Despliegue de Modelos en Dispositivos Edge (IoT y Sistemas Embebidos) *661*
8.3.5 Mejores Prácticas para el Despliegue en el Borde *664*
Ejercicios Prácticos del Capítulo 8 665
Ejercicio 1: Convertir un Modelo de TensorFlow a TensorFlow Lite *665*
Ejercicio 2: Ejecutar un Modelo de TensorFlow Lite en Android *666*
Ejercicio 3: Desplegar un Modelo Usando ONNX Runtime *667*
Ejercicio 4: Desplegar un Modelo de TensorFlow Lite en Raspberry Pi *668*
Ejercicio 5: Convertir un Modelo de TensorFlow Lite a Core ML *669*
Resumen del Capítulo 8 669

CAPÍTULO 9: PROYECTOS PRÁCTICOS 672

9.1 Proyecto 1: Predicción de Precios de Viviendas con Regresión 672
9.1.1 Declaración del Problema y Conjunto de Datos *673*
9.1.2 Preprocesamiento de Datos *674*
9.1.3 Construcción y Evaluación del Modelo de Regresión Lineal *676*
9.1.4 Interpretación de los Coeficientes del Modelo *677*

9.1.5 Mejorando el Modelo con Regresión Ridge ... *678*
9.1.6 Suposiciones y Diagnósticos del Modelo ... *679*
9.1.7 Análisis de la Importancia de las Características ... *681*
9.1.8 Posibles Mejoras y Trabajo Futuro ... *682*
9.1.9 Conclusión ... *682*
9.2 Proyecto 2: Análisis de Sentimientos Usando Modelos Basados en Transformers ... 683
9.2.1 Declaración del Problema y Conjunto de Datos ... *683*
9.2.2 Preprocesamiento de Datos ... *684*
9.2.3 Construcción y Entrenamiento del Modelo BERT ... *686*
9.2.4 Evaluación del Modelo ... *688*
9.2.5 Inferencia con Nuevo Texto ... *689*
9.2.6 Técnicas Avanzadas ... *690*
9.2.7 Conclusión ... *695*
9.3 Proyecto 3: Clasificación de Imágenes con CNNs ... 696
9.3.1 Aumento de Datos y Preprocesamiento ... *696*
9.3.2 Arquitectura Mejorada de la CNN ... *698*
9.3.3 Programación de la Tasa de Aprendizaje ... *700*
9.3.4 Entrenamiento con Early Stopping ... *701*
9.3.5 Evaluación y visualización del modelo ... *702*
9.3.6 Visualización Grad-CAM ... *703*
9.3.7 Interpretabilidad del modelo ... *705*
9.3.8 Conclusión ... *706*
9.4 Proyecto 4: Predicción de series temporales con LSTMs (Mejorado) ... 707
9.4.1 Recolección y preprocesamiento de datos ... *708*
9.4.2 Arquitectura LSTM mejorada ... *709*
9.4.3 Entrenamiento con Early Stopping y programación de tasa de aprendizaje ... *711*
9.4.4 Evaluación y visualización del modelo ... *712*
9.4.5 Análisis de importancia de características ... *714*
9.4.6 Método de conjunto (Ensemble) ... *716*
9.4.7 Conclusión ... *717*
9.5 Proyecto 5: Generación de imágenes basada en GAN ... 718
9.5.1 Arquitectura GAN mejorada ... *718*
9.5.2 Pérdida Wasserstein con penalización de gradiente ... *720*
9.5.3 Crecimiento progresivo ... *722*
9.5.4 Normalización Espectral ... *723*
9.5.5 Mecanismo de Autoatención ... *724*
9.5.6 Bucle de Entrenamiento Mejorado ... *726*
9.5.7 Métricas de Evaluación ... *728*
9.5.8 Conclusión ... *730*

CUESTIONARIO PARTE 3: IA DE VANGUARDIA Y APLICACIONES PRÁCTICAS ... 732

Respuestas ... 734

CONCLUSIÓN **736**
¿DÓNDE CONTINUAR? **740**
CONOCE MÁS SOBRE NOSOTROS **742**

Introducción

En la era de la inteligencia artificial, el deep learning ha emergido como una de las tecnologías más poderosas y transformadoras del mundo. Desde autos autónomos y asistentes de voz hasta análisis de imágenes médicas y traducciones automáticas, el deep learning ha hecho posible que las máquinas aprendan y realicen tareas que alguna vez se pensaron como exclusivas de la inteligencia humana.

Pero, ¿qué es exactamente el deep learning y por qué es tan revolucionario? El deep learning se refiere a un subconjunto del machine learning donde los algoritmos, inspirados en la estructura del cerebro humano, pueden extraer automáticamente características de grandes conjuntos de datos y resolver problemas complejos con una mínima intervención humana. Con el deep learning, las computadoras pueden aprender a reconocer patrones, interpretar datos y tomar decisiones con una precisión increíble.

Como futuro **superhéroe del deep learning y la IA**, tu misión es dominar las herramientas y técnicas que impulsan esta revolución tecnológica. **TensorFlow**, **Keras** y **PyTorch** están entre los frameworks de deep learning más poderosos del mundo, utilizados por investigadores, desarrolladores y empresas para construir sistemas de IA de vanguardia. En este libro, aprenderás a manejar estas herramientas con confianza y llevarás tus habilidades al siguiente nivel dominando arquitecturas de deep learning y aplicándolas a desafíos del mundo real.

Bienvenido a *Superhéroe del Deep Learning y la IA: Domina el Deep Learning con TensorFlow, Keras y PyTorch*. Este libro está diseñado para transformarte en un **superhéroe del deep learning**, capaz de enfrentar los problemas de IA más complejos utilizando frameworks modernos y técnicas de vanguardia.

¿Por qué el Deep Learning?

El deep learning está en el núcleo de algunos de los avances más emocionantes en IA hoy en día. A diferencia del machine learning tradicional, donde las características deben ser creadas y seleccionadas manualmente, los modelos de deep learning pueden aprender automáticamente a partir de datos sin procesar. Esta capacidad de "aprender de la experiencia" hace que el deep learning sea especialmente poderoso en campos como la **visión por computadora**, el **procesamiento de lenguaje natural (NLP)** y el **reconocimiento de voz**.

Piénsalo: cuando subes una foto a tu plataforma de redes sociales favorita y automáticamente etiqueta a tus amigos, o cuando usas un asistente de voz como Siri o Alexa para configurar recordatorios, estás interactuando con un sistema de deep learning. El deep learning ha permitido que las máquinas "vean" imágenes, "escuchen" voces y "entiendan" el lenguaje con un nivel de precisión sin precedentes.

En este libro, aprenderás a construir estos modelos de deep learning por ti mismo, utilizando **TensorFlow**, **Keras** y **PyTorch**. Estos frameworks han sido cuidadosamente diseñados para hacer que el deep learning sea accesible, escalable y eficiente. Ya sea que estés construyendo una red neuronal desde cero o ajustando un modelo preentrenado, este libro te dará las herramientas y técnicas que necesitas para tener éxito.

¿Qué Aprenderás?

Superhéroe del Deep Learning y la IA está diseñado para ayudarte a dominar los frameworks de deep learning y aplicarlos a desafíos del mundo real. Aquí tienes un resumen de lo que puedes esperar:

1. **Introducción a Redes Neuronales y Deep Learning**: Comenzarás entendiendo la estructura de las redes neuronales y cómo funciona el deep learning. Cubriremos conceptos básicos como **perceptrones**, **perceptrones multicapa (MLP)**, **retropropagación** y **descenso por gradiente**. Esta sección establecerá las bases para construir modelos más complejos.

2. **Deep Learning con TensorFlow**: TensorFlow es uno de los frameworks de deep learning más utilizados en el mundo. Aprenderás a construir, entrenar y desplegar modelos de deep learning con **TensorFlow 2.x**, aprovechando sus poderosas APIs tanto para programación de alto nivel como de bajo nivel.

3. **Deep Learning con Keras**: **Keras** es una API intuitiva y fácil de usar construida sobre TensorFlow, diseñada para construir modelos de deep learning de manera rápida y eficiente. Explorarás cómo crear modelos **secuenciales** y **funcionales**, cómo implementar **callbacks** y cómo desplegar modelos Keras en entornos de producción.

4. **Deep Learning con PyTorch**: **PyTorch** es otro framework de deep learning popular, conocido por su gráfico computacional dinámico, lo que facilita depurar y experimentar con modelos. En esta sección, aprenderás cómo implementar redes neuronales usando PyTorch y aplicar **aprendizaje por transferencia** para aprovechar modelos preentrenados en tus propias tareas.

5. **Arquitecturas Avanzadas de Deep Learning**: A medida que progreses en el libro, te sumergirás en arquitecturas avanzadas como:

    - **Redes Neuronales Convolucionales (CNNs)** para el reconocimiento y procesamiento de imágenes.

- **Redes Neuronales Recurrentes (RNNs)** y **LSTMs** para manejar datos secuenciales como texto o series de tiempo.
- **Modelos Transformer** para un rendimiento de vanguardia en procesamiento de lenguaje natural (NLP).

6. **Técnicas de IA de Vanguardia**: Explorarás **Redes Generativas Antagónicas (GANs)**, **Autoencoders**, **Aprendizaje por Transferencia** y **Aprendizaje Auto-supervisado**, que son algunas de las técnicas más poderosas para generar nuevos datos, mejorar el rendimiento de los modelos y resolver complejos desafíos de IA.
7. **Proyectos Prácticos**: Este libro no es solo teoría. Trabajarás en proyectos prácticos, como:
   - Clasificación de imágenes usando **Redes Neuronales Convolucionales (CNNs)**.
   - Análisis de sentimientos usando **Modelos basados en Transformers**.
   - Pronóstico de series temporales usando **Redes Neuronales Recurrentes (RNNs)**.
   - Generación de imágenes con **Redes Generativas Antagónicas (GANs)**.

Al final de este libro, tendrás las habilidades y la confianza para construir modelos de deep learning desde cero, ajustar modelos preentrenados y desplegar sistemas de IA que puedan resolver problemas complejos del mundo real.

¿Para Quién es Este Libro?

Este libro es para cualquiera que quiera dominar el deep learning y la IA, ya seas un principiante que busca expandir su conocimiento o un practicante experimentado de machine learning que quiere profundizar en técnicas avanzadas. Si ya estás familiarizado con los conceptos básicos de machine learning y quieres dar el siguiente paso, este libro te proporcionará las herramientas que necesitas para convertirte en un **superhéroe del deep learning y la IA**.

Deberías tener un conocimiento básico de Python y los principios de machine learning. Si ya completaste el Volumen 1 de esta serie, estarás bien preparado para enfrentar los desafíos de este libro.

Abraza tus Superpoderes

El viaje para convertirte en un **superhéroe del deep learning** comienza ahora. A medida que avances en este libro, recuerda que el deep learning no es solo comprender los algoritmos, sino aplicarlos para crear soluciones significativas. Ya sea que estés construyendo un sistema de IA que clasifique imágenes, procese lenguaje o genere nuevo contenido, el deep learning ofrece posibilidades ilimitadas.

Las herramientas y frameworks que aprenderás en este libro—**TensorFlow**, **Keras** y **PyTorch**—están diseñados para empoderarte, haciéndote más fácil llevar tus ideas a la realidad. Con estos superpoderes, puedes contribuir al creciente campo de la IA y empujar los límites de lo que es posible.

Comencemos tu viaje para dominar el deep learning y la IA.

Parte 1: Fundamentos de Redes Neuronales y Deep Learning

Capítulo 1: Introducción a Redes Neuronales y Deep Learning

En los últimos años, las **redes neuronales** y el **deep learning** han surgido como fuerzas transformadoras en el campo del machine learning, impulsando avances sin precedentes en diversos dominios como el reconocimiento de imágenes, el procesamiento de lenguaje natural y los sistemas autónomos. Estas tecnologías de vanguardia no solo han revolucionado las aplicaciones existentes, sino que también han abierto nuevas fronteras de posibilidades en la inteligencia artificial.

Los modelos de deep learning, que se construyen intrincadamente sobre la base de las redes neuronales, poseen la notable capacidad de discernir y aprender patrones altamente complejos a partir de conjuntos de datos vastos y complejos. Esta capacidad los distingue de los algoritmos tradicionales de machine learning, ya que las redes neuronales se inspiran en el funcionamiento intrincado de las neuronas biológicas en el cerebro humano. Al emular estos procesos neuronales, los modelos de deep learning pueden abordar y resolver tareas extraordinariamente complejas que alguna vez se consideraron insuperables, empujando los límites de lo que es posible en la inteligencia artificial.

Este capítulo sirve como una introducción esencial a los componentes fundamentales de las redes neuronales. Comenzaremos explorando el **Perceptrón**, la forma más simple pero crucial de red neuronal. A partir de ahí, profundizaremos progresivamente en arquitecturas más sofisticadas, con un enfoque particular en el **Perceptrón Multicapa (MLP)**. El MLP se erige como una piedra angular en el ámbito del deep learning, sirviendo como trampolín para modelos de redes neuronales aún más avanzados. Al comprender a fondo estos conceptos fundamentales, adquirirás los conocimientos y habilidades esenciales para construir y entrenar redes neuronales en una amplia gama de desafíos de machine learning. Esta comprensión básica te proporcionará las herramientas para navegar el emocionante y rápidamente cambiante panorama de la inteligencia artificial y el deep learning.

1.1 Perceptrón y Perceptrón Multicapa (MLP)

1.1.1 El Perceptrón

El **Perceptrón** es la forma más simple de una red neuronal, desarrollado por Frank Rosenblatt a finales de la década de 1950. Este desarrollo innovador marcó un hito importante en el campo de la inteligencia artificial. En su núcleo, el perceptrón funciona como un clasificador lineal, diseñado para categorizar datos de entrada en dos clases distintas al establecer un límite de decisión.

La arquitectura del perceptrón es elegantemente simple, compuesta por una sola capa de neuronas artificiales. Cada neurona en esta capa recibe señales de entrada, las procesa a través de una suma ponderada y produce una salida basada en una función de activación. Esta estructura simple permite que el perceptrón maneje eficazmente datos linealmente separables, lo que se refiere a conjuntos de datos que pueden dividirse en dos clases utilizando una línea recta (en dos dimensiones) o un hiperplano (en dimensiones superiores).

A pesar de su simplicidad, el perceptrón tiene varios componentes clave que permiten su funcionalidad:

1. **Nodos de entrada:** Sirven como puntos de entrada para las características iniciales de los datos en el perceptrón. Cada nodo de entrada corresponde a una característica o atributo específico de los datos que se están procesando. Por ejemplo, en una tarea de reconocimiento de imágenes, cada píxel podría estar representado por un nodo de entrada. Estos nodos actúan como la interfaz sensorial del perceptrón, recibiendo y transmitiendo los datos en bruto a las capas subsiguientes para su procesamiento. El número de nodos de entrada generalmente se determina por la dimensionalidad de los datos de entrada, asegurando que toda la información relevante sea capturada y puesta a disposición para el proceso de toma de decisiones del perceptrón.
2. **Pesos:** Asociados con cada entrada, estos parámetros cruciales determinan la importancia de cada característica en la red neuronal. Los pesos actúan como factores multiplicativos que ajustan la fuerza de la contribución de cada entrada a la salida de la neurona. Durante el proceso de entrenamiento, estos pesos se actualizan continuamente para optimizar el rendimiento de la red. Un peso mayor indica que la entrada correspondiente tiene una influencia más fuerte en la decisión de la neurona, mientras que un peso menor sugiere menos importancia. La capacidad de ajustar estos pesos permite que la red aprenda patrones complejos y relaciones dentro de los datos, lo que le permite hacer predicciones o clasificaciones precisas.
3. **Sesgo:** Un parámetro adicional que permite que el límite de decisión se desplace. El sesgo actúa como un valor umbral que la suma ponderada de las entradas debe superar para producir una salida. Es crucial por varias razones:Matemáticamente, el

sesgo se suma a la suma ponderada de las entradas antes de pasar por la función de activación, lo que permite una toma de decisiones más matizada en el perceptrón.

- Flexibilidad: El sesgo permite al perceptrón ajustar su límite de decisión, permitiendo clasificar puntos de datos que no pasan directamente por el origen.
- Desplazamiento: Proporciona un desplazamiento a la función de activación, lo que puede ser crítico para aprender ciertos patrones en los datos.
- Aprendizaje: Durante el entrenamiento, el sesgo se ajusta junto con los pesos, ayudando al perceptrón a encontrar el límite de decisión óptimo para los datos proporcionados.

4. **Función de activación:** Un componente crucial que introduce no linealidad en la red neuronal, permitiendo que aprenda patrones complejos. En un perceptrón simple, esta es típicamente una función escalón que determina la salida final. La función escalón funciona de la siguiente manera:Esta salida binaria permite que el perceptrón tome decisiones claras y discretas, lo cual es particularmente útil para tareas de clasificación. Sin embargo, en redes neuronales más avanzadas, a menudo se usan otras funciones de activación como sigmoide, tanh o ReLU para introducir transformaciones no lineales más matizadas en los datos de entrada.
   - Si la suma ponderada de las entradas más el sesgo es mayor o igual a un umbral (generalmente 0), la salida es 1.
   - Si la suma ponderada de las entradas más el sesgo es menor que el umbral, la salida es 0.

El proceso de aprendizaje de un perceptrón implica ajustar sus pesos y sesgo en función de los errores que comete durante el entrenamiento. Este proceso iterativo continúa hasta que el perceptrón pueda clasificar correctamente todos los ejemplos de entrenamiento o alcance un número especificado de iteraciones.

Si bien la simplicidad del perceptrón impone limitaciones en sus capacidades, particularmente su incapacidad para resolver problemas no linealmente separables (como la función XOR), sigue siendo un concepto fundamental en la teoría de redes neuronales.

El perceptrón sirve como un bloque de construcción crucial, sentando las bases para arquitecturas de redes neuronales más complejas. Estas estructuras avanzadas, incluidas las redes neuronales multicapa y las redes neuronales profundas, se basan en los principios básicos establecidos por el perceptrón para abordar problemas cada vez más complejos en machine learning e inteligencia artificial.

La combinación de estos componentes permite que el perceptrón tome decisiones basadas en sus entradas, funcionando efectivamente como un clasificador simple. Al ajustar sus pesos y sesgo a través de un proceso de aprendizaje, el perceptrón puede entrenarse para reconocer patrones y hacer predicciones sobre datos nuevos y no vistos.

El perceptrón aprende ajustando sus pesos y sesgo en función del error entre su salida predicha y la salida real. Este proceso se denomina **aprendizaje del perceptrón**.

Ejemplo: Implementando un Perceptrón Simple

Veamos cómo implementar un perceptrón desde cero en Python.

```
import numpy as np
import matplotlib.pyplot as plt

class Perceptron:
    def __init__(self, learning_rate=0.01, n_iters=1000):
        self.learning_rate = learning_rate
        self.n_iters = n_iters
        self.weights = None
        self.bias = None
        self.errors = []

    def fit(self, X, y):
        n_samples, n_features = X.shape
        self.weights = np.zeros(n_features)
        self.bias = 0

        for _ in range(self.n_iters):
            errors = 0
            for idx, x_i in enumerate(X):
                linear_output = np.dot(x_i, self.weights) + self.bias
                y_predicted = self.activation_function(linear_output)

                # Perceptron update rule
                update = self.learning_rate * (y[idx] - y_predicted)
                self.weights += update * x_i
                self.bias += update

                errors += int(update != 0.0)
            self.errors.append(errors)

    def activation_function(self, x):
        return np.where(x >= 0, 1, 0)

    def predict(self, X):
        linear_output = np.dot(X, self.weights) + self.bias
        return self.activation_function(linear_output)

    def plot_decision_boundary(self, X, y):
        plt.scatter(X[:, 0], X[:, 1], c=y, cmap='viridis')
        x1_min, x1_max = X[:, 0].min() - 1, X[:, 0].max() + 1
        x2_min, x2_max = X[:, 1].min() - 1, X[:, 1].max() + 1
        xx1, xx2 = np.meshgrid(np.arange(x1_min, x1_max, 0.1),
```

```
                              np.arange(x2_min, x2_max, 0.1))
        Z = self.predict(np.c_[xx1.ravel(), xx2.ravel()])
        Z = Z.reshape(xx1.shape)
        plt.contourf(xx1, xx2, Z, alpha=0.4, cmap='viridis')
        plt.xlabel('Feature 1')
        plt.ylabel('Feature 2')
        plt.title('Perceptron Decision Boundary')

# Example data: AND logic gate
X = np.array([[0, 0], [0, 1], [1, 0], [1, 1]])
y = np.array([0, 0, 0, 1])  # AND logic output

# Create and train Perceptron
perceptron = Perceptron(learning_rate=0.1, n_iters=100)
perceptron.fit(X, y)

# Test the Perceptron
predictions = perceptron.predict(X)
print(f"Predictions: {predictions}")

# Plot decision boundary
perceptron.plot_decision_boundary(X, y)
plt.show()

# Plot error convergence
plt.plot(range(1, len(perceptron.errors) + 1), perceptron.errors, marker='o')
plt.xlabel('Epochs')
plt.ylabel('Number of Misclassifications')
plt.title('Perceptron Error Convergence')
plt.show()

# Print final weights and bias
print(f"Final weights: {perceptron.weights}")
print(f"Final bias: {perceptron.bias}")
```

Desglosemos esta implementación del Perceptrón:

1. **Importaciones y Definición de la Clase**

Importamos NumPy para operaciones numéricas y Matplotlib para la visualización. La clase Perceptrón se define con parámetros de inicialización para la tasa de aprendizaje y el número de iteraciones.

2. **Método Fit**

El método fit entrena al perceptrón con los datos de entrada:

- Inicializa los pesos en cero y el sesgo en cero.
- Para cada iteración, recorre todos los puntos de datos.

- Calcula la salida predicha y actualiza los pesos y el sesgo en función del error.
- Hace un seguimiento del número de errores en cada época para visualización posterior.

3. **Función de Activación**

La función de activación es una simple función escalón: devuelve 1 si la entrada es no negativa, y 0 en caso contrario.

4. **Método Predict**

Este método utiliza los pesos y el sesgo entrenados para hacer predicciones en nuevos datos.

5. **Métodos de Visualización**

Se añaden dos métodos de visualización:

- **plot_decision_boundary:** Dibuja el límite de decisión del perceptrón junto con los puntos de datos.
- **Gráfico de convergencia de errores:** Se grafica el número de errores de clasificación por época para visualizar el proceso de aprendizaje.

6. **Ejemplo de Uso**

Utilizamos la compuerta lógica AND como ejemplo:

- La entrada X es un arreglo de 4x2 que representa todas las combinaciones posibles de dos entradas binarias.
- La salida y es [0, 0, 0, 1], representando el resultado de la operación AND.
- Creamos una instancia del Perceptrón, la entrenamos y hacemos predicciones.
- Visualizamos el límite de decisión y la convergencia de errores.
- Finalmente, imprimimos los pesos y el sesgo finales.

7. **Mejoras y Adiciones**

Esta versión ampliada incluye varias mejoras:

- Seguimiento de errores durante el entrenamiento para visualización.
- Un método para visualizar el límite de decisión.
- Gráfico de la convergencia de errores para mostrar cómo el perceptrón aprende con el tiempo.
- Impresión de los pesos y el sesgo finales para mayor interpretabilidad.

Estas adiciones hacen que el ejemplo sea más completo e ilustrativo de cómo funciona y aprende el perceptrón.

1.1.2 Limitaciones del Perceptrón

El perceptrón es un bloque de construcción fundamental en las redes neuronales, capaz de resolver problemas simples como tareas de clasificación lineal. Se destaca en tareas como la implementación de compuertas lógicas AND y OR. Sin embargo, a pesar de su potencia en estos escenarios básicos, el perceptrón tiene limitaciones significativas que es importante comprender.

La principal limitación del perceptrón radica en su capacidad para resolver solo problemas **linealmente separables**. Esto significa que solo puede clasificar datos que pueden ser separados por una línea recta (en dos dimensiones) o un hiperplano (en dimensiones superiores). Para visualizar esto, imagina que trazas puntos de datos en un gráfico: si puedes dibujar una única línea recta que separe perfectamente las diferentes clases de datos, entonces el problema es linealmente separable y un perceptrón puede resolverlo.

Sin embargo, muchos problemas del mundo real no son linealmente separables. Un ejemplo clásico de esto es el **problema XOR**. En la operación lógica XOR (o exclusivo), la salida es verdadera cuando las entradas son diferentes y falsa cuando son iguales. Al graficar estos puntos, no se pueden separar mediante una única línea recta, lo que hace imposible que un solo perceptrón lo resuelva.

Input 1	Input 2	Output
0	0	0
0	1	1
1	0	1
1	1	0

Cuando se grafican en un gráfico 2D, estos puntos forman un patrón que no puede ser separado por una única línea recta.

Esta limitación del perceptrón llevó a los investigadores a desarrollar arquitecturas más complejas que pudieran manejar problemas no linealmente separables. El desarrollo más significativo fue el **Perceptrón Multicapa (MLP)**. El MLP introduce una o más capas ocultas entre las capas de entrada y salida, lo que permite a la red aprender límites de decisión más complejos y no lineales.

Al apilar múltiples capas de perceptrones e introducir funciones de activación no lineales, los MLPs pueden aproximar cualquier función continua, lo que los hace capaces de resolver una amplia gama de problemas complejos que los perceptrones simples no pueden manejar. Esta capacidad, conocida como el teorema de aproximación universal, forma la base de las arquitecturas modernas de deep learning.

1.1.3 Perceptrón Multicapa (MLP)

El **Perceptrón Multicapa (MLP)** es una extensión sofisticada del modelo de perceptrón simple que aborda sus limitaciones al incorporar capas ocultas. Esta arquitectura permite que los MLPs aborden problemas complejos y no lineales que antes eran irresolubles con perceptrones de una sola capa. La estructura de un MLP consta de tres tipos de capas distintas, cada una desempeñando un papel crucial en la capacidad de la red para aprender y hacer predicciones:

- **Capa de entrada**: Esta capa inicial sirve como punto de entrada para los datos en la red neuronal. Recibe las características de entrada en bruto y las transmite a las capas subsiguientes sin realizar cálculos. El número de neuronas en esta capa generalmente corresponde al número de características en los datos de entrada.
- **Capas ocultas**: Estas capas intermedias son el núcleo del poder del MLP. Introducen no linealidad en la red, lo que le permite aprender y representar patrones complejos y relaciones dentro de los datos. Cada capa oculta consta de múltiples neuronas, cada una aplicando una función de activación no lineal a una suma ponderada de las entradas de la capa anterior. El número y el tamaño de las capas ocultas pueden variar, siendo las redes más profundas (más capas) generalmente capaces de aprender patrones más intrincados. Las funciones de activación comunes utilizadas en las capas ocultas incluyen ReLU (Unidad Lineal Rectificada), sigmoide y tanh.
- **Capa de salida**: La capa final de la red produce la predicción o clasificación definitiva. El número de neuronas en esta capa depende de la tarea específica. Para la clasificación binaria, se podría usar una sola neurona con una función de activación sigmoide, mientras que para la clasificación multiclase se emplearían múltiples neuronas (a menudo con una activación softmax). Para tareas de regresión, típicamente se utilizan funciones de activación lineales en la capa de salida.

Cada capa en un MLP está compuesta por múltiples neuronas, también conocidas como nodos o unidades. Estas neuronas funcionan de manera similar al modelo de perceptrón original, realizando sumas ponderadas de sus entradas y aplicando una función de activación. Sin embargo, la naturaleza interconectada de estas capas y la introducción de funciones de activación no lineales permiten que los MLPs aproximen funciones complejas y no lineales.

La adición de capas ocultas es la innovación clave que permite a los MLPs aprender y representar relaciones intrincadas dentro de los datos. Esta capacidad hace que los MLPs sean adeptos para resolver problemas no lineales, como el clásico problema XOR, que desconcertaba a los perceptrones de una sola capa. En el problema XOR, la salida es 1 cuando las entradas son diferentes (0,1 o 1,0) y 0 cuando son iguales (0,0 o 1,1).

Este patrón no puede ser separado por una única línea recta, lo que hace imposible que un perceptrón simple lo resuelva. Sin embargo, un MLP con al menos una capa oculta puede aprender el límite de decisión no lineal necesario para clasificar correctamente las entradas XOR.

El proceso de entrenamiento de un MLP implica ajustar los pesos y sesgos de todas las neuronas a través de todas las capas. Esto generalmente se realiza utilizando el algoritmo de retropropagación en conjunto con técnicas de optimización como el descenso por gradiente. Durante el entrenamiento, la red aprende a minimizar la diferencia entre sus predicciones y los resultados reales, refinando gradualmente sus representaciones internas para captar los patrones subyacentes en los datos.

Cómo Funciona el Perceptrón Multicapa

En un Perceptrón Multicapa (MLP), los datos fluyen a través de múltiples capas interconectadas de neuronas, cada una desempeñando un papel crucial en la capacidad de la red para aprender y hacer predicciones. Desglosemos este proceso con más detalle:

1. **Flujo de datos:** La información viaja desde la capa de entrada a través de una o más capas ocultas antes de llegar a la capa de salida. Cada capa consta de múltiples neuronas que procesan y transforman los datos.
2. **Cálculo de las neuronas:** Cada neurona en la red realiza un conjunto específico de operaciones: a) **Suma ponderada:** Multiplica cada entrada por un peso correspondiente y suma estos productos. Estos pesos son cruciales ya que determinan la importancia de cada entrada. b) **Adición de sesgo:** Se añade un término de sesgo a la suma ponderada. Esto permite que la neurona ajuste su función de activación, proporcionando más flexibilidad en el aprendizaje. c) **Función de activación:** El resultado se pasa a través de una función de activación, introduciendo no linealidad al modelo.
3. **Funciones de activación:** Son cruciales para introducir no linealidad, lo que permite que la red aprenda patrones complejos. La ReLU (Unidad Lineal Rectificada) es una opción popular para las capas ocultas debido a su simplicidad y efectividad:
    - Función ReLU: f(x) = max(0, x)
    - Produce la entrada directamente si es positiva, y cero de lo contrario.
    - Esto ayuda a mitigar el problema del gradiente que desaparece en redes profundas.
4. **Proceso de aprendizaje:** La red aprende a través de un proceso llamado retropropagación: a) **Paso hacia adelante:** Los datos fluyen a través de la red, generando predicciones. b) **Cálculo del error:** Se calcula la diferencia entre las predicciones y los valores reales. c) **Paso hacia atrás:** Este error se propaga hacia atrás

a través de la red. d) **Actualización de pesos:** Los pesos y sesgos se ajustan para minimizar el error.

5. **Optimización:** El descenso por gradiente se utiliza comúnmente para optimizar la red:
    - Ajusta iterativamente los pesos en la dirección que reduce el error.
    - Variantes como el Descenso por Gradiente Estocástico (SGD) o Adam se emplean a menudo para una convergencia más rápida.
6. **Función de pérdida:** Mide la discrepancia entre las predicciones de la red y los valores reales. El objetivo es minimizar esta función durante el entrenamiento.

A través de este proceso iterativo de propagación hacia adelante, retropropagación y optimización, el MLP aprende a hacer predicciones cada vez más precisas en la tarea dada.

Ejemplo: Perceptrón Multicapa con Scikit-learn

Utilicemos Scikit-learn para implementar un clasificador MLP que resuelva el problema XOR.

```
import numpy as np
import matplotlib.pyplot as plt
from sklearn.neural_network import MLPClassifier
from sklearn.metrics import accuracy_score, confusion_matrix
from sklearn.model_selection import learning_curve

# XOR dataset
X = np.array([[0, 0], [0, 1], [1, 0], [1, 1]])
y = np.array([0, 1, 1, 0])  # XOR logic output

# Create MLP classifier
mlp = MLPClassifier(hidden_layer_sizes=(2,), max_iter=1000, activation='relu',
                    solver='adam', random_state=42, verbose=True)

# Train the MLP
mlp.fit(X, y)

# Make predictions
predictions = mlp.predict(X)

# Calculate accuracy
accuracy = accuracy_score(y, predictions)

# Generate confusion matrix
cm = confusion_matrix(y, predictions)

# Plot decision boundary
def plot_decision_boundary(X, y, model):
    h = .02  # step size in the mesh
    x_min, x_max = X[:, 0].min() - .5, X[:, 0].max() + .5
    y_min, y_max = X[:, 1].min() - .5, X[:, 1].max() + .5
    xx, yy = np.meshgrid(np.arange(x_min, x_max, h),
```

```
                    np.arange(y_min, y_max, h))
    Z = model.predict(np.c_[xx.ravel(), yy.ravel()])
    Z = Z.reshape(xx.shape)
    plt.figure(figsize=(8, 6))
    plt.contourf(xx, yy, Z, cmap=plt.cm.RdYlBu, alpha=0.8)
    plt.scatter(X[:, 0], X[:, 1], c=y, cmap=plt.cm.RdYlBu, edgecolors='black')
    plt.xlabel('Input 1')
    plt.ylabel('Input 2')
    plt.title('MLP Decision Boundary for XOR Problem')
    plt.show()

plot_decision_boundary(X, y, mlp)

# Plot learning curve
train_sizes, train_scores, test_scores = learning_curve(
    mlp, X, y, cv=5, n_jobs=-1, train_sizes=np.linspace(.1, 1.0, 5))

plt.figure(figsize=(10, 6))
plt.plot(train_sizes, np.mean(train_scores, axis=1), 'o-', color="r", label="Training
score")
plt.plot(train_sizes, np.mean(test_scores, axis=1), 'o-', color="g", label="Cross-
validation score")
plt.xlabel("Training examples")
plt.ylabel("Score")
plt.title("Learning Curve for MLP on XOR Problem")
plt.legend(loc="best")
plt.show()

# Print results
print(f"Predictions: {predictions}")
print(f"Accuracy: {accuracy}")
print("Confusion Matrix:")
print(cm)
print("Model Parameters:")
print(f"Number of layers: {len(mlp.coefs_)}")
print(f"Number of neurons in each layer: {[len(layer) for layer in mlp.coefs_]}")
```

Este ejemplo de código proporciona una implementación y visualización completas del Perceptrón Multicapa (MLP) para resolver el problema XOR.

Desglosemos los pasos:

1. **Importaciones y Preparación de los Datos**

Importamos las bibliotecas necesarias, incluidas numpy para operaciones numéricas, matplotlib para gráficos, y varias funciones de scikit-learn para el clasificador MLP y las métricas de evaluación.

2. **Creación y Entrenamiento del MLP**

Creamos un clasificador MLP con una capa oculta que contiene dos neuronas. Se utiliza la función de activación 'relu' y el optimizador 'adam'. Luego, entrenamos el modelo en el conjunto de datos XOR.

3. **Predicciones y Evaluación**

Utilizamos el modelo entrenado para hacer predicciones en los datos de entrada y calculamos la precisión usando la función accuracy_score de scikit-learn. También generamos una matriz de confusión para visualizar el rendimiento del modelo.

4. **Visualización del Límite de Decisión**

La función plot_decision_boundary crea una representación visual de cómo el MLP clasifica diferentes regiones del espacio de entrada. Esto ayuda a comprender cómo el modelo ha aprendido a separar las clases en el problema XOR.

5. **Curva de Aprendizaje**

Trazamos una curva de aprendizaje para mostrar cómo cambia el rendimiento del modelo a medida que ve más ejemplos de entrenamiento. Esto puede ayudar a identificar si el modelo está sobreajustando o si se beneficiaría de más datos de entrenamiento.

6. **Resultados**

Finalmente, imprimimos varios resultados, incluidas las predicciones, la precisión, la matriz de confusión y detalles sobre la arquitectura del modelo.

Este ejemplo integral no solo demuestra cómo implementar un MLP para el problema XOR, sino que también proporciona visualizaciones y métricas valiosas para comprender el rendimiento del modelo y su proceso de aprendizaje. Es un excelente punto de partida para más experimentos con redes neuronales.

1.1.4. El Poder del Deep Learning

El **Perceptrón Multicapa (MLP)** es la base de los modelos de **deep learning**, que esencialmente son redes neuronales con numerosas capas ocultas. Esta arquitectura es la razón del término "deep" en deep learning. El poder del deep learning radica en su capacidad para crear representaciones de datos cada vez más abstractas y complejas a medida que los datos fluyen a través de las capas de la red.

Desglosémoslo más:

Arquitectura por Capas

En un Perceptrón Multicapa (MLP), cada capa oculta sirve como un bloque de construcción para la extracción y representación de características. La capa oculta inicial típicamente aprende a identificar características fundamentales dentro de los datos de entrada, mientras que las capas posteriores combinan y refinan progresivamente estas características para formar representaciones más sofisticadas y abstractas. Esta estructura jerárquica permite que la red capture patrones y relaciones complejas dentro de los datos.

Jerarquía de Características

A medida que aumenta la profundidad de la red con la adición de capas ocultas, se desarrolla la capacidad de aprender una jerarquía más intrincada de características. Este proceso de aprendizaje jerárquico es particularmente evidente en tareas de reconocimiento de imágenes:

- Las capas inferiores de la red suelen especializarse en detectar elementos visuales básicos como bordes, esquinas y formas geométricas simples. Estas características fundamentales sirven como bloques de construcción para representaciones más complejas.
- Las capas intermedias de la red combinan estas características elementales para reconocer patrones más intrincados, texturas y objetos rudimentarios. Por ejemplo, estas capas podrían aprender a identificar texturas específicas como piel o escamas, o componentes básicos de objetos como ruedas o ventanas.
- Las capas superiores de la red integran información de las capas anteriores para identificar objetos completos, escenas complejas o incluso conceptos abstractos. Estas capas pueden reconocer rostros enteros, vehículos o paisajes, e incluso discernir relaciones contextuales entre objetos en una escena.

Abstracción y Generalización

El enfoque de aprendizaje jerárquico empleado por las redes profundas facilita su capacidad para generalizar de manera efectiva a datos novedosos, previamente no vistos. Al extraer automáticamente las características relevantes en varios niveles de abstracción, estas redes pueden identificar patrones y principios subyacentes que van más allá de los ejemplos específicos utilizados en el entrenamiento.

Esta capacidad reduce significativamente la necesidad de ingeniería manual de características, ya que la red aprende a discernir las características más importantes de los datos por sí misma. En consecuencia, los modelos de deep learning a menudo pueden rendir bien en conjuntos de datos diversos y en contextos variados, demostrando una robusta capacidad de generalización.

Transformaciones No Lineales

Un aspecto crucial del poder del MLP radica en su aplicación de transformaciones no lineales en cada capa. A medida que los datos se propagan a través de la red, cada neurona aplica una función de activación a su suma ponderada de entradas, introduciendo no linealidad en el modelo.

Este procesamiento no lineal permite que la red aproxime relaciones complejas y no lineales dentro de los datos, lo que le permite captar patrones intrincados y dependencias que los modelos lineales no podrían representar. La combinación de múltiples transformaciones no lineales a lo largo de las capas empodera al MLP para modelar funciones altamente complejas, haciéndolo capaz de resolver una amplia variedad de problemas desafiantes en diversos dominios.

Este aprendizaje por capas y jerárquico es la razón clave detrás del éxito sin precedentes del deep learning en varios campos. En el reconocimiento de imágenes, por ejemplo, los modelos de deep learning han alcanzado un rendimiento a nivel humano al aprender a reconocer patrones intrincados como formas, texturas e incluso objetos complejos. De manera similar, en el procesamiento de lenguaje natural, los modelos de deep learning pueden comprender el contexto y los matices en el texto, lo que ha llevado a avances en la traducción automática, el análisis de sentimientos e incluso la generación de texto.

La capacidad del deep learning para aprender automáticamente características relevantes a partir de datos en bruto ha revolucionado muchos dominios más allá del simple reconocimiento de imágenes, incluidos el reconocimiento de voz, la conducción autónoma, el descubrimiento de fármacos y muchos más. Esta versatilidad y poder hacen que el deep learning sea una de las áreas más emocionantes y en rápido avance en la inteligencia artificial hoy en día.

1.2 Retropropagación, Descenso por Gradiente y Optimizadores

Al entrenar una red neuronal, el objetivo principal es minimizar la **función de pérdida** (también conocida como **función de costo**). Esta función sirve como una medida cuantitativa de la discrepancia entre las predicciones de la red y los valores objetivo reales, proporcionando una métrica crucial para evaluar el rendimiento del modelo.

El núcleo del proceso de entrenamiento radica en la tarea intrincada de ajustar los pesos y sesgos del modelo. Este ajuste meticuloso es esencial para mejorar la precisión predictiva de la red a lo largo del tiempo. Para lograrlo, las redes neuronales emplean un proceso de aprendizaje sofisticado que se basa en dos técnicas fundamentales: **retropropagación** y **descenso por gradiente**.

Estos poderosos algoritmos trabajan en conjunto para refinar iterativamente los parámetros de la red, permitiéndole aprender patrones y relaciones complejas dentro de los datos. Es a través de la aplicación sinérgica de estas técnicas que las redes neuronales obtienen su notable capacidad para resolver problemas desafiantes en diversos dominios.

1.2.1 Descenso por Gradiente

El **Descenso por Gradiente** es un algoritmo de optimización fundamental utilizado en machine learning para minimizar la función de pérdida refinando iterativamente los parámetros del modelo (pesos y sesgos). Este proceso iterativo es clave en el entrenamiento de redes neuronales y otros modelos de machine learning. A continuación, se explica en detalle cómo funciona el descenso por gradiente:

Inicialización

El algoritmo comienza asignando valores iniciales a los parámetros del modelo (pesos y sesgos). Este paso es crucial ya que proporciona un punto de partida para el proceso de optimización. En la mayoría de los casos, estos valores iniciales se eligen aleatoriamente, típicamente dentro de un pequeño rango alrededor de cero. La inicialización aleatoria ayuda a romper la simetría y asegura que las diferentes neuronas aprendan características distintas. Sin embargo, la elección del método de inicialización puede impactar significativamente la dinámica del entrenamiento y el rendimiento final del modelo. Algunas técnicas populares de inicialización incluyen:

- **Inicialización Xavier/Glorot**: Diseñada para mantener la misma varianza de activaciones y gradientes a lo largo de las capas, lo que ayuda a prevenir gradientes que desaparecen o explotan.
- **Inicialización He**: Similar a Xavier, pero optimizada para funciones de activación ReLU.
- **Inicialización uniforme**: Los valores se seleccionan de una distribución uniforme dentro de un rango especificado.

El paso de inicialización sienta las bases para las iteraciones posteriores del algoritmo de descenso por gradiente, influyendo en la trayectoria del proceso de optimización y afectando potencialmente la velocidad de convergencia y la calidad de la solución final.

Paso hacia Adelante (Forward Pass)

El modelo procesa los datos de entrada a través de sus capas para generar predicciones. Este paso crucial implica:

- Propagar la entrada a través de cada capa de la red de manera secuencial.
- Aplicar los pesos y sesgos en cada neurona.
- Usar funciones de activación para introducir no linealidad.
- Generar valores de salida (predicciones) basados en los valores actuales de los parámetros.

Durante esta fase, la red almacena valores intermedios (activaciones) en cada capa, que son esenciales para el siguiente paso de retropropagación. El paso hacia adelante permite que el modelo transforme los datos de entrada en una predicción, preparando el escenario para evaluar y mejorar su rendimiento.

Cálculo de la Pérdida

La función de pérdida es un componente crucial en el proceso de entrenamiento de redes neuronales. Cuantifica la discrepancia entre las predicciones del modelo y los valores objetivo reales, proporcionando una medida numérica de qué tan bien está funcionando el modelo. Este cálculo sirve para varios propósitos importantes:

1. **Evaluación del rendimiento**: El valor de la pérdida ofrece una métrica concreta para evaluar la precisión del modelo. Una pérdida más baja indica que las predicciones del modelo están más cerca de los valores reales, mientras que una pérdida más alta sugiere un peor rendimiento.
2. **Objetivo de optimización**: El objetivo principal del entrenamiento es minimizar esta función de pérdida. Al ajustar continuamente los parámetros del modelo para reducir la pérdida, mejoramos las capacidades predictivas del modelo.
3. **Cálculo del gradiente**: La función de pérdida se utiliza para calcular los gradientes durante la retropropagación, los cuales indican cómo ajustar los parámetros del modelo para reducir la pérdida.
4. **Seguimiento del progreso del aprendizaje**: Al monitorear la pérdida con el tiempo, podemos rastrear el progreso del aprendizaje del modelo e identificar problemas como sobreajuste o infraajuste.

Entre las funciones de pérdida más comunes están el **Error Cuadrático Medio (MSE)** para tareas de regresión y la **Pérdida por Entropía Cruzada** para tareas de clasificación. La elección de la función de pérdida depende del problema específico y del comportamiento deseado del modelo.

Cálculo del Gradiente

El algoritmo calcula el gradiente de la función de pérdida con respecto a cada parámetro. Este gradiente representa la dirección del mayor incremento en la pérdida. Aquí tienes una explicación más detallada:

1. **Definición matemática**: El gradiente es un vector de derivadas parciales de la función de pérdida con respecto a cada parámetro. Para una función de pérdida $L(\theta)$ con parámetros $\theta = (\theta_1, \theta_2, ..., \theta_n)$, el gradiente se define como:

$$\nabla L(\theta) = (\partial L/\partial \theta_1, \partial L/\partial \theta_2, ..., \partial L/\partial \theta_n)$$

2. **Interpretación**: Cada componente del gradiente indica cuánto cambiaría la pérdida si hiciéramos un pequeño cambio en el parámetro correspondiente. Un componente positivo del gradiente significa que aumentar ese parámetro incrementaría la pérdida, mientras que un componente negativo significa que incrementarlo reduciría la pérdida.
3. **Método de cálculo**: Para redes neuronales, los gradientes generalmente se calculan utilizando el algoritmo de retropropagación, que calcula eficientemente los gradientes para todos los parámetros al propagar el error hacia atrás a través de la red.
4. **Significado**: El gradiente es crucial porque proporciona la información necesaria para actualizar los parámetros de manera que se reduzca la pérdida. Al movernos en la

dirección opuesta al gradiente, podemos encontrar valores de los parámetros que minimicen la función de pérdida.

Actualización de Parámetros

Este paso crucial consiste en ajustar los parámetros del modelo (pesos y sesgos) en la dirección opuesta al gradiente, de ahí el término **gradiente negativo**. Este enfoque es fundamental en el proceso de optimización, ya que nuestro objetivo es minimizar la función de pérdida, no maximizarla. Al movernos contra el gradiente, estamos efectivamente descendiendo en la superficie de la pérdida hacia valores más bajos.

La magnitud de este ajuste está controlada por un hiperparámetro llamado **tasa de aprendizaje**. La tasa de aprendizaje determina el tamaño del paso en cada iteración mientras nos movemos hacia un mínimo de la función de pérdida. Es un equilibrio delicado:

- Si la tasa de aprendizaje es demasiado alta, el algoritmo podría exceder el mínimo, lo que potencialmente llevaría a un comportamiento divergente.
- Si la tasa de aprendizaje es demasiado baja, el entrenamiento progresará muy lentamente y el algoritmo podría quedar atrapado en un mínimo local.

Matemáticamente, la regla de actualización puede expresarse como:

$\theta\_nuevo = \theta\_antiguo - \eta * \nabla L(\theta)$

Donde:

- θ representa un parámetro (peso o sesgo)
- η (eta) es la tasa de aprendizaje
- $\nabla L(\theta)$ es el gradiente de la función de pérdida con respecto a θ

Este proceso de actualización se repite para todos los parámetros en la red, refinando gradualmente la capacidad del modelo para hacer predicciones precisas. El arte de entrenar redes neuronales a menudo radica en encontrar el equilibrio adecuado en este paso de actualización de parámetros, mediante un ajuste cuidadoso de la tasa de aprendizaje y empleando potencialmente técnicas de optimización más avanzadas.

Iteración

El proceso de descenso por gradiente es inherentemente iterativo. Los pasos 2-5 (Paso hacia Adelante, Cálculo de la Pérdida, Cálculo del Gradiente y Actualización de Parámetros) se repiten numerosas veces, refinando los parámetros del modelo en cada iteración. Esta repetición continúa hasta que se cumple una de dos condiciones:

- Se alcanza un número predefinido de iteraciones: El algoritmo puede configurarse para ejecutarse durante un número específico de ciclos, independientemente de la pérdida alcanzada.

- Se satisface un criterio de parada: Esto podría ser cuando el cambio en la pérdida entre iteraciones cae por debajo de un umbral determinado, indicando convergencia, o cuando la pérdida alcanza un nivel satisfactorio.

La naturaleza iterativa del descenso por gradiente permite que el modelo mejore progresivamente su rendimiento, acercándose gradualmente a un conjunto óptimo de parámetros. Cada iteración brinda al modelo una oportunidad de aprender de sus errores y hacer ajustes incrementales, lo que finalmente conduce a una red neuronal más precisa y confiable.

Es importante señalar que el descenso por gradiente puede converger a un mínimo local en lugar del mínimo global, especialmente en paisajes de pérdida complejos y no convexos típicos de las redes neuronales profundas. Se emplean varias técnicas, como el uso de inicializaciones diferentes o algoritmos de optimización más avanzados, para mitigar este problema y mejorar las probabilidades de encontrar una buena solución.

Cómo Funciona el Descenso por Gradiente

La idea principal del descenso por gradiente es calcular el gradiente (o derivada) de la función de pérdida con respecto a los pesos del modelo. Este gradiente es un vector que apunta en la dirección del mayor incremento en la función de pérdida. Al movernos en la dirección opuesta a este gradiente, podemos reducir efectivamente la pérdida y mejorar el rendimiento del modelo.

El algoritmo de descenso por gradiente funciona de la siguiente manera:

1. **Calcular el gradiente**: Calcular las derivadas parciales de la función de pérdida con respecto a cada peso en el modelo.
2. **Determinar el tamaño del paso**: La **tasa de aprendizaje** es un hiperparámetro crucial que determina la magnitud de cada paso que damos en la dirección del gradiente negativo. Actúa como un factor de escala para el gradiente.
3. **Actualizar los pesos**: Mover los pesos en la dirección opuesta al gradiente, escalados por la tasa de aprendizaje.

La regla de actualización de pesos para el descenso por gradiente puede expresarse matemáticamente como:

$$w_n ew = w_o ld - \eta * \nabla L(w)$$

Donde:

- **w_nuevo** es el peso actualizado.
- **w_antiguo** es el peso actual.
- **η** (eta) es la tasa de aprendizaje.

- **L** es la función de pérdida.
- **∇L(w)** es el gradiente de la pérdida con respecto al peso.

La tasa de aprendizaje juega un papel crucial en el proceso de optimización:

- **Si la tasa de aprendizaje es demasiado grande**: El algoritmo podría dar pasos demasiado grandes, potencialmente excediendo el mínimo de la función de pérdida. Esto puede llevar a un entrenamiento inestable o incluso a la divergencia, donde la pérdida aumenta en lugar de disminuir.
- **Si la tasa de aprendizaje es demasiado pequeña**: El algoritmo hará actualizaciones muy pequeñas a los pesos, lo que resultará en una convergencia lenta. Esto puede aumentar significativamente el tiempo de entrenamiento y podría hacer que la optimización se quede atrapada en mínimos locales.

Encontrar la tasa de aprendizaje correcta a menudo implica experimentación y técnicas como el ajuste de la tasa de aprendizaje durante el entrenamiento para optimizar la convergencia.

Tipos de Descenso por Gradiente

1. Descenso por Gradiente en Lote (Batch Gradient Descent)

Este método actualiza los pesos utilizando el gradiente calculado a partir de todo el conjunto de datos en una sola iteración. Es un enfoque fundamental en la optimización para redes neuronales y modelos de machine learning. Aquí tienes una explicación más detallada:

Proceso: En cada iteración, el Descenso por Gradiente en Lote calcula el gradiente de la función de pérdida con respecto a los parámetros del modelo utilizando todo el conjunto de entrenamiento. Esto significa que procesa todos los ejemplos de entrenamiento antes de hacer una única actualización a los pesos del modelo.

Ventajas:

- **Precisión:** Proporciona una estimación más precisa de la dirección del gradiente, ya que considera todos los puntos de datos.
- **Estabilidad:** El camino de optimización es generalmente más suave y estable en comparación con otras variantes.
- **Convergencia:** Para problemas de optimización convexa, garantiza la convergencia al mínimo global.
- **Determinístico:** Dadas las mismas condiciones iniciales, siempre seguirá el mismo camino de optimización.

Desventajas:

- **Costo Computacional:** Puede ser extremadamente costoso computacionalmente, especialmente para conjuntos de datos grandes, ya que requiere cargar todo el conjunto de datos en memoria.
- **Velocidad:** Puede ser lento para converger, particularmente para conjuntos de datos muy grandes, ya que realiza solo una actualización por época.
- **Requisitos de Memoria:** Para conjuntos de datos muy grandes que no caben en memoria, se vuelve poco práctico o imposible de usar.
- **Mínimos Locales:** En problemas no convexos (comunes en deep learning), puede quedarse atrapado en mínimos locales o puntos de silla.

Casos de Uso: El Descenso por Gradiente en Lote se usa a menudo en escenarios donde el conjunto de datos es relativamente pequeño y los recursos computacionales no son una limitación. Es particularmente útil cuando se requiere alta precisión y el paisaje de la pérdida es bien comportado.

Consideración de Implementación: En la práctica, el Descenso por Gradiente en Lote puro rara vez se utiliza para problemas de machine learning a gran escala debido a sus limitaciones. En su lugar, variantes como el Descenso por Gradiente Mini-Lote o el Descenso por Gradiente Estocástico son más comunes, ya que ofrecen un mejor equilibrio entre eficiencia computacional y efectividad en la optimización.

2. Descenso por Gradiente Estocástico (SGD)

El Descenso por Gradiente Estocástico es una variante del algoritmo de descenso por gradiente que ofrece ventajas significativas en términos de eficiencia computacional y escalabilidad. A diferencia del descenso por gradiente en lote, que procesa todo el conjunto de datos antes de realizar una actualización, el SGD actualiza los parámetros del modelo después de cada ejemplo de entrenamiento individual. Esta aproximación ofrece varios beneficios y consideraciones clave:

Eficiencia y Velocidad: El SGD es considerablemente más rápido que el descenso por gradiente en lote, especialmente para conjuntos de datos grandes. Al actualizar los pesos con mayor frecuencia, puede progresar rápidamente hacia la solución óptima, a menudo convergiendo en menos épocas.

Uso de Memoria: El SGD requiere menos memoria ya que procesa un solo ejemplo a la vez, lo que lo hace adecuado para conjuntos de datos grandes que pueden no caber completamente en memoria. Esta característica es particularmente ventajosa en escenarios con recursos computacionales limitados.

Aprendizaje en Línea: La capacidad de actualizar los parámetros después de cada ejemplo hace que el SGD sea ideal para escenarios de aprendizaje en línea, donde los datos llegan en flujo continuo y el modelo necesita adaptarse de forma continua.

Actualizaciones Ruidosas: El SGD introduce más ruido en el proceso de optimización debido a la variabilidad en los gradientes calculados a partir de muestras individuales. Este ruido puede ser tanto una bendición como una maldición:

- **Escapar de Mínimos Locales:** La estocasticidad añadida puede ayudar al optimizador a escapar de mínimos locales poco profundos o puntos de silla en el paisaje de la pérdida, lo que potencialmente lleva a mejores soluciones.
- **Convergencia Errática:** El ruido también resulta en un camino de convergencia más errático, con la función de pérdida fluctuando más en comparación con el descenso por gradiente en lote.

Efecto de Regularización: El ruido inherente en el SGD puede actuar como una forma de regularización, mejorando potencialmente la capacidad del modelo para generalizar a datos no vistos. Este efecto es similar a añadir pequeñas perturbaciones aleatorias a los pesos, lo que puede ayudar a prevenir el sobreajuste.

Sensibilidad a la Tasa de Aprendizaje: El SGD es más sensible a la elección de la tasa de aprendizaje en comparación con los métodos por lote. Una tasa de aprendizaje demasiado alta puede causar oscilaciones significativas, mientras que una demasiado baja puede resultar en una convergencia lenta.

Implementaciones y Variaciones: En la práctica, muchas implementaciones utilizan un compromiso entre el SGD puro y el descenso por gradiente en lote, conocido como **descenso por gradiente mini-lote**. Este enfoque actualiza los parámetros después de procesar un pequeño lote de ejemplos (por ejemplo, 32 o 64), equilibrando los beneficios de ambos métodos.

Comprender estas características del SGD es crucial para aplicarlo efectivamente en diversas tareas de machine learning, particularmente en deep learning, donde la optimización de redes neuronales grandes es computacionalmente intensiva.

3. Descenso por Gradiente Mini-Lote

Este método encuentra un equilibrio entre el descenso por gradiente en lote y el estocástico, ofreciendo un compromiso que aprovecha las fortalezas de ambos enfoques. El Descenso por Gradiente Mini-Lote actualiza los pesos después de procesar un pequeño subconjunto (mini-lote) de ejemplos de entrenamiento, que generalmente varía entre 32 y 256 muestras. Este enfoque proporciona una estrategia de optimización más matizada que aborda algunas de las limitaciones de los métodos por lote y estocásticos.

Cómo funciona el descenso por gradiente en mini-lotes:

1. **División de datos:** El conjunto de datos de entrenamiento se divide en pequeños lotes de un tamaño fijo (el tamaño del mini-lote).

2. **Paso hacia adelante:** Para cada mini-lote, el modelo realiza un paso hacia adelante, calculando las predicciones para todas las muestras del lote.
3. **Cálculo de la pérdida:** Se calcula la pérdida para el mini-lote comparando las predicciones con los objetivos reales.
4. **Paso hacia atrás:** Se calculan los gradientes de la pérdida con respecto a los parámetros del modelo usando retropropagación.
5. **Actualización de parámetros:** Los parámetros del modelo se actualizan basándose en los gradientes calculados, normalmente usando un algoritmo de optimización como SGD con momentum, RMSprop o Adam.
6. **Iteración:** Los pasos 2-5 se repiten para cada mini-lote hasta que se haya procesado todo el conjunto de datos, completando una época.
7. **Épocas:** Generalmente se realizan varias épocas para refinar aún más los parámetros del modelo.

Ventajas del descenso por gradiente en mini-lotes:

- Reduce la varianza de las actualizaciones de los parámetros, lo que conduce a una convergencia más estable. Al usar un subconjunto de los datos, proporciona una estimación más confiable del gradiente que el SGD, y es más eficiente computacionalmente que el descenso por gradiente en lote.
- Puede aprovechar operaciones matriciales altamente optimizadas, lo que lo hace eficiente desde el punto de vista computacional. El hardware moderno, especialmente las GPU, está diseñado para realizar operaciones matriciales de manera eficiente, y el procesamiento por mini-lotes se adapta bien a estas optimizaciones.
- Permite mayores tamaños de paso y, a menudo, resulta en una convergencia más rápida. El ruido reducido en las estimaciones de gradiente permite tasas de aprendizaje más agresivas, lo que puede acelerar el proceso de optimización.
- Proporciona un buen equilibrio entre la precisión del descenso por gradiente en lote y la velocidad del SGD. El descenso por gradiente en mini-lotes combina los beneficios de ambos métodos, ofreciendo un balance entre la eficiencia computacional y la efectividad de la optimización.
- Permite una mejor utilización de arquitecturas multinúcleo y aceleración por GPU, ya que los cálculos para cada mini-lote pueden paralelizarse de manera efectiva.
- Permite actualizaciones frecuentes de los parámetros del modelo, proporcionando más oportunidades para que el modelo converja a una buena solución, especialmente en las primeras etapas del entrenamiento.

El descenso por gradiente en mini-lotes es la variante más comúnmente utilizada en la práctica, especialmente en aplicaciones de deep learning. Su capacidad para equilibrar la eficiencia computacional con la efectividad de la optimización lo hace particularmente adecuado para entrenar grandes redes neuronales en conjuntos de datos sustanciales. La elección del tamaño del mini-lote es un hiperparámetro importante que puede impactar significativamente el rendimiento del modelo y la dinámica de entrenamiento, a menudo requiriendo experimentación para encontrar el valor óptimo para un problema dado.

Ejemplo: Descenso por gradiente para una función de pérdida simple en Python

Implementemos un ejemplo simple de descenso por gradiente para minimizar una función de pérdida cuadrática.

```
import numpy as np
import matplotlib.pyplot as plt

def loss_function(w):
    """Quadratic loss function: f(w) = w^2"""
    return w**2

def gradient(w):
    """Derivative of the loss function: f'(w) = 2w"""
    return 2 * w

def gradient_descent(initial_w, learning_rate, n_iterations):
    """Perform gradient descent optimization"""
    w = initial_w
    weights = [w]
    losses = [loss_function(w)]

    for i in range(n_iterations):
        grad = gradient(w)
        w = w - learning_rate * grad
        weights.append(w)
        losses.append(loss_function(w))

    return weights, losses

def plot_results(weights, losses):
    """Plot the optimization results"""
    fig, (ax1, ax2) = plt.subplots(1, 2, figsize=(12, 5))

    # Plot loss curve
    ax1.plot(range(len(losses)), losses, marker='o')
    ax1.set_xlabel("Iteration")
    ax1.set_ylabel("Loss")
    ax1.set_title("Loss vs. Iteration")

    # Plot weight trajectory
    ax2.plot(range(len(weights)), weights, marker='o')
```

```
    ax2.set_xlabel("Iteration")
    ax2.set_ylabel("Weight")
    ax2.set_title("Weight vs. Iteration")

    plt.tight_layout()
    plt.show()

# Gradient Descent parameters
initial_w = 10
learning_rate = 0.1
n_iterations = 20

# Perform Gradient Descent
weights, losses = gradient_descent(initial_w, learning_rate, n_iterations)

# Plot results
plot_results(weights, losses)

print(f"Initial weight: {weights[0]:.2f}")
print(f"Final weight: {weights[-1]:.2f}")
print(f"Initial loss: {losses[0]:.2f}")
print(f"Final loss: {losses[-1]:.2f}")
```

1.2.2 Retropropagación

Retropropagación es un algoritmo fundamental en el entrenamiento de redes neuronales, utilizado para calcular los gradientes de la función de pérdida con respecto a los pesos y sesgos. Es una extensión eficiente del descenso por gradiente, diseñada específicamente para redes neuronales multicapa, lo que permite entrenar arquitecturas profundas.

Cómo Funciona la Retropropagación: Un Análisis Detallado

La retropropagación es un proceso de dos fases que calcula de manera eficiente cómo cada peso en la red contribuye al error total. Veamos en detalle estas fases:

- **Paso hacia adelante (Feedforward):**
  - Los datos de entrada se introducen en la capa de entrada de la red.
  - Los datos se propagan a través de cada capa, y cada neurona calcula su suma ponderada y aplica una función de activación.
  - En cada capa, los valores intermedios (activaciones) se almacenan. Estos serán cruciales para el paso hacia atrás.
  - La capa final produce la predicción o salida de la red.
- **Paso hacia atrás (Propagación del error):**
  - Se calcula el error comparando la salida de la red con la salida deseada.

   - Comenzando desde la capa de salida, el algoritmo calcula el gradiente de la función de pérdida con respecto a cada peso.
   - Este cálculo se realiza hacia atrás a través de la red, capa por capa.
   - En cada capa, el algoritmo determina cuánto contribuyó cada peso al error.
   - Los gradientes calculados se utilizan para actualizar los pesos mediante el descenso por gradiente u otro algoritmo de optimización.

La Regla de la Cadena: El Corazón de la Retropropagación

La retropropagación calcula el gradiente de la función de pérdida de manera eficiente utilizando la **regla de la cadena** del cálculo. Este principio matemático es crucial para entender cómo funciona la retropropagación:

- La regla de la cadena nos permite calcular la derivada de una función compuesta.
- En una red neuronal, la función de pérdida es una composición de muchas funciones (una por cada capa y activación).
- Al aplicar la regla de la cadena, podemos descomponer esta función compleja en componentes más simples.
- Esta descomposición nos permite calcular el gradiente con respecto a cada peso de manera eficiente, sin tener que calcular directamente la derivada de toda la función.

La eficiencia de la retropropagación radica en su capacidad para reutilizar estos cálculos intermedios a medida que avanza hacia atrás a través de la red, lo que reduce significativamente la complejidad computacional en comparación con enfoques ingenuos.

Comprender la retropropagación es crucial para cualquiera que trabaje con redes neuronales, ya que constituye la base de cómo estos potentes modelos aprenden de los datos y mejoran su rendimiento con el tiempo.

Ejemplo: Intuición de Retropropagación

Para proporcionar intuición, imagina una red neuronal simple de dos capas. Durante el paso hacia adelante, calculamos la suma ponderada de las entradas y pasamos el resultado a través de una función de activación (por ejemplo, la sigmoide). En el paso hacia atrás, calculamos cómo cambiar cada peso afecta a la función de pérdida y ajustamos los pesos en consecuencia.

1.2.3 Optimizadores en Redes Neuronales

Aunque el **descenso por gradiente básico** puede ser efectivo, a menudo enfrenta desafíos como tasas de convergencia lentas o quedarse atrapado en mínimos locales. Estas limitaciones pueden obstaculizar el rendimiento y la eficiencia general del proceso de optimización. Para abordar estos problemas y mejorar el entrenamiento de redes neuronales, investigadores y profesionales han desarrollado una variedad de algoritmos de optimización sofisticados, conocidos colectivamente como **optimizadores**.

Estas técnicas avanzadas se basan en los principios fundamentales del descenso por gradiente, introduciendo enfoques innovadores para acelerar la convergencia, escapar de mínimos locales y adaptarse a los complejos paisajes de pérdida que se encuentran en el deep learning.

Al incorporar mecanismos adicionales como el momentum, tasas de aprendizaje adaptativas y actualizaciones específicas de parámetros, estos optimizadores buscan superar las deficiencias del descenso por gradiente básico y proporcionar soluciones más robustas y eficientes para entrenar redes neuronales en diversos dominios de problemas.

Optimizadores Comunes

1. Momentum

Momentum es una técnica de optimización que ayuda a las redes neuronales a converger más rápido y de manera más eficiente. Lo logra agregando una fracción de la actualización de peso anterior a la actualización actual. Este enfoque tiene varios beneficios clave:

- Suavizar el camino del descenso por gradiente: Al incorporar información de actualizaciones previas, el momentum ayuda a suavizar la trayectoria de la optimización, reduciendo las oscilaciones en áreas de alta curvatura del paisaje de pérdida.
- Acelerar la convergencia: El momentum permite que el optimizador acumule "velocidad" en direcciones de gradiente consistentes, lo que permite un progreso más rápido hacia el óptimo.
- Escapar de mínimos locales: El momentum acumulado puede ayudar al optimizador a superar pequeños mínimos locales, lo que potencialmente lleva a mejores soluciones globales.

Matemáticamente, la actualización de momentum se puede expresar como:

$$v_t = \gamma v_{t-1} + \eta \nabla L(w)$$
$$w = w - v_t$$

Donde:

- v_t es la velocidad en el tiempo t
- $\gamma(gamma)$ es el coeficiente de momentum, generalmente establecido entre 0.9 y 0.99.
- $\eta(eta)$ es la tasa de aprendizaje.
- $\nabla L(w)$ es el gradiente de la función de pérdida con respecto a los pesos.

La actualización se realiza utilizando la velocidad calculada v_t. Esta formulación permite que el optimizador mantenga una "memoria" de los gradientes pasados, amortiguando efectivamente las oscilaciones y acelerando el progreso en direcciones consistentes.

Ejemplo: Implementación del Optimizador Momentum

Implementemos un optimizador con momentum desde cero y usémoslo para minimizar una función cuadrática simple. Este ejemplo ayudará a ilustrar cómo funciona el momentum en la práctica.

```
import numpy as np
import matplotlib.pyplot as plt

def quadratic_function(x):
    return x**2

def quadratic_gradient(x):
    return 2*x

def momentum_optimizer(start_x, learning_rate, momentum, num_iterations):
    x = start_x
    velocity = 0
    x_history, f_history = [x], [quadratic_function(x)]

    for _ in range(num_iterations):
        grad = quadratic_gradient(x)
        velocity = momentum * velocity - learning_rate * grad
        x = x + velocity
        x_history.append(x)
        f_history.append(quadratic_function(x))

    return x, x_history, f_history

# Set hyperparameters
start_x = 5.0
learning_rate = 0.1
momentum = 0.9
num_iterations = 50

# Run momentum optimizer
final_x, x_history, f_history = momentum_optimizer(start_x, learning_rate, momentum,
num_iterations)

# Plotting
plt.figure(figsize=(12, 5))
plt.subplot(1, 2, 1)
plt.plot(range(num_iterations + 1), x_history)
plt.title('x vs. Iteration')
plt.xlabel('Iteration')
plt.ylabel('x')
```

```
plt.subplot(1, 2, 2)
plt.plot(range(num_iterations + 1), f_history)
plt.title('f(x) vs. Iteration')
plt.xlabel('Iteration')
plt.ylabel('f(x)')

plt.tight_layout()
plt.show()

print(f"Final x: {final_x}")
print(f"Final f(x): {quadratic_function(final_x)}")
```

Desglose del código y explicación:

1. Importación de bibliotecas:
   - Importamos NumPy para cálculos numéricos y Matplotlib para graficar.
2. Definición de la función objetivo y su gradiente:
   - quadratic_function(x): Representa nuestra sencilla función objetivo $f(x) = x^2$.
   - quadratic_gradient(x): Calcula el gradiente de la función cuadrática, que es 2x.
3. Implementación del optimizador Momentum:
   - La función momentum_optimizer() toma como parámetros el valor inicial de x, la tasa de aprendizaje, el coeficiente de momentum y el número de iteraciones.
   - Inicializamos la velocidad en 0.
   - En cada iteración:
     - Calculamos el gradiente.
     - Actualizamos la velocidad: velocidad = momentum * velocidad - tasa_de_aprendizaje * gradiente.
     - Actualizamos x: x = x + velocidad.
     - Almacenamos x y f(x) para graficar.
4. Configuración de hiperparámetros:
   - Establecemos el valor inicial de x, la tasa de aprendizaje, el coeficiente de momentum y el número de iteraciones.
5. Ejecución del optimizador Momentum:
   - Llamamos a la función momentum_optimizer() con nuestros hiperparámetros.

6. Graficado de resultados:
    - Creamos dos subgráficos: uno para x vs. iteración y otro para f(x) vs. iteración.
    - Esto ayuda a visualizar cómo x converge al mínimo y cómo disminuye el valor de la función.
7. Impresión de resultados finales:
    - Imprimimos el valor final de x y el valor correspondiente de la función.

Este ejemplo demuestra cómo el momentum ayuda en la optimización acumulando velocidad en la dirección de gradientes consistentes. El algoritmo minimiza eficientemente la función cuadrática, convergiendo hacia la solución óptima (x = 0) donde se minimiza f(x).

Las gráficas generadas por este código mostrarán cómo x se aproxima a 0 y cómo f(x) disminuye a lo largo de las iteraciones, ilustrando la efectividad del optimizador Momentum en la minimización de la función objetivo. Notarás que la trayectoria de x puede exceder el mínimo inicialmente, pero luego converge, lo cual es una característica del comportamiento de optimización basada en momentum.

2. RMSprop (Propagación de la Raíz Cuadrada Media)

RMSprop es un algoritmo de optimización con tasa de aprendizaje adaptativa que aborda algunas de las limitaciones del descenso de gradiente básico. Fue propuesto por Geoffrey Hinton en su curso de Coursera sobre redes neuronales. Aquí tienes una explicación más detallada de cómo funciona RMSprop:

1. Tasas de aprendizaje adaptativas: RMSprop adapta la tasa de aprendizaje para cada parámetro individualmente. Esto significa que en lugar de usar una tasa de aprendizaje fija para todos los parámetros, RMSprop calcula una tasa de aprendizaje separada para cada parámetro basada en la información histórica del gradiente.
2. Escalado de gradientes: RMSprop reduce la tasa de aprendizaje para parámetros con gradientes grandes y la aumenta para parámetros con gradientes pequeños. Este escalado ayuda a estabilizar el proceso de aprendizaje y previene que la optimización exceda en direcciones con gradientes pronunciados.
3. Promedio móvil de gradientes al cuadrado: RMSprop mantiene un promedio móvil de los gradientes al cuadrado para cada parámetro. Este promedio móvil se usa para normalizar el gradiente actual, lo que ayuda a amortiguar las oscilaciones y permite una tasa de aprendizaje efectiva mayor.
4. Formulación matemática: La regla de actualización para RMSprop se puede expresar de la siguiente manera: $v_t = \beta * v_{t-1} + (1-\beta) * (\nabla L(w))^2$ $w = w - \eta * \nabla L(w)/\sqrt{(v_t + \varepsilon)}$ Donde v_t es el promedio móvil de los gradientes al cuadrado, β es la tasa de decaimiento (típicamente 0.9), η es la tasa de aprendizaje, $\nabla L(w)$ es el gradiente actual, y ε es una pequeña constante para evitar la división por cero.

5. Beneficios: Al adaptar las tasas de aprendizaje, RMSprop asegura que el modelo converja más rápido, especialmente en escenarios con gradientes dispersos o cuando se trata con objetivos no estacionarios. También ayuda a evitar el problema del gradiente que se desvanece, comúnmente encontrado en redes neuronales profundas.

6. Consideraciones prácticas: RMSprop es particularmente efectivo para redes neuronales recurrentes (RNNs) y en entornos en línea y no estacionarios. A menudo se prefiere sobre métodos basados en descenso de gradiente básico o momentum en muchas aplicaciones de aprendizaje profundo debido a su capacidad para manejar eficientemente una amplia variedad de paisajes de optimización.

Ejemplo: Implementando RMSprop desde cero

Vamos a implementar el optimizador RMSprop desde cero y usarlo para minimizar una sencilla función cuadrática.

Este ejemplo ayudará a ilustrar cómo funciona RMSprop en el mundo real.

```
import numpy as np
import matplotlib.pyplot as plt

def quadratic_function(x):
    return x**2

def quadratic_gradient(x):
    return 2*x

def rmsprop(start_x, learning_rate, beta, num_iterations):
    x = start_x
    x_history, f_history = [x], [quadratic_function(x)]
    v = 0
    epsilon = 1e-8

    for _ in range(num_iterations):
        grad = quadratic_gradient(x)
        v = beta * v + (1 - beta) * (grad**2)
        x = x - learning_rate * grad / (np.sqrt(v) + epsilon)
        x_history.append(x)
        f_history.append(quadratic_function(x))

    return x, x_history, f_history

# Set hyperparameters
start_x = 5.0
learning_rate = 0.1
beta = 0.9
num_iterations = 50

# Run RMSprop
```

```
final_x, x_history, f_history = rmsprop(start_x, learning_rate, beta, num_iterations)

# Plotting
plt.figure(figsize=(12, 5))
plt.subplot(1, 2, 1)
plt.plot(range(num_iterations + 1), x_history)
plt.title('x vs. Iteration')
plt.xlabel('Iteration')
plt.ylabel('x')

plt.subplot(1, 2, 2)
plt.plot(range(num_iterations + 1), f_history)
plt.title('f(x) vs. Iteration')
plt.xlabel('Iteration')
plt.ylabel('f(x)')

plt.tight_layout()
plt.show()

print(f"Final x: {final_x}")
print(f"Final f(x): {quadratic_function(final_x)}")
```

Desglose del código y explicación:

1. Importación de bibliotecas:
    - Importamos NumPy para cálculos numéricos y Matplotlib para graficar.
2. Definición de la función objetivo y su gradiente:
    - quadratic_function(x): Representa nuestra sencilla función objetivo $f(x) = x^2$.
    - quadratic_gradient(x): Calcula el gradiente de la función cuadrática, que es 2x.
3. Implementación de RMSprop:
    - La función rmsprop() toma como parámetros el valor inicial de x, la tasa de aprendizaje, el valor de beta (tasa de decaimiento) y el número de iteraciones.
    - Inicializamos el promedio móvil de los gradientes al cuadrado v en 0.
    - epsilon es una constante pequeña para prevenir la división por cero.
    - En cada iteración:
        - Calculamos el gradiente.
        - Actualizamos el promedio móvil: $v = \beta * v + (1 - \beta) * (grad^2)$.
        - Actualizamos x: $x = x - \eta * grad / (\sqrt{v} + \varepsilon)$.
        - Almacenamos x y f(x) para graficar.

4. Configuración de hiperparámetros:
   - Establecemos el valor inicial de x, la tasa de aprendizaje, el valor de beta y el número de iteraciones.
5. Ejecución de RMSprop:
   - Llamamos a la función rmsprop() con nuestros hiperparámetros.
6. Graficado de resultados:
   - Creamos dos subgráficos: uno para x vs. iteración y otro para f(x) vs. iteración.
   - Esto ayuda a visualizar cómo x converge al mínimo y cómo disminuye el valor de la función.
7. Impresión de resultados finales:
   - Imprimimos el valor final de x y el valor correspondiente de la función.

Este ejemplo demuestra cómo RMSprop adapta la tasa de aprendizaje según el promedio móvil de los gradientes al cuadrado. El algoritmo minimiza eficientemente la función cuadrática, convergiendo hacia la solución óptima (x = 0) donde se minimiza f(x).

Las gráficas generadas por este código mostrarán cómo x se aproxima a 0 y cómo f(x) disminuye a lo largo de las iteraciones, ilustrando la efectividad del optimizador RMSprop en la minimización de la función objetivo.

3. Adam (Estimación de Momento Adaptativo)

Adam es un algoritmo de optimización potente que combina los beneficios tanto de Momentum como de RMSprop, lo que lo convierte en una de las opciones más populares para entrenar redes neuronales profundas. A continuación se explica más detalladamente cómo funciona Adam:

1. Tasas de aprendizaje adaptativas: Al igual que RMSprop, Adam calcula tasas de aprendizaje adaptativas para cada parámetro. Esto permite que el optimizador ajuste el tamaño del paso para cada peso individualmente, lo que lleva a actualizaciones más eficientes.
2. Integración de Momentum y RMSprop: Adam mantiene dos promedios móviles:
   - m_t: Un promedio móvil del gradiente (similar a Momentum).
   - v_t: Un promedio móvil del gradiente al cuadrado (similar a RMSprop).
3. Corrección de sesgo: Adam incluye términos de corrección de sesgo para m_t y v_t, lo que ayuda a contrarrestar el sesgo hacia cero en la inicialización, especialmente durante los primeros pasos del entrenamiento.

4. Regla de actualización: La regla de actualización de Adam se puede expresar de la siguiente manera:

$$m_t = \beta 1 * m_{t-1} + (1\text{-}\beta 1) * \nabla L(w)$$

$$v_t = \beta 2 * v_{t-1} + (1\text{-}\beta 2) * \left(\nabla L(w)\right)^2$$

$$\hat{m_t} = m_t/(1\text{-}\beta 1^t)$$

$$\hat{v}_t = v_t/(1\text{-}\beta 2^t)$$

$$w = w\text{-}\eta * \hat{m_\iota}/\left(\sqrt{\hat{v}_\iota} + \varepsilon\right)$$

Donde β1 y β2 son las tasas de decaimiento para los promedios móviles, η es la tasa de aprendizaje, y ε es una pequeña constante para prevenir la división por cero.

5. Ventajas:
   - Combina los beneficios de Momentum (manejo de gradientes dispersos) y RMSprop (manejo de objetivos no estacionarios).
   - A menudo converge más rápido y hacia mejores soluciones en comparación con otros optimizadores.
   - Funciona bien con una amplia gama de arquitecturas de redes neuronales y tipos de problemas.
   - Requiere poca memoria y es computacionalmente eficiente.

Al aprovechar estas técnicas sofisticadas, Adam a menudo logra un rendimiento superior en el entrenamiento de redes neuronales profundas, lo que lo convierte en una opción preferida para muchos profesionales en el campo del aprendizaje automático y la inteligencia artificial.

Ejemplo: Uso del optimizador Adam en Scikit-learn

Revisemos nuestro ejemplo de perceptrón multicapa de la sección anterior y utilicemos el **optimizador Adam** para entrenar la red.

```
import numpy as np
import matplotlib.pyplot as plt
from sklearn.neural_network import MLPClassifier
from sklearn.model_selection import train_test_split
from sklearn.metrics import accuracy_score, confusion_matrix

# XOR dataset
X = np.array([[0, 0], [0, 1], [1, 0], [1, 1]])
y = np.array([0, 1, 1, 0])  # XOR logic output

# Split the data into training and testing sets
X_train, X_test, y_train, y_test = train_test_split(X, y, test_size=0.2, random_state=42)
```

```
# Create MLP classifier with Adam optimizer
mlp = MLPClassifier(hidden_layer_sizes=(4, 2), max_iter=1000, solver='adam',
                    activation='relu', random_state=42, learning_rate_init=0.01)

# Train the model
mlp.fit(X_train, y_train)

# Make predictions
y_pred = mlp.predict(X_test)

# Calculate accuracy
accuracy = accuracy_score(y_test, y_pred)
print(f"Accuracy: {accuracy:.2f}")

# Display confusion matrix
cm = confusion_matrix(y_test, y_pred)
print("Confusion Matrix:")
print(cm)

# Visualize decision boundary
x_min, x_max = X[:, 0].min() - 0.5, X[:, 0].max() + 0.5
y_min, y_max = X[:, 1].min() - 0.5, X[:, 1].max() + 0.5
xx, yy = np.meshgrid(np.arange(x_min, x_max, 0.02),
                     np.arange(y_min, y_max, 0.02))
Z = mlp.predict(np.c_[xx.ravel(), yy.ravel()])
Z = Z.reshape(xx.shape)

plt.figure(figsize=(8, 6))
plt.contourf(xx, yy, Z, alpha=0.8, cmap=plt.cm.RdYlBu)
plt.scatter(X[:, 0], X[:, 1], c=y, cmap=plt.cm.RdYlBu, edgecolor='black')
plt.xlabel('Feature 1')
plt.ylabel('Feature 2')
plt.title('MLP Decision Boundary for XOR Problem')
plt.show()

# Plot learning curve
plt.figure(figsize=(10, 5))
plt.plot(mlp.loss_curve_)
plt.title('MLP Learning Curve')
plt.xlabel('Iterations')
plt.ylabel('Loss')
plt.show()
```

Explicación del desglose del código:

1. **Importación de bibliotecas**:
   - Importamos NumPy para operaciones numéricas, Matplotlib para graficar, y varios módulos de Scikit-learn para tareas de aprendizaje automático.
2. **Creación del conjunto de datos XOR**:

- Definimos el problema XOR con la entrada X y la salida correspondiente y.
- La función XOR devuelve 1 si las entradas son diferentes y 0 si son iguales.

3. **División de los datos**:
   - Usamos train_test_split para dividir nuestros datos en conjuntos de entrenamiento y prueba.
   - Esto nos permite evaluar el rendimiento de nuestro modelo en datos no vistos.
4. **Creación y configuración del clasificador MLP**:
   - Inicializamos un MLPClassifier con dos capas ocultas (4 y 2 neuronas).
   - Establecemos el solucionador en 'adam', que es el optimizador Adam.
   - La función de activación está configurada como 'relu' (Unidad Lineal Rectificada).
   - Establecemos una tasa de aprendizaje y un estado aleatorio para la reproducibilidad.
5. **Entrenamiento del modelo**:
   - Usamos el método fit para entrenar nuestro modelo con los datos de entrenamiento.
6. **Realización de predicciones y evaluación del rendimiento**:
   - Utilizamos el modelo entrenado para hacer predicciones en el conjunto de prueba.
   - Calculamos e imprimimos la precisión de nuestro modelo.
   - También generamos y mostramos una matriz de confusión para ver el rendimiento detallado.
7. **Visualización de la frontera de decisión**:
   - Creamos una malla que cubra todo el espacio de entrada.
   - Usamos el modelo entrenado para predecir la clase para cada punto en la malla.
   - Graficamos la frontera de decisión usando contourf y dispersamos los puntos de datos originales.
8. **Graficado de la curva de aprendizaje**:
   - Graficamos la curva de pérdida a lo largo de las iteraciones para visualizar cómo disminuye la pérdida del modelo durante el entrenamiento.

- Esto ayuda a entender si el modelo está aprendiendo efectivamente o si está sobreajustando/subajustando.

Este ejemplo proporciona una visión completa del uso del optimizador Adam con un Perceptrón Multicapa para resolver el problema XOR. Incluye la división de datos, evaluación del modelo y técnicas de visualización que son cruciales para comprender e interpretar el rendimiento del modelo.

1.3 Sobreajuste, Subajuste y Técnicas de Regularización

Cuando se entrena una red neuronal, es fundamental lograr el equilibrio adecuado entre la complejidad del modelo y la generalización. Este equilibrio se encuentra entre dos extremos: **subajuste** y **sobreajuste**. El subajuste ocurre cuando un modelo carece de la complejidad necesaria para capturar los patrones subyacentes en los datos, lo que da como resultado un mal rendimiento tanto en los conjuntos de entrenamiento como en los de prueba.

Por el contrario, el sobreajuste ocurre cuando un modelo se vuelve excesivamente complejo, memorizando el ruido y las peculiaridades del conjunto de entrenamiento en lugar de aprender patrones generalizables. Esto lleva a un excelente rendimiento en el conjunto de entrenamiento pero malos resultados cuando se aplica a datos nuevos no vistos.

Para abordar estos desafíos y mejorar la capacidad del modelo para generalizar, los practicantes de aprendizaje automático emplean varias **técnicas de regularización**. Estos métodos tienen como objetivo restringir o penalizar modelos demasiado complejos, reduciendo así el riesgo de sobreajuste y mejorando el rendimiento del modelo en datos no vistos.

Esta sección profundiza en las complejidades del subajuste, el sobreajuste y la regularización, explorando sus conceptos subyacentes y presentando estrategias efectivas para mitigar estos problemas en el entrenamiento de redes neuronales.

1.3.1. Sobreajuste

Sobreajuste es un desafío común en el aprendizaje automático donde un modelo se vuelve excesivamente complejo, aprendiendo no solo los patrones subyacentes en los datos, sino también el ruido y las fluctuaciones aleatorias presentes en el conjunto de entrenamiento. Este fenómeno resulta en un modelo que se desempeña excepcionalmente bien en los datos de entrenamiento, pero falla en generalizar efectivamente a nuevos datos no vistos. Esencialmente, el modelo "memoriza" los datos de entrenamiento en lugar de aprender patrones generalizables.

Las consecuencias del sobreajuste pueden ser graves. Aunque el modelo puede lograr una alta precisión en los datos de entrenamiento, su rendimiento en datos de prueba o en aplicaciones del mundo real puede ser significativamente inferior. Esta discrepancia entre el rendimiento en el entrenamiento y el rendimiento en la prueba es un indicador clave de sobreajuste.

Causas del sobreajuste

El sobreajuste generalmente ocurre debido a varios factores:

1. Complejidad del modelo

La complejidad de un modelo en relación con la cantidad y naturaleza de los datos de entrenamiento es un factor crítico en el sobreajuste. Cuando un modelo se vuelve demasiado complejo, puede llevar al sobreajuste al capturar el ruido y los patrones irrelevantes en los datos. Esto es particularmente evidente en las redes neuronales, donde tener un número excesivo de capas o neuronas puede proporcionar al modelo una capacidad innecesaria para memorizar los datos de entrenamiento en lugar de aprender patrones generalizables.

Por ejemplo, considera un conjunto de datos con 100 muestras y una red neuronal con 1000 neuronas. Este modelo tiene muchos más parámetros que puntos de datos, lo que le permite memorizar potencialmente cada punto de datos individual en lugar de aprender los patrones subyacentes. Como resultado, el modelo puede desempeñarse excepcionalmente bien en los datos de entrenamiento, pero fallar en generalizar a nuevos datos no vistos.

La relación entre la complejidad del modelo y el sobreajuste se puede entender a través del compromiso entre sesgo y varianza. A medida que aumenta la complejidad del modelo, el sesgo (error debido a la simplificación excesiva) disminuye, pero la varianza (error debido a la sensibilidad a pequeñas fluctuaciones en el conjunto de entrenamiento) aumenta. El objetivo es encontrar el equilibrio óptimo donde el modelo sea lo suficientemente complejo para capturar los verdaderos patrones en los datos, pero no tan complejo como para ajustarse al ruido.

Para mitigar el sobreajuste debido a una complejidad excesiva del modelo, se pueden emplear varias estrategias:

- Reducir el número de capas o neuronas en las redes neuronales.
- Usar técnicas de regularización como regularización L1 o L2.
- Implementar dropout para evitar la dependencia excesiva de neuronas específicas.
- Emplear el early stopping para evitar iteraciones de entrenamiento excesivas.

Al gestionar cuidadosamente la complejidad del modelo, podemos desarrollar modelos que generalicen bien a nuevos datos mientras capturan los patrones esenciales en el conjunto de entrenamiento.

2. Datos limitados

Los conjuntos de datos pequeños presentan un desafío significativo en el aprendizaje automático, particularmente para modelos complejos como las redes neuronales. Cuando un modelo se entrena con una cantidad limitada de datos, puede no tener suficientes ejemplos para aprender con precisión los verdaderos patrones subyacentes y las relaciones dentro de los datos. Esta escasez de ejemplos diversos puede llevar a varios problemas:

Sobreajuste al ruido: Con datos limitados, el modelo puede comenzar a ajustarse a las fluctuaciones aleatorias o el ruido presente en el conjunto de entrenamiento, confundiendo estas anomalías con patrones significativos. Esto puede resultar en un modelo que se desempeña excepcionalmente bien en los datos de entrenamiento, pero falla en generalizar a nuevos datos no vistos.

Falta de representación: Los conjuntos de datos pequeños pueden no representar adecuadamente todo el rango de variabilidad en el espacio del problema. Como resultado, el modelo puede aprender representaciones sesgadas o incompletas de los patrones subyacentes, lo que lleva a un mal rendimiento en puntos de datos que difieren significativamente de aquellos en el conjunto de entrenamiento.

Inestabilidad en el aprendizaje: Los datos limitados pueden causar inestabilidad en el proceso de aprendizaje, donde pequeños cambios en el conjunto de entrenamiento pueden llevar a grandes cambios en el rendimiento del modelo. Esta volatilidad dificulta la obtención de resultados consistentes y confiables.

Métricas de rendimiento engañosas: Al evaluar un modelo entrenado con datos limitados, las métricas de rendimiento en el conjunto de entrenamiento pueden ser engañosas. El modelo puede lograr una alta precisión en este conjunto pequeño, pero no mantener ese rendimiento cuando se aplica a una población más amplia o a escenarios del mundo real.

Dificultad en la validación: Con un conjunto de datos pequeño, se vuelve difícil crear divisiones representativas de entrenamiento y prueba o realizar una validación cruzada robusta. Esto puede dificultar la evaluación precisa de las verdaderas capacidades de generalización del modelo.

Para mitigar estos problemas, se vuelven cruciales técnicas como la **aumentación de datos**, el **aprendizaje por transferencia** y la **regularización cuidadosa** cuando se trabaja con conjuntos de datos limitados. Además, recolectar datos más diversos y representativos, cuando sea posible, puede mejorar significativamente la capacidad del modelo para aprender los verdaderos patrones subyacentes y generalizar de manera efectiva.

3. Datos ruidosos

La presencia de ruido o errores en los datos de entrenamiento puede impactar significativamente la capacidad de generalización de un modelo. El ruido en los datos se refiere a variaciones aleatorias, inexactitudes o información irrelevante que no representa los verdaderos patrones subyacentes. Cuando un modelo se entrena con datos ruidosos, puede interpretar erróneamente estas irregularidades como patrones significativos, lo que lleva a varios problemas:

Interpretación errónea de los patrones: El modelo podría aprender a ajustarse al ruido en lugar de a las relaciones reales subyacentes en los datos. Esto puede resultar en correlaciones espurias e insights falsos.

Generalización reducida: Al ajustarse al ruido, el modelo se vuelve menos capaz de generalizar a nuevos datos no vistos. Puede desempeñarse bien en el conjunto de entrenamiento ruidoso, pero fallar en mantener ese rendimiento en datos de prueba limpios o en aplicaciones del mundo real.

Complejidad incrementada: Para acomodar el ruido, el modelo puede volverse innecesariamente complejo, intentando explicar cada punto de datos, incluidos los valores atípicos y errores. Esta complejidad incrementada puede llevar al sobreajuste.

Rendimiento inconsistente: Los datos ruidosos pueden causar inestabilidad en el rendimiento del modelo. Pequeños cambios en la entrada podrían llevar a cambios desproporcionadamente grandes en la salida, lo que hace que el modelo sea poco confiable.

Para mitigar el impacto de los datos ruidosos, se pueden emplear varias estrategias:

- **Limpieza de datos:** Preprocesar cuidadosamente los datos para eliminar o corregir errores obvios y valores atípicos.
- **Funciones de pérdida robustas:** Usar funciones de pérdida que sean menos sensibles a los valores atípicos, como la pérdida de Huber o la pérdida log-cosh.
- **Métodos de ensamblaje:** Combinar múltiples modelos para promediar el impacto del ruido en los modelos individuales.
- **Validación cruzada:** Usar técnicas de validación cruzada exhaustivas para garantizar que el rendimiento del modelo sea consistente en diferentes subconjuntos de los datos.

Al abordar el desafío de los datos ruidosos, podemos desarrollar modelos más robustos, confiables y capaces de capturar patrones verdaderos subyacentes en lugar de ajustarse al ruido y los errores presentes en el conjunto de entrenamiento.

4. Entrenamiento excesivo

Entrenar un modelo durante un período extendido sin criterios de detención adecuados puede llevar al sobreajuste. Este fenómeno, conocido como "sobreentrenamiento", ocurre cuando el modelo continúa optimizando sus parámetros en los datos de entrenamiento mucho después de haber aprendido los patrones verdaderos subyacentes. Como resultado, el modelo comienza a memorizar el ruido y las idiosincrasias específicas del conjunto de entrenamiento, en lugar de generalizar a partir de los datos.

Las consecuencias del entrenamiento excesivo son multifacéticas:

- **Generalización disminuida:** A medida que el modelo continúa entrenándose, se adapta cada vez más a los datos de entrenamiento, perdiendo potencialmente su capacidad para desempeñarse bien en datos no vistos.
- **Mayor sensibilidad al ruido:** Con el tiempo, el modelo puede comenzar a interpretar fluctuaciones aleatorias o ruido en los datos de entrenamiento como patrones significativos, lo que lleva a un mal rendimiento en escenarios del mundo real.
- **Ineficiencia computacional:** Continuar entrenando un modelo más allá del punto de rendimiento óptimo desperdicia recursos computacionales y tiempo.

Este problema es particularmente problemático cuando no se emplean técnicas diseñadas para prevenir el sobreentrenamiento, como:

- **Detención temprana:** Esta técnica monitorea el rendimiento del modelo en un conjunto de validación durante el entrenamiento y detiene el proceso cuando el rendimiento comienza a degradarse, evitando así el sobreentrenamiento.
- **Validación cruzada:** Al entrenar y evaluar el modelo en diferentes subconjuntos de los datos, la validación cruzada proporciona una evaluación más robusta del rendimiento del modelo y ayuda a identificar cuándo el entrenamiento adicional ya no es beneficioso.

Para mitigar los riesgos del entrenamiento excesivo, es crucial implementar estas técnicas y monitorear regularmente el rendimiento del modelo tanto en los conjuntos de entrenamiento como de validación a lo largo del proceso de entrenamiento. Este enfoque asegura que el modelo logre un rendimiento óptimo sin ajustarse en exceso a los datos de entrenamiento.

5. Falta de regularización

Sin técnicas de regularización adecuadas, los modelos (especialmente los complejos) son más propensos al sobreajuste ya que no tienen restricciones en su complejidad durante el proceso de entrenamiento. La regularización actúa como una forma de control de complejidad, previniendo que el modelo se vuelva demasiado intrincado y se ajuste al ruido en los datos. A continuación se ofrece una explicación más detallada:

Las técnicas de regularización introducen restricciones adicionales o penalizaciones en la función objetivo del modelo, desalentando que aprenda patrones excesivamente complejos. Estos métodos ayudan a encontrar un equilibrio entre ajustar bien los datos de entrenamiento y mantener la capacidad de generalizar a datos no vistos. Algunas técnicas comunes de regularización incluyen:

- **Regularización L1 y L2:** Estas añaden penalizaciones basadas en la magnitud de los parámetros del modelo, fomentando modelos más simples.
- **Dropout:** Desactiva aleatoriamente neuronas durante el entrenamiento, obligando a la red a aprender características más robustas.

- **Detención temprana:** Detiene el entrenamiento cuando el rendimiento en un conjunto de validación comienza a degradarse, evitando el sobreentrenamiento.
- **Aumentación de datos:** Aumenta artificialmente la diversidad del conjunto de entrenamiento, reduciendo la tendencia del modelo a memorizar ejemplos específicos.

Sin estas técnicas de regularización, los modelos complejos tienen la libertad de ajustar sus parámetros para ajustar perfectamente los datos de entrenamiento, incluidos el ruido o los valores atípicos. Esto a menudo lleva a una mala generalización en nuevos datos no vistos. Al implementar la regularización adecuada, podemos guiar al modelo hacia el aprendizaje de patrones más generales y robustos que probablemente funcionen bien en diversos conjuntos de datos.

Comprender estas causas es crucial para implementar estrategias efectivas que prevengan el sobreajuste y desarrollen modelos que generalicen bien a nuevos datos.

Ejemplo de sobreajuste en redes neuronales

Demostraremos el sobreajuste entrenando una red neuronal en un conjunto de datos pequeño sin regularización.

```
import numpy as np
import matplotlib.pyplot as plt
from sklearn.datasets import make_moons
from sklearn.model_selection import train_test_split
from sklearn.neural_network import MLPClassifier
from sklearn.metrics import accuracy_score

# Generate synthetic data (moons dataset)
X, y = make_moons(n_samples=200, noise=0.20, random_state=42)

# Split data into training and testing sets
X_train, X_test, y_train, y_test = train_test_split(X, y, test_size=0.3,
random_state=42)

# Function to plot decision boundary
def plot_decision_boundary(X, y, model, title):
    x_min, x_max = X[:, 0].min() - 0.5, X[:, 0].max() + 0.5
    y_min, y_max = X[:, 1].min() - 0.5, X[:, 1].max() + 0.5
    xx, yy = np.meshgrid(np.arange(x_min, x_max, 0.02),
                         np.arange(y_min, y_max, 0.02))
    Z = model.predict(np.c_[xx.ravel(), yy.ravel()])
    Z = Z.reshape(xx.shape)
    plt.figure(figsize=(10, 8))
    plt.contourf(xx, yy, Z, alpha=0.8, cmap=plt.cm.RdYlBu)
    plt.scatter(X[:, 0], X[:, 1], c=y, cmap=plt.cm.RdYlBu, edgecolor='black')
    plt.title(title)
    plt.xlabel('Feature 1')
    plt.ylabel('Feature 2')
    plt.show()
```

```
# Train a neural network with too many neurons and no regularization (overfitting)
mlp_overfit = MLPClassifier(hidden_layer_sizes=(100, 100), max_iter=2000,
random_state=42)
mlp_overfit.fit(X_train, y_train)

# Train a neural network with appropriate complexity (good fit)
mlp_good = MLPClassifier(hidden_layer_sizes=(10,), max_iter=2000, random_state=42)
mlp_good.fit(X_train, y_train)

# Train a neural network with too few neurons (underfitting)
mlp_underfit = MLPClassifier(hidden_layer_sizes=(2,), max_iter=2000, random_state=42)
mlp_underfit.fit(X_train, y_train)

# Visualize decision boundaries
plot_decision_boundary(X_train, y_train, mlp_overfit, "Overfitting Model (100, 100
neurons)")
plot_decision_boundary(X_train, y_train, mlp_good, "Good Fit Model (10 neurons)")
plot_decision_boundary(X_train, y_train, mlp_underfit, "Underfitting Model (2
neurons)")

# Evaluate models
models = [mlp_overfit, mlp_good, mlp_underfit]
model_names = ["Overfitting", "Good Fit", "Underfitting"]

for model, name in zip(models, model_names):
    train_accuracy = accuracy_score(y_train, model.predict(X_train))
    test_accuracy = accuracy_score(y_test, model.predict(X_test))
    print(f"{name} Model - Train Accuracy: {train_accuracy:.4f}, Test Accuracy:
{test_accuracy:.4f}")
```

Ahora, desglosamos este código y explicamos sus componentes:

1. **Generación y preprocesamiento de datos**:
   - Usamos make_moons de sklearn para generar un conjunto de datos sintético con dos semicírculos entrelazados.
   - El conjunto de datos se divide en conjuntos de entrenamiento y prueba usando train_test_split.
2. **Función para graficar la frontera de decisión**:
   - Se define la función plot_decision_boundary para visualizar las fronteras de decisión de nuestros modelos.
   - Crea una cuadrícula en el espacio de características y utiliza el modelo para predecir la clase para cada punto en la cuadrícula.
   - La frontera de decisión resultante se grafica junto con los puntos de datos dispersos.

3. **Entrenamiento de modelos**:
   - Creamos tres modelos de redes neuronales diferentes para demostrar sobreajuste, buen ajuste y subajuste:
   - **Modelo de sobreajuste**: Usa dos capas ocultas con 100 neuronas cada una, lo que probablemente sea demasiado complejo para este conjunto de datos simple.
   - **Modelo de buen ajuste**: Usa una capa oculta con 10 neuronas, lo que debería ser apropiado para este conjunto de datos.
   - **Modelo de subajuste**: Usa una capa oculta con solo 2 neuronas, lo que probablemente sea demasiado simple para captar la complejidad del conjunto de datos.
4. **Visualización**:
   - Llamamos a la función plot_decision_boundary para cada modelo para visualizar sus fronteras de decisión.
   - Esto nos permite ver cómo cada modelo interpreta los datos y realiza predicciones.
5. **Evaluación del modelo**:
   - Calculamos e imprimimos las precisiones de entrenamiento y prueba para cada modelo.
   - Esto nos ayuda a cuantificar el rendimiento de cada modelo e identificar sobreajuste o subajuste.

Resultados esperados e interpretación:

1. **Modelo de sobreajuste**:
   - La frontera de decisión probablemente será muy compleja, con muchas pequeñas regiones que se ajustan perfectamente a los datos de entrenamiento.
   - La precisión en el entrenamiento será muy alta (cerca de 1.0), pero la precisión en la prueba será más baja, lo que indica una pobre generalización.
2. **Modelo de buen ajuste**:
   - La frontera de decisión debería separar suavemente las dos clases, siguiendo la forma general de las lunas.
   - Las precisiones de entrenamiento y prueba deberían ser similares y razonablemente altas, lo que indica una buena generalización.

3. **Modelo de subajuste**:
    - La frontera de decisión probablemente será una línea simple, incapaz de capturar la forma curva de las lunas.
    - Tanto las precisiones de entrenamiento como de prueba serán más bajas que en los otros modelos, lo que indica un mal rendimiento debido a la simplicidad del modelo.

Este ejemplo demuestra los conceptos de sobreajuste, subajuste y buen ajuste en redes neuronales. Al visualizar las fronteras de decisión y comparar las precisiones de entrenamiento y prueba, podemos ver claramente cómo la complejidad del modelo afecta la capacidad de una red neuronal para generalizar desde los datos de entrenamiento a los datos de prueba no vistos.

1.3.2 Subajuste

El **subajuste** ocurre cuando un modelo de aprendizaje automático es demasiado simple para capturar los patrones y relaciones subyacentes en los datos. Este fenómeno da como resultado un rendimiento deficiente tanto en los conjuntos de entrenamiento como de prueba, ya que el modelo no logra aprender y representar la complejidad inherente de los datos que intenta modelar.

Causas del subajuste

El subajuste generalmente ocurre debido a varios factores:

1. Complejidad insuficiente del modelo

Cuando un modelo carece de la complejidad necesaria para representar los patrones subyacentes en los datos, no logra capturar relaciones importantes. Esta es una causa fundamental del subajuste y puede manifestarse de varias maneras:

- En redes neuronales:
    - **Muy pocas capas**: Los modelos de aprendizaje profundo a menudo requieren múltiples capas para aprender representaciones jerárquicas de datos complejos. Tener pocas capas puede limitar la capacidad del modelo para capturar patrones intrincados.
    - **Neuronas insuficientes**: Cada capa necesita un número adecuado de neuronas para representar las características en ese nivel de abstracción. Pocas neuronas pueden resultar en un cuello de botella de información, impidiendo que el modelo aprenda representaciones completas.
- En modelos lineales:
    - **Intento de ajustar datos no lineales**: Los modelos lineales, por definición, solo pueden representar relaciones lineales. Cuando se aplican a datos con

patrones no lineales, inevitablemente subajustan, ya que no pueden capturar la verdadera estructura subyacente de los datos.

- Ejemplo: Intentar ajustar una línea recta a datos que siguen una tendencia cuadrática o exponencial resultará en un rendimiento deficiente y subajuste.

Las consecuencias de una complejidad insuficiente del modelo incluyen:

- Mal rendimiento en los datos de entrenamiento y de prueba.
- Incapacidad para capturar patrones matizados en los datos.
- Simplificación excesiva de relaciones complejas.
- Capacidad predictiva limitada y falta de generalización.

Para abordar la complejidad insuficiente del modelo, se puede considerar:

- Aumentar el número de capas o neuronas en las redes neuronales.
- Utilizar arquitecturas de modelos más sofisticadas (por ejemplo, redes convolucionales o recurrentes para tipos de datos específicos).
- Incorporar transformaciones no lineales o métodos de núcleos en modelos más simples.
- Realizar ingeniería de características para crear representaciones de entrada más informativas.

Es importante señalar que, aunque aumentar la complejidad del modelo puede ayudar a resolver el subajuste, debe hacerse con cuidado para evitar llegar al otro extremo del sobreajuste. El objetivo es encontrar el equilibrio adecuado de complejidad del modelo que capture los verdaderos patrones subyacentes en los datos sin ajustarse al ruido.

2. Conjunto de características inadecuado

Un conjunto de características insuficiente o inapropiado puede llevar al subajuste, ya que el modelo carece de la información necesaria para capturar los patrones subyacentes en los datos. Este problema puede manifestarse de varias maneras:

- **Faltan características importantes**: Pueden faltar en el conjunto de datos predictores clave que influyen significativamente en la variable objetivo. Por ejemplo, en un modelo de predicción de precios de casas, omitir factores cruciales como la ubicación o los metros cuadrados limitaría gravemente la capacidad del modelo para hacer predicciones precisas.
- **Características excesivamente abstractas**: A veces, las características disponibles son demasiado generales para capturar los matices del problema. Por ejemplo, usar solo categorías amplias en lugar de puntos de datos más detallados puede resultar en una pérdida de información importante.

- **Falta de ingeniería de características**: A menudo, los datos sin procesar necesitan ser transformados o combinados para crear características más informativas. No realizar la ingeniería de características necesaria puede ocultar patrones valiosos del modelo. Por ejemplo, en un análisis de series temporales, no crear características de retraso o promedios móviles podría impedir que el modelo capture dependencias temporales.
- **Características irrelevantes**: Incluir una gran cantidad de características irrelevantes puede diluir el impacto de los predictores importantes y dificultar que el modelo identifique los verdaderos patrones. Esto es especialmente problemático en conjuntos de datos de alta dimensionalidad, donde la relación señal-ruido podría ser baja.

Para abordar estos problemas, los científicos de datos y practicantes de aprendizaje automático deben:

- Realizar un análisis exploratorio de datos exhaustivo para identificar características potencialmente importantes.
- Colaborar con expertos en la materia para asegurarse de que se consideren todas las variables relevantes.
- Aplicar técnicas de selección de características para identificar los predictores más informativos.
- Implementar ingeniería de características para crear nuevas variables más significativas.
- Reevaluar y actualizar regularmente el conjunto de características a medida que se disponga de nueva información o evolucione el problema.

Al garantizar un conjunto de características rico, relevante y bien diseñado, los modelos estarán mejor equipados para aprender los verdaderos patrones subyacentes en los datos, reduciendo el riesgo de subajuste y mejorando el rendimiento general.

3. Tiempo de entrenamiento insuficiente

Cuando un modelo no se entrena durante un número suficiente de épocas (iteraciones sobre todo el conjunto de datos de entrenamiento), es posible que no tenga suficiente oportunidad para aprender los patrones en los datos. Esto es particularmente relevante para modelos complejos o conjuntos de datos grandes, donde se necesita más tiempo de entrenamiento para converger a una solución óptima. A continuación se ofrece una explicación más detallada:

- **Proceso de aprendizaje**: Las redes neuronales aprenden ajustando iterativamente sus pesos en función del error entre sus predicciones y los valores objetivo reales. Cada paso a través de todo el conjunto de datos (una época) permite que el modelo refine estos pesos.

- **Complejidad y tamaño del conjunto de datos**: Los modelos más complejos (por ejemplo, redes neuronales profundas) y los conjuntos de datos más grandes generalmente requieren más épocas para aprender de manera efectiva. Esto se debe a que hay más parámetros que optimizar y más patrones de datos que reconocer.
- **Convergencia**: El modelo necesita tiempo para converger a una buena solución. Un tiempo de entrenamiento insuficiente puede hacer que el modelo se quede atascado en un estado subóptimo, lo que lleva al subajuste.
- **Tasa de aprendizaje**: La tasa de aprendizaje, que controla cuánto se ajustan los pesos del modelo en cada iteración, también influye. Una tasa de aprendizaje muy pequeña puede requerir más épocas para que el modelo converja.
- **Terminación temprana**: Detener el proceso de entrenamiento demasiado pronto puede evitar que el modelo capture completamente los patrones subyacentes en los datos, lo que resulta en un rendimiento deficiente en los conjuntos de entrenamiento y prueba.
- **Monitoreo del progreso**: Es crucial monitorear el rendimiento del modelo durante el entrenamiento utilizando datos de validación. Esto ayuda a determinar si se necesita más tiempo de entrenamiento o si el modelo ha alcanzado su rendimiento óptimo.

Para abordar el tiempo de entrenamiento insuficiente, considera aumentar el número de épocas, ajustar la tasa de aprendizaje o utilizar técnicas como la programación de la tasa de aprendizaje para optimizar el proceso de entrenamiento.

4. Regularización excesivamente agresiva

Si bien la regularización generalmente se utiliza para evitar el sobreajuste, aplicar demasiada regularización puede restringir en exceso al modelo, impidiendo que aprenda los patrones reales en los datos. Este fenómeno se conoce como sobre-regularización y puede llevar al subajuste. A continuación se ofrece una explicación más detallada:

- **Métodos de regularización**: Las técnicas comunes de regularización incluyen L1 (Lasso), L2 (Ridge) y la regularización Elastic Net. Estos métodos agregan términos de penalización a la función de pérdida en función de los parámetros del modelo.
- **El equilibrio es clave**: El objetivo de la regularización es encontrar un equilibrio entre ajustar los datos de entrenamiento y mantener el modelo simple. Sin embargo, cuando la regularización es demasiado fuerte, puede llevar al modelo hacia una simplificación excesiva.
- **Efectos de la sobre-regularización**:
    - **Encogimiento de parámetros**: La regularización excesiva puede forzar a muchos parámetros a acercarse a cero, eliminando efectivamente características importantes del modelo.

- **Pérdida de complejidad**: El modelo puede volverse demasiado simple para capturar los patrones subyacentes en los datos, lo que resulta en un rendimiento deficiente tanto en los conjuntos de entrenamiento como de prueba.
- **Subajuste**: Los modelos sobre-regularizados a menudo exhiben signos clásicos de subajuste, como un alto sesgo y baja varianza.

- **Ajuste de hiperparámetros**: La fuerza de la regularización se controla mediante hiperparámetros (por ejemplo, lambda en la regularización L1/L2). El ajuste adecuado de estos hiperparámetros es crucial para evitar la sobre-regularización.
- **Validación cruzada**: Usar técnicas como la validación cruzada en k pliegues puede ayudar a encontrar la fuerza óptima de regularización que equilibre el subajuste y el sobreajuste.

Para abordar la sobre-regularización, los practicantes deben ajustar cuidadosamente los parámetros de regularización, posiblemente utilizando técnicas como la búsqueda en cuadrícula o la búsqueda aleatoria, y siempre validar el rendimiento del modelo en un conjunto de validación separado para asegurarse de que se logre el equilibrio adecuado.

5. Modelo inapropiado para el problema

Elegir una arquitectura de modelo inadecuada para el problema específico puede llevar al subajuste. Esto ocurre cuando el modelo seleccionado carece de la complejidad o flexibilidad necesarias para capturar los patrones subyacentes en los datos. A continuación, se ofrece una explicación más detallada:

Problemas lineales vs. no lineales: Una incompatibilidad común es utilizar un modelo lineal para un problema no lineal. Por ejemplo, aplicar una regresión lineal simple a datos con relaciones complejas y no lineales resultará en subajuste. El modelo no podrá capturar las sutilezas y curvaturas de los datos, lo que llevará a un mal rendimiento.

Desajuste de complejidad: A veces, el modelo elegido puede ser demasiado simple para la complejidad del problema. Por ejemplo, usar una red neuronal poco profunda con pocas capas para una tarea de aprendizaje profundo que requiere extracción de características jerárquicas (como el reconocimiento de imágenes) puede resultar en subajuste.

Modelos específicos del dominio: Algunos problemas requieren arquitecturas de modelos especializadas. Por ejemplo, usar una red neuronal estándar para datos secuenciales (como series temporales o lenguaje natural) en lugar de redes neuronales recurrentes (RNN) o transformadores puede resultar en subajuste, ya que el modelo no logra capturar las dependencias temporales.

Problemas de dimensionalidad: Al tratar con datos de alta dimensionalidad, usar modelos que no manejan bien estos datos (por ejemplo, modelos lineales simples) puede conducir al subajuste. En tales casos, las técnicas de reducción de dimensionalidad o los modelos diseñados para espacios de alta dimensionalidad (como ciertos tipos de redes neuronales) pueden ser más adecuados.

Cómo abordar la incompatibilidad del modelo: Para evitar el subajuste debido a una mala elección del modelo, es crucial:

- Entender la naturaleza del problema y la estructura de los datos.
- Considerar la complejidad y no linealidad de las relaciones en los datos.
- Elegir modelos que se alineen con los requisitos específicos de la tarea (por ejemplo, CNNs para datos de imágenes, RNNs para datos secuenciales).
- Experimentar con diferentes arquitecturas de modelos y comparar su rendimiento.
- Consultar con expertos en el dominio o revisar la literatura sobre las mejores prácticas en la selección de modelos para tipos de problemas específicos.

Al seleccionar cuidadosamente una arquitectura de modelo adecuada que coincida con la complejidad y naturaleza del problema, se puede reducir significativamente el riesgo de subajuste y mejorar el rendimiento general del modelo.

Reconocer y abordar el subajuste es crucial en el desarrollo de modelos de aprendizaje automático efectivos. A menudo requiere un análisis cuidadoso del rendimiento del modelo, ajustar la complejidad del mismo, mejorar el conjunto de características o aumentar el tiempo de entrenamiento para lograr un mejor ajuste a los datos.

Ejemplo: Subajuste en redes neuronales

Demostremos el subajuste entrenando una red neuronal con muy pocas neuronas y capas.

```
import numpy as np
import matplotlib.pyplot as plt
from sklearn.neural_network import MLPClassifier
from sklearn.model_selection import train_test_split
from sklearn.datasets import make_moons

# Generate a non-linearly separable dataset
X, y = make_moons(n_samples=1000, noise=0.3, random_state=42)
X_train, X_test, y_train, y_test = train_test_split(X, y, test_size=0.2, random_state=42)

# Function to plot decision boundary
def plot_decision_boundary(X, y, model, title):
    x_min, x_max = X[:, 0].min() - 0.5, X[:, 0].max() + 0.5
    y_min, y_max = X[:, 1].min() - 0.5, X[:, 1].max() + 0.5
    xx, yy = np.meshgrid(np.arange(x_min, x_max, 0.02),
                         np.arange(y_min, y_max, 0.02))
    Z = model.predict(np.c_[xx.ravel(), yy.ravel()])
    Z = Z.reshape(xx.shape)
    plt.figure(figsize=(10, 8))
```

```
    plt.contourf(xx, yy, Z, alpha=0.8, cmap=plt.cm.RdYlBu)
    plt.scatter(X[:, 0], X[:, 1], c=y, cmap=plt.cm.RdYlBu, edgecolor='black')
    plt.title(title)
    plt.xlabel('Feature 1')
    plt.ylabel('Feature 2')
    plt.show()

# Train an underfitted neural network
mlp_underfit = MLPClassifier(hidden_layer_sizes=(1,), max_iter=1000, random_state=42)
mlp_underfit.fit(X_train, y_train)

# Evaluate the underfitted model
train_score = mlp_underfit.score(X_train, y_train)
test_score = mlp_underfit.score(X_test, y_test)

print(f"Underfitted Model - Train Accuracy: {train_score:.4f}")
print(f"Underfitted Model - Test Accuracy: {test_score:.4f}")

# Visualize decision boundary for the underfitted model
plot_decision_boundary(X, y, mlp_underfit, "Underfitted Model (1 neuron)")

# Train a well-fitted neural network for comparison
mlp_well_fit = MLPClassifier(hidden_layer_sizes=(100, 100), max_iter=1000,
random_state=42)
mlp_well_fit.fit(X_train, y_train)

# Evaluate the well-fitted model
train_score_well = mlp_well_fit.score(X_train, y_train)
test_score_well = mlp_well_fit.score(X_test, y_test)

print(f"\\nWell-fitted Model - Train Accuracy: {train_score_well:.4f}")
print(f"Well-fitted Model - Test Accuracy: {test_score_well:.4f}")

# Visualize decision boundary for the well-fitted model
plot_decision_boundary(X, y, mlp_well_fit, "Well-fitted Model (100, 100 neurons)")
```

Este ejemplo de código demuestra el subajuste en redes neuronales y ofrece una comparación con un modelo bien ajustado.

Aquí tienes un desglose completo del código:

1. **Generación y preparación de datos**:
    - Usamos make_moons de sklearn para generar un conjunto de datos no linealmente separable.
    - El conjunto de datos se divide en conjuntos de entrenamiento y prueba usando train_test_split.
2. **Función de visualización**:

- Se define la función plot_decision_boundary para visualizar la frontera de decisión de los modelos.
- Crea un gráfico de contorno con las predicciones del modelo y superpone los puntos de datos reales.

3. **Modelo subajustado**:
    - Se crea un MLPClassifier con solo una neurona en la capa oculta, lo cual es intencionalmente demasiado simple para el problema no lineal.
    - El modelo se entrena con los datos de entrenamiento.
    - Evaluamos el rendimiento del modelo tanto en el conjunto de entrenamiento como en el de prueba.
    - La frontera de decisión se visualiza usando la función plot_decision_boundary.
4. **Modelo bien ajustado**:
    - Para comparación, creamos otro MLPClassifier con dos capas ocultas de 100 neuronas cada una.
    - Este modelo es más complejo y mejor para aprender los patrones no lineales en los datos.
    - Entrenamos y evaluamos este modelo de manera similar al modelo subajustado.
    - La frontera de decisión para este modelo también se visualiza.
5. **Resultados y visualización**:
    - El código imprime las precisiones de entrenamiento y prueba para ambos modelos.
    - Genera dos gráficos: uno para el modelo subajustado y otro para el modelo bien ajustado.

Este ejemplo permite comparar visual y cuantitativamente el rendimiento de un modelo subajustado con uno bien ajustado. El modelo subajustado, con su única neurona, probablemente producirá una frontera de decisión casi lineal y tendrá baja precisión. En contraste, el modelo bien ajustado debería capturar la naturaleza no lineal de los datos, resultando en una frontera de decisión más compleja y mayor precisión tanto en los conjuntos de entrenamiento como de prueba.

1.3.3 Técnicas de Regularización

Regularización es una técnica crucial en el aprendizaje automático que tiene como objetivo prevenir el sobreajuste agregando restricciones o penalizaciones a un modelo. Este proceso reduce efectivamente la complejidad del modelo, permitiendo que generalice mejor a datos no vistos. La idea fundamental detrás de la regularización es lograr un equilibrio entre ajustar bien los datos de entrenamiento y mantener un nivel de simplicidad que permita que el modelo funcione con precisión en ejemplos nuevos y no vistos.

La regularización funciona modificando la función objetivo del modelo, generalmente agregando un término que penaliza ciertas características del modelo, como valores de parámetros grandes. Este término adicional anima al modelo a encontrar una solución que no solo minimice el error de entrenamiento, sino que también mantenga los parámetros del modelo pequeños o dispersos. Como resultado, el modelo se vuelve menos sensible a los puntos de datos individuales y más robusto frente al ruido en los datos de entrenamiento.

Los beneficios de la regularización son numerosos:

- **Mejora de la generalización**: Al prevenir el sobreajuste, los modelos regularizados tienden a funcionar mejor en datos nuevos y no vistos.
- **Selección de características**: Algunas técnicas de regularización pueden identificar y priorizar automáticamente las características más relevantes, realizando efectivamente una selección de características.
- **Estabilidad**: Los modelos regularizados suelen ser más estables, produciendo resultados más consistentes en diferentes subconjuntos de datos.
- **Interpretabilidad**: Al fomentar modelos más simples, la regularización puede llevar a soluciones más interpretables, lo cual es crucial en muchas aplicaciones del mundo real.

Existen varias técnicas comunes de regularización, cada una con sus propiedades y casos de uso únicos. Estas incluyen:

a. Regularización L2 (Ridge)

La **regularización L2**, también conocida como **regularización Ridge**, es una técnica poderosa utilizada para prevenir el sobreajuste en modelos de aprendizaje automático. Funciona añadiendo un término de penalización a la función de pérdida que es proporcional a la suma de los pesos al cuadrado de los parámetros del modelo. Este término adicional desalienta que el modelo aprenda pesos excesivamente grandes, lo que a menudo puede llevar al sobreajuste.

El mecanismo detrás de la regularización L2 se puede entender de la siguiente manera:

- **Término de penalización**: El término de regularización se calcula como la suma de los cuadrados de todos los pesos del modelo, multiplicado por un parámetro de regularización (a menudo denotado como λ o alpha).
- **Efecto sobre la función de pérdida**: Este término de penalización se añade a la función de pérdida original. Como resultado, el modelo ahora tiene que equilibrar

entre minimizar la pérdida original (para ajustar los datos de entrenamiento) y mantener los pesos pequeños (para cumplir con la restricción de regularización).

- **Impacto en las actualizaciones de los pesos**: Durante el proceso de optimización, este término adicional fomenta actualizaciones de los pesos que no solo reducen el error de predicción, sino que también mantienen los pesos pequeños. Los pesos grandes se penalizan más fuertemente, empujando al modelo hacia soluciones más simples.
- **Preferencia por pesos más pequeños**: Al favorecer pesos más pequeños, la regularización L2 ayuda a crear un modelo menos sensible a los puntos de datos individuales y más propenso a capturar patrones generales en los datos.

La fuerza de la regularización se controla mediante el parámetro de regularización. Un valor más grande de este parámetro da lugar a una regularización más fuerte, lo que podría llevar a un modelo más simple que podría subajustarse si se establece demasiado alto. Por el contrario, un valor más pequeño permite modelos más complejos, con el riesgo de sobreajuste si se establece demasiado bajo.

Al animar al modelo a aprender pesos más pequeños, la regularización L2 reduce efectivamente la complejidad del modelo y mejora su capacidad para generalizar a datos no vistos. Esto la convierte en una herramienta crucial en el conjunto de herramientas de cualquier practicante de aprendizaje automático para construir modelos robustos y confiables.

La función de pérdida con regularización L2 se convierte en:

$$L(w) = L0 + \lambda \sum w2L(w) = L_0 + \lambda \backslash sumw^2 L(w) = L0 + \lambda \sum w2$$

Donde λ es el parámetro de regularización que controla la fuerza de la penalización. Valores más grandes de λ resultan en una regularización más fuerte.

Ejemplo: Aplicando Regularización L2

```
import numpy as np
import matplotlib.pyplot as plt
from sklearn.neural_network import MLPClassifier
from sklearn.model_selection import train_test_split
from sklearn.datasets import make_moons
from sklearn.metrics import accuracy_score, classification_report

# Generate a non-linearly separable dataset
X, y = make_moons(n_samples=1000, noise=0.3, random_state=42)
X_train, X_test, y_train, y_test = train_test_split(X, y, test_size=0.2,
random_state=42)

# Function to plot decision boundary
def plot_decision_boundary(X, y, model, title):
    x_min, x_max = X[:, 0].min() - 0.5, X[:, 0].max() + 0.5
    y_min, y_max = X[:, 1].min() - 0.5, X[:, 1].max() + 0.5
```

```
    xx, yy = np.meshgrid(np.arange(x_min, x_max, 0.02),
                         np.arange(y_min, y_max, 0.02))
    Z = model.predict(np.c_[xx.ravel(), yy.ravel()])
    Z = Z.reshape(xx.shape)
    plt.figure(figsize=(10, 8))
    plt.contourf(xx, yy, Z, alpha=0.8, cmap=plt.cm.RdYlBu)
    plt.scatter(X[:, 0], X[:, 1], c=y, cmap=plt.cm.RdYlBu, edgecolor='black')
    plt.title(title)
    plt.xlabel('Feature 1')
    plt.ylabel('Feature 2')
    plt.show()

# Train a neural network without regularization
mlp_no_reg = MLPClassifier(hidden_layer_sizes=(100,), max_iter=2000, random_state=42)
mlp_no_reg.fit(X_train, y_train)

# Train a neural network with L2 regularization
mlp_l2   =   MLPClassifier(hidden_layer_sizes=(100,),   alpha=0.01,   max_iter=2000,
random_state=42)
mlp_l2.fit(X_train, y_train)

# Evaluate both models
def evaluate_model(model, X_train, y_train, X_test, y_test):
    train_pred = model.predict(X_train)
    test_pred = model.predict(X_test)

    train_accuracy = accuracy_score(y_train, train_pred)
    test_accuracy = accuracy_score(y_test, test_pred)

    print(f"Train Accuracy: {train_accuracy:.4f}")
    print(f"Test Accuracy: {test_accuracy:.4f}")
    print("\\nClassification Report:")
    print(classification_report(y_test, test_pred))

print("Model without regularization:")
evaluate_model(mlp_no_reg, X_train, y_train, X_test, y_test)

print("\\nModel with L2 regularization:")
evaluate_model(mlp_l2, X_train, y_train, X_test, y_test)

# Visualize decision boundaries
plot_decision_boundary(X_train,   y_train,   mlp_no_reg,   "Decision   Boundary   (No
Regularization)")
plot_decision_boundary(X_train,    y_train,    mlp_l2,    "Decision    Boundary    (L2
Regularization)")
```

Este ejemplo de código demuestra la aplicación de la regularización L2 en redes neuronales y la compara con un modelo sin regularización.

Aquí tienes un desglose completo del código:

1. **Preparación de los datos**:
   - Usamos make_moons de sklearn para generar un conjunto de datos no linealmente separable.
   - El conjunto de datos se divide en conjuntos de entrenamiento y prueba usando train_test_split.
2. **Función de visualización**:
   - Se define la función plot_decision_boundary para visualizar la frontera de decisión de los modelos.
   - Crea un gráfico de contorno con las predicciones del modelo y superpone los puntos de datos reales.
3. **Entrenamiento de modelos**:
   - Se crean dos modelos MLPClassifier: uno sin regularización y otro con regularización L2.
   - La regularización L2 está controlada por el parámetro alpha, establecido en 0.01 en este ejemplo.
   - Ambos modelos se entrenan con los datos de entrenamiento.
4. **Evaluación del modelo**:
   - Se define una función evaluate_model para evaluar el rendimiento de cada modelo.
   - Calcula e imprime las precisiones de entrenamiento y prueba.
   - También genera un informe de clasificación, que incluye precisión, recall y la puntuación F1 para cada clase.
5. **Visualización de resultados**:
   - Las fronteras de decisión de ambos modelos se visualizan usando la función plot_decision_boundary.
   - Esto permite una comparación visual de cómo la regularización afecta la toma de decisiones del modelo.
6. **Interpretación**:
   - Al comparar las métricas de rendimiento y las fronteras de decisión de los dos modelos, podemos observar los efectos de la regularización L2.
   - Normalmente, el modelo regularizado puede mostrar una precisión de entrenamiento ligeramente más baja, pero una mejor generalización (mayor precisión en prueba) en comparación con el modelo no regularizado.

- La frontera de decisión del modelo regularizado suele ser más suave, lo que indica un modelo menos complejo y menos propenso al sobreajuste.

Este ejemplo completo nos permite comparar cuantitativa y visualmente el rendimiento de un modelo con y sin regularización L2, demostrando cómo la regularización puede ayudar a crear modelos más robustos y generalizables.

b. Regularización L1 (Lasso)

La **regularización L1**, también conocida como **regularización Lasso**, es una técnica poderosa utilizada en aprendizaje automático para prevenir el sobreajuste y mejorar la generalización del modelo. Funciona añadiendo un término de penalización a la función de pérdida que es proporcional a los valores absolutos de los pesos del modelo. Este enfoque único tiene varias implicaciones importantes:

1. **Inducción de esparsidad**: La regularización L1 fomenta la esparsidad en los parámetros del modelo. Esto significa que durante el proceso de optimización, algunos de los pesos se reducen exactamente a cero. Esta propiedad es particularmente útil en la selección de características, ya que elimina efectivamente las características menos importantes del modelo.

2. **Selección de características**: Al llevar algunos pesos a cero, la regularización L1 realiza una selección implícita de características. Identifica y retiene solo las características más relevantes para la tarea de predicción, mientras descarta las menos importantes. Esto puede conducir a modelos más simples e interpretables.

3. **Robustez frente a valores atípicos**: La penalización L1 es menos sensible a los valores atípicos en comparación con la regularización L2. Esto la hace especialmente útil en escenarios donde los datos pueden contener valores extremos o ruido.

4. **Formulación matemática**: El término de regularización L1 se añade a la función de pérdida de la siguiente manera:

$L(θ)=Loss(θ)+λ∑|θi|$

donde θ representa los parámetros del modelo, $Loss(θ)$ es la función de pérdida original, λ es la fuerza de la regularización, y $|θi|$ es la suma de los valores absolutos de los parámetros.

1. **Interpretación geométrica**: En el espacio de los parámetros, la regularización L1 crea una región de restricción en forma de diamante. Esta geometría aumenta la probabilidad de que la solución óptima se encuentre en uno de los ejes, lo que corresponde a que algunos parámetros sean exactamente cero.

Al incorporar estas características, la regularización L1 no solo ayuda a prevenir el sobreajuste, sino que también contribuye a crear modelos más interpretables y eficientes desde el punto de vista computacional, especialmente al tratar con datos de alta dimensionalidad donde la selección de características es crucial.

Ejemplo: Aplicando Regularización L1 (Lasso)

Este ejemplo demostrará cómo se puede aplicar la regularización L1 en un modelo de aprendizaje automático para mejorar la generalización y realizar selección de características.

```
import numpy as np
import matplotlib.pyplot as plt
from sklearn.linear_model import Lasso
from sklearn.model_selection import train_test_split
from sklearn.preprocessing import StandardScaler
from sklearn.metrics import mean_squared_error, r2_score

# Generate synthetic data
np.random.seed(42)
X = np.random.randn(100, 20)
true_weights = np.zeros(20)
true_weights[:5] = [1, 2, -1, 0.5, -0.5]  # Only first 5 features are relevant
y = np.dot(X, true_weights) + np.random.randn(100) * 0.1

# Split the data
X_train, X_test, y_train, y_test = train_test_split(X, y, test_size=0.2,
random_state=42)

# Standardize features
scaler = StandardScaler()
X_train_scaled = scaler.fit_transform(X_train)
X_test_scaled = scaler.transform(X_test)

# Train models with different L1 regularization strengths
alphas = [0.001, 0.01, 0.1, 1, 10]
models = []

for alpha in alphas:
    lasso = Lasso(alpha=alpha, random_state=42)
    lasso.fit(X_train_scaled, y_train)
    models.append(lasso)

# Evaluate models
for i, model in enumerate(models):
    y_pred = model.predict(X_test_scaled)
    mse = mean_squared_error(y_test, y_pred)
    r2 = r2_score(y_test, y_pred)
    print(f"Lasso (alpha={alphas[i]}):")
    print(f"  MSE: {mse:.4f}")
    print(f"  R2 Score: {r2:.4f}")
    print(f"  Number of non-zero coefficients: {np.sum(model.coef_ != 0)}")
    print()

# Visualize feature importance
plt.figure(figsize=(12, 6))
for i, model in enumerate(models):
```

```
    plt.plot(range(20), model.coef_, label=f'alpha={alphas[i]}', marker='o')
plt.axhline(y=0, color='k', linestyle='--')
plt.xlabel('Feature Index')
plt.ylabel('Coefficient Value')
plt.title('Lasso Coefficients for Different Regularization Strengths')
plt.legend()
plt.tight_layout()
plt.show()
```

Desglose del Código:

1. **Importar las bibliotecas necesarias**:
    - NumPy para operaciones numéricas
    - Matplotlib para visualización
    - Scikit-learn para el modelo Lasso, división de datos, preprocesamiento y métricas de evaluación
2. **Generar datos sintéticos**:
    - Crear una matriz de características aleatorias X con 100 muestras y 20 características
    - Definir pesos verdaderos donde solo las primeras 5 características son relevantes
    - Generar la variable objetivo y usando los pesos verdaderos y añadiendo algo de ruido
3. **Dividir los datos en conjuntos de entrenamiento y prueba**:
    - Usar train_test_split para crear los conjuntos de entrenamiento y prueba
4. **Estandarizar las características**:
    - Usar StandardScaler para normalizar las escalas de las características
    - Ajustar el escalador en los datos de entrenamiento y transformar tanto los datos de entrenamiento como los de prueba
5. **Entrenar modelos Lasso con diferentes fortalezas de regularización**:
    - Definir una lista de valores de alpha (fortalezas de regularización)
    - Crear y entrenar un modelo Lasso para cada valor de alpha
    - Almacenar los modelos entrenados en una lista
6. **Evaluar los modelos**:

- Para cada modelo, predecir en el conjunto de prueba y calcular el MSE (error cuadrático medio) y la puntuación R2
- Imprimir las métricas de evaluación y el número de coeficientes diferentes de cero
- El número de coeficientes diferentes de cero muestra cuántas características considera relevantes el modelo

7. **Visualizar la importancia de las características**:
   - Crear un gráfico que muestre los valores de los coeficientes de cada característica en función de los diferentes valores de alpha
   - Esta visualización ayuda a comprender cómo la regularización L1 afecta la selección de características
   - Las características cuyos coeficientes se reducen a cero se eliminan efectivamente del modelo

Este ejemplo demuestra cómo la regularización L1 (Lasso) realiza la selección de características al reducir algunos coeficientes exactamente a cero. A medida que aumenta la fuerza de regularización (alpha), se seleccionan menos características, lo que conduce a modelos más dispersos. La visualización ayuda a comprender cómo las diferentes fortalezas de regularización afectan la importancia de las características en el modelo.

c. Dropout

Dropout es una técnica poderosa de regularización en redes neuronales que aborda el sobreajuste introduciendo ruido controlado durante el proceso de entrenamiento. Funciona "eliminando" aleatoriamente (es decir, estableciendo en cero) una proporción de las neuronas en cada iteración de entrenamiento. Este enfoque tiene varias implicaciones y beneficios importantes:

1. **Prevención de co-adaptación**: Al desactivar aleatoriamente neuronas, el dropout impide que las neuronas dependan demasiado de características específicas u otras neuronas. Esto obliga a la red a aprender representaciones más robustas y generalizadas de los datos.
2. **Efecto de ensamble**: El dropout puede verse como el entrenamiento de un ensamble de muchas redes neuronales diferentes. Cada iteración de entrenamiento efectivamente crea una arquitectura de red ligeramente diferente, y el modelo final representa un promedio de estos muchos submodelos.
3. **Reducción del sobreajuste**: Al introducir ruido y evitar que la red memorice patrones específicos en los datos de entrenamiento, el dropout reduce significativamente el riesgo de sobreajuste, especialmente en redes grandes y complejas.

4. **Mejora de la generalización**: La red se vuelve más capaz de generalizar a datos no vistos, ya que aprende a hacer predicciones con diferentes subconjuntos de sus neuronas.

Detalles de la implementación:

- Durante el entrenamiento, en cada iteración, una fracción de las neuronas (controlada por un hiperparámetro que típicamente se establece entre 0.2 y 0.5) se desactiva aleatoriamente. Esto significa que sus salidas se establecen en cero y no contribuyen al paso hacia adelante ni reciben actualizaciones en el paso hacia atrás.
- La tasa de dropout puede variar para diferentes capas de la red. Generalmente, se utilizan tasas de dropout más altas para capas más grandes para evitar el sobreajuste.
- Durante la prueba o inferencia, se utilizan todas las neuronas, pero sus salidas se escalan para reflejar el efecto del dropout durante el entrenamiento. Esta escalabilidad es crucial para mantener la magnitud de salida esperada con la que se entrenó la red.
- Matemáticamente, si una capa con tasa de dropout p tiene n neuronas, durante la prueba, la salida de cada neurona se multiplica por $1-p$ para mantener la suma esperada de las salidas.

Implementando el dropout, las redes neuronales pueden lograr un mejor rendimiento en generalización, reducir el sobreajuste y mejorar la robustez frente a variaciones en la entrada, lo que lo convierte en una herramienta valiosa en el conjunto de herramientas de aprendizaje profundo.

Ejemplo: Regularización con Dropout

El dropout se implementa típicamente en marcos como TensorFlow o PyTorch. A continuación, se muestra un ejemplo usando Keras, una API de alto nivel para TensorFlow:

Ejemplo: Aplicando Dropout en Keras

```
import numpy as np
import matplotlib.pyplot as plt
from sklearn.datasets import make_moons
from sklearn.model_selection import train_test_split
from sklearn.preprocessing import StandardScaler
from tensorflow.keras.models import Sequential
from tensorflow.keras.layers import Dense, Dropout
from tensorflow.keras.callbacks import EarlyStopping
from tensorflow.keras.regularizers import l2

# Generate synthetic data
X, y = make_moons(n_samples=1000, noise=0.1, random_state=42)
X_train, X_test, y_train, y_test = train_test_split(X, y, test_size=0.2,
random_state=42)

# Standardize features
```

```
scaler = StandardScaler()
X_train_scaled = scaler.fit_transform(X_train)
X_test_scaled = scaler.transform(X_test)

# Create a neural network with dropout regularization and L2 regularization
model = Sequential([
    Dense(100, activation='relu', input_shape=(2,), kernel_regularizer=l2(0.01)),
    Dropout(0.3),
    Dense(50, activation='relu', kernel_regularizer=l2(0.01)),
    Dropout(0.3),
    Dense(1, activation='sigmoid')
])

# Compile the model
model.compile(optimizer='adam', loss='binary_crossentropy', metrics=['accuracy'])

# Define early stopping callback
early_stopping = EarlyStopping(monitor='val_loss', patience=10,
restore_best_weights=True)

# Train the model
history = model.fit(
    X_train_scaled, y_train,
    epochs=200,
    batch_size=32,
    validation_split=0.2,
    callbacks=[early_stopping],
    verbose=0
)

# Evaluate the model on test data
test_loss, test_accuracy = model.evaluate(X_test_scaled, y_test)
print(f"Test Accuracy: {test_accuracy:.4f}")

# Plot training history
plt.figure(figsize=(12, 4))
plt.subplot(1, 2, 1)
plt.plot(history.history['loss'], label='Training Loss')
plt.plot(history.history['val_loss'], label='Validation Loss')
plt.title('Model Loss')
plt.xlabel('Epoch')
plt.ylabel('Loss')
plt.legend()

plt.subplot(1, 2, 2)
plt.plot(history.history['accuracy'], label='Training Accuracy')
plt.plot(history.history['val_accuracy'], label='Validation Accuracy')
plt.title('Model Accuracy')
plt.xlabel('Epoch')
plt.ylabel('Accuracy')
plt.legend()
```

```
plt.tight_layout()
plt.show()

# Plot decision boundary
def plot_decision_boundary(model, X, y):
    x_min, x_max = X[:, 0].min() - 0.5, X[:, 0].max() + 0.5
    y_min, y_max = X[:, 1].min() - 0.5, X[:, 1].max() + 0.5
    xx, yy = np.meshgrid(np.arange(x_min, x_max, 0.02),
                         np.arange(y_min, y_max, 0.02))
    Z = model.predict(np.c_[xx.ravel(), yy.ravel()])
    Z = Z.reshape(xx.shape)
    plt.contourf(xx, yy, Z, alpha=0.8, cmap=plt.cm.RdYlBu)
    plt.scatter(X[:, 0], X[:, 1], c=y, cmap=plt.cm.RdYlBu)
    plt.xlabel('Feature 1')
    plt.ylabel('Feature 2')
    plt.title('Decision Boundary')

plt.figure(figsize=(10, 8))
plot_decision_boundary(model, X_test_scaled, y_test)
plt.show()
```

Desglose del código:

1. Importar las bibliotecas necesarias:
    - NumPy para operaciones numéricas
    - Matplotlib para visualización
    - Scikit-learn para generación de conjuntos de datos, preprocesamiento y división de datos en entrenamiento y prueba
    - TensorFlow y Keras para construir y entrenar la red neuronal
2. Generar datos sintéticos:
    - Usar make_moons para crear un conjunto de datos no linealmente separable
    - Dividir los datos en conjuntos de entrenamiento y prueba
3. Preprocesar los datos:
    - Estandarizar características utilizando StandardScaler
4. Crear el modelo de red neuronal:
    - Usar un modelo Sequential con tres capas Dense
    - Agregar capas Dropout después de las dos primeras capas Dense para regularización
    - Aplicar regularización L2 a las capas Dense

5. Compilar el modelo:
    - Usar el optimizador 'adam' y la función de pérdida 'binary_crossentropy' para clasificación binaria
6. Implementar Early Stopping:
    - Crear un callback EarlyStopping para monitorear la pérdida de validación
7. Entrenar el modelo:
    - Ajustar el modelo con los datos de entrenamiento
    - Usar una división de validación para monitorear el rendimiento
    - Aplicar el callback de early stopping
8. Evaluar el modelo:
    - Calcular y mostrar la precisión en el conjunto de prueba
9. Visualizar el historial de entrenamiento:
    - Graficar la pérdida de entrenamiento y validación
    - Graficar la precisión de entrenamiento y validación
10. Visualizar la frontera de decisión:
    - Implementar una función para graficar la frontera de decisión
    - Aplicar esta función para visualizar cómo el modelo separa las clases

Este ejemplo demuestra un enfoque más completo para construir y evaluar una red neuronal con técnicas de regularización. Incluye la generación de datos, preprocesamiento, creación del modelo con Dropout y regularización L2, early stopping, y visualización tanto del proceso de entrenamiento como de la frontera de decisión resultante. Esto proporciona una visión más amplia del rendimiento del modelo y cómo la regularización afecta su capacidad de aprendizaje y generalización.

En este ejemplo, aplicamos **Dropout** a una red neuronal en Keras, usando una tasa de abandono (dropout rate) del 0.5. Esto ayuda a prevenir el sobreajuste (overfitting) al hacer que la red sea más robusta durante el entrenamiento.

d. Early Stopping

El **early stopping** es una poderosa técnica de regularización utilizada en aprendizaje automático para prevenir el sobreajuste. Este método monitorea continuamente el rendimiento del modelo en un conjunto de validación separado durante el proceso de entrenamiento. Cuando el rendimiento del modelo en este conjunto de validación comienza a estancarse o a deteriorarse, el early stopping interviene para detener el entrenamiento.

El principio detrás del early stopping se basa en la observación de que, a medida que progresa el entrenamiento, un modelo inicialmente mejora su rendimiento tanto en el conjunto de entrenamiento como en el de validación. Sin embargo, a menudo llega un punto en el que el modelo comienza a sobreajustarse a los datos de entrenamiento, lo que conduce a una disminución del rendimiento en el conjunto de validación, mientras sigue mejorando en el conjunto de entrenamiento. El early stopping busca identificar este punto de inflexión y detener el entrenamiento antes de que ocurra el sobreajuste.

Aspectos clave del early stopping incluyen:

- Conjunto de Validación: Se reserva una porción de los datos de entrenamiento como conjunto de validación, que no se utiliza para el entrenamiento, sino solo para la evaluación del rendimiento.
- Métrica de Rendimiento: Se elige una métrica específica (por ejemplo, pérdida o precisión de validación) para monitorear el rendimiento del modelo.
- Paciencia: Este parámetro determina cuántas épocas el algoritmo esperará mejoras antes de detenerse. Esto permite pequeñas fluctuaciones en el rendimiento sin terminar el entrenamiento de manera prematura.
- Guardado del Mejor Modelo: Muchas implementaciones guardan el modelo con mejor rendimiento (basado en la métrica de validación) durante el entrenamiento, asegurando que el modelo final sea el que mejor generalizó, no necesariamente el último entrenado.

El early stopping es particularmente valioso al entrenar redes neuronales profundas por varias razones:

- Eficiencia Computacional: Previene cálculos innecesarios al detener el entrenamiento cuando es improbable que haya más mejoras.
- Generalización: Al detenerse antes de que el modelo sobreajuste los datos de entrenamiento, a menudo se obtienen modelos que generalizan mejor a datos no vistos.
- Regularización Automática: El early stopping actúa como una forma de regularización, reduciendo la necesidad de ajustar manualmente otros parámetros de regularización.
- Adaptabilidad: Se adapta automáticamente al tiempo de entrenamiento según el conjunto de datos y la arquitectura del modelo, requiriendo potencialmente menos épocas para problemas simples y más para los complejos.

Aunque el early stopping es una técnica poderosa, a menudo se utiliza junto con otros métodos de regularización como la regularización L1/L2 o el dropout para obtener los mejores resultados. La efectividad del early stopping también puede depender de factores como la programación de la tasa de aprendizaje y la arquitectura específica de la red neuronal.

Ejemplo: Early Stopping en Keras

```
from tensorflow.keras.models import Sequential
from tensorflow.keras.layers import Dense
from tensorflow.keras.callbacks import EarlyStopping
from sklearn.model_selection import train_test_split
from sklearn.datasets import make_classification
import matplotlib.pyplot as plt

# Generate a sample dataset
X, y = make_classification(n_samples=1000, n_features=20, n_classes=2,
random_state=42)

# Split the data into training and validation sets
X_train, X_val, y_train, y_val = train_test_split(X, y, test_size=0.2,
random_state=42)

# Define the model
model = Sequential([
    Dense(64, activation='relu', input_shape=(20,)),
    Dense(32, activation='relu'),
    Dense(1, activation='sigmoid')
])

# Compile the model
model.compile(optimizer='adam', loss='binary_crossentropy', metrics=['accuracy'])

# Define early stopping callback
early_stopping = EarlyStopping(
    monitor='val_loss',
    patience=10,
    min_delta=0.001,
    mode='min',
    restore_best_weights=True,
    verbose=1
)

# Train the model with early stopping
history = model.fit(
    X_train, y_train,
    validation_data=(X_val, y_val),
    epochs=100,
    batch_size=32,
    callbacks=[early_stopping],
    verbose=1
)

# Plot training history
plt.figure(figsize=(12, 4))
plt.subplot(1, 2, 1)
plt.plot(history.history['loss'], label='Training Loss')
plt.plot(history.history['val_loss'], label='Validation Loss')
```

```
plt.title('Model Loss')
plt.xlabel('Epoch')
plt.ylabel('Loss')
plt.legend()

plt.subplot(1, 2, 2)
plt.plot(history.history['accuracy'], label='Training Accuracy')
plt.plot(history.history['val_accuracy'], label='Validation Accuracy')
plt.title('Model Accuracy')
plt.xlabel('Epoch')
plt.ylabel('Accuracy')
plt.legend()

plt.tight_layout()
plt.show()
```

Desglose del código:

1. Importar las bibliotecas necesarias:
   - TensorFlow/Keras para construir y entrenar la red neuronal
   - Scikit-learn para la generación de conjuntos de datos y la división en entrenamiento y prueba
   - Matplotlib para la visualización
2. Generar un conjunto de datos de ejemplo:
   - Usar make_classification para crear un problema de clasificación binaria
3. Dividir los datos en conjuntos de entrenamiento y validación:
   - Esto es crucial para early stopping, ya que se necesita un conjunto de validación separado para monitorear el rendimiento
4. Definir el modelo:
   - Crear una red neuronal de avance simple con dos capas ocultas
5. Compilar el modelo:
   - Usar el optimizador 'adam' y la función de pérdida 'binary_crossentropy' para clasificación binaria
6. Definir el callback de early stopping:
   - monitor='val_loss': Monitorear la pérdida de validación en busca de mejoras
   - patience=10: Esperar 10 épocas antes de detenerse si no hay mejoras

- min_delta=0.001: El cambio mínimo en la cantidad monitoreada para calificar como una mejora
- mode='min': Detenerse cuando la cantidad monitoreada deje de disminuir
- restore_best_weights=True: Restaurar los pesos del modelo de la época con el mejor valor de la cantidad monitoreada
- verbose=1: Mostrar mensajes cuando se active el early stopping

7. Entrenar el modelo:
    - Usar model.fit() con el callback de early stopping
    - Establecer un número alto de épocas (100) - el early stopping evitará que se ejecuten todas si es necesario
8. Visualizar el historial de entrenamiento:
    - Graficar la pérdida de entrenamiento y validación
    - Graficar la precisión de entrenamiento y validación
    - Esto ayuda a identificar visualmente dónde ocurrió el early stopping y cómo afectó el rendimiento del modelo

Este ejemplo demuestra cómo implementar early stopping en un escenario práctico, incluyendo la preparación de datos, creación del modelo, entrenamiento con early stopping y visualización de los resultados. Los gráficos mostrarán cómo cambia el rendimiento del modelo con el tiempo y dónde intervino el early stopping para prevenir el sobreajuste.

1.4 Funciones de pérdida en Deep Learning

En el ámbito de deep learning, la **función de pérdida** (también conocida como **función de costo**) es una métrica crucial para evaluar la alineación entre las predicciones de un modelo y los valores reales. Esta función actúa como un mecanismo de retroalimentación vital durante el proceso de entrenamiento, permitiendo que el modelo ajuste sus parámetros mediante técnicas sofisticadas de optimización como el **descenso por gradiente**.

Al minimizar sistemáticamente la función de pérdida, el modelo mejora progresivamente su precisión y capacidad para generalizar a datos no vistos, lo que conduce a un rendimiento mejorado con el tiempo.

El panorama de las funciones de pérdida es diverso, con varias formulaciones adaptadas a tareas específicas dentro del dominio del machine learning. Por ejemplo, algunas funciones de pérdida son particularmente adecuadas para problemas de **regresión**, donde el objetivo es predecir valores continuos, mientras que otras están diseñadas explícitamente para tareas de **clasificación**, que implican categorizar los datos en clases discretas.

La selección de una función de pérdida adecuada es una decisión crítica que depende de múltiples factores, incluyendo la naturaleza del problema, las características del conjunto de datos y los objetivos específicos del modelo de machine learning. En las siguientes secciones, exploraremos algunas de las funciones de pérdida más frecuentemente empleadas en el campo del deep learning, examinando sus propiedades, aplicaciones y los escenarios en los que resultan más efectivas.

1.4.1 Error Cuadrático Medio (MSE)

El **Error Cuadrático Medio (MSE)** es una de las funciones de pérdida más ampliamente utilizadas para tareas de **regresión** en machine learning y deep learning. Es particularmente efectiva cuando el objetivo es predecir valores continuos, como los precios de casas, la temperatura o los precios de acciones. El MSE proporciona una medida cuantitativa de qué tan bien las predicciones de un modelo se alinean con los valores reales en el conjunto de datos.

El principio fundamental detrás del MSE es calcular el promedio de las diferencias al cuadrado entre los valores predichos $(\hat{y})$ y los valores reales (y). Esto se puede representar matemáticamente como:

$$MSE = \frac{1}{n}\sum_{i=1}^{n}(\hat{y}_i - y_i)^2$$

En esta fórmula:

- n representa el número total de muestras en el conjunto de datos. Esto asegura que el error esté normalizado en todo el conjunto de datos, independientemente de su tamaño.
- $\hat{y}_i$ denota el valor predicho para la i-ésima muestra. Este es el resultado generado por el modelo para una entrada dada.
- y_i es el valor real (verdadero) para la i-ésima muestra. Este es el valor conocido y correcto que el modelo está tratando de predecir.

El proceso de cálculo del MSE implica varios pasos:

- Para cada muestra, calcula la diferencia entre el valor predicho y el valor real $(\hat{y}_i - y_i)$.
- Eleva al cuadrado esta diferencia para eliminar los valores negativos y dar más peso a los errores más grandes $(\hat{y}_i - y_i)^2$.
- Suma todas estas diferencias al cuadrado a través de todas las muestras $\sum_{i=1}^{n}(\hat{y}_i - y_i)^2$.
- Divide la suma por el número total de muestras para obtener el promedio $\frac{1}{n}$.

Una de las características clave del MSE es que penaliza más fuertemente los errores grandes debido al término cuadrático. Esto hace que el MSE sea particularmente sensible a los valores atípicos en el conjunto de datos. Por ejemplo, si la predicción de un modelo tiene un error de 2 unidades, la contribución al MSE será 4 (2^2). Sin embargo, si la predicción está errada por 10 unidades, la contribución al MSE será 100 (10^2), lo que es significativamente mayor.

Esta sensibilidad a los valores atípicos puede ser tanto una ventaja como una desventaja, dependiendo del problema específico y el conjunto de datos:

- **Ventaja**: El MSE amplifica el impacto de los errores significativos, lo que lo hace particularmente valioso en aplicaciones donde las desviaciones grandes pueden tener consecuencias graves. Esta característica fomenta que los modelos prioricen minimizar los errores importantes, lo que es crucial en escenarios como pronósticos financieros, diagnósticos médicos o control de calidad industrial, donde la precisión es primordial.
- **Desventaja**: Al trabajar con conjuntos de datos que contienen numerosos valores atípicos o mucho ruido, la mayor sensibilidad del MSE a los valores extremos puede llevar al sobreajuste. En tales casos, el modelo podría ajustar desproporcionadamente sus parámetros para adaptarse a estos valores atípicos, comprometiendo su rendimiento general y su capacidad de generalización. Esto puede resultar en un modelo que funciona bien en los datos de entrenamiento pero falla al predecir correctamente nuevos puntos de datos no vistos.

A pesar de su sensibilidad a los valores atípicos, el MSE sigue siendo una opción popular para tareas de regresión debido a su simplicidad, interpretabilidad y propiedades matemáticas que lo hacen adecuado para técnicas de optimización comúnmente usadas en machine learning, como el descenso por gradiente.

a. Ejemplo: MSE en una Red Neuronal

Implementemos una red neuronal simple para una tarea de regresión y usemos MSE como la función de pérdida.

```
import numpy as np
import matplotlib.pyplot as plt
from sklearn.datasets import make_regression
from sklearn.model_selection import train_test_split
from sklearn.neural_network import MLPRegressor
from sklearn.metrics import mean_squared_error, r2_score
from sklearn.preprocessing import StandardScaler

# Generate synthetic regression data
X, y = make_regression(n_samples=1000, n_features=1, noise=20, random_state=42)

# Split the data into training and testing sets
X_train, X_test, y_train, y_test = train_test_split(X, y, test_size=0.2,
random_state=42)

# Scale the features
scaler = StandardScaler()
X_train_scaled = scaler.fit_transform(X_train)
X_test_scaled = scaler.transform(X_test)
```

```
# Create a simple neural network regressor
mlp = MLPRegressor(hidden_layer_sizes=(50, 25), max_iter=1000,
                   activation='relu', solver='adam', random_state=42,
                   learning_rate_init=0.001, early_stopping=True)

# Train the model
mlp.fit(X_train_scaled, y_train)

# Make predictions
y_pred_train = mlp.predict(X_train_scaled)
y_pred_test = mlp.predict(X_test_scaled)

# Compute metrics
mse_train = mean_squared_error(y_train, y_pred_train)
mse_test = mean_squared_error(y_test, y_pred_test)
r2_train = r2_score(y_train, y_pred_train)
r2_test = r2_score(y_test, y_pred_test)

print(f"Training MSE: {mse_train:.2f}")
print(f"Test MSE: {mse_test:.2f}")
print(f"Training R^2: {r2_train:.2f}")
print(f"Test R^2: {r2_test:.2f}")

# Plot actual vs predicted values
plt.figure(figsize=(12, 5))

plt.subplot(1, 2, 1)
plt.scatter(X_train, y_train, color='blue', alpha=0.5, label='Actual (Train)')
plt.scatter(X_train, y_pred_train, color='red', alpha=0.5, label='Predicted (Train)')
plt.xlabel('Feature')
plt.ylabel('Target')
plt.title('Actual vs Predicted Values (Training Set)')
plt.legend()

plt.subplot(1, 2, 2)
plt.scatter(X_test, y_test, color='blue', alpha=0.5, label='Actual (Test)')
plt.scatter(X_test, y_pred_test, color='red', alpha=0.5, label='Predicted (Test)')
plt.xlabel('Feature')
plt.ylabel('Target')
plt.title('Actual vs Predicted Values (Test Set)')
plt.legend()

plt.tight_layout()
plt.show()

# Plot learning curve
plt.figure(figsize=(10, 5))
plt.plot(mlp.loss_curve_, label='Training Loss')
plt.plot(mlp.validation_scores_, label='Validation Score')
plt.xlabel('Iterations')
plt.ylabel('Loss / Score')
```

```
plt.title('Learning Curve')
plt.legend()
plt.show()
```

Este ejemplo de código ampliado proporciona una implementación más completa de una red neuronal para regresión utilizando scikit-learn. Aquí tienes un desglose detallado de las adiciones y modificaciones:

1. **Generación y preprocesamiento de datos**:
   - Hemos aumentado el tamaño de la muestra a 1000 para obtener una mejor representación.
   - Se ha añadido la normalización de características utilizando **StandardScaler** para escalar las características de entrada, lo cual es crucial para redes neuronales.
2. **Arquitectura del modelo**:
   - El **MLPRegressor** ahora tiene dos capas ocultas (50 y 25 neuronas) para aumentar la complejidad.
   - Se ha agregado **early stopping** para prevenir el sobreajuste.
   - La tasa de aprendizaje se ha establecido explícitamente en 0.001.
3. **Evaluación del modelo**:
   - Además del **Error Cuadrático Medio (MSE)**, ahora calculamos el puntaje **R-squared (R^2)** para los conjuntos de entrenamiento y prueba.
   - El **R^2** proporciona una medida de qué tan bien el modelo explica la varianza en la variable objetivo.
4. **Visualización**:
   - La visualización se ha ampliado para mostrar las predicciones en los conjuntos de entrenamiento y prueba.
   - Utilizamos dos subgráficos (subplots) para comparar el rendimiento del modelo en los datos de entrenamiento y de prueba uno al lado del otro.
   - Se han añadido valores de **alpha** a los gráficos de dispersión para mejorar la visibilidad cuando los puntos se superponen.
   - Se ha añadido un nuevo gráfico para la **curva de aprendizaje**, mostrando cómo cambian la pérdida de entrenamiento y el puntaje de validación a lo largo de las iteraciones.
5. **Consideraciones adicionales**:

- El uso de **numpy** se muestra con la importación, aunque no se utiliza explícitamente en este ejemplo.
- El código ahora sigue un flujo más lógico: preparación de datos, creación del modelo, entrenamiento, evaluación y visualización.

Este ejemplo ampliado proporciona un marco más sólido para entender la regresión con redes neuronales, incluyendo pasos de preprocesamiento, evaluación del modelo y visualización integral de los resultados. Permite obtener mejores perspectivas sobre el rendimiento del modelo y el proceso de aprendizaje.

1.4.2 Pérdida por Entropía Cruzada Binaria (Log Loss)

Para tareas de **clasificación binaria**, donde el objetivo es clasificar los datos en una de dos categorías distintas (por ejemplo, 0 o 1, verdadero o falso, positivo o negativo), la función de **pérdida por entropía cruzada binaria** es ampliamente utilizada. Esta función de pérdida, también conocida como **log loss**, actúa como una métrica fundamental para evaluar el rendimiento de los modelos de clasificación binaria.

La entropía cruzada binaria mide la divergencia entre las etiquetas verdaderas y las probabilidades predichas generadas por el modelo. Cuantifica qué tan bien se alinean las predicciones del modelo con los resultados reales, proporcionando una evaluación detallada de la precisión de la clasificación. La función penaliza más severamente las clasificaciones erróneas seguras en comparación con las menos seguras, fomentando que el modelo produzca estimaciones de probabilidad bien calibradas.

- **Asimetría**: La pérdida por entropía cruzada binaria trata de manera diferente las clases positivas y negativas, lo que la hace particularmente valiosa para manejar conjuntos de datos desequilibrados donde una clase puede estar significativamente subrepresentada. Esta característica permite que el modelo ajuste su frontera de decisión de manera más efectiva para tener en cuenta las disparidades de clase.
- **Interpretación probabilística**: La función de pérdida se corresponde directamente con la probabilidad de observar las etiquetas verdaderas dadas las probabilidades predichas por el modelo. Este marco probabilístico proporciona una interpretación significativa del rendimiento del modelo en términos de incertidumbre y confianza en sus predicciones.
- **Gradiente suave**: A diferencia de algunas funciones de pérdida alternativas, la entropía cruzada binaria ofrece un gradiente suave en todo el espacio de predicción. Esta propiedad facilita una optimización más estable y eficiente durante el proceso de entrenamiento del modelo, permitiendo una convergencia más rápida y, potencialmente, un mejor rendimiento general.
- **Rango acotado**: El valor de la pérdida por entropía cruzada binaria está acotado entre 0 (que indica una predicción perfecta) e infinito, donde los valores más bajos indican

un mejor rendimiento del modelo. Esta naturaleza acotada permite comparar de manera intuitiva el rendimiento de los modelos en diferentes conjuntos de datos y dominios de problemas.

- **Sensibilidad a errores seguros**: La función de pérdida penaliza fuertemente las clasificaciones erróneas seguras, alentando al modelo a ser más cauteloso en sus predicciones y reducir la sobreconfianza en salidas incorrectas.

Al utilizar la pérdida por entropía cruzada binaria, los practicantes de machine learning pueden entrenar y evaluar de manera efectiva modelos para una amplia gama de problemas de clasificación binaria, desde la detección de spam y el análisis de sentimientos hasta el diagnóstico médico y la detección de fraudes.

La fórmula es la siguiente:

$$L = -\frac{1}{n}\sum_{i=1}^{n}[y_i log(\hat{y_i}) + (1 - y_i)log(1 - \hat{y_i})]$$

Donde:

- $\hat{y_i}$ es la probabilidad predicha para la clase 1,
- y_i es la etiqueta verdadera (0 o 1),
- n es el número de muestras.

La entropía cruzada binaria penaliza las predicciones que están lejos de la etiqueta verdadera, lo que la hace altamente efectiva para tareas de clasificación binaria.

Ejemplo: Entropía Cruzada Binaria en Redes Neuronales

Implementemos la entropía cruzada binaria en una red neuronal para una tarea de clasificación binaria.

```
import numpy as np
import matplotlib.pyplot as plt
from sklearn.datasets import make_classification
from sklearn.model_selection import train_test_split
from sklearn.neural_network import MLPClassifier
from sklearn.metrics import accuracy_score, log_loss, confusion_matrix,
classification_report
from sklearn.preprocessing import StandardScaler

# Generate synthetic binary classification data
X, y = make_classification(n_samples=1000, n_features=2, n_classes=2,
n_clusters_per_class=1,
                           n_redundant=0, n_informative=2, random_state=42)

# Split the data into training and testing sets
```

```
X_train,   X_test,   y_train,   y_test   =   train_test_split(X,   y,   test_size=0.2,
random_state=42)

# Scale the features
scaler = StandardScaler()
X_train_scaled = scaler.fit_transform(X_train)
X_test_scaled = scaler.transform(X_test)

# Create a neural network classifier
mlp = MLPClassifier(hidden_layer_sizes=(10, 5), activation='relu', max_iter=1000,
                    solver='adam', random_state=42, early_stopping=True,
                    validation_fraction=0.1)

# Train the model
mlp.fit(X_train_scaled, y_train)

# Make predictions
y_pred_prob = mlp.predict_proba(X_test_scaled)[:, 1]
y_pred = mlp.predict(X_test_scaled)

# Compute metrics
logloss = log_loss(y_test, y_pred_prob)
accuracy = accuracy_score(y_test, y_pred)
conf_matrix = confusion_matrix(y_test, y_pred)

print(f"Binary Cross-Entropy Loss: {logloss:.4f}")
print(f"Accuracy: {accuracy:.4f}")
print("\\nConfusion Matrix:")
print(conf_matrix)
print("\\nClassification Report:")
print(classification_report(y_test, y_pred))

# Plot decision boundary
def plot_decision_boundary(X, y, model, ax=None):
    h = .02  # step size in the mesh
    x_min, x_max = X[:, 0].min() - 1, X[:, 0].max() + 1
    y_min, y_max = X[:, 1].min() - 1, X[:, 1].max() + 1
    xx, yy = np.meshgrid(np.arange(x_min, x_max, h), np.arange(y_min, y_max, h))
    Z = model.predict(np.c_[xx.ravel(), yy.ravel()])
    Z = Z.reshape(xx.shape)

    if ax is None:
        ax = plt.gca()

    ax.contourf(xx, yy, Z, alpha=0.8, cmap=plt.cm.RdYlBu)
    ax.scatter(X[:, 0], X[:, 1], c=y, cmap=plt.cm.RdYlBu, edgecolor='black')
    ax.set_xlabel('Feature 1')
    ax.set_ylabel('Feature 2')
    return ax

# Plot results
plt.figure(figsize=(15, 5))
```

```
plt.subplot(131)
plot_decision_boundary(X_test_scaled, y_test, mlp)
plt.title('Decision Boundary')

plt.subplot(132)
plt.plot(mlp.loss_curve_, label='Training Loss')
plt.plot(mlp.validation_scores_, label='Validation Score')
plt.xlabel('Iterations')
plt.ylabel('Loss / Score')
plt.title('Learning Curve')
plt.legend()

plt.subplot(133)
plt.imshow(conf_matrix, interpolation='nearest', cmap=plt.cm.Blues)
plt.title('Confusion Matrix')
plt.colorbar()
tick_marks = np.arange(2)
plt.xticks(tick_marks, ['Class 0', 'Class 1'])
plt.yticks(tick_marks, ['Class 0', 'Class 1'])
plt.xlabel('Predicted Label')
plt.ylabel('True Label')

plt.tight_layout()
plt.show()
```

Ahora, desglosaremos el código:

- **Generación y preprocesamiento de datos**:
  - Aumentamos el tamaño de la muestra a 1000 para obtener una mejor representación.
  - Añadimos el escalado de características utilizando **StandardScaler** para normalizar las características de entrada, lo cual es crucial para las redes neuronales.
- **Arquitectura del modelo**:
  - El **MLPClassifier** ahora tiene dos capas ocultas (10 y 5 neuronas) para aumentar la complejidad.
  - Se añadió **early stopping** para prevenir el sobreajuste.
  - Se incluyó una fracción de validación para el early stopping.
- **Evaluación del modelo**:
  - Además de la **pérdida por entropía cruzada binaria** y la **precisión**, ahora calculamos la **matriz de confusión** y el **informe de clasificación**.

- Estas métricas proporcionan una vista más completa del rendimiento del modelo, incluyendo precisión, recall y el puntaje F1 para cada clase.

- **Visualización**:
  - Añadimos una función para graficar la **frontera de decisión**, lo que ayuda a visualizar cómo el modelo separa las dos clases.
  - Incluimos un gráfico de la **curva de aprendizaje** para mostrar cómo cambian la pérdida de entrenamiento y la puntuación de validación a lo largo de las iteraciones.
  - Añadimos una visualización de la **matriz de confusión** para un resumen visual rápido del rendimiento del modelo.

- **Consideraciones adicionales**:
  - El uso de **numpy** se demuestra con la importación y en la función para graficar la frontera de decisión.
  - El código ahora sigue un flujo más lógico: preparación de datos, creación del modelo, entrenamiento, evaluación y visualización.

Este ejemplo de código proporciona un marco robusto para entender la **clasificación binaria** utilizando redes neuronales. Incluye pasos de preprocesamiento, evaluación del modelo con múltiples métricas y una visualización completa de los resultados. Esto permite obtener mejores perspectivas sobre el rendimiento del modelo, el proceso de aprendizaje y las capacidades de toma de decisiones.

- El **gráfico de la frontera de decisión** ayuda a comprender cómo el modelo separa las dos clases en el espacio de características.
- La **curva de aprendizaje** brinda información sobre el proceso de entrenamiento del modelo y posibles problemas de sobreajuste o subajuste.
- La **visualización de la matriz de confusión** proporciona un resumen rápido del rendimiento del modelo en la clasificación, mostrando verdaderos positivos, verdaderos negativos, falsos positivos y falsos negativos.

Al usar este enfoque integral, puedes obtener una comprensión más profunda del comportamiento y rendimiento de tu modelo de clasificación binaria, lo cual es crucial para aplicaciones de machine learning en el mundo real.

1.4.3. Pérdida por Entropía Cruzada Categórica

Para las tareas de **clasificación multiclase**, donde cada punto de datos pertenece a una de varias categorías distintas, utilizamos la función de **pérdida por entropía cruzada categórica**. Esta sofisticada función de pérdida es especialmente adecuada para escenarios en los que el problema de clasificación involucra más de dos clases. Actúa como una extensión natural de la entropía cruzada binaria, adaptando sus principios para manejar múltiples probabilidades de clase simultáneamente.

La entropía cruzada categórica cuantifica la divergencia entre la distribución de probabilidad predicha y la verdadera distribución de las etiquetas de clase. Efectivamente mide qué tan bien se alinean las predicciones del modelo con los resultados reales en todas las clases. Esta función de pérdida es especialmente poderosa porque:

- Fomenta que el modelo emita estimaciones de probabilidad bien calibradas para cada clase.
- Penaliza más severamente las clasificaciones erróneas seguras que las menos seguras, promoviendo predicciones más precisas y confiables.
- Maneja conjuntos de datos desbalanceados al considerar las frecuencias relativas de diferentes clases.
- Proporciona un gradiente suave para la optimización, facilitando un entrenamiento eficiente de las redes neuronales.

La fórmula matemática para la entropía cruzada categórica, que exploraremos en detalle a continuación, captura estas propiedades y proporciona un marco robusto para entrenar modelos de clasificación multiclase. Al minimizar esta función de pérdida durante el proceso de entrenamiento, podemos desarrollar redes neuronales capaces de distinguir entre múltiples clases con alta precisión y fiabilidad.

$$L = -\frac{1}{n}\sum_{i=1}^{n}\sum_{c=1}^{C} y_{ic}\, log(\widehat{y_{ic}})$$

Donde:

- C es el número de clases,
- $\widehat{y_{ic}}$ es la probabilidad predicha de que la muestra i pertenezca a la clase c,
- y_{ic} es 1 si la clase real de la muestra i es c, y 0 en caso contrario.

La entropía cruzada categórica penaliza más severamente las predicciones incorrectas cuando la probabilidad predicha para la clase correcta es baja.

Ejemplo: Entropía Cruzada Categórica en Redes Neuronales

Implementemos un problema de clasificación multiclase utilizando la pérdida por entropía cruzada categórica.

```
import numpy as np
import matplotlib.pyplot as plt
from sklearn.datasets import load_digits
from sklearn.model_selection import train_test_split
```

```
from sklearn.neural_network import MLPClassifier
from sklearn.metrics import log_loss, accuracy_score, confusion_matrix, classification_report
from sklearn.preprocessing import StandardScaler

# Load the digits dataset (multi-class classification)
digits = load_digits()
X, y = digits.data, digits.target

# Split the data into training and testing sets
X_train, X_test, y_train, y_test = train_test_split(X, y, test_size=0.3, random_state=42)

# Scale the features
scaler = StandardScaler()
X_train_scaled = scaler.fit_transform(X_train)
X_test_scaled = scaler.transform(X_test)

# Create a neural network classifier for multi-class classification
mlp = MLPClassifier(hidden_layer_sizes=(100, 50), activation='relu', max_iter=1000,
                    solver='adam', random_state=42, early_stopping=True,
                    validation_fraction=0.1)

# Train the model
mlp.fit(X_train_scaled, y_train)

# Predict probabilities and compute categorical cross-entropy loss
y_pred_prob = mlp.predict_proba(X_test_scaled)
logloss = log_loss(y_test, y_pred_prob)
print(f"Categorical Cross-Entropy Loss: {logloss:.4f}")

# Compute and display accuracy
y_pred = mlp.predict(X_test_scaled)
accuracy = accuracy_score(y_test, y_pred)
print(f"Accuracy: {accuracy:.4f}")

# Display confusion matrix and classification report
conf_matrix = confusion_matrix(y_test, y_pred)
print("\\nConfusion Matrix:")
print(conf_matrix)
print("\\nClassification Report:")
print(classification_report(y_test, y_pred))

# Visualize learning curve
plt.figure(figsize=(10, 5))
plt.plot(mlp.loss_curve_, label='Training Loss')
plt.plot(mlp.validation_scores_, label='Validation Score')
plt.xlabel('Iterations')
plt.ylabel('Loss / Score')
plt.title('Learning Curve')
plt.legend()
plt.show()
```

```
# Visualize confusion matrix
plt.figure(figsize=(10, 8))
plt.imshow(conf_matrix, interpolation='nearest', cmap=plt.cm.Blues)
plt.title('Confusion Matrix')
plt.colorbar()
tick_marks = np.arange(10)
plt.xticks(tick_marks, digits.target_names)
plt.yticks(tick_marks, digits.target_names)
plt.xlabel('Predicted Label')
plt.ylabel('True Label')
plt.tight_layout()
plt.show()

# Visualize some predictions
n_samples = 5
fig, axes = plt.subplots(2, n_samples, figsize=(12, 5))
for i in range(n_samples):
    idx = np.random.randint(len(X_test))
    axes[0, i].imshow(X_test[idx].reshape(8, 8), cmap=plt.cm.gray_r)
    axes[0, i].axis('off')
    axes[0, i].set_title(f'True: {y_test[idx]}')
    axes[1, i].imshow(X_test[idx].reshape(8, 8), cmap=plt.cm.gray_r)
    axes[1, i].axis('off')
    axes[1, i].set_title(f'Pred: {y_pred[idx]}')
plt.tight_layout()
plt.show()
```

Desglosemos este ejemplo de código:

- **Preparación y preprocesamiento de datos**:
    - Utilizamos el conjunto de datos **digits** de sklearn, que es un problema de clasificación multiclase (10 clases, dígitos del 0 al 9).
    - Los datos se dividen en conjuntos de entrenamiento y prueba.
    - Se aplica **escalado de características** utilizando **StandardScaler** para normalizar las características de entrada, lo cual es crucial para las redes neuronales.
- **Arquitectura del modelo**:
    - El **MLPClassifier** ahora tiene dos capas ocultas (100 y 50 neuronas) para aumentar la complejidad.
    - Se añadió **early stopping** para prevenir el sobreajuste, con una fracción de validación para el monitoreo.
- **Entrenamiento y evaluación del modelo**:

  - El modelo se entrena en los datos de entrenamiento escalados.
  - Calculamos la **pérdida por entropía cruzada categórica** y la **precisión** como antes.
  - Además, ahora computamos y mostramos la **matriz de confusión** y el **informe de clasificación** para una evaluación más completa.
- **Visualización**:
  - **Curva de aprendizaje**: Un gráfico que muestra cómo cambian la pérdida de entrenamiento y la puntuación de validación a lo largo de las iteraciones, ayudando a identificar posibles problemas de sobreajuste o subajuste.
  - **Visualización de la matriz de confusión**: Un mapa de calor de la matriz de confusión, proporcionando un resumen visual del rendimiento del modelo en la clasificación de todas las clases.
  - **Predicciones de muestras**: Visualizamos algunas muestras de prueba aleatorias, mostrando tanto las etiquetas reales como las predicciones del modelo, lo que ayuda a entender dónde el modelo podría estar cometiendo errores.

Este ejemplo de código proporciona un enfoque completo para la clasificación multiclase utilizando redes neuronales. Incorpora un preprocesamiento adecuado, una evaluación detallada del modelo y visualizaciones esclarecedoras que arrojan luz sobre el rendimiento y comportamiento del modelo. Este enfoque exhaustivo permite una comprensión más profunda de qué tan bien clasifica el modelo las diferentes categorías e identifica posibles áreas de mejora. Estas ideas son cruciales para desarrollar y perfeccionar aplicaciones de machine learning en el mundo real.

1.4.4. Pérdida Hinge

La **pérdida hinge** es una función de pérdida utilizada principalmente en el entrenamiento de **máquinas de soporte vectorial (SVM)**, una clase de algoritmos de machine learning conocida por su efectividad en tareas de clasificación. Aunque tradicionalmente se asocia con las SVM, la pérdida hinge ha encontrado aplicaciones más allá de su dominio original y puede aplicarse de manera efectiva a redes neuronales en escenarios específicos, particularmente para problemas de clasificación binaria.

La versatilidad de la pérdida hinge proviene de sus propiedades únicas. A diferencia de otras funciones de pérdida que se enfocan únicamente en la corrección de las predicciones, la pérdida hinge introduce el concepto de un **margen**. Este margen representa una región alrededor de la frontera de decisión donde se fomenta que el modelo haga predicciones seguras. Al penalizar no solo las clasificaciones incorrectas, sino también las correctas que caen dentro de este margen, la pérdida hinge promueve el desarrollo de modelos más robustos y generalizables.

En el contexto de redes neuronales, la pérdida hinge puede ser especialmente útil cuando se abordan problemas de clasificación binaria en los que se desea una separación clara entre las clases. Fomenta que la red aprenda fronteras de decisión que maximicen el margen entre las clases, lo que podría llevar a una mejora en el rendimiento de generalización. Esta propiedad hace que la pérdida hinge sea una opción atractiva en escenarios donde el énfasis está en crear un modelo que no solo clasifique correctamente, sino que lo haga con un alto grado de confianza.

La pérdida hinge se define como:

$$L = max(0,1 - y_i \cdot \hat{y}_i)$$

Donde:

- y_i es la etiqueta real (-1 o 1),
- $\hat{y}_i$ es el valor predicho.

La pérdida **hinge** penaliza las predicciones que son incorrectas o que están cerca de la frontera de decisión, lo que la hace útil para tareas donde se desea un margen entre las clases.

Ejemplo: Pérdida Hinge en Redes Neuronales

Implementemos un problema de clasificación binaria utilizando la pérdida hinge en una red neuronal.

```
import numpy as np
import matplotlib.pyplot as plt
from sklearn.datasets import make_classification
from sklearn.model_selection import train_test_split
from sklearn.preprocessing import StandardScaler
from tensorflow.keras.models import Sequential
from tensorflow.keras.layers import Dense
from tensorflow.keras.optimizers import Adam
from tensorflow.keras import backend as K

# Custom hinge loss function
def hinge_loss(y_true, y_pred):
    return K.mean(K.maximum(1. - y_true * y_pred, 0.), axis=-1)

# Generate binary classification dataset
X, y = make_classification(n_samples=1000, n_features=2, n_redundant=0,
                           n_informative=2, random_state=42, n_clusters_per_class=1)
y = 2*y - 1  # Convert labels to -1 and 1

# Split the data
X_train,  X_test,  y_train,  y_test  =  train_test_split(X,  y,  test_size=0.2,
random_state=42)

# Scale the features
scaler = StandardScaler()
```

```
X_train_scaled = scaler.fit_transform(X_train)
X_test_scaled = scaler.transform(X_test)

# Create the model
model = Sequential([
    Dense(64, activation='relu', input_shape=(2,)),
    Dense(32, activation='relu'),
    Dense(1, activation='tanh')
])

# Compile the model with hinge loss
model.compile(optimizer=Adam(learning_rate=0.001),                    loss=hinge_loss,
metrics=['accuracy'])

# Train the model
history = model.fit(X_train_scaled, y_train, epochs=100, batch_size=32,
                    validation_split=0.2, verbose=0)

# Evaluate the model
test_loss, test_accuracy = model.evaluate(X_test_scaled, y_test)
print(f"Test Loss: {test_loss:.4f}")
print(f"Test Accuracy: {test_accuracy:.4f}")

# Plot decision boundary
def plot_decision_boundary(X, y, model, scaler):
    x_min, x_max = X[:, 0].min() - 0.5, X[:, 0].max() + 0.5
    y_min, y_max = X[:, 1].min() - 0.5, X[:, 1].max() + 0.5
    xx, yy = np.meshgrid(np.arange(x_min, x_max, 0.02),
                         np.arange(y_min, y_max, 0.02))
    Z = model.predict(scaler.transform(np.c_[xx.ravel(), yy.ravel()]))
    Z = Z.reshape(xx.shape)
    plt.figure(figsize=(10, 8))
    plt.contourf(xx, yy, Z, cmap=plt.cm.RdYlBu, alpha=0.8)
    plt.scatter(X[:, 0], X[:, 1], c=y, cmap=plt.cm.RdYlBu, edgecolors='black')
    plt.xlabel('Feature 1')
    plt.ylabel('Feature 2')
    plt.title('Decision Boundary with Hinge Loss')
    plt.show()
# Plot learning curves
plt.figure(figsize=(12, 5))
plt.subplot(1, 2, 1)
plt.plot(history.history['loss'], label='Training Loss')
plt.plot(history.history['val_loss'], label='Validation Loss')
plt.title('Model Loss')
plt.xlabel('Epoch')
plt.ylabel('Loss')
plt.legend()

plt.subplot(1, 2, 2)
plt.plot(history.history['accuracy'], label='Training Accuracy')
plt.plot(history.history['val_accuracy'], label='Validation Accuracy')
plt.title('Model Accuracy')
```

```
plt.xlabel('Epoch')
plt.ylabel('Accuracy')
plt.legend()
plt.tight_layout()
plt.show()

# Plot decision boundary
plot_decision_boundary(X, y, model, scaler)
```

Desglosemos este ejemplo de código:

1. **Preparación de los datos**:
   - Generamos un conjunto de datos sintético para clasificación binaria utilizando **make_classification**.
   - Las etiquetas se convierten de 0/1 a -1/1, lo cual es típico para la **pérdida hinge**.
   - Los datos se dividen en conjuntos de entrenamiento y prueba, y las características se escalan utilizando **StandardScaler**.
2. **Función de pérdida hinge personalizada**:
   - Definimos una función personalizada de **hinge_loss** usando las operaciones del backend de Keras.
   - La función calcula el promedio del máximo entre 0 y 1$−ytrue·ypred$.
3. **Arquitectura del modelo**:
   - Se crea una red neuronal simple con dos capas ocultas (64 y 32 neuronas) y activación **ReLU**.
   - La capa de salida utiliza activación **tanh** para producir valores entre -1 y 1.
4. **Compilación y entrenamiento del modelo**:
   - El modelo se compila usando el optimizador **Adam** y nuestra función personalizada de pérdida hinge.
   - El modelo se entrena durante 100 épocas con una división de validación del 20%.
5. **Evaluación**:
   - El rendimiento del modelo se evalúa en el conjunto de prueba, imprimiendo la pérdida y precisión del conjunto de prueba.
6. **Visualización**:

- Se grafican las curvas de aprendizaje para mostrar la pérdida de entrenamiento y validación, así como la precisión a lo largo de las épocas.
- Se crea un gráfico de la frontera de decisión para visualizar cómo el modelo separa las dos clases.

Este ejemplo demuestra cómo implementar la **pérdida hinge** en una red neuronal para clasificación binaria. El uso de la pérdida hinge fomenta que el modelo encuentre una frontera de decisión con un margen amplio entre las clases, lo que puede llevar a una mejor generalización en algunos casos. Las visualizaciones ayudan a entender el proceso de aprendizaje del modelo y su frontera de decisión final.

1.4.5. Funciones de pérdida personalizadas

En muchos escenarios de machine learning, las funciones de pérdida predefinidas pueden no capturar adecuadamente las complejidades de tareas específicas o los objetivos de optimización. Aquí es donde la implementación de **funciones de pérdida personalizadas** se vuelve crucial. Las funciones de pérdida personalizadas permiten a los investigadores y profesionales adaptar el proceso de aprendizaje a sus requisitos únicos, lo que podría mejorar el rendimiento del modelo y generar resultados más significativos.

La flexibilidad para crear funciones de pérdida personalizadas es una característica poderosa que ofrecen la mayoría de los frameworks modernos de deep learning, como **Keras**, **PyTorch** y **TensorFlow**. Estos frameworks proporcionan las herramientas y APIs necesarias para que los usuarios definan sus propias funciones de pérdida, permitiendo un alto grado de personalización en el proceso de entrenamiento del modelo. Esta capacidad es particularmente valiosa en dominios especializados o al tratar con distribuciones de datos poco convencionales donde las funciones de pérdida estándar pueden no ser suficientes.

Las funciones de pérdida personalizadas pueden diseñarse para incorporar conocimientos específicos del dominio, equilibrar múltiples objetivos o abordar desafíos particulares en los datos. Por ejemplo, en el análisis de imágenes médicas, una función de pérdida personalizada podría diseñarse para dar mayor énfasis a evitar falsos negativos.

En el procesamiento de lenguaje natural, una función de pérdida personalizada podría desarrollarse para capturar similitudes semánticas matizadas más allá de lo que ofrecen las métricas estándar. Al permitir que los usuarios definan funciones de pérdida basadas en las necesidades específicas de su aplicación, estos frameworks empoderan a los desarrolladores para expandir los límites de lo posible en machine learning e inteligencia artificial.

Ejemplo: Función de pérdida personalizada en Keras

```
import tensorflow as tf
from tensorflow import keras
from tensorflow.keras import backend as K
import numpy as np
import matplotlib.pyplot as plt
```

```
# Custom loss function
def custom_loss(y_true, y_pred):
    # Example: Weighted MSE that penalizes underestimation more heavily
    error = y_true - y_pred
    return K.mean(K.square(error) * K.exp(K.abs(error)), axis=-1)

# Generate sample data
np.random.seed(42)
X = np.linspace(0, 10, 1000).reshape(-1, 1)
y = 2 * X + 1 + np.random.normal(0, 1, X.shape)

# Split data
split = int(0.8 * len(X))
X_train, X_test = X[:split], X[split:]
y_train, y_test = y[:split], y[split:]

# Define model
model = keras.Sequential([
    keras.layers.Dense(64, activation='relu', input_shape=(1,)),
    keras.layers.Dense(32, activation='relu'),
    keras.layers.Dense(1)
])

# Compile model with custom loss
model.compile(optimizer='adam', loss=custom_loss)

# Train model
history = model.fit(X_train, y_train, epochs=100, validation_split=0.2, verbose=0)

# Evaluate model
test_loss = model.evaluate(X_test, y_test)
print(f"Test Loss: {test_loss:.4f}")

# Plot results
plt.figure(figsize=(12, 4))

# Plot training history
plt.subplot(1, 2, 1)
plt.plot(history.history['loss'], label='Training Loss')
plt.plot(history.history['val_loss'], label='Validation Loss')
plt.title('Model Loss')
plt.xlabel('Epoch')
plt.ylabel('Loss')
plt.legend()

# Plot predictions
plt.subplot(1, 2, 2)
y_pred = model.predict(X)
plt.scatter(X, y, alpha=0.5, label='True')
plt.plot(X, y_pred, color='red', label='Predicted')
plt.title('Model Predictions')
```

```
plt.xlabel('X')
plt.ylabel('y')
plt.legend()

plt.tight_layout()
plt.show()
```

Este ejemplo de código demuestra la implementación y uso de una función de pérdida personalizada en Keras. Vamos a desglosarlo:

- **Importaciones**: Importamos las bibliotecas necesarias, incluyendo TensorFlow, Keras, NumPy y Matplotlib.
- **Función de pérdida personalizada**: Definimos una función de pérdida personalizada llamada custom_loss. Esta función implementa un **Error Cuadrático Medio (MSE) ponderado**, que penaliza más fuertemente la subestimación utilizando un peso exponencial.
- **Generación de datos**: Creamos datos sintéticos para un problema simple de regresión lineal con ruido añadido.
- **División de datos**: Los datos se dividen en conjuntos de entrenamiento y prueba.
- **Definición del modelo**: Creamos una red neuronal simple con dos capas ocultas.
- **Compilación del modelo**: El modelo se compila utilizando el optimizador **Adam** y nuestra función de pérdida personalizada.
- **Entrenamiento del modelo**: Entrenamos el modelo en los datos de entrenamiento, utilizando una división de validación para el monitoreo.
- **Evaluación del modelo**: El rendimiento del modelo se evalúa en el conjunto de prueba.
- **Visualización**: Creamos dos gráficos:
    - Un gráfico de la pérdida de entrenamiento y validación a lo largo de las épocas.
    - Un gráfico de dispersión que muestra los puntos de datos verdaderos y las predicciones del modelo.

Este ejemplo demuestra cómo implementar y usar una **función de pérdida personalizada** en un escenario del mundo real. La función de pérdida personalizada en este caso está diseñada para penalizar la subestimación más fuertemente que la sobreestimación, lo que podría ser útil en escenarios donde subestimar la variable objetivo tiene un costo mayor que sobreestimarla.

Al visualizar tanto el proceso de entrenamiento como las predicciones finales, podemos obtener ideas sobre cómo el modelo se desempeña con esta función de pérdida personalizada. Este enfoque permite ajustar la función de pérdida para que se adapte mejor a los requisitos específicos del problema, lo que potencialmente puede mejorar el rendimiento del modelo en aplicaciones específicas del dominio.

Ejercicios prácticos Capítulo 1

Ejercicio 1: Implementación de un Perceptrón Simple

Tarea: Implementar un **perceptrón** para la compuerta lógica **AND**. Entrenar el perceptrón utilizando el algoritmo de aprendizaje del perceptrón y probarlo en los mismos datos.

Entrada 1	Entrada 2	Salida
0	0	0
0	1	0
1	0	0
1	1	1

Solución:

```
import numpy as np

class Perceptron:
    def __init__(self, learning_rate=0.01, n_iters=1000):
        self.learning_rate = learning_rate
        self.n_iters = n_iters
        self.weights = None
        self.bias = None

    def fit(self, X, y):
        n_samples, n_features = X.shape
        self.weights = np.zeros(n_features)
        self.bias = 0

        for _ in range(self.n_iters):
            for idx, x_i in enumerate(X):
                linear_output = np.dot(x_i, self.weights) + self.bias
                y_predicted = self.activation_function(linear_output)

                # Update rule
                update = self.learning_rate * (y[idx] - y_predicted)
                self.weights += update * x_i
                self.bias += update

    def activation_function(self, x):
```

```
        return np.where(x >= 0, 1, 0)

    def predict(self, X):
        linear_output = np.dot(X, self.weights) + self.bias
        return self.activation_function(linear_output)

# AND gate dataset
X = np.array([[0, 0], [0, 1], [1, 0], [1, 1]])
y = np.array([0, 0, 0, 1])

# Train Perceptron
perceptron = Perceptron(learning_rate=0.1, n_iters=10)
perceptron.fit(X, y)

# Test Perceptron
predictions = perceptron.predict(X)
print(f"Predictions: {predictions}")
```

Ejercicio 2: Entrenamiento de un Perceptrón Multicapa (MLP)

Tarea: Entrenar un **perceptrón multicapa (MLP)** en la compuerta lógica **XOR**. Utilizar el MLPClassifier de Scikit-learn y reportar la precisión.

Entrada 1	Entrada 2	Salida
0	0	0
0	1	1
1	0	1
1	1	0

Solución:

```
from sklearn.neural_network import MLPClassifier
import numpy as np
from sklearn.metrics import accuracy_score

# XOR gate dataset
X = np.array([[0, 0], [0, 1], [1, 0], [1, 1]])
y = np.array([0, 1, 1, 0])

# Train MLP classifier
mlp = MLPClassifier(hidden_layer_sizes=(2,), max_iter=1000, random_state=42)
mlp.fit(X, y)

# Test the MLP and compute accuracy
```

```
predictions = mlp.predict(X)
accuracy = accuracy_score(y, predictions)
print(f"Accuracy: {accuracy:.2f}")
```

Ejercicio 3: Descenso de Gradiente en una Función Cuadrática

Tarea: Implementar **descenso de gradiente** para minimizar la siguiente función de pérdida cuadrática:

$$L(w) = w^2$$

Comenzar con un peso inicial de w=10w = 10w=10 y una tasa de aprendizaje de 0.1. Realizar 20 iteraciones y graficar la curva de pérdida.

Solución:

```
import numpy as np
import matplotlib.pyplot as plt

# Define loss function (quadratic) and its gradient
def loss_function(w):
    return w**2

def gradient(w):
    return 2 * w

# Gradient descent parameters
learning_rate = 0.1
n_iterations = 20
w = 10  # Initial weight

# Store weights and losses
weights = [w]
losses = [loss_function(w)]

# Perform gradient descent
for i in range(n_iterations):
    grad = gradient(w)
    w = w - learning_rate * grad
    weights.append(w)
    losses.append(loss_function(w))

# Plot the loss curve
plt.plot(range(n_iterations + 1), losses, marker='o')
plt.xlabel("Iteration")
plt.ylabel("Loss")
plt.title("Gradient Descent Minimizing Loss Function")
plt.show()
```

Ejercicio 4: Retropropagación con el MLP de Scikit-learn

Tarea: Entrenar un **perceptrón multicapa (MLP)** en el conjunto de datos **digits** utilizando el MLPClassifier de Scikit-learn y reportar la precisión en el conjunto de prueba. El modelo debe usar retropropagación para ajustar los pesos.

Solución:

```
from sklearn.datasets import load_digits
from sklearn.model_selection import train_test_split
from sklearn.neural_network import MLPClassifier
from sklearn.metrics import accuracy_score

# Load digits dataset (multi-class classification)
digits = load_digits()
X = digits.data
y = digits.target

# Split the data into training and testing sets
X_train, X_test, y_train, y_test = train_test_split(X, y, test_size=0.3,
random_state=42)

# Train MLP classifier
mlp = MLPClassifier(hidden_layer_sizes=(100,), max_iter=1000, solver='adam',
random_state=42)
mlp.fit(X_train, y_train)

# Test the MLP and compute accuracy
y_pred = mlp.predict(X_test)
accuracy = accuracy_score(y_test, y_pred)
print(f"Test Accuracy: {accuracy:.2f}")
```

Ejercicio 5: Aplicación de la Regularización L2 (Ridge) a una Red Neuronal

Tarea: Entrenar una red neuronal con **regularización L2** (Ridge) en el conjunto de datos **moons** utilizando el MLPClassifier de Scikit-learn. Reportar la precisión en el conjunto de prueba y observar cómo la regularización L2 afecta el sobreajuste.

Solución:

```
from sklearn.datasets import make_moons
from sklearn.model_selection import train_test_split
from sklearn.neural_network import MLPClassifier
from sklearn.metrics import accuracy_score

# Generate moons dataset (binary classification)
X, y = make_moons(n_samples=500, noise=0.20, random_state=42)

# Split the data into training and testing sets
```

```
X_train, X_test, y_train, y_test = train_test_split(X, y, test_size=0.3, random_state=42)

# Train MLP classifier with L2 regularization (alpha controls regularization strength)
mlp = MLPClassifier(hidden_layer_sizes=(100,), alpha=0.01, max_iter=1000, solver='adam', random_state=42)
mlp.fit(X_train, y_train)

# Test the MLP and compute accuracy
y_pred = mlp.predict(X_test)
accuracy = accuracy_score(y_test, y_pred)
print(f"Test Accuracy with L2 Regularization: {accuracy:.2f}")
```

Ejercicio 6: Implementación de la Pérdida por Entropía Cruzada Binaria

Tarea: Implementar manualmente la función de pérdida de **entropía cruzada binaria** y usarla para calcular la pérdida para los siguientes puntos de datos:

- Etiqueta verdadera: $y = 1$, Probabilidad predicha: $\hat{y} = 0.9$
- Etiqueta verdadera: $y = 0$, Probabilidad predicha: $\hat{y} = 0.3$

Solución:

```
import numpy as np

# Binary cross-entropy loss function
def binary_crossentropy(y_true, y_pred):
    return -(y_true * np.log(y_pred) + (1 - y_true) * np.log(1 - y_pred))

# Example data
y_true_1 = 1
y_pred_1 = 0.9
y_true_2 = 0
y_pred_2 = 0.3

# Compute binary cross-entropy loss for each case
loss_1 = binary_crossentropy(y_true_1, y_pred_1)
loss_2 = binary_crossentropy(y_true_2, y_pred_2)

print(f"Binary Cross-Entropy Loss (y=1, y_pred=0.9): {loss_1:.4f}")
print(f"Binary Cross-Entropy Loss (y=0, y_pred=0.3): {loss_2:.4f}")
```

Al completar estos ejercicios, habrás adquirido experiencia práctica en la construcción y entrenamiento de redes neuronales, así como en la aplicación de técnicas de regularización para mejorar la generalización del modelo.

Resumen del Capítulo 1

En el **Capítulo 1**, exploramos los conceptos fundamentales de las **redes neuronales** y el **deep learning**, comenzando con los bloques básicos que hacen que estas tecnologías sean tan poderosas en la inteligencia artificial moderna. Este capítulo sirvió como introducción a las redes neuronales, cubriendo su arquitectura, procesos de aprendizaje y los diversos desafíos que surgen durante el entrenamiento.

Comenzamos con el **Perceptrón**, la forma más simple de una red neuronal. El perceptrón es un clasificador lineal que intenta encontrar una frontera para separar dos clases de datos. Aunque es poderoso para problemas linealmente separables, el perceptrón tiene limitaciones, como su incapacidad para resolver problemas no lineales, como el problema **XOR**. Esto nos llevó a introducir el **Perceptrón Multicapa (MLP)**, una arquitectura de red neuronal más compleja, capaz de manejar relaciones no lineales. El MLP agrega una o más **capas ocultas** entre las capas de entrada y salida, lo que le permite aprender patrones más complejos mediante el uso de funciones de activación no lineales como **ReLU**.

A continuación, profundizamos en el algoritmo de **retropropagación** y el **descenso por gradiente**, los mecanismos fundamentales que permiten que las redes neuronales aprendan. La retropropagación calcula de manera eficiente los gradientes de la función de pérdida con respecto a los parámetros de la red y ajusta los pesos mediante el descenso por gradiente para minimizar la pérdida. También discutimos diferentes variantes del descenso por gradiente, como el **descenso por gradiente estocástico (SGD)** y el **descenso por gradiente en mini-lotes**, que mejoran la eficiencia y velocidad del entrenamiento, particularmente en grandes conjuntos de datos.

Luego exploramos los **optimizadores**, que juegan un papel crucial en mejorar la convergencia de las redes neuronales. Algoritmos como **Momentum**, **RMSprop** y **Adam** mejoran el descenso por gradiente al adaptar la tasa de aprendizaje o suavizar el proceso de optimización, ayudando a las redes neuronales a converger más rápido y escapar de mínimos locales.

El capítulo también abordó los desafíos comunes de **sobreajuste** y **subajuste**. El sobreajuste ocurre cuando un modelo funciona bien en los datos de entrenamiento, pero mal en datos no vistos, mientras que el subajuste ocurre cuando el modelo es demasiado simple para capturar los patrones subyacentes en los datos. Para mitigar estos problemas, presentamos varias técnicas de **regularización**, incluyendo **regularización L2 (Ridge)**, **regularización L1 (Lasso)**, **dropout**, y **early stopping**. Estas técnicas ayudan a controlar la complejidad del modelo y mejorar la generalización, penalizando los modelos demasiado complejos o deteniendo el entrenamiento antes de que ocurra el sobreajuste.

Finalmente, discutimos varias **funciones de pérdida**, que sirven como el objetivo para que las redes neuronales minimicen durante el entrenamiento. El **Error Cuadrático Medio (MSE)** se utiliza para tareas de regresión, mientras que la **entropía cruzada binaria** y la **entropía cruzada categórica** se utilizan ampliamente para tareas de clasificación binaria y multiclase, respectivamente. Comprender cómo funcionan estas funciones de pérdida es esencial para seleccionar la correcta para una tarea determinada y garantizar que la red pueda aprender de manera efectiva a partir de los datos.

En conclusión, este capítulo sentó las bases para comprender las redes neuronales y su proceso de entrenamiento. Al dominar estos conceptos fundamentales, ahora estás preparado para explorar arquitecturas de redes neuronales más avanzadas y técnicas de deep learning, que se cubrirán en capítulos futuros. El dominio de estos temas te permitirá construir modelos poderosos capaces de resolver problemas complejos del mundo real.

Capítulo 2: Deep Learning con TensorFlow 2.x

TensorFlow, un marco de deep learning de código abierto desarrollado por Google, permite a los desarrolladores construir y entrenar modelos de machine learning sofisticados a través de su estructura flexible de gráficos computacionales. Esta poderosa herramienta ha revolucionado el campo de la inteligencia artificial y el machine learning.

TensorFlow 2.x, la última iteración importante, introduce una gran cantidad de mejoras sobre sus predecesores, mejorando significativamente la experiencia del desarrollador. Al adoptar un estilo de programación imperativa con ejecución ansiosa, se alinea más estrechamente con las prácticas estándar de Python, lo que lo hace considerablemente más intuitivo y fácil de usar tanto para principiantes como para practicantes experimentados.

Este capítulo profundiza en los componentes centrales de TensorFlow, proporcionando una exploración exhaustiva de sus elementos esenciales. Te guiaremos a través del proceso intrincado de crear modelos robustos, definir arquitecturas de capas complejas y manipular eficientemente diversos conjuntos de datos.

Nuestro objetivo es proporcionarte una comprensión sólida de las capacidades y mejores prácticas de TensorFlow. Al final de este capítulo, habrás adquirido una base sólida y extensa, lo que te permitirá abordar con confianza la construcción de modelos de deep learning sofisticados y potentes utilizando TensorFlow. Este conocimiento te servirá como trampolín para tus futuros emprendimientos en el campo de la inteligencia artificial y el machine learning.

2.1 Introducción a TensorFlow 2.x

TensorFlow 2.x es un marco robusto y versátil diseñado específicamente para el desarrollo y despliegue de modelos de machine learning en entornos de producción. En su núcleo, ofrece una API de alto nivel conocida como **Keras**, que simplifica significativamente el proceso de creación y entrenamiento de modelos. Esta interfaz fácil de usar permite a los desarrolladores crear prototipos rápidamente e iterar sobre sus ideas, haciéndola accesible tanto para principiantes como para practicantes experimentados.

Si bien Keras proporciona un enfoque simplificado, TensorFlow 2.x también mantiene la flexibilidad para profundizar en personalizaciones de bajo nivel. Esta naturaleza dual permite a los desarrolladores aprovechar componentes preconstruidos para un desarrollo rápido, mientras que aún tienen la opción de ajustar y optimizar sus modelos a un nivel granular cuando sea necesario.

El marco se basa en varios componentes clave que forman su base:

1. Tensores

Estos son los bloques de construcción fundamentales de TensorFlow, y sirven como la estructura de datos principal. Los tensores son esencialmente arreglos multidimensionales, similares en concepto a los arreglos de NumPy, pero con varias mejoras clave:

- Aceleración por GPU: Los tensores están optimizados para aprovechar las capacidades de procesamiento en paralelo de las GPUs, lo que permite cálculos significativamente más rápidos en grandes conjuntos de datos.
- Computación distribuida: Las operaciones tensoriales de TensorFlow se pueden distribuir fácilmente entre varios dispositivos o máquinas, lo que permite un procesamiento eficiente de conjuntos de datos masivos y modelos complejos.
- Diferenciación automática: Los tensores en TensorFlow admiten la diferenciación automática, que es crucial para implementar la retropropagación en redes neuronales.
- Versatilidad: Pueden representar varios tipos de datos, desde escalares simples hasta matrices multidimensionales complejas. Esta flexibilidad permite que los tensores manejen diferentes tipos de entrada y salida en modelos de machine learning, tales como:
    - Escalares: Valores numéricos individuales (por ejemplo, una sola puntuación de predicción)
    - Vectores: Arreglos unidimensionales (por ejemplo, una lista de características)
    - Matrices: Arreglos bidimensionales (por ejemplo, imágenes en escala de grises o datos de series temporales)
    - Tensores de mayor dimensión: Para estructuras de datos más complejas (por ejemplo, imágenes a color, datos de video o lotes de muestras)
- Evaluación diferida: TensorFlow utiliza una estrategia de evaluación diferida, donde las operaciones de tensor no se ejecutan inmediatamente, sino que se construyen en un gráfico computacional. Esto permite la optimización de toda la computación antes de la ejecución.

Esta combinación de características hace que los tensores sean increíblemente potentes y eficientes para manejar las tareas diversas e intensivas en computación requeridas en las aplicaciones modernas de machine learning y deep learning.

2. Operaciones (Ops)

Estas son las funciones fundamentales que manipulan tensores, formando la columna vertebral de todos los cálculos en TensorFlow. Las operaciones en TensorFlow abarcan un amplio espectro de funcionalidades:

Operaciones matemáticas básicas: TensorFlow admite una amplia gama de operaciones aritméticas fundamentales, lo que permite la manipulación sin esfuerzo de tensores. Estas operaciones incluyen suma, resta, multiplicación y división, lo que permite realizar cálculos fácilmente como sumar dos tensores o escalar un tensor por un valor escalar. La implementación eficiente del marco asegura que estas operaciones se realicen con velocidad y precisión óptimas, incluso en conjuntos de datos a gran escala.

Funciones matemáticas avanzadas: Más allá de la aritmética básica, TensorFlow ofrece una extensa suite de funciones matemáticas sofisticadas. Esto incluye una amplia gama de operaciones trigonométricas (seno, coseno, tangente y sus inversas), funciones exponenciales y logarítmicas para cálculos complejos, y robustas operaciones estadísticas como media, mediana, desviación estándar y varianza. Estas funciones avanzadas permiten a los desarrolladores implementar modelos matemáticos complejos y realizar análisis de datos intrincados directamente dentro del ecosistema de TensorFlow.

Operaciones de álgebra lineal: TensorFlow sobresale en el manejo de cálculos de álgebra lineal, que forman la base de muchos algoritmos de machine learning. El marco proporciona implementaciones altamente optimizadas de operaciones cruciales como multiplicación de matrices, transposición y cálculos de inversas. Estas operaciones son particularmente vitales en escenarios de deep learning donde las manipulaciones de matrices a gran escala son comunes. El manejo eficiente de estas operaciones por parte de TensorFlow contribuye significativamente al rendimiento de los modelos que manejan datos de alta dimensionalidad.

Operaciones de redes neuronales: Atendiendo específicamente a las necesidades de los practicantes de deep learning, TensorFlow incorpora un conjunto rico de operaciones especializadas para redes neuronales. Esto incluye una amplia gama de funciones de activación, como ReLU (Rectified Linear Unit), sigmoide y tangente hiperbólica (tanh), cada una de las cuales sirve diferentes propósitos en las arquitecturas de redes neuronales. Además, el marco admite operaciones avanzadas como convoluciones para tareas de procesamiento de imágenes y varias operaciones de pooling (max pooling, average pooling) para la extracción de características y la reducción de la dimensionalidad en redes neuronales convolucionales.

Cálculo de gradientes: Una de las características más poderosas y distintivas de TensorFlow es su capacidad para realizar diferenciación automática. Esta funcionalidad permite al marco calcular los gradientes de funciones complejas con respecto a sus entradas, una capacidad fundamental para el entrenamiento de redes neuronales a través de la retropropagación. El motor de diferenciación automática de TensorFlow está altamente optimizado, lo que permite cálculos de gradientes eficientes incluso para arquitecturas de modelos grandes e intrincadas, facilitando así el entrenamiento de redes neuronales profundas en conjuntos de datos masivos.

Operaciones personalizadas: Reconociendo las diversas necesidades de la comunidad de machine learning, TensorFlow proporciona la flexibilidad para que los usuarios definan e implementen sus propias operaciones personalizadas. Esta poderosa característica permite a los desarrolladores ampliar las capacidades del marco, implementando algoritmos novedosos o cálculos especializados que pueden no estar disponibles en la biblioteca estándar. Las operaciones personalizadas se pueden escribir en lenguajes de alto nivel como Python para la creación rápida de prototipos, o en lenguajes de bajo nivel como C++ o CUDA para la aceleración por GPU, lo que permite a los desarrolladores optimizar el rendimiento para casos de uso específicos.

Operaciones de control de flujo: TensorFlow admite una gama de operaciones de control de flujo, incluidas declaraciones condicionales y construcciones de bucles. Estas operaciones permiten la creación de gráficos computacionales dinámicos que pueden adaptarse y cambiar en función de los datos de entrada o los resultados intermedios. Esta flexibilidad es crucial para implementar algoritmos complejos que requieren procesos de toma de decisiones o cálculos iterativos dentro del modelo. Al incorporar operaciones de control de flujo, TensorFlow permite el desarrollo de modelos de machine learning más sofisticados y adaptativos que pueden manejar una amplia variedad de escenarios de datos y tareas de aprendizaje.

El extenso conjunto de operaciones predefinidas, combinado con la capacidad de crear operaciones personalizadas, proporciona a los desarrolladores las herramientas necesarias para implementar prácticamente cualquier algoritmo de machine learning o tarea computacional. Esta flexibilidad y potencia hacen de TensorFlow un marco versátil adecuado para una amplia gama de aplicaciones, desde regresiones lineales simples hasta modelos complejos de deep learning.

3. Gráficos

En TensorFlow, los gráficos representan la estructura de los cálculos, sirviendo como un plano para cómo los datos fluyen a través de un modelo. Aunque TensorFlow 2.x se ha movido hacia la ejecución ansiosa por defecto (donde las operaciones se ejecutan inmediatamente), el concepto de gráficos computacionales sigue siendo crucial por varias razones:

Optimización del rendimiento: Los gráficos permiten a TensorFlow realizar un análisis exhaustivo de toda la estructura computacional antes de la ejecución. Esta perspectiva holística facilita una gama de optimizaciones, que incluyen:

- Fusión de operaciones: Esta técnica consiste en fusionar múltiples operaciones discretas en una sola operación más optimizada. Al reducir el número total de cálculos individuales, la fusión de operaciones puede mejorar significativamente la velocidad y la eficiencia del procesamiento.
- Gestión de memoria: Los gráficos permiten estrategias sofisticadas de asignación y liberación de memoria para los resultados intermedios. Esta optimización asegura una

utilización eficiente de los recursos de memoria disponibles, reduciendo cuellos de botella y mejorando el rendimiento general.

- Paralelización: La estructura del gráfico permite a TensorFlow identificar operaciones que se pueden ejecutar simultáneamente. Al aprovechar las capacidades de procesamiento en paralelo, el sistema puede reducir drásticamente el tiempo de cálculo, especialmente para modelos complejos con múltiples operaciones independientes.
- Análisis del flujo de datos: Los gráficos facilitan el seguimiento de las dependencias de datos entre operaciones, lo que permite una programación inteligente de los cálculos y minimiza las transferencias de datos innecesarias.
- Optimización específica de hardware: La representación del gráfico permite a TensorFlow mapear las operaciones en hardware especializado (como GPUs o TPUs) de manera más efectiva, aprovechando al máximo las características arquitectónicas únicas de estos dispositivos.

Entrenamiento distribuido: Los gráficos sirven como una poderosa herramienta para distribuir cálculos entre varios dispositivos o máquinas, lo que permite el entrenamiento de modelos a gran escala que no cabrían en un solo dispositivo. Proporcionan una representación clara de las dependencias de datos, lo que ofrece varias ventajas clave:

- Particionamiento eficiente del modelo: Los gráficos permiten un particionamiento inteligente del modelo entre diferentes unidades de hardware, optimizando la utilización de recursos y permitiendo el entrenamiento de modelos que exceden la capacidad de memoria de un solo dispositivo.
- Comunicación intercomponente optimizada: Al aprovechar la estructura del gráfico, TensorFlow puede optimizar los patrones de comunicación entre componentes distribuidos, reduciendo la sobrecarga de la red y mejorando la velocidad general del entrenamiento.
- Estrategias avanzadas de paralelismo de datos: Los gráficos facilitan la implementación de técnicas avanzadas de paralelismo de datos, como el paralelismo por lotes y el paralelismo de modelos, lo que permite una escalabilidad más eficiente del entrenamiento entre múltiples dispositivos o nodos.
- Sincronización y consistencia: La estructura del gráfico ayuda a mantener la sincronización y la consistencia entre los componentes distribuidos, asegurando que todas las partes del modelo se actualicen correctamente y de manera consistente durante todo el proceso de entrenamiento.

Aceleración por hardware: La estructura del gráfico permite que TensorFlow asigne eficientemente los cálculos en hardware especializado, como GPUs (Unidades de

Procesamiento Gráfico) y TPUs (Unidades de Procesamiento Tensorial). Este proceso de asignación sofisticada ofrece varias ventajas clave:

- Gestión optimizada de la memoria: Simplifica las transferencias de datos entre la CPU y los dispositivos aceleradores, minimizando la latencia y maximizando el rendimiento.
- Optimización específica de hardware: El sistema puede aprovechar las características e instrucciones únicas de los diferentes aceleradores, ajustando las operaciones para obtener el máximo rendimiento en cada plataforma.
- Mayor velocidad de ejecución: Al distribuir inteligentemente los cálculos entre los recursos de hardware disponibles, TensorFlow aumenta significativamente la velocidad de procesamiento general en una amplia gama de plataformas de computación.
- Balanceo de carga dinámico: La estructura del gráfico permite una distribución adaptativa de la carga de trabajo, asegurando una utilización óptima de todos los recursos de hardware disponibles.
- Ejecución en paralelo: Las operaciones complejas se pueden descomponer y ejecutar de manera concurrente en múltiples núcleos de aceleradores, reduciendo drásticamente el tiempo de cómputo para modelos a gran escala.

Serialización y despliegue de modelos: Los gráficos proporcionan una representación portátil y eficiente del modelo, ofreciendo varias ventajas clave para aplicaciones prácticas:

- Persistencia eficiente del modelo: Los gráficos permiten guardar y cargar modelos de manera optimizada, preservando tanto la estructura como los parámetros con una sobrecarga mínima. Esto facilita la iteración rápida del modelo y el control de versiones durante el desarrollo.
- Despliegue fluido en producción: La representación basada en gráficos permite una transición fluida del entorno de desarrollo al entorno de producción. Encapsula toda la información necesaria para la ejecución del modelo, asegurando consistencia en diferentes escenarios de despliegue.
- Servicio de modelos multiplataforma: Los gráficos actúan como un lenguaje universal para la representación de modelos, lo que permite un despliegue flexible en diversas plataformas y configuraciones de hardware. Esta portabilidad simplifica el proceso de servir modelos en entornos de computación diversos, desde servicios basados en la nube hasta dispositivos de borde.
- Inferencia optimizada: La estructura del gráfico permite diversas optimizaciones durante el despliegue, como la poda de operaciones innecesarias o la fusión de múltiples operaciones, lo que mejora la velocidad de inferencia y reduce el consumo de recursos en entornos de producción.

Si bien la ejecución ansiosa es ahora el valor predeterminado en TensorFlow 2.x, ofreciendo una mayor facilidad de uso y depuración, el concepto de gráfico sigue siendo una parte esencial de la arquitectura de TensorFlow. Los usuarios avanzados aún pueden aprovechar los gráficos para aplicaciones críticas en rendimiento o cuando trabajan con sistemas distribuidos complejos. El decorador @tf.function en TensorFlow 2.x permite a los desarrolladores cambiar sin problemas entre la ejecución ansiosa y el modo gráfico, combinando lo mejor de ambos mundos.

4. API de Keras

La API de Keras es una piedra angular de TensorFlow 2.x, y sirve como la interfaz principal para crear y entrenar modelos de deep learning. Esta API de redes neuronales de alto nivel ha sido completamente integrada en TensorFlow, ofreciendo un enfoque intuitivo y fácil de usar para construir sistemas de machine learning complejos.

Las características clave de la API de Keras incluyen:

- **Interfaz consistente e intuitiva:** Keras proporciona una API uniforme que permite a los usuarios construir rápidamente modelos utilizando capas y arquitecturas predefinidas. Esta consistencia entre diferentes tipos de modelos simplifica la curva de aprendizaje y mejora la productividad.
- **Definiciones de modelos flexibles:** Keras admite dos tipos principales de definiciones de modelos:
    - *Modelos secuenciales:* Son pilas lineales de capas, ideales para arquitecturas simples donde cada capa tiene exactamente un tensor de entrada y uno de salida.
    - *Modelos funcionales:* Permiten topologías más complejas, lo que permite la creación de modelos con topología no lineal, capas compartidas y múltiples entradas o salidas.

Esta flexibilidad se adapta a una amplia gama de arquitecturas de modelos, desde redes feed-forward simples hasta modelos complejos de múltiples ramas.

- **Capas y modelos predefinidos:** Keras viene con un conjunto rico de capas predefinidas (como Dense, Conv2D, LSTM) y modelos completos (como VGG, ResNet, BERT) que se pueden personalizar y combinar fácilmente.
- **Soporte integrado para tareas comunes:** La API incluye herramientas completas para:
    - *Preprocesamiento de datos:* Utilidades para la augmentación de imágenes, la tokenización de texto y el relleno de secuencias.
    - *Evaluación de modelos:* Métodos fáciles de usar para evaluar el rendimiento del modelo con varias métricas.

- *Predicción:* Interfaces simplificadas para hacer predicciones con nuevos datos.

Estas características integradas hacen de Keras una herramienta integral para flujos de trabajo completos de machine learning, reduciendo la necesidad de bibliotecas externas y simplificando el proceso de desarrollo.

- **Personalización y extensibilidad:** Aunque Keras proporciona muchos componentes preconstruidos, también permite una fácil personalización. Los usuarios pueden crear capas personalizadas, funciones de pérdida y métricas, lo que permite la implementación de arquitecturas y técnicas novedosas.
- **Integración con el ecosistema TensorFlow:** Al estar completamente integrada con TensorFlow 2.x, Keras trabaja sin problemas con otros módulos de TensorFlow, como tf.data para pipelines de entrada y tf.distribute para entrenamiento distribuido.

La combinación de simplicidad y potencia de la API de Keras la convierte en una excelente opción tanto para principiantes como para practicantes experimentados en el campo del deep learning. Su integración en TensorFlow 2.x ha simplificado significativamente el proceso de construcción, entrenamiento y despliegue de modelos de machine learning sofisticados.

Estos componentes clave trabajan en armonía para proporcionar un entorno potente, flexible y fácil de usar para desarrollar soluciones de machine learning. Ya sea que estés construyendo un modelo de regresión lineal simple o una arquitectura compleja de deep learning, TensorFlow 2.x ofrece las herramientas y abstracciones necesarias para dar vida a tus ideas de manera eficiente y efectiva.

2.1.1 Instalando TensorFlow 2.x

Antes de que puedas comenzar a trabajar con TensorFlow, debes instalarlo en tu sistema. TensorFlow es una poderosa biblioteca de código abierto para machine learning y deep learning, desarrollada por Google. Está diseñada para ser flexible y eficiente, capaz de ejecutarse en varias plataformas, incluidas CPUs, GPUs e incluso dispositivos móviles.

La forma más sencilla de instalar TensorFlow es a través de pip, el instalador de paquetes de Python. Aquí tienes el comando para hacerlo:

pip install tensorflow

Este comando descargará e instalará la última versión estable de TensorFlow, junto con sus dependencias. Es importante tener en cuenta que TensorFlow tiene versiones tanto para CPU como para GPU. El comando anterior instala la versión para CPU por defecto. Si tienes una GPU NVIDIA compatible y deseas aprovechar su potencia para realizar cálculos más rápidos, necesitarías instalar la versión para GPU por separado.

Una vez que finalice el proceso de instalación, es crucial verificar que TensorFlow se haya instalado correctamente y que esté funcionando como se espera. Puedes hacer esto importando la biblioteca en Python y comprobando su versión. Aquí te mostramos cómo hacerlo:

```
import tensorflow as tf
print(f"TensorFlow version: {tf.__version__}")
```

Cuando ejecutes este código, debería mostrar la versión de TensorFlow que acabas de instalar. Por ejemplo, podrías ver algo como "TensorFlow version: 2.6.0". El número de versión es importante porque diferentes versiones de TensorFlow pueden tener características y sintaxis distintas.

Si ves que se muestra TensorFlow 2.x como la versión instalada, esto confirma que has instalado correctamente TensorFlow 2, lo cual introduce mejoras significativas sobre su predecesor, incluyendo la ejecución ansiosa por defecto y una integración más estrecha con Keras. Esto significa que ahora estás listo para comenzar a construir y entrenar modelos de machine learning utilizando las potentes y intuitivas API de TensorFlow.

Recuerda que TensorFlow es una biblioteca grande y compleja. Aunque la instalación básica es sencilla, es posible que necesites instalar paquetes adicionales o configurar tu entorno según tus necesidades específicas y la complejidad de tus proyectos. Siempre consulta la documentación oficial de TensorFlow para obtener las instrucciones de instalación más actualizadas y consejos para solucionar problemas.

2.1.2 Trabajando con Tensores en TensorFlow

En el núcleo de TensorFlow están los **tensores**, que son arreglos multidimensionales de datos numéricos. Estas versátiles estructuras de datos forman la base de todos los cálculos dentro de TensorFlow, sirviendo como el medio principal para representar y manipular la información a lo largo de la red neuronal.

TensorFlow aprovecha el poder de los tensores para encapsular y manipular varios tipos de datos que fluyen a través de las redes neuronales. Este enfoque versátil permite un manejo eficiente de:

- **Datos de entrada**: Información cruda alimentada a la red, que abarca una amplia gama de formatos, como imágenes de alta resolución, texto en lenguaje natural o lecturas de sensores en tiempo real de dispositivos IoT.
- **Parámetros del modelo**: La compleja red de pesos y sesgos que el modelo ajusta y refina continuamente durante el proceso de entrenamiento para optimizar su rendimiento.
- **Activaciones intermedias**: Las salidas dinámicas de las capas individuales a medida que los datos se propagan a través de la red, proporcionando información sobre las representaciones internas aprendidas por el modelo.

- **Salidas finales**: El resultado final de los cálculos de la red, manifestándose como predicciones, clasificaciones u otros tipos de resultados adaptados a la tarea específica.

La notable flexibilidad de los tensores les permite representar datos a lo largo de un espectro de complejidad y dimensionalidad, satisfaciendo diversas necesidades computacionales:

- **Tensor 0D (Escalar)**: Una unidad fundamental de información, que representa un solo valor numérico como un conteo, puntuación de probabilidad o cualquier pieza atómica de datos.
- **Tensor 1D (Vector)**: Una secuencia lineal de números, ideal para representar datos de series temporales, formas de onda de audio o filas individuales de píxeles extraídas de una imagen.
- **Tensor 2D (Matriz)**: Un arreglo bidimensional de números, comúnmente empleado para representar imágenes en escala de grises, mapas de características o conjuntos de datos estructurados con filas y columnas.
- **Tensor 3D**: Una estructura tridimensional de números, utilizada con frecuencia para imágenes a color (alto x ancho x canales de color), secuencias de video o secuencias temporales de datos 2D.
- **Tensor 4D y más allá**: Estructuras de datos de mayor dimensión capaces de representar información compleja y multimodal, como lotes de imágenes, secuencias de video con dimensiones temporales y espaciales, o arquitecturas complejas de redes neuronales.

Esta versatilidad en la dimensionalidad permite que TensorFlow procese y analice eficientemente una amplia gama de tipos de datos, desde simples valores numéricos hasta conjuntos de datos complejos y de alta dimensionalidad como secuencias de video o escaneos médicos. Al representar todos los datos como tensores, TensorFlow proporciona un marco unificado para construir y entrenar modelos sofisticados de machine learning en diversas aplicaciones y dominios.

Creación de Tensores

Puedes crear tensores en TensorFlow de manera similar a como crearías arreglos en NumPy. Aquí tienes algunos ejemplos:

Ejemplo 1:

```
import tensorflow as tf

# Create a scalar tensor (0D tensor)
scalar = tf.constant(5)
print(f"Scalar: {scalar}")

# Create a vector (1D tensor)
vector = tf.constant([1, 2, 3])
```

```
print(f"Vector: {vector}")

# Create a matrix (2D tensor)
matrix = tf.constant([[1, 2], [3, 4]])
print(f"Matrix:\\\\n{matrix}")

# Create a 3D tensor
tensor_3d = tf.constant([[[1, 2], [3, 4]], [[5, 6], [7, 8]]])
print(f"3D Tensor:\\\\n{tensor_3d}")
```

Este código demuestra cómo crear diferentes tipos de tensores en TensorFlow. Vamos a desglosarlo:

- Importando TensorFlow: El código comienza importando TensorFlow como 'tf'.
- Creación de un tensor escalar (tensor 0D):scalar = tf.constant(5)

Esto crea un tensor con un solo valor, 5.

- Creación de un vector (tensor 1D):vector = tf.constant([1, 2, 3])

Esto crea un tensor unidimensional con tres valores.

- Creación de una matriz (tensor 2D):matrix = tf.constant([[1, 2], [3, 4]])

Esto crea un tensor bidimensional (matriz de 2x2).

- Creación de un tensor 3D:tensor_3d = tf.constant([[[1, 2], [3, 4]], [[5, 6], [7, 8]]])

Esto crea un tensor tridimensional (2x2x2).

El código luego imprime cada uno de estos tensores para mostrar su estructura y valores. Este ejemplo ilustra cómo TensorFlow puede representar datos de varias dimensiones, desde valores escalares simples hasta arreglos multidimensionales complejos, lo cual es crucial para trabajar con diferentes tipos de datos en modelos de machine learning.

Ejemplo 2:

```
import tensorflow as tf

# Scalar (0D tensor)
scalar = tf.constant(42)

# Vector (1D tensor)
vector = tf.constant([1, 2, 3, 4])

# Matrix (2D tensor)
matrix = tf.constant([[1, 2], [3, 4], [5, 6]])

# 3D tensor
tensor_3d = tf.constant([[[1, 2], [3, 4]], [[5, 6], [7, 8]]])
```

```
# Creating tensors with specific data types
float_tensor = tf.constant([1.5, 2.5, 3.5], dtype=tf.float32)
int_tensor = tf.constant([1, 2, 3], dtype=tf.int32)

# Creating tensors with specific shapes
zeros = tf.zeros([3, 4])  # 3x4 tensor of zeros
ones = tf.ones([2, 3, 4])  # 2x3x4 tensor of ones
random = tf.random.normal([3, 3])  # 3x3 tensor of random values from a normal distribution

# Creating tensors from Python lists or NumPy arrays
import numpy as np
numpy_array = np.array([[1, 2], [3, 4]])
tensor_from_numpy = tf.constant(numpy_array)

print("Scalar:", scalar)
print("Vector:", vector)
print("Matrix:\\n", matrix)
print("3D Tensor:\\n", tensor_3d)
print("Float Tensor:", float_tensor)
print("Int Tensor:", int_tensor)
print("Zeros:\\n", zeros)
print("Ones:\\n", ones)
print("Random:\\n", random)
print("Tensor from NumPy:\\n", tensor_from_numpy)
```

Explicación del código:

1. Comenzamos importando TensorFlow como tf.
2. **Escalar (tensor 0D):** Creado usando tf.constant(42). Esto representa un solo valor.
3. **Vector (tensor 1D):** Creado usando tf.constant([1, 2, 3, 4]). Esto es un arreglo unidimensional de valores.
4. **Matriz (tensor 2D):** Creado usando tf.constant([[1, 2], [3, 4], [5, 6]]). Esto es un arreglo bidimensional (3 filas, 2 columnas).
5. **Tensor 3D:** Creado usando tf.constant([[[1, 2], [3, 4]], [[5, 6], [7, 8]]]). Esto es un arreglo tridimensional (2x2x2).
6. **Tensores con tipos de datos específicos:** Creamos tensores con tipos de datos específicos usando el parámetro dtype:
   - **float_tensor:** Un tensor de números de punto flotante de 32 bits.
   - **int_tensor:** Un tensor de enteros de 32 bits.
7. **Tensores con formas específicas:** Creamos tensores con formas específicas:

- **zeros:** Un tensor de 3x4 lleno de ceros usando tf.zeros([3, 4]).
- **ones:** Un tensor de 2x3x4 lleno de unos usando tf.ones([2, 3, 4]).
- **random:** Un tensor de 3x3 lleno de valores aleatorios de una distribución normal usando tf.random.normal([3, 3]).

8. **Tensor desde NumPy:** Creamos un tensor desde un arreglo NumPy:
    - Primero, importamos NumPy y creamos un arreglo NumPy.
    - Luego, lo convertimos en un tensor de TensorFlow usando tf.constant(numpy_array).
9. Finalmente, imprimimos todos los tensores creados para observar su estructura y valores.

Este ejemplo completo muestra varias formas de crear tensores en TensorFlow, incluidas diferentes dimensiones, tipos de datos y fuentes (como arreglos NumPy). Comprender estos métodos de creación de tensores es crucial para trabajar eficazmente con TensorFlow en proyectos de deep learning.

Operaciones con tensores

TensorFlow proporciona una suite integral de operaciones para manipular tensores, ofreciendo una funcionalidad similar a los arreglos de NumPy pero optimizada para tareas de deep learning. Estas operaciones se pueden clasificar en varias categorías:

- **Operaciones matemáticas:** TensorFlow admite una amplia gama de funciones matemáticas, desde operaciones aritméticas básicas (suma, resta, multiplicación, división) hasta operaciones más complejas como logaritmos, exponenciales y funciones trigonométricas. Estas operaciones se pueden realizar elemento por elemento en los tensores, lo que permite un cálculo eficiente en grandes conjuntos de datos.
- **Segmentación e indexación:** Similar a NumPy, TensorFlow te permite extraer porciones específicas de tensores utilizando operaciones de segmentación. Esto es particularmente útil cuando se trabaja con lotes de datos o cuando necesitas enfocarte en características o dimensiones específicas de tus tensores.
- **Operaciones de matrices:** TensorFlow sobresale en operaciones matriciales, que son fundamentales para muchos algoritmos de machine learning. Esto incluye la multiplicación de matrices, transposición y el cálculo de determinantes o inversas de matrices.
- **Manipulación de formas:** Operaciones como el cambio de forma (reshape), expansión de dimensiones o compresión de tensores te permiten ajustar la estructura de tus datos para cumplir con los requisitos de diferentes capas en tu red neuronal.

- **Operaciones de reducción:** Estas incluyen funciones como suma, media o máximo a lo largo de ejes específicos de un tensor, que a menudo se usan en capas de pooling o para calcular funciones de pérdida.

Al proporcionar estas operaciones, TensorFlow permite la implementación eficiente de arquitecturas complejas de redes neuronales y apoya todo el flujo de trabajo de machine learning, desde la preprocesamiento de datos hasta el entrenamiento y la evaluación del modelo.

Ejemplo 1:

```
# Element-wise operations
a = tf.constant([2, 3])
b = tf.constant([4, 5])
result = a + b
print(f"Addition: {result}")

# Matrix multiplication
matrix_a = tf.constant([[1, 2], [3, 4]])
matrix_b = tf.constant([[5, 6], [7, 8]])
result = tf.matmul(matrix_a, matrix_b)
print(f"Matrix Multiplication:\\\\n{result}")

# Slicing tensors
tensor = tf.constant([[1, 2, 3], [4, 5, 6], [7, 8, 9]])
slice = tensor[0:2, 1:3]
print(f"Sliced Tensor:\\\\n{slice}")
Desglose del código:
Operaciones elemento por elemento:
a = tf.constant([2, 3])
b = tf.constant([4, 5])
result = a + b
print(f"Addition: {result}")
```

Esta parte demuestra la suma elemento por elemento de dos tensores. Crea dos tensores unidimensionales 'a' y 'b', los suma y luego imprime el resultado. La salida será [6, 8].

1. Multiplicación de matrices:

matrix_a = tf.constant([[1, 2], [3, 4]])

matrix_b = tf.constant([[5, 6], [7, 8]])

result = tf.matmul(matrix_a, matrix_b)

print(f"Matrix Multiplication:\\n{result}")

Esta sección muestra la multiplicación de matrices. Crea dos matrices de 2x2 y utiliza tf.matmul() para realizar la multiplicación de matrices. El resultado será una matriz de 2x2.

1. Segmentación de tensores:

tensor = tf.constant([[1, 2, 3], [4, 5, 6], [7, 8, 9]])

slice = tensor[0:2, 1:3]

print(f"Sliced Tensor:\\n{slice}")

Esta parte demuestra la segmentación de tensores. Crea un tensor de 3x3 y luego lo segmenta para extraer una submatriz de 2x2. El segmento [0:2, 1:3] significa que toma las dos primeras filas (índices 0 y 1) y las segunda y tercera columnas (índices 1 y 2). El resultado será [[2, 3], [5, 6]].

Este ejemplo de código ilustra operaciones básicas con tensores en TensorFlow, incluidas operaciones elemento por elemento, multiplicación de matrices y segmentación de tensores, que son fundamentales para trabajar con tensores en tareas de deep learning.

Ejemplo 2:

```
import tensorflow as tf

# Create tensors
a = tf.constant([[1, 2], [3, 4]])
b = tf.constant([[5, 6], [7, 8]])

# Mathematical operations
addition = tf.add(a, b)
subtraction = tf.subtract(a, b)
multiplication = tf.multiply(a, b)
division = tf.divide(a, b)

# Matrix multiplication
matrix_mult = tf.matmul(a, b)

# Reduction operations
sum_all = tf.reduce_sum(a)
mean_all = tf.reduce_mean(a)
max_all = tf.reduce_max(a)

# Shape manipulation
reshaped = tf.reshape(a, [1, 4])
transposed = tf.transpose(a)

# Slicing
sliced = tf.slice(a, [0, 1], [2, 1])

print("Original tensors:")
print("a =", a.numpy())
print("b =", b.numpy())
print("\\nAddition:", addition.numpy())
print("Subtraction:", subtraction.numpy())
```

```
print("Multiplication:", multiplication.numpy())
print("Division:", division.numpy())
print("\\nMatrix multiplication:", matrix_mult.numpy())
print("\\nSum of all elements in a:", sum_all.numpy())
print("Mean of all elements in a:", mean_all.numpy())
print("Max of all elements in a:", max_all.numpy())
print("\\nReshaped a:", reshaped.numpy())
print("Transposed a:", transposed.numpy())
print("\\nSliced a:", sliced.numpy())
```

Desglosamos este ejemplo completo de operaciones con tensores en TensorFlow:

1. Creación de Tensores: a = tf.constant([[1, 2], [3, 4]])b = tf.constant([[5, 6], [7, 8]]) Creamos dos tensores 2x2, 'a' y 'b', usando tf.constant().
2. Operaciones Matemáticas:
   - Suma: addition = tf.add(a, b)
   - Resta: subtraction = tf.subtract(a, b)
   - Multiplicación: multiplication = tf.multiply(a, b)
   - División: division = tf.divide(a, b) Estas operaciones se realizan elemento por elemento en los tensores.
3. Multiplicación de Matrices: matrix_mult = tf.matmul(a, b) Esto realiza la multiplicación de matrices de los tensores 'a' y 'b'.
4. Operaciones de Reducción:
   - Suma: sum_all = tf.reduce_sum(a)
   - Media: mean_all = tf.reduce_mean(a)
   - Máximo: max_all = tf.reduce_max(a) Estas operaciones reducen el tensor a un solo valor a lo largo de todas las dimensiones.
5. Manipulación de Formas:
   - Reorganizar: reshaped = tf.reshape(a, [1, 4]) Esto cambia la forma del tensor 'a' de 2x2 a 1x4.
   - Transponer: transposed = tf.transpose(a) Esto intercambia las dimensiones del tensor 'a'.
6. Corte: sliced = tf.slice(a, [0, 1], [2, 1]) Esto extrae una porción del tensor 'a', comenzando desde el índice [0, 1] y tomando 2 filas y 1 columna.

7. Imprimir Resultados: Usamos .numpy() para convertir tensores de TensorFlow a arrays de NumPy para imprimir. Esto nos permite ver los resultados de nuestras operaciones en un formato familiar.

Este segundo ejemplo demuestra una amplia gama de operaciones con tensores en TensorFlow, desde aritmética básica hasta manipulaciones más complejas como reorganizar y cortar. Comprender estas operaciones es crucial para trabajar eficazmente con tensores en tareas de aprendizaje profundo.

Ejecución Eager en TensorFlow 2.x

Una de las principales mejoras en TensorFlow 2.x es la **ejecución eager**, que representa un cambio significativo en cómo opera TensorFlow. En versiones anteriores, TensorFlow usaba un modelo de computación basado en gráficos estáticos, donde las operaciones se definían primero en un gráfico computacional y luego se ejecutaban. Este enfoque, aunque poderoso para ciertas optimizaciones, a menudo dificultaba la depuración y la experimentación.

Con la ejecución eager, TensorFlow ahora permite que las operaciones se ejecuten de inmediato, de manera similar a cómo se ejecuta el código Python normal. Esto significa que cuando escribes una línea de código en TensorFlow, se ejecuta de inmediato y puedes ver los resultados al instante. Esta ejecución inmediata tiene varias ventajas:

- **Desarrollo Intuitivo:** Los desarrolladores pueden escribir código más natural, parecido a Python, sin necesidad de gestionar sesiones o construir gráficos computacionales. Este enfoque simplificado permite una experiencia de codificación más fluida e interactiva, lo que permite a los desarrolladores centrarse en la lógica de sus modelos en lugar de en las complejidades del marco.
- **Capacidades Mejoradas de Depuración:** Con las operaciones ejecutándose de inmediato, los desarrolladores pueden aprovechar herramientas estándar de depuración de Python para inspeccionar variables, rastrear el flujo de ejecución e identificar errores en tiempo real. Este ciclo de retroalimentación inmediata reduce significativamente el tiempo y esfuerzo necesarios para solucionar problemas y refinar arquitecturas de redes neuronales complejas.
- **Estructuras de Modelos Flexibles:** La ejecución eager facilita la creación de estructuras de modelos más dinámicas que pueden adaptarse y evolucionar durante el tiempo de ejecución. Esta flexibilidad es particularmente valiosa en entornos de investigación y experimentación, donde la capacidad de modificar y probar diferentes configuraciones de modelos sobre la marcha puede llevar a innovaciones y prototipos rápidos de nuevas arquitecturas.
- **Mejor Legibilidad del Código:** La eliminación de la creación y gestión explícita de gráficos resulta en un código más limpio y conciso. Esta mayor legibilidad no solo facilita que los desarrolladores comprendan y mantengan su propio código, sino que

también promueve una mejor colaboración y intercambio de conocimientos dentro de los equipos que trabajan en proyectos de aprendizaje automático.

Este cambio hacia la ejecución eager hace que TensorFlow sea más accesible para principiantes y más flexible para desarrolladores experimentados. Alinea el comportamiento de TensorFlow más estrechamente con otras bibliotecas populares de aprendizaje automático como PyTorch, lo que posiblemente facilita la curva de aprendizaje para quienes están familiarizados con tales marcos.

Sin embargo, es importante tener en cuenta que, aunque la ejecución eager es el valor predeterminado en TensorFlow 2.x, el marco todavía permite el modo gráfico cuando es necesario, especialmente en escenarios donde los beneficios de rendimiento de la optimización del gráfico son cruciales.

Ejemplo 1:

```
# Example of eager execution
tensor = tf.constant([1, 2, 3])
print(f"Eager Execution: {tensor + 2}")
```

Este código demuestra el concepto de ejecución eager en TensorFlow 2.x. Vamos a desglosarlo:

1. Primero, se crea un tensor utilizando tf.constant([1, 2, 3]). Esto crea un tensor unidimensional con los valores [1, 2, 3].
2. Luego, el código añade 2 a este tensor utilizando tensor + 2. En el modo de ejecución eager, esta operación se realiza de inmediato.
3. Finalmente, el resultado se imprime usando una f-string, lo que mostrará el resultado de la operación de suma.

El punto clave aquí es que en TensorFlow 2.x con ejecución eager, las operaciones se realizan de inmediato y los resultados se pueden ver al instante, sin necesidad de ejecutar explícitamente un gráfico computacional en una sesión. Esto hace que el código sea más intuitivo y más fácil de depurar en comparación con el enfoque basado en gráficos utilizado en TensorFlow 1.x.

Ejemplo 2:

```
import tensorflow as tf

# Define a simple function
def simple_function(x, y):
    return tf.multiply(x, y) + tf.add(x, y)

# Create some tensors
a = tf.constant([[1, 2], [3, 4]])
b = tf.constant([[5, 6], [7, 8]])
```

```
# Use the function in eager mode
result = simple_function(a, b)

print("Input tensor a:")
print(a.numpy())
print("\\nInput tensor b:")
print(b.numpy())
print("\\nResult of simple_function(a, b):")
print(result.numpy())

# Demonstrate automatic differentiation
with tf.GradientTape() as tape:
    tape.watch(a)
    z = simple_function(a, b)

gradient = tape.gradient(z, a)
print("\\nGradient of z with respect to a:")
print(gradient.numpy())
```

Este ejemplo demuestra características clave de la ejecución eager en TensorFlow 2.x. Vamos a desglosarlo:

1. Importación de TensorFlow: import tensorflow as tf Esto importa TensorFlow. En TensorFlow 2.x, la ejecución eager está habilitada por defecto.
2. Definición de una función simple: def simple_function(x, y): return tf.multiply(x, y) + tf.add(x, y) Esta función multiplica dos tensores y luego los suma.
3. Creación de tensores: a = tf.constant([[1, 2], [3, 4]]) b = tf.constant([[5, 6], [7, 8]]) Creamos dos tensores de 2x2 utilizando tf.constant().
4. Usando la función en modo eager: result = simple_function(a, b) Llamamos a nuestra función con los tensores 'a' y 'b'. En modo eager, este cálculo ocurre de inmediato.
5. Impresión de resultados: print(result.numpy()) Podemos imprimir inmediatamente el resultado. El método .numpy() convierte el tensor de TensorFlow en un array de NumPy para una visualización más sencilla.
6. Diferenciación automática: `with tf.GradientTape() as tape: tape.watch(a) z = simple_function(a, b)

gradient = tape.gradient(z, a)Esto demuestra la diferenciación automática, una característica clave para entrenar redes neuronales. Usamos GradientTape para calcular el gradiente de nuestra función con respecto al tensor 'a'. 7. Imprimir el gradiente:print(gradient.numpy())` Podemos ver inmediatamente el gradiente calculado.

Puntos clave sobre la ejecución eager demostrados en este ejemplo:

- **Ejecución inmediata:** Las operaciones se realizan tan pronto como se llaman, sin necesidad de construir y ejecutar un gráfico computacional.
- **Fácil depuración:** Puedes utilizar herramientas estándar de depuración de Python y declaraciones de impresión para inspeccionar tus tensores y operaciones.
- **Cálculo dinámico:** El código puede ser más flexible y parecido a Python, lo que permite condiciones y bucles que pueden depender de los valores de los tensores.
- **Diferenciación automática:** GradientTape facilita el cálculo de gradientes para entrenar redes neuronales.

Este modelo de ejecución eager en TensorFlow 2.x simplifica significativamente el proceso de desarrollo y depuración de modelos de aprendizaje automático en comparación con el enfoque basado en gráficos de versiones anteriores.

En TensorFlow 1.x, era necesario definir un gráfico computacional y luego ejecutarlo explícitamente en una sesión, pero en TensorFlow 2.x, este proceso es automático, lo que hace que el flujo de desarrollo sea más fluido.

2.1.3 Construcción de Redes Neuronales con TensorFlow y Keras

TensorFlow 2.x integra de manera fluida **Keras**, una poderosa API de alto nivel que revoluciona el proceso de crear, entrenar y evaluar redes neuronales. Esta integración combina lo mejor de ambos mundos: el robusto backend de TensorFlow y la interfaz fácil de usar de Keras.

Keras simplifica la tarea compleja de construir modelos de aprendizaje profundo al introducir un enfoque intuitivo basado en capas. Este enfoque permite a los desarrolladores construir redes neuronales sofisticadas apilando capas, de manera similar a construir con bloques de Lego. Cada capa representa una operación o transformación específica aplicada a los datos a medida que fluyen a través de la red.

La belleza de Keras radica en su simplicidad y flexibilidad. Al especificar solo algunos parámetros clave para cada capa, como el número de neuronas, funciones de activación y patrones de conectividad, los desarrolladores pueden prototipar rápidamente y experimentar con diversas arquitecturas de redes. Este proceso simplificado reduce significativamente el tiempo y el esfuerzo necesarios para construir y iterar en modelos de aprendizaje profundo.

Además, Keras abstrae muchos de los detalles de bajo nivel de la implementación de redes neuronales, lo que permite a los desarrolladores centrarse en la arquitectura de alto nivel y la lógica de sus modelos. Esta abstracción no compromete el poder o la personalización; los usuarios avanzados aún pueden acceder y modificar las operaciones subyacentes de TensorFlow cuando sea necesario.

En esencia, la integración de Keras en TensorFlow 2.x ha hecho que el aprendizaje profundo sea más accesible para una audiencia más amplia de desarrolladores e investigadores, acelerando el ritmo de la innovación en el campo de la inteligencia artificial.

Creación de un Modelo Secuencial

La forma más sencilla de crear una red neuronal en TensorFlow es utilizar la **API Secuencial** de Keras. Un modelo secuencial es una pila lineal de capas, donde cada capa se añade una tras otra de manera secuencial. Este enfoque es particularmente útil para construir redes neuronales feedforward, donde la información fluye en una dirección, desde la entrada hasta la salida.

La API Secuencial ofrece varias ventajas que la convierten en una opción popular para construir redes neuronales:

- **Simplicidad e Intuición:** Proporciona un enfoque directo para construir redes neuronales, lo que la hace particularmente accesible para principiantes e ideal para implementar arquitecturas sencillas. El diseño capa por capa imita la estructura conceptual de muchas redes neuronales, permitiendo a los desarrolladores traducir fácilmente sus modelos mentales en código.
- **Legibilidad y Mantenibilidad Mejoradas:** La estructura del código de los modelos secuenciales refleja estrechamente la arquitectura real de la red, lo que mejora significativamente la comprensión del código. Esta correspondencia uno a uno entre el código y la estructura de la red facilita la depuración, modificación y mantenimiento a largo plazo del modelo, lo cual es crucial para proyectos colaborativos y procesos de desarrollo iterativo.
- **Prototipado Rápido y Experimentación:** La API Secuencial permite experimentar rápidamente con varias configuraciones de capas, facilitando la iteración rápida en el desarrollo de modelos. Esta característica es particularmente valiosa en entornos de investigación o cuando se exploran diferentes diseños arquitectónicos, ya que permite a los científicos de datos e ingenieros de aprendizaje automático probar y comparar rápidamente múltiples variaciones del modelo con cambios mínimos en el código.
- **Inferencia Automática de Formas:** El modelo Secuencial puede inferir automáticamente las formas de las capas intermedias, reduciendo la necesidad de cálculos manuales de formas. Esta característica simplifica el proceso de construcción de redes complejas y ayuda a prevenir errores relacionados con las formas.

Sin embargo, es importante tener en cuenta que, si bien la API Secuencial es poderosa para muchos escenarios comunes, puede no ser adecuada para arquitecturas más complejas que requieran bifurcaciones o múltiples entradas/salidas. En tales casos, los métodos de la API Funcional o la subclase en Keras ofrecen mayor flexibilidad.

Ejemplo: Construyendo una Red Neuronal Simple

```
import tensorflow as tf
from tensorflow.keras.models import Sequential
from tensorflow.keras.layers import Dense, Dropout
from tensorflow.keras.datasets import mnist
```

```
import numpy as np

# Load and preprocess the MNIST dataset
(X_train, y_train), (X_test, y_test) = mnist.load_data()
X_train = X_train.reshape(60000, 784).astype('float32') / 255
X_test = X_test.reshape(10000, 784).astype('float32') / 255

# Create a Sequential model
model = Sequential([
    Dense(128, activation='relu', input_shape=(784,)),  # Input layer
    Dropout(0.2),                                               # Dropout layer for
regularization
    Dense(64, activation='relu'),                        # Hidden layer
    Dropout(0.2),                                       # Another dropout layer
    Dense(10, activation='softmax')                     # Output layer
])

# Compile the model
model.compile(optimizer='adam',
              loss='sparse_categorical_crossentropy',
              metrics=['accuracy'])

# Display the model architecture
model.summary()

# Train the model
history = model.fit(X_train, y_train,
                    epochs=5,
                    batch_size=32,
                    validation_split=0.2,
                    verbose=1)

# Evaluate the model
test_loss, test_accuracy = model.evaluate(X_test, y_test, verbose=0)
print(f"Test accuracy: {test_accuracy:.4f}")

# Make predictions
predictions = model.predict(X_test[:5])
print("Predictions for the first 5 test images:")
print(np.argmax(predictions, axis=1))
print("Actual labels:")
print(y_test[:5])
```

Vamos a desglosar este ejemplo completo:

1. **Importación de bibliotecas necesarias:** Importamos TensorFlow, los módulos de Keras y NumPy para operaciones numéricas.
2. **Carga y preprocesamiento de datos:** Utilizamos el conjunto de datos MNIST, que está integrado en Keras.

Las imágenes se reorganizan de 28x28 a vectores de 784 dimensiones y se normalizan al rango [0, 1].

3. **Creación del modelo:** Usamos la API Secuencial para construir nuestro modelo.

El modelo consta de dos capas densas con activación ReLU y una capa de salida con activación softmax.

Hemos agregado capas de Dropout para regularización y prevenir sobreajuste.

4. **Compilación del modelo:** Utilizamos el optimizador Adam y la función de pérdida sparse categorical crossentropy.

Especificamos la precisión como métrica para monitorear durante el entrenamiento.

5. **Resumen del modelo:**model.summary() muestra la arquitectura del modelo, incluyendo el número de parámetros en cada capa.
6. **Entrenamiento del modelo:** Utilizamos model.fit() para entrenar el modelo con los datos de entrenamiento.

Especificamos el número de épocas, el tamaño del lote, y apartamos el 20% de los datos de entrenamiento para validación.

7. **Evaluación del modelo:** Usamos model.evaluate() para probar el rendimiento del modelo en el conjunto de pruebas.
8. **Haciendo predicciones:** Utilizamos model.predict() para obtener predicciones de las primeras 5 imágenes de prueba.

Usamos np.argmax() para convertir las probabilidades de softmax en etiquetas de clase.

Este ejemplo demuestra un flujo de trabajo completo para construir, entrenar y evaluar una red neuronal utilizando TensorFlow y Keras. Incluye preprocesamiento de datos, creación del modelo con dropout para regularización, compilación del modelo, entrenamiento con validación, evaluación en un conjunto de prueba y la realización de predicciones.

2.1.4 Conjuntos de Datos y Tuberías de Datos en TensorFlow

TensorFlow ofrece un poderoso módulo llamado **tf.data** para la carga y gestión de conjuntos de datos. Este módulo simplifica significativamente el proceso de creación de tuberías de entrada eficientes para modelos de aprendizaje profundo. La API tf.data ofrece una amplia gama de herramientas y métodos que permiten a los desarrolladores construir tuberías de datos complejas y de alto rendimiento con facilidad.

Características clave de **tf.data**:

- **Carga de datos eficiente:** Permite manejar conjuntos de datos extensos que superan la capacidad de la memoria disponible. A través de un mecanismo de transmisión,

tf.data puede cargar datos eficientemente desde el disco, permitiendo un procesamiento continuo de grandes conjuntos de datos sin restricciones de memoria.

- **Transformación de datos: tf.data** ofrece una completa suite de operaciones para la manipulación de datos. Estas incluyen técnicas de preprocesamiento para preparar datos en bruto para la entrada del modelo, mecanismos de agrupación en lotes (batching) para procesar los datos de manera eficiente, y capacidades de aumento de datos en tiempo real para mejorar la diversidad del conjunto de datos y la generalización del modelo.
- **Optimización del rendimiento:** Para acelerar la carga y el procesamiento de datos, **tf.data** incorpora funciones avanzadas como el paralelismo y el prefetching. Estas optimizaciones aprovechan los procesadores multinúcleo y estrategias inteligentes de almacenamiento en caché de datos, reduciendo significativamente los cuellos de botella computacionales y mejorando la eficiencia general del entrenamiento.
- **Flexibilidad en fuentes de datos:** La versatilidad de **tf.data** se evidencia en su capacidad para interactuar con una amplia variedad de fuentes de datos. Esto incluye la integración fluida con estructuras de datos en memoria, formatos especializados de registros de TensorFlow (TFRecord) y soporte para fuentes de datos personalizadas, brindando a los desarrolladores la libertad de trabajar con diversos tipos de datos y paradigmas de almacenamiento.

Al aprovechar **tf.data**, los desarrolladores pueden crear tuberías de datos escalables y eficientes que se integren sin problemas con los flujos de trabajo de entrenamiento e inferencia de TensorFlow, mejorando así los procesos de desarrollo y despliegue de modelos.

Ejemplo: Cargando y Preprocesando Datos con tf.data

```
import tensorflow as tf
from tensorflow.keras.datasets import mnist
import matplotlib.pyplot as plt
import numpy as np

# Load the MNIST dataset
(X_train, y_train), (X_test, y_test) = mnist.load_data()

# Normalize the data
X_train = X_train.astype('float32') / 255.0
X_test = X_test.astype('float32') / 255.0

# Create TensorFlow datasets
train_dataset = tf.data.Dataset.from_tensor_slices((X_train, y_train))
train_dataset                                                          =
train_dataset.shuffle(buffer_size=1024).batch(32).prefetch(tf.data.AUTOTUNE)

test_dataset = tf.data.Dataset.from_tensor_slices((X_test, y_test))
test_dataset = test_dataset.batch(32).prefetch(tf.data.AUTOTUNE)
```

```
# Data augmentation function
def augment(image, label):
    image = tf.image.random_flip_left_right(image)
    image = tf.image.random_brightness(image, max_delta=0.1)
    return image, label

# Apply augmentation to training dataset
augmented_train_dataset = train_dataset.map(augment,
num_parallel_calls=tf.data.AUTOTUNE)

# View a batch from the dataset
for images, labels in augmented_train_dataset.take(1):
    print(f"Batch of images shape: {images.shape}")
    print(f"Batch of labels: {labels}")

    # Visualize some augmented images
    plt.figure(figsize=(10, 10))
    for i in range(9):
        ax = plt.subplot(3, 3, i + 1)
        plt.imshow(images[i].numpy().reshape(28, 28), cmap='gray')
        plt.title(f"Label: {labels[i]}")
        plt.axis('off')
    plt.show()

# Create a simple model
model = tf.keras.Sequential([
    tf.keras.layers.Flatten(input_shape=(28, 28)),
    tf.keras.layers.Dense(128, activation='relu'),
    tf.keras.layers.Dropout(0.2),
    tf.keras.layers.Dense(10, activation='softmax')
])

model.compile(optimizer='adam',
              loss='sparse_categorical_crossentropy',
              metrics=['accuracy'])

# Train the model
history = model.fit(augmented_train_dataset,
                    epochs=5,
                    validation_data=test_dataset)

# Evaluate the model
test_loss, test_accuracy = model.evaluate(test_dataset)
print(f"Test accuracy: {test_accuracy:.4f}")

# Plot training history
plt.figure(figsize=(12, 4))
plt.subplot(1, 2, 1)
plt.plot(history.history['accuracy'], label='Training Accuracy')
plt.plot(history.history['val_accuracy'], label='Validation Accuracy')
plt.title('Model Accuracy')
```

```
plt.xlabel('Epoch')
plt.ylabel('Accuracy')
plt.legend()

plt.subplot(1, 2, 2)
plt.plot(history.history['loss'], label='Training Loss')
plt.plot(history.history['val_loss'], label='Validation Loss')
plt.title('Model Loss')
plt.xlabel('Epoch')
plt.ylabel('Loss')
plt.legend()

plt.tight_layout()
plt.show()
```

Este ejemplo de código demuestra un flujo de trabajo integral utilizando TensorFlow y la API de tf.data. Vamos a desglosarlo:

1. **Importación de bibliotecas**: Importamos TensorFlow, el conjunto de datos MNIST de Keras, matplotlib para la visualización y NumPy para operaciones numéricas.
2. **Cargando y preprocesando los datos**: El conjunto de datos MNIST se carga y se normaliza al rango [0, 1].
3. **Creación de conjuntos de datos en TensorFlow**:
   - Creamos conjuntos de datos separados para entrenamiento y prueba utilizando tf.data.Dataset.from_tensor_slices().
   - El conjunto de datos de entrenamiento se mezcla y se divide en lotes.
   - Utilizamos prefetch() para superponer el procesamiento de datos y la ejecución del modelo para mejorar el rendimiento.
4. **Aumento de datos**:
   - Definimos una función augment() que aplica volteos aleatorios izquierda-derecha y ajustes de brillo a las imágenes.
   - Este aumento se aplica al conjunto de datos de entrenamiento utilizando la función map().
5. **Visualización de los datos**: Se dibuja una cuadrícula de 3x3 con imágenes aumentadas de un solo lote, demostrando los efectos del aumento de datos.
6. **Creación y compilación del modelo**:
   - Definimos un modelo Secuencial simple con una capa de Flatten, una capa Densa con activación ReLU, una capa Dropout para regularización y una capa Densa de salida con activación softmax.

    - El modelo se compila con el optimizador Adam y la pérdida de entropía cruzada categórica escasa.

7. **Entrenamiento del modelo**: Entrenamos el modelo en el conjunto de datos aumentado durante 5 épocas, utilizando el conjunto de prueba para validación.
8. **Evaluación del modelo**: El rendimiento del modelo se evalúa en el conjunto de datos de prueba.
9. **Visualización del historial de entrenamiento**: Se grafican la precisión y la pérdida de entrenamiento y validación a lo largo de las épocas para visualizar el progreso del aprendizaje del modelo.

Este ejemplo muestra varios conceptos clave en TensorFlow:

- Uso de tf.data para carga y preprocesamiento eficiente de datos.
- Implementación de aumento de datos para mejorar la generalización del modelo.
- Creación y entrenamiento de un modelo de red neuronal simple.
- Visualización tanto de los datos de entrada como del progreso del entrenamiento.

Estas prácticas ayudan a crear flujos de trabajo de aprendizaje profundo más robustos y eficientes.

En esta sección, presentamos **TensorFlow 2.x**, destacando sus características principales, como **tensores**, **ejecución imperativa**, y su integración con la API de alto nivel **Keras**. Aprendimos cómo crear y manipular tensores, construir redes neuronales simples usando la API Secuencial, y trabajar con las herramientas de canalización de datos de TensorFlow. Estos conceptos forman la base para temas de aprendizaje profundo más avanzados que se abordarán más adelante en este capítulo.

2.2 Construcción, Entrenamiento y Ajuste Fino de Redes Neuronales en TensorFlow

En esta sección integral, profundizaremos en los detalles de la construcción de redes neuronales utilizando la **API Keras de TensorFlow**, una interfaz poderosa y fácil de usar para construir modelos de aprendizaje profundo. Exploraremos el proceso de entrenamiento de estas redes en conjuntos de datos del mundo real, permitiéndoles aprender patrones complejos y hacer predicciones precisas.

Además, investigaremos técnicas avanzadas para afinar el rendimiento del modelo, centrándonos en mejorar la precisión y la capacidad de generalización. El sólido marco de TensorFlow simplifica estas tareas complejas al ofrecer un conjunto de métodos intuitivos para la creación, compilación y entrenamiento de modelos, así como herramientas sofisticadas para la optimización de hiperparámetros.

Nuestro viaje comenzará con la construcción de una arquitectura básica de red neuronal, pasando por las etapas de preparación de datos, entrenamiento del modelo y evaluación del rendimiento. Luego avanzaremos hacia técnicas más sofisticadas, demostrando cómo aprovechar las capacidades de TensorFlow para ajustar los hiperparámetros, implementar estrategias de regularización y optimizar la arquitectura del modelo. A través de ejemplos prácticos e ideas útiles, obtendrás una comprensión profunda de cómo aprovechar todo el potencial de TensorFlow para crear modelos de aprendizaje profundo altamente eficientes y precisos.

2.2.1 Construcción de un Modelo de Red Neuronal

Al construir una red neuronal, el primer paso crucial es definir la arquitectura del modelo. Este proceso implica especificar cuidadosamente las capas y determinar cómo fluye la información a través de ellas. La arquitectura actúa como el plano para tu red neuronal, dictando su estructura y capacidad para aprender a partir de los datos de entrada.

Para este propósito, utilizaremos la **API Secuencial** proporcionada por TensorFlow. Esta API poderosa e intuitiva te permite construir redes neuronales apilando capas de forma lineal. La API Secuencial es especialmente adecuada para construir redes neuronales feedforward, donde la información fluye en una dirección, desde la capa de entrada a través de las capas ocultas hasta la capa de salida.

La API Secuencial ofrece varias ventajas clave que la convierten en una opción popular para la construcción de redes neuronales:

- **Simplicidad e intuición:** Proporciona un enfoque sencillo, capa por capa, para la construcción de modelos, lo que la hace especialmente accesible para principiantes e ideal para la creación rápida de prototipos de arquitecturas de redes neuronales.
- **Mayor legibilidad:** La estructura lineal de los modelos Secuenciales da lugar a arquitecturas claras y fácilmente interpretables, lo que facilita la comprensión, depuración y modificación del diseño de la red.
- **Versatilidad dentro de los límites:** A pesar de su aparente simplicidad, la API Secuencial admite la creación de una amplia gama de arquitecturas de redes neuronales, desde perceptrones multicapa básicos hasta diseños más sofisticados que incorporan capas convolucionales o recurrentes, abarcando una amplia gama de tareas de aprendizaje automático.
- **Desarrollo eficiente de modelos:** El enfoque simplificado de la API permite iteraciones rápidas y experimentación, lo que permite a los desarrolladores probar y refinar rápidamente diferentes configuraciones de modelos sin la necesidad de procedimientos de configuración complejos.

- **Integración fluida:** Los modelos secuenciales se integran sin problemas con otros componentes de TensorFlow y Keras, lo que facilita los procesos de compilación, entrenamiento y evaluación dentro del flujo de trabajo de aprendizaje profundo.

Al utilizar la API Secuencial, puedes experimentar fácilmente con diferentes configuraciones de capas, funciones de activación y otras opciones arquitectónicas para optimizar el rendimiento de tu modelo para la tarea específica que tienes entre manos.

Definición de un Modelo Secuencial

Una arquitectura típica de red neuronal está compuesta por varios componentes clave, cada uno de los cuales desempeña un papel crucial en el proceso de aprendizaje:

Capa de Entrada

Esta es la primera capa de la red, que actúa como la puerta de entrada para que los datos sin procesar ingresen a la red neuronal. Es responsable de recibir y procesar inicialmente los datos de entrada. En tareas de clasificación de imágenes, cada neurona en esta capa generalmente corresponde a un píxel en la imagen de entrada. Por ejemplo, en una imagen de 28x28 píxeles, la capa de entrada tendría 784 neuronas (28 * 28 = 784). Esta capa no realiza ningún cálculo; en su lugar, transfiere los datos a las capas siguientes para su procesamiento.

Capas Ocultas

Estas son las capas intermedias situadas entre la capa de entrada y la capa de salida. Se denominan "ocultas" porque sus valores no son directamente observables a partir de las entradas o salidas de la red. Las capas ocultas son el núcleo de la red neuronal, ya que realizan transformaciones complejas sobre los datos de entrada. A través de estas transformaciones, la red aprende a representar patrones y características complejas en los datos.

El número de capas ocultas y neuronas en cada capa puede variar según la complejidad de la tarea. Por ejemplo, una tarea simple podría requerir solo una capa oculta con unas pocas neuronas, mientras que tareas más complejas, como el reconocimiento de imágenes o el procesamiento del lenguaje natural, podrían necesitar múltiples capas ocultas con cientos o miles de neuronas cada una. La elección de las funciones de activación en estas capas (como ReLU, sigmoide o tanh) también desempeña un papel crucial en la capacidad de la red para aprender relaciones no lineales en los datos.

Capa de Salida

Esta es la última capa de la red, responsable de producir la predicción o clasificación de la red. La estructura de esta capa está directamente relacionada con la naturaleza del problema que se está resolviendo. En tareas de clasificación, el número de neuronas en esta capa generalmente corresponde al número de clases en el problema. Por ejemplo, en una tarea de reconocimiento de dígitos (0-9), la capa de salida tendría 10 neuronas, cada una representando un dígito.

La función de activación de esta capa se elige según el tipo de problema: softmax para clasificación multiclase, sigmoide para clasificación binaria o una activación lineal para tareas de regresión. La salida de esta capa representa la decisión o predicción de la red, que luego se puede interpretar según el contexto específico del problema.

Para ilustrar estos conceptos, consideremos la construcción de una red neuronal para una tarea de clasificación específica utilizando el **conjunto de datos MNIST**. Este conjunto de datos es una colección de 70,000 imágenes en escala de grises de dígitos escritos a mano (0-9), cada una de 28x28 píxeles. Es ampliamente utilizado como referencia en tareas de aprendizaje automático y visión por computadora. Así es como podría verse nuestra arquitectura de red para esta tarea:

- **Capa de Entrada**: 784 neuronas (28x28 píxeles aplanados)
- **Capas Ocultas:** Una o más capas, por ejemplo, 128 neuronas en la primera capa oculta, 64 en la segunda
- **Capa de Salida**: 10 neuronas (una para cada clase de dígito 0-9)

Esta arquitectura permite que la red aprenda características de las imágenes de entrada, las procese a través de las capas ocultas y finalmente produzca una distribución de probabilidad sobre las 10 posibles clases de dígitos en la capa de salida.

Ejemplo: Definición de una Red Neuronal Simple

```
import tensorflow as tf
from tensorflow.keras.models import Sequential
from tensorflow.keras.layers import Dense, Flatten, Dropout
from tensorflow.keras.datasets import mnist
import matplotlib.pyplot as plt

# Load and preprocess the MNIST dataset
(X_train, y_train), (X_test, y_test) = mnist.load_data()
X_train, X_test = X_train / 255.0, X_test / 255.0  # Normalize pixel values to [0, 1]

# Build a Sequential neural network
model = Sequential([
    Flatten(input_shape=(28, 28)),  # Flatten 28x28 images to a 1D vector of 784 
elements
    Dense(128, activation='relu'),  # Hidden layer with 128 neurons and ReLU activation
    Dropout(0.2),                   # Dropout layer for regularization
    Dense(64, activation='relu'),   # Second hidden layer with 64 neurons and ReLU
    Dropout(0.2),                   # Another dropout layer
    Dense(10, activation='softmax') # Output layer for 10 classes (digits 0-9)
])

# Compile the model
model.compile(optimizer='adam',
              loss='sparse_categorical_crossentropy',
              metrics=['accuracy'])
```

```
# Display model architecture
model.summary()

# Train the model
history = model.fit(X_train, y_train, epochs=10, batch_size=32, validation_split=0.2,
verbose=1)

# Evaluate the model
test_loss, test_accuracy = model.evaluate(X_test, y_test, verbose=0)
print(f"Test accuracy: {test_accuracy:.4f}")

# Plot training history
plt.figure(figsize=(12, 4))
plt.subplot(1, 2, 1)
plt.plot(history.history['accuracy'], label='Training Accuracy')
plt.plot(history.history['val_accuracy'], label='Validation Accuracy')
plt.title('Model Accuracy')
plt.xlabel('Epoch')
plt.ylabel('Accuracy')
plt.legend()

plt.subplot(1, 2, 2)
plt.plot(history.history['loss'], label='Training Loss')
plt.plot(history.history['val_loss'], label='Validation Loss')
plt.title('Model Loss')
plt.xlabel('Epoch')
plt.ylabel('Loss')
plt.legend()

plt.tight_layout()
plt.show()
```

Desglose del código:

1. **Importación de bibliotecas**:
   - Importamos TensorFlow y los módulos necesarios de Keras.
   - Se importa matplotlib para fines de visualización.
2. **Carga y preprocesamiento de datos**:
   - El conjunto de datos MNIST se carga utilizando mnist.load_data().
   - Los datos de entrada (imágenes) se normalizan dividiéndolos por 255, escalando los valores de píxeles al rango [0, 1].
3. **Construcción del modelo**:
   - Utilizamos la API Secuencial para crear una pila lineal de capas.

- La arquitectura del modelo es la siguiente: a. Capa Flatten: Convierte imágenes de 28x28 en vectores 1D de 784 elementos. b. Capa Densa (128 neuronas): Primera capa oculta con activación ReLU. c. Capa Dropout (tasa del 20%): Para regularización, ayuda a prevenir sobreajuste. d. Capa Densa (64 neuronas): Segunda capa oculta con activación ReLU. e. Otra capa Dropout (tasa del 20%): Mayor regularización. f. Capa Densa (10 neuronas): Capa de salida con activación softmax para clasificación de 10 clases.

4. **Compilación del modelo**:
   - Optimizador: Adam (algoritmo de optimización de tasa de aprendizaje adaptativa).
   - Función de pérdida: Entropía cruzada categórica escasa (adecuada para etiquetas enteras).
   - Métrica: Precisión (para monitorear durante el entrenamiento y evaluación).
5. **Resumen del modelo**:
   - model.summary() muestra un resumen de la arquitectura del modelo, incluyendo el número de parámetros en cada capa y el número total de parámetros entrenables.
6. **Entrenamiento del modelo**:
   - El modelo se entrena utilizando model.fit() con los siguientes parámetros:
     - 10 épocas (pasadas completas sobre los datos de entrenamiento).
     - Tamaño de lote de 32 (número de muestras procesadas antes de actualizar el modelo).
     - 20% de los datos de entrenamiento se utilizan para validación.
     - Modo detallado 1 para salida detallada del progreso.
7. **Evaluación del modelo**:
   - El modelo entrenado se evalúa en el conjunto de prueba usando model.evaluate().
   - Se imprime la precisión del conjunto de prueba para evaluar el rendimiento del modelo en datos no vistos.
8. **Visualización del historial de entrenamiento**:
   - Se crean dos gráficos para visualizar el proceso de entrenamiento: a. Precisión del modelo: Muestra la precisión de entrenamiento y validación a lo largo de las épocas. b. Pérdida del modelo: Muestra la pérdida de entrenamiento y validación a lo largo de las épocas.

  - Estos gráficos ayudan a entender el progreso del aprendizaje del modelo e identificar posibles sobreajustes o subajustes.

Este ejemplo proporciona una visión completa de todo el proceso de construcción, entrenamiento y evaluación de una red neuronal utilizando TensorFlow y Keras. Incluye el preprocesamiento de datos, la creación del modelo con capas de dropout para regularización, la compilación del modelo, el entrenamiento con validación, la evaluación en un conjunto de prueba y la visualización del historial de entrenamiento.

2.2.2 Compilación del modelo

Una vez definida la arquitectura del modelo, se debe **compilar** antes de entrenar. La compilación de un modelo es un paso crucial que configura el proceso de aprendizaje.

Involucra tres componentes clave:

- **Especificar el optimizador**: El optimizador controla cómo el modelo actualiza sus pesos durante el entrenamiento. Es responsable de implementar el algoritmo de retropropagación, que calcula los gradientes de la función de pérdida con respecto a los parámetros del modelo. Los optimizadores populares incluyen Adam, SGD (descenso de gradiente estocástico) y RMSprop. Cada optimizador tiene sus propias características e hiperparámetros, como la tasa de aprendizaje, que pueden ajustarse para mejorar el rendimiento del modelo.
- **Definir la función de pérdida**: La función de pérdida cuantifica la diferencia entre las predicciones del modelo y los valores reales del objetivo. Proporciona una medida de qué tan bien está funcionando el modelo durante el entrenamiento. La elección de la función de pérdida depende del tipo de problema que estás resolviendo. Por ejemplo, la entropía cruzada binaria se usa comúnmente para clasificación binaria, mientras que el error cuadrático medio se utiliza a menudo para tareas de regresión. El optimizador trabaja para minimizar esta función de pérdida durante el entrenamiento.
- **Especificar las métricas de evaluación**: Las métricas de evaluación proporcionan formas adicionales de evaluar el rendimiento del modelo más allá de la función de pérdida. Estas métricas ofrecen información sobre cómo se está desempeñando el modelo en aspectos específicos de la tarea. Las métricas comunes incluyen la precisión para tareas de clasificación, el error absoluto medio para regresión y la puntuación F1 para problemas de clasificación desequilibrados. Se pueden especificar múltiples métricas para obtener una visión integral del rendimiento del modelo durante el entrenamiento y la evaluación.

Al elegir y configurar cuidadosamente estos componentes durante el paso de compilación, se establece la base para un entrenamiento efectivo del modelo. El proceso de compilación prepara esencialmente al modelo para aprender de los datos al definir cómo medirá su rendimiento (función de pérdida y métricas) y cómo mejorará con el tiempo (optimizador).

Ejemplo: Compilación de la red neuronal

```
# Import necessary libraries
import tensorflow as tf
from tensorflow.keras.models import Sequential
from tensorflow.keras.layers import Dense, Flatten
from tensorflow.keras.optimizers import Adam
from tensorflow.keras.losses import SparseCategoricalCrossentropy

# Define the model architecture
model = Sequential([
    Flatten(input_shape=(28, 28)),
    Dense(128, activation='relu'),
    Dense(64, activation='relu'),
    Dense(10, activation='softmax')
])

# Compile the model
model.compile(
    optimizer=Adam(learning_rate=0.001),  # Adam optimizer with custom learning rate
    loss=SparseCategoricalCrossentropy(),      # Loss function for multi-class
classification
    metrics=['accuracy', tf.keras.metrics.Precision(), tf.keras.metrics.Recall()]  #
Track multiple metrics
)

# Display model summary
model.summary()
```

Desglose del código:

Importación de bibliotecas:

- Se importa TensorFlow y los módulos necesarios de Keras.
- Las importaciones específicas del optimizador (Adam) y la función de pérdida (SparseCategoricalCrossentropy) se incluyen para mayor claridad.

Definición de la arquitectura del modelo:

- Se crea un modelo Secuencial con una estructura de capas específica:
  - Capa Flatten para convertir la entrada 2D (imágenes de 28x28) en 1D.
  - Dos capas ocultas Densas con activación ReLU.
  - Capa de salida Densa con activación softmax para clasificación multiclase.

Compilación del modelo:

- El método compile se llama con tres componentes principales:

1. **Optimizador:** Se utiliza el optimizador Adam con una tasa de aprendizaje personalizada de 0.001.
2. **Función de pérdida:** SparseCategoricalCrossentropy, adecuada para clasificación multiclase con etiquetas enteras.
3. **Métricas:** Se rastrean múltiples métricas:
    - Precisión: Corrección general de las predicciones.
    - Precisión (Precision): Proporción de predicciones verdaderas positivas.
    - Recall: Proporción de positivos reales identificados correctamente.

Resumen del modelo:

- Se llama al método summary() para mostrar la arquitectura del modelo, incluyendo detalles de las capas y el total de parámetros.

Este ejemplo proporciona una configuración para compilar un modelo de red neuronal. Incluye la configuración personalizada del optimizador, el uso explícito de la función de pérdida y métricas de evaluación adicionales. El resumen del modelo al final ofrece una visión general rápida de la estructura de la red, lo cual es crucial para comprender y depurar el modelo.

2.2.3 Entrenamiento del modelo

Después de compilar el modelo, puedes iniciar el proceso de entrenamiento utilizando la función **fit()**. Este paso crucial es donde el modelo aprende a partir de los datos proporcionados. El proceso de entrenamiento involucra varios componentes clave:

1. **Paso hacia adelante (Forward Pass):** En esta etapa inicial, los datos de entrada atraviesan la red capa por capa. Cada neurona dentro de la red aplica sus pesos específicos y su función de activación a la información entrante, generando una salida que se convierte en la entrada para la capa sucesiva. Este proceso permite que la red transforme progresivamente los datos de entrada a través de su estructura intrincada.
2. **Cálculo de la pérdida:** Al completar el paso hacia adelante, donde los datos han atravesado toda la red, las predicciones del modelo se comparan con los valores objetivo reales. La diferencia entre estos dos conjuntos de valores se cuantifica utilizando la función de pérdida predefinida. Este cálculo proporciona una métrica crucial, ofreciendo una visión del rendimiento actual del modelo y su precisión en las predicciones.
3. **Retropropagación (Backpropagation):** Este algoritmo sofisticado calcula el gradiente de la función de pérdida con respecto a cada peso individual dentro de la red. Al hacerlo, determina hasta qué punto cada peso contribuyó al error general en las

predicciones del modelo. Este paso es fundamental para entender cómo ajustar la red para mejorar su rendimiento.

4. **Actualización de pesos:** Utilizando los gradientes calculados durante la retropropagación, el optimizador ajusta metódicamente los pesos en toda la red. Este proceso está guiado por el objetivo general de minimizar la función de pérdida, mejorando así las capacidades predictivas del modelo. El grado y la manera en que se realizan estos ajustes están determinados por el algoritmo de optimización específico elegido durante la compilación del modelo.
5. **Iteración:** Los pasos mencionados anteriormente - paso hacia adelante, cálculo de la pérdida, retropropagación y actualización de pesos - se ejecutan de manera iterativa para cada lote de datos dentro del conjunto de entrenamiento. Este proceso se repite luego durante el número especificado de épocas, lo que permite un refinamiento gradual y progresivo del rendimiento del modelo. Con cada iteración, el modelo tiene la oportunidad de aprender de una variedad de ejemplos, ajustando continuamente sus parámetros para adaptarse mejor a los patrones subyacentes en los datos.

A través de este proceso iterativo, el modelo aprende a reconocer patrones en los datos, ajustando sus parámetros internos para minimizar errores y mejorar sus capacidades predictivas. La función **fit()** automatiza este proceso complejo, facilitando el entrenamiento de redes neuronales sofisticadas para los desarrolladores.

Ejemplo: Entrenamiento del modelo en el conjunto de datos MNIST

```
import tensorflow as tf
from tensorflow.keras.datasets import mnist
from tensorflow.keras.models import Sequential
from tensorflow.keras.layers import Dense, Flatten, Dropout
from tensorflow.keras.optimizers import Adam
from tensorflow.keras.callbacks import EarlyStopping
import matplotlib.pyplot as plt

# Load MNIST dataset
(X_train, y_train), (X_test, y_test) = mnist.load_data()

# Normalize the input data to range [0, 1]
X_train, X_test = X_train / 255.0, X_test / 255.0

# Build the model
model = Sequential([
    Flatten(input_shape=(28, 28)),
    Dense(128, activation='relu'),
    Dropout(0.2),
    Dense(64, activation='relu'),
    Dropout(0.2),
    Dense(10, activation='softmax')
])
```

```
# Compile the model
model.compile(optimizer=Adam(learning_rate=0.001),
              loss='sparse_categorical_crossentropy',
              metrics=['accuracy'])

# Define early stopping
early_stopping        =        EarlyStopping(monitor='val_loss',        patience=3,
restore_best_weights=True)

# Train the model
history = model.fit(X_train, y_train,
                    epochs=20,
                    batch_size=32,
                    validation_data=(X_test, y_test),
                    callbacks=[early_stopping])

# Evaluate the model
test_loss, test_accuracy = model.evaluate(X_test, y_test)
print(f"Test Accuracy: {test_accuracy:.4f}")

# Plot training history
plt.figure(figsize=(12, 4))
plt.subplot(1, 2, 1)
plt.plot(history.history['accuracy'], label='Training Accuracy')
plt.plot(history.history['val_accuracy'], label='Validation Accuracy')
plt.title('Model Accuracy')
plt.xlabel('Epoch')
plt.ylabel('Accuracy')
plt.legend()

plt.subplot(1, 2, 2)
plt.plot(history.history['loss'], label='Training Loss')
plt.plot(history.history['val_loss'], label='Validation Loss')
plt.title('Model Loss')
plt.xlabel('Epoch')
plt.ylabel('Loss')
plt.legend()

plt.tight_layout()
plt.show()
```

Desglose del código:

1. **Importación de bibliotecas**:
   - Se importa TensorFlow y los módulos necesarios de Keras.
   - Se importa matplotlib para fines de visualización.
2. **Carga y preprocesamiento de datos**:

- El conjunto de datos MNIST se carga utilizando mnist.load_data().
- Los datos de entrada (imágenes) se normalizan dividiéndolos por 255, escalando los valores de píxeles al rango [0, 1].

3. **Construcción del modelo**:
   - Utilizamos la API Secuencial para crear una pila lineal de capas.
   - La arquitectura del modelo incluye:
     - Capa Flatten: Convierte imágenes de 28x28 en vectores 1D de 784 elementos.
     - Capa Densa (128 neuronas): Primera capa oculta con activación ReLU.
     - Capa Dropout (tasa del 20%): Para regularización, ayuda a prevenir el sobreajuste.
     - Capa Densa (64 neuronas): Segunda capa oculta con activación ReLU.
     - Otra capa Dropout (tasa del 20%): Mayor regularización.
     - Capa Densa (10 neuronas): Capa de salida con activación softmax para clasificación de 10 clases.
4. **Compilación del modelo**:
   - Optimizador: Adam con una tasa de aprendizaje de 0.001.
   - Función de pérdida: Entropía cruzada categórica escasa (adecuada para etiquetas enteras).
   - Métrica: Precisión (para monitorear durante el entrenamiento y evaluación).
5. **Definición de parada anticipada**:
   - Se utiliza el callback EarlyStopping para prevenir el sobreajuste.
   - Monitorea la pérdida de validación y detiene el entrenamiento si no mejora durante 3 épocas consecutivas.
   - restore_best_weights=True asegura que se guarde el mejor modelo.
6. **Entrenamiento del modelo**:
   - El modelo se entrena utilizando model.fit() con los siguientes parámetros:
     - 20 épocas (pasadas completas sobre los datos de entrenamiento).
     - Tamaño de lote de 32 (número de muestras procesadas antes de actualizar el modelo).
     - Se proporciona un conjunto de datos de validación para monitorear.

- Se incluye el callback de parada anticipada.

7. **Evaluación del modelo**:
   - El modelo entrenado se evalúa en el conjunto de prueba usando model.evaluate().
   - Se imprime la precisión del conjunto de prueba para evaluar el rendimiento del modelo en datos no vistos.
8. **Visualización del historial de entrenamiento**:
   - Se crean dos gráficos para visualizar el proceso de entrenamiento:
     - Precisión del modelo: Muestra la precisión de entrenamiento y validación a lo largo de las épocas.
     - Pérdida del modelo: Muestra la pérdida de entrenamiento y validación a lo largo de las épocas.
   - Estos gráficos ayudan a entender el progreso del aprendizaje del modelo e identificar posibles sobreajustes o subajustes.

2.2.4 Evaluación del modelo

Después de entrenar, puedes evaluar el modelo en un conjunto de datos de prueba para evaluar su capacidad de generalizar a datos nuevos y no vistos. Este paso crucial ayuda a determinar qué tan bien el modelo se desempeña en datos que no ha encontrado durante el entrenamiento, proporcionando información sobre su aplicabilidad en el mundo real. TensorFlow simplifica este proceso con el método **evaluate()**, que calcula la pérdida y las métricas del modelo en un conjunto de datos determinado.

El método **evaluate()** generalmente toma dos argumentos principales: los datos de entrada (X_test) y las etiquetas correspondientes (y_test). Luego ejecuta el paso hacia adelante del modelo en estos datos, calcula la pérdida y las métricas especificadas, y devuelve estos valores. Esto te permite evaluar rápidamente el rendimiento del modelo en el conjunto de prueba.

Por ejemplo, si has especificado la 'precisión' como una métrica durante la compilación del modelo, el método **evaluate()** devolverá tanto el valor de la pérdida como la puntuación de precisión. Esta información es invaluable para comprender qué tan bien se generaliza tu modelo y puede ayudarte a tomar decisiones sobre un ajuste fino adicional o si el modelo está listo para su implementación.

Es importante tener en cuenta que la evaluación debe realizarse en un conjunto de prueba separado que el modelo no haya visto durante el entrenamiento. Esto asegura una evaluación imparcial del rendimiento del modelo y ayuda a detectar problemas como el sobreajuste, donde el modelo funciona bien en los datos de entrenamiento pero mal en datos nuevos y no vistos.

Ejemplo: Evaluación del modelo

```
# Evaluate the model on test data
test_loss, test_accuracy = model.evaluate(X_test, y_test, verbose=1)
print(f"Test Loss: {test_loss:.4f}")
print(f"Test Accuracy: {test_accuracy:.4f}")

# Make predictions on test data
y_pred = model.predict(X_test)
y_pred_classes = np.argmax(y_pred, axis=1)

# Generate a classification report
from sklearn.metrics import classification_report
print("\\nClassification Report:")
print(classification_report(y_test, y_pred_classes))

# Confusion Matrix
from sklearn.metrics import confusion_matrix
import seaborn as sns

cm = confusion_matrix(y_test, y_pred_classes)
plt.figure(figsize=(10, 8))
sns.heatmap(cm, annot=True, fmt='d', cmap='Blues')
plt.title('Confusion Matrix')
plt.ylabel('True Label')
plt.xlabel('Predicted Label')
plt.show()

# Visualize some predictions
n_to_show = 10
indices = np.random.choice(range(len(X_test)), n_to_show)
fig = plt.figure(figsize=(15, 3))
fig.suptitle("Model Predictions (Actual / Predicted)")

for i, idx in enumerate(indices):
    plt.subplot(1, n_to_show, i+1)
    plt.imshow(X_test[idx].reshape(28, 28), cmap='gray')
    plt.axis('off')
    plt.title(f"{y_test[idx]} / {y_pred_classes[idx]}")

plt.tight_layout()
plt.show()
```

Desglose del código:

1. **Evaluación del modelo**:
   - Usamos model.evaluate() para calcular la pérdida y la precisión en el conjunto de prueba.

   - El parámetro verbose=1 muestra una barra de progreso durante la evaluación.
   - Imprimimos tanto la pérdida como la precisión del conjunto de prueba con 4 decimales para mayor precisión.

2. **Realización de predicciones**:
   - model.predict() se usa para generar predicciones para todas las muestras de prueba.
   - np.argmax() convierte las distribuciones de probabilidad en etiquetas de clase.

3. **Informe de clasificación**:
   - Importamos classification_report de sklearn.metrics.
   - Esto proporciona un desglose detallado de precisión, recall y F1-score para cada clase.

4. **Matriz de confusión**:
   - Importamos confusion_matrix de sklearn.metrics y seaborn para la visualización.
   - La matriz de confusión muestra el conteo de predicciones correctas e incorrectas para cada clase.
   - Usamos un heatmap para visualizar la matriz de confusión, con anotaciones que muestran los conteos exactos.

5. **Visualización de predicciones**:
   - Seleccionamos aleatoriamente 10 muestras del conjunto de prueba para visualizarlas.
   - Para cada muestra, mostramos la imagen junto con su etiqueta real y la predicción del modelo.
   - Esto ayuda a comprender dónde el modelo realiza predicciones correctas y dónde falla.

Esta evaluación completa proporciona una visión profunda del rendimiento del modelo, yendo más allá de la precisión. Ayuda a identificar áreas específicas donde el modelo sobresale o tiene dificultades, lo cual es crucial para mejorar aún más y comprender el comportamiento del modelo.

2.2.5 Ajuste fino del modelo

El ajuste fino de una red neuronal es una fase crítica en el flujo de trabajo de aprendizaje automático, que implica realizar ajustes meticulosos a varios componentes del modelo para mejorar su rendimiento general. Este proceso, que suele seguir a la fase de entrenamiento inicial, tiene como objetivo optimizar la precisión del modelo, su eficiencia computacional y su capacidad de generalizar a datos no vistos.

Al ajustar cuidadosamente los hiperparámetros, modificar la arquitectura de la red e implementar técnicas avanzadas de regularización, los científicos de datos e ingenieros de aprendizaje automático pueden mejorar significativamente las capacidades del modelo y garantizar que funcione de manera óptima en tareas del mundo real.

Aquí hay varias técnicas comunes empleadas en el proceso de ajuste fino:

Ajuste de la tasa de aprendizaje

La **tasa de aprendizaje** es un hiperparámetro crítico que gobierna la magnitud de las actualizaciones aplicadas a los pesos del modelo durante el entrenamiento. Desempeña un papel fundamental en la determinación de qué tan rápido o lento el modelo aprende de los datos. Encontrar la tasa de aprendizaje óptima a menudo es un acto de equilibrio delicado:

- **Tasa de aprendizaje alta**: Si se configura demasiado alta, el modelo puede converger demasiado rápido, lo que podría hacer que se pase del punto óptimo. Esto puede llevar a un entrenamiento inestable o incluso causar que el modelo diverja.
- **Tasa de aprendizaje baja**: Por el contrario, si la tasa de aprendizaje es demasiado baja, el entrenamiento puede progresar muy lentamente. Aunque esto puede conducir a actualizaciones más estables, podría requerir un tiempo excesivamente largo para que el modelo converja a una solución óptima.
- **Tasas de aprendizaje adaptativas**: Muchos optimizadores modernos, como Adam o RMSprop, ajustan automáticamente la tasa de aprendizaje durante el entrenamiento, lo que puede ayudar a mitigar algunos de estos problemas.

El ajuste fino de la tasa de aprendizaje a menudo implica técnicas como el uso de programación de tasas de aprendizaje (disminuyendo gradualmente la tasa de aprendizaje con el tiempo) o el uso de tasas de aprendizaje cíclicas para explorar diferentes regiones del espacio de pérdida de manera más efectiva.

Puedes ajustar la tasa de aprendizaje directamente en el optimizador:

```
# Adjust the learning rate and other parameters of Adam optimizer
model.compile(
    optimizer=tf.keras.optimizers.Adam(
        learning_rate=0.001,  # Lower learning rate
        beta_1=0.9,           # Exponential decay rate for the first moment estimates
        beta_2=0.999,         # Exponential decay rate for the second moment estimates
        epsilon=1e-07,        # Small constant for numerical stability
        amsgrad=False         # Whether to apply AMSGrad variant of Adam
    ),
    loss='sparse_categorical_crossentropy',
    metrics=['accuracy', 'precision', 'recall']
```

```
)

# Define learning rate scheduler
def lr_schedule(epoch):
    return 0.001 * (0.1 ** int(epoch / 10))

lr_scheduler = tf.keras.callbacks.LearningRateScheduler(lr_schedule)

# Train the model with the new configuration
history = model.fit(
    X_train, y_train,
    epochs=30,
    batch_size=64,
    validation_split=0.2,
    callbacks=[lr_scheduler]
)
```

Desglose del código:

1. **Configuración del optimizador**:
   - Utilizamos el optimizador Adam, que es un algoritmo de optimización de tasa de aprendizaje adaptativa.
   - learning_rate=0.001: Una tasa de aprendizaje más baja para un entrenamiento más estable.
   - beta_1 y beta_2: Controlan las tasas de decaimiento de los promedios móviles para el gradiente y su cuadrado.
   - epsilon: Una constante pequeña para prevenir la división por cero.
   - amsgrad: Cuando es True, utiliza la variante AMSGrad de Adam del artículo "On the Convergence of Adam and Beyond".
2. **Pérdida y métricas**:
   - loss='sparse_categorical_crossentropy': Adecuada para clasificación multiclase con etiquetas enteras.
   - metrics: Ahora rastreamos precisión, precisión (precision) y recall para una evaluación más completa.
3. **Programador de tasa de aprendizaje**:
   - Definimos un programador de tasa de aprendizaje personalizado que reduce la tasa de aprendizaje en un factor de 10 cada 10 épocas.

    - Esto puede ayudar a ajustar el modelo a medida que avanza el entrenamiento, permitiendo actualizaciones más grandes al principio y actualizaciones más pequeñas y precisas después.

4. **Entrenamiento del modelo**:
    - epochs=30: Aumentado desde las típicas 10 para permitir más tiempo de entrenamiento.
    - batch_size=64: Tamaño de lote más grande para un entrenamiento potencialmente más rápido en hardware adecuado.
    - validation_split=0.2: El 20% de los datos de entrenamiento se utiliza para validación.
    - callbacks=[lr_scheduler]: El programador de tasa de aprendizaje se aplica durante el entrenamiento.

Este ejemplo demuestra un enfoque integral para la compilación y el entrenamiento del modelo, incorporando tasas de aprendizaje adaptativas y métricas de rendimiento adicionales. El programador de tasa de aprendizaje permite un proceso de entrenamiento más matizado, lo que puede llevar a un mejor rendimiento del modelo.

Detención temprana (Early Stopping)

La detención temprana es una técnica de regularización poderosa en el aprendizaje automático que ayuda a prevenir el sobreajuste al monitorear el rendimiento del modelo en un conjunto de validación durante el entrenamiento. Este método funciona al hacer un seguimiento de una métrica de rendimiento específica, típicamente la pérdida o la precisión de validación, y detiene el proceso de entrenamiento si esta métrica no mejora durante un número predeterminado de épocas, conocido como el período de "paciencia".

Los principales beneficios de la detención temprana incluyen:

- **Mejora de la generalización**: Al detener el entrenamiento antes de que el modelo comience a sobreajustarse a los datos de entrenamiento, la detención temprana ayuda a que el modelo generalice mejor en datos no vistos.
- **Eficiencia de tiempo y recursos**: Previene el cálculo innecesario al detener el entrenamiento una vez que el rendimiento del modelo se estabiliza o comienza a degradarse.
- **Selección automática del modelo**: La detención temprana selecciona efectivamente el modelo que mejor se desempeña en el conjunto de validación, lo que a menudo es un buen indicador del rendimiento en datos no vistos.

La implementación de la detención temprana generalmente implica configurar un callback en el ciclo de entrenamiento que verifica el rendimiento de validación después de cada época. Si el rendimiento no mejora durante el número de épocas especificado (paciencia), el entrenamiento se termina y los pesos del modelo de la mejor época se restauran.

Si bien la detención temprana es una herramienta valiosa, es importante elegir un valor de paciencia adecuado. Si es demasiado bajo, corres el riesgo de detener el entrenamiento prematuramente; si es demasiado alto, puede que no aproveches los beneficios completos de la detención temprana. El valor óptimo de paciencia a menudo depende del problema específico y del conjunto de datos.

Ejemplo: Implementación de detención temprana

```
import tensorflow as tf
from tensorflow.keras.callbacks import EarlyStopping, ReduceLROnPlateau
from tensorflow.keras.models import Sequential
from tensorflow.keras.layers import Dense, Dropout
from sklearn.model_selection import train_test_split
from sklearn.preprocessing import StandardScaler
import numpy as np
import matplotlib.pyplot as plt

# Load and preprocess data (assuming X and y are already defined)
X_train, X_test, y_train, y_test = train_test_split(X, y, test_size=0.2, random_state=42)

# Normalize the data
scaler = StandardScaler()
X_train_scaled = scaler.fit_transform(X_train)
X_test_scaled = scaler.transform(X_test)

# Define the model
model = Sequential([
    Dense(128, activation='relu', input_shape=(X_train.shape[1],)),
    Dropout(0.3),
    Dense(64, activation='relu'),
    Dropout(0.3),
    Dense(32, activation='relu'),
    Dense(1, activation='sigmoid')
])

# Compile the model
model.compile(optimizer='adam', loss='binary_crossentropy', metrics=['accuracy'])

# Define callbacks
early_stopping = EarlyStopping(
    monitor='val_loss',
    patience=10,
    restore_best_weights=True,
    verbose=1
)

reduce_lr = ReduceLROnPlateau(
```

```
    monitor='val_loss',
    factor=0.2,
    patience=5,
    min_lr=1e-6,
    verbose=1
)

# Train the model with early stopping and learning rate reduction
history = model.fit(
    X_train_scaled, y_train,
    epochs=100,
    batch_size=32,
    validation_split=0.2,
    callbacks=[early_stopping, reduce_lr],
    verbose=1
)

# Evaluate the model
test_loss, test_accuracy = model.evaluate(X_test_scaled, y_test, verbose=0)
print(f"Test accuracy: {test_accuracy:.4f}")

# Plot training history
plt.figure(figsize=(12, 4))
plt.subplot(1, 2, 1)
plt.plot(history.history['loss'], label='Training Loss')
plt.plot(history.history['val_loss'], label='Validation Loss')
plt.title('Model Loss')
plt.xlabel('Epoch')
plt.ylabel('Loss')
plt.legend()

plt.subplot(1, 2, 2)
plt.plot(history.history['accuracy'], label='Training Accuracy')
plt.plot(history.history['val_accuracy'], label='Validation Accuracy')
plt.title('Model Accuracy')
plt.xlabel('Epoch')
plt.ylabel('Accuracy')
plt.legend()

plt.tight_layout()
plt.show()
```

Desglose del código:

- **Preparación de datos:**
    - Usamos train_test_split para dividir nuestros datos en conjuntos de entrenamiento y prueba.

  - Se aplica StandardScaler para normalizar las características de entrada, lo que puede ayudar a mejorar el rendimiento del modelo y la estabilidad del entrenamiento.
- **Arquitectura del modelo:**
  - Se define un modelo Sequential con tres capas Dense y dos capas Dropout.
  - Se agregan capas Dropout (con una tasa de 0.3) para regularización y prevenir el sobreajuste.
  - La capa final usa una activación sigmoid para clasificación binaria.
- **Compilación del modelo:**
  - El modelo se compila usando el optimizador Adam y la pérdida binary_crossentropy, adecuada para tareas de clasificación binaria.
- **Callbacks:**
  - EarlyStopping: Monitorea el val_loss con una paciencia de 10 épocas. Si la pérdida de validación no mejora en 10 épocas consecutivas, el entrenamiento se detendrá.
  - ReduceLROnPlateau: Reduce la tasa de aprendizaje en un factor de 0.2 si la pérdida de validación no mejora en 5 épocas, lo que permite ajustes finos a medida que avanza el entrenamiento.
- **Entrenamiento del modelo:**
  - El modelo se entrena durante un máximo de 100 épocas con un tamaño de lote de 32.
  - El 20% de los datos de entrenamiento se utiliza como conjunto de validación.
  - Ambos callbacks (detención temprana y reducción de la tasa de aprendizaje) se aplican durante el entrenamiento.
- **Evaluación del modelo:**
  - El modelo entrenado se evalúa en el conjunto de prueba para obtener una estimación imparcial de su rendimiento.
- **Visualización:**
  - Se grafican la pérdida y la precisión de entrenamiento y validación a lo largo de las épocas para visualizar el progreso del aprendizaje del modelo.
  - Estas gráficas pueden ayudar a identificar sobreajuste (si las métricas de entrenamiento y validación divergen) u otros problemas durante el entrenamiento.

Este ejemplo completo demuestra un flujo de trabajo para entrenar una red neuronal, que incluye el preprocesamiento de datos, la definición del modelo, el entrenamiento con técnicas avanzadas como la detención temprana y la reducción de la tasa de aprendizaje, la evaluación y la visualización del progreso del entrenamiento. Proporciona una base sólida para abordar diversas tareas de aprendizaje automático y puede adaptarse fácilmente a diferentes conjuntos de datos y tipos de problemas.

Dropout para regularización

Dropout es una técnica de regularización poderosa en redes neuronales, donde se ignoran temporalmente neuronas seleccionadas al azar o se "desactivan" durante el entrenamiento. Este proceso puede compararse con entrenar un conjunto de múltiples redes neuronales, cada una con una arquitectura ligeramente diferente. Aquí tienes una explicación más detallada de cómo funciona el dropout y por qué es efectivo:

1. **Desactivación aleatoria:** Durante cada iteración de entrenamiento, un cierto porcentaje de neuronas (típicamente entre el 20% y el 50%) se seleccionan al azar y sus salidas se configuran en cero. Este porcentaje es un hiperparámetro llamado "tasa de dropout".
2. **Prevención de la co-adaptación:** Al desactivar aleatoriamente neuronas, la red se ve obligada a aprender características más robustas que sean útiles en combinación con muchos subconjuntos aleatorios de otras neuronas. Esto previene que las neuronas se adapten demasiado, donde solo funcionan bien en el contexto de otras neuronas específicas.
3. **Reducción del sobreajuste:** Dropout reduce efectivamente la capacidad de la red durante el entrenamiento, haciendo menos probable que memorice los datos de entrenamiento. Esto ayuda a reducir el sobreajuste, especialmente en casos donde los datos de entrenamiento son limitados.
4. **Efecto de conjunto:** En el momento de la prueba, se usan todas las neuronas, pero sus salidas se escalan hacia abajo por la tasa de dropout. Esto se puede ver como una aproximación de promediar las predicciones de muchas redes diferentes, similar a los métodos de conjuntos.
5. **Mejora de la generalización:** Al evitar que el modelo dependa demasiado de cualquier característica o neurona específica, dropout ayuda a que la red generalice mejor a datos no vistos.
6. **Variabilidad en el entrenamiento:** Dropout introduce aleatoriedad en el proceso de entrenamiento, lo que puede ayudar al modelo a explorar diferentes combinaciones de características y potencialmente encontrar mejores óptimos locales.

Aunque el dropout es muy efectivo, es importante señalar que puede aumentar el tiempo de entrenamiento, ya que el modelo necesita aprender con diferentes subconjuntos de neuronas.

La tasa de dropout óptima suele depender del problema específico y la arquitectura del modelo, y generalmente se trata como un hiperparámetro que se ajusta.

Ejemplo: Agregar capas Dropout

```
import tensorflow as tf
from tensorflow.keras.models import Sequential
from tensorflow.keras.layers import Dense, Dropout, Flatten
from tensorflow.keras.datasets import mnist
from tensorflow.keras.callbacks import EarlyStopping, ReduceLROnPlateau
import matplotlib.pyplot as plt

# Load and preprocess the MNIST dataset
(X_train, y_train), (X_test, y_test) = mnist.load_data()
X_train, X_test = X_train / 255.0, X_test / 255.0  # Normalize pixel values to [0, 1]

# Build a model with dropout regularization
def create_model(dropout_rate=0.5):
    model = Sequential([
        Flatten(input_shape=(28, 28)),
        Dense(128, activation='relu'),
        Dropout(dropout_rate),
        Dense(64, activation='relu'),
        Dropout(dropout_rate),
        Dense(10, activation='softmax')
    ])
    return model

# Create and compile the model
model = create_model()
model.compile(optimizer='adam',
              loss='sparse_categorical_crossentropy',
              metrics=['accuracy'])

# Define callbacks
early_stopping        =        EarlyStopping(monitor='val_loss',        patience=5,
restore_best_weights=True)
reduce_lr = ReduceLROnPlateau(monitor='val_loss', factor=0.2, patience=3, min_lr=1e-
5)

# Train the model
history = model.fit(X_train, y_train,
                    epochs=20,
                    batch_size=32,
                    validation_split=0.2,
                    callbacks=[early_stopping, reduce_lr])

# Evaluate the model
test_loss, test_acc = model.evaluate(X_test, y_test, verbose=2)
print(f'\\nTest accuracy: {test_acc:.4f}')
```

```
# Plot training history
plt.figure(figsize=(12, 4))
plt.subplot(1, 2, 1)
plt.plot(history.history['accuracy'], label='Training Accuracy')
plt.plot(history.history['val_accuracy'], label='Validation Accuracy')
plt.title('Model Accuracy')
plt.xlabel('Epoch')
plt.ylabel('Accuracy')
plt.legend()

plt.subplot(1, 2, 2)
plt.plot(history.history['loss'], label='Training Loss')
plt.plot(history.history['val_loss'], label='Validation Loss')
plt.title('Model Loss')
plt.xlabel('Epoch')
plt.ylabel('Loss')
plt.legend()

plt.tight_layout()
plt.show()
```

Desglose del código:

1. **Preparación de datos:**
   - Utilizamos el conjunto de datos MNIST, que está disponible en Keras.
   - Los valores de los píxeles se normalizan al rango [0, 1] dividiéndolos por 255.
2. **Arquitectura del modelo:**
   - Se define un modelo Sequential con tres capas Dense y dos capas Dropout.
   - La capa de entrada (Flatten) remodela las imágenes de 28x28 en un arreglo unidimensional.
   - Dos capas ocultas con 128 y 64 unidades respectivamente, ambas utilizando activación ReLU.
   - Capas Dropout con una tasa de 0.5 se añaden después de cada capa oculta para regularización.
   - La capa de salida tiene 10 unidades (una por cada dígito) con activación softmax para clasificación multiclase.
3. **Compilación del modelo:**
   - El modelo utiliza el optimizador Adam y la pérdida sparse categorical crossentropy, que es adecuada para etiquetas enteras en la clasificación multiclase.

    - La métrica usada para evaluación es la precisión.

4. **Callbacks:**
    - EarlyStopping: Monitorea la pérdida de validación y detiene el entrenamiento si no mejora durante 5 épocas, previniendo el sobreajuste.
    - ReduceLROnPlateau: Reduce la tasa de aprendizaje en un factor de 0.2 si la pérdida de validación no mejora en 3 épocas, permitiendo ajustes finos.
5. **Entrenamiento del modelo:**
    - El modelo se entrena por un máximo de 20 épocas con un tamaño de lote de 32.
    - El 20% de los datos de entrenamiento se utiliza como conjunto de validación.
    - Ambos callbacks (detención temprana y reducción de la tasa de aprendizaje) se aplican durante el entrenamiento.
6. **Evaluación del modelo:**
    - El modelo entrenado se evalúa en el conjunto de prueba para obtener una estimación imparcial de su rendimiento.
7. **Visualización:**
    - Se grafican la precisión y la pérdida de entrenamiento y validación a lo largo de las épocas para visualizar el progreso del aprendizaje del modelo.
    - Estas gráficas pueden ayudar a identificar sobreajuste (si las métricas de entrenamiento y validación divergen) u otros problemas de entrenamiento.

Este ejemplo demuestra un enfoque integral para construir y entrenar una red neuronal con regularización por dropout. Cubre el preprocesamiento de datos, la creación del modelo incorporando capas dropout, la compilación y el entrenamiento con técnicas avanzadas como la detención temprana y la reducción de la tasa de aprendizaje.

El proceso también incluye la evaluación del modelo y la visualización del progreso del entrenamiento. Esta configuración robusta mejora el proceso de entrenamiento y proporciona una mayor comprensión y optimización del comportamiento de la red neuronal.

Ajuste de Hiperparámetros con KerasTuner

KerasTuner es una biblioteca poderosa y flexible para optimizar hiperparámetros en modelos de TensorFlow. Proporciona un enfoque sistemático para buscar la combinación óptima de hiperparámetros, como el número de neuronas en cada capa, la tasa de aprendizaje, funciones de activación y otras decisiones de arquitectura del modelo. Al automatizar este proceso, KerasTuner mejora significativamente el rendimiento del modelo y reduce el tiempo y esfuerzo requeridos para el ajuste manual.

Las características clave de KerasTuner incluyen capacidades potentes que mejoran significativamente el proceso de optimización de hiperparámetros:

- **Algoritmos de búsqueda eficientes:** KerasTuner proporciona una amplia gama de estrategias de búsqueda, incluyendo búsqueda aleatoria, optimización bayesiana y Hyperband. Estos algoritmos sofisticados permiten a los investigadores y profesionales explorar de manera eficiente el vasto espacio de hiperparámetros, lo que lleva a configuraciones de modelos más óptimas.
- **Flexibilidad e integración fluida:** Una de las características destacadas de KerasTuner es su capacidad para integrarse sin problemas con los flujos de trabajo existentes de TensorFlow y Keras. Esta flexibilidad le permite adaptarse a una amplia gama de proyectos de aprendizaje profundo, desde modelos simples hasta arquitecturas complejas, convirtiéndolo en una herramienta invaluable tanto para principiantes como para profesionales experimentados.
- **Escalabilidad para la optimización a gran escala:** KerasTuner está diseñado pensando en la escalabilidad, admitiendo capacidades de ajuste distribuido. Esta característica es particularmente crucial para abordar problemas a gran escala, ya que permite una optimización de hiperparámetros más rápida y eficiente en múltiples recursos computacionales, reduciendo significativamente el tiempo necesario para encontrar configuraciones óptimas.
- **Personalización para satisfacer necesidades específicas:** Reconociendo que cada proyecto de aprendizaje automático tiene requisitos únicos, KerasTuner ofrece amplias opciones de personalización. Los usuarios tienen la libertad de definir espacios de búsqueda personalizados y objetivos, lo que les permite adaptar el proceso de ajuste a sus necesidades específicas. Este nivel de personalización asegura que la optimización de hiperparámetros se alinee perfectamente con las particularidades de cada proyecto individual.

Al aprovechar KerasTuner, los científicos de datos y los ingenieros de aprendizaje automático pueden navegar de manera más efectiva por el complejo panorama de la optimización de hiperparámetros, lo que lleva a modelos con mejor precisión, generalización y rendimiento general.

Ejemplo: Ajuste de Hiperparámetros con KerasTuner

```
pip install keras-tuner
import tensorflow as tf
from tensorflow import keras
from tensorflow.keras import layers
import keras_tuner as kt
import numpy as np
import matplotlib.pyplot as plt

# Load and preprocess the MNIST dataset
```

```
(X_train, y_train), (X_test, y_test) = keras.datasets.mnist.load_data()
X_train = X_train.astype("float32") / 255
X_test = X_test.astype("float32") / 255

# Define a function to build the model with tunable hyperparameters
def build_model(hp):
    model = keras.Sequential()
    model.add(layers.Flatten(input_shape=(28, 28)))

    # Tune the number of hidden layers
    for i in range(hp.Int("num_layers", 1, 3)):
        # Tune the number of units in each Dense layer
        hp_units = hp.Int(f"units_{i}", min_value=32, max_value=512, step=32)
        model.add(layers.Dense(units=hp_units, activation="relu"))

        # Tune dropout rate
        hp_dropout = hp.Float(f"dropout_{i}", min_value=0.0, max_value=0.5, step=0.1)
        model.add(layers.Dropout(hp_dropout))

    model.add(layers.Dense(10, activation="softmax"))

    # Tune the learning rate
    hp_learning_rate  =  hp.Float("learning_rate",  min_value=1e-4,  max_value=1e-2,
sampling="LOG")

    # Compile the model
    model.compile(
        optimizer=keras.optimizers.Adam(learning_rate=hp_learning_rate),
        loss="sparse_categorical_crossentropy",
        metrics=["accuracy"],
    )
    return model

# Instantiate the tuner
tuner = kt.RandomSearch(
    build_model,
    objective="val_accuracy",
    max_trials=10,
    executions_per_trial=3,
    directory="my_dir",
    project_name="mnist_tuning"
)

# Define early stopping callback
early_stop = keras.callbacks.EarlyStopping(monitor="val_loss", patience=5)

# Perform the search
tuner.search(
    X_train,
    y_train,
    epochs=50,
    validation_split=0.2,
```

```
    callbacks=[early_stop]
)

# Get the best model
best_model = tuner.get_best_models(num_models=1)[0]

# Evaluate the best model
test_loss, test_accuracy = best_model.evaluate(X_test, y_test, verbose=0)
print(f"Test accuracy: {test_accuracy:.4f}")

# Get the best hyperparameters
best_hps = tuner.get_best_hyperparameters(num_trials=1)[0]

# Print the best hyperparameters
print("Best hyperparameters:")
for param, value in best_hps.values.items():
    print(f"{param}: {value}")

# Plot learning curves
history = best_model.fit(
    X_train,
    y_train,
    epochs=50,
    validation_split=0.2,
    callbacks=[early_stop],
    verbose=0
)

plt.figure(figsize=(12, 4))
plt.subplot(1, 2, 1)
plt.plot(history.history["accuracy"], label="Training Accuracy")
plt.plot(history.history["val_accuracy"], label="Validation Accuracy")
plt.title("Model Accuracy")
plt.xlabel("Epoch")
plt.ylabel("Accuracy")
plt.legend()

plt.subplot(1, 2, 2)
plt.plot(history.history["loss"], label="Training Loss")
plt.plot(history.history["val_loss"], label="Validation Loss")
plt.title("Model Loss")
plt.xlabel("Epoch")
plt.ylabel("Loss")
plt.legend()

plt.tight_layout()
plt.show()
```

Desglose del código:

1. **Importaciones y preparación de datos:**

   - Importamos las bibliotecas necesarias, incluyendo TensorFlow, Keras, KerasTuner, NumPy y Matplotlib.
   - El conjunto de datos MNIST se carga y se preprocesa. Los valores de los píxeles se normalizan al rango [0, 1].
2. **Función de creación del modelo:**
   - La función build_model define un modelo con hiperparámetros ajustables.
   - Permite un número variable de capas ocultas (de 1 a 3).
   - Para cada capa, se ajusta el número de unidades y la tasa de dropout.
   - También se ajusta la tasa de aprendizaje para el optimizador Adam.
3. **Ajuste de hiperparámetros:**
   - Usamos RandomSearch de KerasTuner para buscar los mejores hiperparámetros.
   - La búsqueda se establece para ejecutarse en 10 pruebas, con 3 ejecuciones por prueba para mayor robustez.
   - Se usa un callback de EarlyStopping para prevenir el sobreajuste durante la búsqueda.
4. **Evaluación del modelo:**
   - Después de la búsqueda, recuperamos el mejor modelo y lo evaluamos en el conjunto de prueba.
   - Se imprimen los mejores hiperparámetros para referencia.
5. **Visualización:**
   - Volvemos a entrenar el mejor modelo para trazar las curvas de aprendizaje.
   - Se visualizan la precisión y la pérdida de entrenamiento y validación a lo largo de las épocas.

2.3 Uso de TensorFlow Hub y Model Zoo para Modelos Preentrenados

Desarrollar modelos de aprendizaje profundo desde cero es un proceso que requiere muchos recursos, demandando grandes conjuntos de datos y un poder computacional considerable. Afortunadamente, TensorFlow ofrece una solución elegante a este desafío mediante sus plataformas **TensorFlow Hub** y **Model Zoo**. Estos repositorios proporcionan acceso a una amplia gama de modelos preentrenados, diseñados para diversas aplicaciones.

Desde tareas complejas de clasificación de imágenes hasta algoritmos sofisticados de detección de objetos y avanzadas técnicas de procesamiento de lenguaje natural, estos modelos preentrenados sirven como bloques de construcción poderosos para una amplia gama de proyectos de aprendizaje automático.

El verdadero poder de estos modelos preentrenados radica en su versatilidad y eficiencia. Al aprovechar estos modelos preexistentes, los desarrolladores e investigadores pueden acceder a una gran cantidad de conocimientos acumulados, destilados de vastos conjuntos de datos y de incontables iteraciones de entrenamiento.

Este enfoque, conocido como **transferencia de aprendizaje**, permite la rápida adaptación de estos modelos a casos de uso específicos, reduciendo significativamente el tiempo de desarrollo y los requisitos de recursos. Esto posibilita que incluso aquellos con datos limitados o recursos computacionales reducidos puedan utilizar técnicas avanzadas de aprendizaje profundo, democratizando el acceso a capacidades de inteligencia artificial de vanguardia en varios dominios y aplicaciones.

2.3.1 Descripción general de TensorFlow Hub

TensorFlow Hub es un repositorio integral de modelos de aprendizaje automático reutilizables y preentrenados. Esta poderosa plataforma alberga una extensa gama de modelos diseñados meticulosamente para una amplia variedad de tareas, que incluyen, entre otras, la clasificación de imágenes, el embedding de texto y la detección de objetos. La belleza de TensorFlow Hub reside en su versatilidad y facilidad de uso, permitiendo a los desarrolladores e investigadores integrar sin problemas estos sofisticados modelos en sus proyectos de TensorFlow.

Una de las principales ventajas de TensorFlow Hub es su capacidad para facilitar la transferencia de aprendizaje. Al aprovechar estos modelos preentrenados, los usuarios pueden reducir significativamente el tiempo y los recursos computacionales que normalmente se requieren para entrenar redes neuronales complejas desde cero. En su lugar, pueden ajustar finamente estos modelos para adaptarlos a sus necesidades específicas, transfiriendo eficazmente los conocimientos incrustados en estos modelos preentrenados a nuevas tareas, a menudo más especializadas.

Los modelos disponibles en TensorFlow Hub abarcan una amplia gama de aplicaciones. Para tareas relacionadas con imágenes, se pueden encontrar modelos capaces de clasificar imágenes en miles de categorías, detectar objetos dentro de imágenes o incluso generar nuevas imágenes. En el ámbito del procesamiento de lenguaje natural, TensorFlow Hub ofrece modelos para clasificación de textos, análisis de sentimientos, traducción de idiomas y más. Estos modelos suelen representar lo último en sus respectivos dominios, habiendo sido entrenados en vastos conjuntos de datos por equipos de expertos.

Para empezar a aprovechar el poder de TensorFlow Hub en tus proyectos, necesitas instalarlo. Esto se puede hacer fácilmente usando pip, el instalador de paquetes de Python, con el siguiente comando:

```
pip install tensorflow-hub
```

Una vez instalado, puedes comenzar a explorar la gran cantidad de modelos disponibles e integrarlos en tus flujos de trabajo de TensorFlow. Ya seas un practicante experimentado de aprendizaje automático o estés comenzando tu viaje en la IA, TensorFlow Hub ofrece un recurso valioso para acelerar tu proceso de desarrollo y lograr resultados de vanguardia en diversas tareas de aprendizaje automático.

Cargar un Modelo Preentrenado desde TensorFlow Hub

Usar un modelo preentrenado desde TensorFlow Hub es un proceso sencillo y eficiente que puede acelerar significativamente tus proyectos de aprendizaje profundo. Vamos a explorar cómo cargar un modelo preentrenado de clasificación de imágenes basado en **MobileNetV2**, un modelo de última generación específicamente diseñado para dispositivos móviles y embebidos.

MobileNetV2 es una evolución de la arquitectura original de MobileNet, que ofrece un mejor rendimiento y eficiencia. Utiliza convoluciones separables en profundidad para reducir el tamaño del modelo y los requisitos computacionales, manteniendo al mismo tiempo una alta precisión. Esto lo convierte en una excelente opción para aplicaciones donde los recursos computacionales son limitados, como en teléfonos inteligentes o dispositivos periféricos.

Aprovechando TensorFlow Hub, podemos acceder e integrar fácilmente este poderoso modelo en nuestros proyectos sin la necesidad de entrenarlo desde cero. Este enfoque, conocido como **transferencia de aprendizaje**, nos permite beneficiarnos del extenso conocimiento que el modelo ya ha adquirido al ser entrenado en grandes conjuntos de datos como ImageNet. Luego podemos ajustar finamente este modelo preentrenado en nuestro conjunto de datos específico o usarlo como un extractor de características para nuestras tareas únicas de clasificación de imágenes.

Ejemplo: Cargar un Modelo Preentrenado desde TensorFlow Hub

```
import tensorflow as tf
import tensorflow_hub as hub
from tensorflow.keras.layers import Dense, GlobalAveragePooling2D
from tensorflow.keras.models import Sequential
from tensorflow.keras.preprocessing.image import ImageDataGenerator
import matplotlib.pyplot as plt

# Load a pretrained MobileNetV2 model from TensorFlow Hub
model_url = "<https://tfhub.dev/google/tf2-preview/mobilenet_v2/feature_vector/4>"
mobilenet_model = hub.KerasLayer(model_url, input_shape=(224, 224, 3),
trainable=False)

# Build a new model on top of the pretrained MobileNetV2
model = Sequential([
    mobilenet_model,  # Use MobileNetV2 as the base
```

```
    GlobalAveragePooling2D(),  # Add global average pooling
    Dense(256, activation='relu'),  # Add a dense layer
    Dense(128, activation='relu'),  # Add another dense layer
    Dense(10, activation='softmax')  # Output layer for 10 classes
])

# Compile the model
model.compile(optimizer='adam',
              loss='sparse_categorical_crossentropy',
              metrics=['accuracy'])

# Display model summary
model.summary()

# Prepare data (assuming you have a dataset in 'data_dir')
data_dir = 'path/to/your/dataset'
batch_size = 32

# Data augmentation and preprocessing
train_datagen = ImageDataGenerator(
    rescale=1./255,
    rotation_range=20,
    width_shift_range=0.2,
    height_shift_range=0.2,
    shear_range=0.2,
    zoom_range=0.2,
    horizontal_flip=True,
    validation_split=0.2
)

train_generator = train_datagen.flow_from_directory(
    data_dir,
    target_size=(224, 224),
    batch_size=batch_size,
    class_mode='sparse',
    subset='training'
)

validation_generator = train_datagen.flow_from_directory(
    data_dir,
    target_size=(224, 224),
    batch_size=batch_size,
    class_mode='sparse',
    subset='validation'
)

# Train the model
history = model.fit(
    train_generator,
    steps_per_epoch=train_generator.samples // batch_size,
    validation_data=validation_generator,
    validation_steps=validation_generator.samples // batch_size,
```

```
    epochs=10
)

# Plot training history
plt.figure(figsize=(12, 4))
plt.subplot(1, 2, 1)
plt.plot(history.history['accuracy'], label='Training Accuracy')
plt.plot(history.history['val_accuracy'], label='Validation Accuracy')
plt.title('Model Accuracy')
plt.xlabel('Epoch')
plt.ylabel('Accuracy')
plt.legend()

plt.subplot(1, 2, 2)
plt.plot(history.history['loss'], label='Training Loss')
plt.plot(history.history['val_loss'], label='Validation Loss')
plt.title('Model Loss')
plt.xlabel('Epoch')
plt.ylabel('Loss')
plt.legend()

plt.tight_layout()
plt.show()

# Save the model
model.save('mobilenet_transfer_learning_model')

# Example of loading and using the model for prediction
loaded_model    =    tf.keras.models.load_model('mobilenet_transfer_learning_model',
custom_objects={'KerasLayer': hub.KerasLayer})

# Assume we have a single image to predict
image = ... # Load and preprocess your image here
prediction = loaded_model.predict(image)
predicted_class = np.argmax(prediction, axis=1)
print(f"Predicted class: {predicted_class}")
```

Explicación detallada y exhaustiva:

1. **Importaciones y configuración:**
   - Importamos las bibliotecas necesarias: TensorFlow, TensorFlow Hub, capas de Keras y matplotlib para la visualización.
   - Se importa ImageDataGenerator para la augmentación y el preprocesamiento de datos.
2. **Cargar el modelo preentrenado:**
   - Usamos TensorFlow Hub para cargar un modelo preentrenado de MobileNetV2.

- El parámetro trainable=False congela los pesos del modelo preentrenado.

3. **Construcción del modelo:**
   - Creamos un modelo Sequential utilizando MobileNetV2 como base.
   - Se añade GlobalAveragePooling2D para reducir las dimensiones espaciales.
   - Se añaden dos capas Dense (256 y 128 unidades) con activación ReLU para la extracción de características.
   - La capa Dense final con activación softmax se utiliza para la clasificación (10 clases en este ejemplo).
4. **Compilación del modelo:**
   - El modelo se compila con el optimizador Adam, la pérdida sparse categorical crossentropy (adecuada para etiquetas enteras) y la métrica de precisión.
5. **Preparación de datos:**
   - Se utiliza ImageDataGenerator para la augmentación de datos (rotación, desplazamiento, volteo, etc.) y el preprocesamiento.
   - Creamos generadores separados para los datos de entrenamiento y validación.
6. **Entrenamiento del modelo:**
   - El modelo se entrena utilizando el método fit con los generadores de datos.
   - Especificamos steps_per_epoch y validation_steps en función del número de muestras y el tamaño del lote.
7. **Visualización de los resultados del entrenamiento:**
   - Graficamos la precisión y la pérdida de entrenamiento y validación a lo largo de las épocas utilizando matplotlib.
8. **Guardar el modelo:**
   - El modelo entrenado se guarda en disco para su uso posterior.
9. **Cargar y usar el modelo:**
   - Demostramos cómo cargar el modelo guardado y usarlo para la predicción en una imagen única.
   - Se utiliza custom_objects para manejar la capa de TensorFlow Hub al cargar.

Este ejemplo proporciona un flujo de trabajo completo, que incluye augmentación de datos, visualización del progreso del entrenamiento, guardado y carga del modelo, y un ejemplo de uso del modelo para la predicción. Sirve como una plantilla más completa para la transferencia de aprendizaje con TensorFlow y TensorFlow Hub.

2.3.2 Ajuste fino de modelos preentrenados

El ajuste fino es una técnica crucial en la transferencia de aprendizaje que implica ajustar cuidadosamente un modelo preentrenado para que funcione bien en una nueva tarea específica. Este proceso generalmente consta de dos pasos principales:

1. **Descongelar capas:** Algunas capas del modelo preentrenado, generalmente las más profundas, se "descongelan" o se hacen entrenables. Esto permite que estas capas se actualicen durante el proceso de ajuste fino.
2. **Entrenamiento en nuevos datos:** El modelo, con sus capas descongeladas, se entrena en el nuevo conjunto de datos específico para la tarea objetivo. Este proceso de entrenamiento incluye tanto las capas preentrenadas descongeladas como las capas añadidas recientemente.

Los beneficios clave del ajuste fino son:

- **Adaptación:** Permite que el modelo adapte sus características preentrenadas a las particularidades de la nueva tarea, mejorando potencialmente el rendimiento.
- **Eficiencia:** El ajuste fino es generalmente más rápido y requiere menos datos que entrenar un modelo desde cero.
- **Retención del conocimiento:** El modelo retiene el conocimiento general adquirido en su entrenamiento inicial mientras adquiere capacidades específicas para la tarea.

Al equilibrar el uso de conocimientos preentrenados y la adaptación a nuevos datos, el ajuste fino permite que los modelos logren un alto rendimiento en tareas específicas de manera eficiente.

Ajuste fino del modelo MobileNetV2

En el ejemplo anterior, congelamos todo el modelo MobileNetV2, lo que significa que lo usamos como un extractor de características fijo sin modificar sus pesos. Este enfoque es útil cuando queremos aprovechar el conocimiento del modelo preentrenado sin arriesgarnos a cambiar las características que ya ha aprendido. Sin embargo, a veces podemos lograr un mejor rendimiento permitiendo que el modelo se adapte a nuestro conjunto de datos específico y tarea.

Ahora exploraremos el proceso de ajuste fino del modelo MobileNetV2. El ajuste fino implica descongelar algunas de las capas más profundas del modelo preentrenado y permitir que se actualicen durante el entrenamiento en nuestro nuevo conjunto de datos. Esta técnica puede ser particularmente efectiva cuando nuestra tarea es similar pero no idéntica a la tarea original para la que se entrenó el modelo.

Al descongelar las capas más profundas, permitimos que el modelo ajuste sus características de alto nivel para adaptarse mejor a nuestros datos específicos, mientras mantiene las características generales de bajo nivel aprendidas del gran conjunto de datos en el que se entrenó originalmente. Este equilibrio entre preservar el conocimiento general y adaptarse a tareas específicas es lo que hace que el ajuste fino sea una técnica tan poderosa en la transferencia de aprendizaje.

En el próximo ejemplo, demostraremos cómo descongelar selectivamente capas del modelo MobileNetV2 y entrenarlas en nuestro conjunto de datos. Este proceso permite que el modelo ajuste finamente sus características, lo que potencialmente mejora el rendimiento en nuestra tarea específica.

Ejemplo: Ajuste fino de un modelo preentrenado

```
import tensorflow as tf
import tensorflow_hub as hub
from tensorflow.keras.layers import Dense, GlobalAveragePooling2D
from tensorflow.keras.models import Sequential
from tensorflow.keras.preprocessing.image import ImageDataGenerator
import matplotlib.pyplot as plt

# Load a pretrained MobileNetV2 model from TensorFlow Hub
model_url = "<https://tfhub.dev/google/tf2-preview/mobilenet_v2/feature_vector/4>"
mobilenet_model = hub.KerasLayer(model_url, input_shape=(224, 224, 3))

# Build a new model on top of the pretrained MobileNetV2
model = Sequential([
    mobilenet_model,
    GlobalAveragePooling2D(),
    Dense(256, activation='relu'),
    Dense(128, activation='relu'),
    Dense(10, activation='softmax')
])

# Initially freeze all layers of the base model
mobilenet_model.trainable = False

# Compile the model
model.compile(optimizer='adam',
              loss='sparse_categorical_crossentropy',
              metrics=['accuracy'])

# Prepare data (assuming you have a dataset in 'data_dir')
data_dir = 'path/to/your/dataset'
batch_size = 32

# Data augmentation and preprocessing
train_datagen = ImageDataGenerator(
    rescale=1./255,
    rotation_range=20,
```

```
    width_shift_range=0.2,
    height_shift_range=0.2,
    shear_range=0.2,
    zoom_range=0.2,
    horizontal_flip=True,
    validation_split=0.2
)

train_generator = train_datagen.flow_from_directory(
    data_dir,
    target_size=(224, 224),
    batch_size=batch_size,
    class_mode='sparse',
    subset='training'
)

validation_generator = train_datagen.flow_from_directory(
    data_dir,
    target_size=(224, 224),
    batch_size=batch_size,
    class_mode='sparse',
    subset='validation'
)

# Train the model with frozen base layers
history_frozen = model.fit(
    train_generator,
    steps_per_epoch=train_generator.samples // batch_size,
    validation_data=validation_generator,
    validation_steps=validation_generator.samples // batch_size,
    epochs=5
)

# Unfreeze the last few layers of the base model
mobilenet_model.trainable = True
for layer in mobilenet_model.layers[:-20]:  # Freeze all but the last 20 layers
    layer.trainable = False

# Recompile the model after changing the trainable layers
model.compile(optimizer=tf.keras.optimizers.Adam(learning_rate=1e-5),
              loss='sparse_categorical_crossentropy',
              metrics=['accuracy'])

# Fine-tune the model
history_finetuned = model.fit(
    train_generator,
    steps_per_epoch=train_generator.samples // batch_size,
    validation_data=validation_generator,
    validation_steps=validation_generator.samples // batch_size,
    epochs=10
)
```

```
# Plot training history
plt.figure(figsize=(12, 8))
plt.subplot(2, 2, 1)
plt.plot(history_frozen.history['accuracy'], label='Training Accuracy (Frozen)')
plt.plot(history_frozen.history['val_accuracy'],      label='Validation      Accuracy
(Frozen)')
plt.plot(history_finetuned.history['accuracy'],   label='Training    Accuracy    (Fine-
tuned)')
plt.plot(history_finetuned.history['val_accuracy'], label='Validation Accuracy (Fine-
tuned)')
plt.title('Model Accuracy')
plt.xlabel('Epoch')
plt.ylabel('Accuracy')
plt.legend()

plt.subplot(2, 2, 2)
plt.plot(history_frozen.history['loss'], label='Training Loss (Frozen)')
plt.plot(history_frozen.history['val_loss'], label='Validation Loss (Frozen)')
plt.plot(history_finetuned.history['loss'], label='Training Loss (Fine-tuned)')
plt.plot(history_finetuned.history['val_loss'], label='Validation Loss (Fine-tuned)')
plt.title('Model Loss')
plt.xlabel('Epoch')
plt.ylabel('Loss')
plt.legend()

plt.tight_layout()
plt.show()

# Save the fine-tuned model
model.save('mobilenet_finetuned_model')

# Example of loading and using the model for prediction
loaded_model        =        tf.keras.models.load_model('mobilenet_finetuned_model',
custom_objects={'KerasLayer': hub.KerasLayer})

# Assume we have a single image to predict
image = ... # Load and preprocess your image here
prediction = loaded_model.predict(image)
predicted_class = tf.argmax(prediction, axis=1)
print(f"Predicted class: {predicted_class}")
```

Desglose del código:

- **Configuración del modelo:**
  - Cargamos un modelo preentrenado MobileNetV2 desde TensorFlow Hub.
  - Se construye un nuevo modelo Sequential, utilizando MobileNetV2 como base, seguido de capas adicionales para nuestra tarea específica.
- **Preparación de datos:**

    - Se utiliza ImageDataGenerator para la augmentación de datos y el preprocesamiento.
    - Creamos generadores separados para los datos de entrenamiento y validación.
- **Entrenamiento inicial:**
    - Las capas base de MobileNetV2 se congelan inicialmente (no entrenables).
    - El modelo se compila y entrena durante 5 épocas en nuestro conjunto de datos.
- **Ajuste fino:**
    - Descongelamos las últimas 20 capas del modelo base para el ajuste fino.
    - El modelo se recompila con una tasa de aprendizaje más baja (1e-5) para evitar cambios drásticos en los pesos preentrenados.
    - El modelo se ajusta durante 10 épocas adicionales.
- **Visualización:**
    - Graficamos la precisión y la pérdida de entrenamiento y validación para las fases de entrenamiento inicial y ajuste fino.
    - Esto nos permite comparar el rendimiento antes y después del ajuste fino.
- **Guardado y carga del modelo:**
    - El modelo ajustado se guarda en disco.
    - Demostramos cómo cargar el modelo guardado y usarlo para hacer predicciones en una imagen única.

Este ejemplo integral muestra todo el proceso de transferencia de aprendizaje y ajuste fino utilizando un modelo preentrenado desde TensorFlow Hub. Incluye la preparación de datos, entrenamiento inicial con capas congeladas, ajuste fino descongelando capas selectas, visualización del progreso del entrenamiento y, finalmente, guardado y carga del modelo para inferencia. Este enfoque permite una adaptación eficiente de modelos preentrenados poderosos para tareas específicas, a menudo resultando en un mejor rendimiento comparado con el entrenamiento desde cero.

2.3.3 TensorFlow Model Zoo

Además de TensorFlow Hub, el **TensorFlow Model Zoo** ofrece una extensa colección de modelos preentrenados, sirviendo como un recurso valioso para investigadores y desarrolladores en el campo del aprendizaje automático. Este repositorio es particularmente notable por su enfoque en tareas complejas de visión por computadora, que incluyen:

- **Detección de objetos:** Los modelos en esta categoría están entrenados para identificar y localizar múltiples objetos dentro de una imagen, proporcionando a menudo cuadros delimitadores alrededor de los objetos detectados junto con etiquetas de clase y puntajes de confianza.
- **Segmentación semántica:** Estos modelos pueden clasificar cada píxel en una imagen, dividiendo efectivamente la imagen en partes semánticamente significativas. Esto es crucial para aplicaciones como la conducción autónoma o el análisis de imágenes médicas.
- **Estimación de pose:** Los modelos en esta categoría están diseñados para detectar y rastrear la posición y orientación de cuerpos humanos o partes específicas del cuerpo en imágenes o secuencias de video.

El TensorFlow Model Zoo se destaca por su facilidad de uso, permitiendo a los desarrolladores cargar fácilmente estos modelos sofisticados e incorporarlos en sus propios proyectos. Esta accesibilidad lo convierte en una herramienta invaluable tanto para la transferencia de aprendizaje (donde los modelos preentrenados se ajustan en conjuntos de datos específicos) como para tareas de inferencia, donde los modelos se utilizan para hacer predicciones en nuevos datos sin necesidad de más entrenamiento.

Al proporcionar implementaciones listas para usar de arquitecturas de vanguardia, el Model Zoo reduce significativamente el tiempo y los recursos necesarios para desarrollar aplicaciones avanzadas de aprendizaje automático.

Uso de modelos preentrenados de detección de objetos

El TensorFlow Model Zoo es un repositorio integral que ofrece una amplia gama de modelos preentrenados para diversas tareas de aprendizaje automático. Entre sus ofertas, el Model Zoo incluye una selección de modelos sofisticados diseñados específicamente para la **detección de objetos**. Estos modelos han sido entrenados en grandes conjuntos de datos y pueden identificar múltiples objetos dentro de una imagen, lo que los hace invaluables para numerosas aplicaciones de visión por computadora.

Los modelos de detección de objetos del TensorFlow Model Zoo no solo son capaces de reconocer objetos, sino también de localizarlos dentro de una imagen proporcionando cuadros delimitadores alrededor de los objetos detectados. Esto los hace particularmente útiles para tareas como la conducción autónoma, sistemas de vigilancia y análisis de imágenes en campos como la medicina y la robótica.

Para demostrar el poder y la facilidad de uso de estos modelos preentrenados, mostraremos el proceso de cargar un modelo preentrenado de detección de objetos desde el TensorFlow Model Zoo y aplicarlo para detectar objetos en una imagen. Este ejemplo mostrará cómo los desarrolladores pueden aprovechar estos modelos avanzados para implementar rápidamente tareas complejas de visión por computadora sin la necesidad de un entrenamiento extenso en grandes conjuntos de datos.

Ejemplo: Detección de objetos con un modelo preentrenado

```
import tensorflow as tf
from object_detection.utils import config_util
from object_detection.builders import model_builder
from object_detection.utils import visualization_utils as viz_utils
from object_detection.utils import label_map_util
import cv2
import numpy as np
import matplotlib.pyplot as plt

# Load pipeline config and build a detection model
pipeline_config = 'path_to_pipeline_config_file.config'
model_dir = 'path_to_pretrained_checkpoint'

configs = config_util.get_configs_from_pipeline_file(pipeline_config)
model_config = configs['model']
detection_model = model_builder.build(model_config=model_config, is_training=False)

# Restore checkpoint
ckpt = tf.compat.v2.train.Checkpoint(model=detection_model)
ckpt.restore(tf.train.latest_checkpoint(model_dir)).expect_partial()

# Load label map data (for plotting)
label_map_path = 'path_to_label_map.pbtxt'
label_map = label_map_util.load_labelmap(label_map_path)
categories = label_map_util.convert_label_map_to_categories(
    label_map,
    max_num_classes=90,
    use_display_name=True)
category_index = label_map_util.create_category_index(categories)

@tf.function
def detect_fn(image):
    """Detect objects in image."""
    image, shapes = detection_model.preprocess(image)
    prediction_dict = detection_model.predict(image, shapes)
    detections = detection_model.postprocess(prediction_dict, shapes)
    return detections

def load_image_into_numpy_array(path):
    """Load an image from file into a numpy array."""
    return np.array(cv2.imread(path))

def run_inference_for_single_image(model, image):
    input_tensor = tf.convert_to_tensor(image)
    input_tensor = input_tensor[tf.newaxis, ...]

    detections = detect_fn(input_tensor)
```

```
    num_detections = int(detections.pop('num_detections'))
    detections = {key: value[0, :num_detections].numpy()
                  for key, value in detections.items()}
    detections['num_detections'] = num_detections
    detections['detection_classes'] =
detections['detection_classes'].astype(np.int64)

    return detections

# Load and prepare image
image_path = 'path_to_image.jpg'
image_np = load_image_into_numpy_array(image_path)

# Run inference
detections = run_inference_for_single_image(detection_model, image_np)

# Visualization of the results of a detection
viz_utils.visualize_boxes_and_labels_on_image_array(
    image_np,
    detections['detection_boxes'],
    detections['detection_classes'],
    detections['detection_scores'],
    category_index,
    use_normalized_coordinates=True,
    max_boxes_to_draw=200,
    min_score_thresh=.30,
    agnostic_mode=False)

# Display output
plt.figure(figsize=(12,8))
plt.imshow(cv2.cvtColor(image_np, cv2.COLOR_BGR2RGB))
plt.axis('off')
plt.show()

# Print detection results
for i in range(min(detections['num_detections'], 5)):
    print(f"Detection {i+1}:")
    print(f"  Class: {category_index[detections['detection_classes'][i]]['name']}")
    print(f"  Score: {detections['detection_scores'][i]:.2f}")
    print(f"  Bounding Box: {detections['detection_boxes'][i].tolist()}")
    print()

# Save the output image
output_path = 'output_image.jpg'
cv2.imwrite(output_path, cv2.cvtColor(image_np, cv2.COLOR_RGB2BGR))
print(f"Output image saved to {output_path}")
```

Desglose del código:

1. **Importaciones y configuración:**

- Importamos los módulos necesarios desde TensorFlow y OpenCV.
- Las importaciones adicionales incluyen matplotlib para la visualización y label_map_util para manejar los mapas de etiquetas.

2. **Carga del modelo:**
   - El script carga un modelo de detección de objetos preentrenado utilizando un archivo de configuración del pipeline.
   - Se construye el modelo de detección usando la configuración cargada.
3. **Restauración de checkpoint:**
   - Se restaura el último checkpoint, haciendo que el modelo esté listo para la inferencia.
4. **Carga del mapa de etiquetas:**
   - Se carga un mapa de etiquetas que asigna IDs de clase a etiquetas legibles por humanos.
   - Esto es crucial para interpretar la salida del modelo.
5. **Función de detección:**
   - Se define una función de TensorFlow (detect_fn) para manejar el proceso de detección.
   - Preprocesa la imagen, ejecuta la predicción y postprocesa los resultados.
6. **Carga de imagen:**
   - Se proporciona una función auxiliar para cargar imágenes en arreglos numpy.
7. **Función de inferencia:**
   - run_inference_for_single_image procesa una imagen a través del modelo.
   - Maneja la conversión a tensores y procesa la salida cruda en un formato más utilizable.
8. **Procesamiento de imagen e inferencia:**
   - Se carga una imagen desde una ruta especificada.
   - Se llama a la función de inferencia sobre esta imagen.
9. **Visualización:**
   - El script utiliza las utilidades de visualización de TensorFlow para dibujar cuadros delimitadores y etiquetas en la imagen.
   - La imagen procesada se muestra utilizando matplotlib.

10. **Salida de resultados:**
    - Se imprimen los resultados de detección (clase, puntuación, cuadro delimitador) para las 5 mejores detecciones.
    - Esto proporciona un resumen basado en texto de lo que el modelo detectó.
11. **Guardado de resultados:**
    - La imagen anotada se guarda en un archivo, permitiendo su revisión posterior o procesamiento adicional.

Este ejemplo proporciona un flujo de trabajo completo, desde la carga del modelo hasta el guardado de los resultados. Incluye manejo de errores, una salida más detallada, y utiliza matplotlib para la visualización, que puede ser más flexible que OpenCV para mostrar imágenes en varios entornos (por ejemplo, notebooks de Jupyter). El desglose explica cada paso principal del proceso, facilitando su comprensión y modificación para casos de uso específicos.

2.3.4 Transferencia de aprendizaje con modelos preentrenados

La transferencia de aprendizaje es una técnica poderosa en el aprendizaje automático que aprovecha el conocimiento adquirido al resolver un problema y lo aplica a un problema diferente pero relacionado. Este enfoque implica el uso de un modelo preentrenado, una red neuronal que ha sido entrenada en un gran conjunto de datos para una tarea específica, y adaptarlo a una nueva tarea, a menudo relacionada. En lugar de comenzar el proceso de aprendizaje desde cero con parámetros inicializados al azar, la transferencia de aprendizaje te permite comenzar con un modelo que ya ha aprendido a extraer características significativas de los datos.

El proceso generalmente implica tomar un modelo preentrenado y ajustarlo en un nuevo conjunto de datos. Este ajuste fino puede implicar ajustar los pesos de toda la red o solo de las últimas capas, dependiendo de la similitud entre las tareas original y nueva. Al hacerlo, puedes aprovechar las características de bajo nivel (como la detección de bordes en imágenes) que el modelo ya ha aprendido, mientras adaptas las características de nivel superior a tu tarea específica.

Beneficios de la transferencia de aprendizaje

- **Reducción del tiempo de entrenamiento:** La transferencia de aprendizaje reduce significativamente el tiempo necesario para entrenar un modelo. Dado que el modelo preentrenado ya ha aprendido a extraer una amplia gama de características de los datos, no comienzas desde cero. Esto significa que puedes alcanzar un buen rendimiento con muchas menos iteraciones de entrenamiento, a veces reduciendo el tiempo de entrenamiento de semanas a horas.
- **Mayor precisión:** Los modelos preentrenados a menudo se entrenan en conjuntos de datos masivos que cubren una amplia gama de variaciones dentro de su dominio. Esta

amplia exposición les permite aprender características robustas y generalizables. Cuando aplicas estos modelos a una nueva tarea, incluso si tu conjunto de datos es relativamente pequeño, a menudo puedes lograr una mayor precisión que con un modelo entrenado desde cero en tus datos limitados.

- **Conjuntos de datos más pequeños:** Una de las ventajas más significativas de la transferencia de aprendizaje es su efectividad con datos limitados. En muchos escenarios del mundo real, obtener grandes conjuntos de datos etiquetados puede ser costoso, llevar mucho tiempo o, a veces, ser imposible. La transferencia de aprendizaje te permite aprovechar el conocimiento incrustado en modelos preentrenados, permitiendo alcanzar un buen rendimiento incluso con una fracción de los datos que normalmente se requerirían. Esto es particularmente valioso en dominios especializados donde los datos pueden ser escasos.
- **Convergencia más rápida:** Los modelos que utilizan la transferencia de aprendizaje a menudo convergen más rápido durante el entrenamiento. Esto significa que alcanzan su rendimiento óptimo en menos épocas, lo cual puede ser crucial cuando se trabaja con grandes conjuntos de datos o modelos complejos, donde el tiempo de entrenamiento es un factor importante.
- **Mejor generalización:** Las características aprendidas por los modelos preentrenados suelen ser más generales y robustas que aquellas aprendidas desde cero en un conjunto de datos más pequeño. Esto puede llevar a modelos que generalizan mejor a datos no vistos, reduciendo el sobreajuste y mejorando el rendimiento en tareas del mundo real.

2.3.5 Modelos preentrenados para procesamiento de lenguaje natural (NLP)

Además de las tareas de visión, TensorFlow Hub ofrece una suite completa de modelos preentrenados para **procesamiento de lenguaje natural (NLP)**. Estos modelos están diseñados para manejar una amplia gama de tareas relacionadas con el lenguaje, lo que los convierte en herramientas invaluables para desarrolladores e investigadores que trabajan en el campo del NLP.

Uno de los modelos más prominentes disponibles es **BERT** (Bidirectional Encoder Representations from Transformers). BERT representa un avance significativo en el NLP, ya que utiliza un enfoque bidireccional para comprender el contexto desde ambos lados de cada palabra en una oración. Esto permite a BERT capturar significados y relaciones matizadas dentro del texto, lo que conduce a un mejor rendimiento en varias tareas de NLP.

Otro modelo poderoso que se ofrece es el **Universal Sentence Encoder**. Este modelo está diseñado para convertir el texto en vectores de alta dimensionalidad que capturan información semántica rica. Estos vectores pueden luego utilizarse como características para otros modelos de aprendizaje automático, lo que hace que el Universal Sentence Encoder sea particularmente útil para la transferencia de aprendizaje en tareas de NLP.

Estos modelos preentrenados han revolucionado el campo del procesamiento de lenguaje natural (NLP) al ofrecer soluciones poderosas para una amplia variedad de tareas relacionadas con el lenguaje. Las aplicaciones de estos modelos abarcan numerosos dominios, lo que demuestra su versatilidad y efectividad para abordar desafíos lingüísticos complejos. Algunas de las aplicaciones más prominentes e impactantes incluyen:

- **Clasificación de textos:** Esta tarea fundamental del NLP implica categorizar automáticamente documentos de texto en grupos o clases predefinidos. Abarca una amplia gama de aplicaciones, desde determinar el tema de los artículos de noticias hasta identificar la intención detrás de las consultas de los clientes en escenarios de servicio al cliente. Al aprovechar los modelos preentrenados, los desarrolladores pueden crear sistemas de clasificación sofisticados que puedan discernir con precisión las diferencias sutiles en el contenido y el contexto del texto.

- **Análisis de sentimientos:** También conocido como minería de opiniones, esta aplicación se centra en extraer y cuantificar información subjetiva de los datos de texto. Va más allá de las categorizaciones simples de positivo o negativo, permitiendo una comprensión matizada de los tonos emocionales, actitudes y opiniones expresadas en contenido escrito. Esta capacidad es particularmente valiosa en áreas como el monitoreo de marcas, análisis de retroalimentación de productos y seguimiento de sentimientos en redes sociales.

- **Sistemas de preguntas y respuestas:** Estas aplicaciones avanzadas utilizan modelos preentrenados para desarrollar sistemas inteligentes capaces de comprender y responder preguntas formuladas en lenguaje natural. Esta tecnología forma la base de sofisticados chatbots, asistentes virtuales y sistemas de recuperación de información, permitiendo interacciones más naturales e intuitivas entre humanos y computadoras. La capacidad de comprender el contexto, inferir significados y generar respuestas relevantes hace que estos sistemas sean invaluables en atención al cliente, herramientas educativas y servicios de información.

- **Reconocimiento de entidades nombradas (NER):** Esta tarea crucial de NLP implica identificar y clasificar entidades nombradas dentro de un texto en categorías predefinidas como nombres de personas, organizaciones, ubicaciones, expresiones temporales y cantidades. Los sistemas NER impulsados por modelos preentrenados pueden extraer eficientemente información estructurada de texto no estructurado, facilitando tareas como la recuperación de información, clasificación de contenido y construcción de gráficos de conocimiento. Esta capacidad es particularmente útil en campos como el periodismo, el análisis de documentos legales y la investigación biomédica.

- **Resumen de textos:** En una era de sobrecarga de información, la capacidad de generar automáticamente resúmenes concisos y coherentes de textos más largos es invaluable. Los modelos preentrenados sobresalen en esta tarea, ofreciendo tanto resúmenes extractivos (seleccionando oraciones clave del texto original) como resúmenes abstrativos (generando nuevas oraciones que capturan la esencia del contenido). Esta tecnología encuentra aplicaciones en la agregación de noticias, la creación de resúmenes de documentos para inteligencia empresarial y la creación de resúmenes de artículos científicos.

Al aprovechar estos modelos preentrenados, los desarrolladores pueden reducir significativamente el tiempo y los recursos necesarios para construir aplicaciones sofisticadas de NLP, mientras se benefician de la capacidad de los modelos para generalizar bien a varias tareas lingüísticas.

Ejemplo: Uso de un modelo preentrenado de embeddings de texto

Carguemos un modelo preentrenado **Universal Sentence Encoder** desde TensorFlow Hub para crear embeddings de texto.

```
import tensorflow as tf
import tensorflow_hub as hub
import numpy as np
from sklearn.metrics.pairwise import cosine_similarity

# Load Universal Sentence Encoder from TensorFlow Hub
embed = hub.load("<https://tfhub.dev/google/universal-sentence-encoder/4>")

# Define a list of sentences
sentences = [
    "TensorFlow is great for deep learning!",
    "I love working with neural networks.",
    "Pretrained models save time and improve accuracy.",
    "Natural language processing is fascinating.",
    "Machine learning has many real-world applications."
]

# Encode the sentences
sentence_embeddings = embed(sentences)

# Print the embeddings
print("Sentence Embeddings:")
for i, embedding in enumerate(sentence_embeddings):
    print(f"Sentence {i+1}: {embedding[:5]}...")  # Print first 5 dimensions of each
embedding

# Calculate cosine similarity between sentences
similarity_matrix = cosine_similarity(sentence_embeddings)

# Print similarity matrix
print("\\nSimilarity Matrix:")
print(similarity_matrix)

# Find the most similar pair of sentences
```

```
max_similarity = 0
max_pair = (0, 0)
for i in range(len(sentences)):
    for j in range(i+1, len(sentences)):
        if similarity_matrix[i][j] > max_similarity:
            max_similarity = similarity_matrix[i][j]
            max_pair = (i, j)

print(f"\\nMost similar pair of sentences:")
print(f"1. {sentences[max_pair[0]]}")
print(f"2. {sentences[max_pair[1]]}")
print(f"Similarity: {max_similarity:.4f}")

# Demonstrate simple sentence classification
categories = ["Technology", "Science", "Sports", "Entertainment"]
category_embeddings = embed(categories)

new_sentence = "The latest smartphone has an improved camera and faster processor."
new_embedding = embed([new_sentence])[0]

# Calculate similarity with each category
similarities = cosine_similarity([new_embedding], category_embeddings)[0]

# Find the most similar category
most_similar_category = categories[np.argmax(similarities)]

print(f"\\nClassification example:")
print(f"Sentence: {new_sentence}")
print(f"Classified as: {most_similar_category}")
```

Este ejemplo de código demuestra el uso integral del Universal Sentence Encoder para diversas tareas de procesamiento de lenguaje natural (NLP).

Aquí tienes un desglose del código:

1. **Importación de bibliotecas:**
    - Importamos TensorFlow, TensorFlow Hub, NumPy y cosine_similarity de scikit-learn.
2. **Carga del modelo:**
    - Cargamos el modelo Universal Sentence Encoder desde TensorFlow Hub.
3. **Codificación de oraciones:**
    - Definimos una lista de oraciones y usamos el modelo para crear embeddings para cada una.
    - Los embeddings son representaciones vectoriales de alta dimensionalidad de las oraciones.

4. **Impresión de los embeddings:**
   - Imprimimos las primeras 5 dimensiones de cada embedding para dar una idea de cómo se ven.
5. **Cálculo de similitud entre oraciones:**
   - Usamos la similitud de coseno para calcular cuán similar es cada oración con respecto a las demás.
   - Esto da como resultado una matriz de similitud donde cada celda representa la similitud entre dos oraciones.
6. **Encontrar oraciones más similares:**
   - Iteramos a través de la matriz de similitud para encontrar el par de oraciones con el puntaje de similitud más alto.
   - Esto demuestra cómo se pueden usar los embeddings de oraciones para tareas como encontrar contenido relacionado o detección de duplicados.
7. **Clasificación simple de oraciones:**
   - Definimos un conjunto de categorías y creamos embeddings para ellas.
   - Luego tomamos una nueva oración y creamos su embedding.
   - Comparando el embedding de la nueva oración con los embeddings de las categorías, podemos clasificar la oración en la categoría más similar.
   - Esto demuestra un enfoque básico para la clasificación de texto utilizando embeddings de oraciones.

Este ejemplo muestra varias aplicaciones prácticas de los embeddings de oraciones en tareas de NLP, incluyendo la comparación de similitudes y la clasificación básica. Proporciona una visión más amplia de cómo se puede usar el Universal Sentence Encoder en escenarios del mundo real.

En este ejemplo, usamos el **Universal Sentence Encoder** para generar embeddings de oraciones, que pueden ser utilizados como características de entrada para tareas posteriores de NLP, como la clasificación de textos.

2.4 Guardar, Cargar y Desplegar Modelos de TensorFlow

Después de entrenar con éxito un modelo de aprendizaje profundo, los siguientes pasos cruciales implican preservarlo para su uso futuro, recuperarlo cuando sea necesario y implementarlo en escenarios del mundo real. TensorFlow facilita estos procesos a través de su conjunto completo de funciones integradas, permitiendo una transición fluida de los modelos desde la fase de entrenamiento hasta las aplicaciones prácticas. Estas capacidades son esenciales si tu objetivo es hacer predicciones a través de una aplicación web o refinar el rendimiento del modelo en iteraciones posteriores.

La capacidad de guardar, cargar y desplegar modelos de manera efectiva es una habilidad fundamental en el campo del aprendizaje profundo. Cierra la brecha entre el desarrollo de modelos y su implementación en el mundo real, permitiendo que los profesionales aprovechen todo el potencial de sus modelos entrenados. Al dominar estas técnicas, puedes asegurarte de que tus modelos permanezcan accesibles, adaptables y listos para su implementación en diversas plataformas y entornos.

Además, estos procesos facilitan la colaboración entre miembros del equipo, permiten el control de versiones de los modelos y apoyan la mejora continua de los sistemas de inteligencia artificial. Ya sea que estés trabajando en un proyecto a pequeña escala o en una solución empresarial a gran escala, la competencia en la gestión y el despliegue de modelos es indispensable para maximizar el impacto y la utilidad de tus esfuerzos en aprendizaje profundo.

2.4.1 Guardar Modelos de TensorFlow

TensorFlow proporciona dos métodos principales para guardar modelos, cada uno con diferentes propósitos y ventajas únicas:

1. Checkpoints

Este método es una técnica crucial para preservar el estado actual del modelo durante el proceso de entrenamiento. Los checkpoints sirven como instantáneas del modelo en puntos específicos en el tiempo, capturando información esencial para su uso o análisis posterior.

- Los checkpoints guardan meticulosamente los pesos del modelo y los estados del optimizador. Este enfoque integral permite a los desarrolladores pausar el entrenamiento en cualquier momento y reanudarlo más tarde sin pérdida de progreso. Los pesos representan los parámetros aprendidos del modelo, mientras que los estados del optimizador contienen información sobre el proceso de optimización, como el momentum o las tasas de aprendizaje adaptativas.
- Son particularmente valiosos para sesiones de entrenamiento largas e intensivas en recursos que pueden durar días o incluso semanas. En caso de interrupciones inesperadas como apagones, fallos del sistema o fallos de red, los checkpoints permiten una rápida recuperación. En lugar de comenzar desde cero, los desarrolladores pueden simplemente cargar el checkpoint más reciente y continuar entrenando, ahorrando un tiempo y recursos computacionales considerables.
- Los checkpoints desempeñan un papel fundamental en la facilitación de la experimentación y el refinamiento del modelo. Al guardar múltiples checkpoints en diferentes etapas del entrenamiento, los investigadores pueden volver fácilmente a estados anteriores del modelo. Esta capacidad es invaluable para comparar el

rendimiento del modelo en varias etapas de entrenamiento, realizar estudios de ablación o explorar diferentes configuraciones de hiperparámetros sin la necesidad de un reentrenamiento completo.

- Además, los checkpoints son compatibles con escenarios de transferencia de aprendizaje y ajuste fino. Los desarrolladores pueden utilizar checkpoints de un modelo preentrenado como punto de partida para entrenar en nuevas tareas relacionadas, aprovechando el conocimiento ya capturado en los pesos del modelo.

2. SavedModel

Este es un método de guardado integral que captura todo el modelo, ofreciendo una solución robusta para la preservación y despliegue de modelos de aprendizaje automático.

- SavedModel preserva la arquitectura del modelo, los pesos y la configuración de entrenamiento en un solo paquete. Este enfoque holístico asegura que todos los componentes esenciales del modelo se almacenen juntos, manteniendo la integridad y reproducibilidad del modelo en diferentes entornos.
- Este formato está diseñado para una fácil carga e implementación en diferentes entornos, lo que lo hace ideal para su uso en producción. Su versatilidad permite a los desarrolladores pasar sin problemas de modelos de desarrollo a producción, apoyando una amplia gama de escenarios de despliegue, desde servicios basados en la nube hasta dispositivos periféricos.
- Incluye activos adicionales, como objetos personalizados o tablas de búsqueda que podrían ser necesarias para la operación del modelo. Esta característica es particularmente valiosa para modelos complejos que dependen de datos auxiliares o implementaciones personalizadas, asegurando que todas las dependencias estén empaquetadas juntas para un rendimiento consistente.

El formato SavedModel también ofrece varias capacidades avanzadas:

- Control de versiones: Soporta el guardado de múltiples versiones de un modelo en el mismo directorio, facilitando la gestión sencilla de iteraciones de modelos y permitiendo pruebas A/B en entornos de producción.
- Definiciones de firma: SavedModel permite la definición de múltiples firmas de modelo, especificando diferentes tensores de entrada y salida para varios casos de uso, mejorando la flexibilidad del modelo en diferentes escenarios de aplicación.
- Compatibilidad con TensorFlow Serving: Este formato es directamente compatible con TensorFlow Serving, lo que simplifica el proceso de desplegar modelos como sistemas escalables y de alto rendimiento.

- Independencia del lenguaje: SavedModel se puede usar en diferentes lenguajes de programación, lo que permite la interoperabilidad entre varios componentes de una tubería o sistema de aprendizaje automático.

Guardar el modelo completo (formato SavedModel)

El formato **SavedModel** es el enfoque estándar y recomendado por TensorFlow para guardar modelos completos. Su naturaleza integral ofrece varios beneficios significativos que lo convierten en una herramienta esencial para la gestión y despliegue de modelos:

- Almacena todo lo necesario para recrear el modelo exactamente como era, incluyendo la arquitectura, los pesos y el estado del optimizador. Este enfoque completo asegura que puedas reproducir el comportamiento del modelo con precisión, lo cual es crucial para mantener la consistencia en diferentes entornos y para propósitos de depuración.
- Este formato es independiente del lenguaje, lo que permite que los modelos se guarden en un entorno de programación y se carguen en otro. Esta flexibilidad es particularmente valiosa en proyectos a gran escala o en entornos colaborativos donde diferentes equipos pueden usar diferentes lenguajes de programación o frameworks. Por ejemplo, podrías entrenar un modelo en Python y luego desplegarlo en una aplicación Java o C++ sin perder ninguna funcionalidad.
- SavedModel soporta el versionado, permitiéndote guardar múltiples versiones de un modelo en el mismo directorio. Esta característica es invaluable para realizar un seguimiento de las iteraciones del modelo, realizar pruebas A/B y mantener un historial de mejoras del modelo. Permite a los científicos de datos e ingenieros cambiar fácilmente entre diferentes versiones de un modelo, comparar el rendimiento y revertir a versiones anteriores si es necesario.
- Es compatible con TensorFlow Serving, lo que facilita la implementación de modelos en entornos de producción. TensorFlow Serving es un sistema flexible y de alto rendimiento para servir modelos de aprendizaje automático, diseñado para entornos de producción. La integración fluida entre SavedModel y TensorFlow Serving agiliza el proceso de llevar un modelo del desarrollo a la producción, reduciendo el tiempo y esfuerzo necesarios para el despliegue.

Además, el formato SavedModel incluye metadatos sobre el modelo, como la versión de TensorFlow utilizada para el entrenamiento, objetos personalizados y firmas que definen las entradas y salidas del modelo. Estos metadatos mejoran la reproducibilidad y facilitan la gestión y el despliegue de modelos en entornos de producción complejos.

Ejemplo: Guardar un modelo en el formato SavedModel

```
# Import necessary libraries
import tensorflow as tf
from tensorflow.keras.models import Sequential
from tensorflow.keras.layers import Dense
```

```
from tensorflow.keras.optimizers import Adam
import numpy as np

# Generate some dummy data for demonstration
np.random.seed(0)
X_train = np.random.rand(1000, 784)
y_train = np.random.randint(0, 10, 1000)

# Define the model
model = Sequential([
    Dense(128, activation='relu', input_shape=(784,)),
    Dense(64, activation='relu'),
    Dense(10, activation='softmax')
])

# Compile the model
model.compile(optimizer=Adam(learning_rate=0.001),
              loss='sparse_categorical_crossentropy',
              metrics=['accuracy'])

# Train the model
history = model.fit(X_train, y_train, epochs=5, batch_size=32, validation_split=0.2,
verbose=1)

# Save the entire model to a directory
model.save('my_model')

# Load the saved model
loaded_model = tf.keras.models.load_model('my_model')

# Generate some test data
X_test = np.random.rand(100, 784)
y_test = np.random.randint(0, 10, 100)

# Evaluate the loaded model
test_loss, test_acc = loaded_model.evaluate(X_test, y_test, verbose=0)
print(f'Test accuracy: {test_acc:.4f}')

# Make predictions with the loaded model
predictions = loaded_model.predict(X_test[:5])
print("Predictions for the first 5 test samples:")
print(np.argmax(predictions, axis=1))
```

Vamos a desglosar este ejemplo integral:

- **Importación de bibliotecas:** Importamos TensorFlow y los módulos necesarios de Keras, así como NumPy para la manipulación de datos.
- **Generación de datos:** Creamos datos ficticios (X_train e y_train) para simular un conjunto de datos real. Esto es útil para fines de demostración.

- **Definición del modelo:** Definimos un modelo Sequential con tres capas Dense. Esta arquitectura es adecuada para una tarea simple de clasificación.
- **Compilación del modelo:** Compilamos el modelo utilizando el optimizador Adam, la pérdida sparse categorical crossentropy (adecuada para etiquetas enteras) y la precisión como métrica.
- **Entrenamiento del modelo:** Entrenamos el modelo con nuestros datos ficticios durante 5 épocas, utilizando un tamaño de lote de 32 y un 20% de los datos como conjunto de validación.
- **Guardado del modelo:** Guardamos todo el modelo, incluida su arquitectura, pesos y estado del optimizador, en un directorio llamado 'my_model'.
- **Carga del modelo:** Mostramos cómo cargar el modelo guardado de nuevo en la memoria.
- **Evaluación del modelo:** Generamos algunos datos de prueba y evaluamos el rendimiento del modelo cargado en estos datos.
- **Realización de predicciones:** Finalmente, usamos el modelo cargado para hacer predicciones en algunas muestras de prueba, mostrando cómo el modelo puede ser usado para inferencia después de ser guardado y cargado.

Este ejemplo proporciona un flujo de trabajo completo desde la creación del modelo hasta su guardado, carga y uso para predicciones. Demuestra la facilidad de uso y flexibilidad de las capacidades de guardado y carga de modelos de TensorFlow.

Guardado de checkpoints del modelo

Los **checkpoints** del modelo son una característica crucial en TensorFlow que te permiten guardar el estado de tu modelo durante el proceso de entrenamiento. Estos checkpoints almacenan los pesos del modelo, sesgos y otros parámetros entrenables en intervalos o hitos específicos durante el entrenamiento. Esta funcionalidad cumple varios propósitos importantes:

- **Preservación del progreso:** Los checkpoints actúan como instantáneas del estado de tu modelo, permitiéndote guardar el progreso en intervalos regulares. Esto es especialmente valioso para sesiones de entrenamiento largas que pueden durar horas o incluso días.
- **Reanudación del entrenamiento:** En caso de interrupciones inesperadas (como cortes de energía o fallos del sistema), los checkpoints te permiten reanudar el entrenamiento desde el último estado guardado en lugar de empezar desde cero. Esto puede ahorrar tiempo y recursos computacionales significativos.
- **Monitoreo del rendimiento:** Al guardar checkpoints en diferentes etapas del entrenamiento, puedes evaluar cómo evoluciona el rendimiento de tu modelo con el

tiempo. Esto permite un análisis detallado del proceso de entrenamiento y ayuda a identificar puntos de parada óptimos.

- **Selección del modelo:** Los checkpoints facilitan la comparación del rendimiento del modelo en diferentes etapas del entrenamiento, permitiéndote seleccionar la mejor versión de tu modelo.
- **Transferencia de aprendizaje:** Los checkpoints guardados se pueden usar como puntos de partida para tareas de transferencia de aprendizaje, donde se ajusta un modelo preentrenado en una nueva tarea relacionada.

Para implementar checkpoints en TensorFlow, puedes usar el callback tf.keras.callbacks.ModelCheckpoint durante el entrenamiento del modelo. Esto te permite especificar cuándo y con qué frecuencia guardar checkpoints, así como qué información incluir en cada checkpoint.

Ejemplo: Guardado y carga de checkpoints del modelo

```
import tensorflow as tf
import numpy as np

# Generate some dummy data for demonstration
np.random.seed(0)
X_train = np.random.rand(1000, 784)
y_train = np.random.randint(0, 10, 1000)

# Define the model
model = tf.keras.Sequential([
    tf.keras.layers.Dense(128, activation='relu', input_shape=(784,)),
    tf.keras.layers.Dense(64, activation='relu'),
    tf.keras.layers.Dense(10, activation='softmax')
])

# Compile the model
model.compile(optimizer='adam',
              loss='sparse_categorical_crossentropy',
              metrics=['accuracy'])

# Define checkpoint callback
checkpoint_path = "training_checkpoints/cp-{epoch:04d}.ckpt"
checkpoint_dir = os.path.dirname(checkpoint_path)

# Create checkpoint callback
cp_callback = tf.keras.callbacks.ModelCheckpoint(
    filepath=checkpoint_path,
    verbose=1,
    save_weights_only=True,
    save_freq='epoch')

# Train the model and save checkpoints
```

```
history = model.fit(X_train, y_train,
                    epochs=10,
                    batch_size=32,
                    validation_split=0.2,
                    callbacks=[cp_callback])

# List all checkpoint files
print("Checkpoint files:")
print(os.listdir(checkpoint_dir))

# Load the latest checkpoint
latest = tf.train.latest_checkpoint(checkpoint_dir)
print(f"Loading latest checkpoint: {latest}")

# Create a new model instance
new_model = tf.keras.models.clone_model(model)
new_model.compile(optimizer='adam',
                  loss='sparse_categorical_crossentropy',
                  metrics=['accuracy'])

# Load the weights
new_model.load_weights(latest)

# Evaluate the restored model
loss, acc = new_model.evaluate(X_train, y_train, verbose=2)
print("Restored model, accuracy: {:5.2f}%".format(100 * acc))

# Make predictions with the restored model
predictions = new_model.predict(X_train[:5])
print("Predictions for the first 5 samples:")
print(np.argmax(predictions, axis=1))
```

Desglose completo:

1. **Preparación de datos:**
   - Importamos TensorFlow y NumPy.
   - Generamos datos ficticios (X_train e y_train) para simular un conjunto de datos real con fines de demostración.
2. **Definición del modelo:**
   - Definimos un modelo Sequential con tres capas Dense, adecuado para una tarea simple de clasificación.
3. **Compilación del modelo:**
   - Compilamos el modelo utilizando el optimizador Adam, la pérdida sparse categorical crossentropy y la precisión como métrica.

4. **Configuración de checkpoints:**
   - Definimos una ruta de checkpoint que incluye el número de la época en el nombre del archivo.
   - Creamos un callback ModelCheckpoint que guarda los pesos del modelo después de cada época.
5. **Entrenamiento del modelo:**
   - Entrenamos el modelo durante 10 épocas, utilizando un tamaño de lote de 32 y un 20% de validación.
   - El callback de checkpoint se pasa al método fit, garantizando que los pesos se guarden después de cada época.
6. **Inspección de checkpoints:**
   - Imprimimos la lista de archivos de checkpoints guardados durante el entrenamiento.
7. **Carga del checkpoint más reciente:**
   - Usamos tf.train.latest_checkpoint para encontrar el archivo de checkpoint más reciente.
8. **Creación de una nueva instancia de modelo:**
   - Creamos un nuevo modelo con la misma arquitectura que el modelo original.
   - Este paso demuestra cómo utilizar checkpoints con una nueva instancia de modelo.
9. **Carga de pesos:**
   - Cargamos los pesos del último checkpoint en el nuevo modelo.
10. **Evaluación del modelo:**

- Evaluamos el modelo restaurado en los datos de entrenamiento para verificar su precisión.

11. **Realización de predicciones:**

- Finalmente, usamos el modelo restaurado para hacer predicciones en algunas muestras, demostrando cómo el modelo puede ser utilizado para inferencia después de haber sido restaurado desde un checkpoint.

Este ejemplo demuestra el proceso de checkpoints de manera integral. Cubre la creación de múltiples checkpoints, la carga del más reciente y la confirmación de la precisión del modelo restaurado. El código ilustra el ciclo completo de vida de los checkpoints en TensorFlow, desde guardarlos durante el entrenamiento hasta restaurar y utilizar el modelo para hacer predicciones.

2.4.2 Carga de modelos de TensorFlow

Una vez que un modelo ha sido guardado, puedes cargarlo de nuevo en memoria y usarlo para continuar el entrenamiento o para hacer inferencias. Esta capacidad es crucial por varias razones:

- **Continuación del entrenamiento:** Puedes reanudar el entrenamiento desde donde lo dejaste, lo que es especialmente útil para modelos de larga duración o cuando deseas ajustar un modelo preentrenado con nuevos datos.
- **Inferencia:** Los modelos cargados pueden ser usados para hacer predicciones en nuevos datos no vistos, permitiéndote desplegar tus modelos entrenados en entornos de producción.
- **Transferencia de aprendizaje:** Puedes cargar modelos preentrenados y adaptarlos a nuevas tareas relacionadas, aprovechando el conocimiento capturado en el modelo original.

TensorFlow ofrece opciones flexibles para cargar modelos, acomodando diferentes formatos de guardado:

- **Formato SavedModel:** Este es un formato integral de guardado que captura el modelo completo, incluidas su arquitectura, pesos e incluso la configuración de entrenamiento. Es particularmente útil para desplegar modelos en entornos de producción.
- **Checkpoints:** Son guardados ligeros de los pesos del modelo en puntos específicos durante el entrenamiento. Son útiles para reanudar el entrenamiento o cargar los pesos en un modelo con una arquitectura conocida.

La capacidad de cargar fácilmente modelos desde estos formatos mejora la flexibilidad y reutilización de tus modelos de TensorFlow, optimizando el proceso de desarrollo y despliegue.

Carga de un modelo SavedModel

Puedes cargar un modelo guardado en el formato **SavedModel** utilizando la función load_model() de la API Keras de TensorFlow. Esta potente función restaura el modelo completo, incluidas su arquitectura, pesos entrenados e incluso la información de compilación. A continuación se ofrece una explicación más detallada:

1. **Restauración completa del modelo:** Cuando usas load_model(), reconstruye el modelo completo tal como estaba cuando fue guardado. Esto incluye:
    - La arquitectura del modelo (capas y sus conexiones).
    - Todos los pesos y sesgos entrenados.

  - El estado del optimizador (si fue guardado).
  - Cualquier objeto o capa personalizada.

2. **Facilidad de uso:** La función load_model() simplifica el proceso de recarga de un modelo. Con solo una línea de código, puedes tener un modelo completamente funcional listo para inferencia o entrenamiento adicional.
3. **Flexibilidad:** El modelo cargado puede ser usado inmediatamente para predicciones, ajuste fino o transferencia de aprendizaje sin necesidad de configuraciones adicionales.
4. **Portabilidad:** Los modelos guardados en el formato SavedModel son portátiles entre diferentes versiones de TensorFlow e incluso entre distintos lenguajes de programación que soporten TensorFlow, mejorando la reutilización del modelo.

Esta capacidad de carga integral hace que el formato SavedModel y la función load_model() sean herramientas esenciales en el ecosistema de TensorFlow, facilitando el fácil intercambio y despliegue de modelos.

Ejemplo: Carga de un modelo SavedModel

```
import tensorflow as tf
from tensorflow.keras.models import load_model
import numpy as np

# Generate some dummy test data
np.random.seed(42)
X_test = np.random.rand(100, 784)
y_test = np.random.randint(0, 10, 100)

# Load the model from the SavedModel directory
loaded_model = load_model('my_model')

# Print model summary
print("Loaded Model Summary:")
loaded_model.summary()

# Compile the loaded model
loaded_model.compile(optimizer='adam',
                     loss='sparse_categorical_crossentropy',
                     metrics=['accuracy'])

# Evaluate the model on test data
loss, accuracy = loaded_model.evaluate(X_test, y_test, verbose=2)
print(f"\\nModel Evaluation:")
print(f"Test Loss: {loss:.4f}")
print(f"Test Accuracy: {accuracy:.4f}")

# Use the model for inference
predictions = loaded_model.predict(X_test)
```

```
# Print predictions for the first 5 samples
print("\\nPredictions for the first 5 samples:")
for i in range(5):
    predicted_class = np.argmax(predictions[i])
    true_class = y_test[i]
    print(f"Sample {i+1}: Predicted Class: {predicted_class}, True Class: {true_class}")

# Fine-tune the model with a small learning rate
loaded_model.compile(optimizer=tf.keras.optimizers.Adam(learning_rate=0.0001),
                     loss='sparse_categorical_crossentropy',
                     metrics=['accuracy'])

history = loaded_model.fit(X_test, y_test, epochs=5, batch_size=32, validation_split=0.2, verbose=1)

# Plot training history
import matplotlib.pyplot as plt

plt.figure(figsize=(12, 4))
plt.subplot(1, 2, 1)
plt.plot(history.history['accuracy'], label='Training Accuracy')
plt.plot(history.history['val_accuracy'], label='Validation Accuracy')
plt.title('Model Accuracy')
plt.xlabel('Epoch')
plt.ylabel('Accuracy')
plt.legend()

plt.subplot(1, 2, 2)
plt.plot(history.history['loss'], label='Training Loss')
plt.plot(history.history['val_loss'], label='Validation Loss')
plt.title('Model Loss')
plt.xlabel('Epoch')
plt.ylabel('Loss')
plt.legend()

plt.tight_layout()
plt.show()
```

Desglose del código:

- **Importar las bibliotecas necesarias:** Importamos TensorFlow, la función load_model y NumPy para la manipulación de datos.
- **Generar datos de prueba:** Creamos datos de prueba ficticios (X_test e y_test) para simular un escenario del mundo real.
- **Cargar el modelo:** Usamos load_model para restaurar el modelo guardado desde el directorio 'my_model'.

- **Imprimir resumen del modelo:** Mostramos la arquitectura del modelo cargado utilizando el método summary().
- **Compilar el modelo:** Volvemos a compilar el modelo cargado con el mismo optimizador, función de pérdida y métricas que el modelo original.
- **Evaluar el modelo:** Usamos el método evaluate para evaluar el rendimiento del modelo en los datos de prueba.
- **Realizar predicciones:** Usamos el método predict para generar predicciones sobre los datos de prueba.
- **Mostrar predicciones:** Imprimimos las clases predichas y las clases reales para las primeras 5 muestras para verificar el rendimiento del modelo.
- **Ajuste fino del modelo:** Mostramos cómo continuar entrenando (ajuste fino) el modelo cargado en nuevos datos con una tasa de aprendizaje baja.
- **Visualizar el progreso del entrenamiento:** Graficamos la precisión y la pérdida del entrenamiento y la validación a lo largo de las épocas para monitorear el proceso de ajuste fino.

Este ejemplo muestra un flujo de trabajo completo para cargar un modelo guardado en TensorFlow, evaluar su rendimiento, utilizarlo para hacer predicciones e incluso ajustarlo con nuevos datos. Proporciona una demostración integral de cómo trabajar con modelos cargados en TensorFlow.

Carga de checkpoints

Si has guardado los pesos del modelo como checkpoints, puedes cargar estos pesos en una estructura de modelo existente. Este proceso es particularmente útil en varios escenarios:

- **Reanudar el entrenamiento:** Puedes continuar el entrenamiento desde donde lo dejaste, lo que es beneficioso para modelos de larga duración o cuando necesitas pausar y reanudar el entrenamiento.
- **Transferencia de aprendizaje:** Puedes aplicar pesos preentrenados a una nueva tarea similar, aprovechando el conocimiento capturado en el modelo original.
- **Evaluación del modelo:** Puedes cargar rápidamente diferentes configuraciones de pesos en la misma arquitectura de modelo para su comparación y análisis.

Para cargar los pesos desde checkpoints, normalmente debes:

1. **Definir la arquitectura del modelo:** Asegúrate de que la estructura del modelo coincida con la que se usó al crear el checkpoint.
2. **Usar el método load_weights():** Aplica este método al modelo, especificando la ruta al archivo del checkpoint.

Este enfoque proporciona flexibilidad, permitiéndote cargar partes específicas del modelo o modificar ligeramente la arquitectura antes de cargar los pesos.

Ejemplo: Carga de pesos desde checkpoints

```
import tensorflow as tf
from tensorflow.keras.models import Sequential
from tensorflow.keras.layers import Dense
import numpy as np

# Generate some dummy data for demonstration
np.random.seed(42)
X_train = np.random.rand(1000, 784)
y_train = np.random.randint(0, 10, 1000)

# Define the model architecture
model = Sequential([
    Dense(128, activation='relu', input_shape=(784,)),
    Dense(64, activation='relu'),
    Dense(10, activation='softmax')
])

# Compile the model
model.compile(optimizer='adam',
              loss='sparse_categorical_crossentropy',
              metrics=['accuracy'])

# Print model summary
print("Model Summary:")
model.summary()

# Load the weights from a checkpoint
checkpoint_path = 'training_checkpoints/cp.ckpt'
model.load_weights(checkpoint_path)
print(f"\\nWeights loaded from: {checkpoint_path}")

# Evaluate the model
loss, accuracy = model.evaluate(X_train, y_train, verbose=2)
print(f"\\nModel Evaluation:")
print(f"Loss: {loss:.4f}")
print(f"Accuracy: {accuracy:.4f}")

# Make predictions
predictions = model.predict(X_train[:5])
print("\\nPredictions for the first 5 samples:")
for i, pred in enumerate(predictions):
    predicted_class = np.argmax(pred)
    true_class = y_train[i]
    print(f"Sample {i+1}: Predicted Class: {predicted_class}, True Class: {true_class}")
```

```
# Continue training
history = model.fit(X_train, y_train, epochs=5, batch_size=32, validation_split=0.2,
verbose=1)

# Plot training history
import matplotlib.pyplot as plt

plt.figure(figsize=(12, 4))
plt.subplot(1, 2, 1)
plt.plot(history.history['accuracy'], label='Training Accuracy')
plt.plot(history.history['val_accuracy'], label='Validation Accuracy')
plt.title('Model Accuracy')
plt.xlabel('Epoch')
plt.ylabel('Accuracy')
plt.legend()

plt.subplot(1, 2, 2)
plt.plot(history.history['loss'], label='Training Loss')
plt.plot(history.history['val_loss'], label='Validation Loss')
plt.title('Model Loss')
plt.xlabel('Epoch')
plt.ylabel('Loss')
plt.legend()

plt.tight_layout()
plt.show()
```

Desglose del código:

1. **Importar bibliotecas:**
   - Importamos TensorFlow, los módulos necesarios de Keras y NumPy para la manipulación de datos.
2. **Generar datos ficticios:**
   - Creamos datos sintéticos (X_train e y_train) para simular un conjunto de datos real con fines de demostración.
3. **Definir la arquitectura del modelo:**
   - Creamos un modelo Sequential con tres capas Dense, adecuado para una tarea simple de clasificación.
4. **Compilar el modelo:**
   - Compilamos el modelo utilizando el optimizador Adam, la pérdida sparse categorical crossentropy y la precisión como métrica.
5. **Imprimir resumen del modelo:**

- Mostramos la arquitectura del modelo utilizando el método summary().

6. **Cargar los pesos desde un checkpoint:**
   - Usamos el método load_weights() para restaurar los pesos del modelo desde un archivo de checkpoint.
7. **Evaluar el modelo:**
   - Evaluamos el rendimiento del modelo en los datos de entrenamiento utilizando el método evaluate().
8. **Realizar predicciones:**
   - Usamos el método predict() para generar predicciones para las primeras 5 muestras y las comparamos con las etiquetas reales.
9. **Continuar el entrenamiento:**
   - Mostramos cómo continuar el entrenamiento (ajuste fino) del modelo utilizando el método fit().
10. **Visualizar el progreso del entrenamiento:**

- Graficamos la precisión y la pérdida del entrenamiento y la validación a lo largo de las épocas para monitorear el proceso de ajuste fino.

2.4.3 Despliegue de modelos de TensorFlow

Una vez que un modelo ha sido entrenado y guardado, el siguiente paso crucial es el despliegue, que implica hacer que el modelo sea accesible para aplicaciones del mundo real. El despliegue permite que el modelo sirva predicciones en diversos entornos, como aplicaciones web, aplicaciones móviles o sistemas embebidos. Este proceso cierra la brecha entre el desarrollo y la implementación práctica, permitiendo que el modelo aporte valor en escenarios de producción.

TensorFlow ofrece una gama de herramientas potentes para facilitar el despliegue fluido y eficiente de modelos en diferentes plataformas:

- **TensorFlow Serving**: Esta herramienta está diseñada para el despliegue web escalable. Proporciona un sistema de servicio flexible y de alto rendimiento para modelos de aprendizaje automático, capaz de manejar múltiples solicitudes de clientes simultáneamente. TensorFlow Serving es particularmente útil para desplegar modelos en entornos en la nube o en servidores potentes, donde puede gestionar de manera eficiente solicitudes de predicción a gran escala.
- **TensorFlow Lite**: Este framework está optimizado para dispositivos móviles y embebidos. Permite a los desarrolladores desplegar modelos en plataformas con recursos computacionales limitados, como teléfonos inteligentes, tabletas o

dispositivos IoT. TensorFlow Lite logra esto optimizando el modelo para tamaños de archivo más pequeños y tiempos de inferencia más rápidos, lo que lo convierte en ideal para aplicaciones donde la capacidad de respuesta y la eficiencia son cruciales.

Estas herramientas de despliegue abordan diferentes casos de uso y requisitos, permitiendo a los desarrolladores elegir la opción más adecuada según sus necesidades específicas de despliegue. Ya sea para servir predicciones a gran escala a través de APIs web o ejecutar modelos en dispositivos con recursos limitados, TensorFlow proporciona la infraestructura necesaria para llevar los modelos de aprendizaje automático del desarrollo a la producción de manera eficiente.

TensorFlow Serving para despliegue web

TensorFlow Serving es un sistema de servicio flexible y de alto rendimiento para modelos de aprendizaje automático, diseñado para entornos de producción. Permite desplegar tus modelos como APIs que pueden manejar múltiples solicitudes de clientes en tiempo real.

Para desplegar un modelo con TensorFlow Serving, sigue estos pasos:

1. **Exportar el modelo:** Guarda el modelo en un formato que TensorFlow Serving pueda usar.

Ejemplo: Exportar el modelo para TensorFlow Serving

```
# Export the model in the SavedModel format
model.save('serving_model/my_model')
```

2. **Configurar TensorFlow Serving**: TensorFlow Serving se puede instalar mediante Docker. Después de configurarlo, puedes empezar a servir tu modelo.

```
docker pull tensorflow/serving
docker run -p 8501:8501 --name tf_serving \\\\
  --mount type=bind,source=$(pwd)/serving_model/my_model,target=/models/my_model \\\\
  -e MODEL_NAME=my_model -t tensorflow/serving
```

3. **Enviar solicitudes al modelo**: Una vez que el modelo está siendo servido, puedes enviar solicitudes HTTP a la API de TensorFlow Serving para obtener predicciones.

Ejemplo: Enviar una solicitud a TensorFlow Serving

```
import requests
import json
import numpy as np

# Define the URL for TensorFlow Serving
url = '<http://localhost:8501/v1/models/my_model:predict>'

# Prepare the input data
```

```
data = json.dumps({"instances": np.random.rand(1, 784).tolist()})

# Send the request to the server and get the response
response = requests.post(url, data=data)
predictions = json.loads(response.text)['predictions']
print(predictions)
```

En este ejemplo, realizamos una solicitud POST a la API de TensorFlow Serving con algunos datos de entrada, y el servidor responde con predicciones del modelo desplegado.

TensorFlow Lite para dispositivos móviles y embebidos

Para desplegar modelos en dispositivos móviles o embebidos, TensorFlow ofrece **TensorFlow Lite**. Este potente framework está específicamente diseñado para optimizar modelos de aprendizaje automático para dispositivos pequeños con poder de cómputo limitado, garantizando inferencias rápidas y eficientes. TensorFlow Lite logra esta optimización a través de varias técnicas clave:

- **Compresión de modelos**: Reduce el tamaño del modelo cuantizando pesos y activaciones, a menudo desde flotantes de 32 bits a enteros de 8 bits.
- **Fusión de operadores**: Combina múltiples operaciones en una sola operación optimizada, reduciendo la sobrecarga computacional.
- **Reemplazo selectivo de capas**: Reemplaza ciertas capas por alternativas más eficientes que están adaptadas para la ejecución en dispositivos móviles.
- **Aceleración por hardware**: Aprovecha las capacidades de hardware específicas del dispositivo, como GPUs o unidades de procesamiento neuronal (NPUs), cuando están disponibles.

Estas optimizaciones dan como resultado tamaños de modelos más pequeños, tiempos de ejecución más rápidos y un menor consumo de energía, lo que lo hace ideal para el despliegue en teléfonos inteligentes, tabletas, dispositivos IoT y otras plataformas con recursos limitados. Esto permite a los desarrolladores llevar capacidades sofisticadas de aprendizaje automático a dispositivos periféricos, abriendo posibilidades para aplicaciones de IA en dispositivos que pueden operar sin conectividad constante a internet o dependencias en la nube.

Pasos para desplegar con TensorFlow Lite:

Convertir el modelo al formato TensorFlow Lite: Usa el TFLiteConverter para convertir un modelo de TensorFlow en un modelo de TensorFlow Lite.

Ejemplo: Convertir un modelo al formato TensorFlow Lite

```
# Convert the model to TensorFlow Lite format
converter = tf.lite.TFLiteConverter.from_saved_model('my_model')
tflite_model = converter.convert()
```

```
# Save the TensorFlow Lite model to a file
with open('my_model.tflite', 'wb') as f:
    f.write(tflite_model)
```

Desplegar el modelo en una aplicación móvil: Después de convertir el modelo, puedes desplegarlo en aplicaciones Android o iOS. TensorFlow Lite ofrece APIs para ambas plataformas, lo que facilita la integración de modelos en aplicaciones móviles.

Despliegue en el borde con TensorFlow Lite para microcontroladores

Para dispositivos con recursos extremadamente limitados, como microcontroladores, TensorFlow ofrece **TensorFlow Lite para microcontroladores**. Este framework especializado está diseñado para habilitar el aprendizaje automático en dispositivos con recursos computacionales y memoria muy limitados. A diferencia de TensorFlow estándar o incluso TensorFlow Lite, TensorFlow Lite para microcontroladores está optimizado para ejecutarse en dispositivos con tan solo unos pocos kilobytes de memoria.

Este framework logra una eficiencia tan impresionante mediante varias optimizaciones clave:

- **Dependencias mínimas**: Opera con dependencias externas mínimas, lo que reduce la huella total del sistema.
- **Asignación de memoria estática**: Utiliza asignación de memoria estática para evitar la sobrecarga de la gestión dinámica de memoria.
- **Kernels optimizados**: El framework incluye kernels altamente optimizados diseñados específicamente para arquitecturas de microcontroladores.
- **Cuantización**: Depende en gran medida de técnicas de cuantización para reducir el tamaño del modelo y los requisitos computacionales.

Estas optimizaciones permiten el despliegue de modelos de aprendizaje automático en una amplia gama de dispositivos basados en microcontroladores, incluyendo:

- **Sensores IoT**: Para dispositivos de hogar inteligente, sensores industriales y monitoreo ambiental.
- **Dispositivos portátiles**: Como rastreadores de actividad física y relojes inteligentes.
- **Sistemas embebidos**: En aplicaciones automotrices, electrónica de consumo y dispositivos médicos.

Al habilitar el aprendizaje automático en dispositivos tan limitados en recursos, TensorFlow Lite para microcontroladores abre nuevas posibilidades para aplicaciones de computación en el borde e IoT, permitiendo inferencias en tiempo real en el dispositivo sin la necesidad de una conectividad constante a recursos informáticos más potentes.

Ejemplo: Convertir y desplegar un modelo para microcontroladores

```
# Import necessary libraries
import tensorflow as tf
import numpy as np

# Define a simple model for demonstration
def create_model():
    model = tf.keras.Sequential([
        tf.keras.layers.Dense(128, activation='relu', input_shape=(784,)),
        tf.keras.layers.Dense(64, activation='relu'),
        tf.keras.layers.Dense(10, activation='softmax')
    ])
    model.compile(optimizer='adam',           loss='sparse_categorical_crossentropy',
metrics=['accuracy'])
    return model

# Create and train the model
model = create_model()
x_train = np.random.random((1000, 784))
y_train = np.random.randint(0, 10, (1000, 1))
model.fit(x_train, y_train, epochs=5, batch_size=32)

# Save the model in SavedModel format
model.save('my_model')

# Convert the model with optimizations for microcontrollers
converter = tf.lite.TFLiteConverter.from_saved_model('my_model')
converter.optimizations = [tf.lite.Optimize.DEFAULT]
converter.target_spec.supported_ops = [tf.lite.OpsSet.TFLITE_BUILTINS_INT8]
converter.inference_input_type = tf.int8
converter.inference_output_type = tf.int8

# Representative dataset for quantization
def representative_dataset():
    for _ in range(100):
        yield [np.random.random((1, 784)).astype(np.float32)]

converter.representative_dataset = representative_dataset

# Convert the model
tflite_model = converter.convert()

# Save the optimized model
with open('micro_model.tflite', 'wb') as f:
    f.write(tflite_model)

# Print model size
print(f"Model size: {len(tflite_model) / 1024:.2f} KB")

# Load and test the TFLite model
interpreter = tf.lite.Interpreter(model_content=tflite_model)
interpreter.allocate_tensors()
```

```
input_details = interpreter.get_input_details()
output_details = interpreter.get_output_details()

# Test the model on random input data
input_shape = input_details[0]['shape']
input_data = np.array(np.random.random_sample(input_shape), dtype=np.float32)
interpreter.set_tensor(input_details[0]['index'], input_data)

interpreter.invoke()

output_data = interpreter.get_tensor(output_details[0]['index'])
print(f"TFLite model output: {output_data}")
```

Desglose del código:

1. **Importar bibliotecas**:
   - Importamos TensorFlow y NumPy, que son esenciales para crear, entrenar y convertir nuestro modelo.
2. **Definir modelo**:
   - Creamos una función simple create_model() que devuelve un modelo secuencial con tres capas densas.
   - El modelo se compila con el optimizador Adam y la pérdida sparse categorical crossentropy.
3. **Crear y entrenar el modelo**:
   - Instanciamos el modelo y lo entrenamos en datos generados aleatoriamente para fines de demostración.
4. **Guardar el modelo**:
   - El modelo entrenado se guarda en el formato SavedModel, que es una serialización completa del modelo.
5. **Convertir el modelo**:
   - Usamos TFLiteConverter para convertir nuestro SavedModel al formato TensorFlow Lite.
   - Establecemos optimizaciones para reducir el tamaño binario y mejorar la velocidad de inferencia.
   - Especificamos que queremos usar cuantización de enteros de 8 bits tanto para la entrada como para la salida.
6. **Conjunto de datos representativo**:

   - Definimos una función generadora que proporciona datos de entrada de muestra para la cuantización.
   - Esto ayuda al convertidor a comprender el rango esperado de los valores de entrada.
7. **Convertir y guardar**:
   - Realizamos la conversión y guardamos el modelo TFLite resultante en un archivo.
8. **Tamaño del modelo**:
   - Imprimimos el tamaño del modelo convertido, lo que es útil para entender el impacto de nuestras optimizaciones.
9. **Probar el modelo TFLite**:
   - Cargamos el modelo TFLite convertido usando un intérprete.
   - Generamos datos de entrada aleatorios y ejecutamos la inferencia utilizando el modelo TFLite.
   - Finalmente, imprimimos la salida para verificar que el modelo está funcionando como se espera.

Este ejemplo completo proporciona una visión más amplia del proceso de creación, entrenamiento, conversión y prueba de un modelo TensorFlow para su despliegue en microcontroladores. Demuestra conceptos importantes como la cuantización, que es crucial para reducir el tamaño del modelo y mejorar la velocidad de inferencia en dispositivos con recursos limitados.

Ejercicios Prácticos Capítulo 2

Ejercicio 1: Guardar y cargar un modelo de TensorFlow

Tarea: Entrenar una red neuronal simple en el **conjunto de datos MNIST** y guardar el modelo entrenado usando el formato **SavedModel**. Luego, cargar el modelo guardado y usarlo para hacer predicciones en el conjunto de prueba.

Solución:

```
import tensorflow as tf
from tensorflow.keras.datasets import mnist
from tensorflow.keras.models import Sequential
from tensorflow.keras.layers import Dense, Flatten

# Load the MNIST dataset
(X_train, y_train), (X_test, y_test) = mnist.load_data()
```

```
# Normalize the data
X_train, X_test = X_train / 255.0, X_test / 255.0

# Build a simple neural network model
model = Sequential([
    Flatten(input_shape=(28, 28)),
    Dense(128, activation='relu'),
    Dense(64, activation='relu'),
    Dense(10, activation='softmax')
])

# Compile the model
model.compile(optimizer='adam',                loss='sparse_categorical_crossentropy',
metrics=['accuracy'])

# Train the model
model.fit(X_train, y_train, epochs=5, validation_data=(X_test, y_test))

# Save the trained model using SavedModel format
model.save('saved_mnist_model')

# Load the saved model
loaded_model = tf.keras.models.load_model('saved_mnist_model')

# Make predictions with the loaded model
predictions = loaded_model.predict(X_test)
print(f"Predictions for first test sample: {predictions[0]}")
```

Ejercicio 2: Guardar y cargar checkpoints del modelo

Tarea: Entrenar una red neuronal y guardar checkpoints durante el entrenamiento. Después de entrenar, cargar los pesos desde el checkpoint guardado y utilizarlos para continuar el entrenamiento.

Solución:

```
from tensorflow.keras.callbacks import ModelCheckpoint

# Define the checkpoint path
checkpoint_path = "training_checkpoints/cp.ckpt"

# Define the checkpoint callback to save model weights
checkpoint_callback          =          ModelCheckpoint(filepath=checkpoint_path,
save_weights_only=True, verbose=1)

# Train the model with checkpoint saving
model.fit(X_train,    y_train,    epochs=5,    validation_data=(X_test,    y_test),
callbacks=[checkpoint_callback])

# Load the weights from the saved checkpoint
```

```
model.load_weights(checkpoint_path)

# Continue training the model
model.fit(X_train, y_train, epochs=5, validation_data=(X_test, y_test))
```

Ejercicio 3: Desplegar un modelo de TensorFlow con TensorFlow Serving

Tarea: Guardar un modelo entrenado en el formato **SavedModel** y prepararlo para su despliegue utilizando **TensorFlow Serving**. Usar la biblioteca **requests** para enviar una solicitud de predicción al modelo desplegado.

Solución:

```
# Save the model for TensorFlow Serving
model.save('serving_model/my_served_model')

# Assuming you have TensorFlow Serving set up, you can now serve the model:
# docker pull tensorflow/serving
# docker run -p 8501:8501 --name tf_serving \\\\
#                                                                                 --mount
type=bind,source=$(pwd)/serving_model/my_served_model,target=/models/my_model \\\\
#    -e MODEL_NAME=my_model -t tensorflow/serving

# After running TensorFlow Serving, use requests to get predictions:
import requests
import numpy as np
import json

# URL for the TensorFlow Serving API
url = '<http://localhost:8501/v1/models/my_model:predict>'

# Prepare the input data (random data for demonstration)
input_data = np.random.rand(1, 784).tolist()
data = json.dumps({"instances": input_data})

# Send a POST request to the TensorFlow Serving API
response = requests.post(url, data=data)

# Parse the response and display predictions
predictions = json.loads(response.text)['predictions']
print(f"Predictions: {predictions}")
```

Ejercicio 4: Convertir un modelo a TensorFlow Lite

Tarea: Convertir un modelo entrenado al formato **TensorFlow Lite** y guardarlo. Luego, cargar el modelo TensorFlow Lite y ejecutar la inferencia utilizando el **Intérprete de TensorFlow Lite**.

Solución:

```
# Convert the model to TensorFlow Lite format
```

```
converter = tf.lite.TFLiteConverter.from_saved_model('saved_mnist_model')
tflite_model = converter.convert()

# Save the TensorFlow Lite model to a file
with open('mnist_model.tflite', 'wb') as f:
    f.write(tflite_model)

# Use TensorFlow Lite Interpreter to run inference
interpreter = tf.lite.Interpreter(model_path='mnist_model.tflite')
interpreter.allocate_tensors()

# Get input and output tensors
input_details = interpreter.get_input_details()
output_details = interpreter.get_output_details()

# Prepare a test sample
test_sample = np.expand_dims(X_test[0], axis=0).astype(np.float32)

# Set the test sample as the input tensor
interpreter.set_tensor(input_details[0]['index'], test_sample)

# Run the model
interpreter.invoke()

# Get the output tensor
output_data = interpreter.get_tensor(output_details[0]['index'])
print(f"TensorFlow Lite model predictions: {output_data}")
```

Ejercicio 5: Ajuste fino de un modelo preentrenado de TensorFlow Hub

Tarea: Cargar un **modelo preentrenado** desde **TensorFlow Hub** (por ejemplo, **MobileNetV2**) y ajustarlo en un nuevo conjunto de datos (por ejemplo, el conjunto de datos **CIFAR-10**). Descongelar las últimas capas y realizar el ajuste fino.

Solución:

```
import tensorflow_hub as hub
from tensorflow.keras.datasets import cifar10
from tensorflow.keras.layers import Dense, Flatten
from tensorflow.keras.models import Sequential

# Load the CIFAR-10 dataset
(X_train, y_train), (X_test, y_test) = cifar10.load_data()
X_train, X_test = X_train / 255.0, X_test / 255.0

# Load a pretrained MobileNetV2 model from TensorFlow Hub
mobilenet_url                    =                    "<https://tfhub.dev/google/tf2-
preview/mobilenet_v2/feature_vector/4>"
mobilenet_model    =    hub.KerasLayer(mobilenet_url,    input_shape=(32,    32,    3),
trainable=False)
```

```
# Build a new model on top of the pretrained MobileNetV2
model = Sequential([
    mobilenet_model,  # Pretrained MobileNetV2
    Dense(128, activation='relu'),
    Dense(10, activation='softmax')  # 10 output classes for CIFAR-10
])

# Compile the model
model.compile(optimizer='adam',            loss='sparse_categorical_crossentropy',
metrics=['accuracy'])

# Fine-tune the model by unfreezing the last layers
mobilenet_model.trainable = True
for layer in mobilenet_model.layers[:-20]:
    layer.trainable = False

# Train the model
model.fit(X_train, y_train, epochs=5, validation_data=(X_test, y_test))
```

Estos ejercicios refuerzan los conceptos clave del **Capítulo 2**, incluyendo cómo guardar y cargar modelos utilizando el formato **SavedModel** y checkpoints, desplegar modelos utilizando **TensorFlow Serving**, convertir modelos a **TensorFlow Lite** y ajustar modelos preentrenados de **TensorFlow Hub**. Estas tareas son cruciales para llevar los modelos desde el desarrollo hasta la producción en aplicaciones del mundo real.

Resumen del Capítulo 2

En el **Capítulo 2**, exploramos cómo construir, entrenar y desplegar modelos de aprendizaje profundo de manera efectiva utilizando **TensorFlow 2.x**, uno de los frameworks más potentes y ampliamente utilizados para el aprendizaje automático y el aprendizaje profundo. Este capítulo proporcionó una introducción completa a los componentes fundamentales de TensorFlow, cubriendo todo, desde la creación de modelos hasta su guardado, carga y despliegue en aplicaciones del mundo real.

Comenzamos presentando **TensorFlow 2.x**, que ofrece una interfaz simplificada para construir modelos de aprendizaje profundo gracias a su integración con **Keras**. Utilizamos la **API Sequential** para apilar capas y crear redes neuronales, mientras que se introdujeron los **tensores** como las estructuras de datos fundamentales en TensorFlow, permitiendo la manipulación eficiente de matrices multidimensionales. El capítulo también cubrió cómo la **ejecución ansiosa** hace que TensorFlow 2.x sea más intuitivo al ejecutar operaciones de inmediato, similar a Python estándar, lo que simplifica el proceso de desarrollo.

A continuación, discutimos el proceso de **construcción, entrenamiento y ajuste de redes neuronales** utilizando TensorFlow. Aprendiste cómo definir arquitecturas de redes neuronales usando capas como **Dense** y **Flatten**, y cómo compilar modelos con optimizadores (como

Adam) y funciones de pérdida (como **categorical cross-entropy**). Exploramos el proceso de entrenamiento de modelos utilizando la función **fit()**, así como cómo evaluar el rendimiento del modelo en los conjuntos de datos de validación y prueba. Lo más importante, demostramos cómo ajustar modelos modificando hiperparámetros, implementando técnicas de regularización (como **Dropout**) y utilizando **early stopping** para prevenir el sobreajuste.

El capítulo también introdujo **TensorFlow Hub** y el **Model Zoo**, repositorios que proporcionan acceso a **modelos preentrenados**. Aprendiste cómo cargar modelos como **MobileNetV2** desde TensorFlow Hub y utilizar el aprendizaje por transferencia para adaptar estos modelos a tareas específicas, reduciendo significativamente la cantidad de datos y tiempo de entrenamiento necesarios. También cubrimos el **ajuste fino**, una técnica poderosa que te permite descongelar las capas posteriores de un modelo preentrenado y entrenarlas en tu conjunto de datos para mejorar la precisión.

Finalmente, nos centramos en el guardado, la carga y el despliegue de modelos de TensorFlow. Aprendiste cómo guardar modelos en el formato **SavedModel**, que incluye todo lo necesario para reinstanciar el modelo, y cómo guardar **checkpoints** que almacenan los pesos del modelo y el estado del optimizador durante el entrenamiento. Luego discutimos cómo desplegar modelos utilizando **TensorFlow Serving**, una herramienta que permite servir modelos como APIs para predicciones en tiempo real en entornos de producción. Para aplicaciones móviles y embebidas, introdujimos **TensorFlow Lite**, que convierte modelos en un formato optimizado para una inferencia eficiente en dispositivos con capacidad de cómputo limitada.

Al final de este capítulo, adquiriste un conocimiento profundo de cómo llevar los modelos de aprendizaje profundo desde la etapa de desarrollo hasta el despliegue, utilizando el poderoso ecosistema de herramientas y bibliotecas de TensorFlow. Este conocimiento es esencial para construir modelos escalables y listos para producción que pueden integrarse en sistemas del mundo real, desde aplicaciones web hasta aplicaciones móviles y dispositivos IoT.

Capítulo 3: Aprendizaje profundo con Keras

Keras ha surgido como una piedra angular en la comunidad de aprendizaje automático, ganando una adopción generalizada entre investigadores y desarrolladores gracias a su interfaz intuitiva y diseño fácil de usar. Como un componente integral del ecosistema TensorFlow 2.x, Keras proporciona una API altamente eficiente que simplifica el proceso de construcción y entrenamiento de redes neuronales.

Al abstraer operaciones complejas de bajo nivel, como la gestión de tensores y el manejo de gráficos computacionales, Keras permite a los usuarios centrarse en la arquitectura de alto nivel de sus modelos. Esta abstracción no solo acelera la fase de prototipado de proyectos de aprendizaje automático, sino que también facilita el despliegue sin problemas en entornos de producción, lo que convierte a Keras en una herramienta invaluable tanto para aplicaciones experimentales como del mundo real.

En este capítulo completo, profundizaremos en las funcionalidades principales de la API de Keras, explorando su robusta suite de capas y herramientas para la construcción de modelos. Obtendrás experiencia práctica en la construcción, entrenamiento y evaluación de modelos de aprendizaje profundo utilizando Keras. Además, cubriremos técnicas avanzadas para ajustar estos modelos y lograr un rendimiento óptimo en diversas tareas y conjuntos de datos. Al finalizar este capítulo, tendrás una base sólida para utilizar Keras en una amplia gama de aplicaciones de aprendizaje profundo, desde redes neuronales básicas hasta arquitecturas sofisticadas.

3.1 Introducción a la API de Keras en TensorFlow 2.x

La **API de Keras** en TensorFlow 2.x ofrece una interfaz altamente intuitiva y fácil de usar para la construcción de redes neuronales. Al abstraer los detalles intrincados de la construcción, el entrenamiento y la evaluación de modelos, Keras permite a los desarrolladores concentrarse en los aspectos de alto nivel de la arquitectura de sus redes y la optimización del rendimiento. Esta abstracción reduce significativamente la curva de aprendizaje para los nuevos en el aprendizaje profundo, al tiempo que proporciona a los profesionales avanzados herramientas potentes para construir modelos sofisticados de manera eficiente.

Keras admite dos enfoques principales para la construcción de modelos: la **API Sequential** y la **API Funcional**. La API Sequential es ideal para una pila lineal simple de capas, lo que la convierte en la elección perfecta para principiantes o arquitecturas de modelos simples. Por otro lado, la API Funcional ofrece una mayor flexibilidad, permitiendo la creación de topologías de modelos complejas con múltiples entradas, salidas o capas ramificadas. Esta versatilidad permite a los desarrolladores implementar una amplia gama de arquitecturas avanzadas, desde redes feedforward básicas hasta modelos sofisticados como ResNet o Inception.

En TensorFlow 2.x, Keras ha sido profundamente integrado como la API de alto nivel predeterminada para el aprendizaje profundo. Esta integración aporta varias ventajas, como la compatibilidad perfecta con las características principales de TensorFlow. Por ejemplo, la ejecución ansiosa en TensorFlow 2.x permite la evaluación inmediata de operaciones, lo que facilita enormemente la depuración y el prototipado.

Las capacidades integradas de guardado y carga de modelos garantizan que los modelos entrenados puedan persistir y reutilizarse fácilmente en diferentes entornos. Además, Keras en TensorFlow 2.x admite el entrenamiento distribuido de forma nativa, lo que permite a los desarrolladores aprovechar múltiples GPUs o incluso TPUs para acelerar el entrenamiento de modelos sin la necesidad de una codificación extensa a bajo nivel.

Ya seas un novato que da sus primeros pasos en el aprendizaje automático o un científico de datos experimentado que trabaja en proyectos de vanguardia, Keras simplifica el proceso de construcción de modelos de aprendizaje automático robustos y escalables. Su filosofía de diseño intuitiva, junto con el respaldo poderoso de TensorFlow, lo convierte en una herramienta invaluable en el ecosistema moderno del aprendizaje profundo.

Al proporcionar una interfaz de alto nivel sin sacrificar flexibilidad o rendimiento, Keras empodera a los desarrolladores para prototipar ideas rápidamente, experimentar con diferentes arquitecturas y desplegar modelos listos para producción con confianza.

3.1.1 Características clave de la API de Keras

1. **Facilidad de uso**: Keras proporciona una API clara e intuitiva que simplifica el proceso de construcción de redes neuronales. Su sintaxis fácil de usar permite a los desarrolladores prototipar rápidamente y experimentar con diferentes arquitecturas de modelos, lo que lo hace accesible tanto para principiantes como para practicantes experimentados. La forma directa de definir capas y conectarlas reduce la curva de aprendizaje y acelera el proceso de desarrollo.

2. **Modularidad**: Keras adopta una filosofía de diseño modular, permitiendo que los modelos se construyan como una secuencia de capas o como un gráfico más complejo de componentes interconectados. Esta flexibilidad permite la creación de una amplia gama de arquitecturas, desde redes feedforward simples hasta modelos sofisticados con múltiples entradas y salidas. Cada capa y componente en Keras es completamente personalizable, lo que otorga a los desarrolladores un control detallado sobre el comportamiento y la estructura de su modelo.

3. **Soporte para múltiples backends**: Aunque ahora Keras está fuertemente integrado con TensorFlow, originalmente fue diseñado para ser agnóstico respecto al backend. Esto significa que puede ejecutarse en diferentes backends computacionales, como Theano y CNTK. Esta flexibilidad permite a los desarrolladores elegir el backend que mejor se adapte a sus necesidades, ya sea por razones de rendimiento o compatibilidad con la infraestructura existente. Aunque TensorFlow es ahora el backend principal, el soporte para múltiples backends demuestra la versatilidad y adaptabilidad de Keras.
4. **Extensibilidad**: Keras ofrece un conjunto rico de capas integradas, funciones de pérdida y optimizadores, pero también permite una amplia personalización. Los desarrolladores pueden crear capas personalizadas para implementar arquitecturas novedosas u operaciones especializadas que no están disponibles en la biblioteca estándar. Del mismo modo, se pueden definir funciones de pérdida personalizadas para optimizar modelos en tareas o métricas específicas. La capacidad de crear optimizadores personalizados permite ajustar finamente el proceso de aprendizaje. Esta extensibilidad hace que Keras sea adecuado tanto para la investigación de vanguardia como para requisitos de aplicaciones únicas.
5. **Soporte incorporado para entrenamiento en múltiples GPU/TPU**: Keras se integra perfectamente con las capacidades de entrenamiento distribuido de TensorFlow, permitiendo que los modelos se entrenen en múltiples GPUs o TPUs sin requerir cambios significativos en el código. Esta característica es crucial para escalar a conjuntos de datos grandes y modelos complejos, reduciendo significativamente los tiempos de entrenamiento. El soporte integrado simplifica el proceso de aprovechar recursos de computación en paralelo, haciéndolo accesible a desarrolladores que pueden no tener experiencia en sistemas distribuidos.

3.1.2 Tipos de modelos en Keras: API Sequential vs. API Funcional

Keras ofrece dos enfoques principales para la construcción de modelos de redes neuronales, cada uno con sus propias fortalezas y casos de uso:

- **API Sequential**: Esta API está diseñada para construir modelos lineales simples donde las capas se apilan secuencialmente. Es ideal para:
    - Principiantes que recién están comenzando con el aprendizaje profundo
    - Redes neuronales feedforward simples
    - Modelos donde cada capa tiene exactamente un tensor de entrada y uno de salida
    - Prototipado rápido de arquitecturas básicas
- **API Funcional**: Esta API más avanzada proporciona mayor flexibilidad y poder, permitiendo la creación de arquitecturas de modelos complejas. Es adecuada para:

- Desarrolladores experimentados que trabajan en diseños de redes neuronales sofisticados
- Modelos con múltiples entradas o salidas
- Modelos con capas compartidas (donde una sola capa se usa en múltiples puntos en la red)
- Modelos con topología no lineal (p. ej., conexiones residuales, concatenaciones)
- Implementación de arquitecturas avanzadas como redes inception o redes siamesas

La elección entre estas APIs depende de la complejidad de tu modelo y tus requisitos específicos. Mientras que la API Sequential es más amigable para principiantes y suficiente para muchas tareas comunes, la API Funcional abre posibilidades para crear arquitecturas de redes neuronales altamente personalizadas e intrincadas.

API Sequential

La **API Sequential** es la forma más sencilla e intuitiva de construir una red neuronal en Keras. Esta API te permite construir modelos apilando capas una por una en una secuencia lineal, lo que es ideal para la mayoría de las tareas básicas de aprendizaje automático. La simplicidad de la API Sequential la hace particularmente adecuada para principiantes que están comenzando su camino en el aprendizaje profundo.

Con la API Sequential, creas un modelo instanciando un objeto Sequential y luego añades capas en el orden en que deseas que se ejecuten. Este enfoque refleja el proceso conceptual de diseñar una red neuronal, donde típicamente piensas en el flujo de datos desde la capa de entrada a través de varias capas ocultas hasta la capa de salida.

La naturaleza lineal de la API Sequential la hace perfecta para una amplia gama de arquitecturas de modelos comunes, incluyendo:

- Redes neuronales feedforward simples
- Redes Neuronales Convolucionales (CNNs) para tareas de procesamiento de imágenes
- Redes Neuronales Recurrentes (RNNs) para datos secuenciales
- Autoencoders básicos para reducción de dimensionalidad

Si bien la API Sequential es lo suficientemente poderosa para muchas aplicaciones, es importante notar que tiene limitaciones cuando se trata de arquitecturas de modelos más complejas. Por ejemplo, los modelos con múltiples entradas o salidas, capas compartidas o topología no lineal (como las conexiones residuales) son más adecuados para la API Funcional. Sin embargo, para la mayoría de los modelos básicos y muchas tareas de nivel intermedio, la

API Sequential proporciona una forma clara, legible y eficiente de definir y entrenar redes neuronales.

Ejemplo: Construcción de una red neuronal con la API Sequential

```
import tensorflow as tf
from tensorflow.keras.models import Sequential
from tensorflow.keras.layers import Dense, Flatten
from tensorflow.keras.datasets import mnist
import matplotlib.pyplot as plt

# Load and preprocess the MNIST dataset
(X_train, y_train), (X_test, y_test) = mnist.load_data()
X_train, X_test = X_train / 255.0, X_test / 255.0  # Normalize pixel values to [0, 1]

# Define a simple feedforward neural network using the Sequential API
model = Sequential([
    Flatten(input_shape=(28, 28)),   # Flatten 28x28 images to a 1D vector of 784
elements
    Dense(128, activation='relu'),  # Hidden layer with 128 units and ReLU activation
    Dense(64, activation='relu'),    # Second hidden layer with 64 units and ReLU
activation
    Dense(10, activation='softmax') # Output layer with 10 units for classification
(0-9 digits)
])

# Compile the model
model.compile(optimizer='adam',
              loss='sparse_categorical_crossentropy',
              metrics=['accuracy'])

# Display the model summary
model.summary()

# Train the model
history = model.fit(X_train, y_train, epochs=10, validation_split=0.2, batch_size=32,
verbose=1)

# Evaluate the model on the test set
test_loss, test_accuracy = model.evaluate(X_test, y_test, verbose=0)
print(f"Test accuracy: {test_accuracy:.4f}")

# Plot training history
plt.figure(figsize=(12, 4))
plt.subplot(1, 2, 1)
plt.plot(history.history['accuracy'], label='Training Accuracy')
plt.plot(history.history['val_accuracy'], label='Validation Accuracy')
plt.title('Model Accuracy')
plt.xlabel('Epoch')
plt.ylabel('Accuracy')
plt.legend()
```

```
plt.subplot(1, 2, 2)
plt.plot(history.history['loss'], label='Training Loss')
plt.plot(history.history['val_loss'], label='Validation Loss')
plt.title('Model Loss')
plt.xlabel('Epoch')
plt.ylabel('Loss')
plt.legend()

plt.tight_layout()
plt.show()

# Make predictions on a few test images
predictions = model.predict(X_test[:5])
predicted_labels = tf.argmax(predictions, axis=1)

# Display the images and predictions
fig, axes = plt.subplots(1, 5, figsize=(15, 3))
for i, ax in enumerate(axes):
    ax.imshow(X_test[i], cmap='gray')
    ax.set_title(f"Predicted: {predicted_labels[i]}\\nActual: {y_test[i]}")
    ax.axis('off')
plt.tight_layout()
plt.show()
```

Desglose del código:

1. **Importación de bibliotecas**:
   - Importamos TensorFlow, los módulos de Keras y Matplotlib para la visualización.
2. **Cargar y preprocesar los datos**:
   - El conjunto de datos MNIST se carga utilizando mnist.load_data().
   - Las imágenes de entrada se normalizan dividiendo por 255 para escalar los valores de píxeles a [0, 1].
3. **Arquitectura del modelo**:
   - Usamos la API Sequential para construir una red neuronal simple de tipo feedforward.
   - Flatten(input_shape=(28, 28)): Convierte las imágenes de 28x28 en vectores 1D de 784 elementos.
   - Dense(128, activation='relu'): Primera capa oculta con 128 neuronas y activación ReLU.

- Dense(64, activation='relu'): Segunda capa oculta con 64 neuronas y activación ReLU.
- Dense(10, activation='softmax'): Capa de salida con 10 neuronas (una para cada dígito) y activación softmax para clasificación multiclase.

4. **Compilación del modelo**:
   - Optimizador: 'adam' - Un algoritmo eficiente de descenso de gradiente estocástico.
   - Función de pérdida: 'sparse_categorical_crossentropy' - Adecuada para clasificación multiclase con etiquetas enteras.
   - Métricas: 'accuracy' - Para monitorear el rendimiento del modelo durante el entrenamiento.
5. **Resumen del modelo**:
   - model.summary() muestra un resumen de la arquitectura del modelo, incluido el número de parámetros en cada capa.
6. **Entrenamiento del modelo**:
   - model.fit() entrena el modelo durante 10 épocas.
   - El 20% de los datos de entrenamiento se utiliza para validación (validation_split=0.2).
   - Se utiliza un tamaño de lote de 32 para el descenso de gradiente por mini-lotes.
7. **Evaluación del modelo**:
   - El modelo entrenado se evalúa en el conjunto de prueba para medir su capacidad de generalización.
8. **Visualización del historial de entrenamiento**:
   - Se crean dos gráficos para visualizar la precisión y la pérdida de entrenamiento y validación a lo largo de las épocas.
   - Esto ayuda a identificar problemas de sobreajuste o infraajuste.
9. **Realización de predicciones**:
   - El modelo realiza predicciones en las primeras 5 imágenes del conjunto de prueba.
   - tf.argmax() se utiliza para convertir las probabilidades softmax en etiquetas de clase.

10. **Mostrar resultados**:

- Se muestran las primeras 5 imágenes de prueba junto con sus etiquetas predichas y reales.
- Esto proporciona una confirmación visual del rendimiento del modelo en ejemplos individuales.

Este ejemplo proporciona una visión completa del flujo de trabajo de aprendizaje automático, desde la preparación de los datos hasta la evaluación del modelo y la visualización de resultados, utilizando la API Sequential de Keras.

API Funcional

La **API Funcional** ofrece mucha más flexibilidad y poder en comparación con la API Sequential. Permite a los desarrolladores crear arquitecturas de modelos sofisticadas donde las capas pueden conectarse de maneras no lineales. Esta flexibilidad es crucial para implementar conceptos avanzados de aprendizaje profundo como:

- **Capas compartidas**: La capacidad de usar la misma capa varias veces en un modelo, lo que puede reducir el número de parámetros y fomentar el uso compartido de características en diferentes partes de la red.
- **Conexiones de salto (skip connections)**: También conocidas como conexiones de atajo, permiten que la información omita una o más capas, lo que puede ayudar a mitigar el problema del gradiente que desaparece en redes muy profundas.
- **Modelos con múltiples entradas y salidas**: La API Funcional permite construir modelos que procesan múltiples fuentes de entrada o generan múltiples salidas, lo que es esencial para tareas que requieren la integración de diferentes tipos de datos o la predicción de múltiples objetivos relacionados.

La API Funcional es indispensable para construir arquitecturas de vanguardia como:

- **ResNet (Redes Residuales)**: Estas redes utilizan conexiones de salto para habilitar el entrenamiento de redes muy profundas, a veces de cientos de capas, lo que anteriormente era un desafío debido al problema del gradiente que desaparece.
- **Inception**: Esta arquitectura utiliza capas convolucionales paralelas con diferentes tamaños de filtro, lo que permite a la red capturar características en múltiples escalas simultáneamente.
- **Redes siamesas**: Estas son redes gemelas que comparten pesos y se utilizan para tareas como la comparación de similitudes o el aprendizaje de una sola muestra (one-shot learning).

Además, la API Funcional facilita la creación de capas personalizadas y la implementación de ideas arquitectónicas novedosas, lo que la convierte en una herramienta esencial para los investigadores que están llevando los límites del aprendizaje profundo. Su flexibilidad permite el prototipado rápido y la experimentación con diseños de modelos complejos, lo cual es crucial para abordar problemas desafiantes en visión por computadora, procesamiento de lenguaje natural y otros dominios de la inteligencia artificial.

Ejemplo: Construcción de una red neuronal con la API Funcional

```
import tensorflow as tf
from tensorflow.keras.models import Model
from tensorflow.keras.layers import Input, Dense, Flatten, Dropout
from tensorflow.keras.datasets import mnist
from tensorflow.keras.utils import to_categorical
import matplotlib.pyplot as plt

# Load and preprocess the MNIST dataset
(X_train, y_train), (X_test, y_test) = mnist.load_data()
X_train, X_test = X_train / 255.0, X_test / 255.0  # Normalize pixel values to [0, 1]

# Convert labels to one-hot encoding
y_train = to_categorical(y_train, 10)
y_test = to_categorical(y_test, 10)

# Define the input layer
inputs = Input(shape=(28, 28))

# Add a Flatten layer and Dense layers with Dropout
x = Flatten()(inputs)
x = Dense(256, activation='relu')(x)
x = Dropout(0.3)(x)
x = Dense(128, activation='relu')(x)
x = Dropout(0.3)(x)
x = Dense(64, activation='relu')(x)

# Define the output layer
outputs = Dense(10, activation='softmax')(x)

# Create the model
model = Model(inputs=inputs, outputs=outputs)

# Compile the model
model.compile(optimizer='adam',                         loss='categorical_crossentropy',
metrics=['accuracy'])

# Display the model summary
model.summary()

# Train the model
history = model.fit(X_train, y_train, epochs=20, batch_size=128, validation_split=0.2,
verbose=1)

# Evaluate the model on the test set
```

```
test_loss, test_accuracy = model.evaluate(X_test, y_test, verbose=0)
print(f"Test accuracy: {test_accuracy:.4f}")

# Plot training history
plt.figure(figsize=(12, 4))
plt.subplot(1, 2, 1)
plt.plot(history.history['accuracy'], label='Training Accuracy')
plt.plot(history.history['val_accuracy'], label='Validation Accuracy')
plt.title('Model Accuracy')
plt.xlabel('Epoch')
plt.ylabel('Accuracy')
plt.legend()

plt.subplot(1, 2, 2)
plt.plot(history.history['loss'], label='Training Loss')
plt.plot(history.history['val_loss'], label='Validation Loss')
plt.title('Model Loss')
plt.xlabel('Epoch')
plt.ylabel('Loss')
plt.legend()

plt.tight_layout()
plt.show()

# Make predictions on a few test images
predictions = model.predict(X_test[:5])
predicted_labels = tf.argmax(predictions, axis=1)

# Display the images and predictions
fig, axes = plt.subplots(1, 5, figsize=(15, 3))
for i, ax in enumerate(axes):
    ax.imshow(X_test[i].reshape(28, 28), cmap='gray')
    ax.set_title(f"Predicted:                    {predicted_labels[i]}\\nActual:
{tf.argmax(y_test[i])}")
    ax.axis('off')
plt.tight_layout()
plt.show()
```

Desglose del código:

- **Importación de bibliotecas**: Importamos TensorFlow, los módulos de Keras y Matplotlib para la visualización.
- **Carga y preprocesamiento de datos**:
  - El conjunto de datos MNIST se carga utilizando mnist.load_data().
  - Las imágenes de entrada se normalizan dividiendo por 255 para escalar los valores de los píxeles a [0, 1].
  - Las etiquetas se convierten a codificación one-hot utilizando to_categorical().

- **Arquitectura del modelo**:
    - Usamos la API Funcional para construir una red neuronal más compleja.
    - Input(shape=(28, 28)): Define la forma de entrada para imágenes de 28x28.
    - Flatten(): Convierte imágenes de 28x28 en vectores 1D de 784 elementos.
    - Tres capas Dense con activación ReLU (256, 128 y 64 neuronas).
    - Se añaden capas Dropout (con tasa de 0.3) después de las dos primeras capas Dense para prevenir el sobreajuste.
    - Capa de salida: Dense(10, activation='softmax') para clasificación de 10 clases.
- **Compilación del modelo**:
    - Optimizador: 'adam' - Un algoritmo eficiente de descenso de gradiente estocástico.
    - Función de pérdida: 'categorical_crossentropy' - Adecuada para clasificación multiclase con etiquetas one-hot.
    - Métricas: 'accuracy' - Para monitorear el rendimiento del modelo durante el entrenamiento.
- **Resumen del modelo**: model.summary() muestra un resumen de la arquitectura del modelo, incluido el número de parámetros en cada capa.
- **Entrenamiento del modelo**:
    - model.fit() entrena el modelo durante 20 épocas.
    - El 20% de los datos de entrenamiento se usa para validación (validation_split=0.2).
    - Se utiliza un tamaño de lote de 128 para el descenso de gradiente por mini-lotes.
- **Evaluación del modelo**: El modelo entrenado se evalúa en el conjunto de prueba para medir su capacidad de generalización.
- **Visualización del historial de entrenamiento**:
    - Se crean dos gráficos para visualizar la precisión y la pérdida de entrenamiento y validación a lo largo de las épocas.
    - Esto ayuda a identificar problemas de sobreajuste o infraajuste.
- **Realización de predicciones**:

  - El modelo realiza predicciones en las primeras 5 imágenes del conjunto de prueba.
  - tf.argmax() se utiliza para convertir las predicciones one-hot y las etiquetas en índices de clase.
- **Mostrar resultados**:
  - Se muestran las primeras 5 imágenes de prueba junto con sus etiquetas predichas y reales.
  - Esto proporciona una confirmación visual del rendimiento del modelo en ejemplos individuales.

Este ejemplo completo demuestra el flujo de trabajo de construir, entrenar, evaluar y visualizar una red neuronal utilizando la API Funcional de Keras. Incluye características adicionales como dropout para regularización, visualización del historial de entrenamiento y la muestra de predicciones del modelo, proporcionando una visión más completa del proceso de aprendizaje profundo.

3.1.3 Compilación y entrenamiento del modelo

Una vez que hayas definido la arquitectura de tu modelo, el siguiente paso es **compilarlo**. Este paso crucial prepara tu modelo para el entrenamiento al configurar el proceso de aprendizaje. La compilación implica especificar tres componentes clave:

- El **optimizador**: Este componente crucial gobierna el proceso de ajuste de pesos del modelo durante el entrenamiento. Las opciones populares incluyen Adam, que adapta las tasas de aprendizaje para cada parámetro; SGD (Descenso de Gradiente Estocástico), conocido por su simplicidad y efectividad; y RMSprop, que sobresale en el manejo de objetivos no estacionarios. La selección de un optimizador puede afectar significativamente la velocidad de convergencia y el rendimiento final del modelo.
- La **función de pérdida**: Esta medida matemática cuantifica la disparidad entre los valores predichos y los reales, sirviendo como brújula para el rendimiento del modelo. La elección de la función de pérdida depende de la tarea: binary crossentropy es ideal para tareas de clasificación binaria, categorical crossentropy es adecuada para problemas multiclase, mientras que el error cuadrático medio es la opción preferida para escenarios de regresión. Seleccionar una función de pérdida apropiada es crucial para guiar el modelo hacia un rendimiento óptimo.
- Las **métricas**: Estas herramientas de evaluación proporcionan información tangible sobre el rendimiento del modelo durante las fases de entrenamiento y prueba. Mientras que la función de pérdida guía el proceso de aprendizaje, las métricas ofrecen medidas más interpretables de la eficacia del modelo. Para las tareas de clasificación, la precisión es una métrica común, mientras que los problemas de regresión suelen emplear el error absoluto medio o el error cuadrático medio. Estas métricas ayudan a

los científicos de datos y partes interesadas a evaluar la aplicabilidad del modelo en el mundo real y rastrear mejoras a lo largo del tiempo.

Después de compilar el modelo, puedes proceder a entrenarlo utilizando la función **fit()**. Esta función es donde ocurre el aprendizaje real. Toma los datos de entrenamiento y ajusta iterativamente los parámetros del modelo para minimizar la función de pérdida. El proceso de entrenamiento ocurre en varias **épocas**, donde una época representa un recorrido completo por todo el conjunto de datos de entrenamiento.

Durante cada época, el modelo hace predicciones sobre los datos de entrenamiento, calcula la pérdida y actualiza sus pesos según el optimizador elegido. La función fit() también te permite especificar varios parámetros de entrenamiento, como el tamaño de lote (el número de muestras procesadas antes de que el modelo se actualice) y los datos de validación (utilizados para monitorear el rendimiento del modelo en datos no vistos durante el entrenamiento).

Ejemplo: Compilación y entrenamiento de un modelo

```
import tensorflow as tf
from tensorflow.keras.models import Sequential
from tensorflow.keras.layers import Dense, Flatten
from tensorflow.keras.optimizers import Adam
from tensorflow.keras.losses import SparseCategoricalCrossentropy
from tensorflow.keras.metrics import SparseCategoricalAccuracy
import matplotlib.pyplot as plt

# Assume X_train, y_train, X_test, y_test are prepared

# Define the model
model = Sequential([
    Flatten(input_shape=(28, 28)),
    Dense(128, activation='relu'),
    Dense(64, activation='relu'),
    Dense(10, activation='softmax')
])

# Compile the model with Adam optimizer and sparse categorical crossentropy loss
model.compile(
    optimizer=Adam(learning_rate=0.001),
    loss=SparseCategoricalCrossentropy(from_logits=False),
    metrics=[SparseCategoricalAccuracy()]
)

# Display model summary
model.summary()

# Train the model on training data
history = model.fit(
    X_train, y_train,
    epochs=10,
    batch_size=32,
```

```
    validation_data=(X_test, y_test),
    verbose=1
)

# Evaluate the model on test data
test_loss, test_accuracy = model.evaluate(X_test, y_test, verbose=0)
print(f"Test accuracy: {test_accuracy:.4f}")

# Plot training history
plt.figure(figsize=(12, 4))
plt.subplot(1, 2, 1)
plt.plot(history.history['sparse_categorical_accuracy'], label='Training Accuracy')
plt.plot(history.history['val_sparse_categorical_accuracy'],        label='Validation
Accuracy')
plt.title('Model Accuracy')
plt.xlabel('Epoch')
plt.ylabel('Accuracy')
plt.legend()

plt.subplot(1, 2, 2)
plt.plot(history.history['loss'], label='Training Loss')
plt.plot(history.history['val_loss'], label='Validation Loss')
plt.title('Model Loss')
plt.xlabel('Epoch')
plt.ylabel('Loss')
plt.legend()

plt.tight_layout()
plt.show()
```

Desglose del código:

- **Importaciones**: Importamos los módulos necesarios de TensorFlow y Keras, incluyendo clases específicas de optimizadores, funciones de pérdida y métricas. Matplotlib se importa para la visualización.
- **Definición del modelo**: Se crea un modelo Sequential con una capa Flatten y tres capas Dense. La capa Flatten convierte la entrada 2D (imagen de 28x28) en un array 1D. Las dos capas ocultas usan activación ReLU, mientras que la capa de salida usa softmax para la clasificación multiclase.
- **Compilación del modelo**:
    - **Optimizador**: Usamos el optimizador Adam con una tasa de aprendizaje especificada de 0.001.
    - **Pérdida**: Se usa SparseCategoricalCrossentropy, adecuada para la clasificación multiclase cuando las etiquetas son enteras.

  - **Métricas**: Se usa SparseCategoricalAccuracy para monitorear el rendimiento del modelo durante el entrenamiento.

- **Resumen del modelo**: Se muestra un resumen de la arquitectura del modelo, incluido el número de parámetros en cada capa.
- **Entrenamiento del modelo**:
  - El método fit() se llama con los datos de entrenamiento (X_train, y_train).
  - El entrenamiento se ejecuta durante 10 épocas con un tamaño de lote de 32.
  - Se proporcionan datos de validación (X_test, y_test) para monitorear el rendimiento en datos no vistos.
  - verbose=1 asegura que se muestre el progreso del entrenamiento.
- **Evaluación del modelo**: Después del entrenamiento, el modelo se evalúa en el conjunto de prueba para medir su capacidad de generalización.
- **Visualización**: Se crean dos gráficos para visualizar el historial de entrenamiento:
  - El primer gráfico muestra la precisión de entrenamiento y validación a lo largo de las épocas.
  - El segundo gráfico muestra la pérdida de entrenamiento y validación a lo largo de las épocas.
  - Estos gráficos ayudan a identificar problemas de sobreajuste o infraajuste.

Este ejemplo ofrece una visión completa del proceso de entrenamiento de un modelo. Cubre la definición del modelo, la compilación con parámetros específicos, el entrenamiento con validación, la evaluación y la visualización del historial de entrenamiento. Al mostrar estos pasos, ejemplifica las mejores prácticas en el desarrollo y análisis de modelos de aprendizaje profundo.

3.1.4 Evaluación y prueba del modelo

Después de entrenar el modelo, es crucial evaluar su rendimiento en datos no vistos para medir su capacidad de generalización. Esta evaluación generalmente se realiza utilizando un conjunto de datos de prueba separado que el modelo no ha encontrado durante el entrenamiento. Keras proporciona el método conveniente **evaluate()** para este propósito. Este método toma los datos de prueba como entrada y devuelve dos métricas clave:

Pérdida: Este valor cuantifica el error de predicción del modelo en el conjunto de prueba. Una pérdida más baja indica un mejor rendimiento.

Precisión: Esta métrica representa la proporción de predicciones correctas que realiza el modelo en el conjunto de prueba. Se expresa como un valor entre 0 y 1, donde 1 indica precisión perfecta.

Al examinar estas métricas, puedes obtener valiosas ideas sobre qué tan bien es probable que tu modelo funcione en nuevos datos no vistos en escenarios del mundo real. Este paso de evaluación es crucial para medir la utilidad práctica del modelo e identificar posibles problemas como el sobreajuste o el infraajuste.

Ejemplo: Evaluación del modelo

```
import numpy as np
import matplotlib.pyplot as plt
from sklearn.metrics import confusion_matrix, classification_report

# Evaluate the model on test data
test_loss, test_accuracy = model.evaluate(X_test, y_test, verbose=0)
print(f"Test Loss: {test_loss:.4f}")
print(f"Test Accuracy: {test_accuracy:.4f}")

# Make predictions on test data
y_pred = model.predict(X_test)
y_pred_classes = np.argmax(y_pred, axis=1)
y_true = np.argmax(y_test, axis=1)

# Compute confusion matrix
cm = confusion_matrix(y_true, y_pred_classes)

# Plot confusion matrix
plt.figure(figsize=(10, 8))
plt.imshow(cm, interpolation='nearest', cmap=plt.cm.Blues)
plt.title('Confusion Matrix')
plt.colorbar()
tick_marks = np.arange(10)
plt.xticks(tick_marks, range(10))
plt.yticks(tick_marks, range(10))
plt.xlabel('Predicted Label')
plt.ylabel('True Label')

# Add text annotations to the confusion matrix
thresh = cm.max() / 2.
for i, j in np.ndindex(cm.shape):
    plt.text(j, i, format(cm[i, j], 'd'),
             horizontalalignment="center",
             color="white" if cm[i, j] > thresh else "black")

plt.tight_layout()
plt.show()

# Print classification report
print("\\nClassification Report:")
print(classification_report(y_true, y_pred_classes))

# Visualize some predictions
n_samples = 5
```

```
sample_indices = np.random.choice(len(X_test), n_samples, replace=False)

plt.figure(figsize=(15, 3))
for i, idx in enumerate(sample_indices):
    plt.subplot(1, n_samples, i + 1)
    plt.imshow(X_test[idx].reshape(28, 28), cmap='gray')
    plt.title(f"True: {y_true[idx]}\\nPred: {y_pred_classes[idx]}")
    plt.axis('off')

plt.tight_layout()
plt.show()
```

Este ejemplo de código proporciona una evaluación integral del rendimiento del modelo.

A continuación se desglosan las adiciones:

1. **Importación de bibliotecas necesarias**: Importamos numpy para operaciones numéricas, matplotlib para gráficos y sklearn.metrics para métricas de evaluación.
2. **Evaluación del modelo**: Utilizamos model.evaluate() para obtener la pérdida y precisión del conjunto de prueba, imprimiendo ambos valores con más decimales para mayor precisión.
3. **Predicciones**: Generamos predicciones para todo el conjunto de prueba utilizando model.predict() y convertimos tanto las predicciones como las etiquetas reales del formato codificado one-hot a índices de clase.
4. **Matriz de confusión**: Calculamos y visualizamos la matriz de confusión utilizando confusion_matrix de sklearn y matplotlib. Esto muestra qué tan bien el modelo distingue entre las clases.
5. **Informe de clasificación**: Imprimimos un informe de clasificación detallado usando classification_report de sklearn, que proporciona precisión, recall y puntaje F1 para cada clase.
6. **Visualización de predicciones de muestra**: Seleccionamos y mostramos aleatoriamente algunas imágenes de prueba junto con sus etiquetas reales y predichas. Esto da una idea cualitativa del rendimiento del modelo.

Esta evaluación integral proporciona métricas cuantitativas (precisión, recall, F1-score) y conocimientos cualitativos (matriz de confusión, predicciones de muestra) sobre el rendimiento del modelo, permitiendo una comprensión más profunda de sus fortalezas y debilidades en diferentes clases.

3.2 Construcción de modelos secuenciales y funcionales con Keras

Keras ofrece dos enfoques principales para la construcción de modelos de redes neuronales: la **API Sequential** y la **API Funcional**. La API Sequential proporciona un método sencillo para construir modelos apilando capas en una secuencia lineal.

Este enfoque es ideal para arquitecturas simples de "feed-forward" donde cada capa tiene un único tensor de entrada y un único tensor de salida. Por otro lado, la API Funcional ofrece mayor flexibilidad y potencia, permitiendo la creación de arquitecturas de modelo más complejas.

Con la API Funcional, los desarrolladores pueden diseñar modelos con múltiples entradas y salidas, implementar capas compartidas y construir estructuras avanzadas como redes residuales o modelos con caminos ramificados. Esta versatilidad hace que la API Funcional sea especialmente adecuada para desarrollar modelos de aprendizaje profundo sofisticados que van más allá de las arquitecturas lineales simples.

3.2.1 Construcción de modelos con la API Sequential

La **API Sequential** es la forma más simple y directa de definir un modelo en Keras. Es especialmente adecuada para modelos donde las capas siguen una secuencia lineal desde la entrada hasta la salida, sin ramificaciones complejas ni fusión de rutas de datos.

Esto la convierte en una elección ideal para principiantes o para la construcción de arquitecturas de redes neuronales relativamente simples. Vamos a profundizar en el proceso de construcción de una red neuronal básica usando la API Sequential, explorando cada paso en detalle.

Creación de una red neuronal simple de alimentación directa (feedforward)

En este ejemplo completo, recorreremos la creación de una red neuronal diseñada para una tarea clásica de aprendizaje automático: la clasificación de dígitos escritos a mano del **conjunto de datos MNIST**. El conjunto de datos MNIST es una gran base de datos de dígitos escritos a mano que se usa comúnmente para entrenar varios sistemas de procesamiento de imágenes. Nuestra red estará estructurada de la siguiente manera:

- Una capa **Flatten**: Esta capa inicial cumple un propósito crucial. Transforma la entrada, que consiste en imágenes de 28x28 píxeles, en un vector unidimensional. Esta transformación es necesaria porque las capas densas subsiguientes esperan una entrada en forma de un arreglo 1D. Básicamente, "desenrolla" la imagen 2D en una sola línea de píxeles.

- Dos capas **Dense** con activación **ReLU**: Estas son capas completamente conectadas, lo que significa que cada neurona en estas capas está conectada a todas las neuronas en las capas anterior y posterior. La función de activación Rectified Linear Unit (ReLU) se aplica para introducir no linealidad en el modelo, lo que le permite aprender patrones complejos. ReLU se elige por su eficiencia computacional y su capacidad para mitigar el problema del gradiente de desvanecimiento en redes profundas.

- Una capa **Dense** final con activación **softmax**: Esta capa de salida está específicamente diseñada para la clasificación multiclase. Contiene 10 neuronas, una para cada dígito (0-9). La función de activación softmax asegura que la salida de estas neuronas sume 1, proporcionando efectivamente una distribución de probabilidad sobre las 10 posibles clases de dígitos.

Esta arquitectura, aunque simple, es lo suficientemente potente como para lograr una alta precisión en el conjunto de datos MNIST, demostrando la efectividad de incluso las estructuras básicas de redes neuronales cuando se aplican a problemas bien definidos.

Ejemplo: Construcción de un modelo secuencial

```
import numpy as np
import matplotlib.pyplot as plt
from tensorflow.keras.models import Sequential
from tensorflow.keras.layers import Dense, Flatten, Dropout
from tensorflow.keras.datasets import mnist
from tensorflow.keras.utils import to_categorical
from tensorflow.keras.callbacks import ModelCheckpoint, EarlyStopping

# Load the MNIST dataset
(X_train, y_train), (X_test, y_test) = mnist.load_data()

# Normalize the input data
X_train, X_test = X_train / 255.0, X_test / 255.0

# Convert labels to one-hot encoding
y_train, y_test = to_categorical(y_train), to_categorical(y_test)

# Define a Sequential model
model = Sequential([
    Flatten(input_shape=(28, 28)),  # Flatten the 28x28 input into a 1D vector
    Dense(256, activation='relu'),  # First hidden layer with 256 units and ReLU
activation
    Dropout(0.3),                   # Dropout layer to prevent overfitting
    Dense(128, activation='relu'),  # Second hidden layer with 128 units and ReLU
activation
    Dropout(0.2),                   # Another dropout layer
    Dense(64, activation='relu'),   # Third hidden layer with 64 units and ReLU
activation
    Dense(10, activation='softmax') # Output layer for 10 classes (digits 0-9)
])

# Compile the model
model.compile(optimizer='adam',
              loss='categorical_crossentropy',
              metrics=['accuracy'])
```

```
# Display the model summary
model.summary()

# Define callbacks
checkpoint = ModelCheckpoint('best_model.h5', save_best_only=True,
monitor='val_accuracy', mode='max', verbose=1)
early_stopping = EarlyStopping(monitor='val_loss', patience=5,
restore_best_weights=True, verbose=1)

# Train the model
history = model.fit(X_train, y_train,
                    epochs=30,
                    batch_size=64,
                    validation_split=0.2,
                    callbacks=[checkpoint, early_stopping])

# Evaluate the model
test_loss, test_accuracy = model.evaluate(X_test, y_test, verbose=0)
print(f"Test accuracy: {test_accuracy:.4f}")

# Plot training history
plt.figure(figsize=(12, 4))
plt.subplot(1, 2, 1)
plt.plot(history.history['accuracy'], label='Training Accuracy')
plt.plot(history.history['val_accuracy'], label='Validation Accuracy')
plt.title('Model Accuracy')
plt.xlabel('Epoch')
plt.ylabel('Accuracy')
plt.legend()

plt.subplot(1, 2, 2)
plt.plot(history.history['loss'], label='Training Loss')
plt.plot(history.history['val_loss'], label='Validation Loss')
plt.title('Model Loss')
plt.xlabel('Epoch')
plt.ylabel('Loss')
plt.legend()

plt.tight_layout()
plt.show()

# Make predictions
predictions = model.predict(X_test)
predicted_classes = np.argmax(predictions, axis=1)
true_classes = np.argmax(y_test, axis=1)

# Display some predictions
n_to_display = 10
indices = np.random.choice(len(X_test), n_to_display, replace=False)
fig, axes = plt.subplots(2, 5, figsize=(15, 6))
for i, idx in enumerate(indices):
```

```
    ax = axes[i//5, i%5]
    ax.imshow(X_test[idx].reshape(28, 28), cmap='gray')
    ax.set_title(f"True: {true_classes[idx]}, Pred: {predicted_classes[idx]}")
    ax.axis('off')
plt.tight_layout()
plt.show()
```

Explicación del desglose del código:

- **Importaciones**: Importamos las bibliotecas necesarias, incluyendo numpy para operaciones numéricas, matplotlib para gráficos y varios módulos de Keras para construir y entrenar la red neuronal.
- **Preparación de datos**:
  - El conjunto de datos MNIST se carga utilizando mnist.load_data().
  - Los datos de entrada (X_train y X_test) se normalizan dividiendo por 255 para escalar los valores de los píxeles entre 0 y 1.
  - Las etiquetas (y_train y y_test) se convierten al formato codificado one-hot usando to_categorical().
- **Arquitectura del modelo**:
  - Se crea un modelo Sequential con múltiples capas:
  - Capa Flatten para convertir la entrada 2D (28x28) en 1D.
  - Tres capas Dense con activación ReLU (256, 128 y 64 unidades).
  - Dos capas Dropout (tasas de abandono del 30% y 20%) para prevenir el sobreajuste.
  - Capa de salida Dense con 10 unidades y activación softmax para la clasificación multiclase.
- **Compilación del modelo**:
  - Se utiliza el optimizador Adam.
  - Se elige crossentropy categórica como la función de pérdida para la clasificación multiclase.
  - La precisión se establece como la métrica a monitorear durante el entrenamiento.
- **Callbacks**:
  - Se utiliza ModelCheckpoint para guardar el mejor modelo basado en la precisión de validación.

  - Se implementa EarlyStopping para detener el entrenamiento si la pérdida de validación no mejora en 5 épocas.

- **Entrenamiento del modelo**:
  - El modelo se entrena durante un máximo de 30 épocas con un tamaño de lote de 64.
  - El 20% de los datos de entrenamiento se utiliza para la validación.
  - Se aplican callbacks durante el entrenamiento.
- **Evaluación del modelo**:
  - El modelo entrenado se evalúa en el conjunto de prueba para obtener la precisión final.
- **Visualización**:
  - Se grafica el historial de entrenamiento (precisión y pérdida) para los conjuntos de entrenamiento y validación.
  - Se muestran 10 imágenes de prueba aleatorias junto con sus etiquetas reales y las predicciones del modelo.

Este ejemplo proporciona un enfoque completo para construir, entrenar y evaluar una red neuronal para el conjunto de datos MNIST. Incluye características adicionales como dropout para la regularización, callbacks para optimizar el entrenamiento y visualizaciones para comprender mejor el rendimiento del modelo.

Entrenamiento y evaluación del modelo secuencial

Después de definir la arquitectura del modelo, pasamos a los pasos cruciales de entrenar y evaluar el modelo. Este proceso involucra dos funciones clave:

1. La función **fit()**: Se utiliza para entrenar el modelo en nuestro conjunto de datos preparado. Durante el entrenamiento, el modelo aprende a mapear entradas a salidas ajustando sus parámetros internos (pesos y sesgos) en función de los datos de entrenamiento. La función fit() toma varios argumentos importantes:
   - X_train y y_train: Las características de entrada y las etiquetas correspondientes del conjunto de datos de entrenamiento
   - epochs: El número de veces que el modelo iterará sobre todo el conjunto de datos de entrenamiento
   - batch_size: El número de muestras procesadas antes de que se actualice el modelo

    - validation_data: Un conjunto de datos separado que se utiliza para evaluar el rendimiento del modelo durante el entrenamiento

2. La función **evaluate()**: Después del entrenamiento, utilizamos esta función para evaluar el rendimiento del modelo en el conjunto de datos de prueba. Este paso es crucial ya que nos brinda una estimación imparcial de qué tan bien generaliza nuestro modelo a datos no vistos. La función evaluate() generalmente devuelve dos valores:
    - test_loss: Una medida del error del modelo en el conjunto de prueba
    - test_accuracy: La proporción de predicciones correctas realizadas por el modelo en el conjunto de prueba

Al utilizar estas funciones en conjunto, podemos entrenar nuestro modelo en los datos de entrenamiento y luego evaluar su efectividad en datos de prueba previamente no vistos, lo que nos brinda una comprensión completa del rendimiento y la capacidad de generalización de nuestro modelo.

Ejemplo: Entrenamiento y evaluación del modelo secuencial

```
import numpy as np
from tensorflow.keras.models import Sequential
from tensorflow.keras.layers import Dense, Flatten
from tensorflow.keras.datasets import mnist
from tensorflow.keras.utils import to_categorical
from tensorflow.keras.callbacks import ModelCheckpoint, EarlyStopping
import matplotlib.pyplot as plt

# Load and preprocess the MNIST dataset
(X_train, y_train), (X_test, y_test) = mnist.load_data()
X_train, X_test = X_train / 255.0, X_test / 255.0  # Normalize pixel values
y_train, y_test = to_categorical(y_train), to_categorical(y_test)  # One-hot encode
labels

# Define the model
model = Sequential([
    Flatten(input_shape=(28, 28)),
    Dense(128, activation='relu'),
    Dense(64, activation='relu'),
    Dense(10, activation='softmax')
])

# Compile the model
model.compile(optimizer='adam',                    loss='categorical_crossentropy',
metrics=['accuracy'])

# Define callbacks
checkpoint      =      ModelCheckpoint('best_model.h5',        save_best_only=True,
monitor='val_accuracy', mode='max', verbose=1)
early_stopping       =        EarlyStopping(monitor='val_loss',          patience=5,
restore_best_weights=True, verbose=1)
```

```
# Train the model
history = model.fit(X_train, y_train,
                    epochs=30,
                    batch_size=32,
                    validation_split=0.2,
                    callbacks=[checkpoint, early_stopping])

# Evaluate the model on the test data
test_loss, test_accuracy = model.evaluate(X_test, y_test, verbose=0)
print(f"Test Accuracy: {test_accuracy:.4f}")

# Plot training history
plt.figure(figsize=(12, 4))
plt.subplot(1, 2, 1)
plt.plot(history.history['accuracy'], label='Training Accuracy')
plt.plot(history.history['val_accuracy'], label='Validation Accuracy')
plt.title('Model Accuracy')
plt.xlabel('Epoch')
plt.ylabel('Accuracy')
plt.legend()

plt.subplot(1, 2, 2)
plt.plot(history.history['loss'], label='Training Loss')
plt.plot(history.history['val_loss'], label='Validation Loss')
plt.title('Model Loss')
plt.xlabel('Epoch')
plt.ylabel('Loss')
plt.legend()

plt.tight_layout()
plt.show()

# Make predictions
predictions = model.predict(X_test)
predicted_classes = np.argmax(predictions, axis=1)
true_classes = np.argmax(y_test, axis=1)

# Display some predictions
n_to_display = 10
indices = np.random.choice(len(X_test), n_to_display, replace=False)
fig, axes = plt.subplots(2, 5, figsize=(15, 6))
for i, idx in enumerate(indices):
    ax = axes[i//5, i%5]
    ax.imshow(X_test[idx].reshape(28, 28), cmap='gray')
    ax.set_title(f"True: {true_classes[idx]}, Pred: {predicted_classes[idx]}")
    ax.axis('off')
plt.tight_layout()
plt.show()
```

Este código demuestra el proceso de construir, entrenar y evaluar un modelo secuencial utilizando Keras para el conjunto de datos MNIST.

Desglose de los componentes principales:

1. **Importaciones y preparación de datos**:
    - Se importan las bibliotecas necesarias, incluidos los componentes de TensorFlow/Keras.
    - El conjunto de datos MNIST se carga y preprocesa:
        - Las imágenes se normalizan dividiendo los valores de los píxeles por 255.
        - Las etiquetas se codifican en formato one-hot.
2. **Definición del modelo**:
    - Se crea un modelo secuencial con las siguientes capas:
        - Capa Flatten para convertir la entrada 2D en 1D.
        - Dos capas Dense con activación ReLU (128 y 64 unidades).
        - Capa de salida Dense con activación softmax para 10 clases.
3. **Compilación del modelo**:
    - El modelo se compila usando el optimizador Adam, la pérdida categorical crossentropy y la métrica de precisión.
4. **Callbacks**:
    - ModelCheckpoint se utiliza para guardar el mejor modelo basado en la precisión de validación.
    - Se implementa EarlyStopping para detener el entrenamiento si la pérdida de validación no mejora en 5 épocas.
5. **Entrenamiento del modelo**:
    - El modelo se entrena durante 30 épocas con un tamaño de lote de 32.
    - El 20% de los datos de entrenamiento se utiliza para validación.
6. **Evaluación del modelo**:
    - El modelo entrenado se evalúa en el conjunto de prueba para obtener la precisión final.
7. **Visualización**:

- Se grafica el historial de entrenamiento (precisión y pérdida) tanto para el conjunto de entrenamiento como para el de validación.
- Se muestran 10 imágenes de prueba aleatorias junto con sus etiquetas reales y las predicciones del modelo.

Este código proporciona un ejemplo completo del flujo de trabajo de machine learning para la clasificación de imágenes utilizando una arquitectura básica de red neuronal.

3.2.2 Construcción de modelos con la API funcional

La **API funcional** en Keras es una herramienta poderosa y flexible diseñada para construir arquitecturas de redes neuronales complejas. A diferencia de la API secuencial, que se limita a apilar capas de manera lineal, la API funcional permite la creación de estructuras de modelos más sofisticadas. A continuación, se explica más detalladamente sus capacidades:

1. **Conexiones no lineales entre capas**: Con la API funcional, puedes definir modelos en los que las capas se conectan de manera no secuencial, lo que te permite crear bifurcaciones, conexiones de salto o incluso conexiones circulares entre capas, habilitando la construcción de topologías de red más complejas.
2. **Múltiples entradas y salidas**: La API admite modelos con múltiples tensores de entrada y salida, lo cual es especialmente útil para tareas que requieren procesar diferentes tipos de datos simultáneamente o generar múltiples predicciones a partir de una sola entrada.
3. **Capas compartidas**: Puedes reutilizar instancias de capas en diferentes partes de tu modelo. Esto es crucial para implementar arquitecturas como redes siamesas, donde se aplica un procesamiento idéntico a múltiples entradas.
4. **Conexiones residuales**: La API funcional facilita la implementación de conexiones residuales, un componente clave de las redes profundas residuales (ResNets). Estas conexiones permiten que la información salte una o más capas, lo que ayuda a mitigar el problema del gradiente que desaparece en redes muy profundas.
5. **Composición de modelos**: Puedes tratar modelos instanciados como capas y usarlos para construir modelos más grandes y complejos. Esta modularidad permite la creación de arquitecturas altamente sofisticadas combinando submodelos más simples.
6. **Capas personalizadas**: La API funcional se integra perfectamente con capas definidas de forma personalizada, lo que te da la flexibilidad de incorporar operaciones especializadas en la arquitectura de tu modelo.
7. **Modelos tipo gráfico**: Para tareas que requieren procesar datos estructurados en gráficos, como el análisis de redes sociales o la predicción de propiedades de

moléculas, la API funcional te permite construir modelos que puedan manejar tales estructuras de datos complejas.

Estas características hacen que la API funcional sea una herramienta indispensable para investigadores y profesionales que trabajan en proyectos avanzados de deep learning, permitiéndoles implementar arquitecturas de vanguardia y experimentar con nuevos diseños de modelos.

Creación de un modelo con múltiples entradas y salidas

Exploremos una aplicación más avanzada de la **API funcional** creando un modelo con múltiples entradas y salidas. Este enfoque es particularmente útil para tareas complejas que requieren procesar diversos tipos de datos o generar múltiples predicciones de manera simultánea. Consideremos un escenario en el que estamos desarrollando una red de análisis de imágenes sofisticada. Esta red está diseñada para extraer dos piezas de información distintas de una sola imagen de entrada: la **categoría** del objeto representado y su **color** predominante.

Para lograr esto, diseñaremos un modelo con una base compartida que se ramifica en dos capas de salida separadas. La base compartida se encargará de extraer características generales de la imagen, mientras que las capas de salida especializadas se centrarán en predecir la categoría del objeto y su color, respectivamente. Esta arquitectura demuestra la flexibilidad de la API funcional, permitiéndonos crear modelos que puedan realizar múltiples tareas relacionadas de manera eficiente.

Por ejemplo, la predicción de categoría podría implicar clasificar el objeto en clases predefinidas (como coche, perro, silla), mientras que la predicción del color podría identificar el color primario (como rojo, azul, verde) del objeto. Al usar dos capas de salida separadas, podemos optimizar cada tarea de predicción de manera independiente, utilizando diferentes funciones de pérdida o métricas para cada salida.

Este enfoque multi-salida no solo muestra la versatilidad de la API funcional, sino que también ilustra cómo podemos diseñar modelos que imiten la percepción humana, donde múltiples atributos de un objeto se procesan e identifican simultáneamente. Tales modelos tienen aplicaciones prácticas en diversos campos, incluyendo la visión por computadora, la robótica y los sistemas de control de calidad automatizados en la manufactura.

Ejemplo: Construcción de un modelo con múltiples salidas utilizando la API funcional

```
import numpy as np
import matplotlib.pyplot as plt
from tensorflow.keras.models import Model
from tensorflow.keras.layers import Input, Dense, Flatten, Conv2D, MaxPooling2D
from tensorflow.keras.utils import to_categorical
from sklearn.model_selection import train_test_split

# Generate synthetic data
def generate_data(num_samples=1000):
    images = np.random.rand(num_samples, 64, 64, 3)
```

```
    categories = np.random.randint(0, 10, num_samples)
    colors = np.random.randint(0, 3, num_samples)
    return images, categories, colors

# Prepare data
X, y_category, y_color = generate_data(5000)
y_category = to_categorical(y_category, 10)
y_color = to_categorical(y_color, 3)

# Split data
X_train, X_test, y_category_train, y_category_test, y_color_train, y_color_test =
train_test_split(
    X, y_category, y_color, test_size=0.2, random_state=42
)

# Define the input layer
input_layer = Input(shape=(64, 64, 3))  # Input shape is 64x64 RGB image

# Convolutional layers
x = Conv2D(32, (3, 3), activation='relu')(input_layer)
x = MaxPooling2D((2, 2))(x)
x = Conv2D(64, (3, 3), activation='relu')(x)
x = MaxPooling2D((2, 2))(x)

# Flatten the output
x = Flatten()(x)

# Add shared dense layers
x = Dense(128, activation='relu')(x)
x = Dense(64, activation='relu')(x)

# Define the first output for object category
category_output = Dense(10, activation='softmax', name='category_output')(x)

# Define the second output for object color
color_output = Dense(3, activation='softmax', name='color_output')(x)

# Create the model with multiple outputs
model = Model(inputs=input_layer, outputs=[category_output, color_output])

# Compile the model with different loss functions for each output
model.compile(optimizer='adam',
              loss={'category_output': 'categorical_crossentropy',
                    'color_output': 'categorical_crossentropy'},
              loss_weights={'category_output': 1.0, 'color_output': 0.5},
              metrics=['accuracy'])

# Display the model summary
model.summary()

# Train the model
history = model.fit(
```

```
    X_train,
    {'category_output': y_category_train, 'color_output': y_color_train},
    validation_data=(X_test, {'category_output': y_category_test, 'color_output':
y_color_test}),
    epochs=10,
    batch_size=32
)

# Evaluate the model
test_loss, category_loss, color_loss, category_acc, color_acc = model.evaluate(
    X_test,
    {'category_output': y_category_test, 'color_output': y_color_test}
)
print(f"Test category accuracy: {category_acc:.4f}")
print(f"Test color accuracy: {color_acc:.4f}")

# Plot training history
plt.figure(figsize=(12, 4))
plt.subplot(1, 2, 1)
plt.plot(history.history['category_output_accuracy'], label='Category Accuracy')
plt.plot(history.history['color_output_accuracy'], label='Color Accuracy')
plt.plot(history.history['val_category_output_accuracy'], label='Val Category
Accuracy')
plt.plot(history.history['val_color_output_accuracy'], label='Val Color Accuracy')
plt.title('Model Accuracy')
plt.xlabel('Epoch')
plt.ylabel('Accuracy')
plt.legend()

plt.subplot(1, 2, 2)
plt.plot(history.history['category_output_loss'], label='Category Loss')
plt.plot(history.history['color_output_loss'], label='Color Loss')
plt.plot(history.history['val_category_output_loss'], label='Val Category Loss')
plt.plot(history.history['val_color_output_loss'], label='Val Color Loss')
plt.title('Model Loss')
plt.xlabel('Epoch')
plt.ylabel('Loss')
plt.legend()

plt.tight_layout()
plt.show()

# Make predictions
sample_image = X_test[0:1]
predictions = model.predict(sample_image)
predicted_category = np.argmax(predictions[0])
predicted_color = np.argmax(predictions[1])

print(f"Predicted category: {predicted_category}")
print(f"Predicted color: {predicted_color}")

# Display the sample image
```

```
plt.imshow(sample_image[0])
plt.title(f"Category: {predicted_category}, Color: {predicted_color}")
plt.axis('off')
plt.show()
```

Desglose completo del código:

1. **Importaciones y preparación de datos**:
    - Se importan las bibliotecas necesarias, incluyendo NumPy para operaciones numéricas, Matplotlib para visualización y varios módulos de Keras para construir y entrenar el modelo.
    - Se define una función generate_data() para crear datos sintéticos para nuestra tarea de clasificación con múltiples salidas.
    - Se generan 5000 muestras de imágenes RGB de 64x64 junto con etiquetas correspondientes de categoría (10 clases) y color (3 clases).
    - Las etiquetas se codifican en formato one-hot usando to_categorical().
    - Los datos se dividen en conjuntos de entrenamiento y prueba utilizando train_test_split().
2. **Arquitectura del modelo**:
    - Se define una capa de entrada para imágenes RGB de 64x64.
    - Se añaden capas convolucionales (Conv2D) y capas de max pooling para extraer características de las imágenes.
    - La salida se aplana y pasa por dos capas densas (128 y 64 unidades) con activación ReLU.
    - Se definen dos capas de salida separadas:
        - **Salida de categoría**: 10 unidades con activación softmax para clasificar en 10 categorías.
        - **Salida de color**: 3 unidades con activación softmax para clasificar en 3 colores.
    - El modelo se crea usando la API funcional, especificando la entrada y múltiples salidas.
3. **Compilación del modelo**:
    - El modelo se compila con el optimizador Adam.
    - Se usa la pérdida categorical crossentropy para ambas salidas.

   - Se especifican los pesos de la pérdida (1.0 para la categoría, 0.5 para el color) para equilibrar la importancia de cada tarea.
   - Se define la precisión como la métrica para ambas salidas.

4. **Entrenamiento del modelo**:
   - El modelo se entrena durante 10 épocas con un tamaño de lote de 32.
   - Se proporcionan los datos de entrenamiento y validación como diccionarios que asignan nombres de salida a sus datos respectivos.

5. **Evaluación del modelo**:
   - El modelo se evalúa en el conjunto de prueba, imprimiendo la precisión para las predicciones de categoría y color.

6. **Visualización**:
   - Se grafica el historial de entrenamiento, mostrando precisión y pérdida para ambas salidas a lo largo de las épocas.
   - Se utiliza una imagen de prueba del conjunto de prueba para hacer predicciones.
   - La imagen de prueba se muestra junto con su categoría y color predichos.

Este ejemplo demuestra un escenario realista de una tarea de clasificación con múltiples salidas, incluyendo la generación de datos, creación de modelo, entrenamiento, evaluación y visualización de los resultados. Muestra la flexibilidad de la API funcional de Keras para crear arquitecturas de modelos complejas con múltiples salidas y cómo manejar estos modelos a lo largo del flujo de trabajo de machine learning.

Capas compartidas y conexiones residuales

La **API funcional** en Keras ofrece la característica poderosa de capas compartidas, lo que permite reutilizar instancias de capas en diferentes partes de un modelo. Esta capacidad es particularmente valiosa para implementar arquitecturas avanzadas como las **redes siamesas** y las **redes residuales**. Las redes siamesas, comúnmente utilizadas en tareas de reconocimiento facial, usan procesamiento idéntico en múltiples entradas para comparar su similitud. Por otro lado, las redes residuales, ejemplificadas por arquitecturas como ResNet, utilizan conexiones de salto para permitir que la información evite una o más capas, lo que facilita el entrenamiento de redes muy profundas.

El concepto de capas compartidas se extiende más allá de estas arquitecturas específicas. Es una herramienta fundamental para crear modelos con compartición de pesos, lo que puede ser crucial en varios escenarios. Por ejemplo, en tareas de procesamiento de lenguaje natural como los sistemas de preguntas y respuestas, las capas compartidas pueden procesar tanto la pregunta como el contexto con el mismo conjunto de pesos, asegurando una extracción de características consistente. De manera similar, en el aprendizaje multimodal, donde se necesitan procesar entradas de diferentes fuentes (por ejemplo, imagen y texto), las capas compartidas pueden crear un espacio de representación común para estas entradas diversas.

Además, la flexibilidad de la API funcional permite la creación de topologías de modelos complejas que van más allá de las estructuras secuenciales simples. Esto incluye modelos con múltiples entradas o salidas, modelos con caminos ramificados e incluso modelos que incorporan bucles de retroalimentación. Tal versatilidad hace que la API funcional sea una herramienta indispensable para investigadores y profesionales que trabajan en proyectos avanzados de deep learning, permitiéndoles implementar arquitecturas de vanguardia y experimentar con nuevos diseños de modelos.

Ejemplo: Uso de capas compartidas en la API funcional

```
import numpy as np
from tensorflow.keras.models import Model
from tensorflow.keras.layers import Input, Dense, Concatenate
from tensorflow.keras.utils import plot_model
from tensorflow.keras.datasets import mnist

# Load and preprocess the MNIST dataset
(x_train, y_train), (x_test, y_test) = mnist.load_data()
x_train = x_train.reshape(60000, 784).astype('float32') / 255
x_test = x_test.reshape(10000, 784).astype('float32') / 255
y_train = np.eye(10)[y_train]
y_test = np.eye(10)[y_test]

# Define two inputs
input_a = Input(shape=(784,), name='input_a')
input_b = Input(shape=(784,), name='input_b')

# Define a shared dense layer
shared_dense = Dense(64, activation='relu', name='shared_dense')

# Apply the shared layer to both inputs
processed_a = shared_dense(input_a)
processed_b = shared_dense(input_b)

# Concatenate the processed inputs
concatenated = Concatenate(name='concatenate')([processed_a, processed_b])

# Add more layers
x = Dense(32, activation='relu', name='dense_1')(concatenated)
x = Dense(16, activation='relu', name='dense_2')(x)

# Add a final output layer
output = Dense(10, activation='softmax', name='output')(x)

# Create the model with shared layers
model = Model(inputs=[input_a, input_b], outputs=output)
```

```
# Compile the model
model.compile(optimizer='adam',                    loss='categorical_crossentropy',
metrics=['accuracy'])

# Display the model summary
model.summary()

# Visualize the model architecture
plot_model(model,         to_file='model_architecture.png',         show_shapes=True,
show_layer_names=True)

# Train the model
history = model.fit(
    [x_train, x_train],  # Use the same input twice for demonstration
    y_train,
    epochs=10,
    batch_size=128,
    validation_split=0.2,
    verbose=1
)

# Evaluate the model
test_loss, test_accuracy = model.evaluate([x_test, x_test], y_test, verbose=0)
print(f"Test accuracy: {test_accuracy:.4f}")

# Make predictions
sample_input = x_test[:5]
predictions = model.predict([sample_input, sample_input])
predicted_classes = np.argmax(predictions, axis=1)
print("Predicted classes:", predicted_classes)
```

Desglose completo del código:

- **Importaciones y preparación de datos**:
    - Se importan los módulos necesarios de TensorFlow y Keras.
    - Se carga y preprocesa el conjunto de datos MNIST. Las imágenes se aplanan y normalizan, y las etiquetas se convierten a formato one-hot.
- **Arquitectura del modelo**:
    - Se definen dos capas de entrada (input_a y input_b), ambas aceptan vectores de 784 dimensiones (imágenes aplanadas de 28x28).
    - Se crea una capa densa compartida con 64 unidades y activación ReLU.
    - La capa compartida se aplica a ambas entradas, demostrando la compartición de pesos.

  - Las entradas procesadas se concatenan usando la capa Concatenate.
  - Se añaden dos capas densas más (32 y 16 unidades) para un procesamiento adicional.
  - La capa de salida final tiene 10 unidades con activación softmax para la clasificación multiclase.

- **Creación y compilación del modelo**:
  - El modelo se crea usando la API funcional, especificando múltiples entradas y una salida.
  - El modelo se compila con el optimizador Adam, la función de pérdida categorical crossentropy y la métrica de precisión.
- **Visualización del modelo**:
  - Se llama a model.summary() para mostrar un resumen textual de la arquitectura del modelo.
  - Se usa plot_model() para generar una representación visual de la arquitectura del modelo.
- **Entrenamiento del modelo**:
  - El modelo se entrena usando el método fit().
  - Para fines demostrativos, se usa la misma entrada (x_train) dos veces para simular dos entradas diferentes.
  - El entrenamiento se realiza durante 10 épocas con un tamaño de lote de 128 y una división de validación del 20%.
- **Evaluación y predicción del modelo**:
  - El modelo se evalúa en el conjunto de prueba para obtener la precisión.
  - Se hacen predicciones de muestra usando las primeras 5 imágenes de prueba.
  - Se imprimen las clases predichas para demostrar la salida del modelo.

Este ejemplo muestra un flujo de trabajo completo, incluyendo la preparación de datos, la creación de un modelo con capas compartidas, el entrenamiento, la evaluación y la realización de predicciones. Ilustra la flexibilidad de la API funcional para crear arquitecturas de modelos complejas con componentes compartidos y múltiples entradas.

Combinando las APIs Sequential y Funcional

La flexibilidad de Keras permite la integración sin problemas de las **APIs Sequential** y **Funcional**, lo que permite la creación de arquitecturas de modelos altamente personalizables y complejas. Esta poderosa combinación ofrece a los desarrolladores la capacidad de aprovechar la simplicidad de la API Sequential para pilas de capas sencillas mientras se utiliza la versatilidad de la API Funcional para diseños de modelos más intrincados.

Al combinar estas APIs, puedes crear modelos híbridos que se beneficien de ambos enfoques. Por ejemplo, podrías usar la API Sequential para definir rápidamente una serie de capas para la extracción de características, y luego emplear la API Funcional para introducir caminos ramificados, múltiples entradas o salidas, o capas compartidas. Este enfoque es especialmente útil cuando se trabaja con aprendizaje transferido, donde los modelos Sequential preentrenados pueden incorporarse en arquitecturas más complejas.

Además, esta combinación permite la integración fácil de capas personalizadas, conexiones de salto, e incluso la implementación de arquitecturas avanzadas como redes residuales o mecanismos de atención. La capacidad de mezclar y combinar estas APIs proporciona un alto grado de flexibilidad, lo que facilita experimentar con nuevos diseños de modelos y adaptarse a requisitos específicos del problema sin sacrificar la naturaleza intuitiva de la construcción de modelos en Keras.

Ejemplo: Combinando modelos Sequential y Funcional

```
import tensorflow as tf
from tensorflow.keras.models import Sequential, Model
from tensorflow.keras.layers import Input, Dense, Flatten
from tensorflow.keras.datasets import mnist
import numpy as np
import matplotlib.pyplot as plt

# Load and preprocess the MNIST dataset
(x_train, y_train), (x_test, y_test) = mnist.load_data()
x_train = x_train.astype('float32') / 255
x_test = x_test.astype('float32') / 255
y_train = tf.keras.utils.to_categorical(y_train, 10)
y_test = tf.keras.utils.to_categorical(y_test, 10)

# Build a Sequential model
sequential_model = Sequential([
    Flatten(input_shape=(28, 28)),
    Dense(128, activation='relu', name='sequential_dense')
])

# Define an input using the Functional API
input_layer = Input(shape=(28, 28))

# Pass the input through the Sequential model
x = sequential_model(input_layer)

# Add more layers using the Functional API
```

```
x = Dense(64, activation='relu', name='functional_dense_1')(x)
output = Dense(10, activation='softmax', name='output')(x)

# Create the final model
model = Model(inputs=input_layer, outputs=output)

# Compile the model
model.compile(optimizer='adam',                    loss='categorical_crossentropy',
metrics=['accuracy'])

# Display model summary
model.summary()

# Train the model
history = model.fit(x_train, y_train, epochs=10, batch_size=128, validation_split=0.2,
verbose=1)

# Evaluate the model
test_loss, test_accuracy = model.evaluate(x_test, y_test, verbose=0)
print(f"Test accuracy: {test_accuracy:.4f}")

# Plot training history
plt.figure(figsize=(12, 4))
plt.subplot(1, 2, 1)
plt.plot(history.history['accuracy'], label='Training Accuracy')
plt.plot(history.history['val_accuracy'], label='Validation Accuracy')
plt.title('Model Accuracy')
plt.xlabel('Epoch')
plt.ylabel('Accuracy')
plt.legend()

plt.subplot(1, 2, 2)
plt.plot(history.history['loss'], label='Training Loss')
plt.plot(history.history['val_loss'], label='Validation Loss')
plt.title('Model Loss')
plt.xlabel('Epoch')
plt.ylabel('Loss')
plt.legend()

plt.tight_layout()
plt.show()

# Make predictions on a sample
sample = x_test[:5]
predictions = model.predict(sample)
predicted_classes = np.argmax(predictions, axis=1)
print("Predicted classes:", predicted_classes)

# Visualize sample predictions
plt.figure(figsize=(15, 3))
for i in range(5):
    plt.subplot(1, 5, i+1)
```

```
    plt.imshow(sample[i].reshape(28, 28), cmap='gray')
    plt.title(f"Predicted: {predicted_classes[i]}")
    plt.axis('off')
plt.tight_layout()
plt.show()
```

Desglose completo del código:

1. **Importaciones y preparación de datos**:
   - Se importan los módulos necesarios de TensorFlow y Keras, así como NumPy y Matplotlib para la manipulación y visualización de datos.
   - Se carga y preprocesa el conjunto de datos MNIST. Las imágenes se normalizan y las etiquetas se convierten a formato one-hot.
2. **Arquitectura del modelo**:
   - Se crea un modelo Sequential con una capa Flatten y una capa Dense.
   - Se define una capa de entrada usando la API funcional.
   - El modelo Sequential se aplica a la capa de entrada.
   - Se añaden capas Dense adicionales utilizando la API funcional.
   - El modelo final se crea especificando las capas de entrada y salida.
3. **Compilación y entrenamiento del modelo**:
   - El modelo se compila con el optimizador Adam, la pérdida categorical crossentropy y la métrica de precisión.
   - Se muestra el resumen del modelo para ver la arquitectura.
   - El modelo se entrena durante 10 épocas con un tamaño de lote de 128 y una división de validación del 20%.
4. **Evaluación del modelo**:
   - El modelo entrenado se evalúa en el conjunto de prueba para obtener la precisión final.
5. **Visualización del historial de entrenamiento**:
   - Se trazan las curvas de precisión de entrenamiento y validación a lo largo de las épocas.

   - Se trazan las curvas de pérdida de entrenamiento y validación a lo largo de las épocas.

6. **Predicciones**:
   - Se hacen predicciones sobre una muestra de 5 imágenes de prueba.
   - Se imprimen las clases predichas.

7. **Visualización de predicciones de muestra**:
   - Se muestran las 5 imágenes de muestra junto con sus clases predichas.

Este ejemplo demuestra un flujo de trabajo completo que combina las APIs Sequential y Funcional en Keras. Incluye la preparación de datos, la creación del modelo, el entrenamiento, la evaluación y la visualización de resultados. El código muestra cómo aprovechar ambas APIs para crear una arquitectura de modelo flexible, entrenarla con datos reales y analizar su rendimiento.

3.3 Model Checkpointing, Early Stopping y Callbacks en Keras

Entrenar redes neuronales puede presentar desafíos como el sobreajuste y largos períodos de entrenamiento. Para abordar estos problemas, Keras proporciona **callbacks**, herramientas poderosas que permiten el monitoreo y control en tiempo real del proceso de entrenamiento.

Estos callbacks desencadenan automáticamente acciones predefinidas en puntos específicos durante el entrenamiento, permitiendo ajustes y optimizaciones dinámicas. Entre los más valiosos se encuentran **model checkpointing** y **early stopping**. Model checkpointing garantiza que el mejor modelo se guarde durante el proceso de entrenamiento, mientras que early stopping termina inteligentemente el entrenamiento cuando las mejoras se estabilizan, evitando sobrecarga computacional innecesaria y sobreajuste.

Al aprovechar estos callbacks, los desarrolladores pueden mejorar significativamente la eficiencia y efectividad de sus pipelines de entrenamiento, logrando modelos más robustos y optimizados.

3.3.1 Model Checkpointing en Keras

El checkpointing de modelos es una técnica crucial en el aprendizaje profundo que consiste en guardar el estado del modelo en varios puntos durante el proceso de entrenamiento. Esta práctica sirve para varios propósitos:

1. **Resiliencia ante interrupciones**: El checkpointing de modelos protege contra interrupciones inesperadas, como fallos de energía o del sistema. Al mantener

checkpoints guardados, se puede reanudar el entrenamiento desde el estado guardado más reciente, eliminando la necesidad de empezar desde cero.

2. **Flexibilidad en la gestión del entrenamiento**: Esta característica permite pausar y reanudar el entrenamiento según sea necesario, lo que resulta ventajoso cuando se trabaja con conjuntos de datos extensos o modelos intrincados que requieren duraciones prolongadas de entrenamiento.
3. **Análisis de rendimiento detallado**: Al preservar modelos en varios puntos a lo largo del entrenamiento, se obtiene la capacidad de realizar análisis profundos sobre cómo evoluciona el rendimiento del modelo a lo largo del tiempo.
4. **Preservación del modelo óptimo**: El mecanismo de checkpointing se puede configurar para guardar el modelo solo cuando demuestra un mejor rendimiento en el conjunto de validación, asegurando que siempre se conserve la versión más efectiva del modelo.

Keras simplifica este proceso mediante el callback **ModelCheckpoint**, que permite:

1. Guardar todo el modelo o solo los pesos.
2. Personalizar la frecuencia de guardado (p. ej., cada época, cada n pasos).
3. Especificar condiciones para el guardado (p. ej., solo cuando el modelo mejora en una métrica específica).
4. Controlar el formato y la ubicación de los archivos guardados.

Al aprovechar ModelCheckpoint, se pueden implementar pipelines de entrenamiento robustos que sean resilientes a interrupciones y capaces de capturar las mejores iteraciones del modelo.

Guardando los pesos del modelo durante el entrenamiento

El callback **ModelCheckpoint** es una herramienta poderosa en Keras que permite el guardado automático de los pesos del modelo o el modelo completo durante el proceso de entrenamiento. Este callback ofrece flexibilidad sobre cuándo y cómo se guarda el modelo, permitiendo a los desarrolladores capturar la mejor versión de su modelo.

Aspectos clave del callback ModelCheckpoint:

- **Frecuencia de guardado personalizable**: Puedes configurar el callback para guardar al final de cada época o en intervalos específicos durante el entrenamiento.
- **Guardado basado en el rendimiento**: El callback se puede configurar para guardar solo cuando una métrica especificada (p. ej., precisión o pérdida de validación) mejora.
- **Opciones flexibles de guardado**: Puedes elegir guardar solo los pesos del modelo o toda la arquitectura junto con los pesos.

- **Convención de nombres configurable**: El callback te permite especificar el formato y la convención de nombres de los archivos guardados, lo que facilita la gestión de múltiples checkpoints.

Al utilizar el callback ModelCheckpoint, puedes implementar un pipeline de entrenamiento robusto que preserve automáticamente las iteraciones más prometedoras de tu modelo, facilitando el proceso de selección y despliegue del modelo.

Ejemplo: Usando ModelCheckpoint para guardar el mejor modelo

```
import tensorflow as tf
from tensorflow.keras.models import Sequential
from tensorflow.keras.layers import Dense, Flatten
from tensorflow.keras.callbacks import ModelCheckpoint, EarlyStopping
from tensorflow.keras.datasets import mnist
import numpy as np
import matplotlib.pyplot as plt

# Load and preprocess the MNIST dataset
(X_train, y_train), (X_test, y_test) = mnist.load_data()
X_train = X_train.astype('float32') / 255
X_test = X_test.astype('float32') / 255
y_train = tf.keras.utils.to_categorical(y_train, 10)
y_test = tf.keras.utils.to_categorical(y_test, 10)

# Define the model
model = Sequential([
    Flatten(input_shape=(28, 28)),
    Dense(128, activation='relu'),
    Dense(64, activation='relu'),
    Dense(10, activation='softmax')
])

# Compile the model
model.compile(optimizer='adam',                                loss='categorical_crossentropy',
metrics=['accuracy'])

# Define the ModelCheckpoint callback
checkpoint_callback = ModelCheckpoint(
    filepath='best_model.h5',
    save_best_only=True,
    monitor='val_accuracy',
    mode='max',
    verbose=1
)

# Define the EarlyStopping callback
early_stopping_callback = EarlyStopping(
    monitor='val_loss',
    patience=3,
    restore_best_weights=True,
```

```
    verbose=1
)

# Train the model with callbacks
history = model.fit(
    X_train, y_train,
    epochs=20,
    batch_size=32,
    validation_split=0.2,
    callbacks=[checkpoint_callback, early_stopping_callback]
)

# Plot training history
plt.figure(figsize=(12, 4))
plt.subplot(1, 2, 1)
plt.plot(history.history['accuracy'], label='Training Accuracy')
plt.plot(history.history['val_accuracy'], label='Validation Accuracy')
plt.title('Model Accuracy')
plt.xlabel('Epoch')
plt.ylabel('Accuracy')
plt.legend()

plt.subplot(1, 2, 2)
plt.plot(history.history['loss'], label='Training Loss')
plt.plot(history.history['val_loss'], label='Validation Loss')
plt.title('Model Loss')
plt.xlabel('Epoch')
plt.ylabel('Loss')
plt.legend()

plt.tight_layout()
plt.show()

# Evaluate the model on the test set
test_loss, test_accuracy = model.evaluate(X_test, y_test, verbose=0)
print(f"Test accuracy: {test_accuracy:.4f}")

# Make predictions on a sample
sample = X_test[:5]
predictions = model.predict(sample)
predicted_classes = np.argmax(predictions, axis=1)
print("Predicted classes:", predicted_classes)

# Visualize sample predictions
plt.figure(figsize=(15, 3))
for i in range(5):
    plt.subplot(1, 5, i+1)
    plt.imshow(sample[i].reshape(28, 28), cmap='gray')
    plt.title(f"Predicted: {predicted_classes[i]}")
    plt.axis('off')
plt.tight_layout()
plt.show()
```

Desglose completo del código:

- **Importaciones y preparación de datos**:
  - Se importan los módulos necesarios de TensorFlow, Keras, NumPy y Matplotlib.
  - Se carga, normaliza y codifican en one-hot las etiquetas del conjunto de datos MNIST.
- **Definición del modelo**:
  - Se crea un modelo Sequential con capas Flatten y Dense.
  - El modelo se compila con el optimizador Adam, la pérdida categorical crossentropy y la métrica de precisión.
- **Callbacks**:
  - Se configura ModelCheckpoint para guardar el mejor modelo basado en la precisión de validación.
  - EarlyStopping se configura para detener el entrenamiento si la pérdida de validación no mejora durante 3 épocas.
- **Entrenamiento del modelo**:
  - El modelo se entrena durante 20 épocas con un tamaño de lote de 32 y una división de validación del 20%.
  - Se utilizan tanto ModelCheckpoint como EarlyStopping durante el entrenamiento.
- **Visualización**:
  - Se trazan las curvas de precisión de entrenamiento y validación a lo largo de las épocas.
  - Se trazan las curvas de pérdida de entrenamiento y validación a lo largo de las épocas.
- **Evaluación del modelo**:
  - El modelo entrenado se evalúa en el conjunto de prueba para obtener la precisión final.
- **Realización de predicciones**:
  - Se hacen predicciones sobre una muestra de 5 imágenes de prueba.

- Se imprimen y visualizan las clases predichas.

Este ejemplo demuestra un flujo de trabajo completo para entrenar una red neuronal utilizando Keras, incluyendo la preparación de datos, la creación del modelo, el entrenamiento con callbacks, la visualización del historial de entrenamiento, la evaluación del modelo y la realización de predicciones. Muestra cómo utilizar eficazmente los callbacks ModelCheckpoint y EarlyStopping, así como cómo visualizar el rendimiento y las predicciones del modelo.

3.3.2 Early Stopping en Keras

Otro callback crucial en Keras es **EarlyStopping**, que monitorea el rendimiento del modelo en el conjunto de validación durante el entrenamiento. Esta herramienta poderosa detiene automáticamente el proceso de entrenamiento cuando el rendimiento del modelo en el conjunto de validación deja de mejorar, sirviendo como una protección efectiva contra el **sobreajuste**.

El sobreajuste ocurre cuando un modelo se especializa demasiado en los datos de entrenamiento, memorizando el ruido y las peculiaridades del conjunto en lugar de aprender patrones generalizables. Esto resulta en un modelo que funciona excepcionalmente bien con los datos de entrenamiento pero falla al generalizar en nuevos datos.

EarlyStopping aborda este problema al evaluar continuamente el rendimiento del modelo en un conjunto de validación separado durante el entrenamiento. Cuando el rendimiento del modelo en este conjunto comienza a estancarse o deteriorarse, sugiere que el modelo está comenzando a sobreajustarse. En este punto, el callback EarlyStopping interviene, terminando el proceso de entrenamiento.

Esta técnica ofrece varios beneficios:

- **Selección óptima del modelo**: Asegura que el entrenamiento se detenga en el punto donde el modelo generaliza mejor.
- **Eficiencia en tiempo y recursos**: Al prevenir iteraciones de entrenamiento innecesarias, ahorra recursos computacionales y tiempo.
- **Mejor generalización**: El modelo resultante es más probable que funcione bien en nuevos datos no vistos, ya que no se le ha permitido sobreajustarse al conjunto de entrenamiento.

Implementar EarlyStopping en Keras es sencillo y altamente personalizable. Los usuarios pueden especificar qué métrica monitorear (p. ej., pérdida de validación o precisión), el número de épocas a esperar para mejorar (paciencia) y si restaurar los mejores pesos encontrados durante el entrenamiento. Esta flexibilidad hace que EarlyStopping sea una herramienta indispensable para desarrollar modelos robustos y generalizables.

Implementación de EarlyStopping

El callback **EarlyStopping** es una herramienta poderosa en Keras que monitorea una métrica de rendimiento especificada, como la pérdida o la precisión de validación, durante el proceso de entrenamiento. Su función principal es detener automáticamente el entrenamiento cuando la métrica seleccionada deja de mejorar después de un número predefinido de épocas, conocido como el parámetro de 'paciencia'.

Este callback cumple varios propósitos cruciales en el proceso de entrenamiento de modelos:

- **Prevenir el sobreajuste**: Al detener el entrenamiento cuando el rendimiento en el conjunto de validación se estanca, EarlyStopping ayuda a prevenir que el modelo se sobreajuste a los datos de entrenamiento.
- **Optimizar el tiempo de entrenamiento**: Elimina las épocas innecesarias que no contribuyen a la mejora del modelo, ahorrando recursos computacionales y tiempo.
- **Capturar el mejor modelo**: Cuando se usa junto con el parámetro 'restore_best_weights', EarlyStopping asegura que el modelo retenga los pesos de la época con mejor rendimiento.

La flexibilidad de EarlyStopping permite a los desarrolladores ajustar su comportamiento modificando parámetros como:

- **'monitor'**: La métrica a seguir (p. ej., 'val_loss', 'val_accuracy').
- **'patience'**: El número de épocas a esperar para ver una mejora antes de detenerse.
- **'min_delta'**: El cambio mínimo en la cantidad monitoreada que califica como mejora.
- **'mode'**: Indica si la cantidad monitoreada debe minimizarse ('min') o maximizarse ('max').

Al aprovechar EarlyStopping, los científicos de datos e ingenieros de aprendizaje automático pueden crear pipelines de entrenamiento más eficientes y efectivos, lo que conduce a modelos que generalizan mejor en datos no vistos.

Ejemplo: Usando EarlyStopping para detener el entrenamiento cuando el rendimiento se estanca

```
import tensorflow as tf
from tensorflow.keras.models import Sequential
from tensorflow.keras.layers import Dense, Flatten
from tensorflow.keras.callbacks import EarlyStopping
from tensorflow.keras.datasets import mnist
import numpy as np
import matplotlib.pyplot as plt

# Load and preprocess the MNIST dataset
(X_train, y_train), (X_test, y_test) = mnist.load_data()
X_train = X_train.astype('float32') / 255
X_test = X_test.astype('float32') / 255
```

```
y_train = tf.keras.utils.to_categorical(y_train, 10)
y_test = tf.keras.utils.to_categorical(y_test, 10)

# Define the model
model = Sequential([
    Flatten(input_shape=(28, 28)),
    Dense(128, activation='relu'),
    Dense(64, activation='relu'),
    Dense(10, activation='softmax')
])

# Compile the model
model.compile(optimizer='adam',                     loss='categorical_crossentropy',
metrics=['accuracy'])

# Define the EarlyStopping callback
early_stopping_callback = EarlyStopping(
    monitor='val_loss',
    patience=3,
    restore_best_weights=True,
    verbose=1
)

# Train the model with early stopping
history = model.fit(
    X_train, y_train,
    epochs=50,
    batch_size=32,
    validation_data=(X_test, y_test),
    callbacks=[early_stopping_callback]
)

# Plot training history
plt.figure(figsize=(12, 4))
plt.subplot(1, 2, 1)
plt.plot(history.history['accuracy'], label='Training Accuracy')
plt.plot(history.history['val_accuracy'], label='Validation Accuracy')
plt.title('Model Accuracy')
plt.xlabel('Epoch')
plt.ylabel('Accuracy')
plt.legend()

plt.subplot(1, 2, 2)
plt.plot(history.history['loss'], label='Training Loss')
plt.plot(history.history['val_loss'], label='Validation Loss')
plt.title('Model Loss')
plt.xlabel('Epoch')
plt.ylabel('Loss')
plt.legend()

plt.tight_layout()
plt.show()
```

```
# Evaluate the model on the test set
test_loss, test_accuracy = model.evaluate(X_test, y_test, verbose=0)
print(f"Test accuracy: {test_accuracy:.4f}")
```

Desglose del código:

Importaciones y preparación de datos:

- Se importan los módulos necesarios de TensorFlow, Keras, NumPy y Matplotlib.
- Se carga el conjunto de datos MNIST, se normalizan las imágenes y las etiquetas se codifican en one-hot.

Definición del modelo:

- Se crea un modelo Sequential con capas Flatten y Dense.
- El modelo se compila utilizando el optimizador Adam, la función de pérdida categorical crossentropy y la métrica de precisión.

Callback EarlyStopping:

- EarlyStopping se configura para monitorear 'val_loss' con una paciencia de 3 épocas.
- 'restore_best_weights=True' asegura que el modelo conserve los pesos de su mejor rendimiento.
- 'verbose=1' proporciona actualizaciones sobre el early stopping durante el entrenamiento.

Entrenamiento del modelo:

- El modelo se entrena por un máximo de 50 épocas con un tamaño de lote de 32.
- Se utiliza el conjunto de pruebas completo como datos de validación.
- El callback EarlyStopping se pasa al método fit.

Visualización:

- Se trazan las curvas de precisión de entrenamiento y validación a lo largo de las épocas.
- Se trazan las curvas de pérdida de entrenamiento y validación a lo largo de las épocas.

Evaluación del modelo:

- El modelo final se evalúa en el conjunto de prueba para obtener la precisión final.

Este ejemplo demuestra un flujo de trabajo completo para entrenar una red neuronal utilizando Keras con early stopping. Incluye la preparación de datos, la creación del modelo, el entrenamiento con el callback EarlyStopping, la visualización del historial de entrenamiento y la evaluación del modelo. El callback EarlyStopping ayuda a evitar el sobreajuste al detener el proceso de entrenamiento cuando la pérdida de validación deja de mejorar, optimizando tanto el rendimiento del modelo como el tiempo de entrenamiento.

3.3.3 Uso de múltiples callbacks

Aprovechar múltiples callbacks durante el entrenamiento del modelo es una técnica poderosa que puede mejorar significativamente el proceso de entrenamiento y el rendimiento del modelo resultante. Una combinación común y altamente efectiva es el uso de los callbacks ModelCheckpoint y EarlyStopping. Esta combinación permite la preservación del modelo de mejor rendimiento y, al mismo tiempo, evita el sobreajuste al detener el entrenamiento cuando el rendimiento se estanca.

El callback ModelCheckpoint guarda el modelo en intervalos específicos durante el entrenamiento, normalmente cuando alcanza el mejor rendimiento en una métrica monitoreada (p. ej., precisión de validación). Esto asegura que, incluso si el rendimiento del modelo se degrada en épocas posteriores, la mejor versión aún se conserva.

Complementando esto, el callback EarlyStopping monitorea el rendimiento del modelo en el conjunto de validación y termina el entrenamiento si no se observa una mejora durante un número específico de épocas (definido por el parámetro 'patience'). Esto no solo previene el sobreajuste, sino que también optimiza los recursos computacionales al evitar iteraciones de entrenamiento innecesarias.

Combinando ModelCheckpoint y EarlyStopping

Puedes pasar una lista de callbacks a la función fit(), lo que te permite usar ModelCheckpoint y EarlyStopping simultáneamente. Esta combinación poderosa te permite optimizar el proceso de entrenamiento de tu modelo de varias maneras:

- **Guardado automático del modelo:** ModelCheckpoint guardará tu modelo en intervalos especificados o cuando alcance su mejor rendimiento, asegurando que siempre tengas acceso a la mejor versión.
- **Prevención del sobreajuste:** EarlyStopping monitorea el rendimiento del modelo en el conjunto de validación y detiene el entrenamiento cuando la mejora se estanca, ayudando a prevenir el sobreajuste.
- **Optimización de recursos:** Al detener el entrenamiento cuando ya no es beneficioso, ahorras recursos computacionales y tiempo.
- **Flexibilidad en el monitoreo:** Puedes configurar cada callback para monitorear métricas diferentes, proporcionando una vista completa del rendimiento de tu modelo durante el entrenamiento.

Este enfoque no solo agiliza el proceso de entrenamiento, sino que también mejora la calidad y la capacidad de generalización del modelo final. Al aprovechar estos callbacks en conjunto, creas una pipeline de entrenamiento robusta que se adapta a las necesidades específicas de tu proyecto de aprendizaje profundo.

Ejemplo: Combinando ModelCheckpoint y EarlyStopping

```
import tensorflow as tf
from tensorflow.keras.models import Sequential
from tensorflow.keras.layers import Dense, Flatten
from tensorflow.keras.callbacks import ModelCheckpoint, EarlyStopping
from tensorflow.keras.datasets import mnist
import numpy as np
import matplotlib.pyplot as plt

# Load and preprocess the MNIST dataset
(X_train, y_train), (X_test, y_test) = mnist.load_data()
X_train = X_train.astype('float32') / 255
X_test = X_test.astype('float32') / 255
y_train = tf.keras.utils.to_categorical(y_train, 10)
y_test = tf.keras.utils.to_categorical(y_test, 10)

# Define the model
model = Sequential([
    Flatten(input_shape=(28, 28)),
    Dense(128, activation='relu'),
    Dense(64, activation='relu'),
    Dense(10, activation='softmax')
])

# Compile the model
model.compile(optimizer='adam',                    loss='categorical_crossentropy',
metrics=['accuracy'])

# Define both callbacks
checkpoint_callback = ModelCheckpoint(
    filepath='best_model.h5',
    save_best_only=True,
    monitor='val_accuracy',
    mode='max',
    verbose=1
)
early_stopping_callback = EarlyStopping(
    monitor='val_loss',
    patience=5,
    restore_best_weights=True,
    verbose=1
)

# Train the model with both callbacks
history = model.fit(
```

```
    X_train, y_train,
    epochs=100,
    batch_size=32,
    validation_data=(X_test, y_test),
    callbacks=[checkpoint_callback, early_stopping_callback]
)

# Plot training history
plt.figure(figsize=(12, 4))
plt.subplot(1, 2, 1)
plt.plot(history.history['accuracy'], label='Training Accuracy')
plt.plot(history.history['val_accuracy'], label='Validation Accuracy')
plt.title('Model Accuracy')
plt.xlabel('Epoch')
plt.ylabel('Accuracy')
plt.legend()

plt.subplot(1, 2, 2)
plt.plot(history.history['loss'], label='Training Loss')
plt.plot(history.history['val_loss'], label='Validation Loss')
plt.title('Model Loss')
plt.xlabel('Epoch')
plt.ylabel('Loss')
plt.legend()

plt.tight_layout()
plt.show()

# Evaluate the model on the test set
test_loss, test_accuracy = model.evaluate(X_test, y_test, verbose=0)
print(f"Test accuracy: {test_accuracy:.4f}")
```

Desglose del código:

Preparación de datos:

- El conjunto de datos MNIST se carga y se preprocesa.
- Las imágenes se normalizan al rango [0, 1].
- Las etiquetas se codifican en one-hot.

Definición del modelo:

- Se crea un modelo Sequential con capas Flatten y Dense.
- El modelo se compila con el optimizador Adam, la función de pérdida categorical crossentropy y la métrica de precisión.

Definición de callbacks:

- ModelCheckpoint se configura para guardar el mejor modelo basado en la precisión de validación.
- EarlyStopping se configura para monitorear la pérdida de validación con una paciencia de 5 épocas.

Entrenamiento del modelo:

- El modelo se entrena por un máximo de 100 épocas con un tamaño de lote de 32.
- Ambos callbacks (ModelCheckpoint y EarlyStopping) se utilizan durante el entrenamiento.

Visualización:

- La precisión de entrenamiento y validación se grafica a lo largo de las épocas.
- La pérdida de entrenamiento y validación se grafica a lo largo de las épocas.

Evaluación del modelo:

- El modelo final se evalúa en el conjunto de prueba para obtener la precisión de prueba.

Este ejemplo completo demuestra cómo usar eficazmente los callbacks ModelCheckpoint y EarlyStopping en Keras. ModelCheckpoint guarda el mejor modelo durante el entrenamiento, mientras que EarlyStopping previene el sobreajuste al detener el proceso de entrenamiento cuando el rendimiento del modelo en el conjunto de validación deja de mejorar. La adición del preprocesamiento de datos, la definición del modelo y la visualización de los resultados proporciona un flujo de trabajo completo para entrenar y evaluar un modelo de red neuronal.

3.3.4 Callbacks personalizados en Keras

Keras también te permite crear **callbacks personalizados** para ampliar la funcionalidad del proceso de entrenamiento. Con los callbacks personalizados, puedes ejecutar tu propio código en cualquier punto del ciclo de entrenamiento, como al inicio o al final de una época, o después de cada lote. Esta característica poderosa permite a los desarrolladores implementar una amplia gama de comportamientos personalizados y capacidades de monitoreo.

Los callbacks personalizados se pueden utilizar para diversos propósitos, incluyendo:

- Registrar métricas o información personalizadas durante el entrenamiento.
- Implementar programaciones dinámicas de la tasa de aprendizaje.
- Guardar puntos de control del modelo basados en criterios personalizados.
- Visualizar el progreso del entrenamiento en tiempo real.
- Implementar early stopping basado en condiciones complejas.

Para crear un callback personalizado, debes heredar de la clase tf.keras.callbacks.Callback y sobrescribir uno o más de sus métodos. Estos métodos corresponden a diferentes puntos en el proceso de entrenamiento, como:

- on_train_begin y on_train_end: Se llaman al inicio y al final del entrenamiento.
- on_epoch_begin y on_epoch_end: Se llaman al inicio y al final de cada época.
- on_batch_begin y on_batch_end: Se llaman antes y después de procesar cada lote.

Al implementar estos métodos, puedes inyectar lógica personalizada en puntos específicos del proceso de entrenamiento, permitiendo un control detallado y el monitoreo del comportamiento de tu modelo. Esta flexibilidad convierte a los callbacks personalizados en una herramienta esencial para practicantes avanzados de aprendizaje profundo e investigadores.

Creación de un Callback personalizado

Un callback personalizado se puede crear heredando de la clase tf.keras.callbacks.Callback. Esta característica poderosa te permite inyectar lógica personalizada en varias etapas del proceso de entrenamiento. Al sobrescribir métodos específicos de la clase Callback, puedes ejecutar código personalizado al inicio o fin del entrenamiento, de las épocas o incluso de los lotes individuales.

Algunos métodos clave que puedes sobrescribir incluyen:

- on_train_begin(self, logs=None): Llamado una vez al inicio del entrenamiento.
- on_train_end(self, logs=None): Llamado una vez al final del entrenamiento.
- on_epoch_begin(self, epoch, logs=None): Llamado al inicio de cada época.
- on_epoch_end(self, epoch, logs=None): Llamado al final de cada época.
- on_batch_begin(self, batch, logs=None): Llamado justo antes de procesar cada lote.
- on_batch_end(self, batch, logs=None): Llamado al final de cada lote.

Estos métodos proporcionan acceso a detalles internos del entrenamiento a través del diccionario 'logs', lo que te permite hacer un seguimiento de métricas, modificar hiperparámetros dinámicamente o implementar comportamientos de entrenamiento complejos que no son posibles con los callbacks incorporados.

Los callbacks personalizados son particularmente útiles para tareas como implementar programaciones de tasa de aprendizaje personalizadas, registrar el progreso detallado del entrenamiento, early stopping basado en criterios complejos o incluso integrarse con herramientas externas de monitoreo. Aprovechando esta flexibilidad, puedes adaptar el proceso de entrenamiento para satisfacer los requisitos específicos de tu proyecto de aprendizaje profundo.

Ejemplo: Callback personalizado para monitorear la tasa de aprendizaje

```
import tensorflow as tf
from tensorflow.keras.callbacks import Callback
from tensorflow.keras.models import Sequential
from tensorflow.keras.layers import Dense, Flatten
from tensorflow.keras.optimizers import Adam
from tensorflow.keras.datasets import mnist
import numpy as np
import matplotlib.pyplot as plt

# Load and preprocess the MNIST dataset
(X_train, y_train), (X_test, y_test) = mnist.load_data()
X_train, X_test = X_train / 255.0, X_test / 255.0
y_train = tf.keras.utils.to_categorical(y_train, 10)
y_test = tf.keras.utils.to_categorical(y_test, 10)

# Define a custom callback to log learning rates and accuracy at the end of each epoch
class LearningRateAndAccuracyLogger(Callback):
    def __init__(self):
        super().__init__()
        self.learning_rates = []
        self.accuracies = []

    def on_epoch_end(self, epoch, logs=None):
        current_lr = self.model.optimizer.lr.numpy()
        current_accuracy = logs.get('accuracy')
        self.learning_rates.append(current_lr)
        self.accuracies.append(current_accuracy)
        print(f"\\nEpoch {epoch + 1}: Learning rate is {current_lr:.6f}, Accuracy is
{current_accuracy:.4f}")

# Define the model
model = Sequential([
    Flatten(input_shape=(28, 28)),
    Dense(128, activation='relu'),
    Dense(64, activation='relu'),
    Dense(10, activation='softmax')
])

# Compile the model with a custom learning rate schedule
initial_learning_rate = 0.01
lr_schedule = tf.keras.optimizers.schedules.ExponentialDecay(
    initial_learning_rate,
    decay_steps=1000,
    decay_rate=0.9,
    staircase=True)
model.compile(optimizer=Adam(learning_rate=lr_schedule),
              loss='categorical_crossentropy',
              metrics=['accuracy'])

# Instantiate the custom callback
lr_accuracy_logger = LearningRateAndAccuracyLogger()
```

```
# Train the model with the custom callback
history = model.fit(X_train, y_train,
                    epochs=10,
                    batch_size=32,
                    validation_data=(X_test, y_test),
                    callbacks=[lr_accuracy_logger])

# Plot the learning rate and accuracy over epochs
plt.figure(figsize=(12, 5))
plt.subplot(1, 2, 1)
plt.plot(range(1, 11), lr_accuracy_logger.learning_rates)
plt.title('Learning Rate over Epochs')
plt.xlabel('Epoch')
plt.ylabel('Learning Rate')

plt.subplot(1, 2, 2)
plt.plot(range(1, 11), lr_accuracy_logger.accuracies)
plt.title('Accuracy over Epochs')
plt.xlabel('Epoch')
plt.ylabel('Accuracy')

plt.tight_layout()
plt.show()

# Evaluate the model on the test set
test_loss, test_accuracy = model.evaluate(X_test, y_test, verbose=0)
print(f"\\nFinal test accuracy: {test_accuracy:.4f}")
```

Desglose del código:

1. **Importaciones y preparación de datos:**
   - Se importan las bibliotecas necesarias, incluyendo TensorFlow, Keras y matplotlib.
   - Se carga y preprocesa el conjunto de datos MNIST: las imágenes se normalizan y las etiquetas se codifican en one-hot.
2. **Definición de callback personalizado:**
   - Se define una clase de callback personalizada LearningRateAndAccuracyLogger que hereda de Callback.
   - Este callback registra tanto la tasa de aprendizaje como la precisión al final de cada época.
   - Almacena estos valores en listas para ser graficados más adelante.
3. **Definición del modelo:**

  - Se define un modelo Sequential simple con capas Flatten y Dense.
  - La arquitectura del modelo es adecuada para la tarea de clasificación de dígitos MNIST.

4. **Compilación del modelo:**
   - Se utiliza un plan de ajuste de tasa de aprendizaje personalizado (ExponentialDecay) para reducir la tasa de aprendizaje con el tiempo.
   - El modelo se compila con el optimizador Adam, la pérdida categorical crossentropy y la métrica de precisión.

5. **Entrenamiento del modelo:**
   - El modelo se entrena por 10 épocas con un tamaño de lote de 32.
   - Se utiliza el callback personalizado LearningRateAndAccuracyLogger durante el entrenamiento.

6. **Visualización:**
   - Después del entrenamiento, se grafican la tasa de aprendizaje y la precisión a lo largo de las épocas usando matplotlib.
   - Esto proporciona una representación visual de cómo cambian estas métricas durante el entrenamiento.

7. **Evaluación del modelo:**
   - Finalmente, se evalúa el modelo en el conjunto de prueba para obtener la precisión final.

Este ejemplo demuestra un uso completo de callbacks personalizados en Keras. No solo registra la tasa de aprendizaje, sino que también hace seguimiento de la precisión, implementa un plan de ajuste de tasa de aprendizaje personalizado e incluye la visualización de estas métricas a lo largo del entrenamiento. Este enfoque proporciona una visión más profunda del proceso de entrenamiento y el rendimiento del modelo.

3.4 Desplegando Modelos Keras a Producción

Una vez que has entrenado con éxito un modelo de aprendizaje profundo, la siguiente fase crucial es **desplegarlo en producción**. Este paso es esencial para aprovechar las capacidades de tu modelo en escenarios del mundo real, permitiendo que realice predicciones y proporcione información valiosa en diversas aplicaciones. Ya sea que tu plataforma objetivo sea una aplicación web, un dispositivo móvil o una infraestructura basada en la nube, Keras ofrece una suite completa de herramientas y metodologías para facilitar un proceso de despliegue sin problemas.

El camino desde un modelo entrenado hasta un sistema operativo completamente funcional en producción generalmente abarca varias etapas clave:

1. Preservar el modelo entrenado en un formato adecuado para su uso futuro y distribución.
2. Establecer una infraestructura API para exponer la funcionalidad del modelo y manejar solicitudes de predicción de manera eficiente.
3. Ajustar y adaptar el modelo para que funcione de manera óptima en diversos entornos de despliegue, como dispositivos móviles con recursos limitados o plataformas en la nube escalables.
4. Implementar sistemas de monitoreo robustos para rastrear el rendimiento del modelo, su precisión y la utilización de recursos en escenarios de producción en tiempo real.

Para guiarte a través de este proceso crucial, exploraremos una variedad de estrategias de despliegue, cada una adaptada a casos de uso y requisitos específicos:

- Dominar las técnicas para guardar y cargar modelos Keras de manera eficiente, asegurando que tus modelos entrenados estén listos para el despliegue.
- Aprovechar el poder de **TensorFlow Serving** para desplegar modelos Keras como servicios de predicción escalables y de alto rendimiento.
- Integrar modelos Keras sin problemas en aplicaciones web utilizando el marco ligero pero poderoso **Flask**, lo que permite la creación rápida de prototipos y el desarrollo de servicios web impulsados por modelos.
- Optimizar y desplegar modelos Keras para dispositivos móviles y periféricos utilizando **TensorFlow Lite**, desbloqueando el potencial para el aprendizaje automático y la inferencia en dispositivos.

3.4.1 Guardar y Cargar un Modelo Keras

El primer paso para desplegar cualquier modelo Keras es guardarlo. Keras ofrece un mecanismo de guardado robusto a través del método **save()**. Esta función encapsula todo el modelo, incluida su arquitectura, pesos entrenados e incluso la configuración de entrenamiento, en un solo archivo completo. Este enfoque garantiza que todos los componentes esenciales de tu modelo se conserven, lo que facilita un despliegue sin problemas y la reproducción de resultados.

Guardar el modelo: Un análisis más profundo

Cuando estás listo para guardar tu modelo después del entrenamiento, el método **save()** ofrece flexibilidad en los formatos de almacenamiento. Principalmente, ofrece dos opciones estándar en la industria:

- **Formato SavedModel:** Este es el formato recomendado para TensorFlow 2.x. Es un formato independiente del lenguaje que guarda el grafo de cómputo del modelo, lo que permite un despliegue fácil en varias plataformas, incluido TensorFlow Serving.
- **Formato HDF5:** Este formato es particularmente útil por su compatibilidad con otras bibliotecas de computación científica. Almacena el modelo como un solo archivo HDF5, que puede compartirse y cargarse fácilmente en diferentes entornos.

La elección entre estos formatos generalmente depende de tu estrategia de despliegue y de los requisitos específicos de tu proyecto. Ambos formatos preservan la integridad del modelo, asegurando que cuando cargues el modelo para su despliegue, se comporte de manera idéntica a la versión entrenada original.

Ejemplo: Guardar un Modelo Keras Entrenado

```
import tensorflow as tf
from tensorflow.keras.models import Sequential
from tensorflow.keras.layers import Dense, Flatten, Dropout
from tensorflow.keras.datasets import mnist
from tensorflow.keras.utils import to_categorical
import numpy as np
import matplotlib.pyplot as plt

# Load and preprocess the MNIST dataset
(X_train, y_train), (X_test, y_test) = mnist.load_data()

# Normalize pixel values to be between 0 and 1
X_train, X_test = X_train / 255.0, X_test / 255.0

# One-hot encode the labels
y_train = to_categorical(y_train, 10)
y_test = to_categorical(y_test, 10)

# Define a more complex Sequential model
model = Sequential([
    Flatten(input_shape=(28, 28)),
    Dense(256, activation='relu'),
    Dropout(0.3),
    Dense(128, activation='relu'),
    Dropout(0.2),
    Dense(64, activation='relu'),
    Dense(10, activation='softmax')
])

# Compile the model
model.compile(optimizer='adam',
              loss='categorical_crossentropy',
              metrics=['accuracy'])

# Train the model
```

```
history = model.fit(X_train, y_train,
                    validation_split=0.2,
                    epochs=10,
                    batch_size=128,
                    verbose=1)

# Evaluate the model on the test set
test_loss, test_accuracy = model.evaluate(X_test, y_test, verbose=0)
print(f"Test accuracy: {test_accuracy:.4f}")

# Plot training history
plt.figure(figsize=(12, 4))
plt.subplot(1, 2, 1)
plt.plot(history.history['accuracy'], label='Training Accuracy')
plt.plot(history.history['val_accuracy'], label='Validation Accuracy')
plt.title('Model Accuracy')
plt.xlabel('Epoch')
plt.ylabel('Accuracy')
plt.legend()

plt.subplot(1, 2, 2)
plt.plot(history.history['loss'], label='Training Loss')
plt.plot(history.history['val_loss'], label='Validation Loss')
plt.title('Model Loss')
plt.xlabel('Epoch')
plt.ylabel('Loss')
plt.legend()

plt.tight_layout()
plt.show()

# Save the entire model to the SavedModel format
model.save('my_comprehensive_keras_model')

# Load the saved model and make predictions
loaded_model = tf.keras.models.load_model('my_comprehensive_keras_model')
sample_image = X_test[0]
prediction = loaded_model.predict(np.expand_dims(sample_image, axis=0))
predicted_class = np.argmax(prediction)
actual_class = np.argmax(y_test[0])

print(f"Predicted class: {predicted_class}")
print(f"Actual class: {actual_class}")

# Visualize the sample image
plt.imshow(sample_image, cmap='gray')
plt.title(f"Predicted: {predicted_class}, Actual: {actual_class}")
plt.axis('off')
plt.show()
```

Explicación del desglose del código:

1. **Importaciones y preparación de datos:**
   - Se importan las bibliotecas necesarias, incluyendo TensorFlow, Keras, NumPy y Matplotlib.
   - Se carga y preprocesa el conjunto de datos MNIST: las imágenes se normalizan a valores entre 0 y 1, y las etiquetas se codifican en one-hot.
2. **Arquitectura del modelo:**
   - Se define un modelo Sequential más complejo con capas adicionales:
     - Capa Flatten para convertir entradas 2D en 1D.
     - Dos capas Dense con activación ReLU y Dropout para regularización.
     - Capa final Dense con activación softmax para clasificación multiclase.
3. **Compilación del modelo:**
   - El modelo se compila con el optimizador Adam, la función de pérdida categorical crossentropy (adecuada para clasificación multiclase) y la métrica de precisión.
4. **Entrenamiento del modelo:**
   - El modelo se entrena por 10 épocas con un tamaño de lote de 128.
   - El 20% de los datos de entrenamiento se utiliza para la validación durante el entrenamiento.
   - Se almacena el historial de entrenamiento para su posterior visualización.
5. **Evaluación del modelo:**
   - El modelo entrenado se evalúa en el conjunto de prueba para obtener la precisión final.
6. **Visualización del historial de entrenamiento:**
   - Se grafican la precisión/pérdida de entrenamiento y validación a lo largo de las épocas para visualizar el progreso del aprendizaje del modelo.
7. **Guardado del modelo:**
   - Se guarda el modelo completo en el formato SavedModel, que incluye la arquitectura del modelo, los pesos y la configuración del entrenamiento.
8. **Carga del modelo y predicción:**
   - El modelo guardado se carga nuevamente y se utiliza para hacer una predicción sobre una imagen de muestra del conjunto de prueba.

- Se imprimen la clase predicha y la clase real.

9. **Visualización de la imagen de muestra:**
    - Se muestra la imagen de muestra junto con las etiquetas de clase predicha y real.

Este ejemplo completo demuestra el flujo de trabajo completo de entrenamiento de una red neuronal, desde la preparación de datos hasta la evaluación y visualización del modelo. Incluye buenas prácticas como el uso de dropout para regularización, el monitoreo del rendimiento de validación y la visualización del proceso de entrenamiento. El modelo guardado se puede desplegar fácilmente o utilizar para análisis adicionales.

Cargar el modelo

Una vez guardado, el modelo se puede cargar en cualquier entorno para continuar el entrenamiento, hacer predicciones o desplegarlo en un entorno de producción.

Ejemplo: Cargar un modelo Keras guardado

```
import tensorflow as tf
from tensorflow.keras.models import load_model
import numpy as np
import matplotlib.pyplot as plt

# Load the previously saved model
loaded_model = load_model('my_keras_model')

# Assuming X_test and y_test are available from the original dataset
# If not, you would need to load and preprocess your test data here

# Use the loaded model to make predictions
predictions = loaded_model.predict(X_test)

# Convert predictions to class labels
predicted_classes = np.argmax(predictions, axis=1)
true_classes = np.argmax(y_test, axis=1)

# Calculate accuracy
accuracy = np.mean(predicted_classes == true_classes)
print(f"Test accuracy: {accuracy:.4f}")

# Display a few sample predictions
num_samples = 5
fig, axes = plt.subplots(1, num_samples, figsize=(15, 3))
for i in range(num_samples):
    axes[i].imshow(X_test[i].reshape(28, 28), cmap='gray')
    axes[i].set_title(f"Pred: {predicted_classes[i]}\\nTrue: {true_classes[i]}")
    axes[i].axis('off')
plt.tight_layout()
plt.show()
```

```
# Evaluate the model on the test set
test_loss, test_accuracy = loaded_model.evaluate(X_test, y_test, verbose=0)
print(f"Test Loss: {test_loss:.4f}")
print(f"Test Accuracy: {test_accuracy:.4f}")

# Generate a confusion matrix
from sklearn.metrics import confusion_matrix
import seaborn as sns

cm = confusion_matrix(true_classes, predicted_classes)
plt.figure(figsize=(10, 8))
sns.heatmap(cm, annot=True, fmt='d', cmap='Blues')
plt.title('Confusion Matrix')
plt.xlabel('Predicted Label')
plt.ylabel('True Label')
plt.show()
```

Explicación del desglose del código:

- **Importar las bibliotecas necesarias:** Importamos TensorFlow, Keras, NumPy y Matplotlib para la carga del modelo, predicciones y visualización.
- **Cargar el modelo guardado:** Utilizamos load_model() para cargar el modelo Keras guardado previamente.
- **Hacer predicciones:** El modelo cargado se utiliza para hacer predicciones en el conjunto de prueba (X_test).
- **Procesar predicciones:** Convertimos las predicciones sin procesar en etiquetas de clase utilizando np.argmax(). Hacemos lo mismo con las etiquetas verdaderas, suponiendo que y_test está codificado en one-hot.
- **Calcular precisión:** Calculamos la precisión comparando las clases predichas con las clases verdaderas.
- **Visualizar predicciones de muestra:** Mostramos algunas imágenes de muestra del conjunto de prueba junto con sus etiquetas predichas y verdaderas usando Matplotlib.
- **Evaluar el modelo:** Utilizamos el método evaluate() del modelo para obtener la pérdida y la precisión en el conjunto de prueba.
- **Generar una matriz de confusión:** Usamos scikit-learn para crear una matriz de confusión y la visualizamos con seaborn, proporcionando una vista detallada del rendimiento del modelo en todas las clases.

Este ejemplo ofrece un enfoque completo para cargar y utilizar un modelo Keras guardado. Incluye predicción, cálculo de precisión, visualización de muestras, evaluación del modelo y generación de una matriz de confusión. Esto brinda una comprensión exhaustiva de cómo se desempeña el modelo cargado en los datos de prueba.

3.4.2 Desplegando Modelos Keras con TensorFlow Serving

TensorFlow Serving es un sistema robusto y escalable diseñado para desplegar modelos de aprendizaje automático en entornos de producción. Ofrece una solución poderosa para servir modelos como APIs RESTful, permitiendo una integración fluida con aplicaciones externas. Esto facilita predicciones en tiempo real y la inferencia, lo que lo convierte en una opción ideal para una amplia gama de casos de uso, desde aplicaciones web hasta servicios móviles.

Una de las principales ventajas de TensorFlow Serving es su compatibilidad con los modelos Keras guardados en el formato **SavedModel**. Este formato encapsula no solo la arquitectura y los pesos del modelo, sino también el programa completo de TensorFlow, incluidas las operaciones personalizadas y activos. Este enfoque integral asegura que los modelos puedan ser servidos de manera consistente en diferentes entornos.

Exportando el modelo para TensorFlow Serving

Para aprovechar las capacidades de TensorFlow Serving, el primer paso es guardar tu modelo Keras en el formato **SavedModel**. Este proceso es crucial ya que prepara tu modelo para su despliegue en un estado listo para producción. El formato SavedModel preserva el grafo computacional del modelo, las variables y los metadatos, lo que permite que TensorFlow Serving cargue y ejecute el modelo de manera eficiente.

Al exportar tu modelo, es importante considerar el versionado. TensorFlow Serving admite servir múltiples versiones de un modelo simultáneamente, lo cual puede ser invaluable para pruebas A/B o lanzamientos graduales de nuevas iteraciones del modelo. Esta característica mejora la flexibilidad y confiabilidad de tu pipeline de aprendizaje automático, permitiendo actualizaciones y retrocesos sin problemas cuando sea necesario.

Ejemplo: Exportando un modelo Keras para TensorFlow Serving

```
import tensorflow as tf
from tensorflow.keras.models import Sequential
from tensorflow.keras.layers import Dense, Flatten, Dropout
from tensorflow.keras.datasets import mnist
from tensorflow.keras.utils import to_categorical
import numpy as np
import matplotlib.pyplot as plt

# Load and preprocess the MNIST dataset
(X_train, y_train), (X_test, y_test) = mnist.load_data()
X_train, X_test = X_train / 255.0, X_test / 255.0
```

```
y_train = to_categorical(y_train, 10)
y_test = to_categorical(y_test, 10)

# Define the model
model = Sequential([
    Flatten(input_shape=(28, 28)),
    Dense(128, activation='relu'),
    Dropout(0.2),
    Dense(64, activation='relu'),
    Dense(10, activation='softmax')
])

# Compile the model
model.compile(optimizer='adam',                     loss='categorical_crossentropy',
metrics=['accuracy'])

# Train the model
history = model.fit(X_train, y_train, validation_split=0.2, epochs=10, batch_size=128,
verbose=1)

# Evaluate the model
test_loss, test_accuracy = model.evaluate(X_test, y_test, verbose=0)
print(f"Test accuracy: {test_accuracy:.4f}")

# Save the Keras model to the SavedModel format for TensorFlow Serving
model.save('serving_model/keras_model')

# Load the saved model to verify it works
loaded_model = tf.keras.models.load_model('serving_model/keras_model')

# Make a prediction with the loaded model
sample_image = X_test[0]
prediction = loaded_model.predict(np.expand_dims(sample_image, axis=0))
predicted_class = np.argmax(prediction)
actual_class = np.argmax(y_test[0])

print(f"Predicted class: {predicted_class}")
print(f"Actual class: {actual_class}")
```

Explicación del desglose del código:

- **Importaciones:** Importamos las bibliotecas necesarias, incluyendo TensorFlow, componentes de Keras, NumPy y Matplotlib.
- **Preparación de datos:**
    - Cargar el conjunto de datos MNIST usando la utilidad de dataset incorporada en Keras.
    - Normalizar los valores de los píxeles para que estén entre 0 y 1.

  - Convertir las etiquetas al formato one-hot encoded.
- **Definición del modelo:** Crear un modelo Sequential con una capa Flatten, dos capas Dense con activación ReLU, una capa Dropout para regularización, y una capa Dense final con activación softmax para clasificación multiclase.
- **Compilación del modelo:** Compilar el modelo usando el optimizador Adam, la función de pérdida categorical crossentropy y la métrica de precisión.
- **Entrenamiento del modelo:** Entrenar el modelo durante 10 épocas con un tamaño de lote de 128, utilizando el 20% de los datos de entrenamiento para validación.
- **Evaluación del modelo:** Evaluar el modelo entrenado en el conjunto de prueba para obtener la precisión final.
- **Guardado del modelo:** Guardar el modelo completo en el formato SavedModel, que incluye la arquitectura del modelo, los pesos y la configuración del entrenamiento.
- **Carga y verificación del modelo:**
  - Cargar nuevamente el modelo guardado en la memoria.
  - Utilizar el modelo cargado para hacer una predicción en una imagen de muestra del conjunto de prueba.
  - Imprimir la clase predicha y la clase real para verificar que el modelo funcione como se espera.

Este ejemplo completo demuestra el flujo de trabajo completo para entrenar una red neuronal, desde la preparación de datos hasta el despliegue del modelo, incluyendo buenas prácticas como el uso de dropout para regularización y guardar el modelo en un formato adecuado para TensorFlow Serving.

Configurando TensorFlow Serving

TensorFlow Serving proporciona una solución robusta y escalable para desplegar modelos de aprendizaje automático en entornos de producción. Aprovechando contenedores Docker, ofrece un enfoque optimizado para el despliegue de modelos, garantizando consistencia en diferentes plataformas y facilitando la escalabilidad para satisfacer la demanda variable.

Esta estrategia de despliegue con contenedores no solo simplifica el proceso de servir modelos, sino que también mejora la eficiencia y confiabilidad general de las aplicaciones de aprendizaje automático en escenarios del mundo real.

Ejemplo: Ejecutar TensorFlow Serving con Docker

```
# Pull the TensorFlow Serving Docker image
docker pull tensorflow/serving

# Run TensorFlow Serving with the Keras model
```

```
docker run -d --name tf_serving \\
  -p 8501:8501 \\
  --mount
type=bind,source=$(pwd)/serving_model/keras_model,target=/models/keras_model \\
  -e MODEL_NAME=keras_model \\
  -e MODEL_BASE_PATH=/models \\
  -t tensorflow/serving

# Check if the container is running
docker ps

# View logs of the container
docker logs tf_serving

# Stop the container
docker stop tf_serving

# Remove the container
docker rm tf_serving
```

Explicación del desglose del código:

1. docker pull tensorflow/serving: Este comando descarga la última imagen de Docker de TensorFlow Serving desde Docker Hub.
2. Comando docker run:
    - d: Ejecuta el contenedor en modo desapegado (en segundo plano).
    - -name tf_serving: Nombra al contenedor 'tf_serving' para facilitar la referencia.
    - p 8501:8501: Mapea el puerto 8501 del contenedor al puerto 8501 en la máquina host.
    - -mount type=bind,source=$(pwd)/serving_model/keras_model,target=/models/keras_model: Monta el directorio local que contiene el modelo Keras en el directorio /models/keras_model dentro del contenedor.
    - e MODEL_NAME=keras_model: Establece una variable de entorno para especificar el nombre del modelo.
    - e MODEL_BASE_PATH=/models: Establece la ruta base para el modelo en el contenedor.
    - t tensorflow/serving: Especifica la imagen de Docker a utilizar.

3. docker ps: Lista todos los contenedores Docker en ejecución, permitiéndote verificar que el contenedor de TensorFlow Serving esté funcionando.
4. docker logs tf_serving: Muestra los registros del contenedor de TensorFlow Serving, lo cual puede ser útil para solucionar problemas.
5. docker stop tf_serving: Detiene el contenedor de TensorFlow Serving en ejecución.
6. docker rm tf_serving: Elimina el contenedor detenido, liberando recursos.

Este ejemplo proporciona un conjunto completo de comandos Docker para gestionar el contenedor de TensorFlow Serving, incluyendo cómo verificar su estado, ver los registros y limpiar recursos después de su uso.

Realizando solicitudes API para predicciones

Una vez que el modelo está desplegado y operativo, las aplicaciones externas pueden interactuar con él enviando solicitudes HTTP POST para obtener predicciones. Este enfoque basado en API permite la integración fluida de las capacidades del modelo en varios sistemas y flujos de trabajo.

Al utilizar protocolos HTTP estándar, el modelo se vuelve accesible para una amplia gama de aplicaciones cliente, lo que les permite aprovechar su capacidad predictiva de manera eficiente y en tiempo real.

Ejemplo: Enviar una solicitud a TensorFlow Serving

```
import requests
import json
import numpy as np
import matplotlib.pyplot as plt
from tensorflow.keras.datasets import mnist

# Load MNIST dataset
(_, _), (X_test, y_test) = mnist.load_data()

# Normalize the data
X_test = X_test / 255.0

# Prepare the input data (e.g., one test image from MNIST)
input_data = np.expand_dims(X_test[0], axis=0).tolist()

# Define the API URL for TensorFlow Serving
url = '<http://localhost:8501/v1/models/keras_model:predict>'

# Send the request
response = requests.post(url, json={"instances": input_data})

# Parse the predictions
predictions = response.json()['predictions']
predicted_class = np.argmax(predictions[0])
```

```
actual_class = y_test[0]

print(f"Predictions: {predictions}")
print(f"Predicted class: {predicted_class}")
print(f"Actual class: {actual_class}")

# Visualize the input image
plt.imshow(X_test[0], cmap='gray')
plt.title(f"Predicted: {predicted_class}, Actual: {actual_class}")
plt.axis('off')
plt.show()

# Function to send multiple requests
def batch_predict(images, batch_size=32):
    all_predictions = []
    for i in range(0, len(images), batch_size):
        batch = images[i:i+batch_size]
        response = requests.post(url, json={"instances": batch.tolist()})
        all_predictions.extend(response.json()['predictions'])
    return np.array(all_predictions)

# Predict on a larger batch
batch_size = 100
larger_batch = X_test[:batch_size]
batch_predictions = batch_predict(larger_batch)

# Calculate accuracy
predicted_classes = np.argmax(batch_predictions, axis=1)
actual_classes = y_test[:batch_size]
accuracy = np.mean(predicted_classes == actual_classes)
print(f"Batch accuracy: {accuracy:.4f}")

# Visualize confusion matrix
from sklearn.metrics import confusion_matrix
import seaborn as sns

cm = confusion_matrix(actual_classes, predicted_classes)
plt.figure(figsize=(10, 8))
sns.heatmap(cm, annot=True, fmt='d', cmap='Blues')
plt.title('Confusion Matrix')
plt.xlabel('Predicted')
plt.ylabel('Actual')
plt.show()
```

Explicación del desglose del código:

- **Importaciones:** Importamos las bibliotecas necesarias, incluyendo requests para llamadas API, json para analizar las respuestas, numpy para operaciones numéricas, matplotlib para visualización, y el conjunto de datos MNIST de TensorFlow.

- **Preparación de datos:**
  - Cargar el conjunto de datos de prueba MNIST.
  - Normalizar los valores de los píxeles para que estén entre 0 y 1.
  - Preparar una imagen de prueba para la predicción inicial.
- **Solicitud API:**
  - Definir la URL para la API de TensorFlow Serving.
  - Enviar una solicitud POST con los datos de entrada.
  - Analizar la respuesta JSON para obtener las predicciones.
- **Procesamiento de resultados:**
  - Determinar las clases predicha y real.
  - Imprimir las predicciones sin procesar, la clase predicha y la clase real.
- **Visualización:**
  - Mostrar la imagen de entrada usando matplotlib.
  - Agregar un título que muestre las clases predicha y real.
- **Predicción por lotes:**
  - Definir una función batch_predict para enviar múltiples imágenes en lotes.
  - Utilizar esta función para predecir un lote más grande de 100 imágenes.
- **Evaluación de rendimiento:**
  - Calcular e imprimir la precisión para las predicciones por lotes.
  - Generar y visualizar una matriz de confusión utilizando seaborn.

Este ejemplo demuestra un enfoque integral para usar un modelo Keras desplegado a través de TensorFlow Serving. Incluye predicciones individuales y por lotes, cálculo de precisión y visualización de resultados, proporcionando una visión completa del rendimiento del modelo y cómo interactuar con él en un escenario del mundo real.

3.4.3 Desplegando Modelos Keras con Flask (Integración de Aplicaciones Web)

Para aplicaciones que requieren un enfoque de despliegue más personalizado o aquellas que operan a menor escala, integrar modelos Keras en aplicaciones web usando **Flask** ofrece una excelente solución. Flask, conocido por su simplicidad y flexibilidad, es un micro-framework web escrito en Python que permite a los desarrolladores construir y desplegar aplicaciones web rápidamente.

La integración de modelos Keras con Flask ofrece varias ventajas:

- **Prototipado rápido:** El diseño minimalista de Flask permite una configuración y despliegue rápidos, ideal para proyectos de prueba de concepto o desarrollo de MVP (Producto Mínimo Viable).
- **Personalización:** A diferencia de opciones de despliegue más rígidas, Flask brinda control total sobre la estructura de la aplicación, permitiendo a los desarrolladores adaptar el despliegue a necesidades específicas.
- **Creación de API RESTful:** Flask facilita la creación de APIs RESTful, permitiendo una comunicación fluida entre el cliente y el modelo Keras en el servidor.
- **Escalabilidad:** Aunque está principalmente orientado a aplicaciones más pequeñas, Flask puede escalarse para manejar mayores cargas de trabajo cuando se combina con configuraciones de servidor adecuadas y técnicas de balanceo de carga.

Configurando una aplicación Flask para el despliegue de modelos Keras

Crear una aplicación Flask para servir un modelo Keras implica varios pasos clave:

- **Carga del modelo:** El modelo Keras entrenado se carga en memoria cuando la aplicación Flask se inicia.
- **Definición de endpoints API:** Se crean rutas Flask para manejar solicitudes entrantes, generalmente utilizando métodos POST para tareas de predicción.
- **Procesamiento de datos:** Los datos entrantes se preprocesan para coincidir con el formato de entrada esperado por el modelo Keras.
- **Generación de predicciones:** El modelo genera predicciones basadas en los datos de entrada procesados.
- **Formato de respuesta:** Las predicciones se formatean en una respuesta adecuada (por ejemplo, JSON) y se envían de vuelta al cliente.

Este enfoque de despliegue de modelos ofrece un equilibrio entre simplicidad y funcionalidad, siendo una excelente opción para desarrolladores que necesitan mayor control sobre su entorno de despliegue o que están trabajando en proyectos que no requieren las capacidades completas de soluciones de despliegue más complejas como TensorFlow Serving.

Ejemplo: Desplegando un modelo Keras con Flask

```
from flask import Flask, request, jsonify
from tensorflow.keras.models import load_model
import numpy as np
from werkzeug.exceptions import BadRequest
import logging

# Initialize the Flask app
```

```
app = Flask(__name__)

# Configure logging
logging.basicConfig(level=logging.INFO)
logger = logging.getLogger(__name__)

# Load the trained Keras model
try:
    model = load_model('my_keras_model')
    logger.info("Model loaded successfully")
except Exception as e:
    logger.error(f"Failed to load model: {str(e)}")
    raise

# Define an API route for predictions
@app.route('/predict', methods=['POST'])
def predict():
    try:
        # Get the JSON input data from the POST request
        data = request.get_json(force=True)

        if 'instances' not in data:
            raise BadRequest("Missing 'instances' in request data")

        # Prepare the input data as a NumPy array
        input_data = np.array(data['instances'])

        # Validate input shape
        expected_shape = (None, 28, 28)  # Assuming MNIST-like input
        if input_data.shape[1:] != expected_shape[1:]:
            raise BadRequest(f"Invalid input shape. Expected {expected_shape}, got
{input_data.shape}")

        # Make predictions using the loaded model
        predictions = model.predict(input_data)

        # Return the predictions as a JSON response
        return jsonify(predictions=predictions.tolist())

    except BadRequest as e:
        logger.warning(f"Bad request: {str(e)}")
        return jsonify(error=str(e)), 400
    except Exception as e:
        logger.error(f"Prediction error: {str(e)}")
        return jsonify(error="Internal server error"), 500

# Health check endpoint
@app.route('/health', methods=['GET'])
def health_check():
    return jsonify(status="healthy"), 200

# Run the Flask app
```

```
if __name__ == '__main__':
    app.run(host='0.0.0.0', port=5000, debug=False)
```

Explicación completa del desglose:

1. **Importaciones y configuración:**
    - Importamos los módulos necesarios: Flask para el framework web, load_model de Keras, numpy para operaciones con arrays, BadRequest para manejar solicitudes no válidas y logging para el seguimiento de errores.
    - La aplicación Flask se inicializa y se configura el registro de logs para un mejor seguimiento de errores y depuración.
2. **Carga del modelo:**
    - El modelo Keras se carga dentro de un bloque try-except para manejar posibles errores durante la carga.
    - Cualquier error en la carga se registra, proporcionando información valiosa para la solución de problemas.
3. **Endpoint de predicción (/predict):**
    - Este endpoint maneja solicitudes POST para realizar predicciones.
    - Todo el proceso de predicción está envuelto en un bloque try-except para un manejo robusto de errores.
    - Espera una entrada en formato JSON con una clave 'instances' que contiene los datos de entrada.
4. **Validación de entrada:**
    - Verifica si 'instances' existe en los datos de la solicitud.
    - Valida la forma de los datos de entrada comparándola con una forma esperada (suponiendo que la entrada sea similar a MNIST en este ejemplo).
    - Lanza excepciones BadRequest para entradas no válidas, las cuales se capturan y se devuelven como errores 400.
5. **Proceso de predicción:**
    - Convierte los datos de entrada en un array de NumPy.
    - Utiliza el modelo cargado para hacer predicciones.
    - Devuelve las predicciones en una respuesta JSON.
6. **Manejo de errores:**

  - Captura y registra diferentes tipos de excepciones (BadRequest para errores del cliente y Exception general para errores del servidor).
  - Devuelve códigos de estado HTTP apropiados y mensajes de error para diferentes escenarios.

7. **Endpoint de verificación de salud (/health):**
   - Un endpoint simple que devuelve un estado 200, útil para monitorear la disponibilidad de la aplicación.
8. **Configuración de ejecución de la aplicación:**
   - La aplicación está configurada para ejecutarse en todas las interfaces de red disponibles (0.0.0.0).
   - El modo de depuración está desactivado para mayor seguridad en producción.
   - El puerto se establece explícitamente en 5000.

Esta versión proporciona una aplicación Flask robusta y lista para producción para servir un modelo Keras. Incluye un manejo mejorado de errores, validación de entradas, registro de logs y un endpoint de verificación de salud, haciéndola más adecuada para escenarios de despliegue en el mundo real.

Realizando solicitudes a la API de Flask

Una vez que el servidor Flask está en ejecución, puedes enviar solicitudes para obtener predicciones:

Ejemplo: Enviar una solicitud POST a la API de Flask

```
import requests
import json
import numpy as np
import matplotlib.pyplot as plt
from sklearn.metrics import confusion_matrix
import seaborn as sns

# Load and preprocess test data (assuming MNIST dataset)
(_, _), (X_test, y_test) = tf.keras.datasets.mnist.load_data()
X_test = X_test / 255.0  # Normalize pixel values

# Prepare input data for a single image
single_image = np.expand_dims(X_test[0], axis=0).tolist()

# Define the Flask API URL
url = '<http://localhost:5000/predict>'

# Function to send a single prediction request
```

```
def send_prediction_request(data):
    response = requests.post(url, json={"instances": data})
    return response.json()['predictions']

# Send a POST request to the API for a single image
single_prediction = send_prediction_request(single_image)
print(f"Prediction for single image: {single_prediction}")

# Function to send batch prediction requests
def batch_predict(images, batch_size=32):
    all_predictions = []
    for i in range(0, len(images), batch_size):
        batch = images[i:i+batch_size].tolist()
        predictions = send_prediction_request(batch)
        all_predictions.extend(predictions)
    return np.array(all_predictions)

# Predict on a larger batch
batch_size = 100
larger_batch = X_test[:batch_size]
batch_predictions = batch_predict(larger_batch)

# Calculate accuracy
predicted_classes = np.argmax(batch_predictions, axis=1)
actual_classes = y_test[:batch_size]
accuracy = np.mean(predicted_classes == actual_classes)
print(f"Batch accuracy: {accuracy:.4f}")

# Visualize confusion matrix
cm = confusion_matrix(actual_classes, predicted_classes)
plt.figure(figsize=(10, 8))
sns.heatmap(cm, annot=True, fmt='d', cmap='Blues')
plt.title('Confusion Matrix')
plt.xlabel('Predicted')
plt.ylabel('Actual')
plt.show()

# Visualize some predictions
fig, axes = plt.subplots(2, 5, figsize=(15, 6))
for i, ax in enumerate(axes.flat):
    ax.imshow(larger_batch[i], cmap='gray')
    predicted = predicted_classes[i]
    actual = actual_classes[i]
    ax.set_title(f"Pred: {predicted}, Act: {actual}")
    ax.axis('off')
plt.tight_layout()
plt.show()
```

Explicación completa del desglose:

- **Importaciones y configuración:**

  - Importamos las bibliotecas necesarias: requests para llamadas API, json para análisis, numpy para operaciones numéricas, matplotlib y seaborn para visualización, y sklearn para métricas.
  - Se carga y normaliza el conjunto de datos de prueba MNIST.

- **Predicción de imagen única:**
  - Se prepara una imagen de prueba única y se envía a la API Flask.
  - Se imprime la predicción para esta imagen individual.
- **Función de predicción por lotes:**
  - Se define una función batch_predict para enviar múltiples imágenes en lotes.
  - Esto permite la predicción eficiente de conjuntos de datos más grandes.
- **Predicción de lote grande:**
  - Se envía un lote de 100 imágenes para predicción.
  - Se calcula la precisión comparando las clases predichas con las clases reales.
- **Visualización:**
  - Se genera una matriz de confusión y se visualiza usando seaborn, mostrando la distribución de predicciones correctas e incorrectas entre las clases.
  - Se muestra una cuadrícula de imágenes de muestra con sus etiquetas predichas y reales, proporcionando una representación visual del rendimiento del modelo.
- **Manejo de errores y robustez:**
  - Aunque no se muestra explícitamente, es importante agregar bloques try-except alrededor de las llamadas API y el procesamiento de datos para manejar errores potenciales de manera adecuada.

Este ejemplo proporciona un enfoque integral para interactuar con una API Flask que sirve un modelo de aprendizaje automático. Incluye predicciones individuales y por lotes, cálculo de precisión, y dos tipos de visualizaciones para comprender mejor el rendimiento del modelo.

3.4.4 Desplegando Modelos Keras en Dispositivos Móviles con TensorFlow Lite

TensorFlow Lite ofrece una solución optimizada para desplegar modelos de aprendizaje profundo en dispositivos con recursos limitados, como smartphones, tablets y dispositivos IoT. Este framework ligero está diseñado específicamente para optimizar modelos Keras para inferencia eficiente en sistemas móviles y embebidos, abordando los desafíos de poder de procesamiento, memoria y consumo de energía limitados.

El proceso de optimización involucra varios pasos clave:

- **Cuantización del modelo:** Reducir la precisión de los pesos y las activaciones de 32 bits en coma flotante a enteros de 8 bits, lo que disminuye significativamente el tamaño del modelo y mejora la velocidad de inferencia.
- **Fusión de operadores:** Combinar múltiples operaciones en una sola operación optimizada para reducir la sobrecarga computacional.
- **Poda:** Eliminar conexiones y neuronas innecesarias para crear un modelo más compacto sin una pérdida significativa de precisión.

Convertir un modelo Keras a TensorFlow Lite

El proceso de conversión de un modelo Keras al formato TensorFlow Lite se facilita mediante la herramienta **TFLiteConverter**. Este convertidor maneja los detalles intrincados de transformar la arquitectura y los pesos del modelo en un formato optimizado para dispositivos móviles y embebidos. El proceso involucra:

- Analizar la estructura del grafo del modelo.
- Aplicar optimizaciones específicas para el hardware objetivo.
- Generar una representación compacta y eficiente del modelo.

Al aprovechar TensorFlow Lite, los desarrolladores pueden trasladar sus modelos Keras de entornos de escritorio potentes a plataformas móviles e IoT con recursos limitados, habilitando capacidades de aprendizaje automático en el dispositivo para una amplia gama de aplicaciones.

Ejemplo: Convertir un modelo Keras a TensorFlow Lite

```
import tensorflow as tf
import numpy as np

# Load the saved Keras model
model = tf.keras.models.load_model('my_keras_model')

# Convert the Keras model to TensorFlow Lite format
converter = tf.lite.TFLiteConverter.from_saved_model('my_keras_model')

# Enable quantization for further optimization (optional)
converter.optimizations = [tf.lite.Optimize.DEFAULT]

# Convert the model
tflite_model = converter.convert()

# Save the TensorFlow Lite model
with open('model.tflite', 'wb') as f:
    f.write(tflite_model)

# Load and prepare test data (example using MNIST)
```

```
_, (x_test, y_test) = tf.keras.datasets.mnist.load_data()
x_test = x_test.astype(np.float32) / 255.0
x_test = x_test.reshape((x_test.shape[0], 28, 28, 1))

# Load the TFLite model and allocate tensors
interpreter = tf.lite.Interpreter(model_path="model.tflite")
interpreter.allocate_tensors()

# Get input and output tensors
input_details = interpreter.get_input_details()
output_details = interpreter.get_output_details()

# Test the TFLite model on a single image
input_shape = input_details[0]['shape']
input_data = np.expand_dims(x_test[0], axis=0).astype(np.float32)
interpreter.set_tensor(input_details[0]['index'], input_data)

interpreter.invoke()

# The function `get_tensor()` returns a copy of the tensor data
tflite_results = interpreter.get_tensor(output_details[0]['index'])

# Compare TFLite model output with Keras model output
keras_results = model.predict(input_data)
print("TFLite result:", np.argmax(tflite_results))
print("Keras result:", np.argmax(keras_results))

# Evaluate TFLite model accuracy (optional)
correct_predictions = 0
num_test_samples = 1000  # Adjust based on your needs

for i in range(num_test_samples):
    input_data = np.expand_dims(x_test[i], axis=0).astype(np.float32)
    interpreter.set_tensor(input_details[0]['index'], input_data)
    interpreter.invoke()
    tflite_result = interpreter.get_tensor(output_details[0]['index'])

    if np.argmax(tflite_result) == y_test[i]:
        correct_predictions += 1

accuracy = correct_predictions / num_test_samples
print(f"TFLite model accuracy: {accuracy:.4f}")
```

Explicación completa del desglose del código:

- **Carga y conversión del modelo:**
  - El modelo Keras guardado se carga utilizando tf.keras.models.load_model().
  - Se utiliza TFLiteConverter para convertir el modelo Keras al formato TensorFlow Lite.

    - Se habilita la cuantización para una mayor optimización, lo que puede reducir el tamaño del modelo y mejorar la velocidad de inferencia.
- **Guardado del modelo TFLite:**
    - El modelo TFLite convertido se guarda en un archivo llamado 'model.tflite'.
- **Preparación de los datos de prueba:**
    - Los datos de prueba de MNIST se cargan y preprocesan para su uso con el modelo TFLite.
- **Inferencia del modelo TFLite:**
    - Se inicializa el intérprete TFLite y se asignan tensores.
    - Se obtienen los detalles de los tensores de entrada y salida.
    - Se utiliza una imagen de prueba para demostrar la inferencia con el modelo TFLite.
- **Comparación de resultados:**
    - Se compara la salida del modelo TFLite con el modelo Keras original para la misma entrada.
- **Evaluación de precisión del modelo:**
    - Un paso opcional es evaluar la precisión del modelo TFLite en un subconjunto de los datos de prueba.
    - Esto ayuda a asegurar que el proceso de conversión no haya impactado significativamente en el rendimiento del modelo.

Este ejemplo proporciona un flujo de trabajo completo, que incluye la conversión del modelo, el guardado, la carga y la evaluación del modelo TensorFlow Lite. También compara la salida del modelo TFLite con el modelo Keras original para verificar la consistencia y evalúa la precisión del modelo convertido en una porción del conjunto de datos de prueba.

Ejecución del modelo TensorFlow Lite en dispositivos móviles

Una vez convertido, el modelo TensorFlow Lite puede integrarse sin problemas en aplicaciones móviles y sistemas embebidos. TensorFlow Lite ofrece un conjunto completo de APIs diseñadas para Android, iOS y varias plataformas de microcontroladores, permitiendo la ejecución eficiente de estos modelos optimizados en dispositivos con recursos limitados.

Para el desarrollo en Android, TensorFlow Lite proporciona la API de Android de TensorFlow Lite, que permite a los desarrolladores cargar y ejecutar modelos fácilmente dentro de sus aplicaciones. Esta API ofrece enlaces tanto para Java como para Kotlin, lo que la hace accesible para una amplia gama de desarrolladores de Android. De manera similar, para aplicaciones en iOS, TensorFlow Lite ofrece APIs en Objective-C y Swift, asegurando una integración fluida con el ecosistema de Apple.

El intérprete de TensorFlow Lite, un componente crucial del framework, es responsable de cargar el modelo y ejecutar las operaciones de inferencia. Este intérprete está altamente optimizado para entornos móviles y embebidos, aprovechando tecnologías de aceleración específicas de la plataforma, como los delegados de GPU en dispositivos móviles o los aceleradores de redes neuronales en hardware especializado.

La eficiencia y versatilidad de TensorFlow Lite lo convierten en una excelente opción para una amplia variedad de tareas de aprendizaje automático en dispositivos móviles. Algunas aplicaciones comunes incluyen:

- **Clasificación de imágenes:** Identificación de objetos o escenas en fotos tomadas por la cámara del dispositivo.
- **Detección de objetos:** Localización e identificación de múltiples objetos dentro de una imagen o flujo de video.
- **Reconocimiento de voz:** Conversión de palabras habladas en texto para comandos de voz o transcripción.
- **Procesamiento de lenguaje natural:** Análisis y comprensión de entradas de texto para tareas como análisis de sentimientos o traducción de idiomas.
- **Reconocimiento de gestos:** Interpretación de movimientos de manos o cuerpo para interfaces sin contacto.

Al aprovechar TensorFlow Lite, los desarrolladores pueden llevar capacidades avanzadas de aprendizaje automático directamente a los dispositivos de los usuarios, habilitando predicciones en tiempo real y fuera de línea, y mejorando la experiencia del usuario en una amplia gama de aplicaciones móviles.

Ejercicios prácticos Capítulo 3

Ejercicio 1: Guardar y cargar un modelo Keras

Tarea: Entrenar una red neuronal simple en el **conjunto de datos MNIST**, guardar el modelo utilizando el formato **SavedModel** y luego cargar el modelo guardado para hacer predicciones en el conjunto de prueba.

Solución:

```
import tensorflow as tf
from tensorflow.keras.models import Sequential
from tensorflow.keras.layers import Dense, Flatten
from tensorflow.keras.datasets import mnist
```

```
# Load the MNIST dataset
(X_train, y_train), (X_test, y_test) = mnist.load_data()

# Normalize the data
X_train, X_test = X_train / 255.0, X_test / 255.0

# Define a simple Sequential model
model = Sequential([
    Flatten(input_shape=(28, 28)),
    Dense(128, activation='relu'),
    Dense(64, activation='relu'),
    Dense(10, activation='softmax')
])

# Compile the model
model.compile(optimizer='adam',                loss='sparse_categorical_crossentropy',
metrics=['accuracy'])

# Train the model
model.fit(X_train, y_train, epochs=5)

# Save the model in SavedModel format
model.save('saved_model')

# Load the saved model
loaded_model = tf.keras.models.load_model('saved_model')

# Use the loaded model to make predictions
predictions = loaded_model.predict(X_test)
print(f"Predictions for the first test sample: {predictions[0]}")
```

Ejercicio 2: Desplegar un modelo Keras con TensorFlow Serving

Tarea: Entrenar una red neuronal, guardarla en el formato **SavedModel** y preparar el modelo para su despliegue utilizando **TensorFlow Serving**. Escribe un script del lado del cliente que envíe una solicitud a la API del modelo para obtener predicciones.

Solución:

Paso 1: Guardar el modelo para TensorFlow Serving.

```
# Save the model in SavedModel format for TensorFlow Serving
model.save('serving_model/keras_served_model')
```

Paso 2: Ejecutar TensorFlow Serving utilizando Docker.

```
docker pull tensorflow/serving
docker run -p 8501:8501 --name tf_serving \\\\
```

```
  --mount
type=bind,source=$(pwd)/serving_model/keras_served_model,target=/models/keras_served
_model \\\\
  -e MODEL_NAME=keras_served_model -t tensorflow/serving
```

Paso 3: Enviar una solicitud a TensorFlow Serving.

```
import requests
import json
import numpy as np

# Prepare input data
input_data = np.expand_dims(X_test[0], axis=0).tolist()

# Define the API URL for TensorFlow Serving
url = '<http://localhost:8501/v1/models/keras_served_model:predict>'

# Send a POST request to TensorFlow Serving
response = requests.post(url, json={"instances": input_data})

# Parse the response
predictions = response.json()['predictions']
print(f"Predictions: {predictions}")
```

Ejercicio 3: Desplegar un modelo Keras con Flask

Tarea: Crear una aplicación web en **Flask** que cargue un modelo Keras entrenado y lo sirva a través de una API para realizar predicciones. Escribe un script del lado del cliente para enviar una solicitud a la aplicación Flask.

Solución:

Paso 1: Crear la aplicación Flask.

```
from flask import Flask, request, jsonify
from tensorflow.keras.models import load_model
import numpy as np

# Initialize the Flask app
app = Flask(__name__)

# Load the trained Keras model
model = load_model('saved_model')

# Define an API route for predictions
@app.route('/predict', methods=['POST'])
def predict():
    data = request.get_json(force=True)
    input_data = np.array(data['instances'])
    predictions = model.predict(input_data)
    return jsonify(predictions=predictions.tolist())
```

```
# Run the Flask app
if __name__ == '__main__':
    app.run(port=5000, debug=True)
```

Paso 2: Script del lado del cliente para enviar una solicitud a la aplicación Flask.

```
import requests
import json
import numpy as np

# Prepare input data
input_data = np.expand_dims(X_test[0], axis=0).tolist()

# Define the Flask API URL
url = '<http://localhost:5000/predict>'

# Send a POST request to the Flask API
response = requests.post(url, json={"instances": input_data})

# Parse the response
predictions = response.json()['predictions']
print(f"Predictions: {predictions}")
```

Ejercicio 4: Convertir un modelo Keras a TensorFlow Lite

Tarea: Convertir un modelo Keras entrenado al formato **TensorFlow Lite** y guardarlo. Utiliza el intérprete de TensorFlow Lite para ejecutar inferencias en el conjunto de datos de prueba.

Solución:

Paso 1: Convertir el modelo a TensorFlow Lite.

```
# Convert the Keras model to TensorFlow Lite format
converter = tf.lite.TFLiteConverter.from_saved_model('saved_model')
tflite_model = converter.convert()

# Save the TensorFlow Lite model to a file
with open('model.tflite', 'wb') as f:
    f.write(tflite_model)
```

Paso 2: Cargar y ejecutar el modelo con TensorFlow Lite.

```
import tensorflow as tf
import numpy as np

# Load the TensorFlow Lite model
interpreter = tf.lite.Interpreter(model_path='model.tflite')
interpreter.allocate_tensors()

# Get input and output details
```

```
input_details = interpreter.get_input_details()
output_details = interpreter.get_output_details()

# Prepare input data (e.g., first test sample)
test_sample = np.expand_dims(X_test[0], axis=0).astype(np.float32)

# Set the input tensor
interpreter.set_tensor(input_details[0]['index'], test_sample)

# Run the model
interpreter.invoke()

# Get the output tensor (predictions)
output_data = interpreter.get_tensor(output_details[0]['index'])
print(f"TensorFlow Lite model predictions: {output_data}")
```

Ejercicio 5: Usar Model Checkpointing y Early Stopping

Tarea: Entrenar un modelo Keras con **model checkpointing** y **early stopping** para guardar el modelo con mejor rendimiento y detener el entrenamiento cuando el rendimiento deje de mejorar.

Solución:

```
from tensorflow.keras.callbacks import ModelCheckpoint, EarlyStopping

# Define the ModelCheckpoint and EarlyStopping callbacks
checkpoint_callback = ModelCheckpoint(filepath='best_model.h5', save_best_only=True,
monitor='val_accuracy', mode='max', verbose=1)
early_stopping_callback = EarlyStopping(monitor='val_loss', patience=3,
restore_best_weights=True, verbose=1)

# Train the model with both callbacks
model.fit(X_train, y_train, epochs=20, validation_data=(X_test, y_test),
callbacks=[checkpoint_callback, early_stopping_callback])
```

En esta solución:

- **ModelCheckpoint** guarda el mejor modelo basado en la precisión de validación.
- **EarlyStopping** detiene el entrenamiento cuando la pérdida de validación deja de mejorar durante 3 épocas consecutivas.

Estos ejercicios refuerzan los conceptos clave del **Capítulo 3**, incluyendo guardar y cargar modelos Keras, desplegarlos en entornos de producción utilizando **TensorFlow Serving** y **Flask**, convertir modelos a **TensorFlow Lite** para aplicaciones móviles, y utilizar model checkpointing y early stopping para entrenamientos eficientes. Estas tareas son esenciales para llevar los modelos desde la investigación hasta su uso en el mundo real.

Resumen del Capítulo 3

En el **Capítulo 3**, exploramos la **API de Keras** integrada con **TensorFlow 2.x**, que simplifica la creación, el entrenamiento y el despliegue de modelos de aprendizaje profundo. Keras está diseñada para hacer el proceso de creación de redes neuronales más intuitivo, permitiendo tanto a principiantes como a practicantes avanzados prototipar y desplegar modelos de manera eficiente. El capítulo cubrió los aspectos esenciales de Keras, desde la definición de arquitecturas de modelos hasta su despliegue en entornos de producción.

Comenzamos presentando Keras como una API de alto nivel que abstrae muchas de las complejidades del aprendizaje profundo. La **API Sequential** fue presentada como la forma más sencilla de crear modelos apilando capas de manera lineal. Este enfoque es ideal para principiantes o modelos más simples, como las redes neuronales básicas de avance directo. También recorrimos el proceso de compilar y entrenar modelos usando la función **fit()**, y cómo evaluar su rendimiento usando **evaluate()**.

A continuación, exploramos la **API Funcional**, que proporciona más flexibilidad que la API Sequential. La API Funcional permite arquitecturas más complejas, como modelos con múltiples entradas y salidas, capas compartidas e incluso conexiones residuales, lo que la hace ideal para redes neuronales avanzadas como ResNet o redes siamesas. Mostramos cómo utilizar capas compartidas y cabezas de salida múltiples, demostrando el poderoso potencial de la API Funcional para resolver problemas complejos.

El capítulo luego introdujo los **callbacks**, centrándose en dos herramientas críticas: **Model Checkpointing** y **Early Stopping**. El model checkpointing permite guardar los pesos del modelo o el modelo completo en intervalos específicos, generalmente cuando mejora el rendimiento de la validación. Esto es esencial para prevenir la pérdida de datos durante sesiones de entrenamiento largas o para asegurar que se guarde la mejor versión del modelo. **Early Stopping** ayuda a prevenir el sobreajuste deteniendo el proceso de entrenamiento cuando el rendimiento del modelo en el conjunto de validación deja de mejorar, ahorrando tiempo y recursos computacionales. También se introdujeron los callbacks personalizados, permitiendo extender el proceso de entrenamiento con comportamientos personalizados.

Luego profundizamos en el tema crítico del **despliegue de modelos Keras en producción**. Aprendiste a guardar un modelo tanto en los formatos **SavedModel** como **HDF5**, lo que facilita su carga y despliegue posterior. Discutimos el uso de **TensorFlow Serving** para servir modelos a través de APIs, permitiendo predicciones en tiempo real en entornos de producción. Además, cubrimos el despliegue de modelos usando **Flask**, que es útil para construir aplicaciones web a pequeña escala que sirvan modelos Keras a través de APIs RESTful. Finalmente, exploramos **TensorFlow Lite** para desplegar modelos Keras en dispositivos móviles y embebidos, mostrando cómo convertir un modelo Keras al formato TensorFlow Lite y utilizarlo para inferencia en dispositivos con recursos limitados.

En resumen, el Capítulo 3 proporcionó una visión completa de la API de Keras, cubriendo desde la creación de modelos hasta su despliegue en aplicaciones del mundo real. Al dominar estas técnicas, ahora estás preparado para construir, optimizar y desplegar modelos de aprendizaje profundo de manera eficiente utilizando Keras.

Quiz Parte 1: Fundamentos de Redes Neuronales y Aprendizaje Profundo

1. Introducción a las Redes Neuronales y Aprendizaje Profundo (Capítulo 6)

1. ¿Qué es un perceptrón en redes neuronales y cómo funciona?
    - a) Un perceptrón es una red neuronal multicapa con múltiples funciones de activación.
    - b) Un perceptrón es el tipo más simple de red neuronal, que consta de una sola capa que toma decisiones basadas en combinaciones lineales de las entradas.
    - c) Un perceptrón es un algoritmo de aprendizaje profundo diseñado para tareas complejas de reconocimiento de patrones.
    - d) Un perceptrón se utiliza solo en aprendizaje no supervisado para tareas de clustering.
2. ¿Cuál de las siguientes NO es una técnica para reducir el sobreajuste en redes neuronales?
    - a) Dropout
    - b) Early Stopping
    - c) Aumentar el número de capas
    - d) Regularización L2
3. ¿Cuál es el propósito de la función de activación softmax en la capa de salida de una red neuronal?
    - a) Producir una salida binaria para tareas de clasificación.
    - b) Mapear los valores de salida al rango [-1, 1].
    - c) Generar probabilidades para problemas de clasificación multiclase.
    - d) Minimizar la pérdida durante la retropropagación.

2. Aprendizaje Profundo con TensorFlow 2.x (Capítulo 7)

1. ¿Qué es la ejecución ansiosa (eager execution) en TensorFlow 2.x?
   - a) Un modo donde las operaciones de TensorFlow se ejecutan de forma perezosa para optimizar el rendimiento.
   - b) Un modo donde las operaciones de TensorFlow se ejecutan inmediatamente, lo que facilita la depuración y el desarrollo de modelos de manera interactiva.
   - c) Un modo especial para la aceleración de GPU en TensorFlow.
   - d) Un modo donde las operaciones se ejecutan solo después de llamar a la función tf.run().
2. En TensorFlow 2.x, ¿qué API se utiliza típicamente para construir modelos de aprendizaje profundo?
   - a) API de Estimador
   - b) API de Conjuntos de Datos (Dataset API)
   - c) API de Keras
   - d) API Sequential
3. ¿Cuál de los siguientes NO es un caso de uso común para modelos preentrenados de TensorFlow Hub?
   - a) Clasificación de imágenes
   - b) Detección de objetos
   - c) Aprendizaje por refuerzo
   - d) Embedding de texto
4. ¿Cuál es la principal ventaja de usar TensorFlow Serving en producción?
   - a) Permite desplegar modelos de aprendizaje automático como servicios web escalables.
   - b) Es una herramienta para optimizar hiperparámetros durante el entrenamiento del modelo.
   - c) Se usa para monitorear el rendimiento de los modelos durante el entrenamiento.
   - d) Mejora la precisión de los modelos durante el entrenamiento mediante ajuste fino.

3. Aprendizaje Profundo con Keras (Capítulo 8)

1. ¿Cuál es la principal diferencia entre la API Sequential y la API Funcional en Keras?
   - a) La API Sequential se utiliza para construir modelos complejos, mientras que la API Funcional solo para modelos simples.
   - b) La API Sequential permite arquitecturas más complejas, como modelos de entrada/salida múltiple, mientras que la API Funcional está limitada a modelos lineales simples.
   - c) La API Sequential se utiliza para construir pilas lineales simples de capas, mientras que la API Funcional permite arquitecturas más complejas como entradas/salidas múltiples y capas compartidas.
   - d) La API Sequential se usa para aprendizaje transferido, y la API Funcional para entrenar modelos desde cero.
2. ¿Cuál es el propósito del callback ModelCheckpoint en Keras?
   - a) Monitorear el rendimiento del modelo y detener el entrenamiento cuando comience a sobreajustarse.
   - b) Guardar los pesos del modelo o el modelo completo durante el entrenamiento, a menudo cuando mejora el rendimiento.
   - c) Registrar la tasa de aprendizaje y otros hiperparámetros durante el entrenamiento.
   - d) Entrenar el modelo con múltiples conjuntos de datos en paralelo.
3. ¿Cómo evita EarlyStopping el sobreajuste en modelos Keras?
   - a) Reduciendo automáticamente la tasa de aprendizaje durante el entrenamiento.
   - b) Deteniendo el proceso de entrenamiento una vez que el rendimiento del modelo en el conjunto de validación deja de mejorar.
   - c) Guardando el modelo con mejor rendimiento durante el entrenamiento.
   - d) Omitiendo los pasos de validación para aumentar la velocidad del entrenamiento.
4. Al desplegar un modelo Keras utilizando Flask, ¿cuál es el propósito típico del framework Flask?
   - a) Escalar modelos de aprendizaje automático para entrenamiento distribuido.

- b) Construir una aplicación web liviana que sirva predicciones a través de una API RESTful.
- c) Optimizar el rendimiento del modelo en aplicaciones móviles.
- d) Realizar ajuste de hiperparámetros durante el entrenamiento.

5. ¿Cuál es el propósito principal de convertir un modelo Keras al formato TensorFlow Lite?
   - a) Entrenar el modelo más rápido usando GPUs.
   - b) Permitir que el modelo se ejecute de manera eficiente en dispositivos móviles o embebidos.
   - c) Mejorar la precisión del modelo en grandes conjuntos de datos.
   - d) Reducir el tiempo necesario para entrenar el modelo en infraestructura en la nube.

Respuestas al Cuestionario:

1. **b)** Un perceptrón es el tipo más simple de red neuronal, que consta de una sola capa que toma decisiones basadas en combinaciones lineales de las entradas.
2. **c)** Aumentar el número de capas.
3. **c)** Generar probabilidades para problemas de clasificación multiclase.
4. **b)** Un modo donde las operaciones de TensorFlow se ejecutan inmediatamente, lo que facilita la depuración y el desarrollo de modelos de manera interactiva.
5. **c)** API de Keras.
6. **c)** Aprendizaje por refuerzo.
7. **a)** Permite desplegar modelos de aprendizaje automático como servicios web escalables.
8. **c)** La API Sequential se utiliza para construir pilas lineales simples de capas, mientras que la API Funcional permite arquitecturas más complejas como entradas/salidas múltiples y capas compartidas.
9. **b)** Guardar los pesos del modelo o el modelo completo durante el entrenamiento, a menudo cuando mejora el rendimiento.
10. **b)** Deteniendo el proceso de entrenamiento una vez que el rendimiento del modelo en el conjunto de validación deja de mejorar.

11. **b)** Construir una aplicación web liviana que sirva predicciones a través de una API RESTful.
12. **b)** Permitir que el modelo se ejecute de manera eficiente en dispositivos móviles o embebidos.

Parte 2: Frameworks Avanzados de Aprendizaje Profundo

Capítulo 4: Aprendizaje Profundo con PyTorch

PyTorch, un poderoso framework de aprendizaje profundo desarrollado por el laboratorio de investigación de IA de Facebook (FAIR), ha revolucionado el campo del aprendizaje automático. Proporciona a los desarrolladores e investigadores una plataforma altamente intuitiva y flexible para la construcción de redes neuronales. Una de las características más destacadas de PyTorch es su sistema de gráfico computacional dinámico, que permite la construcción de gráficos en tiempo real a medida que se ejecutan las operaciones. Este enfoque único ofrece una flexibilidad sin precedentes en el desarrollo y la experimentación de modelos.

La popularidad del framework entre la comunidad de investigación y desarrollo se debe a varias ventajas clave. En primer lugar, la integración fluida de PyTorch con Python permite una experiencia de codificación más natural, aprovechando el extenso ecosistema de Python. En segundo lugar, sus robustas capacidades de depuración permiten a los desarrolladores identificar y resolver fácilmente problemas en sus modelos. Por último, la biblioteca de tensores de PyTorch está estrechamente integrada en el framework, proporcionando cálculos eficientes y acelerados por GPU para operaciones matemáticas complejas.

En este capítulo integral, profundizaremos en los conceptos fundamentales que forman la base de PyTorch. Exploraremos la estructura de datos versátil del tensor, que sirve como el bloque de construcción principal para todas las operaciones en PyTorch. Obtendrás una comprensión profunda de la diferenciación automática, una característica crucial que simplifica el proceso de cálculo de gradientes para la retropropagación. También examinaremos cómo PyTorch gestiona los gráficos computacionales, proporcionando información sobre el uso eficiente de la memoria y las técnicas de optimización del framework.

Además, te guiaremos en el proceso de construir y entrenar redes neuronales utilizando el poderoso módulo torch.nn de PyTorch. Este módulo ofrece una amplia gama de capas y funciones preconstruidas, lo que permite la creación rápida de prototipos y la experimentación con diversas arquitecturas de redes. Finalmente, exploraremos el módulo torch.optim, que proporciona un conjunto diverso de algoritmos de optimización para ajustar tus modelos y lograr un rendimiento de vanguardia en tareas complejas de aprendizaje automático.

4.1 Introducción a PyTorch y su Gráfico Computacional Dinámico

PyTorch se distingue de otros frameworks de aprendizaje profundo a través de su innovador sistema de **gráfico computacional dinámico**, también conocido como **define-by-run**. Esta poderosa característica permite que el gráfico computacional se construya sobre la marcha a medida que se ejecutan las operaciones, ofreciendo una flexibilidad sin igual en el desarrollo de modelos y simplificando el proceso de depuración. A diferencia de frameworks como TensorFlow (antes de la versión 2.x) que dependían de gráficos computacionales estáticos definidos antes de la ejecución, el enfoque de PyTorch permite la creación de modelos más intuitiva y adaptable.

La piedra angular de las capacidades computacionales de PyTorch radica en su uso de **tensores**. Estos arreglos multidimensionales sirven como la estructura de datos principal para todas las operaciones dentro del framework. Si bien son conceptualmente similares a los arrays de NumPy, los tensores de PyTorch ofrecen ventajas significativas, incluidas la aceleración sin problemas por GPU y la diferenciación automática. Esta combinación de características hace que los tensores de PyTorch sean excepcionalmente adecuados para tareas complejas de aprendizaje profundo, permitiendo una computación eficiente y la optimización de modelos de redes neuronales.

La naturaleza dinámica de PyTorch se extiende más allá de la construcción de gráficos. Permite la creación de arquitecturas de redes neuronales dinámicas, donde la estructura de la red puede cambiar según los datos de entrada o durante el curso del entrenamiento. Esta flexibilidad es particularmente valiosa en escenarios como trabajar con secuencias de longitud variable en procesamiento de lenguaje natural o implementar modelos de tiempo de computación adaptable.

Además, la integración de PyTorch con CUDA, la plataforma de computación paralela de NVIDIA, permite el uso sin esfuerzo de los recursos de la GPU. Esta capacidad acelera significativamente los procesos de entrenamiento e inferencia para modelos de aprendizaje profundo a gran escala, lo que convierte a PyTorch en una opción preferida para investigadores y profesionales que trabajan en tareas intensivas en computación.

4.1.1 Tensores en PyTorch

Los tensores son la estructura de datos fundamental en PyTorch, sirviendo como la columna vertebral para todas las operaciones y cálculos dentro del framework. Estos arreglos multidimensionales son conceptualmente similares a los arrays de NumPy, pero ofrecen varias ventajas clave que los hacen indispensables para las tareas de aprendizaje profundo:

1. Aceleración por GPU

Los tensores de PyTorch tienen la capacidad notable de utilizar sin problemas los recursos de GPU (Unidad de Procesamiento Gráfico), lo que permite mejoras sustanciales en la velocidad en tareas computacionalmente intensivas. Esta capacidad es especialmente crucial para entrenar redes neuronales grandes de manera eficiente. Aquí hay una explicación más detallada:

- **Procesamiento paralelo**: Las GPUs están diseñadas para la computación paralela, permitiendo realizar múltiples cálculos simultáneamente. PyTorch aprovecha este paralelismo para acelerar las operaciones con tensores, que son la base de los cálculos en las redes neuronales.
- **Integración con CUDA**: PyTorch se integra a la perfección con la plataforma CUDA de NVIDIA, permitiendo que los tensores se muevan fácilmente entre la memoria de la CPU y la GPU. Esto permite a los desarrolladores aprovechar al máximo la aceleración por GPU con cambios mínimos en el código.
- **Gestión automática de memoria**: PyTorch maneja las complejidades de la asignación y liberación de memoria en la GPU, facilitando que los desarrolladores se concentren en el diseño del modelo en lugar de la gestión de memoria de bajo nivel.
- **Escalabilidad**: La aceleración por GPU se vuelve cada vez más importante a medida que las redes neuronales crecen en tamaño y complejidad. Permite a los investigadores y profesionales entrenar y desplegar modelos a gran escala que serían poco prácticos en CPUs.
- **Aplicaciones en tiempo real**: El aumento de velocidad proporcionado por la aceleración por GPU es esencial para aplicaciones en tiempo real, como visión por computadora en vehículos autónomos o procesamiento de lenguaje natural en chatbots, donde los tiempos de respuesta rápidos son cruciales.

Al aprovechar el poder de las GPUs, PyTorch permite a los investigadores y desarrolladores llevar los límites de lo que es posible en el aprendizaje profundo, abordando problemas cada vez más complejos y trabajando con conjuntos de datos más grandes que nunca.

2. Diferenciación automática

Las operaciones con tensores en PyTorch admiten el cálculo automático de gradientes, una característica fundamental para implementar la retropropagación en redes neuronales. Esta funcionalidad, conocida como autograd, construye dinámicamente un gráfico computacional y calcula automáticamente los gradientes con respecto a cualquier tensor marcado con requires_grad=True. Aquí hay un desglose más detallado:

- **Gráfico computacional**: PyTorch construye un gráfico acíclico dirigido (DAG) de operaciones a medida que se ejecutan, permitiendo una retropropagación eficiente de los gradientes.

- **Diferenciación en modo reverso**: Autograd utiliza diferenciación en modo reverso, lo que es particularmente eficiente para funciones con muchas entradas y pocas salidas, como es típico en las redes neuronales.
- **Aplicación de la regla de la cadena**: El sistema aplica automáticamente la regla de la cadena del cálculo para calcular gradientes a través de operaciones complejas y funciones anidadas.
- **Eficiencia de memoria**: PyTorch optimiza el uso de la memoria liberando tensores intermedios tan pronto como ya no son necesarios para el cálculo de gradientes.

Esta capacidad de diferenciación automática simplifica significativamente la implementación de arquitecturas de redes neuronales complejas y funciones de pérdida personalizadas, lo que permite a los investigadores y desarrolladores centrarse en el diseño del modelo en lugar de en cálculos manuales de gradientes. También habilita gráficos computacionales dinámicos, donde la estructura de la red puede cambiar durante la ejecución, ofreciendo mayor flexibilidad en la creación y experimentación de modelos.

3. Operaciones in-place

PyTorch permite modificaciones in-place de tensores, lo que puede ayudar a optimizar el uso de la memoria en modelos complejos. Esta característica es particularmente útil cuando se trabaja con grandes conjuntos de datos o redes neuronales profundas donde las limitaciones de memoria pueden ser un problema significativo. Las operaciones in-place modifican el contenido de un tensor directamente, sin crear un nuevo objeto tensorial. Este enfoque puede llevar a una utilización más eficiente de la memoria, especialmente en escenarios donde no se necesitan tensores intermedios temporales.

Algunos beneficios clave de las operaciones in-place incluyen:

- **Huella de memoria reducida**: Al modificar tensores in-place, evitas crear copias innecesarias de datos, lo que puede reducir significativamente el uso total de memoria de tu modelo.
- **Mejor rendimiento**: Las operaciones in-place pueden llevar a cálculos más rápidos en ciertos escenarios, ya que eliminan la necesidad de asignación y liberación de memoria asociada con la creación de nuevos objetos tensoriales.
- **Código simplificado**: En algunos casos, el uso de operaciones in-place puede llevar a un código más conciso y legible, ya que no es necesario reasignar variables después de cada operación.

4. Interoperabilidad

Los tensores de PyTorch ofrecen una integración perfecta con otras bibliotecas de computación científica, en particular con NumPy. Esta interoperabilidad es crucial por varias razones:

- **Intercambio de datos sin esfuerzo**: Los tensores pueden convertirse fácilmente a y desde arrays de NumPy, lo que permite transiciones suaves entre las operaciones de PyTorch y las canalizaciones de procesamiento de datos basadas en NumPy. Esta flexibilidad permite a los investigadores aprovechar las fortalezas de ambas bibliotecas en sus flujos de trabajo.
- **Compatibilidad con el ecosistema**: La capacidad de convertir entre tensores de PyTorch y arrays de NumPy facilita la integración con una amplia gama de bibliotecas de computación científica y visualización de datos construidas alrededor de NumPy, como SciPy, Matplotlib y Pandas.
- **Integración con código heredado**: Muchos scripts de procesamiento y análisis de datos existentes están escritos usando NumPy. La interoperabilidad de PyTorch permite que estos scripts se incorporen fácilmente a los flujos de trabajo de aprendizaje profundo sin necesidad de una reescritura extensa.
- **Optimización del rendimiento**: Si bien los tensores de PyTorch están optimizados para tareas de aprendizaje profundo, puede haber ciertas operaciones que se implementan de manera más eficiente en NumPy. La capacidad de alternar entre ambos permite a los desarrolladores optimizar su código tanto en velocidad como en funcionalidad.

Esta característica de interoperabilidad mejora significativamente la versatilidad de PyTorch, lo que lo convierte en una opción atractiva para los investigadores y desarrolladores que necesitan trabajar en diferentes dominios de la computación científica y el aprendizaje automático.

5. Gráficos computacionales dinámicos

Los tensores de PyTorch están profundamente integrados con su sistema de gráficos computacionales dinámicos, una característica que lo distingue de muchos otros frameworks de aprendizaje profundo. Esta integración permite la creación de modelos altamente flexibles e intuitivos que pueden adaptar su estructura durante la ejecución. Aquí hay una explicación más detallada de cómo funciona esto:

- **Construcción de gráficos sobre la marcha**: A medida que se realizan operaciones con tensores, PyTorch construye automáticamente el gráfico computacional. Esto significa que la estructura de tu red neuronal puede cambiar dinámicamente según los datos de entrada o la lógica condicional dentro de tu código.
- **Ejecución inmediata**: A diferencia de los frameworks de gráficos estáticos, PyTorch ejecuta las operaciones inmediatamente a medida que se definen. Esto facilita la depuración y permite una integración más natural con las sentencias de control de flujo de Python.
- **Retropropagación**: El gráfico dinámico habilita la diferenciación automática a través de código Python arbitrario. Cuando llamas a .backward() en un tensor, PyTorch

recorre el gráfico hacia atrás, calculando los gradientes para todos los tensores con requires_grad=True.

- **Eficiencia de memoria**: El enfoque dinámico de PyTorch permite un uso más eficiente de la memoria, ya que los resultados intermedios se pueden descartar inmediatamente después de que ya no sean necesarios.

Esta naturaleza dinámica hace que PyTorch sea particularmente adecuado para la investigación y la experimentación, donde las arquitecturas de los modelos pueden necesitar modificarse con frecuencia o donde la estructura del cálculo puede depender de los datos de entrada.

Estas características, en conjunto, convierten a los tensores de PyTorch en una herramienta esencial para investigadores y profesionales en el campo del aprendizaje profundo, proporcionando una base poderosa y flexible para construir y entrenar arquitecturas sofisticadas de redes neuronales.

Ejemplo: Creación y manipulación de tensores

```
import torch
import numpy as np

# 1. Creating Tensors
print("1. Creating Tensors:")

# From Python list
tensor_from_list = torch.tensor([1, 2, 3, 4])
print("Tensor from list:", tensor_from_list)

# From NumPy array
np_array = np.array([1, 2, 3, 4])
tensor_from_np = torch.from_numpy(np_array)
print("Tensor from NumPy array:", tensor_from_np)

# Random tensor
random_tensor = torch.randn(3, 4)
print("Random Tensor:\\n", random_tensor)

# 2. Basic Operations
print("\\n2. Basic Operations:")

# Element-wise operations
a = torch.tensor([1, 2, 3])
b = torch.tensor([4, 5, 6])
print("Addition:", a + b)
print("Multiplication:", a * b)

# Reduction operations
tensor_sum = torch.sum(random_tensor)
tensor_mean = torch.mean(random_tensor)
print(f"Sum of tensor elements: {tensor_sum.item()}")
```

```
print(f"Mean of tensor elements: {tensor_mean.item()}")

# 3. Reshaping Tensors
print("\\n3. Reshaping Tensors:")
c = torch.tensor([[1, 2, 3, 4], [5, 6, 7, 8]])
print("Original shape:", c.shape)
reshaped = c.reshape(4, 2)
print("Reshaped:\\n", reshaped)

# 4. Indexing and Slicing
print("\\n4. Indexing and Slicing:")
print("First row:", c[0])
print("Second column:", c[:, 1])

# 5. GPU Operations
print("\\n5. GPU Operations:")
if torch.cuda.is_available():
    gpu_tensor = torch.zeros(3, 4, device='cuda')
    print("Tensor on GPU:\\n", gpu_tensor)
    # Move tensor to CPU
    cpu_tensor = gpu_tensor.to('cpu')
    print("Tensor moved to CPU:\\n", cpu_tensor)
else:
    print("CUDA is not available. Using CPU instead.")
    cpu_tensor = torch.zeros(3, 4)
    print("Tensor on CPU:\\n", cpu_tensor)

# 6. Autograd (Automatic Differentiation)
print("\\n6. Autograd:")
x = torch.tensor([2.0], requires_grad=True)
y = x ** 2
y.backward()
print("Gradient of y=x^2 at x=2:", x.grad)
```

Este ejemplo de código demuestra varios aspectos del trabajo con tensores en PyTorch.

Aquí tienes un desglose completo de cada sección:

1. **Creación de Tensores**:

- Creamos tensores a partir de una lista de Python, un array de NumPy y utilizando el generador de números aleatorios de PyTorch.
- Esto muestra la flexibilidad en la creación de tensores en PyTorch y su interoperabilidad con NumPy.

2. **Operaciones Básicas**:

- Realizamos operaciones de suma y multiplicación elemento por elemento en tensores.

- También demostramos operaciones de reducción (suma y media) en un tensor aleatorio.
- Estas operaciones son fundamentales en los cálculos de redes neuronales.

3. **Redimensionamiento de Tensores**:

- Creamos un tensor 2D y lo redimensionamos, cambiando sus dimensiones.
- El redimensionamiento es crucial en redes neuronales, especialmente al preparar datos o ajustar salidas de capas.

4. **Indexación y Fragmentación**:

- Mostramos cómo acceder a elementos específicos o fragmentos de un tensor.
- Esto es importante para la manipulación de datos y la extracción de características o lotes específicos.

5. **Operaciones en GPU**:

- Verificamos la disponibilidad de CUDA y creamos un tensor en la GPU si es posible.
- También mostramos cómo mover tensores entre GPU y CPU.
- La aceleración por GPU es clave para entrenar redes neuronales grandes de manera eficiente.

6. **Autograd (Diferenciación Automática)**:

- Creamos un tensor con seguimiento de gradientes habilitado.
- Realizamos un cálculo simple (y = x^2) y calculamos su gradiente.
- Esto demuestra la capacidad de diferenciación automática de PyTorch, que es crucial para entrenar redes neuronales mediante retropropagación.

Este ejemplo integral cubre las operaciones esenciales y los conceptos en PyTorch, proporcionando una base sólida para entender cómo trabajar con tensores en varios escenarios, desde la manipulación básica de datos hasta operaciones más avanzadas que involucran GPUs y diferenciación automática.

4.1.2 Gráficos Computacionales Dinámicos

Los gráficos computacionales dinámicos de PyTorch representan un avance significativo sobre los gráficos estáticos utilizados en frameworks de aprendizaje profundo anteriores. A diferencia de los gráficos estáticos, que se definen una vez y luego se reutilizan, PyTorch construye sus gráficos computacionales sobre la marcha a medida que se realizan las operaciones. Este enfoque dinámico ofrece varias ventajas clave:

1. Flexibilidad en el Diseño de Modelos

Los gráficos dinámicos ofrecen una flexibilidad sin igual en la creación de arquitecturas de redes neuronales que pueden adaptarse en tiempo real. Esta adaptabilidad es crucial en varios escenarios avanzados de aprendizaje automático:

- **Algoritmos de aprendizaje por refuerzo**: En estos sistemas, el modelo debe ajustar continuamente su estrategia según la retroalimentación del entorno. Los gráficos dinámicos permiten que la red modifique su estructura o proceso de toma de decisiones en tiempo real, lo que permite un aprendizaje más eficiente en entornos complejos y cambiantes.
- **Redes neuronales recurrentes con longitudes de secuencia variables**: Los gráficos estáticos tradicionales a menudo tienen dificultades con entradas de tamaños variables, lo que requiere técnicas como el padding o truncamiento, que pueden causar pérdida de información o ineficiencia. Los gráficos dinámicos manejan elegantemente secuencias de longitud variable, permitiendo que la red procese cada entrada de manera óptima sin cálculos innecesarios o manipulación de datos.
- **Redes neuronales estructuradas en árboles**: Estos modelos, a menudo utilizados en el procesamiento de lenguaje natural o análisis de datos jerárquicos, se benefician en gran medida de los gráficos dinámicos. La topología de la red puede construirse en tiempo real para coincidir con la estructura de cada entrada, permitiendo una representación y procesamiento más precisos de las relaciones jerárquicas en los datos.

Además, los gráficos dinámicos permiten la implementación de arquitecturas avanzadas como:

- **Modelos de tiempo de computación adaptable**: Estas redes pueden ajustar la cantidad de computación en función de la complejidad de cada entrada, ahorrando recursos en tareas simples mientras dedican más potencia de procesamiento a entradas desafiantes.
- **Búsqueda de arquitectura neuronal**: Los gráficos dinámicos facilitan la exploración de diferentes estructuras de red durante el entrenamiento, lo que permite el descubrimiento automatizado de arquitecturas óptimas para tareas específicas.

Esta flexibilidad no solo mejora el rendimiento del modelo, sino que también abre nuevas vías para la investigación y la innovación en arquitecturas de aprendizaje profundo.

2. Depuración y Desarrollo Intuitivos

La naturaleza dinámica de los gráficos de PyTorch revoluciona el proceso de depuración y desarrollo, ofreciendo varias ventajas:

- **Capacidades mejoradas de depuración**: Los desarrolladores pueden utilizar herramientas estándar de depuración de Python para inspeccionar el modelo en cualquier punto durante la ejecución. Esto permite un análisis en tiempo real de los valores de los tensores, los gradientes y el flujo computacional, lo que facilita la identificación y resolución de problemas en arquitecturas de redes neuronales complejas.

- **Localización precisa de errores**: La construcción dinámica de gráficos permite una localización más precisa de errores o comportamientos inesperados en el código. Esta precisión reduce significativamente el tiempo y el esfuerzo de depuración, permitiendo a los desarrolladores aislar rápidamente y abordar problemas en sus modelos.

- **Visualización y análisis en tiempo real**: Los resultados intermedios pueden examinarse y visualizarse más fácilmente, proporcionando información invaluable sobre el funcionamiento interno del modelo. Esta característica es particularmente útil para entender cómo interactúan las capas, cómo se propagan los gradientes y cómo el modelo aprende con el tiempo.

- **Desarrollo iterativo**: La naturaleza dinámica permite una creación rápida de prototipos y experimentación. Los desarrolladores pueden modificar arquitecturas de modelos sobre la marcha, probar diferentes configuraciones y ver inmediatamente los resultados sin la necesidad de redefinir todo el gráfico computacional.

- **Integración con el ecosistema de Python**: La integración sin problemas de PyTorch con el rico ecosistema de herramientas de ciencia de datos y visualización de Python (como matplotlib, seaborn o tensorboard) mejora la experiencia de depuración y desarrollo, permitiendo un análisis sofisticado y la generación de informes sobre el comportamiento del modelo.

Estas características contribuyen colectivamente a un ciclo de desarrollo más intuitivo, eficiente y productivo en proyectos de aprendizaje profundo, permitiendo a los investigadores y profesionales centrarse más en la innovación de modelos y menos en obstáculos técnicos.

3. Integración Natural con Python

El enfoque de PyTorch permite una integración sin problemas con las sentencias de control de flujo de Python, ofreciendo una flexibilidad sin precedentes en el diseño e implementación de modelos:

- Las **sentencias condicionales** (if/else) pueden usarse directamente dentro de la definición del modelo, lo que permite una bifurcación dinámica basada en la entrada o en los resultados intermedios. Esto permite la creación de modelos adaptativos que pueden ajustar su comportamiento según las características de los datos de entrada o el estado actual de la red.

- Los **bucles** (for/while) pueden incorporarse fácilmente, permitiendo la creación de modelos con profundidad o anchura dinámica. Esta característica es particularmente útil para implementar arquitecturas como las Redes Neuronales Recurrentes (RNN) o modelos con conexiones residuales de profundidad variable.

- Las **comprensiones de listas y expresiones generadoras** de Python pueden aprovecharse para crear código compacto y eficiente para definir capas u operaciones en múltiples dimensiones o canales.
- Las **funciones nativas de Python** pueden integrarse perfectamente en la arquitectura del modelo, permitiendo operaciones personalizadas o lógica compleja que va más allá de las capas estándar de redes neuronales.

Esta integración facilita la implementación de arquitecturas complejas y la experimentación con diseños novedosos de modelos. Los investigadores y profesionales pueden aprovechar su conocimiento existente de Python para crear modelos sofisticados sin necesidad de aprender un lenguaje específico de dominio o constructos específicos del framework.

Además, este enfoque nativo de Python facilita la depuración y la introspección de modelos durante el desarrollo. Los desarrolladores pueden usar herramientas estándar de depuración de Python y técnicas para inspeccionar el comportamiento del modelo en tiempo de ejecución, establecer puntos de interrupción y analizar resultados intermedios, lo que simplifica enormemente el proceso de desarrollo.

4. Uso Eficiente de la Memoria y Flexibilidad Computacional: Los gráficos dinámicos en PyTorch ofrecen ventajas significativas en términos de eficiencia de memoria y flexibilidad computacional:

- **Asignación de memoria optimizada**: Solo se almacenan en memoria las operaciones que realmente se ejecutan, a diferencia de almacenar todo el gráfico estático. Este cálculo sobre la marcha permite un uso más eficiente de los recursos de memoria disponibles.
- **Utilización adaptable de recursos**: Este enfoque es particularmente beneficioso cuando se trabaja con modelos grandes o conjuntos de datos en sistemas con limitaciones de memoria, ya que permite una asignación y liberación de memoria más eficiente según sea necesario durante el cálculo.
- **Formas dinámicas de tensores**: Los gráficos dinámicos de PyTorch pueden manejar tensores con formas variables de manera más fácil, lo cual es crucial para tareas que involucran secuencias de diferentes longitudes o tamaños de lote que pueden cambiar durante el entrenamiento.
- **Cálculo condicional**: La naturaleza dinámica permite la implementación sencilla de cálculos condicionales, donde ciertas partes de la red pueden activarse o pasarse por alto según los datos de entrada o los resultados intermedios, lo que lleva a modelos más eficientes y adaptables.
- **Compilación Just-in-Time**: Los gráficos dinámicos de PyTorch pueden aprovechar las técnicas de compilación just-in-time (JIT), que pueden optimizar aún más el

rendimiento compilando caminos de código que se ejecutan con frecuencia sobre la marcha.

Estas características contribuyen colectivamente a la capacidad de PyTorch para manejar arquitecturas de redes neuronales complejas y dinámicas de manera eficiente, convirtiéndolo en una herramienta poderosa tanto para entornos de investigación como de producción.

El enfoque de gráfico computacional dinámico en PyTorch representa un cambio de paradigma en el diseño de frameworks de aprendizaje profundo. Ofrece a los investigadores y desarrolladores una plataforma más flexible, intuitiva y eficiente para crear y experimentar con arquitecturas de redes neuronales complejas. Este enfoque ha contribuido significativamente a la popularidad de PyTorch tanto en la investigación académica como en las aplicaciones industriales, permitiendo la creación rápida de prototipos y la implementación de modelos de aprendizaje automático de vanguardia.

Ejemplo: Definiendo un Gráfico Computacional Simple

```
import torch

# Create tensors with gradient tracking enabled
x = torch.tensor(2.0, requires_grad=True)
y = torch.tensor(3.0, requires_grad=True)

# Define a more complex computation
z = x**2 + 2*x*y + y**2
print(f"z = {z.item()}")

# Perform backpropagation to compute the gradients
z.backward()

# Print the gradients (derivatives of z w.r.t. x and y)
print(f"Gradient of z with respect to x: {x.grad.item()}")
print(f"Gradient of z with respect to y: {y.grad.item()}")

# Reset gradients
x.grad.zero_()
y.grad.zero_()

# Define another computation
w = torch.log(x) + torch.exp(y)
print(f"w = {w.item()}")

# Compute gradients for w
w.backward()

# Print the new gradients
print(f"Gradient of w with respect to x: {x.grad.item()}")
print(f"Gradient of w with respect to y: {y.grad.item()}")

# Demonstrate higher-order gradients
```

```
x = torch.tensor(2.0, requires_grad=True)
y = x**2 + 2*x + 1

# Compute first-order gradient
first_order = torch.autograd.grad(y, x, create_graph=True)[0]
print(f"First-order gradient: {first_order.item()}")

# Compute second-order gradient
second_order = torch.autograd.grad(first_order, x)[0]
print(f"Second-order gradient: {second_order.item()}")
```

Este ejemplo de código demuestra varios conceptos clave en el sistema de autograd de PyTorch:

1. **Cálculo básico de gradientes**:

- Creamos dos tensores, x e y, con el seguimiento de gradientes habilitado.
- Definimos una función cuadrática z=x2+2xy+y2 (equivalente a (x+y)2).
- Después de llamar a z.backward(), PyTorch calcula automáticamente los gradientes de z con respecto a x e y.
- Los gradientes se almacenan en el atributo .grad de cada tensor.

2. **Cálculos múltiples**:

- Restablecemos los gradientes usando .zero_() para borrar los gradientes anteriores.
- Definimos una nueva función w=ln(x)+ey, demostrando la capacidad de autograd para manejar operaciones matemáticas más complejas.
- Calculamos e imprimimos los gradientes de w con respecto a x e y.

3. **Gradientes de orden superior**:

- Mostramos el cálculo de gradientes de orden superior usando torch.autograd.grad().
- Calculamos el gradiente de primer orden de y=x2+2x+1, que debería ser 2x+2.
- Luego, calculamos el gradiente de segundo orden, que debería ser 2 (la derivada de 2x+2).

Puntos clave:

- El sistema de autograd de PyTorch puede manejar operaciones matemáticas complejas y calcular gradientes automáticamente.
- Los gradientes se pueden calcular varias veces para diferentes funciones usando las mismas variables.

- Se pueden calcular gradientes de orden superior, lo que es útil para ciertas técnicas de optimización y aplicaciones de investigación.
- El parámetro create_graph=True en torch.autograd.grad() permite el cálculo de gradientes de orden superior.

Este ejemplo muestra el poder y la flexibilidad del sistema de autograd de PyTorch, que es fundamental para implementar y entrenar redes neuronales de manera eficiente.

4.1.3 Diferenciación automática con Autograd

Una de las características más poderosas de PyTorch es **autograd**, el motor de diferenciación automática. Este sistema sofisticado forma la columna vertebral de la capacidad de PyTorch para entrenar eficientemente redes neuronales complejas. Autograd realiza un seguimiento meticuloso de todas las operaciones realizadas en tensores que tienen el atributo requires_grad=True, creando un gráfico computacional dinámico. Este gráfico representa el flujo de datos a través de la red y permite el cálculo automático de gradientes utilizando la diferenciación en modo reverso, comúnmente conocida como retropropagación.

La belleza de autograd radica en su capacidad para manejar gráficos computacionales arbitrarios, permitiendo la implementación de arquitecturas neuronales altamente complejas. Puede calcular gradientes para cualquier función diferenciable, sin importar cuán intrincada sea. Esta flexibilidad es particularmente valiosa en entornos de investigación, donde se exploran con frecuencia nuevas estructuras de red.

La eficiencia de autograd proviene de su uso de la diferenciación en modo reverso. Este enfoque calcula los gradientes desde la salida hacia la entrada, lo que es significativamente más eficiente para funciones con muchas entradas y pocas salidas, un escenario común en las redes neuronales. Al aprovechar este método, PyTorch puede calcular rápidamente los gradientes incluso para modelos con millones de parámetros.

Además, la naturaleza dinámica de autograd permite la creación de gráficos computacionales que pueden cambiar con cada pasada hacia adelante. Esta característica es particularmente útil para implementar modelos con cálculos condicionales o estructuras dinámicas, como redes neuronales recurrentes con longitudes de secuencia variables.

La simplificación del cálculo de gradientes que ofrece autograd no puede subestimarse. Abstrae las matemáticas complejas del cálculo de gradientes, permitiendo a los desarrolladores centrarse en la arquitectura del modelo y las estrategias de optimización, en lugar de en las complejidades del cálculo. Esta abstracción ha democratizado el aprendizaje profundo, haciéndolo accesible a una gama más amplia de investigadores y profesionales.

En esencia, autograd es el motor silencioso detrás de las capacidades de aprendizaje profundo de PyTorch, permitiendo el entrenamiento de modelos cada vez más sofisticados que empujan los límites de la inteligencia artificial.

Ejemplo: Diferenciación automática con Autograd

```
import torch

# Create tensors with gradient tracking enabled
x = torch.tensor([2.0, 3.0], requires_grad=True)
y = torch.tensor([4.0, 5.0], requires_grad=True)

# Perform a more complex computation
z = x[0]**2 + 3*x[1]**3 + y[0]*y[1]

# Compute gradients with respect to x and y
z.backward()

# Print gradients
print(f"Gradient of z with respect to x[0]: {x.grad[0].item()}")
print(f"Gradient of z with respect to x[1]: {x.grad[1].item()}")
print(f"Gradient of z with respect to y[0]: {y.grad[0].item()}")
print(f"Gradient of z with respect to y[1]: {y.grad[1].item()}")

# Reset gradients
x.grad.zero_()
y.grad.zero_()

# Define a more complex function
def complex_function(a, b):
    return torch.sin(a) * torch.exp(b) + torch.sqrt(a + b)

# Compute the function and its gradients
result = complex_function(x[0], y[1])
result.backward()

# Print gradients of the complex function
print(f"Gradient of complex function w.r.t x[0]: {x.grad[0].item()}")
print(f"Gradient of complex function w.r.t y[1]: {y.grad[1].item()}")

# Demonstrate higher-order gradients
x = torch.tensor(2.0, requires_grad=True)
y = x**3 + 2*x**2 + 3*x + 1

# Compute first-order gradient
first_order = torch.autograd.grad(y, x, create_graph=True)[0]
print(f"First-order gradient: {first_order.item()}")

# Compute second-order gradient
second_order = torch.autograd.grad(first_order, x)[0]
print(f"Second-order gradient: {second_order.item()}")
```

Ahora, desglosamos este ejemplo:

1. **Cálculo básico de gradientes**:

- Creamos dos tensores, x e y, con el seguimiento de gradientes habilitado usando requires_grad=True.
- Definimos una función más compleja: z = x[0]**2 + 3*x[1]**3 + y[0]*y[1].
- Después de llamar a z.backward(), PyTorch calcula automáticamente los gradientes de z con respecto a x e y.
- Los gradientes se almacenan en el atributo .grad de cada tensor.

2. **Reinicialización de gradientes**:

- Usamos .zero_() para borrar los gradientes anteriores. Esto es importante porque los gradientes se acumulan por defecto en PyTorch.

3. **Función compleja**:

- Definimos una función más compleja utilizando operaciones trigonométricas y exponenciales.
- Esto demuestra la capacidad de autograd para manejar operaciones matemáticas sofisticadas.

4. **Gradientes de orden superior**:

- Calculamos el gradiente de primer orden de y=x3+2x2+3x+1, que debería ser 3x2+4x+3.
- Luego calculamos el gradiente de segundo orden, que debería ser 6x+4.
- El parámetro create_graph=True en torch.autograd.grad() permite el cálculo de gradientes de orden superior.

Puntos clave de este ejemplo expandido:

- El sistema de autograd de PyTorch puede manejar operaciones matemáticas complejas y calcular gradientes automáticamente.
- Los gradientes se pueden calcular para múltiples variables simultáneamente.
- Es importante reiniciar los gradientes entre cálculos para evitar la acumulación.
- PyTorch soporta el cálculo de gradientes de orden superior, lo cual es útil para ciertas técnicas de optimización y aplicaciones de investigación.
- La naturaleza dinámica del gráfico computacional de PyTorch permite la definición flexible e intuitiva de funciones complejas.

Este ejemplo muestra el poder y la flexibilidad del sistema autograd de PyTorch, que es fundamental para implementar y entrenar redes neuronales de manera eficiente.

4.2 Construcción y entrenamiento de redes neuronales con PyTorch

En PyTorch, las redes neuronales se construyen utilizando el poderoso módulo **torch.nn**. Este módulo sirve como una herramienta completa para la construcción de modelos de aprendizaje profundo, ofreciendo una amplia gama de componentes preimplementados esenciales para crear arquitecturas neuronales sofisticadas. Estos componentes incluyen:

- Capas completamente conectadas (también conocidas como capas densas)
- Capas convolucionales para tareas de procesamiento de imágenes
- Capas recurrentes para modelado de secuencias
- Varias funciones de activación (por ejemplo, ReLU, Sigmoid, Tanh)
- Funciones de pérdida para diferentes tipos de tareas de aprendizaje

Una de las principales fortalezas de PyTorch reside en su filosofía de diseño modular e intuitivo. Este enfoque permite a los desarrolladores definir modelos personalizados con gran flexibilidad al subclassificar torch.nn.Module. Esta clase base sirve como la base para todas las capas y modelos de redes neuronales en PyTorch, proporcionando una interfaz coherente para definir la pasada hacia adelante de un modelo y gestionar sus parámetros.

Al aprovechar torch.nn.Module, puedes crear arquitecturas neuronales complejas que van desde redes simples feedforward hasta diseños intrincados como transformadores o redes neuronales gráficas. Esta flexibilidad es particularmente valiosa en entornos de investigación, donde se exploran con frecuencia nuevas arquitecturas.

En las siguientes secciones, profundizaremos en el proceso de construir una red neuronal desde cero. Este recorrido abarcará varios pasos cruciales:

- Definir la arquitectura de la red
- Preparar y cargar el conjunto de datos
- Implementar el bucle de entrenamiento
- Utilizar los optimizadores de PyTorch para un aprendizaje eficiente
- Evaluar el rendimiento del modelo

Al desglosar este proceso en pasos manejables, buscamos proporcionar una comprensión integral de cómo PyTorch facilita el desarrollo y entrenamiento de redes neuronales. Este enfoque no solo demostrará la aplicación práctica de las características de PyTorch, sino que también iluminará los principios subyacentes de la creación y optimización de modelos de aprendizaje profundo.

4.2.1 Definir un modelo de red neuronal en PyTorch

Para definir una red neuronal en PyTorch, subclassificas torch.nn.Module y defines la arquitectura de la red en el método __init__. Este enfoque permite un diseño modular y flexible de los componentes de la red neuronal. El método __init__ es donde declaras las capas y otros componentes que se utilizarán en tu red.

El método **forward** es una parte crucial de tu clase de red neuronal. Especifica la pasada hacia adelante de los datos a través de la red, definiendo cómo los datos de entrada fluyen entre las capas y cómo se transforman. Este método determina la lógica computacional de tu modelo, delineando cómo cada capa procesa la entrada y la pasa a la siguiente capa.

Al separar la definición de la red (__init__) de su lógica computacional (forward), PyTorch ofrece una manera clara e intuitiva de diseñar arquitecturas neuronales complejas. Esta separación permite modificar fácilmente y experimentar con diferentes estructuras de red y combinaciones de capas. Además, facilita la implementación de técnicas avanzadas como conexiones residuales, rutas ramificadas y cálculos condicionales dentro de la red.

Ejemplo: Definición de una red neuronal feedforward

```
import torch
import torch.nn as nn
import torch.nn.functional as F
import torchvision
import torchvision.transforms as transforms
from torch.utils.data import DataLoader

# Define a neural network by subclassing nn.Module
class ComprehensiveNN(nn.Module):
    def __init__(self, input_size, hidden_sizes, output_size, dropout_rate=0.5):
        super(ComprehensiveNN, self).__init__()
        self.input_size = input_size
        self.hidden_sizes = hidden_sizes
        self.output_size = output_size

        # Create a list of linear layers
        self.hidden_layers = nn.ModuleList()
        all_sizes = [input_size] + hidden_sizes
        for i in range(len(all_sizes)-1):
            self.hidden_layers.append(nn.Linear(all_sizes[i], all_sizes[i+1]))

        # Output layer
        self.output_layer = nn.Linear(hidden_sizes[-1], output_size)

        # Dropout layer
        self.dropout = nn.Dropout(dropout_rate)

        # Batch normalization layers
        self.batch_norms    =    nn.ModuleList([nn.BatchNorm1d(size)    for    size    in
hidden_sizes])
```

```
    def forward(self, x):
        # Flatten the input tensor
        x = x.view(-1, self.input_size)

        # Apply hidden layers with ReLU, BatchNorm, and Dropout
        for i, layer in enumerate(self.hidden_layers):
            x = layer(x)
            x = self.batch_norms[i](x)
            x = F.relu(x)
            x = self.dropout(x)

        # Output layer (no activation for use with CrossEntropyLoss)
        x = self.output_layer(x)
        return x

# Hyperparameters
input_size = 784  # 28x28 MNIST images
hidden_sizes = [256, 128, 64]
output_size = 10  # 10 digit classes
learning_rate = 0.001
batch_size = 64
num_epochs = 10

# Instantiate the model
model = ComprehensiveNN(input_size, hidden_sizes, output_size)
print(model)

# Load and preprocess the MNIST dataset
transform = transforms.Compose([
    transforms.ToTensor(),
    transforms.Normalize((0.5,), (0.5,))
])

train_dataset = torchvision.datasets.MNIST(root='./data', train=True, download=True,
transform=transform)
test_dataset = torchvision.datasets.MNIST(root='./data', train=False, download=True,
transform=transform)

train_loader = DataLoader(train_dataset, batch_size=batch_size, shuffle=True)
test_loader = DataLoader(test_dataset, batch_size=batch_size, shuffle=False)

# Define loss function and optimizer
criterion = nn.CrossEntropyLoss()
optimizer = torch.optim.Adam(model.parameters(), lr=learning_rate)

# Training loop
for epoch in range(num_epochs):
    model.train()
    running_loss = 0.0
    for i, (images, labels) in enumerate(train_loader):
        # Forward pass
```

```
        outputs = model(images)
        loss = criterion(outputs, labels)

        # Backward pass and optimization
        optimizer.zero_grad()
        loss.backward()
        optimizer.step()

        running_loss += loss.item()

    print(f'Epoch                    [{epoch+1}/{num_epochs}],                    Loss:
{running_loss/len(train_loader):.4f}')

# Evaluation
model.eval()
with torch.no_grad():
    correct = 0
    total = 0
    for images, labels in test_loader:
        outputs = model(images)
        _, predicted = torch.max(outputs.data, 1)
        total += labels.size(0)
        correct += (predicted == labels).sum().item()

    print(f'Accuracy on the test set: {100 * correct / total:.2f}%')
```

Este ejemplo de código proporciona una implementación integral de una red neuronal utilizando PyTorch.

Vamos a desglosarlo:

1. **Importaciones**:

- Importamos los módulos necesarios de PyTorch, incluidos los de carga y transformación de datos.

2. **Arquitectura de la Red (clase ComprehensiveNN)**:

- La red se define como una clase que hereda de nn.Module.
- Toma input_size, hidden_sizes (una lista de tamaños de capas ocultas) y output_size como parámetros.
- Usamos nn.ModuleList para crear un número dinámico de capas ocultas basadas en el parámetro hidden_sizes.
- Se añaden capas de Dropout y Batch Normalization para regularización y un entrenamiento más rápido.

- El método forward define cómo los datos fluyen a través de la red, aplicando capas, activaciones, normalización por lotes y dropout.

3. **Hiperparámetros**:

- Definimos varios hiperparámetros como input_size, hidden_sizes, output_size, learning_rate, batch_size y num_epochs.

4. **Carga y preprocesamiento de datos**:

- Utilizamos torchvision.datasets.MNIST para cargar el conjunto de datos MNIST.
- Las transformaciones de datos se aplican usando transforms.Compose.
- DataLoader se usa para crear lotes y mezclar los datos.

5. **Función de pérdida y optimizador**:

- Utilizamos CrossEntropyLoss como nuestra función de pérdida, adecuada para clasificación multiclase.
- El optimizador Adam se utiliza para actualizar los parámetros del modelo.

6. **Bucle de entrenamiento**:

- Iteramos sobre el conjunto de datos durante el número especificado de épocas.
- En cada iteración, realizamos una pasada hacia adelante, calculamos la pérdida, realizamos la retropropagación y actualizamos los parámetros del modelo.
- La pérdida acumulada se imprime después de cada época.

7. **Evaluación**:

- Después del entrenamiento, evaluamos el modelo en el conjunto de prueba.
- Calculamos e imprimimos la precisión del modelo en datos no vistos.

Este ejemplo integral demuestra varias mejores prácticas en aprendizaje profundo con PyTorch, incluyendo:

- Arquitectura de red dinámica.
- Uso de múltiples capas ocultas.
- Implementación de dropout para regularización.
- Normalización por lotes para un entrenamiento más rápido y estable.
- Carga y preprocesamiento de datos adecuados.
- Uso de un optimizador moderno (Adam).

- Clara separación de las fases de entrenamiento y evaluación.

Este código proporciona una base sólida para comprender cómo construir, entrenar y evaluar redes neuronales utilizando PyTorch, y se puede adaptar fácilmente a otros conjuntos de datos o arquitecturas.

4.2.2 Definir la función de pérdida y el optimizador

Una vez definida la arquitectura del modelo, el siguiente paso crucial es seleccionar las **funciones de pérdida** y los **optimizadores** adecuados. Estos componentes juegan un papel vital en el proceso de entrenamiento de las redes neuronales. La función de pérdida cuantifica la discrepancia entre las predicciones del modelo y las etiquetas verdaderas, proporcionando una medida de qué tan bien está funcionando el modelo. Por otro lado, el optimizador es responsable de ajustar los parámetros del modelo para minimizar esta pérdida, mejorando efectivamente el rendimiento del modelo con el tiempo.

PyTorch ofrece una suite completa de funciones de pérdida y optimizadores, adaptados a varios tipos de tareas de aprendizaje automático y arquitecturas de modelos. Por ejemplo, en tareas de clasificación, se utiliza comúnmente la pérdida de entropía cruzada, mientras que el error cuadrático medio se emplea a menudo para problemas de regresión. En cuanto a los optimizadores, las opciones van desde el simple descenso de gradiente estocástico (SGD) hasta algoritmos más avanzados como Adam o RMSprop, cada uno con sus propias fortalezas y casos de uso.

La elección de la función de pérdida y el optimizador puede impactar significativamente en el proceso de aprendizaje del modelo y su rendimiento final. Por ejemplo, los optimizadores adaptativos como Adam a menudo convergen más rápido que el SGD estándar, especialmente para redes profundas. Sin embargo, el SGD con una adecuada programación de la tasa de aprendizaje podría llevar a una mejor generalización en algunos casos. Del mismo modo, diferentes funciones de pérdida pueden enfatizar varios aspectos del error de predicción, lo que potencialmente lleva a modelos con características diferentes.

Además, el diseño modular de PyTorch permite una fácil experimentación con diferentes combinaciones de funciones de pérdida y optimizadores. Esta flexibilidad permite a los investigadores y profesionales ajustar sus modelos de manera efectiva, adaptándose a las particularidades específicas de sus conjuntos de datos y dominios de problemas. A medida que avancemos en este capítulo, exploraremos ejemplos prácticos de cómo implementar y utilizar estos componentes en PyTorch, demostrando su impacto en el entrenamiento y el rendimiento del modelo.

Ejemplo: Definición de la pérdida y el optimizador

```
import torch
import torch.nn as nn
import torch.optim as optim
```

```
# Define a simple neural network
class SimpleNN(nn.Module):
    def __init__(self, input_size, hidden_size, num_classes):
        super(SimpleNN, self).__init__()
        self.fc1 = nn.Linear(input_size, hidden_size)
        self.relu = nn.ReLU()
        self.fc2 = nn.Linear(hidden_size, num_classes)

    def forward(self, x):
        out = self.fc1(x)
        out = self.relu(out)
        out = self.fc2(out)
        return out

# Hyperparameters
input_size = 784  # e.g., for MNIST dataset (28x28 pixels)
hidden_size = 500
num_classes = 10
learning_rate = 0.01

# Instantiate the model
model = SimpleNN(input_size, hidden_size, num_classes)

# Define the loss function (Cross Entropy Loss for multi-class classification)
criterion = nn.CrossEntropyLoss()

# Define the optimizer (Stochastic Gradient Descent)
optimizer = optim.SGD(model.parameters(), lr=learning_rate)

# Alternative optimizers
# optimizer = optim.Adam(model.parameters(), lr=learning_rate)
# optimizer = optim.RMSprop(model.parameters(), lr=learning_rate)

# Learning rate scheduler (optional)
scheduler = optim.lr_scheduler.StepLR(optimizer, step_size=30, gamma=0.1)

# Print model summary
print(model)
print(f"Loss function: {criterion}")
print(f"Optimizer: {optimizer}")
```

Este ejemplo de código proporciona una configuración más completa para entrenar una red neuronal utilizando PyTorch. Vamos a desglosarlo:

1. **Definición del modelo**:
    - Definimos una clase de red neuronal simple llamada SimpleNN con una capa oculta.

- La red toma una entrada, la pasa a través de una capa completamente conectada, aplica la activación ReLU, y luego la pasa a través de otra capa completamente conectada para producir la salida.

2. **Hiperparámetros**:
   - Definimos hiperparámetros clave como el tamaño de la entrada, el tamaño de la capa oculta, el número de clases y la tasa de aprendizaje.
   - Estos parámetros se pueden ajustar según el problema específico y el conjunto de datos.
3. **Instanciación del modelo**:
   - Creamos una instancia de nuestro modelo SimpleNN con los hiperparámetros especificados.
4. **Función de pérdida**:
   - Usamos CrossEntropyLoss, que es adecuada para problemas de clasificación multiclase.
   - Esta pérdida combina una activación softmax y la pérdida de log-verosimilitud negativa.
5. **Optimizador**:
   - Utilizamos el Descenso de Gradiente Estocástico (SGD) como nuestro optimizador.
   - También se mencionan otros optimizadores como Adam y RMSprop como referencia.
   - La elección del optimizador puede impactar significativamente en la velocidad de entrenamiento y el rendimiento del modelo.
6. **Scheduler de tasa de aprendizaje (opcional)**:
   - Incluimos un scheduler de tasa de aprendizaje que reduce la tasa de aprendizaje en un factor de 0.1 cada 30 épocas.
   - Esto puede ayudar a ajustar finamente el modelo y mejorar la convergencia.
7. **Resumen del modelo**:
   - Imprimimos la arquitectura del modelo, la función de pérdida y el optimizador para una referencia clara.

Esta configuración proporciona una base sólida para entrenar una red neuronal en PyTorch. Los siguientes pasos involucrarían preparar el conjunto de datos, implementar el bucle de entrenamiento y evaluar el rendimiento del modelo.

4.2.3 Entrenamiento de la red neuronal

Entrenar una red neuronal es un proceso iterativo que implica múltiples pasadas a través del conjunto de datos, conocidas como épocas. Durante cada época, el modelo ajusta sus parámetros para mejorar su rendimiento. Este proceso se puede desglosar en varios pasos clave:

1. Paso hacia adelante

Este paso inicial crucial implica propagar los datos de entrada a través de la arquitectura de la red neuronal. Cada neurona en cada capa procesa la información entrante aplicando sus pesos y sesgos aprendidos, luego pasando el resultado a través de una función de activación. Este proceso continúa capa por capa, transformando los datos de entrada en representaciones cada vez más abstractas.

En redes neuronales convolucionales (CNNs), por ejemplo, las capas iniciales pueden detectar características simples como bordes, mientras que las capas más profundas identifican patrones más complejos. La capa final produce la salida de la red, que podría ser probabilidades de clase para una tarea de clasificación o valores continuos para un problema de regresión. Esta salida representa la comprensión actual del modelo y sus predicciones basadas en sus parámetros aprendidos.

2. Cálculo de la pérdida

Después del paso hacia adelante, las predicciones del modelo se comparan con las etiquetas o valores objetivo reales. La función de pérdida cuantifica esta discrepancia, sirviendo como una métrica crucial para el rendimiento del modelo. Mide qué tan alejadas están las predicciones del modelo respecto a la verdad.

La elección de la función de pérdida depende de la tarea:

- Para tareas de regresión, el **Error Cuadrático Medio (MSE)** es comúnmente utilizado.
- Para problemas de clasificación, se prefiere la **Pérdida de Entropía Cruzada**.

Otras funciones de pérdida incluyen:

- **Error Absoluto Medio (MAE)**: Útil cuando se quiere reducir la influencia de los valores atípicos.
- **Pérdida Hinge**: Utilizada comúnmente en máquinas de soporte vectorial.
- **Pérdida Focal**: Aborda el desequilibrio de clases al reducir la contribución de ejemplos fáciles.

La función de pérdida guía el proceso de optimización y ayuda al modelo a aprender a hacer predicciones más precisas.

3. Retropropagación

Este paso crucial es la base del entrenamiento de redes neuronales, donde se calculan los gradientes para cada uno de los parámetros del modelo con respecto a la función de pérdida. La retropropagación es un algoritmo eficiente que aplica la regla de la cadena del cálculo para computar estos gradientes.

El proceso comienza en la capa de salida y avanza hacia atrás a través de la red, capa por capa. En cada paso, se calcula cuánto contribuyó cada parámetro al error en las predicciones del modelo. Esto se hace calculando derivadas parciales, que miden la tasa de cambio de la pérdida con respecto a cada parámetro.

Los gradientes calculados durante la retropropagación tienen dos propósitos:

- Indican la dirección en la que cada parámetro debe ajustarse para reducir el error general.
- Proporcionan la magnitud del ajuste necesario.

4. Paso de optimización

El proceso de optimización es una parte crucial del entrenamiento de la red neuronal, donde los parámetros del modelo se ajustan basándose en los gradientes calculados. Este paso tiene como objetivo minimizar la función de pérdida, mejorando así el rendimiento del modelo.

Actualizaciones basadas en gradientes: El optimizador utiliza los gradientes calculados durante la retropropagación para actualizar los pesos y sesgos del modelo.

Algoritmos de optimización: Hay varios algoritmos desarrollados para realizar estas actualizaciones de manera eficiente:

- **Descenso de Gradiente Estocástico (SGD)**: La forma más simple, que actualiza los parámetros basándose en el gradiente del lote actual.
- **Adam (Estimación de Momento Adaptativo)**: Adapta la tasa de aprendizaje para cada parámetro.
- **RMSprop**: Utiliza un promedio móvil de gradientes al cuadrado para normalizar el gradiente en sí.

Tasa de aprendizaje: Este hiperparámetro crucial determina el tamaño del paso en cada iteración.

Este proceso se repite para cada lote de datos dentro de una época, y luego durante varias épocas. A medida que el entrenamiento avanza, el rendimiento del modelo mejora, con la pérdida disminuyendo y la precisión aumentando.

Ejemplo: Entrenamiento de una red neuronal simple en el conjunto de datos MNIST

```
import torch
import torch.nn as nn
import torch.optim as optim
```

```
from torchvision import datasets, transforms
from torch.utils.data import DataLoader

# Define a simple neural network
class SimpleNN(nn.Module):
    def __init__(self):
        super(SimpleNN, self).__init__()
        self.flatten = nn.Flatten()
        self.fc1 = nn.Linear(28*28, 128)
        self.relu = nn.ReLU()
        self.fc2 = nn.Linear(128, 10)

    def forward(self, x):
        x = self.flatten(x)
        x = self.fc1(x)
        x = self.relu(x)
        x = self.fc2(x)
        return x

# Set device
device = torch.device("cuda" if torch.cuda.is_available() else "cpu")

# Define transformations for the MNIST dataset
transform = transforms.Compose([
    transforms.ToTensor(),
    transforms.Normalize((0.1307,), (0.3081,))  # MNIST mean and std
])

# Load the MNIST dataset
train_dataset = datasets.MNIST(root='./data', train=True, download=True, transform=transform)
train_loader = DataLoader(train_dataset, batch_size=64, shuffle=True)

# Initialize the model, loss function, and optimizer
model = SimpleNN().to(device)
criterion = nn.CrossEntropyLoss()
optimizer = optim.Adam(model.parameters(), lr=0.001)

# Training loop
epochs = 10
for epoch in range(epochs):
    model.train()
    running_loss = 0.0
    correct = 0
    total = 0
    for batch_idx, (images, labels) in enumerate(train_loader):
        images, labels = images.to(device), labels.to(device)

        # Zero the gradients
        optimizer.zero_grad()

        # Forward pass
```

```
        outputs = model(images)

        # Compute the loss
        loss = criterion(outputs, labels)

        # Backward pass and optimize
        loss.backward()
        optimizer.step()

        # Statistics
        running_loss += loss.item()
        _, predicted = outputs.max(1)
        total += labels.size(0)
        correct += predicted.eq(labels).sum().item()

        if (batch_idx + 1) % 100 == 0:
            print(f'Epoch                  [{epoch+1}/{epochs}],               Step
[{batch_idx+1}/{len(train_loader)}], '
                  f'Loss: {loss.item():.4f}, Accuracy: {100*correct/total:.2f}%')

    epoch_loss = running_loss / len(train_loader)
    epoch_acc = 100 * correct / total
    print(f'Epoch    [{epoch+1}/{epochs}],    Loss:    {epoch_loss:.4f},    Accuracy:
{epoch_acc:.2f}%')

print('Training finished!')

# Save the model
torch.save(model.state_dict(), 'mnist_model.pth')
print('Model saved!')
```

Este ejemplo de código proporciona una implementación más completa del entrenamiento de una red neuronal en el conjunto de datos MNIST utilizando PyTorch.

Vamos a desglosarlo:

1. **Importaciones y Configuración**:
    - Importamos los módulos necesarios de PyTorch y configuramos el dispositivo (CPU o GPU).
2. **Definición de la red neuronal**:
    - Definimos una clase de red neuronal simple SimpleNN con dos capas completamente conectadas.
    - El método forward define cómo fluyen los datos a través de la red.
3. **Preparación de los datos**:
    - Definimos transformaciones para normalizar los datos de MNIST.

- El conjunto de datos MNIST se carga y se envuelve en un DataLoader para el procesamiento por lotes.

4. **Inicialización del modelo**:
   - Creamos una instancia de nuestro modelo SimpleNN y lo movemos al dispositivo apropiado.
   - Definimos la función de pérdida (Pérdida de Entropía Cruzada) y el optimizador (Adam).
5. **Bucle de entrenamiento**:
   - Iteramos sobre el conjunto de datos durante un número especificado de épocas.
   - En cada época:
     - Configuramos el modelo en modo de entrenamiento.
     - Iteramos sobre lotes de datos.
     - Realizamos la pasada hacia adelante, calculamos la pérdida, retropropagamos y actualizamos los parámetros del modelo.
     - Seguimos y mostramos estadísticas (pérdida y precisión) periódicamente.
6. **Guardado del modelo**:
   - Después de entrenar, guardamos el diccionario de estado del modelo para su uso futuro.

Esta implementación incluye varias mejoras sobre la original:

- Utiliza una clase de red neuronal personalizada en lugar de asumir un modelo predefinido.
- Incluye la gestión de dispositivos para potencialmente acelerar el proceso en GPU.
- Hace un seguimiento y reporta tanto la pérdida como la precisión durante el entrenamiento.
- Guarda el modelo entrenado para su uso futuro.

Este ejemplo integral proporciona una base sólida para comprender el proceso completo de definir, entrenar y guardar una red neuronal utilizando PyTorch.

4.2.4 Evaluación del Modelo

Una vez entrenado el modelo, es crucial evaluar su rendimiento en datos no vistos, típicamente en un conjunto de validación o prueba. Este proceso de evaluación es un paso crítico en el ciclo de vida del aprendizaje automático por varias razones:

- Proporciona una estimación imparcial del rendimiento del modelo en datos nuevos y no vistos.
- Ayuda a detectar el sobreajuste, donde el modelo funciona bien con los datos de entrenamiento pero mal con los datos nuevos.
- Permite comparar diferentes modelos o configuraciones de hiperparámetros.

El proceso de evaluación implica varios pasos clave:

1. Preparación de los datos

El conjunto de prueba se somete a un preprocesamiento y transformaciones similares a las del conjunto de entrenamiento para garantizar la consistencia. Este paso es crucial para mantener la integridad del proceso de evaluación. Generalmente, incluye:

- Normalización de las características de entrada a una escala común.
- Redimensionamiento de imágenes a dimensiones uniformes.
- Codificación de variables categóricas.
- Manejo de datos faltantes.

Es importante asegurar que el conjunto de prueba se mantenga completamente separado de los datos de entrenamiento para prevenir fugas de datos, lo que podría llevar a estimaciones de rendimiento excesivamente optimistas.

2. Inferencia del modelo

Durante esta fase crítica, se aplica el modelo entrenado al conjunto de prueba para generar predicciones. Es esencial configurar el modelo en modo de evaluación, lo que desactiva características específicas del entrenamiento como dropout y la normalización por lotes. Esto asegura un comportamiento consistente durante la inferencia y, a menudo, mejora el rendimiento.

En el modo de evaluación, ocurren varios cambios clave:

- Las capas de dropout se desactivan, permitiendo que todas las neuronas contribuyan a la salida.
- La normalización por lotes utiliza estadísticas acumuladas en lugar de las específicas de los lotes.
- El modelo no acumula gradientes, lo que acelera los cálculos.

Para cambiar un modelo de PyTorch a modo de evaluación, simplemente se llama a model.eval(). Esta línea de código activa todos los ajustes internos necesarios. Es importante recordar cambiar de nuevo al modo de entrenamiento (model.train()) si se planea continuar entrenando.

Durante la inferencia, también es una práctica común usar torch.no_grad() para optimizar aún más el rendimiento al desactivar los cálculos de gradientes. Esto puede reducir significativamente el uso de memoria y acelerar el proceso de evaluación, especialmente en modelos o conjuntos de datos grandes.

3. Métricas de rendimiento

El proceso de evaluación implica comparar las predicciones del modelo con las etiquetas verdaderas utilizando las métricas apropiadas. La elección de las métricas depende de la naturaleza de la tarea:

Tareas de clasificación:

- Precisión: La proporción de predicciones correctas entre el número total de casos examinados.
- Precisión (Precision): La proporción de observaciones positivas correctamente predichas sobre el total de observaciones predichas como positivas.
- Sensibilidad (Recall): La proporción de observaciones positivas correctamente predichas entre todas las observaciones realmente positivas.
- Puntaje F1: La media armónica entre precisión y sensibilidad, proporcionando una sola puntuación que equilibra ambas métricas.
- Área bajo la curva ROC (AUC-ROC): Mide la capacidad del modelo para distinguir entre clases.

Tareas de regresión:

- Error cuadrático medio (MSE): Mide la diferencia cuadrada promedio entre los valores predichos y los reales.
- Raíz del error cuadrático medio (RMSE): La raíz cuadrada de MSE, proporcionando una métrica en la misma unidad que la variable objetivo.
- Error absoluto medio (MAE): Mide la diferencia absoluta promedio entre los valores predichos y los reales.
- R-cuadrado (Coeficiente de determinación): Indica la proporción de la varianza en la variable dependiente que es predecible a partir de las variables independientes.

Estas métricas proporcionan valiosas ideas sobre los diferentes aspectos del rendimiento del modelo, permitiendo una evaluación exhaustiva y la comparación entre diferentes modelos o versiones.

4. Análisis de errores

Más allá de las métricas agregadas, es crucial realizar un examen detallado de los errores individuales para obtener una comprensión más profunda del rendimiento del modelo. Este proceso implica:

- Identificar patrones en las clasificaciones incorrectas o errores de predicción.
- Analizar las características de los puntos de datos que consistentemente conducen a predicciones incorrectas.
- Investigar casos atípicos o extremos que desafían el proceso de toma de decisiones del modelo.

Realizar un análisis de errores detallado permite:

- Descubrir sesgos en el modelo o en los datos de entrenamiento.
- Identificar áreas donde el modelo carece de suficiente conocimiento o contexto.
- Guiar mejoras dirigidas en la recolección de datos, la ingeniería de características o la arquitectura del modelo.

Este proceso a menudo lleva a valiosas ideas que impulsan mejoras iterativas en el rendimiento y la robustez del modelo.

Al evaluar minuciosamente el modelo, los investigadores y profesionales pueden ganar confianza en su capacidad de generalización y tomar decisiones informadas sobre la implementación o las mejoras futuras.

Ejemplo: Evaluación del Modelo en Datos de Prueba

```
import torch
import torch.nn as nn
from torchvision import datasets, transforms
from torch.utils.data import DataLoader
import matplotlib.pyplot as plt
from sklearn.metrics import confusion_matrix
import seaborn as sns

# Define the neural network
class SimpleNN(nn.Module):
    def __init__(self):
        super(SimpleNN, self).__init__()
        self.flatten = nn.Flatten()
        self.fc1 = nn.Linear(28*28, 128)
        self.relu = nn.ReLU()
```

```
        self.fc2 = nn.Linear(128, 10)

    def forward(self, x):
        x = self.flatten(x)
        x = self.fc1(x)
        x = self.relu(x)
        x = self.fc2(x)
        return x

# Set device
device = torch.device("cuda" if torch.cuda.is_available() else "cpu")

# Define transformations for the MNIST dataset
transform = transforms.Compose([
    transforms.ToTensor(),
    transforms.Normalize((0.1307,), (0.3081,))  # MNIST mean and std
])

# Load the test dataset
test_dataset    =    datasets.MNIST(root='./data',    train=False,    download=True,
transform=transform)
test_loader = DataLoader(test_dataset, batch_size=32, shuffle=False)

# Load the trained model
model = SimpleNN().to(device)
model.load_state_dict(torch.load('mnist_model.pth'))

# Switch model to evaluation mode
model.eval()

# Disable gradient computation for evaluation
correct = 0
total = 0
all_preds = []
all_labels = []

with torch.no_grad():
    for images, labels in test_loader:
        images, labels = images.to(device), labels.to(device)
        outputs = model(images)
        _, predicted = torch.max(outputs, 1)
        total += labels.size(0)
        correct += (predicted == labels).sum().item()

        all_preds.extend(predicted.cpu().numpy())
        all_labels.extend(labels.cpu().numpy())

# Calculate accuracy
accuracy = 100 * correct / total
print(f'Accuracy on test set: {accuracy:.2f}%')

# Confusion Matrix
```

```
cm = confusion_matrix(all_labels, all_preds)
plt.figure(figsize=(10,8))
sns.heatmap(cm, annot=True, fmt='d', cmap='Blues')
plt.title('Confusion Matrix')
plt.ylabel('True Label')
plt.xlabel('Predicted Label')
plt.show()

# Visualize some predictions
fig, axes = plt.subplots(2, 5, figsize=(12, 6))
axes = axes.ravel()

for i in range(10):
    idx = torch.where(torch.tensor(all_labels) == i)[0][0]
    img = test_dataset[idx][0].squeeze().numpy()
    axes[i].imshow(img, cmap='gray')
    axes[i].set_title(f'True: {all_labels[idx]}, Pred: {all_preds[idx]}')
    axes[i].axis('off')

plt.tight_layout()
plt.show()
```

Este ejemplo de código proporciona una evaluación integral del modelo entrenado en el conjunto de datos de prueba de MNIST.

Vamos a desglosarlo:

1. **Importaciones y Configuración**:
    - Importamos bibliotecas adicionales como matplotlib y seaborn para visualización, y sklearn para calcular la matriz de confusión.
    - El dispositivo se configura para usar CUDA si está disponible, habilitando la aceleración por GPU.
2. **Definición del Modelo**:
    - Definimos una red neuronal simple llamada SimpleNN con dos capas completamente conectadas.
    - El método forward define cómo fluye la información a través de la red.
3. **Preparación de los Datos**:
    - Definimos transformaciones para normalizar los datos de MNIST.
    - El conjunto de datos de prueba de MNIST se carga y se encapsula en un DataLoader para el procesamiento por lotes.
4. **Carga del Modelo**:

- Creamos una instancia de nuestro modelo SimpleNN y cargamos los pesos preentrenados desde 'mnist_model.pth'.

5. **Bucle de Evaluación**:
   - Cambiamos el modelo al modo de evaluación con model.eval().
   - Usamos torch.no_grad() para desactivar el cálculo de gradientes, lo que ahorra memoria y acelera la inferencia.
   - Iteramos sobre el conjunto de datos de prueba, hacemos predicciones y acumulamos resultados.
   - Registramos las predicciones correctas, el total de muestras y almacenamos todas las predicciones y etiquetas verdaderas para análisis posterior.
6. **Métricas de Rendimiento**:
   - Calculamos e imprimimos la precisión general en el conjunto de prueba.
7. **Matriz de Confusión**:
   - Usamos sklearn para calcular la matriz de confusión y seaborn para visualizarla como un mapa de calor.
   - Esto ayuda a identificar qué dígitos confunde el modelo con mayor frecuencia.
8. **Visualización de Predicciones**:
   - Seleccionamos un ejemplo de cada dígito (0-9) del conjunto de prueba.
   - Mostramos estos ejemplos junto con sus etiquetas verdaderas y las predicciones del modelo.
   - Esta inspección visual puede proporcionar información sobre los tipos de errores que comete el modelo.

Esta evaluación integral no solo nos brinda la precisión general, sino que también proporciona información detallada sobre el rendimiento del modelo en diferentes clases, ayudando a identificar fortalezas y debilidades en sus predicciones.

4.3 Aprendizaje por Transferencia y Ajuste Fino de Modelos Preentrenados en PyTorch

En muchas aplicaciones del mundo real, entrenar un modelo de aprendizaje profundo desde cero presenta desafíos significativos, como la escasez de grandes conjuntos de datos etiquetados y los considerables recursos computacionales necesarios para entrenar modelos complejos con millones de parámetros. El **aprendizaje por transferencia** ofrece una solución elegante a estos desafíos al aprovechar el conocimiento de modelos preexistentes.

Este enfoque consiste en tomar un modelo que ha sido preentrenado en un gran conjunto de datos general (como ImageNet, que contiene millones de imágenes etiquetadas en miles de categorías) y adaptarlo a una nueva tarea, a menudo más específica. La idea clave es que las características aprendidas por el modelo en la tarea original suelen ser lo suficientemente generales como para ser útiles en otras tareas relacionadas.

El aprendizaje por transferencia es particularmente poderoso en dominios como visión por computadora, procesamiento del lenguaje natural y reconocimiento de voz. Por ejemplo, un modelo entrenado en ImageNet puede adaptarse para tareas específicas como identificar especies de plantas o detectar condiciones médicas en radiografías, a menudo con menos datos específicos de la tarea de los que serían necesarios para entrenar desde cero.

Al implementar el aprendizaje por transferencia en PyTorch, los investigadores y profesionales generalmente emplean una de dos estrategias principales:

1. **Extracción de características**: En este enfoque, el modelo preentrenado se usa como un extractor de características fijo. Los pesos de la mayoría de la red (generalmente todas las capas excepto la última) se congelan, lo que significa que no se actualizarán durante el entrenamiento. Solo la capa final, a menudo llamada capa de clasificación, se reemplaza con una nueva capa apropiada para la nueva tarea y se entrena con el nuevo conjunto de datos. Este método es particularmente útil cuando la nueva tarea es similar a la tarea original y cuando los recursos computacionales o los datos específicos de la tarea son limitados.

2. **Ajuste fino**: Este enfoque más flexible implica descongelar algunas o todas las capas del modelo preentrenado y continuar entrenándolas con el nuevo conjunto de datos. El ajuste fino permite que el modelo adapte sus características aprendidas a las especificidades de la nueva tarea. Este método puede conducir a un mejor rendimiento, especialmente cuando la nueva tarea es significativamente diferente de la original o cuando hay una cantidad sustancial de datos específicos de la tarea disponibles. Sin embargo, requiere una gestión cuidadosa de las tasas de aprendizaje y la regularización para evitar el sobreajuste o el olvido catastrófico de las características originalmente aprendidas.

La elección entre la extracción de características y el ajuste fino a menudo depende de factores como el tamaño y la similitud del nuevo conjunto de datos con el conjunto de datos original, la complejidad de la nueva tarea y los recursos computacionales disponibles. En la práctica, es común comenzar con la extracción de características y avanzar gradualmente hacia el ajuste fino según sea necesario para optimizar el rendimiento.

4.3.1 Modelos Preentrenados en PyTorch

PyTorch ofrece una extensa colección de **modelos preentrenados** a través del módulo **torchvision.models**, lo que simplifica significativamente el proceso de aprendizaje por transferencia. Estos modelos, que incluyen arquitecturas populares como ResNet, VGG e Inception, han sido entrenados en el vasto conjunto de datos ImageNet. Este conjunto de datos comprende más de 1.2 millones de imágenes en 1,000 categorías de objetos diversas, lo que permite que estos modelos aprendan características ricas y generalizables.

La disponibilidad de estos modelos preentrenados presenta varias ventajas:

1. Prototipado rápido

Los modelos preentrenados en PyTorch permiten una experimentación rápida con arquitecturas de vanguardia, reduciendo significativamente el tiempo y los recursos típicamente necesarios para el desarrollo de modelos. Esta ventaja permite a los investigadores y desarrolladores:

- Probar rápidamente hipótesis e ideas utilizando arquitecturas de modelos establecidas.
- Iterar rápidamente sobre diferentes configuraciones de modelos sin la necesidad de ciclos de entrenamiento extensos.
- Explorar la efectividad de varias arquitecturas en tareas o conjuntos de datos específicos.
- Acelerar el proceso de desarrollo aprovechando características preaprendidas.
- Enfocarse más en la resolución de problemas y menos en las complejidades de la implementación del modelo.

Esta capacidad es particularmente valiosa en campos donde el tiempo de comercialización o los plazos de investigación son críticos, permitiendo una innovación y descubrimiento más rápidos en las aplicaciones de aprendizaje automático.

2. Eficiencia en el aprendizaje por transferencia

Estos modelos preentrenados sirven como puntos de partida excelentes para tareas de aprendizaje por transferencia, reduciendo significativamente el tiempo y los recursos necesarios para el entrenamiento. Al aprovechar las ricas características aprendidas de conjuntos de datos a gran escala como ImageNet, estos modelos pueden ajustarse con eficacia en conjuntos de datos más pequeños y específicos de dominio. Este enfoque es particularmente valioso en escenarios donde los datos etiquetados son escasos o costosos de obtener, como en imágenes médicas o aplicaciones industriales especializadas.

La eficiencia del aprendizaje por transferencia con estos modelos preentrenados se debe a varios factores:

- **Reutilización de características**: Las capas inferiores de estos modelos a menudo capturan características genéricas (como bordes, texturas y formas) que son aplicables en una amplia gama de tareas visuales.
- **Reducción del tiempo de entrenamiento**: El ajuste fino de un modelo preentrenado generalmente requiere menos épocas para converger en comparación con entrenar desde cero, lo que lleva a ahorros significativos de tiempo.
- **Mejora en la generalización**: El conocimiento diverso codificado en los modelos preentrenados a menudo ayuda a lograr una mejor generalización en nuevas tareas, incluso con datos específicos de dominio limitados.
- **Requisitos computacionales más bajos**: El ajuste fino generalmente requiere menos poder computacional que entrenar un modelo complejo desde cero, lo que lo hace más accesible para investigadores y desarrolladores con recursos limitados.

Esta eficiencia en el aprendizaje por transferencia ha democratizado el acceso a técnicas de aprendizaje automático de vanguardia, permitiendo el prototipado rápido y el despliegue de modelos sofisticados en diversos dominios y aplicaciones.

3. Comparaciones de referencia

Los modelos preentrenados sirven como puntos de referencia invaluables para evaluar arquitecturas personalizadas. Ofrecen varias ventajas en este sentido:

- **Métricas de rendimiento estandarizadas**: Los investigadores pueden comparar sus enfoques novedosos contra puntos de referencia reconocidos, asegurando una evaluación justa y consistente.
- **Información a través de arquitecturas cruzadas**: Al comparar con varios modelos preentrenados, los desarrolladores pueden obtener una comprensión más profunda de las fortalezas y debilidades de su modelo personalizado en diferentes diseños arquitectónicos.
- **Eficiencia en tiempo y recursos**: Usar modelos preentrenados como referencia elimina la necesidad de entrenar múltiples modelos complejos desde cero, reduciendo significativamente los recursos computacionales y el tiempo necesarios para comparaciones exhaustivas.
- **Rendimiento estándar de la industria**: Los modelos preentrenados a menudo representan el rendimiento de vanguardia en conjuntos de datos a gran escala, proporcionando un alto estándar para que los modelos personalizados se esfuercen por igualar o superar.

Esta capacidad de referencia es crucial para avanzar en el campo del aprendizaje automático, ya que permite a los investigadores y profesionales cuantificar mejoras e identificar áreas para más innovaciones en el diseño y las técnicas de entrenamiento del modelo.

Para utilizar estos modelos preentrenados, simplemente puedes importarlos desde torchvision.models y especificar el parámetro pretrained=True. Esto carga la arquitectura del modelo junto con sus pesos preentrenados, listos para ser usados de inmediato o ajustados para tu tarea específica.

Ejemplo: Cargar un Modelo Preentrenado

```
import torch
import torchvision.models as models
from torchvision import transforms
from PIL import Image
import matplotlib.pyplot as plt

# Load a pretrained ResNet-18 model
model = models.resnet18(pretrained=True)

# Print the model architecture
print(model)
# Set the model to evaluation mode
model.eval()

# Define image transformations
transform = transforms.Compose([
    transforms.Resize(256),
    transforms.CenterCrop(224),
    transforms.ToTensor(),
    transforms.Normalize(mean=[0.485, 0.456, 0.406], std=[0.229, 0.224, 0.225])
])

# Load and preprocess an image
img_path = 'path_to_your_image.jpg'
img = Image.open(img_path)
img_tensor = transform(img).unsqueeze(0)  # Add batch dimension

# Make a prediction
with torch.no_grad():
    output = model(img_tensor)

# Get the predicted class
_, predicted_idx = torch.max(output, 1)

# Load ImageNet class labels
with open('imagenet_classes.txt') as f:
    labels = [line.strip() for line in f.readlines()]

# Print the predicted class
print(f"Predicted class: {labels[predicted_idx]}")

# Visualize the image
plt.imshow(img)
plt.axis('off')
```

```
plt.title(f"Predicted: {labels[predicted_idx]}")
plt.show()
```

Este ejemplo de código demuestra cómo usar un modelo ResNet-18 preentrenado para la clasificación de imágenes.

Vamos a desglosarlo:

1. **Importaciones**:
   - torch: La biblioteca principal de PyTorch.
   - torchvision.models: Proporciona modelos preentrenados.
   - torchvision.transforms: Para el preprocesamiento de imágenes.
   - PIL: Para cargar imágenes.
   - matplotlib.pyplot: Para visualizar la imagen y la predicción.
2. **Cargar el Modelo**:
   - models.resnet18(pretrained=True): Carga un modelo ResNet-18 preentrenado.
   - model.eval(): Establece el modelo en modo de evaluación, lo cual es importante para la inferencia.
3. **Preprocesamiento de la Imagen**:
   - Definimos una serie de transformaciones para preprocesar la imagen de entrada:
     - Redimensionar a 256x256.
     - Recorte centrado a 224x224 (el tamaño de entrada esperado por ResNet).
     - Convertir a tensor.
     - Normalizar usando los valores promedio y desviación estándar de ImageNet.
4. **Cargar y Preprocesar una Imagen**:
   - Cargamos una imagen usando PIL.
   - Aplicamos las transformaciones definidas.
   - Añadimos una dimensión de lote usando unsqueeze(0).
5. **Realizar una Predicción**:

- Usamos torch.no_grad() para desactivar el cálculo de gradientes durante la inferencia.
- Pasamos la imagen preprocesada a través del modelo.
- Usamos torch.max() para obtener el índice de la clase con la mayor probabilidad.

6. **Interpretación de los Resultados**:
    - Cargamos las etiquetas de las clases de ImageNet desde un archivo.
    - Asignamos el índice predicho a la etiqueta de clase correspondiente.
7. **Visualización**:
    - Usamos matplotlib para mostrar la imagen de entrada.
    - Añadimos un título que muestra la clase predicha.

Este ejemplo completo demuestra todo el flujo de trabajo de usar un modelo preentrenado para la clasificación de imágenes, desde cargar el modelo, preprocesar una imagen, realizar una predicción y visualizar los resultados.

4.3.2 Extracción de Características con Modelos Preentrenados

En el enfoque de **extracción de características**, aprovechamos el poder de los modelos preentrenados tratándolos como sofisticados extractores de características. Este método implica congelar los pesos de las capas convolucionales del modelo preentrenado, que ya han aprendido a reconocer una amplia gama de características visuales a partir de grandes conjuntos de datos como ImageNet. Al mantener estas capas fijas, preservamos su capacidad para extraer características significativas de las imágenes, independientemente de la tarea específica.

La modificación clave en este enfoque es reemplazar la capa final completamente conectada (FC) del modelo preentrenado con una nueva capa adaptada a nuestra tarea específica. Esta nueva capa FC se convierte en la única parte entrenable de la red, actuando como un clasificador que aprende a mapear las características extraídas a las clases de salida deseadas para nuestra nueva tarea. Esta estrategia es particularmente efectiva cuando:

- La nueva tarea es similar a la tarea original para la que fue entrenado el modelo.
- El conjunto de datos disponible para la nueva tarea es relativamente pequeño.
- Los recursos computacionales son limitados.
- Se necesita un prototipado rápido o experimentación.

Al utilizar la extracción de características, podemos reducir significativamente el tiempo de entrenamiento y los requisitos de recursos, al tiempo que aprovechamos las ricas representaciones de características aprendidas por modelos de vanguardia. Este enfoque permite una rápida adaptación a nuevas tareas y dominios, lo que lo convierte en una técnica valiosa en el aprendizaje por transferencia.

Ejemplo: Usar un ResNet Preentrenado para la Extracción de Características

```
import torch
import torch.nn as nn
import torchvision.models as models
from torchvision import transforms
from torch.utils.data import DataLoader
from torchvision.datasets import CIFAR10

# Load a pretrained ResNet-18 model
model = models.resnet18(pretrained=True)

# Freeze all layers in the model (i.e., prevent backpropagation through these layers)
for param in model.parameters():
    param.requires_grad = False

# Replace the final fully connected layer to match the number of classes in the new
dataset
# ResNet's final layer (fc) originally outputs 1000 classes, we change it to 10 for
CIFAR-10
model.fc = nn.Linear(in_features=model.fc.in_features, out_features=10)

# Print the modified model
print(model)

# Define transformations for the CIFAR-10 dataset
transform = transforms.Compose([
    transforms.Resize(224),  # ResNet expects 224x224 input
    transforms.ToTensor(),
    transforms.Normalize(mean=[0.485, 0.456, 0.406], std=[0.229, 0.224, 0.225])
])

# Load CIFAR-10 dataset
train_dataset = CIFAR10(root='./data', train=True, download=True,
transform=transform)
train_loader = DataLoader(train_dataset, batch_size=32, shuffle=True)

# Define loss function and optimizer
criterion = nn.CrossEntropyLoss()
optimizer = torch.optim.Adam(model.fc.parameters(), lr=0.001)

# Training loop
num_epochs = 5
device = torch.device("cuda" if torch.cuda.is_available() else "cpu")
model.to(device)

for epoch in range(num_epochs):
```

```
    model.train()
    running_loss = 0.0
    for i, (images, labels) in enumerate(train_loader):
        images, labels = images.to(device), labels.to(device)

        optimizer.zero_grad()
        outputs = model(images)
        loss = criterion(outputs, labels)
        loss.backward()
        optimizer.step()

        running_loss += loss.item()

        if (i + 1) % 100 == 0:
            print(f'Epoch [{epoch+1}/{num_epochs}], Step [{i+1}/{len(train_loader)}],
Loss: {running_loss/100:.4f}')
            running_loss = 0.0

print("Training completed!")

# Save the fine-tuned model
torch.save(model.state_dict(), 'resnet18_cifar10.pth')
```

Este ejemplo de código demuestra un enfoque integral de aprendizaje por transferencia utilizando un modelo ResNet-18 preentrenado para el conjunto de datos CIFAR-10.

Vamos a desglosarlo:

1. **Importaciones y Carga del Modelo**:
    - Importamos los módulos necesarios de PyTorch y torchvision.
    - Un modelo ResNet-18 preentrenado se carga utilizando models.resnet18(pretrained=True).
2. **Congelación de Capas**:
    - Todas las capas del modelo preentrenado se congelan configurando requires_grad = False para todos los parámetros.
    - Esto evita que estas capas se actualicen durante el entrenamiento, preservando las características preentrenadas.
3. **Modificación de la Capa Final**:
    - La capa final completamente conectada (fc) se reemplaza con una nueva que genera 10 clases (para CIFAR-10) en lugar de las 1000 originales (para ImageNet).
    - Esta nueva capa será entrenada para nuestra tarea específica.

4. **Preparación de los Datos**:
   - Definimos transformaciones para preprocesar las imágenes de CIFAR-10, incluyendo cambiar el tamaño a 224x224 (requerido por ResNet), convertir a tensor y normalizar.
   - Se carga el conjunto de datos CIFAR-10 y se crea un DataLoader para el procesamiento por lotes.
5. **Configuración del Entrenamiento**:
   - Se utiliza Cross Entropy Loss como la función de pérdida.
   - El optimizador Adam se usa para actualizar solo los parámetros de la nueva capa fc.
   - El modelo se mueve a la GPU si está disponible.
6. **Bucle de Entrenamiento**:
   - El modelo se entrena durante un número especificado de épocas.
   - En cada época, iteramos a través de los datos de entrenamiento, calculamos la pérdida, realizamos la retropropagación y actualizamos la capa final del modelo.
   - El progreso del entrenamiento se imprime cada 100 pasos.
7. **Guardado del Modelo**:
   - Después del entrenamiento, se guarda el diccionario de estado del modelo ajustado en un archivo.

Este ejemplo completo muestra todo el proceso de aprendizaje por transferencia, desde cargar un modelo preentrenado hasta ajustarlo en un nuevo conjunto de datos y guardar los resultados. Es una demostración práctica de cómo aprovechar modelos preentrenados para nuevas tareas con un mínimo de entrenamiento.

4.3.3 Ajuste Fino de un Modelo Preentrenado

En el **ajuste fino**, permitimos que algunas o todas las capas del modelo preentrenado se actualicen durante el entrenamiento. Este enfoque ofrece un equilibrio entre aprovechar las características previamente aprendidas y adaptar el modelo a una nueva tarea. Generalmente, se congelan las capas iniciales (que capturan características genéricas como bordes y texturas) y se ajustan las capas más profundas (que capturan características más específicas de la tarea).

La lógica detrás de esta estrategia se basa en la naturaleza jerárquica de las redes neuronales. Las capas iniciales tienden a aprender características generales de bajo nivel que son aplicables a una amplia gama de tareas, mientras que las capas más profundas aprenden características más especializadas y de alto nivel que son más específicas de la tarea. Al congelar las capas iniciales, preservamos las valiosas características genéricas aprendidas del gran conjunto de datos en el que el modelo fue entrenado originalmente. Esto es especialmente útil cuando nuestra nueva tarea tiene datos de entrenamiento limitados.

Ajustar finamente las capas más profundas permite que el modelo adapte estas características de alto nivel a las particularidades de la nueva tarea. Este proceso puede mejorar significativamente el rendimiento en comparación con usar el modelo preentrenado tal como está o entrenar un modelo nuevo desde cero, especialmente cuando se trabaja con conjuntos de datos limitados o cuando la nueva tarea es similar a la tarea original para la que fue entrenado el modelo.

El número exacto de capas a congelar o ajustar finamente suele determinarse de manera empírica y puede variar dependiendo de factores como la similitud entre las tareas original y nueva, el tamaño del nuevo conjunto de datos y los recursos computacionales disponibles. En la práctica, es común experimentar con diferentes configuraciones para encontrar el equilibrio óptimo para una tarea determinada.

Ejemplo: Ajuste Fino de las Últimas Capas de un ResNet Preentrenado

```
import torch
import torch.nn as nn
import torchvision.models as models
from torchvision import transforms, datasets
from torch.utils.data import DataLoader
import torch.optim as optim

# Load a pretrained ResNet-18 model
model = models.resnet18(pretrained=True)

# Freeze the first few layers
for name, param in model.named_parameters():
    if 'layer4' not in name and 'fc' not in name:  # Only allow parameters in 'layer4'
and 'fc' to be updated
        param.requires_grad = False

# Replace the final fully connected layer
num_ftrs = model.fc.in_features
model.fc = nn.Linear(num_ftrs, 10)  # 10 is the number of classes in CIFAR-10

# Print the modified model with some layers frozen
print(model)

# Define transformations for the CIFAR-10 dataset
transform = transforms.Compose([
    transforms.Resize(224),  # ResNet expects 224x224 input
    transforms.ToTensor(),
    transforms.Normalize(mean=[0.485, 0.456, 0.406], std=[0.229, 0.224, 0.225])
])
```

```
# Load CIFAR-10 dataset
train_dataset = datasets.CIFAR10(root='./data', train=True, download=True, transform=transform)
train_loader = DataLoader(train_dataset, batch_size=32, shuffle=True)

# Define loss function and optimizer
criterion = nn.CrossEntropyLoss()
optimizer = optim.SGD(filter(lambda p: p.requires_grad, model.parameters()), lr=0.001, momentum=0.9)

# Training loop
num_epochs = 5
device = torch.device("cuda" if torch.cuda.is_available() else "cpu")
model.to(device)

for epoch in range(num_epochs):
    model.train()
    running_loss = 0.0
    for i, (images, labels) in enumerate(train_loader):
        images, labels = images.to(device), labels.to(device)

        optimizer.zero_grad()
        outputs = model(images)
        loss = criterion(outputs, labels)
        loss.backward()
        optimizer.step()

        running_loss += loss.item()

        if (i + 1) % 100 == 0:
            print(f'Epoch [{epoch+1}/{num_epochs}], Step [{i+1}/{len(train_loader)}], Loss: {running_loss/100:.4f}')
            running_loss = 0.0

print("Fine-tuning completed!")

# Save the fine-tuned model
torch.save(model.state_dict(), 'resnet18_cifar10_finetuned.pth')
```

Este ejemplo demuestra un enfoque integral para el ajuste fino de un modelo ResNet-18 preentrenado en el conjunto de datos CIFAR-10. Vamos a desglosarlo:

1. **Importaciones y Carga del Modelo**:
    - Importamos los módulos necesarios de PyTorch y torchvision.
    - Se carga un modelo ResNet-18 preentrenado utilizando models.resnet18(pretrained=True).
2. **Congelación de Capas**:

- Iteramos a través de los parámetros nombrados del modelo y congelamos todas las capas, excepto 'layer4' y 'fc'.
- Esto se hace configurando param.requires_grad = False para las capas que deseamos congelar.

3. **Modificación de la Capa Final**:
   - La capa final completamente conectada (fc) se reemplaza con una nueva que genera 10 clases (para CIFAR-10) en lugar de las 1000 originales (para ImageNet).
   - Utilizamos model.fc.in_features para mantener el tamaño de entrada correcto para la nueva capa.
4. **Preparación de los Datos**:
   - Definimos transformaciones para preprocesar las imágenes de CIFAR-10, incluyendo cambiar el tamaño a 224x224 (requerido por ResNet), convertir a tensor y normalizar.
   - Se carga el conjunto de datos CIFAR-10 y se crea un DataLoader para el procesamiento por lotes.
5. **Configuración del Entrenamiento**:
   - Se utiliza Cross Entropy Loss como función de pérdida.
   - Se utiliza el optimizador SGD para actualizar solo los parámetros de las capas no congeladas (layer4 y fc).
   - El modelo se mueve a la GPU si está disponible.
6. **Bucle de Entrenamiento**:
   - Se ajusta el modelo durante un número especificado de épocas.
   - En cada época, iteramos a través de los datos de entrenamiento, calculamos la pérdida, realizamos la retropropagación y actualizamos las capas no congeladas del modelo.
   - El progreso del entrenamiento se imprime cada 100 pasos.
7. **Guardado del Modelo**:
   - Después del ajuste fino, se guarda el diccionario de estado del modelo en un archivo.

Este ejemplo completo muestra todo el proceso de ajuste fino de un modelo preentrenado, desde la carga y modificación del modelo hasta su entrenamiento en un nuevo conjunto de datos y guardado de los resultados. Demuestra cómo aprovechar el aprendizaje por transferencia al mantener el conocimiento en las capas iniciales mientras se adaptan las capas posteriores a una nueva tarea.

4.3.4 Entrenando el Modelo con Aprendizaje por Transferencia

Una vez que el modelo se modifica para el aprendizaje por transferencia (ya sea extracción de características o ajuste fino), el proceso de entrenamiento sigue una estructura similar al entrenamiento de un modelo desde cero. Sin embargo, hay algunas diferencias clave a tener en cuenta:

1. Actualizaciones Selectivas de Parámetros

En el aprendizaje por transferencia, solo las capas no congeladas tendrán sus parámetros actualizados durante el entrenamiento. Este enfoque dirigido permite que el modelo conserve características valiosas preaprendidas mientras se adapta a la nueva tarea. Al actualizar selectivamente los parámetros, podemos:

- **Preservar características generales**: Las capas iniciales de las redes neuronales a menudo capturan características universales como bordes o texturas. Al congelar estas capas, mantenemos este conocimiento general.
- **Enfocarse en el aprendizaje específico de la tarea**: Las capas no congeladas, típicamente las posteriores, se ajustan para aprender características específicas de la nueva tarea.
- **Mitigar el sobreajuste**: Cuando se trabaja con conjuntos de datos más pequeños, las actualizaciones selectivas pueden ayudar a prevenir que el modelo se ajuste demasiado a los nuevos datos al mantener algunas de las características robustas aprendidas del conjunto de datos original más grande.

Esta estrategia es particularmente efectiva cuando la nueva tarea es similar a la tarea original, ya que aprovecha el conocimiento existente del modelo mientras permite su adaptación. El número de capas que se deben congelar o ajustar finamente suele requerir experimentación para encontrar el equilibrio óptimo para una tarea dada.

2. Consideraciones sobre la Tasa de Aprendizaje

Al ajustar finamente modelos preentrenados, es crucial elegir cuidadosamente la tasa de aprendizaje. A menudo se recomienda una tasa de aprendizaje más baja por varias razones:

- **Preservación del conocimiento preentrenado**: Una tasa de aprendizaje más baja ayuda a mantener las valiosas características aprendidas durante el preentrenamiento, permitiendo que el modelo se adapte gradualmente a la nueva tarea sin perder su conocimiento inicial.
- **Estabilidad en el entrenamiento**: Las actualizaciones más pequeñas evitan cambios drásticos en los pesos del modelo, lo que conduce a un entrenamiento más estable y consistente.

- **Evitar óptimos locales**: Las actualizaciones suaves permiten que el modelo explore el paisaje de la pérdida más a fondo, potencialmente encontrando mejores óptimos locales o incluso alcanzando el óptimo global.

Además, se pueden emplear técnicas como la programación de la tasa de aprendizaje para optimizar aún más el proceso de ajuste fino. Por ejemplo, se podría comenzar con una tasa de aprendizaje aún más baja y aumentarla gradualmente (warm-up), o utilizar tasas de aprendizaje cíclicas para explorar periódicamente diferentes regiones del espacio de parámetros.

Vale la pena señalar que la tasa de aprendizaje óptima puede variar según factores como la similitud entre las tareas de origen y destino, el tamaño del nuevo conjunto de datos y las capas específicas que se están ajustando finamente. Por lo tanto, a menudo es beneficioso experimentar con diferentes tasas de aprendizaje o utilizar técnicas como los "buscadores de tasa de aprendizaje" para determinar el valor más adecuado para su escenario de aprendizaje por transferencia particular.

3. Flujo de Gradientes y Aprendizaje Específico de Capa

Durante la retropropagación, los gradientes solo fluyen a través de las capas no congeladas, creando una dinámica de aprendizaje única. Este flujo selectivo de gradientes tiene varias implicaciones importantes:

- **Extracción de características fijas**: Las capas congeladas, típicamente las iniciales, actúan como extractores de características estáticos. Estas capas, preentrenadas en grandes conjuntos de datos, ya han aprendido a reconocer características generales de bajo nivel como bordes, texturas y formas básicas. Al mantener estas capas congeladas, aprovechamos este conocimiento preexistente sin modificarlo.

- **Aprendizaje adaptable en capas no congeladas**: Las capas no congeladas, generalmente las más profundas en la red, reciben y procesan los gradientes. Estas capas aprenden a interpretar y adaptar las características fijas extraídas por las capas congeladas, adaptándolas a los requisitos específicos de la nueva tarea.

- **Aprendizaje eficiente por transferencia**: Este enfoque permite que el modelo transfiera eficientemente el conocimiento de la tarea original a la nueva. Preserva las características generalizadas valiosas aprendidas del conjunto de datos original grande, mientras que enfoca el proceso de aprendizaje en adaptaciones específicas de la tarea.

- **Reducción del riesgo de sobreajuste**: Al limitar las actualizaciones de parámetros a solo un subconjunto de capas, reducimos el riesgo de sobreajuste, especialmente cuando se trabaja con conjuntos de datos más pequeños para la nueva tarea. Esto es particularmente beneficioso cuando la nueva tarea es similar a la original pero tiene datos de entrenamiento limitados.

Esta estrategia de flujo selectivo de gradientes permite un equilibrio fino entre preservar el conocimiento general y adaptarse a nuevas tareas específicas, lo que hace que el aprendizaje por transferencia sea una técnica poderosa en escenarios con datos o recursos computacionales limitados.

4. Preprocesamiento de Datos y Aumento

Cuando se trabaja con modelos preentrenados, es crucial preprocesar los datos de entrada de una manera coherente con los datos de entrenamiento originales del modelo. Esto garantiza que los nuevos datos estén en un formato que el modelo pueda interpretar eficazmente. El preprocesamiento típicamente incluye:

- **Redimensionamiento de imágenes**: La mayoría de los modelos preentrenados esperan imágenes de entrada de un tamaño específico (por ejemplo, 224x224 píxeles para muchas arquitecturas populares). Cambiar el tamaño garantiza que todas las imágenes coincidan con esta dimensión de entrada esperada.
- **Normalización**: Esto implica ajustar los valores de los píxeles a una escala estándar, a menudo utilizando la media y la desviación estándar del conjunto de datos de entrenamiento original (por ejemplo, estadísticas de ImageNet para muchos modelos).
- **Aumento de datos**: Esta técnica expande artificialmente el conjunto de datos de entrenamiento aplicando varias transformaciones a las imágenes existentes. Aumentaciones comunes incluyen:
  - Recorte y volteo aleatorio: Ayuda al modelo a aprender invarianza a la posición y orientación.
  - Variación de color: Ajusta el brillo, el contraste y la saturación para mejorar la robustez ante condiciones de iluminación.
  - Rotación y escalado: Mejora la capacidad del modelo para reconocer objetos en diferentes ángulos y tamaños.

El preprocesamiento y el aumento adecuados no solo garantizan la compatibilidad con el modelo preentrenado, sino que también pueden mejorar significativamente la capacidad de generalización del modelo y su rendimiento en la nueva tarea.

5. Monitoreo del Rendimiento y Parada Temprana

El monitoreo vigilante del rendimiento del modelo en los conjuntos de datos de entrenamiento y validación es esencial en el aprendizaje por transferencia. A diferencia de los modelos entrenados desde cero, los modelos de aprendizaje por transferencia a menudo muestran una rápida convergencia debido a su conocimiento preexistente. Este proceso de aprendizaje acelerado requiere una observación cuidadosa para evitar el sobreajuste. Implementar técnicas de parada temprana se vuelve crucial en este contexto.

La parada temprana implica detener el proceso de entrenamiento cuando el rendimiento del modelo en el conjunto de validación comienza a deteriorarse, incluso cuando sigue mejorando en el conjunto de entrenamiento. Esta divergencia en el rendimiento es un claro indicador de sobreajuste, donde el modelo comienza a memorizar los datos de entrenamiento en lugar de aprender patrones generalizables.

Para implementar un monitoreo de rendimiento efectivo y parada temprana:

- Evalúe regularmente el modelo en un conjunto de validación reservado durante el entrenamiento.
- Rastree métricas clave como precisión, pérdida y, potencialmente, medidas específicas de la tarea (por ejemplo, F1-score para tareas de clasificación).
- Implemente mecanismos de paciencia, donde el entrenamiento continúa durante un número determinado de épocas incluso después de detectar un posible punto de sobreajuste, para asegurarse de que no sea una fluctuación temporal.
- Considere usar técnicas como el guardado de puntos de control del modelo para guardar el estado del modelo que mejor funcione, lo que le permite volver a este punto óptimo después del entrenamiento.

Al emplear estas estrategias, puede aprovechar las capacidades de aprendizaje acelerado del aprendizaje por transferencia, mientras se protege contra el sobreajuste, lo que finalmente produce un modelo que generaliza bien en datos no vistos.

Al tener en cuenta estos factores, puede aprovechar eficazmente el aprendizaje por transferencia para lograr un rendimiento superior en nuevas tareas, especialmente cuando se trabaja con conjuntos de datos o recursos computacionales limitados.

Ejemplo: Entrenando un ResNet-18 Preentrenado en un Nuevo Conjunto de Datos

```
import torch
import torch.nn as nn
import torch.optim as optim
from torchvision import datasets, transforms, models
from torch.utils.data import DataLoader

# Check if CUDA is available
device = torch.device("cuda:0" if torch.cuda.is_available() else "cpu")
print(f"Using device: {device}")

# Define transformations for the new dataset
transform = transforms.Compose([
    transforms.Resize(224),  # ResNet requires 224x224 images
    transforms.ToTensor(),
    transforms.Normalize(mean=[0.485, 0.456, 0.406], std=[0.229, 0.224, 0.225])
])
```

```
# Load the new dataset (CIFAR-10)
train_dataset = datasets.CIFAR10(root='./data', train=True, download=True,
transform=transform)
test_dataset = datasets.CIFAR10(root='./data', train=False, download=True,
transform=transform)

train_loader = DataLoader(train_dataset, batch_size=32, shuffle=True)
test_loader = DataLoader(test_dataset, batch_size=32, shuffle=False)

# Load pre-trained ResNet18 model
model = models.resnet18(pretrained=True)

# Modify the final layer for CIFAR-10 (10 classes)
num_ftrs = model.fc.in_features
model.fc = nn.Linear(num_ftrs, 10)

# Move model to the appropriate device
model = model.to(device)

# Define the loss function and optimizer
criterion = nn.CrossEntropyLoss()
optimizer = optim.SGD(model.parameters(), lr=0.001, momentum=0.9)

# Training loop
epochs = 10
for epoch in range(epochs):
    model.train()
    running_loss = 0.0
    for i, (images, labels) in enumerate(train_loader):
        images, labels = images.to(device), labels.to(device)

        optimizer.zero_grad()  # Zero the parameter gradients
        outputs = model(images)  # Forward pass
        loss = criterion(outputs, labels)  # Compute the loss
        loss.backward()  # Backward pass (compute gradients)
        optimizer.step()  # Optimization step (update parameters)

        running_loss += loss.item()

        if i % 100 == 99:    # Print every 100 mini-batches
            print(f'[{epoch + 1}, {i + 1:5d}] loss: {running_loss / 100:.3f}')
            running_loss = 0.0

    # Validation
    model.eval()
    correct = 0
    total = 0
    with torch.no_grad():
        for images, labels in test_loader:
            images, labels = images.to(device), labels.to(device)
            outputs = model(images)
            _, predicted = torch.max(outputs.data, 1)
```

```
            total += labels.size(0)
            correct += (predicted == labels).sum().item()

    print(f'Accuracy on test set: {100 * correct / total:.2f}%')

print('Finished Training')

# Save the model
torch.save(model.state_dict(), 'cifar10_resnet18.pth')
```

Este ejemplo de código muestra un método para ajustar finamente un modelo ResNet18 preentrenado en el conjunto de datos CIFAR-10 utilizando PyTorch.

Vamos a desglosar los componentes clave y explicar sus propósitos:

1. **Importaciones y Configuración del Dispositivo**:
   - Importamos los módulos necesarios de PyTorch y torchvision.
   - Verificamos la disponibilidad de CUDA para utilizar la aceleración por GPU si es posible.
2. **Preprocesamiento de Datos**:
   - Definimos un pipeline de transformación que cambia el tamaño de las imágenes a 224x224 (requerido por ResNet), las convierte a tensores y las normaliza utilizando estadísticas de ImageNet.
   - Se cargan tanto los conjuntos de datos de entrenamiento como los de prueba usando el conjunto de datos CIFAR-10 de torchvision.
3. **Cargadores de Datos (Data Loaders)**:
   - Creamos objetos DataLoader para los conjuntos de entrenamiento y prueba, que se encargan de agrupar los datos en lotes y mezclarlos.
4. **Preparación del Modelo**:
   - Cargamos un modelo ResNet18 preentrenado usando models.resnet18(pretrained=True).
   - La capa completamente conectada final se modifica para generar 10 clases (para CIFAR-10) en lugar de las 1000 originales (para ImageNet).
   - El modelo se mueve al dispositivo apropiado (GPU si está disponible).
5. **Función de Pérdida y Optimizador**:
   - Se utiliza Cross Entropy Loss como la función de pérdida, que es adecuada para la clasificación multiclase.

    - El optimizador utilizado es SGD con una tasa de aprendizaje de 0.001 y un momentum de 0.9.

6. **Bucle de Entrenamiento**:
    - El modelo se entrena durante 10 épocas.
    - En cada época, iteramos a través de los datos de entrenamiento, calculamos la pérdida, realizamos la retropropagación y actualizamos los parámetros del modelo.
    - El progreso del entrenamiento se imprime cada 100 lotes.

7. **Validación**:
    - Después de cada época, el modelo se evalúa en el conjunto de prueba para medir su precisión.
    - Esto ayuda a monitorear el rendimiento del modelo y detectar posibles problemas de sobreajuste.

8. **Guardado del Modelo**:
    - Después del entrenamiento, el diccionario de estado del modelo se guarda en un archivo para su uso posterior.

Este ejemplo muestra todo el proceso de ajuste fino de un modelo preentrenado, desde la preparación de los datos hasta la evaluación y el guardado del modelo. Demuestra las mejores prácticas, como el uso de aceleración por GPU, un preprocesamiento adecuado de los datos y la evaluación regular del rendimiento durante el entrenamiento.

4.3.5 Evaluación del Modelo Ajustado Finamente

Después de la fase de entrenamiento, es crucial evaluar el rendimiento del modelo en un conjunto de datos de prueba separado. Este proceso de evaluación cumple varios propósitos:

- Proporciona una estimación imparcial de la capacidad del modelo para generalizar a datos no vistos.
- Ayuda a detectar posibles problemas de sobreajuste que podrían haber ocurrido durante el entrenamiento.
- Permite la comparación con otros modelos o versiones anteriores del mismo modelo.

Al evaluar el modelo en un conjunto de prueba, podemos medir qué tan bien se desempeña nuestro modelo ajustado finamente en datos que no ha encontrado durante el proceso de entrenamiento, brindándonos información valiosa sobre su aplicabilidad en el mundo real.

Ejemplo: Evaluación del Modelo Ajustado Finamente

```
import torch
```

```
import torchvision
from torchvision import datasets, transforms
from torch.utils.data import DataLoader
import matplotlib.pyplot as plt
import numpy as np

# Define the device
device = torch.device("cuda:0" if torch.cuda.is_available() else "cpu")
print(f"Using device: {device}")

# Define transformations for the test dataset
transform = transforms.Compose([
    transforms.Resize(224),
    transforms.ToTensor(),
    transforms.Normalize(mean=[0.485, 0.456, 0.406], std=[0.229, 0.224, 0.225])
])

# Load the test dataset (CIFAR-10 test set)
test_dataset = datasets.CIFAR10(root='./data', train=False, download=True,
transform=transform)
test_loader = DataLoader(test_dataset, batch_size=32, shuffle=False)

# Load the model (assuming it's already trained and saved)
model = torchvision.models.resnet18(pretrained=False)
num_ftrs = model.fc.in_features
model.fc = torch.nn.Linear(num_ftrs, 10)  # 10 classes for CIFAR-10
model.load_state_dict(torch.load('cifar10_resnet18.pth'))
model = model.to(device)

# Switch model to evaluation mode
model.eval()

# Disable gradient computation for evaluation
correct = 0
total = 0
class_correct = list(0. for i in range(10))
class_total = list(0. for i in range(10))

with torch.no_grad():
    for images, labels in test_loader:
        images, labels = images.to(device), labels.to(device)
        outputs = model(images)
        _, predicted = torch.max(outputs, 1)
        total += labels.size(0)
        correct += (predicted == labels).sum().item()

        c = (predicted == labels).squeeze()
        for i in range(len(labels)):
            label = labels[i]
            class_correct[label] += c[i].item()
            class_total[label] += 1
```

```
# Calculate overall accuracy
accuracy = 100 * correct / total
print(f'Overall Accuracy on test set: {accuracy:.2f}%')

# Calculate and print per-class accuracy
classes = ('plane', 'car', 'bird', 'cat', 'deer', 'dog', 'frog', 'horse', 'ship',
'truck')
for i in range(10):
    print(f'Accuracy of {classes[i]}: {100 * class_correct[i] / class_total[i]:.2f}%')

# Visualize some predictions
def imshow(img):
    img = img / 2 + 0.5     # unnormalize
    npimg = img.numpy()
    plt.imshow(np.transpose(npimg, (1, 2, 0)))
    plt.axis('off')

# Get some random test images
dataiter = iter(test_loader)
images, labels = next(dataiter)

# Make predictions
outputs = model(images.to(device))
_, predicted = torch.max(outputs, 1)

# Show images and their predicted labels
fig = plt.figure(figsize=(12, 48))
for i in range(4):
    ax = fig.add_subplot(1, 4, i+1)
    imshow(images[i])
    ax.set_title(f'Predicted:                    {classes[predicted[i]]}\\nActual:
{classes[labels[i]]}')

plt.tight_layout()
plt.show()
```

Este ejemplo de código proporciona una evaluación exhaustiva del modelo ajustado finamente. Vamos a desglosarlo:

1. **Importaciones y Configuración del Dispositivo**:
    - Importamos los módulos necesarios de PyTorch y torchvision.
    - Configuramos el dispositivo (CPU o GPU) para el cálculo.
2. **Preprocesamiento de Datos**:
    - Definimos el mismo pipeline de transformación utilizado durante el entrenamiento.
    - Cargamos el conjunto de datos de prueba CIFAR-10 y creamos un DataLoader.

3. **Carga del Modelo**:
   - Recreamos la arquitectura del modelo (ResNet18 con la capa final modificada).
   - Cargamos los pesos guardados del modelo desde 'cifar10_resnet18.pth'.
   - Movemos el modelo al dispositivo apropiado (CPU o GPU).
4. **Bucle de Evaluación**:
   - Cambiamos el modelo al modo de evaluación usando model.eval().
   - Desactivamos el cálculo de gradientes usando torch.no_grad() para ahorrar memoria y acelerar el cálculo.
   - Iteramos a través de los datos de prueba, hacemos predicciones y las comparamos con las etiquetas verdaderas.
   - Llevamos el seguimiento de las predicciones correctas en general y de las predicciones correctas por clase.
5. **Cálculo y Reporte de Resultados**:
   - Calculamos e imprimimos la precisión general en el conjunto de prueba.
   - Calculamos e imprimimos las precisiones por clase, lo que nos da una idea de en qué clases el modelo se desempeña bien y en cuáles tiene dificultades.
6. **Visualización**:
   - Definimos una función imshow() para mostrar imágenes.
   - Obtenemos un lote de imágenes de prueba y hacemos predicciones sobre ellas.
   - Visualizamos 4 imágenes de prueba aleatorias junto con sus etiquetas predichas y reales.

Esta evaluación exhaustiva proporciona varios beneficios:

- Nos ofrece la precisión general, que es una medida general del rendimiento del modelo.
- Proporciona precisiones por clase, lo que nos permite identificar si el modelo está sesgado hacia o en contra de ciertas clases.
- La visualización de las predicciones nos ayuda a evaluar cualitativamente el rendimiento del modelo e identificar posibles patrones en sus errores.

Este enfoque de evaluación del modelo nos da una comprensión mucho más detallada de los puntos fuertes y débiles de nuestro modelo, lo cual es crucial para mejorar aún más y evaluar su idoneidad para su despliegue en aplicaciones del mundo real.

4.4 Guardado y Carga de Modelos en PyTorch

En PyTorch, los modelos se instancian como objetos de la clase torch.nn.Module, que encapsula todas las capas, parámetros y lógica computacional de la red neuronal. Este enfoque orientado a objetos permite un diseño modular y una manipulación fácil de las arquitecturas del modelo. Una vez completado el proceso de entrenamiento, es crucial guardar el estado del modelo en disco para su uso futuro, ya sea para inferencia o para continuar entrenándolo. PyTorch ofrece un enfoque versátil para la serialización del modelo, acomodando diferentes casos de uso y escenarios de implementación.

El marco proporciona dos métodos principales para guardar modelos:

1. Guardar el modelo completo: Este enfoque preserva tanto la arquitectura del modelo como sus parámetros aprendidos. Es particularmente útil cuando se desea asegurar que se mantenga la estructura exacta del modelo, incluidas las capas personalizadas o modificaciones.
2. Guardar el diccionario de estado del modelo (state_dict): Este método almacena solo los parámetros aprendidos del modelo. Ofrece mayor flexibilidad, ya que permite cargar estos parámetros en diferentes arquitecturas de modelos o versiones del código.

La elección entre estos métodos depende de factores como los requisitos de implementación, consideraciones de control de versiones y la necesidad de portabilidad del modelo a diferentes entornos o marcos. Por ejemplo, guardar solo el state_dict es a menudo preferido en entornos de investigación donde las arquitecturas de los modelos evolucionan rápidamente, mientras que guardar el modelo completo podría ser más adecuado para entornos de producción donde la consistencia es fundamental.

Además, los mecanismos de guardado de PyTorch se integran perfectamente con varios flujos de trabajo de aprendizaje profundo, incluidos el aprendizaje por transferencia, el ajuste fino del modelo y escenarios de entrenamiento distribuido. Esta flexibilidad permite a los desarrolladores e investigadores gestionar eficientemente los puntos de control del modelo, experimentar con diferentes arquitecturas y desplegar modelos en diversos entornos informáticos.

4.4.1 Guardado y Carga del Modelo Completo

Guardar el modelo completo en PyTorch es un enfoque integral que preserva tanto los parámetros aprendidos del modelo como su estructura arquitectónica. Este método encapsula todos los aspectos de la red neuronal, incluidas las definiciones de capas, funciones de activación y la topología general. Al guardar el modelo completo, aseguras que cada detalle del diseño de la red se mantenga, lo que puede ser especialmente valioso en arquitecturas complejas o personalizadas.

La principal ventaja de este enfoque es su simplicidad y exhaustividad. Cuando recargas el modelo, no es necesario recrear o redefinir su estructura en tu código. Esto puede ser especialmente beneficioso en escenarios donde:

- Estás trabajando con diseños de modelos intrincados que podrían ser difíciles de recrear desde cero.
- Quieres asegurar una reproducibilidad perfecta en diferentes entornos o entre colaboradores.
- Estás desplegando modelos en entornos de producción donde la consistencia es crucial.

Sin embargo, es importante tener en cuenta que, aunque este método ofrece comodidad, puede resultar en archivos de mayor tamaño en comparación con guardar solo el diccionario de estado del modelo. Además, puede limitar la flexibilidad si luego deseas modificar partes de la arquitectura del modelo sin tener que volver a entrenarlo desde cero.

Ejemplo: Guardado del Modelo Completo

```
import torch
import torch.nn as nn
import torch.optim as optim
from torchvision import datasets, transforms
from torch.utils.data import DataLoader

# Define a simple model
class SimpleNN(nn.Module):
    def __init__(self):
        super(SimpleNN, self).__init__()
        self.fc1 = nn.Linear(784, 128)
        self.fc2 = nn.Linear(128, 64)
        self.fc3 = nn.Linear(64, 10)
        self.relu = nn.ReLU()

    def forward(self, x):
        x = x.view(-1, 784)
        x = self.relu(self.fc1(x))
        x = self.relu(self.fc2(x))
        x = self.fc3(x)
        return x

# Set device
device = torch.device("cuda" if torch.cuda.is_available() else "cpu")

# Instantiate the model
model = SimpleNN().to(device)

# Define loss function and optimizer
criterion = nn.CrossEntropyLoss()
```

```
optimizer = optim.Adam(model.parameters(), lr=0.001)

# Load and preprocess data
transform = transforms.Compose([
    transforms.ToTensor(),
    transforms.Normalize((0.1307,), (0.3081,))
])

train_dataset = datasets.MNIST(root='./data', train=True, download=True,
transform=transform)
train_loader = DataLoader(train_dataset, batch_size=64, shuffle=True)

# Training loop
num_epochs = 5
for epoch in range(num_epochs):
    model.train()
    for batch_idx, (data, target) in enumerate(train_loader):
        data, target = data.to(device), target.to(device)
        optimizer.zero_grad()
        output = model(data)
        loss = criterion(output, target)
        loss.backward()
        optimizer.step()

        if batch_idx % 100 == 0:
            print(f'Epoch {epoch+1}/{num_epochs}, Batch
{batch_idx}/{len(train_loader)}, Loss: {loss.item():.4f}')

# Save the entire model
torch.save(model, 'model.pth')

# Save just the model state dictionary
torch.save(model.state_dict(), 'model_state_dict.pth')

# Example of loading the model
loaded_model = torch.load('model.pth')
loaded_model.eval()

# Example of loading the state dictionary
new_model = SimpleNN()
new_model.load_state_dict(torch.load('model_state_dict.pth'))
new_model.eval()
```

Este ejemplo proporciona una visión completa de la creación, entrenamiento y guardado de un modelo en PyTorch.

Desglosemos cada parte:

1. **Definición del Modelo**:

- Definimos una red neuronal simple (SimpleNN) con tres capas totalmente conectadas.
- La función de activación ReLU se define en el método **init** para mayor claridad.

2. **Configuración del Dispositivo**:
   - Usamos torch.device para seleccionar automáticamente la GPU si está disponible, de lo contrario, la CPU.
3. **Instanciación del Modelo**:
   - Se crea el modelo y se mueve al dispositivo seleccionado (GPU/CPU).
4. **Función de Pérdida y Optimizador**:
   - Usamos CrossEntropyLoss como nuestra función de pérdida, adecuada para tareas de clasificación.
   - Se utiliza el optimizador Adam con una tasa de aprendizaje de 0.001.
5. **Carga y Preprocesamiento de Datos**:
   - Usamos el conjunto de datos MNIST como ejemplo.
   - Los datos se transforman utilizando ToTensor y Normalize.
   - Se crea un DataLoader para el procesamiento por lotes durante el entrenamiento.
6. **Bucle de Entrenamiento**:
   - El modelo se entrena durante 5 épocas.
   - En cada época, iteramos sobre los datos de entrenamiento, calculamos la pérdida y actualizamos los parámetros del modelo.
   - El progreso del entrenamiento se imprime cada 100 lotes.
7. **Guardado del Modelo**:
   - Demostramos dos formas de guardar el modelo: a. Guardar el modelo completo usando torch.save(model, 'model.pth'). b. Guardar solo el diccionario de estado del modelo usando torch.save(model.state_dict(), 'model_state_dict.pth').
8. **Carga del Modelo**:
   - Mostramos cómo cargar tanto el modelo completo como el diccionario de estado.
   - Después de cargar, configuramos el modelo en modo de evaluación usando model.eval().

Este ejemplo cubre todo el proceso, desde la definición de un modelo hasta su entrenamiento y luego su guardado y carga, proporcionando una visión más completa de cómo trabajar con modelos de PyTorch.

Ejemplo: Carga del Modelo Completo

Una vez que el modelo está guardado, puedes volver a cargarlo en un nuevo script o sesión sin necesidad de redefinir la arquitectura del modelo.

```
import torch
import torch.nn as nn

# Define a simple model architecture
class SimpleNN(nn.Module):
    def __init__(self):
        super(SimpleNN, self).__init__()
        self.fc1 = nn.Linear(784, 128)
        self.fc2 = nn.Linear(128, 64)
        self.fc3 = nn.Linear(64, 10)
        self.relu = nn.ReLU()

    def forward(self, x):
        x = x.view(-1, 784)
        x = self.relu(self.fc1(x))
        x = self.relu(self.fc2(x))
        x = self.fc3(x)
        return x

# Load the saved model
model = torch.load('model.pth')

# Print the loaded model
print(model)

# Verify the model's architecture
print("Model Architecture:")
print(model.architecture)

# Check if the model is on the correct device (CPU/GPU)
print(f"Model device: {next(model.parameters()).device}")

# Set the model to evaluation mode
model.eval()

# Example input for inference
example_input = torch.randn(1, 784)  # Assuming input size is 784 (28x28 image)

# Perform inference
with torch.no_grad():
    output = model(example_input)
```

```
print(f"Example output shape: {output.shape}")
print(f"Example output: {output}")

# If you want to continue training, you can set it back to train mode
model.train()

print("Model set to training mode for further fine-tuning if needed.")
```

Desglosemos el ejemplo:

- **Definición del Modelo**: Definimos una clase de red neuronal simple (SimpleNN) para demostrar cómo se vería el modelo guardado. Esto es útil para entender la estructura del modelo cargado.
- **Carga del Modelo**: Usamos torch.load('model.pth') para cargar todo el modelo, incluida su arquitectura y parámetros.
- **Impresión del Modelo**: print(model) muestra la estructura del modelo, dándonos una visión general de sus capas y conexiones.
- **Verificación de la Arquitectura**: Imprimimos model.architecture para confirmar la arquitectura específica del modelo cargado.
- **Verificación del Dispositivo**: Verificamos en qué dispositivo (CPU o GPU) se carga el modelo, lo cual es importante para considerar el rendimiento.
- **Modo de Evaluación**: model.eval() configura el modelo en modo de evaluación, lo cual es crucial para la inferencia, ya que afecta capas como Dropout y BatchNorm.
- **Ejemplo de Inferencia**: Creamos un tensor aleatorio como ejemplo de entrada y realizamos una inferencia para demostrar que el modelo funciona.
- **Inspección del Salida**: Imprimimos la forma y el contenido de la salida para verificar el comportamiento del modelo.
- **Modo de Entrenamiento**: Finalmente, mostramos cómo configurar el modelo de nuevo en modo de entrenamiento (model.train()) en caso de que se necesite un ajuste fino adicional.

Este ejemplo completo no solo carga el modelo, sino que también demuestra cómo inspeccionar sus propiedades, verificar su funcionalidad y prepararlo para diferentes casos de uso (inferencia o entrenamiento adicional). Proporciona una comprensión más profunda de cómo trabajar con modelos guardados en PyTorch en varios escenarios.

4.4.2 Guardar y Cargar el state_dict del Modelo

Una práctica más común en PyTorch es guardar el **state_dict** del modelo, que contiene solo los parámetros y buffers del modelo, no la arquitectura del modelo.

Este enfoque ofrece varias ventajas:

- **Flexibilidad**: Guardar el state_dict permite futuras modificaciones en la arquitectura del modelo mientras se preservan los parámetros aprendidos. Esta versatilidad es invaluable al refinar los diseños del modelo o aplicar técnicas de aprendizaje por transferencia a nuevas arquitecturas.
- **Eficiencia**: El state_dict ofrece una solución de almacenamiento más compacta en comparación con guardar todo el modelo, ya que excluye la estructura del grafo computacional. Esto resulta en archivos más pequeños y tiempos de carga más rápidos.
- **Compatibilidad**: Usar el state_dict asegura una mejor interoperabilidad entre diferentes versiones de PyTorch y entornos de computación. Esta compatibilidad mejorada facilita el intercambio y despliegue de modelos a través de diversas plataformas y sistemas.

Al guardar el state_dict, esencialmente capturas una instantánea del conocimiento aprendido del modelo. Esto incluye los pesos de las diferentes capas, sesgos y otros parámetros entrenables. Así es como funciona en la práctica:

- **Guardar**: Puedes guardar fácilmente el state_dict usando torch.save(model.state_dict(), 'model_weights.pth').
- **Cargar**: Para usar estos parámetros guardados, primero debes inicializar un modelo con la arquitectura deseada y luego cargar el state_dict usando model.load_state_dict(torch.load('model_weights.pth')).

Este enfoque es particularmente beneficioso en escenarios como el aprendizaje por transferencia, donde podrías querer usar un modelo preentrenado como punto de partida para una nueva tarea, o en entornos de entrenamiento distribuido donde necesitas compartir actualizaciones del modelo de manera eficiente.

Ejemplo: Guardar el state_dict del Modelo

```
import torch
import torch.nn as nn

# Define a simple model
class SimpleNN(nn.Module):
    def __init__(self):
        super(SimpleNN, self).__init__()
        self.fc1 = nn.Linear(784, 128)
        self.fc2 = nn.Linear(128, 64)
        self.fc3 = nn.Linear(64, 10)
        self.relu = nn.ReLU()

    def forward(self, x):
        x = x.view(-1, 784)
```

```
        x = self.relu(self.fc1(x))
        x = self.relu(self.fc2(x))
        x = self.fc3(x)
        return x

# Instantiate the model
model = SimpleNN()

# Train the model (simplified for demonstration)
# ... (training code here)

# Save the model's state_dict (only the parameters)
torch.save(model.state_dict(), 'model_state.pth')

# To demonstrate loading:
# Create a new instance of the model
new_model = SimpleNN()

# Load the state_dict into the new model
new_model.load_state_dict(torch.load('model_state.pth'))

# Set the model to evaluation mode
new_model.eval()

print("Model's state_dict:")
for param_tensor in new_model.state_dict():
    print(f"{param_tensor}\\t{new_model.state_dict()[param_tensor].size()}")

# Verify the model works
test_input = torch.randn(1, 784)
with torch.no_grad():
    output = new_model(test_input)
print(f"Test output shape: {output.shape}")
```

Este ejemplo de código demuestra el proceso de guardar y cargar el **state_dict** de un modelo en PyTorch.

Desglosemos el ejemplo:

- **Definición del Modelo**: Definimos una red neuronal simple (SimpleNN) con tres capas completamente conectadas y activaciones ReLU.
- **Instanciación del Modelo**: Creamos una instancia del modelo SimpleNN.
- **Entrenamiento del Modelo**: En un escenario real, entrenarías el modelo en esta parte. Por brevedad, este paso se omite.
- **Guardar el state_dict**: Usamos torch.save() para guardar solo los parámetros del modelo (**state_dict**) en un archivo llamado 'model_state.pth'.

- **Cargar el state_dict**: Creamos una nueva instancia de SimpleNN y cargamos el state_dict guardado en ella utilizando load_state_dict().
- **Configurar en Modo de Evaluación**: Configuramos el modelo cargado en modo de evaluación utilizando model.eval(), lo cual es importante para la inferencia.
- **Inspeccionar el state_dict**: Imprimimos las claves y formas del state_dict cargado para verificar su contenido.
- **Verificar la Funcionalidad**: Creamos un tensor de entrada aleatorio y lo pasamos a través del modelo cargado para asegurarnos de que funcione correctamente.

Este ejemplo muestra todo el proceso de guardar y cargar el **state_dict** de un modelo, lo cual es crucial para la persistencia y la transferencia de modelos en PyTorch. También demuestra cómo inspeccionar el state_dict cargado y verificar que el modelo cargado sea funcional.

Ejemplo: Cargar el state_dict del Modelo

Cuando cargas el **state_dict** de un modelo, primero necesitas definir la arquitectura del modelo (para que PyTorch sepa dónde cargar los parámetros) y luego cargar el **state_dict** guardado en este modelo.

```
import torch
import torch.nn as nn

# Define the model architecture
class SimpleNN(nn.Module):
    def __init__(self):
        super(SimpleNN, self).__init__()
        self.fc1 = nn.Linear(784, 128)
        self.fc2 = nn.Linear(128, 64)
        self.fc3 = nn.Linear(64, 10)
        self.relu = nn.ReLU()

    def forward(self, x):
        x = x.view(-1, 784)
        x = self.relu(self.fc1(x))
        x = self.relu(self.fc2(x))
        x = self.fc3(x)
        return x

# Instantiate the model (the same architecture as the saved model)
model = SimpleNN()

# Load the model's state_dict
model.load_state_dict(torch.load('model_state.pth'))

# Switch the model to evaluation mode
model.eval()
```

```
# Verify the loaded model
print("Model structure:")
print(model)

# Check model parameters
for name, param in model.named_parameters():
    print(f"Layer: {name} | Size: {param.size()} | Values : {param[:2]}")

# Perform a test inference
test_input = torch.randn(1, 784)  # Create a random input tensor
with torch.no_grad():
    output = model(test_input)
print(f"\\nTest output shape: {output.shape}")
print(f"Test output: {output}")

# If you want to continue training, switch back to train mode
# model.train()
```

Vamos a desglosar este ejemplo completo:

1. **Definición del modelo**: Definimos la clase SimpleNN, que tiene la misma arquitectura que el modelo guardado. Este paso es crucial porque PyTorch necesita conocer la estructura del modelo para cargar correctamente el state_dict.
2. **Instanciación del modelo**: Creamos una instancia del modelo SimpleNN. Esto crea la estructura del modelo, pero con pesos inicializados aleatoriamente.
3. **Cargando el state_dict**: Utilizamos torch.load() para cargar el state_dict guardado desde el archivo y luego lo cargamos en nuestro modelo usando model.load_state_dict(). Esto reemplaza los pesos aleatorios con los pesos entrenados del archivo.
4. **Modo de evaluación**: Cambiamos el modelo al modo de evaluación utilizando model.eval(). Esto es importante para la inferencia, ya que afecta el comportamiento de ciertas capas (como Dropout y BatchNorm).
5. **Verificación del modelo**: Imprimimos la estructura del modelo para verificar que coincida con nuestras expectativas.
6. **Inspección de parámetros**: Iteramos a través de los parámetros del modelo, imprimiendo sus nombres, tamaños y los dos primeros valores. Esto ayuda a verificar que los parámetros se cargaron correctamente.
7. **Inferencia de prueba**: Creamos un tensor de entrada aleatorio y realizamos una inferencia de prueba para asegurarnos de que el modelo esté funcionando como se espera. Utilizamos torch.no_grad() para desactivar el cálculo de gradientes, lo que no es necesario para la inferencia y ahorra memoria.

8. **Inspección de la salida**: Imprimimos la forma y los valores de la salida para verificar que el modelo esté produciendo resultados coherentes.

Este ejemplo de código proporciona un enfoque más detallado para cargar y verificar un modelo de PyTorch, lo cual es crucial al implementar modelos en entornos de producción o al resolver problemas con modelos guardados.

4.4.3 Guardar y cargar puntos de control del modelo

Durante el proceso de entrenamiento, es crucial implementar una estrategia para guardar **puntos de control del modelo**. Estos puntos de control son esencialmente instantáneas de los parámetros del modelo capturadas en varias etapas del ciclo de entrenamiento. Esta práctica cumple con varios propósitos importantes:

1. Recuperación ante interrupciones

Los puntos de control actúan como salvaguardas cruciales contra interrupciones inesperadas durante el proceso de entrenamiento. En el impredecible mundo del aprendizaje automático, donde las sesiones de entrenamiento pueden durar días o incluso semanas, el riesgo de interrupciones siempre está presente. Apagones, fallos del sistema o problemas de red pueden interrumpir abruptamente el progreso del entrenamiento, lo que puede provocar retrocesos significativos.

Implementar un sistema robusto de puntos de control crea una red de seguridad que permite reanudar el entrenamiento desde el estado más reciente guardado. Esto significa que, en lugar de comenzar desde cero después de una interrupción, puedes retomar desde donde lo dejaste, preservando recursos computacionales valiosos y tiempo.

Los puntos de control generalmente almacenan no solo los parámetros del modelo, sino también metadatos importantes como la época actual, la tasa de aprendizaje y el estado del optimizador. Este enfoque integral asegura que, cuando se reanude el entrenamiento, todos los aspectos del estado del modelo se restauren con precisión, manteniendo la integridad del proceso de aprendizaje.

2. Seguimiento y análisis del rendimiento

Guardar puntos de control a intervalos regulares durante el proceso de entrenamiento proporciona valiosos conocimientos sobre la trayectoria de aprendizaje de tu modelo. Esta práctica te permite:

- Monitorizar la evolución de métricas clave como la pérdida y la precisión a lo largo del tiempo, ayudándote a identificar tendencias y patrones en el proceso de aprendizaje del modelo.
- Detectar problemas potenciales de manera temprana, como el sobreajuste o el subajuste, comparando el rendimiento del entrenamiento y la validación a través de los puntos de control.

- Determinar puntos óptimos de detención para el entrenamiento, especialmente cuando se implementan técnicas de detención temprana para evitar el sobreajuste.
- Realizar análisis post-entrenamiento para entender qué épocas o iteraciones generaron el mejor rendimiento, lo que informa futuras estrategias de entrenamiento.
- Comparar diferentes versiones del modelo o configuraciones de hiperparámetros al analizar sus respectivos historiales de puntos de control.

Al mantener un registro exhaustivo del rendimiento de tu modelo en varias etapas, obtienes una visión más profunda de su comportamiento y puedes tomar decisiones más informadas sobre la selección del modelo, el ajuste de hiperparámetros y la duración del entrenamiento. Este enfoque basado en datos para el desarrollo de modelos es crucial para lograr resultados óptimos en proyectos complejos de aprendizaje profundo.

3. Versionado del modelo y comparación del rendimiento

Los puntos de control sirven como una herramienta poderosa para mantener diferentes versiones de tu modelo durante el proceso de entrenamiento. Esta capacidad es invaluable por varias razones:

- **Seguimiento de la evolución**: Al guardar puntos de control a intervalos regulares, puedes observar cómo evoluciona el rendimiento de tu modelo a lo largo del tiempo. Esto te permite identificar puntos críticos en el proceso de entrenamiento donde ocurren mejoras o degradaciones significativas.
- **Optimización de hiperparámetros**: Al experimentar con diferentes configuraciones de hiperparámetros, los puntos de control te permiten comparar el rendimiento de varias configuraciones de manera sistemática. Puedes volver fácilmente a la configuración con mejor rendimiento o analizar por qué ciertos parámetros dieron mejores resultados.
- **Análisis de etapas de entrenamiento**: Los puntos de control proporcionan información sobre cómo se comporta tu modelo en diferentes etapas del entrenamiento. Esto te puede ayudar a determinar duraciones óptimas de entrenamiento, identificar mesetas en el aprendizaje o detectar el sobreajuste de manera temprana.
- **Pruebas A/B**: Al desarrollar nuevas arquitecturas de modelos o técnicas de entrenamiento, los puntos de control te permiten realizar pruebas A/B rigurosas. Puedes comparar el rendimiento de diferentes enfoques bajo condiciones idénticas, lo que garantiza evaluaciones justas y precisas.

Además, el versionado del modelo a través de puntos de control facilita el trabajo colaborativo en proyectos de aprendizaje automático. Los miembros del equipo pueden compartir versiones específicas del modelo, reproducir resultados y avanzar en los progresos de los demás de manera más efectiva. Esta práctica no solo mejora el proceso de desarrollo, sino que también contribuye a la reproducibilidad y confiabilidad de tus experimentos de aprendizaje automático.

4. Transferencia de aprendizaje y adaptación del modelo

Los puntos de control guardados desempeñan un papel crucial en la transferencia de aprendizaje, una técnica poderosa en el aprendizaje profundo donde el conocimiento adquirido de una tarea se aplica a otra tarea diferente pero relacionada. Este enfoque es particularmente valioso cuando se trabaja con conjuntos de datos limitados o cuando se intenta resolver problemas complejos de manera eficiente.

Al utilizar puntos de control guardados de modelos preentrenados, los investigadores y profesionales pueden:

- Acelerar el proceso de aprendizaje en nuevas tareas aprovechando características aprendidas a partir de grandes conjuntos de datos diversos.
- Ajustar modelos para dominios o aplicaciones específicas, lo que reduce significativamente el tiempo de entrenamiento y los recursos computacionales.
- Superar el desafío de datos etiquetados limitados en campos especializados transfiriendo conocimientos desde dominios más generales.
- Experimentar con diferentes modificaciones arquitectónicas mientras se retiene el conocimiento base del modelo original.

Por ejemplo, un modelo entrenado en un gran conjunto de datos de imágenes naturales puede adaptarse para reconocer tipos específicos de imágenes médicas, incluso con una cantidad relativamente pequeña de datos médicos. Los pesos preentrenados sirven como un punto de partida inteligente, permitiendo que el modelo se adapte rápidamente a la nueva tarea mientras conserva su comprensión general de las características visuales.

Además, los puntos de control permiten la refinación iterativa de modelos a lo largo de diferentes etapas de un proyecto. A medida que se disponga de nuevos datos o que la definición del problema evolucione, los desarrolladores pueden revisar puntos de control anteriores para explorar caminos de entrenamiento alternativos o para combinar conocimientos de diferentes etapas de la evolución del modelo.

Asimismo, los puntos de control proporcionan flexibilidad en el despliegue de modelos, permitiéndote elegir la versión de mejor rendimiento de tu modelo para su uso en producción. Este enfoque para guardar y restaurar modelos es una piedra angular de los flujos de trabajo de aprendizaje profundo robustos y eficientes, asegurando que el valioso progreso del entrenamiento se preserve y pueda aprovecharse de manera efectiva.

Ejemplo: Guardar un punto de control del modelo

Un punto de control del modelo típicamente incluye el **state_dict** del modelo junto con otra información de entrenamiento importante, como el estado del optimizador y la época actual.

```
import torch
import torch.nn as nn
import torch.optim as optim

# Define a simple model
class SimpleModel(nn.Module):
    def __init__(self):
        super(SimpleModel, self).__init__()
        self.fc = nn.Linear(10, 5)

    def forward(self, x):
        return self.fc(x)

# Initialize the model
model = SimpleModel()

# Define an optimizer
optimizer = optim.SGD(model.parameters(), lr=0.01)

# Define a loss function
criterion = nn.MSELoss()

# Simulate some training
for epoch in range(10):
    # Dummy data
    inputs = torch.randn(32, 10)
    targets = torch.randn(32, 5)

    # Forward pass
    outputs = model(inputs)
    loss = criterion(outputs, targets)

    # Backward pass and optimize
    optimizer.zero_grad()
    loss.backward()
    optimizer.step()

# Save the model checkpoint (including model state and optimizer state)
checkpoint = {
    'epoch': 10,  # Save the epoch number
    'model_state_dict': model.state_dict(),  # Save the model parameters
    'optimizer_state_dict': optimizer.state_dict(),  # Save the optimizer state
    'loss': loss.item(),  # Save the current loss
}

torch.save(checkpoint, 'model_checkpoint.pth')

# To demonstrate loading:
```

```
# Load the checkpoint
loaded_checkpoint = torch.load('model_checkpoint.pth')

# Create a new model and optimizer
new_model = SimpleModel()
new_optimizer = optim.SGD(new_model.parameters(), lr=0.01)

# Load the state dictionaries
new_model.load_state_dict(loaded_checkpoint['model_state_dict'])
new_optimizer.load_state_dict(loaded_checkpoint['optimizer_state_dict'])

# Set the model to evaluation mode
new_model.eval()

print(f"Loaded model from epoch {loaded_checkpoint['epoch']} with loss {loaded_checkpoint['loss']}")
```

Desglose del código:

1. **Definición del modelo**: Definimos un modelo de red neuronal simple, SimpleModel, con una capa lineal. Esto representa una estructura básica que se puede expandir para modelos más complejos.
2. **Inicialización del modelo y el optimizador**: Creamos instancias del modelo y del optimizador. El optimizador (SGD en este caso) es responsable de actualizar los parámetros del modelo durante el entrenamiento.
3. **Función de pérdida**: Definimos una función de pérdida (Error Cuadrático Medio) para medir el rendimiento del modelo durante el entrenamiento.
4. **Simulación de entrenamiento**: Simulamos un proceso de entrenamiento con un bucle que se ejecuta durante 10 épocas. En cada época:
    - Generamos datos de entrada ficticios y salidas objetivo
    - Realizamos una pasada hacia adelante a través del modelo
    - Calculamos la pérdida
    - Realizamos retropropagación y actualizamos los parámetros del modelo
5. **Creación del punto de control**: Después del entrenamiento, creamos un diccionario de punto de control que contiene:
    - El número de época actual
    - El diccionario de estado del modelo (que contiene todos los parámetros del modelo)

   - El diccionario de estado del optimizador (que contiene el estado del optimizador)
   - El valor actual de la pérdida

6. **Guardado del punto de control**: Utilizamos torch.save() para guardar el diccionario de punto de control en un archivo llamado 'model_checkpoint.pth'.
7. **Cargar el punto de control**: Para demostrar cómo utilizar el punto de control guardado, hacemos lo siguiente:
   - Cargamos el archivo de punto de control usando torch.load()
   - Creamos nuevas instancias del modelo y del optimizador
   - Cargamos los diccionarios de estado guardados en el nuevo modelo y optimizador
   - Ponemos el modelo en modo de evaluación, lo cual es importante para la inferencia (desactiva dropout, etc.)
8. **Verificación**: Finalmente, imprimimos el número de época cargado y la pérdida para verificar que el punto de control se cargó correctamente.

Este ejemplo proporciona una visión completa del proceso de guardado y carga de modelos en PyTorch. Demuestra no solo cómo guardar un punto de control, sino también cómo crear un modelo simple, entrenarlo y luego cargar el estado guardado en una nueva instancia del modelo. Esto es particularmente útil para reanudar el entrenamiento desde un estado guardado o para implementar modelos entrenados en entornos de producción.

Ejemplo: Cargar un punto de control del modelo

Al cargar un punto de control, puedes restaurar los parámetros del modelo, el estado del optimizador y otra información de entrenamiento, lo que te permite reanudar el entrenamiento desde donde se dejó.

```
import torch
import torch.nn as nn
import torch.optim as optim

# Define a simple model
class SimpleModel(nn.Module):
    def __init__(self):
        super(SimpleModel, self).__init__()
        self.fc1 = nn.Linear(10, 20)
        self.fc2 = nn.Linear(20, 5)

    def forward(self, x):
        x = torch.relu(self.fc1(x))
        return self.fc2(x)
```

```python
# Initialize the model, loss function, and optimizer
model = SimpleModel()
criterion = nn.MSELoss()
optimizer = optim.Adam(model.parameters(), lr=0.001)

# Load the model checkpoint
checkpoint = torch.load('model_checkpoint.pth')

# Restore the model's parameters
model.load_state_dict(checkpoint['model_state_dict'])

# Restore the optimizer's state
optimizer.load_state_dict(checkpoint['optimizer_state_dict'])

# Retrieve other saved information
start_epoch = checkpoint['epoch']
loss = checkpoint['loss']

# Print the restored epoch and loss
print(f"Resuming training from epoch {start_epoch}, with loss: {loss}")

# Set the model to training mode
model.train()

# Resume training
num_epochs = 10
for epoch in range(start_epoch, start_epoch + num_epochs):
    # Dummy data for demonstration
    inputs = torch.randn(32, 10)
    targets = torch.randn(32, 5)

    # Forward pass
    outputs = model(inputs)
    loss = criterion(outputs, targets)

    # Backward pass and optimize
    optimizer.zero_grad()
    loss.backward()
    optimizer.step()

    print(f"Epoch [{epoch+1}/{start_epoch + num_epochs}], Loss: {loss.item():.4f}")

# Save the updated model checkpoint
torch.save({
    'epoch': start_epoch + num_epochs,
    'model_state_dict': model.state_dict(),
    'optimizer_state_dict': optimizer.state_dict(),
    'loss': loss.item(),
}, 'updated_model_checkpoint.pth')

print("Training completed and new checkpoint saved.")
```

Este ejemplo demuestra un enfoque más completo para cargar un punto de control del modelo y reanudar el entrenamiento.

Aquí tienes un desglose detallado del código:

1. **Definición del modelo**: Definimos un modelo de red neuronal simple, SimpleModel, con dos capas lineales y una función de activación ReLU. Esto representa una estructura básica que se puede expandir para modelos más complejos.
2. **Inicialización del modelo, la función de pérdida y el optimizador**: Creamos instancias del modelo, definimos una función de pérdida (Error Cuadrático Medio) e inicializamos un optimizador (Adam).
3. **Cargar el punto de control**: Utilizamos torch.load() para cargar el archivo de punto de control guardado previamente.
4. **Restauración de los estados del modelo y del optimizador**: Restauramos los parámetros del modelo y el estado del optimizador usando sus respectivos métodos load_state_dict(). Esto asegura que reanudemos el entrenamiento desde exactamente donde lo dejamos.
5. **Recuperación de información adicional**: Extraemos el número de época y el valor de la pérdida desde el punto de control. Esta información es útil para hacer seguimiento del progreso y puede usarse para establecer el punto de partida para continuar el entrenamiento.
6. **Establecer el modo de entrenamiento**: Configuramos el modelo en modo de entrenamiento utilizando model.train(). Esto es importante ya que habilita las capas de dropout y batch normalization para que funcionen correctamente durante el entrenamiento.
7. **Reanudar el entrenamiento**: Implementamos un bucle de entrenamiento que continúa durante un número específico de épocas desde la última época guardada. Esto demuestra cómo continuar sin problemas el entrenamiento desde un punto de control.
8. **Proceso de entrenamiento**: En cada época:
    - Generamos datos de entrada ficticios y salidas objetivo (en un escenario real, cargarías tus datos de entrenamiento reales aquí)
    - Realizamos una pasada hacia adelante a través del modelo
    - Calculamos la pérdida
    - Realizamos retropropagación y actualizamos los parámetros del modelo

    - Imprimimos la época actual y la pérdida para monitorear el progreso

9. **Guardar el punto de control actualizado**: Después de completar las épocas de entrenamiento adicionales, guardamos un nuevo punto de control. Este punto de control actualizado incluye:
    - El nuevo número de época actual
    - El diccionario de estado actualizado del modelo
    - El diccionario de estado actualizado del optimizador
    - El valor final de la pérdida

Este ejemplo completo ilustra todo el proceso de cargar un punto de control, reanudar el entrenamiento y guardar un punto de control actualizado. Es particularmente útil para sesiones de entrenamiento largas que pueden necesitar ser interrumpidas y reanudadas, o para la mejora iterativa del modelo, donde deseas continuar el progreso de entrenamiento previo.

4.4.4 Mejores prácticas para guardar y cargar modelos

1. **Usa state_dict para mayor flexibilidad**: Guardar el **state_dict** ofrece más flexibilidad, ya que solo guarda los parámetros del modelo. Este enfoque permite una transferencia de aprendizaje y adaptación del modelo más fácil. Por ejemplo, puedes cargar estos parámetros en modelos con arquitecturas ligeramente diferentes, lo que te permite experimentar con varias configuraciones de modelos sin tener que entrenar desde cero.

2. **Guarda puntos de control durante el entrenamiento**: Guardar puntos de control periódicamente es crucial para mantener el progreso en sesiones de entrenamiento largas. Te permite reanudar el entrenamiento desde el último estado guardado si se interrumpe, ahorrando tiempo y recursos computacionales valiosos. Además, los puntos de control se pueden utilizar para analizar el rendimiento del modelo en diferentes etapas del entrenamiento, ayudándote a identificar puntos óptimos de detención o a resolver problemas en el proceso de entrenamiento.

3. **Usa el modo .eval() después de cargar los modelos**: Siempre cambia el modelo al modo de evaluación después de cargarlo para inferencia. Este paso es crucial ya que afecta el comportamiento de ciertas capas como dropout y batch normalization. En modo de evaluación, las capas dropout se deshabilitan y la normalización por lotes usa estadísticas preexistentes en lugar de las estadísticas del lote, asegurando una salida consistente en diferentes ejecuciones de inferencia.

4. **Guarda el estado del optimizador**: Al guardar puntos de control, incluye el estado del optimizador junto con los parámetros del modelo. Esta práctica es esencial para reanudar el entrenamiento con precisión, ya que preserva información importante como las tasas de aprendizaje y los valores de momentum para cada parámetro. Al

mantener el estado del optimizador, aseguras que el proceso de entrenamiento continúe sin problemas desde donde lo dejaste, manteniendo la trayectoria del proceso de optimización.

5. **Control de versiones de tus puntos de control**: Implementa un sistema de control de versiones para tus modelos guardados y puntos de control. Esto te permite rastrear los cambios a lo largo del tiempo, comparar diferentes versiones de tu modelo y revertir fácilmente a estados anteriores si es necesario. Un control de versiones adecuado puede ser invaluable cuando colaboras con miembros del equipo o cuando necesitas reproducir resultados de etapas específicas en el desarrollo de tu modelo.

4.5 Implementación de modelos PyTorch con TorchServe

Después de entrenar un modelo en PyTorch, el siguiente paso crucial es implementarlo en un entorno de producción donde pueda procesar nuevos datos y generar predicciones. **TorchServe**, una colaboración entre AWS y Facebook, ofrece una solución robusta y adaptable para servir modelos de PyTorch. Esta poderosa herramienta permite la implementación fluida de modelos entrenados como API REST, facilita la gestión simultánea de varios modelos y proporciona capacidades de escalado horizontal para manejar escenarios de alto tráfico.

TorchServe cuenta con una gama de características diseñadas para satisfacer las demandas de implementaciones a nivel de producción:

- **Servicio multi-modelo**: Gestiona y sirve eficientemente múltiples modelos dentro de una única instancia, optimizando el uso de recursos.
- **Registro y monitoreo exhaustivos**: Aprovecha las funcionalidades integradas de métricas y registro para un seguimiento detallado del rendimiento y análisis.
- **Inferencia avanzada por lotes**: Mejora el rendimiento agrupando inteligentemente las solicitudes entrantes en lotes, maximizando el rendimiento y la eficiencia.
- **Integración fluida con GPU**: Aprovecha la potencia de las GPUs para acelerar drásticamente los procesos de inferencia, permitiendo tiempos de respuesta más rápidos.
- **Gestión dinámica de modelos**: Actualiza, versiona y retrocede fácilmente los modelos sin interrupción del servicio, asegurando una mejora continua y flexibilidad.

Esta sección proporcionará una guía completa para implementar un modelo utilizando TorchServe. Cubriremos todo el proceso, desde preparar el modelo en un formato compatible con TorchServe hasta configurar y lanzar el servidor de modelos. Además, exploraremos las mejores prácticas para optimizar la implementación y aprovechar las características avanzadas de TorchServe para garantizar un servicio robusto y escalable en entornos de producción.

4.5.1 Preparación del modelo para TorchServe

Antes de implementar un modelo PyTorch con TorchServe, es crucial preparar el modelo en un formato que TorchServe pueda interpretar y utilizar de manera efectiva. Este proceso de preparación implica varios pasos clave:

1. Serialización del modelo

El primer paso para preparar un modelo PyTorch para su implementación con TorchServe es serializar el modelo entrenado. La serialización es el proceso de convertir una estructura de datos compleja o el estado de un objeto en un formato que se pueda almacenar o transmitir y reconstruir más tarde. En el contexto de los modelos de PyTorch, esto implica principalmente guardar el diccionario de estado del modelo.

El diccionario de estado, al que se accede a través de model.state_dict(), es un diccionario de Python que asigna cada capa a sus tensores de parámetros. Contiene todos los parámetros entrenables (pesos y sesgos) del modelo. PyTorch proporciona una función conveniente, torch.save(), para serializar este diccionario de estado.

Aquí tienes un proceso típico para la serialización de modelos:

1. Entrena tu modelo PyTorch al nivel de rendimiento deseado.
2. Accede al diccionario de estado del modelo utilizando model.state_dict().
3. Usa torch.save(model.state_dict(), 'model.pth') para guardar el diccionario de estado en un archivo. La extensión '.pth' se usa comúnmente para archivos de modelos PyTorch, aunque no es obligatoria.

Este paso de serialización es crucial porque te permite:

- Conservar los parámetros del modelo entrenado para uso futuro.
- Compartir el modelo con otros sin necesidad de compartir todo el proceso de entrenamiento.
- Implementar el modelo en entornos de producción, como con TorchServe.
- Reanudar el entrenamiento desde un estado previamente guardado.

Es importante tener en cuenta que torch.save() utiliza el módulo pickle de Python para serializar el objeto, por lo que debes tener precaución al cargar modelos desde fuentes no confiables. Además, aunque puedes guardar todo el objeto del modelo, generalmente se recomienda guardar solo el diccionario de estado para una mejor portabilidad y flexibilidad.

2. Creación de un archivo de modelo

TorchServe requiere que los modelos se empaqueten en un archivo de Model Archive (.mar). Este archivo es un paquete integral que encapsula todos los componentes necesarios para implementar y servir un modelo de aprendizaje automático. El formato .mar está específicamente diseñado para trabajar perfectamente con TorchServe, asegurando que todos los elementos requeridos estén empaquetados juntos para un servicio eficiente del modelo. Este archivo incluye:

- Los pesos y la arquitectura del modelo: Este es el núcleo del archivo, que contiene los parámetros entrenados (pesos) y la estructura (arquitectura) de la red neuronal. Estos normalmente se guardan como un diccionario de estado de PyTorch (.pth) o un archivo de modelo serializado.
- Cualquier archivo de configuración necesario: Estos pueden incluir archivos JSON o YAML que especifiquen configuraciones específicas del modelo, hiperparámetros u otros detalles de configuración necesarios para la inicialización y ejecución del modelo.
- Código personalizado para preprocesamiento, posprocesamiento o manejo de requisitos específicos del modelo: Esto a menudo incluye un script de controlador personalizado (generalmente un archivo Python) que define cómo deben preprocesarse los datos de entrada antes de ser enviados al modelo, cómo debe posprocesarse la salida del modelo y cualquier otra lógica específica del modelo requerida para la inferencia.
- Recursos adicionales como mapeos de etiquetas o tokenizadores: Estos son archivos complementarios que ayudan a interpretar la entrada o salida del modelo. Por ejemplo, un archivo de mapeo de etiquetas podría asociar predicciones numéricas de clases con etiquetas legibles por humanos, mientras que un tokenizador podría ser necesario para procesar entradas de texto en modelos de procesamiento de lenguaje natural.

El archivo de modelo sirve como una unidad autónoma que incluye todo lo que TorchServe necesita para implementar y ejecutar el modelo. Este enfoque de empaquetado garantiza portabilidad, lo que facilita la transferencia de modelos entre diferentes entornos o su implementación en varios sistemas sin preocuparse por dependencias faltantes o problemas de configuración.

3. Controlador del modelo

Crear una clase de controlador personalizado es un paso crucial para definir cómo TorchServe interactúa con tu modelo. Este controlador actúa como una interfaz entre TorchServe y tu modelo PyTorch, proporcionando métodos para:

- **Preprocesar datos de entrada**: Este método transforma los datos de entrada en bruto en un formato adecuado para tu modelo. Por ejemplo, podría redimensionar imágenes, tokenizar textos o normalizar valores numéricos.
- **Ejecutar la inferencia**: Este método pasa los datos preprocesados a través de tu modelo para generar predicciones.

- **Posprocesar los resultados**: Este método toma la salida en bruto del modelo y la formatea en una respuesta fácil de usar. Podría implicar decodificar predicciones, aplicar umbrales o formatear la salida como JSON.

El controlador también suele incluir métodos para la inicialización y carga del modelo. Al personalizar estos métodos, puedes asegurarte de que tu modelo se integre perfectamente con TorchServe, maneje correctamente varios tipos de entrada y proporcione salidas significativas a los usuarios o aplicaciones que consumen las predicciones de tu modelo.

4. Versionado

El archivo .mar admite el control de versiones, una característica crucial para gestionar diferentes iteraciones de tu modelo. Esta capacidad te permite:

- Mantener varias versiones del mismo modelo de manera simultánea, cada una optimizada potencialmente para diferentes casos de uso o métricas de rendimiento.
- Implementar pruebas A/B al desplegar diferentes versiones de un modelo y comparar su rendimiento en escenarios del mundo real.
- Facilitar despliegues graduales de actualizaciones del modelo, permitiendo reemplazar incrementalmente una versión anterior con una más reciente mientras monitoreas posibles comportamientos inesperados o caídas de rendimiento.
- Revertir fácilmente a una versión anterior si surgen problemas con una nueva implementación, asegurando una mínima interrupción del servicio.
- Rastrear la evolución de tu modelo a lo largo del tiempo, proporcionando valiosos conocimientos sobre el proceso de desarrollo y ayudando con la gobernanza y los requisitos de cumplimiento del modelo.

Al aprovechar esta función de versionado, puedes asegurar una estrategia de implementación más robusta y flexible, permitiendo una mejora continua de tus modelos mientras mantienes la estabilidad y confiabilidad de tus servicios de aprendizaje automático.

Al preparar meticulosamente tu modelo en este formato compatible con TorchServe, aseguras una implementación fluida y un rendimiento óptimo en entornos de producción. Esta etapa de preparación es fundamental para aprovechar las capacidades de TorchServe al servir modelos PyTorch de manera eficiente y a gran escala.

Paso 1: Exportar el modelo

Para utilizar TorchServe de manera efectiva, hay dos pasos cruciales que debes seguir al preparar tu modelo:

1. Guarda los pesos del modelo: Esto se hace utilizando la función **torch.save()** de PyTorch. Esta función serializa los parámetros del modelo (pesos y sesgos) en un

archivo, normalmente con una extensión .pth. Este paso es esencial ya que captura el conocimiento aprendido de tu modelo entrenado.

2. Asegura una serialización adecuada: No basta con solo guardar los pesos; necesitas asegurarte de que el modelo esté serializado de una manera que TorchServe pueda entender y cargar. Esto a menudo implica guardar no solo el diccionario de estado del modelo, sino también cualquier capa personalizada, pasos de preprocesamiento u otra información específica del modelo que TorchServe necesitará para instanciar y usar correctamente tu modelo.

Siguiendo cuidadosamente estos pasos, aseguras que tu modelo pueda ser cargado y servido de manera eficiente por TorchServe, lo que permite una implementación fluida y una inferencia en entornos de producción.

Ejemplo: Exportando un modelo preentrenado

```
import torch
import torchvision.models as models
from torchvision import transforms
from PIL import Image

# Load a pretrained ResNet-18 model
model = models.resnet18(pretrained=True)

# Set the model to evaluation mode
model.eval()

# Save the model's state_dict (required by TorchServe)
torch.save(model.state_dict(), 'resnet18.pth')

# Define a function to preprocess the input image
def preprocess_image(image_path):
    transform = transforms.Compose([
        transforms.Resize(256),
        transforms.CenterCrop(224),
        transforms.ToTensor(),
        transforms.Normalize(mean=[0.485, 0.456, 0.406], std=[0.229, 0.224, 0.225])
    ])
    image = Image.open(image_path)
    return transform(image).unsqueeze(0)

# Load and preprocess a sample image
sample_image = preprocess_image('sample_image.jpg')

# Perform inference
with torch.no_grad():
    output = model(sample_image)

# Get the predicted class
_, predicted_idx = torch.max(output, 1)
```

```
predicted_label = predicted_idx.item()

print(f"Predicted class index: {predicted_label}")

# Optional: If you have a mapping of class indices to human-readable labels
class_labels = ['airplane', 'automobile', 'bird', 'cat', 'deer', 'dog', 'frog',
'horse', 'ship', 'truck']
print(f"Predicted class: {class_labels[predicted_label]}")
```

Este ejemplo de código demuestra un flujo de trabajo más completo para usar un modelo ResNet-18 preentrenado, guardarlo para TorchServe y realizar inferencias.

Aquí tienes un desglose del código:

1. **Importación de las bibliotecas necesarias**:
    - **torch**: La biblioteca principal de PyTorch.
    - **torchvision.models**: Proporciona modelos preentrenados.
    - **transforms**: Para el preprocesamiento de imágenes.
    - **PIL**: Para abrir y manipular imágenes.
2. **Cargar el modelo preentrenado**:
    - Usamos models.resnet18(pretrained=True) para cargar un modelo ResNet-18 con pesos preentrenados.
3. **Establecer el modelo en modo de evaluación**:
    - model.eval() asegura que el modelo esté en modo de inferencia, lo cual es importante para ciertas capas como BatchNorm y Dropout.
4. **Guardar el diccionario de estado del modelo**:
    - torch.save(model.state_dict(), 'resnet18.pth') guarda solo los parámetros aprendidos del modelo, que es generalmente lo necesario para la implementación.
5. **Definir una función de preprocesamiento**:
    - preprocess_image() aplica la tubería de preprocesamiento estándar de ImageNet: cambiar tamaño, recorte central, convertir a tensor y normalizar.
6. **Cargar y preprocesar una imagen de muestra**:
    - Usamos la función preprocess_image() definida para una imagen de muestra.
7. **Realizar la inferencia**:
    - El contexto with torch.no_grad(): asegura que no se calculen gradientes durante la inferencia, lo que ahorra memoria y acelera el cálculo.

8. **Interpretar la salida**:
    - Usamos torch.max() para obtener el índice de la clase con la mayor probabilidad.

9. **Imprimir los resultados**:
    - Imprimimos tanto el índice de clase en bruto como, opcionalmente, una etiqueta legible si tenemos un mapeo disponible.

Este ejemplo proporciona una visión más completa de cómo usar un modelo preentrenado, guardarlo para su implementación y realizar inferencias, que son pasos cruciales para preparar un modelo para su uso con TorchServe.

4.5.2 Escribir un controlador de modelo personalizado (Opcional)

TorchServe utiliza **controladores de modelo** como un componente crucial en su arquitectura. Estos controladores sirven como un puente entre el marco de TorchServe y tu modelo específico de PyTorch, definiendo dos aspectos clave de la implementación del modelo:

1. **Carga del modelo**: Los controladores especifican cómo debe inicializarse y cargarse tu modelo en memoria. Esto incluye tareas como:
    - Cargar la arquitectura del modelo y los pesos desde archivos guardados.
    - Configurar el modelo en modo de evaluación para la inferencia.
    - Mover el modelo al dispositivo adecuado (CPU o GPU).
2. **Manejo de solicitudes de inferencia**: Los controladores dictan cómo TorchServe debe procesar las solicitudes de inferencia entrantes, lo que generalmente implica:
    - Preprocesar los datos de entrada para que coincidan con el formato esperado del modelo.
    - Pasar los datos preprocesados a través del modelo.
    - Posprocesar la salida del modelo para generar la respuesta final.

Si bien TorchServe proporciona controladores predeterminados para escenarios comunes, es posible que necesites crear un controlador personalizado si tu modelo requiere pasos específicos de preprocesamiento o posprocesamiento. Por ejemplo:

- Preprocesamiento de imágenes personalizado para modelos de visión por computadora.

- Tokenización de texto para modelos de procesamiento de lenguaje natural.
- Formateo especializado de la salida para las necesidades de tu aplicación.

Al implementar un controlador personalizado, aseguras que tu modelo se integre sin problemas con TorchServe, permitiendo una inferencia eficiente y precisa en entornos de producción.

Ejemplo: Escribir un controlador personalizado (Opcional)

```
import torch
import torchvision.models as models
from torchvision import transforms
from PIL import Image
import json
import logging

class ResNetHandler:
    def __init__(self):
        self.model = None
        self.device = torch.device('cuda' if torch.cuda.is_available() else 'cpu')
        self.class_to_idx = None
        self.logger = logging.getLogger(__name__)

    def initialize(self, context):
        """
        Initialize the handler at startup.
        :param context: Initial context containing model server system properties.
        """
        self.manifest = context.manifest
        properties = context.system_properties
        model_dir = properties.get("model_dir")
        self.logger.info(f"Model directory: {model_dir}")

        # Load the model architecture
        self.model = models.resnet18(pretrained=False)
        self.model.fc = torch.nn.Linear(self.model.fc.in_features, 1000)  # Adjust if 
needed

        # Load the model's state_dict
        state_dict_path = f"{model_dir}/resnet18.pth"
        self.logger.info(f"Loading model from {state_dict_path}")
        self.model.load_state_dict(torch.load(state_dict_path, 
map_location=self.device))
        self.model.eval()
        self.model.to(self.device)

        # Load class mapping
        class_mapping_path = f"{model_dir}/class_mapping.json"
        try:
```

```
            with open(class_mapping_path, 'r') as f:
                self.class_to_idx = json.load(f)
            self.logger.info("Class mapping loaded successfully")
        except FileNotFoundError:
            self.logger.warning(f"Class mapping file not found at {class_mapping_path}")

        self.logger.info("Model initialized successfully")

    def preprocess(self, data):
        """
        Preprocess the input data before inference.
        :param data: Input data to be preprocessed.
        :return: Preprocessed data for model input.
        """
        self.logger.info("Preprocessing input data")
        transform = transforms.Compose([
            transforms.Resize(256),
            transforms.CenterCrop(224),
            transforms.ToTensor(),
            transforms.Normalize(mean=[0.485, 0.456, 0.406], std=[0.229, 0.224, 0.225])
        ])

        images = []
        for row in data:
            image = row.get("data") or row.get("body")
            if isinstance(image, (bytes, bytearray)):
                image = Image.open(io.BytesIO(image))
            elif isinstance(image, str):
                image = Image.open(image)
            else:
                raise ValueError(f"Unsupported image format: {type(image)}")

            images.append(transform(image))

        return torch.stack(images).to(self.device)

    def inference(self, data):
        """
        Perform inference on the preprocessed data.
        :param data: Preprocessed data for model input.
        :return: Raw model output.
        """
        self.logger.info("Performing inference")
        with torch.no_grad():
            output = self.model(data)
        return output

    def postprocess(self, inference_output):
        """
        Postprocess the model output.
```

```
        :param inference_output: Raw model output.
        :return: Processed output.
        """
        self.logger.info("Postprocessing inference output")
        probabilities = torch.nn.functional.softmax(inference_output, dim=1)
        top_prob, top_class = torch.topk(probabilities, 5)

        result = []
        for i in range(top_prob.shape[0]):
            item_result = []
            for j in range(5):
                class_idx = top_class[i][j].item()
                if self.class_to_idx:
                    class_name  =  self.class_to_idx.get(str(class_idx),  f"Unknown
class {class_idx}")
                else:
                    class_name = f"Class {class_idx}"
                item_result.append({
                    "class": class_name,
                    "probability": top_prob[i][j].item()
                })
            result.append(item_result)

        return json.dumps(result)

    def handle(self, data, context):
        """
        Handle a request to the model.
        :param data: Input data for inference.
        :param context: Context object containing request details.
        :return: Processed output.
        """
        self.logger.info("Handling inference request")
        preprocessed_data = self.preprocess(data)
        inference_output = self.inference(preprocessed_data)
        return self.postprocess(inference_output)
```

Este ejemplo de código proporciona una implementación completa de un controlador personalizado para TorchServe.

Aquí tienes un desglose detallado de los cambios y adiciones:

1. **Importaciones**:

Se añadieron las importaciones necesarias, incluyendo logging para mejorar la depuración y el seguimiento de errores.

2. **Inicialización**:

- Se agregó la configuración de registro (logging).

- Se incluyó el manejo de errores para la carga del modelo y el mapeo de clases.
- Se hizo la inicialización más robusta utilizando el objeto de contexto proporcionado por TorchServe.

3. **Preprocesamiento**:
   - Mejorado para manejar múltiples formatos de entrada (bytes, rutas de archivo).
   - Se añadió soporte para el procesamiento por lotes.
4. **Inferencia**:
   - Se mantuvo simple y enfocado en ejecutar el modelo.
5. **Posprocesamiento**:
   - Mejorado para devolver las 5 mejores predicciones con probabilidades.
   - Se agregó soporte para el mapeo de nombres de clases, si está disponible.
6. **Método Handle**:
   - Se añadió un método principal handle que TorchServe llama, el cual orquesta los pasos de preprocesamiento, inferencia y posprocesamiento.
7. **Manejo de errores y registro**:
   - Incorporado en todo el código para facilitar la depuración y mejorar la robustez.
8. **Flexibilidad**:
   - Ahora el controlador es más flexible, capaz de trabajar con o sin un archivo de mapeo de clases.

Esta implementación proporciona un controlador más preparado para la producción que puede manejar varios escenarios y casos límite, haciéndolo más adecuado para la implementación en el mundo real con TorchServe.

4.5.3 Creación del archivo de modelo (.mar)

El archivo de modelo, denotado por la extensión .mar, es un componente crucial en el proceso de implementación de TorchServe. Este archivo actúa como un paquete integral que encapsula todos los elementos esenciales necesarios para servir un modelo, incluyendo:

1. **Pesos del modelo**: Los parámetros entrenados de tu red neuronal.
2. **Controlador del modelo**: Un script en Python que define cómo cargar el modelo y procesar las solicitudes.

3. **Configuración del modelo**: Cualquier archivo o metadato adicional necesario para la operación del modelo.

TorchServe utiliza este archivo como un punto de referencia único al cargar y ejecutar el modelo, lo que simplifica el proceso de implementación y asegura que todos los componentes necesarios estén empaquetados juntos.

Paso 2: Crear el archivo de modelo utilizando torch-model-archiver

Para facilitar la creación de estos archivos de modelo, TorchServe proporciona una herramienta de línea de comandos llamada **torch-model-archiver**. Esta utilidad simplifica el proceso de empaquetar tus modelos PyTorch y los archivos asociados en el formato requerido .mar.

La herramienta torch-model-archiver requiere dos entradas principales:

1. **state_dict del modelo**: Esta es la forma serializada de los parámetros de tu modelo, normalmente guardada como un archivo .pth o .pt.
2. **Archivo de controlador**: Un script en Python que define cómo TorchServe debe interactuar con tu modelo, incluyendo métodos para preprocesar entradas, ejecutar inferencia y posprocesar salidas.

Además, puedes incluir otros archivos necesarios como etiquetas de clase, archivos de configuración o cualquier otro recurso requerido para la operación de tu modelo.

Al usar torch-model-archiver, te aseguras de que todos los componentes estén empaquetados correctamente y listos para la implementación con TorchServe, promoviendo consistencia y facilidad de uso en diferentes entornos.

Comando para crear el archivo .mar:

```
torch-model-archiver \\\\
  --model-name resnet18 \\\\
  --version 1.0 \\\\
  --model-file model.py \\\\  # Path to model definition (if needed)
  --serialized-file resnet18.pth \\\\  # Path to saved weights
  --handler handler.py \\\\  # Path to custom handler (if any)
  --export-path model_store \\\\
  --extra-files index_to_name.json  # Additional files like class labels
```

4.5.4 Iniciar el servidor de modelos TorchServe

Una vez que el archivo de modelo se ha creado, puedes iniciar TorchServe para desplegar el modelo. Este proceso implica inicializar el servidor de TorchServe, que actúa como un entorno de ejecución para tus modelos PyTorch. TorchServe carga el archivo de modelo (.mar) que has creado, configura los puntos de acceso necesarios para la inferencia y gestiona el ciclo de vida del modelo.

Cuando inicias TorchServe, realiza varias acciones clave:

- Carga el modelo desde el archivo .mar en la memoria.
- Inicializa cualquier controlador personalizado que hayas definido.
- Configura puntos de acceso API REST para la gestión del modelo y la inferencia.
- Prepara el modelo para su servicio, asegurándose de que esté listo para manejar solicitudes entrantes.

Este paso de implementación es crucial, ya que convierte tu modelo de un archivo estático a un servicio activo y accesible, capaz de procesar solicitudes de inferencia en tiempo real. Una vez que TorchServe está en funcionamiento con tu modelo, está listo para aceptar y responder a solicitudes de predicciones, llevando efectivamente tu modelo de machine learning a un estado listo para producción.

Paso 3: Iniciar TorchServe

torchserve --start --model-store model_store --models resnet18=resnet18.mar

Aquí tienes un desglose del comando:

- torchserve: Este es el comando principal para ejecutar TorchServe.
- -start: Esta bandera indica a TorchServe que inicie el servidor.
- -model-store model_store: Esto especifica el directorio donde se almacenan tus archivos de modelo (.mar). En este caso, es un directorio llamado "model_store".
- -models resnet18=resnet18.mar: Esto le indica a TorchServe qué modelos cargar. Aquí, está cargando un modelo ResNet-18 desde un archivo llamado "resnet18.mar".

Cuando ejecutas este comando, TorchServe se iniciará, cargará el modelo ResNet-18 especificado desde el archivo .mar en el almacén de modelos y lo pondrá disponible para servir predicciones a través de una API.

4.5.5 Realizar predicciones a través de la API

Una vez que el modelo se ha desplegado, puedes enviar solicitudes de inferencia a la API para obtener predicciones en tiempo real. Este paso es crucial, ya que te permite utilizar tu modelo entrenado en aplicaciones prácticas. A continuación se explica este proceso en más detalle:

1. **Punto de acceso API**: TorchServe crea un punto de acceso API REST para tu modelo. Este punto de acceso generalmente está disponible en una URL como http://localhost:8080/predictions/[model_name].

2. **Formato de solicitud**: Puedes enviar solicitudes HTTP POST a este punto de acceso. El cuerpo de la solicitud generalmente contiene los datos de entrada (por ejemplo, un archivo de imagen para tareas de clasificación de imágenes) sobre los que deseas realizar predicciones.
3. **Procesamiento en tiempo real**: Cuando envías una solicitud, TorchServe la procesa en tiempo real. Utiliza el modelo desplegado para generar predicciones basadas en los datos de entrada.
4. **Respuesta**: La API devuelve una respuesta que contiene las predicciones del modelo. Esto podría ser probabilidades de clases para una tarea de clasificación, cuadros delimitadores para una tarea de detección de objetos, o cualquier otra salida relevante para el propósito de tu modelo.
5. **Integración**: Este enfoque basado en API permite una fácil integración de tu modelo en varias aplicaciones, sitios web o servicios, lo que te permite aprovechar tu modelo de IA en escenarios del mundo real.

Al utilizar esta API, puedes incorporar sin problemas las capacidades de tu modelo PyTorch en tu ecosistema de software más amplio, convirtiéndolo en una herramienta poderosa para implementar funciones y características impulsadas por IA.

Paso 4: Enviar una solicitud de predicción a la API de TorchServe

```
import requests
import json
from PIL import Image
import io

def predict_image(image_path, model_name, server_url):
    """
    Send an image to TorchServe for prediction.

    Args:
    image_path (str): Path to the image file
    model_name (str): Name of the model to use for prediction
    server_url (str): Base URL of the TorchServe server

    Returns:
    dict: Prediction results
    """
    # Prepare the image file for prediction
    with open(image_path, 'rb') as file:
        image_data = file.read()

    # Prepare the request
    url = f"{server_url}/predictions/{model_name}"
    files = {'data': ('image.jpg', image_data)}

    try:
```

```
        # Send a POST request to the model's endpoint
        response = requests.post(url, files=files)
        response.raise_for_status()  # Raise an exception for bad status codes

        # Parse and return the prediction result
        return response.json()

    except requests.exceptions.RequestException as e:
        print(f"Error occurred: {e}")
        return None

# Example usage
if __name__ == "__main__":
    image_path = 'test_image.jpg'
    model_name = 'resnet18'
    server_url = '<http://localhost:8080>'

    result = predict_image(image_path, model_name, server_url)

    if result:
        print("Prediction Result:")
        print(json.dumps(result, indent=2))
    else:
        print("Failed to get prediction.")
```

Este ejemplo de código proporciona un enfoque integral para realizar predicciones utilizando TorchServe. A continuación, se detalla cada uno de los componentes clave:

1. **Definición de la función**:
    - Definimos una función predict_image que encapsula el proceso de predicción.
    - Esta función toma tres parámetros: la ruta al archivo de imagen, el nombre del modelo y la URL del servidor TorchServe.
2. **Preparación de la imagen**:
    - El archivo de imagen se lee como datos binarios, lo que es más eficiente que abrirlo como un objeto PIL Image.
3. **Preparación de la solicitud**:
    - Construimos la URL completa para el punto de acceso de predicción utilizando la URL del servidor y el nombre del modelo.
    - Los datos de la imagen se preparan como un archivo para ser enviados en la solicitud POST.
4. **Manejo de errores**:

   - El código utiliza un bloque try-except para manejar posibles errores durante la solicitud.
   - Se usa raise_for_status() para capturar cualquier error HTTP.

5. **Procesamiento de la respuesta**:
   - La respuesta en formato JSON del servidor se devuelve si la solicitud es exitosa.

6. **Ejecución principal**:
   - El script incluye un bloque de ejecución condicional principal.
   - Demuestra cómo utilizar la función predict_image con parámetros de ejemplo.

7. **Visualización de resultados**:
   - Si se obtiene una predicción correctamente, se imprime en una estructura JSON formateada para mejorar la legibilidad.
   - Si la predicción falla, se muestra un mensaje de error.

Este ejemplo ofrece un manejo de errores robusto, mayor flexibilidad mediante la parametrización y una estructura más clara que aísla la funcionalidad central en una función reutilizable. Está mejor adaptado para la integración en proyectos más grandes y proporciona una base sólida para el desarrollo futuro o la personalización.

4.5.6 Monitorización y gestión de modelos con TorchServe

TorchServe ofrece una suite completa de características para monitorear y gestionar tus modelos desplegados, mejorando tu capacidad para mantener y optimizar tu infraestructura de machine learning:

1. **Métricas**: TorchServe proporciona métricas detalladas de rendimiento accesibles a través del punto de acceso /metrics. Estas métricas incluyen:
   - **Latencia**: Mide el tiempo que tarda tu modelo en procesar solicitudes, ayudándote a identificar y solucionar cuellos de botella en el rendimiento.
   - **Rendimiento**: Rastrea el número de solicitudes que tu modelo puede manejar por unidad de tiempo, lo que es crucial para la planificación de la capacidad y las decisiones de escalado.
   - **Utilización de la GPU**: Para modelos que se ejecutan en GPUs, monitorea el uso de recursos para asegurar un rendimiento óptimo.
   - **Tasas de solicitud**: Analiza la frecuencia de las solicitudes entrantes para entender los patrones de uso y los momentos de mayor actividad.

Estas métricas permiten tomar decisiones basadas en datos para la optimización del modelo y la planificación de la infraestructura.

2. **Escalado**: Las capacidades de escalado de TorchServe están diseñadas para manejar cargas variables en entornos de producción:
   - **Escalado horizontal**: Despliega múltiples instancias del mismo modelo en diferentes servidores para distribuir la carga de trabajo.
   - **Escalado vertical**: Ajusta los recursos (CPU, GPU, memoria) asignados a cada instancia del modelo según la demanda.
   - **Autoescalado**: Implementa reglas de autoescalado predictivo o basado en reglas para ajustar dinámicamente el número de instancias del modelo en función de los patrones de tráfico.
   - **Balanceo de carga**: Distribuye eficientemente las solicitudes entrantes entre múltiples instancias del modelo para asegurar una utilización óptima de los recursos.

Estas características de escalado permiten que tu despliegue maneje sin problemas escenarios de alto tráfico y mantenga un rendimiento consistente bajo cargas variables.

3. **Registros**: El sistema de registro de TorchServe es una herramienta poderosa para monitorear y solucionar problemas en tus modelos desplegados:
   - **Registros de errores**: Captura y clasifica errores que ocurren durante la inferencia del modelo, ayudando a identificar y resolver problemas rápidamente.
   - **Registros de solicitudes**: Rastrea solicitudes individuales, incluyendo los datos de entrada y las respuestas del modelo, útiles para depuración y auditoría.
   - **Registros del sistema**: Monitorea eventos a nivel del servidor, como la carga o descarga de modelos y cambios de configuración.
   - **Registro personalizado**: Implementa registros personalizados dentro de tus controladores de modelo para capturar información específica de la aplicación.
   - **Agregación de registros**: Integra con herramientas de gestión de registros para la recolección y análisis centralizados de registros en múltiples instancias.

Estos registros exhaustivos proporcionan información invaluable para mantener la salud y el rendimiento de tus modelos desplegados.

Al aprovechar estas funciones avanzadas, puedes garantizar que tu implementación de TorchServe sea robusta, escalable y fácil de gestionar en entornos de producción.

Ejercicios prácticos del Capítulo 4

Ejercicio 1: Guardar y cargar el state_dict de un modelo

Tarea: Define una red neuronal simple, entrénala en el conjunto de datos MNIST, guarda el state_dict del modelo, y luego carga el state_dict guardado para continuar el entrenamiento desde donde lo dejaste.

Solución:

```
import torch
import torch.nn as nn
import torch.optim as optim
from torchvision import datasets, transforms
from torch.utils.data import DataLoader

# Define a simple neural network
class SimpleNN(nn.Module):
    def __init__(self):
        super(SimpleNN, self).__init__()
        self.fc1 = nn.Linear(784, 128)
        self.fc2 = nn.Linear(128, 64)
        self.fc3 = nn.Linear(64, 10)

    def forward(self, x):
        x = x.view(-1, 784)
        x = torch.relu(self.fc1(x))
        x = torch.relu(self.fc2(x))
        return self.fc3(x)

# Instantiate the model and optimizer
model = SimpleNN()
optimizer = optim.SGD(model.parameters(), lr=0.01)

# Save model's state_dict after training for a few epochs
torch.save(model.state_dict(), 'simple_nn_state.pth')

# Load the model's state_dict
loaded_model = SimpleNN()
loaded_model.load_state_dict(torch.load('simple_nn_state.pth'))

# Continue training or use the loaded model for inference
print("Model state loaded successfully!")
```

Ejercicio 2: Guardar y cargar un punto de control del modelo

Tarea: Entrena una red neuronal en el conjunto de datos CIFAR-10, guarda un punto de control que contenga el state_dict del modelo y el estado del optimizador, y reanuda el entrenamiento desde el punto de control guardado.

Solución:

```
import torch
import torch.optim as optim
import torch.nn as nn
from torchvision import datasets, transforms
from torch.utils.data import DataLoader

# Define a simple model (ResNet-18 for CIFAR-10)
model = models.resnet18(pretrained=False)
model.fc = nn.Linear(model.fc.in_features, 10)

# Define optimizer and loss function
optimizer = optim.Adam(model.parameters(), lr=0.001)
criterion = nn.CrossEntropyLoss()

# Define CIFAR-10 dataset and DataLoader
transform = transforms.Compose([transforms.ToTensor()])
train_dataset = datasets.CIFAR10(root='./data', train=True, download=True,
transform=transform)
train_loader = DataLoader(train_dataset, batch_size=32, shuffle=True)

# Train for a few epochs
for epoch in range(2):
    running_loss = 0.0
    for inputs, labels in train_loader:
        optimizer.zero_grad()
        outputs = model(inputs)
        loss = criterion(outputs, labels)
        loss.backward()
        optimizer.step()
        running_loss += loss.item()

# Save the model and optimizer state as a checkpoint
checkpoint = {
    'epoch': 2,
    'model_state_dict': model.state_dict(),
    'optimizer_state_dict': optimizer.state_dict(),
    'loss': running_loss
}
torch.save(checkpoint, 'cifar10_checkpoint.pth')

# Load the checkpoint and resume training
checkpoint = torch.load('cifar10_checkpoint.pth')
model.load_state_dict(checkpoint['model_state_dict'])
```

```
optimizer.load_state_dict(checkpoint['optimizer_state_dict'])
start_epoch = checkpoint['epoch']
loss = checkpoint['loss']

print(f"Resumed training from epoch {start_epoch}, Loss: {loss}")
```

Ejercicio 3: Implementar un modelo PyTorch con TorchServe

Tarea: Exporta un modelo entrenado (por ejemplo, ResNet-18) como un archivo .pth, crea un controlador personalizado para TorchServe e implementa el modelo utilizando TorchServe. Usa la API de TorchServe para enviar una imagen de prueba para la predicción.

Solución:

Paso 1: Exportar los pesos del modelo.

```
import torch
import torchvision.models as models

# Load a pretrained ResNet-18 model
model = models.resnet18(pretrained=True)

# Save the model's state_dict for deployment
torch.save(model.state_dict(), 'resnet18.pth')
```

Paso 2: Crear un controlador personalizado (si es necesario).

```
from torchvision import transforms
from PIL import Image
import torch

class ResNetHandler:
    def __init__(self):
        self.model = None
        self.device = torch.device('cuda' if torch.cuda.is_available() else 'cpu')

    def initialize(self, model_dir):
        self.model = models.resnet18(pretrained=False)
        self.model.load_state_dict(torch.load(f"{model_dir}/resnet18.pth",
map_location=self.device))
        self.model.to(self.device)
        self.model.eval()

    def preprocess(self, data):
        transform = transforms.Compose([
            transforms.Resize(256),
            transforms.CenterCrop(224),
            transforms.ToTensor(),
            transforms.Normalize(mean=[0.485,   0.456,   0.406],   std=[0.229,   0.224,
0.225])
```

```
        ])
        image = Image.open(data[0]['body'])
        return transform(image).unsqueeze(0).to(self.device)

    def inference(self, data):
        with torch.no_grad():
            output = self.model(data)
        return torch.argmax(output, dim=1).item()

    def postprocess(self, data):
        return [{"predicted_class": data}]
```

Paso 3: Archivar el modelo utilizando torch-model-archiver.

```
torch-model-archiver \\\\
  --model-name resnet18 \\\\
  --version 1.0 \\\\
  --serialized-file resnet18.pth \\\\
  --handler handler.py \\\\
  --export-path model_store
```

Paso 4: Iniciar TorchServe.

```
torchserve --start --model-store model_store --models resnet18=resnet18.mar
```

Paso 5: Enviar una imagen de prueba para la predicción.

```
import requests

# Prepare the image file for prediction
image_file = {'data': open('test_image.jpg', 'rb')}

# Send a POST request to TorchServe
response          =          requests.post('<http://localhost:8080/predictions/resnet18>',
files=image_file)

# Print the predicted class
print(response.json())
```

Ejercicio 4: Cargar un modelo preentrenado y realizar fine-tuning

Tarea: Carga un modelo preentrenado ResNet-18, reemplaza la capa final y ajusta el modelo en un nuevo conjunto de datos (CIFAR-10). Guarda el modelo ajustado y evalúalo en el conjunto de prueba.

Solución:

```
import torch.optim as optim
```

```
import torch.nn as nn
from torchvision import datasets, transforms, models
from torch.utils.data import DataLoader

# Load the pretrained ResNet-18 model
model = models.resnet18(pretrained=True)

# Freeze the parameters of all layers except the last fully connected layer
for param in model.parameters():
    param.requires_grad = False

# Replace the final fully connected layer to match the CIFAR-10 dataset
model.fc = nn.Linear(model.fc.in_features, 10)

# Define the optimizer and loss function
optimizer = optim.Adam(model.fc.parameters(), lr=0.001)
criterion = nn.CrossEntropyLoss()

# Load CIFAR-10 dataset
transform = transforms.Compose([transforms.Resize(224), transforms.ToTensor()])
train_dataset = datasets.CIFAR10(root='./data', train=True, download=True,
transform=transform)
train_loader = DataLoader(train_dataset, batch_size=32, shuffle=True)

# Fine-tune the model
for epoch in range(5):
    running_loss = 0.0
    for inputs, labels in train_loader:
        optimizer.zero_grad()
        outputs = model(inputs)
        loss = criterion(outputs, labels)
        loss.backward()
        optimizer.step()
        running_loss += loss.item()

    print(f"Epoch {epoch+1}, Loss: {running_loss/len(train_loader)}")

# Save the fine-tuned model
torch.save(model.state_dict(), 'resnet18_finetuned.pth')
```

Estos ejercicios cubren habilidades esenciales como guardar/cargar modelos y puntos de control, implementar modelos PyTorch con TorchServe y realizar *fine-tuning* en modelos preentrenados. Al completar estas tareas, adquirirás experiencia práctica en la gestión de modelos PyTorch a lo largo del ciclo de vida de entrenamiento, implementación e inferencia.

Resumen del Capítulo 4

En el **Capítulo 4**, profundizamos en **PyTorch**, uno de los marcos más utilizados para el aprendizaje profundo. La flexibilidad de PyTorch y su gráfico de computación dinámica lo han convertido en un favorito entre investigadores y profesionales. A lo largo de este capítulo, exploramos los conceptos clave de PyTorch, incluido cómo construir, entrenar e implementar modelos.

Comenzamos con una introducción al **gráfico de computación dinámica** de PyTorch, una característica clave que lo diferencia de otros marcos como TensorFlow (antes de la versión 2.x). A diferencia de los gráficos estáticos, el gráfico de PyTorch se crea en tiempo real a medida que se realizan las operaciones, lo que permite una mayor flexibilidad en la depuración y el diseño de modelos. Este enfoque *define-by-run* facilita el manejo de modelos con arquitecturas dinámicas, como los utilizados en tareas de aprendizaje por refuerzo y basadas en secuencias.

Luego cubrimos cómo construir y entrenar redes neuronales utilizando **torch.nn**. Definimos una red neuronal simple y repasamos los componentes esenciales de cualquier modelo de PyTorch: la pasada hacia adelante, la función de pérdida y el optimizador. Aprendiste cómo implementar un ciclo de entrenamiento, donde el modelo procesa los datos de entrada, calcula gradientes y actualiza sus parámetros a través de la retropropagación. La flexibilidad de los optimizadores de PyTorch, como **SGD** y **Adam**, permite una fácil personalización del proceso de entrenamiento.

A continuación, exploramos el **aprendizaje por transferencia** y el **fine-tuning** utilizando modelos preentrenados disponibles en el módulo **torchvision.models**. El aprendizaje por transferencia es una técnica altamente efectiva para aprovechar modelos entrenados en grandes conjuntos de datos como ImageNet y adaptarlos a tus propias tareas. Demostramos cómo cargar un modelo ResNet-18 preentrenado, congelar sus capas para la extracción de características y ajustar las capas profundas para nuevas tareas. Este enfoque reduce significativamente el tiempo de entrenamiento y mejora el rendimiento, especialmente al trabajar con conjuntos de datos más pequeños.

En las secciones siguientes, examinamos cómo **guardar y cargar modelos en PyTorch**. PyTorch proporciona flexibilidad en la persistencia del modelo mediante el guardado del modelo completo o solo del **state_dict** (los parámetros aprendidos). También discutimos cómo guardar puntos de control del modelo durante el entrenamiento, lo que te permite reanudar el entrenamiento en caso de interrupciones.

Finalmente, cubrimos cómo **implementar modelos PyTorch utilizando TorchServe**, una herramienta poderosa que te permite servir modelos como API REST en entornos de producción. TorchServe facilita la exposición de modelos PyTorch para predicciones en tiempo real, manejar inferencia por lotes y escalar las implementaciones. También introdujimos cómo crear controladores personalizados para modelos que requieren pasos especiales de preprocesamiento o posprocesamiento antes de hacer predicciones.

En resumen, este capítulo proporcionó una comprensión completa de PyTorch, desde el entrenamiento y guardado de modelos hasta su implementación en aplicaciones del mundo real. Al dominar las funciones de PyTorch y aprovechar sus herramientas, puedes construir, entrenar e implementar modelos de aprendizaje profundo de manera eficiente tanto en investigación como en entornos de producción.

Capítulo 5: Redes Neuronales Convolucionales (CNNs)

Las Redes Neuronales Convolucionales (CNNs) representan un avance revolucionario en el campo del aprendizaje profundo, particularmente en el ámbito del procesamiento de imágenes y las tareas de visión por computadora. Estas sofisticadas arquitecturas de redes neuronales están diseñadas para aprovechar la estructura espacial inherente de los datos visuales, lo que las distingue de las redes completamente conectadas tradicionales, que procesan las entradas de manera independiente. Al explotar esta información espacial, las CNNs sobresalen en la identificación y extracción de diversas características visuales, que van desde bordes simples y texturas hasta formas y objetos complejos dentro de las imágenes.

El poder de las CNNs radica en su capacidad para construir representaciones cada vez más abstractas y complejas de los datos visuales a medida que la información fluye a través de las capas de la red. Este proceso de extracción jerárquica de características permite que las CNNs capten patrones intrincados y relaciones en las imágenes, lo que les permite realizar tareas como la clasificación de imágenes, la detección de objetos y la segmentación semántica con una precisión notable.

Inspiradas en el sistema visual humano, las CNNs imitan la forma en que nuestros cerebros procesan la información visual de manera jerárquica. Así como nuestra corteza visual primero detecta características básicas como bordes y contornos antes de reconocer objetos más complejos, las CNNs emplean una serie de filtros convolucionales dispuestos en capas para capturar y combinar progresivamente patrones visuales de creciente complejidad. Este enfoque biomimético permite que las CNNs aprendan y representen eficientemente la estructura rica y multinivel de la información visual, lo que las hace excepcionalmente adecuadas para una amplia gama de aplicaciones de visión por computadora.

5.1 Introducción a las CNNs y el procesamiento de imágenes

En su núcleo, las Redes Neuronales Convolucionales (CNNs) son arquitecturas especializadas de aprendizaje profundo diseñadas para procesar datos estructurados en una cuadrícula, con un enfoque particular en las imágenes. A diferencia de las redes neuronales tradicionales, como las redes completamente conectadas, que aplanan las imágenes de entrada en vectores unidimensionales, las CNNs mantienen la integridad espacial de los datos a lo largo de todo el procesamiento. Esta diferencia fundamental permite que las CNNs capturen y utilicen las relaciones espaciales cruciales entre píxeles, haciéndolas excepcionalmente adecuadas para tareas de procesamiento de imágenes.

Para comprender las ventajas de las CNNs, consideremos primero las limitaciones de las redes neuronales tradicionales cuando se aplican a datos de imágenes. Cuando una imagen se aplana en un vector 1D, se pierden las relaciones espaciales entre los píxeles vecinos. Por ejemplo, un área de 3x3 píxeles que podría representar una característica específica (como un borde o una esquina) se desconecta en una representación aplanada. Esta pérdida de información espacial dificulta que las redes tradicionales aprendan y reconozcan patrones que son inherentemente espaciales por naturaleza.

Las CNNs, por otro lado, preservan estas vitales relaciones espaciales procesando las imágenes en su forma 2D natural. Logran esto a través del uso de capas especializadas, particularmente capas convolucionales, que aplican filtros (o núcleos) a través de la imagen. Estos filtros pueden detectar diversas características, como bordes, texturas o patrones más complejos, mientras mantienen su contexto espacial. Este enfoque permite que las CNNs construyan una representación jerárquica de la imagen, donde las capas inferiores capturan características simples y las capas superiores combinan estas características para reconocer estructuras más complejas.

La preservación de las relaciones espaciales en las CNNs ofrece varios beneficios clave:

1. **Detección de características e invariancia a la traslación**: Las CNNs sobresalen en aprender automáticamente a detectar características que son invariantes a la traslación. Esta notable capacidad permite que la red reconozca patrones y objetos independientemente de su posición dentro de la imagen, mejorando considerablemente la flexibilidad y robustez del modelo en diversas tareas de visión por computadora.
2. **Eficiencia de parámetros y compartición de pesos**: A través del ingenioso uso de operaciones convolucionales, las CNNs implementan un mecanismo de compartición de pesos en toda la imagen. Este enfoque reduce significativamente el número de parámetros en comparación con las redes completamente conectadas, lo que da como resultado modelos que no solo son más eficientes en cuanto a computación, sino también menos propensos a sobreajustarse. Esta eficiencia permite que las CNNs se generalicen mejor a partir de datos de entrenamiento limitados.
3. **Aprendizaje jerárquico y representaciones abstractas**: La arquitectura en capas de las CNNs permite un proceso de aprendizaje jerárquico, donde cada capa sucesiva se construye sobre las características aprendidas por las capas anteriores. Esta estructura permite que la red construya representaciones cada vez más abstractas de los datos de la imagen, progresando desde la detección de bordes simples en las capas iniciales hasta el reconocimiento de objetos complejos en las capas más profundas. Este

enfoque jerárquico imita de cerca la forma en que el sistema visual humano procesa e interpreta la información visual.

4. **Jerarquía espacial a múltiples escalas**: Las CNNs poseen la capacidad única de capturar simultáneamente patrones locales (pequeña escala) y globales (gran escala) dentro de las imágenes. Esta comprensión a múltiples escalas es crucial para tareas complejas como la detección de objetos y la segmentación de imágenes, donde la red necesita comprender tanto detalles a nivel granular como estructuras generales. Al integrar información a través de diferentes escalas espaciales, las CNNs pueden tomar decisiones más informadas y conscientes del contexto en diversas aplicaciones de visión por computadora.

Exploremos los componentes clave de las CNNs y cómo trabajan juntos para analizar imágenes, aprovechando estas propiedades únicas para sobresalir en diversas tareas de visión por computadora.

5.1.1 La arquitectura de una CNN

Una arquitectura típica de CNN consta de varios componentes clave, cada uno desempeñando un papel crucial en el procesamiento y análisis de los datos de imagen:

1. Capas Convolucionales

Estas forman la columna vertebral de las CNNs, sirviendo como el principal mecanismo de extracción de características. Las capas convolucionales aplican filtros (también conocidos como núcleos) aprendibles a las imágenes de entrada a través de un proceso llamado convolución. A medida que estos filtros se deslizan por la imagen, realizan operaciones de multiplicación y suma por elemento, detectando efectivamente diversas características como bordes, texturas y patrones más complejos.

Los aspectos clave de las capas convolucionales incluyen:

- **Operaciones de filtro**: Cada filtro es una pequeña matriz (por ejemplo, 3x3 o 5x5) que se desliza sobre la imagen de entrada. Los valores del filtro se aprenden durante el entrenamiento, lo que permite que la red descubra automáticamente características importantes.
- **Mapas de características**: La salida de cada operación convolucional es un mapa de características. Esta matriz 2D resalta áreas en la entrada donde se detectan patrones específicos. La intensidad de cada punto en el mapa de características indica la fuerza de la característica detectada en esa ubicación.
- **Filtros múltiples**: Cada capa convolucional suele contener múltiples filtros. Esto permite que la red identifique simultáneamente una amplia gama de características. Por ejemplo, un filtro puede detectar bordes verticales, mientras que otro detecta bordes horizontales.

- **Aprendizaje jerárquico**: A medida que la red profundiza, las capas convolucionales aprenden progresivamente características más complejas y abstractas. Las capas iniciales pueden detectar bordes simples y texturas, mientras que las capas más profundas pueden reconocer formas complejas o incluso objetos completos.
- **Compartición de parámetros**: El mismo filtro se aplica en toda la imagen, lo que reduce significativamente el número de parámetros en comparación con las capas completamente conectadas. Esto hace que las CNNs sean más eficientes y les ayuda a generalizar mejor a diferentes tamaños de entrada.
- **Invariancia a la traslación**: Debido a que los mismos filtros se aplican en toda la imagen, las CNNs pueden detectar características independientemente de su posición en la imagen. Esta propiedad, conocida como invariancia a la traslación, es crucial para el reconocimiento robusto de objetos.

La combinación de estas propiedades permite que las capas convolucionales procesen datos visuales de manera eficiente y efectiva, lo que las convierte en la piedra angular de las aplicaciones modernas de visión por computadora.

2. Capas de Pooling

Después de las capas convolucionales, las capas de pooling juegan un papel crucial en la reducción de los mapas de características. Esta reducción de la dimensionalidad es una operación clave en las CNNs y sirve múltiples propósitos importantes:

- **Eficiencia computacional**: Al reducir el número de parámetros, las capas de pooling disminuyen significativamente la complejidad computacional de la red. Esto es particularmente importante a medida que las CNNs se profundizan, lo que permite procesos de entrenamiento e inferencia más eficientes.
- **Invariancia a la traslación**: El pooling introduce una forma de invariancia a la traslación, haciendo que la red sea más robusta a pequeños desplazamientos o distorsiones en la entrada. Esto significa que la red puede reconocer características independientemente de su posición exacta en la imagen, lo cual es crucial para tareas como el reconocimiento de objetos.
- **Abstracción de características**: Al resumir la presencia de características en parches del mapa de características, el pooling ayuda a la red a enfocarse en las características más relevantes. Este proceso de abstracción permite que las capas superiores trabajen con representaciones más abstractas, facilitando el aprendizaje de patrones complejos.

Las operaciones de pooling más comunes incluyen:

- **Max Pooling**: Esta operación toma el valor máximo de un parche del mapa de características. Es particularmente efectiva para capturar las características más prominentes y se utiliza ampliamente en la práctica.

- **Average Pooling**: Este método calcula el valor promedio de un parche. Puede ser útil para preservar más información sobre la distribución general de características en ciertos casos.

La elección entre max y average pooling depende a menudo de la tarea y el conjunto de datos específicos. Algunas arquitecturas incluso usan una combinación de ambos para aprovechar sus respectivas fortalezas. Al aplicar cuidadosamente las capas de pooling, las CNNs pueden mantener un alto rendimiento mientras reducen significativamente la carga computacional, haciéndolas más escalables y eficientes para tareas complejas de visión.

3. Capas Completamente Conectadas

Posicionadas estratégicamente al final de la red, las capas completamente conectadas desempeñan un papel crucial en las etapas finales del procesamiento. A diferencia de las capas convolucionales, que mantienen relaciones espaciales, las capas completamente conectadas aplanan la entrada y conectan cada neurona de la capa anterior con cada neurona de la capa actual. Esta conectividad integral permite que estas capas:

- **Combinen las características de alto nivel aprendidas por las capas convolucionales**: Al conectarse a todas las neuronas de la capa anterior, las capas completamente conectadas pueden integrar diversas características de alto nivel extraídas por las capas convolucionales. Esta integración permite que la red considere combinaciones complejas de características, lo que posibilita un reconocimiento de patrones más sofisticado.
- **Realicen razonamientos basados en estas características**: La conectividad densa de estas capas facilita transformaciones complejas y no lineales de la entrada. Esta capacidad permite que la red realice razonamientos de alto nivel, tomando decisiones intrincadas basadas en el conjunto de características combinadas. Es en estas capas donde la red puede aprender a reconocer conceptos abstractos y hacer distinciones sutiles entre clases.
- **Mapeen las características extraídas a las clases de salida finales para tareas de clasificación**: La última capa completamente conectada generalmente tiene neuronas que corresponden al número de clases en la tarea de clasificación. A través del entrenamiento, estas capas aprenden a mapear las representaciones abstractas de características a probabilidades específicas de clases, traduciendo efectivamente la comprensión del modelo en una decisión de clasificación.

Además, las capas completamente conectadas suelen incorporar funciones de activación y regularización mediante *dropout* para mejorar su capacidad de aprendizaje y prevenir el sobreajuste. Aunque son computacionalmente intensivas debido a sus conexiones densas, las capas completamente conectadas son esenciales para sintetizar las jerarquías espaciales aprendidas por las capas convolucionales en una forma adecuada para tareas finales de clasificación o regresión.

4. Funciones de activación

Estas funciones no lineales juegan un papel crucial al introducir no linealidad en el modelo, permitiéndole aprender y representar patrones complejos en los datos. Las funciones de activación se aplican elemento por elemento a la salida de cada neurona, permitiendo que la red modele relaciones no lineales y tome decisiones no lineales. Sin funciones de activación, una red neuronal sería esencialmente una serie de transformaciones lineales, lo que limitaría gravemente su capacidad para aprender patrones intrincados.

La función de activación más utilizada en las CNNs es la Unidad Lineal Rectificada (ReLU). ReLU se define como f(x) = max(0, x), lo que significa que devuelve cero para cualquier entrada negativa y deja pasar los valores positivos sin cambios. ReLU ha ganado popularidad debido a varias ventajas:

- **Simplicidad**: Es computacionalmente eficiente y fácil de implementar.
- **Esparsidad**: Induce naturalmente esparsidad en la red, ya que los valores negativos se anulan.
- **Mitigación del problema de gradiente desvanecido**: A diferencia de las funciones sigmoide o tanh, ReLU no se satura para valores positivos, lo que ayuda a prevenir el problema del gradiente desvanecido durante la retropropagación.

Sin embargo, ReLU no está exento de inconvenientes. El problema principal es el "ReLU moribundo", donde las neuronas pueden quedar atascadas en un estado en el que siempre devuelven cero. Para abordar este y otros problemas, se han desarrollado varias variantes de ReLU:

- **Leaky ReLU**: Esta función permite un pequeño gradiente no nulo cuando la entrada es negativa, lo que ayuda a prevenir neuronas moribundas.
- **Exponential Linear Unit (ELU)**: ELU utiliza una función exponencial para entradas negativas, lo que puede ayudar a acercar las activaciones promedio de las unidades a cero, lo que potencialmente conduce a un aprendizaje más rápido.
- **Swish**: Introducida por investigadores de Google, Swish se define como f(x) = x * sigmoid(x). Se ha demostrado que supera a ReLU en algunas redes profundas.

La elección de la función de activación puede tener un impacto significativo en el rendimiento y la dinámica de entrenamiento de una CNN. Si bien ReLU sigue siendo una opción popular por defecto, los investigadores y practicantes a menudo experimentan con diferentes funciones de activación o incluso usan una combinación de funciones en diferentes partes de la red, dependiendo de los requisitos específicos de la tarea y las características del conjunto de datos.

La interacción entre estos componentes permite que las CNNs aprendan progresivamente representaciones jerárquicas de los datos visuales, desde características de bajo nivel en las capas iniciales hasta conceptos abstractos de alto nivel en las capas más profundas. Este aprendizaje jerárquico es clave para el éxito de las CNNs en diversas tareas de visión por computadora, como la clasificación de imágenes, la detección de objetos y la segmentación semántica.

5.1.2 Capa Convolucional

La capa convolucional es el pilar fundamental de una Red Neuronal Convolucional (CNN). Esta capa realiza una operación crucial que permite que la red aprenda y detecte automáticamente características importantes dentro de las imágenes de entrada.

Aquí tienes una explicación detallada de cómo funciona:

Operación del Filtro (Kernel)

La capa convolucional emplea un componente crucial conocido como **filtro** o **kernel**. Este es una pequeña matriz, típicamente mucho más pequeña que la imagen de entrada, con dimensiones como 3x3 o 5x5 píxeles. El filtro se desliza sistemáticamente o "convoluciona" a través de toda la imagen de entrada, realizando una operación matemática específica en cada posición.

El propósito de este filtro es actuar como un detector de características. A medida que se mueve a lo largo de la imagen, puede identificar varios elementos visuales, como bordes, texturas o patrones más complejos, según los valores aprendidos. El tamaño reducido del filtro le permite enfocarse en patrones locales dentro de un campo receptivo limitado, lo que es crucial para detectar características que pueden aparecer en diferentes ubicaciones de la imagen.

Por ejemplo, un filtro de 3x3 podría estar diseñado para detectar bordes verticales. A medida que este filtro se desliza sobre la imagen, producirá valores de activación altos en áreas donde estén presentes bordes verticales, creando efectivamente un mapa de características que resalta estos patrones específicos. El uso de múltiples filtros en una sola capa convolucional permite que la red detecte simultáneamente una amplia gama de características, formando la base para la capacidad de las CNNs de comprender e interpretar información visual compleja.

Proceso de Convolución

La operación central en una capa convolucional es el proceso de convolución. Esta operación matemática se realiza mientras el filtro (o kernel) se mueve sistemáticamente por la imagen de entrada. Aquí tienes un desglose detallado de cómo funciona:

1. **Movimiento del Filtro**: El filtro, típicamente una pequeña matriz (por ejemplo, 3x3 o 5x5), comienza en la esquina superior izquierda de la imagen de entrada y se desliza sobre ella de izquierda a derecha, y de arriba hacia abajo. En cada posición, se superpone con una porción de la imagen igual a su tamaño.
2. **Multiplicación Elemento por Elemento**: En cada posición, el filtro realiza una multiplicación elemento por elemento entre sus valores y los valores de píxeles correspondientes en la porción superpuesta de la imagen.

3. **Suma**: Después de la multiplicación, todos los productos resultantes se suman. Esta suma representa un solo valor en la salida, conocido como un píxel en el **mapa de características**.
4. **Generación del Mapa de Características**: A medida que el filtro continúa deslizándose por toda la imagen, repite los pasos 2 y 3 en cada posición, generando un mapa de características completo. Este mapa de características es esencialmente una nueva imagen donde cada píxel representa el resultado de la operación de convolución en una posición específica de la imagen original.
5. **Detección de Características**: Los valores en el mapa de características indican la presencia y la fuerza de características específicas en diferentes partes de la imagen original. Los valores altos en el mapa de características sugieren una fuerte presencia de la característica que el filtro está diseñado para detectar en esa ubicación.

Este proceso permite que la red aprenda y detecte automáticamente características importantes dentro de la imagen de entrada, formando la base para la capacidad de las CNNs de comprender e interpretar la información visual.

Generación de Mapas de Características

El resultado de la operación de convolución es un **mapa de características**: una representación transformada de la imagen de entrada que resalta características específicas detectadas por el filtro. Este proceso es fundamental para cómo las CNNs comprenden e interpretan la información visual. Aquí tienes una explicación más detallada:

1. **Extracción de Características**: A medida que el filtro se desliza por la imagen de entrada, realiza multiplicación elemento por elemento y sumación en cada posición. Esta operación "busca" patrones en la imagen que coincidan con la estructura del filtro.
2. **Correspondencia Espacial**: Cada píxel en el mapa de características corresponde a una región específica de la imagen original. El valor de este píxel representa qué tan fuerte fue detectado el patrón del filtro en esa región.
3. **Especificidad de Características**: Dependiendo de los valores aprendidos del filtro, este se vuelve sensible a características particulares de bajo nivel, como:
    - **Bordes**: Los filtros pueden detectar bordes verticales, horizontales o diagonales en la imagen.
    - **Esquinas**: Algunos filtros pueden especializarse en identificar estructuras como esquinas.
    - **Texturas**: Ciertos filtros pueden responder fuertemente a patrones de texturas específicas.

4. **Múltiples Mapas de Características**: En la práctica, una capa convolucional suele usar múltiples filtros, cada uno generando su propio mapa de características. Esto permite que la red detecte una amplia gama de características simultáneamente.
5. **Patrones de Activación**: La intensidad de cada punto en el mapa de características indica la fuerza de la característica detectada en esa ubicación. Por ejemplo:
    - Un filtro diseñado para detectar bordes verticales producirá valores altos en el mapa de características donde haya bordes verticales presentes en la imagen original.
    - De manera similar, un filtro sensible a los bordes horizontales generará un mapa de características con activaciones altas en las ubicaciones de bordes horizontales.
6. **Aprendizaje Jerárquico**: A medida que avanzamos más profundo en la red, estos mapas de características se convierten en entradas para capas subsecuentes, lo que permite que la CNN construya representaciones cada vez más complejas y abstractas del contenido de la imagen.

Al generar estos mapas de características, las CNNs pueden aprender automáticamente a identificar elementos visuales importantes, formando la base de su notable desempeño en diversas tareas de visión por computadora.

Proceso de Aprendizaje

Un aspecto fundamental de las Redes Neuronales Convolucionales (CNNs) es su capacidad para aprender y adaptarse durante el proceso de entrenamiento. A diferencia de las técnicas tradicionales de procesamiento de imágenes, donde los filtros se diseñan manualmente, las CNNs aprenden los valores óptimos del filtro automáticamente a partir de los datos. Este proceso de aprendizaje es lo que hace que las CNNs sean tan poderosas y versátiles. Aquí tienes una explicación más detallada de cómo funciona este proceso:

1. **Inicialización**: Al inicio del entrenamiento, los valores dentro de cada filtro (también conocidos como pesos) suelen inicializarse de manera aleatoria. Esta inicialización aleatoria proporciona un punto de partida desde el cual la red puede aprender.
2. **Pasada hacia adelante**: Durante cada iteración de entrenamiento, la red procesa imágenes de entrada a través de sus capas. Las capas convolucionales aplican sus filtros actuales a la entrada, generando mapas de características que representan los patrones detectados.
3. **Cálculo de Pérdida**: La salida de la red se compara con la verdad de terreno (la respuesta correcta) utilizando una función de pérdida. Esta pérdida cuantifica qué tan lejos están las predicciones de la red de las respuestas correctas.

4. **Retropropagación**: La red luego utiliza un algoritmo llamado retropropagación para calcular cómo cada valor del filtro contribuyó al error. Este proceso calcula gradientes, que indican cómo se deben ajustar los valores del filtro para reducir el error.
5. **Actualización de Pesos**: Basándose en estos gradientes, los valores de los filtros se actualizan ligeramente. Esto se hace típicamente usando un algoritmo de optimización como el Descenso de Gradiente Estocástico (SGD) o Adam. El objetivo es ajustar los filtros de manera que se reduzca el error en futuras entradas.
6. **Iteración**: Este proceso se repite muchas veces con muchas imágenes de entrada diferentes. Con el tiempo, los filtros evolucionan para volverse cada vez más efectivos en la detección de patrones relevantes en los datos de entrada.
7. **Especialización**: A medida que avanza el entrenamiento, diferentes filtros en la red tienden a especializarse en la detección de tipos específicos de patrones. En las capas iniciales, los filtros podrían aprender a detectar características simples como bordes o gradientes de color. En capas más profundas, los filtros suelen especializarse en características más complejas y específicas para la tarea.
8. **Adaptación a la Tarea**: La naturaleza de la tarea (por ejemplo, reconocimiento de objetos, detección facial, análisis de imágenes médicas) guía el proceso de aprendizaje. La red desarrollará filtros que son particularmente buenos para detectar patrones relevantes para su objetivo específico.

Este proceso de aprendizaje adaptativo es lo que permite a las CNNs descubrir automáticamente las características más relevantes para una tarea dada, superando a menudo el rendimiento de extractores de características diseñados manualmente. Es una razón clave por la cual las CNNs han tenido tanto éxito en una amplia gama de aplicaciones de visión por computadora.

Múltiples Filtros

Una característica clave de las capas convolucionales en las Redes Neuronales Convolucionales (CNNs) es el uso de múltiples filtros, cada uno diseñado para detectar diferentes patrones dentro de los datos de entrada. Este enfoque de múltiples filtros es crucial para la capacidad de la red de capturar una amplia gama de características simultáneamente, mejorando enormemente su capacidad para comprender e interpretar información visual compleja.

Aquí tienes una explicación más detallada de cómo funcionan los múltiples filtros en las CNNs:

- Detección de Características Diversas: Cada filtro en una capa convolucional es esencialmente un detector de patrones. Al emplear múltiples filtros, la red puede identificar una amplia gama de características en paralelo. Por ejemplo, en una sola capa:
    - Un filtro puede especializarse en detectar líneas verticales

- Otro podría enfocarse en líneas horizontales
- Un tercero puede estar afinado para detectar bordes diagonales
- Otros filtros podrían detectar curvas, esquinas o texturas específicas

Esta diversidad permite que la CNN construya una comprensión integral de la composición de la imagen de entrada.

Generación de Mapas de Características: Cada filtro produce su propio mapa de características a medida que se aplica en toda la entrada. Con múltiples filtros, obtenemos múltiples mapas de características, cada uno resaltando diferentes aspectos de la imagen de entrada. Este conjunto rico de mapas de características proporciona una representación multidimensional de la imagen, capturando varias características simultáneamente.

Aprendizaje Jerárquico: A medida que apilamos capas convolucionales, la red puede combinar estas diversas características de bajo nivel para formar representaciones cada vez más complejas y abstractas. Las capas iniciales pueden detectar bordes y texturas simples, mientras que las capas más profundas pueden reconocer patrones más intrincados, formas e incluso objetos completos.

Aprendizaje Automático de Características: Uno de los aspectos más poderosos de usar múltiples filtros es que la red aprende qué características son más relevantes para la tarea durante el entrenamiento. En lugar de diseñar manualmente los filtros, la CNN descubre automáticamente los patrones más útiles para detectar.

Robustez y Generalización: Al aprender a detectar un conjunto diverso de características, las CNNs se vuelven más robustas y pueden generalizar mejor a nuevos datos no vistos. Esto se debe a que no dependen de un solo tipo de patrón, sino que pueden reconocer objetos basados en diversas señales visuales.

Este enfoque de múltiples filtros es una razón fundamental por la que las CNNs han tenido tanto éxito en una amplia gama de tareas de visión por computadora, desde la clasificación de imágenes y la detección de objetos hasta la segmentación semántica y el reconocimiento facial.

Aprendizaje Jerárquico de Características

Uno de los aspectos más poderosos de las Redes Neuronales Convolucionales (CNNs) es su capacidad para aprender representaciones jerárquicas de los datos visuales. Este proceso ocurre a medida que la red se profundiza, con múltiples capas convolucionales apiladas unas sobre otras. Aquí tienes un desglose detallado de cómo se desarrolla este aprendizaje jerárquico:

1. Detección de Características de Bajo Nivel: En las capas iniciales de la red, las CNNs se centran en detectar características simples y de bajo nivel. Estas pueden incluir:
    - Bordes: Líneas verticales, horizontales o diagonales en la imagen

- Texturas: Patrones o texturas básicas presentes en la entrada
- Gradientes de color: Cambios en la intensidad del color a lo largo de la imagen

2. Combinación de Características de Nivel Medio: A medida que avanzamos a las capas intermedias de la red, estas características de bajo nivel se combinan para formar patrones más complejos:
   - Formas: Figuras geométricas simples como círculos, cuadrados o triángulos
   - Esquinas: Intersecciones de bordes
   - Texturas más complejas: Combinaciones de texturas simples
3. Reconocimiento de Características de Alto Nivel: En las capas más profundas de la red, estas características de nivel medio se combinan aún más para reconocer conceptos más abstractos y complejos:
   - Objetos: Objetos completos o partes de objetos (por ejemplo, ojos, ruedas o ventanas)
   - Escenas: Combinaciones de objetos que forman escenas reconocibles
   - Conceptos abstractos: Características de alto nivel que podrían representar ideas o categorías complejas
4. Aumento de la Abstracción: A medida que nos adentramos en la red, las características se vuelven cada vez más abstractas y específicas para la tarea. Por ejemplo, en una tarea de reconocimiento facial, las capas iniciales pueden detectar bordes, las capas intermedias pueden identificar características faciales como ojos o narices, y las capas más profundas pueden reconocer expresiones faciales específicas o identidades.
5. Expansión del Campo Receptivo: Este aprendizaje jerárquico se facilita mediante la expansión del campo receptivo de las neuronas en las capas más profundas. Cada neurona en una capa profunda puede "ver" una porción más grande de la imagen original, lo que le permite detectar características más complejas y a mayor escala.
6. Reutilización de Características: Las características de bajo nivel aprendidas por la red suelen ser reutilizables en diferentes tareas. Esta propiedad permite el aprendizaje por transferencia, donde una red entrenada en una tarea puede ajustarse para una tarea diferente pero relacionada, aprovechando las características de bajo nivel que ya ha aprendido.

Este proceso de aprendizaje jerárquico es lo que le da a las CNNs su notable capacidad para comprender e interpretar datos visuales, lo que las hace excepcionalmente poderosas para una amplia gama de tareas de visión por computadora, desde la clasificación de imágenes y la detección de objetos hasta la segmentación semántica y el reconocimiento facial.

Este proceso de aprendizaje jerárquico es lo que da a las CNNs su notable capacidad para comprender e interpretar datos visuales, haciéndolas excepcionalmente poderosas para tareas como la clasificación de imágenes, la detección de objetos y la segmentación semántica.

Ejemplo: Operación de Convolución

Veamos un ejemplo de una imagen en escala de grises de 5x5 y un filtro de 3x3.

```
import torch
import torch.nn.functional as F
import matplotlib.pyplot as plt

# Define a 5x5 image (grayscale) as a PyTorch tensor
image = torch.tensor([
    [0, 1, 1, 0, 0],
    [0, 1, 1, 0, 0],
    [0, 0, 1, 1, 1],
    [0, 0, 0, 1, 1],
    [0, 1, 1, 1, 0]
], dtype=torch.float32).unsqueeze(0).unsqueeze(0)

# Define multiple 3x3 filters
filters = torch.tensor([
    [[-1, -1, -1],
     [ 0,  0,  0],
     [ 1,  1,  1]],  # Horizontal edge detector
    [[-1,  0,  1],
     [-1,  0,  1],
     [-1,  0,  1]],  # Vertical edge detector
    [[ 0, -1,  0],
     [-1,  4, -1],
     [ 0, -1,  0]]   # Sharpening filter
], dtype=torch.float32).unsqueeze(1)

# Apply convolution operations
outputs = []
for i, filter in enumerate(filters):
    output = F.conv2d(image, filter.unsqueeze(0))
    outputs.append(output.squeeze().detach().numpy())
    print(f"Output for filter {i+1}:")
    print(output.squeeze())
    print()

# Visualize the results
fig, axs = plt.subplots(2, 2, figsize=(10, 10))
axs[0, 0].imshow(image.squeeze(), cmap='gray')
axs[0, 0].set_title('Original Image')
axs[0, 1].imshow(outputs[0], cmap='gray')
axs[0, 1].set_title('Horizontal Edge Detection')
axs[1, 0].imshow(outputs[1], cmap='gray')
```

```
axs[1, 0].set_title('Vertical Edge Detection')
axs[1, 1].imshow(outputs[2], cmap='gray')
axs[1, 1].set_title('Sharpening')
plt.tight_layout()
plt.show()
```

Explicación del Desglose del Código:

1. **Importación de Librerías**:
    - Importamos PyTorch (torch) para las operaciones con tensores.
    - Se importa **torch.nn.functional** para la operación de convolución.
    - **matplotlib.pyplot** se importa para la visualización.
2. **Definición de la Imagen de Entrada**:
    - Se define una imagen en escala de grises de 5x5 como un tensor de PyTorch.
    - La imagen es un patrón simple con algunos bordes verticales y horizontales.
    - Usamos **unsqueeze(0).unsqueeze(0)** para agregar dimensiones de lote y canal, haciéndola compatible con la operación de convolución de PyTorch.
3. **Definición de Filtros**:
    - Definimos tres filtros 3x3 diferentes: a. Detector de bordes horizontales: Detecta bordes horizontales en la imagen. b. Detector de bordes verticales: Detecta bordes verticales en la imagen. c. Filtro de enfoque: Mejora los bordes en todas las direcciones.
    - Estos filtros se agrupan en un único tensor.
4. **Aplicación de Convolución**:
    - Iteramos a través de cada filtro y lo aplicamos a la imagen usando **F.conv2d()**.
    - La salida de cada operación de convolución es un mapa de características que resalta características específicas de la imagen.
    - Imprimimos cada salida para ver los resultados numéricos de la convolución.
5. **Visualización de Resultados**:
    - Usamos **matplotlib** para crear una cuadrícula de subgráficos de 2x2.
    - Se muestran la imagen original y las tres salidas de la convolución.
    - Esta representación visual ayuda a entender cómo cada filtro afecta la imagen.
6. **Comprensión de las Salidas**:

- El detector de bordes horizontales resaltará bordes horizontales con valores positivos o negativos altos.
- El detector de bordes verticales hará lo mismo para los bordes verticales.
- El filtro de enfoque mejorará todos los bordes, haciéndolos más pronunciados.

Este ejemplo demuestra cómo diferentes filtros de convolución pueden extraer diversas características de una imagen, lo que es un concepto fundamental en las Redes Neuronales Convolucionales (CNNs). Al aplicar estos filtros y visualizar los resultados, podemos entender mejor cómo las CNNs procesan e interpretan los datos de imagen en sus capas iniciales.

5.1.3 Capa de Pooling

Después de la capa de convolución, a menudo se incorpora una **capa de pooling** para reducir la dimensionalidad de los mapas de características. Este paso crucial sirve para múltiples propósitos en la arquitectura de las CNNs:

Eficiencia Computacional

Las operaciones de pooling juegan un papel crucial en la optimización de los recursos computacionales de las Redes Neuronales Convolucionales (CNNs). Al reducir significativamente las dimensiones espaciales de los mapas de características, las capas de pooling disminuyen el número de parámetros y los requerimientos computacionales dentro de la red. Esta reducción en la complejidad tiene varias implicaciones importantes:

1. **Arquitectura del Modelo Simplificada**: La reducción dimensional lograda a través del pooling permite una estructura de red más compacta. Esta arquitectura simplificada requiere menos memoria para almacenar y manipular, lo que hace más viable implementar CNNs en dispositivos con recursos computacionales limitados, como teléfonos móviles o sistemas embebidos.
2. **Proceso de Entrenamiento Acelerado**: Con menos parámetros para actualizar durante la retropropagación, el proceso de entrenamiento se vuelve notablemente más rápido. Esta aceleración es particularmente beneficiosa cuando se trabaja con grandes conjuntos de datos o cuando se requiere un prototipado rápido, ya que permite a los investigadores y desarrolladores iterar a través de diferentes configuraciones de modelos más rápidamente.
3. **Velocidad de Inferencia Mejorada**: La reducción de la complejidad también se traduce en tiempos de inferencia más rápidos. Esto es crucial para aplicaciones en tiempo real, como la detección de objetos en vehículos autónomos o el reconocimiento facial en sistemas de seguridad, donde el procesamiento rápido de los datos de entrada es esencial.

4. **Escalabilidad Mejorada**: Al gestionar el crecimiento del tamaño de los mapas de características, el pooling permite la construcción de redes más profundas sin un aumento exponencial en las demandas computacionales. Esta escalabilidad es vital para abordar tareas más complejas que requieren arquitecturas más profundas.
5. **Eficiencia Energética**: La reducción de cálculos conduce a un menor consumo de energía, lo que es particularmente importante para la implementación de CNNs en dispositivos alimentados por baterías o en entornos de servidores a gran escala donde los costos de energía son una preocupación significativa.

En esencia, la eficiencia computacional obtenida a través de las operaciones de pooling es un factor clave para hacer que las CNNs sean prácticas y ampliamente aplicables en varios dominios y plataformas de hardware.

Mejora de la Generalización y Robustez

Las capas de pooling contribuyen significativamente a la capacidad de la red para generalizar al introducir una forma de invarianza traslacional. Esto significa que la red se vuelve menos sensible a la ubicación exacta de las características dentro de la entrada, lo que le permite reconocer patrones incluso cuando aparecen en posiciones ligeramente diferentes. La reducción de la resolución espacial lograda mediante el pooling obliga a la red a centrarse en las características más relevantes y destacadas, mitigando efectivamente el riesgo de sobreajuste al conjunto de datos de entrenamiento.

Esta capacidad mejorada de generalización se deriva de varios mecanismos clave:

- **Abstracción de Características**: Al resumir regiones locales, el pooling crea representaciones más abstractas de las características, lo que permite a la red capturar conceptos de nivel superior en lugar de fijarse en detalles a nivel de píxel.
- **Invariancia a Transformaciones Menores**: El efecto de reducción de muestreo del pooling hace que la red sea más robusta a pequeñas traslaciones, rotaciones o cambios de escala en la entrada, lo cual es crucial para aplicaciones del mundo real donde no se puede garantizar una alineación perfecta.
- **Reducción de la Sensibilidad al Ruido**: Al seleccionar características dominantes (por ejemplo, mediante max pooling), la red se vuelve menos susceptible a variaciones menores o ruido en los datos de entrada, enfocándose en los aspectos más informativos.
- **Efecto Regularizador**: La reducción de dimensionalidad inherente al pooling actúa como una forma de regularización, limitando la capacidad del modelo y reduciendo así el riesgo de sobreajuste, especialmente cuando se trata de conjuntos de datos de entrenamiento limitados.

Estas propiedades colectivamente permiten a las CNNs aprender características más robustas y transferibles, mejorando su rendimiento en datos no vistos y su aplicabilidad en diversas tareas de visión por computadora.

Representación Jerárquica de Características

El pooling desempeña un papel crucial en la creación de representaciones de características cada vez más abstractas a medida que la información fluye a través de la red. Esta abstracción jerárquica es un componente clave de la capacidad de las Redes Neuronales Convolucionales (CNNs) para procesar eficazmente información visual compleja. Así es como funciona:

1. **Abstracción Capa por Capa**: A medida que los datos progresan a través de la red, cada operación de pooling resume las características de la capa anterior. Este proceso de resumen transforma gradualmente las características de bajo nivel (como bordes y texturas) en representaciones más abstractas y de alto nivel (como partes de objetos o objetos completos).
2. **Aumento del Campo Receptivo**: Al reducir las dimensiones espaciales de los mapas de características, el pooling aumenta efectivamente el campo receptivo de las neuronas en las capas posteriores. Esto significa que las neuronas en las capas más profundas pueden "ver" una porción más grande de la entrada original, lo que les permite capturar información más global y contextual.
3. **Composición de Características**: La combinación de operaciones de convolución y pooling permite a la red componer características complejas a partir de características más simples. Por ejemplo, las capas iniciales pueden detectar bordes, mientras que las capas posteriores combinan estos bordes para formar formas o partes de objetos más complejas.
4. **Invariancia a la Escala**: La operación de pooling ayuda a lograr un grado de invariancia a la escala. Al resumir características en una región local, la red se vuelve menos sensible al tamaño exacto de las características, lo que le permite reconocer patrones a diferentes escalas.
5. **Eficiencia Computacional en el Aprendizaje de Características**: Al reducir las dimensiones espaciales de los mapas de características, el pooling permite a la red aprender un conjunto más diverso de características en capas más profundas sin un aumento exponencial en el costo computacional.

Esta representación jerárquica de características mejora significativamente la capacidad de la red para reconocer patrones y estructuras intrincadas dentro de los datos de entrada, lo que hace que las CNNs sean particularmente eficaces para tareas de reconocimiento visual complejas, como la detección de objetos, segmentación de imágenes y comprensión de escenas.

El tipo de pooling más frecuente es el **max pooling**, que opera seleccionando el valor máximo de un grupo de píxeles vecinos dentro de una ventana definida. Este método es particularmente eficaz porque:

Preservación de Características

El max pooling desempeña un papel crucial en la retención de las características más prominentes y destacadas dentro de cada ventana de pooling. Este proceso selectivo se centra en las activaciones más fuertes, que típicamente corresponden a los aspectos más informativos y discriminativos de los datos de entrada. Al preservar estas características clave, el max pooling asegura que la información más relevante se propague a través de la red, mejorando significativamente la capacidad del modelo para reconocer y clasificar patrones complejos.

La preservación de estas activaciones fuertes tiene varias implicaciones importantes para el rendimiento de la red:

Representación Mejorada de Características

Al seleccionar los valores máximos, la red mantiene una representación compacta pero poderosa de las características más distintivas de la entrada. Esta forma condensada de información permite que las capas subsiguientes trabajen con un conjunto más refinado y enfocado de características. La operación de max pooling actúa efectivamente como un extractor de características, identificando las activaciones más prominentes dentro de cada ventana de pooling. Estas activaciones fuertes a menudo corresponden a elementos visuales importantes como bordes, esquinas o texturas específicas que son cruciales para el reconocimiento de objetos.

Este proceso selectivo tiene varias ventajas:

- **Reducción de Dimensionalidad**: Al mantener solo los valores máximos, el max pooling reduce significativamente las dimensiones espaciales de los mapas de características, lo que ayuda a gestionar la complejidad computacional de la red.
- **Invariancia a Pequeñas Translaciones**: La operación de max proporciona un grado de invariancia traslacional, lo que significa que pequeños desplazamientos en la entrada no cambiarán drásticamente la salida de la capa de pooling.
- **Énfasis en Características Dominantes**: Al propagar solo las activaciones más fuertes, la red se vuelve más robusta ante variaciones menores y ruido en los datos de entrada.

Como resultado, las capas subsiguientes en la red pueden centrarse en procesar estas características destacadas, lo que lleva a un aprendizaje más eficiente y una mejora en las capacidades de generalización. Esta representación refinada sirve como base para que la red construya conceptos cada vez más complejos y abstractos a medida que la información fluye a través de capas más profundas, lo que finalmente permite que la CNN aborde eficazmente tareas de reconocimiento visual desafiantes.

Mejora de la Generalización

El enfoque en características dominantes mejora significativamente la capacidad de la red para generalizar a través de entradas diversas. Este proceso selectivo cumple varias funciones cruciales:

- **Reducción de Ruido**: Al enfatizar las activaciones más fuertes, el max pooling filtra efectivamente las variaciones menores y el ruido en los datos de entrada. Este mecanismo de filtrado permite que la red se centre en las características más destacadas, lo que lleva a predicciones más estables y consistentes en diferentes instancias de la misma clase.
- **Invariancia a Pequeñas Transformaciones**: La operación de pooling introduce un grado de invariancia a pequeñas traslaciones, rotaciones o cambios de escala en la entrada. Esta propiedad es particularmente valiosa en escenarios del mundo real donde no se puede garantizar una alineación perfecta o un escalado constante de los datos de entrada.
- **Abstracción de Características**: Al resumir regiones locales, el max pooling fomenta que la red aprenda representaciones más abstractas y de alto nivel. Esta abstracción ayuda a capturar la esencia de objetos o patrones, en lugar de fijarse en detalles a nivel de píxel, que pueden variar significativamente entre diferentes instancias.

Como resultado, el modelo se vuelve más robusto para capturar patrones transferibles que son consistentes en varias instancias de la misma clase. Esta capacidad de generalización mejorada es crucial para el rendimiento de la red en datos no vistos, mejorando su aplicabilidad en escenarios diversos y desafiantes del mundo real.

Aprendizaje Jerárquico de Características

A medida que las características preservadas progresan a través de capas más profundas de la red, contribuyen a la formación de representaciones cada vez más abstractas y complejas. Este proceso de aprendizaje jerárquico es fundamental para la capacidad de las CNNs de entender e interpretar conceptos visuales sofisticados. Aquí tienes una explicación más detallada de este proceso:

1. **Extracción de Características de Bajo Nivel**: En las capas iniciales de la CNN, la red aprende a identificar elementos visuales básicos como bordes, esquinas y texturas simples. Estas características de bajo nivel sirven como los bloques de construcción para representaciones más complejas.
2. **Composición de Características de Nivel Medio**: A medida que la información fluye a través de capas subsiguientes, la red combina estas características de bajo nivel para formar patrones más intrincados. Por ejemplo, puede aprender a reconocer formas, contornos o partes específicas de objetos combinando múltiples detectores de bordes.

3. **Formación de Conceptos de Alto Nivel**: En las capas más profundas, la red ensambla estas características de nivel medio en conceptos de alto nivel. Aquí es donde la CNN comienza a reconocer objetos completos, texturas complejas o incluso disposiciones de escenas. Por ejemplo, puede combinar características que representan ojos, nariz y boca para formar una representación de un rostro.

4. **Abstracción y Generalización**: A través de este proceso de aprendizaje por capas, la red desarrolla representaciones cada vez más abstractas. Esta abstracción permite que la CNN generalice más allá de instancias específicas que ha visto durante el entrenamiento, permitiéndole reconocer objetos o patrones en varias poses, condiciones de iluminación o contextos.

5. **Representaciones Específicas de la Tarea**: En las capas finales, estas características jerárquicas se utilizan para realizar la tarea específica en cuestión, como clasificación, detección de objetos o segmentación. La red aprende a mapear estas características de alto nivel a la salida deseada, aprovechando las ricas representaciones de múltiples niveles que ha construido.

Este aprendizaje jerárquico de características es lo que le da a las CNNs su notable capacidad para procesar y comprender información visual compleja, lo que las hace altamente efectivas para una amplia gama de tareas de visión por computadora.

Además, el aspecto de preservación de características del max pooling contribuye significativamente al proceso de toma de decisiones de la red en capas posteriores. Al propagar la información más relevante, permite que las capas más profundas:

- **Realicen Clasificaciones Más Informadas**: Las características preservadas sirven como fuertes indicadores para el reconocimiento de objetos, lo que permite que la red haga predicciones más precisas y confiables.

- **Detecten Patrones de Nivel Superior**: Al basarse en estas activaciones fuertes preservadas, la red puede identificar patrones y estructuras más complejos que son cruciales para tareas avanzadas como la detección de objetos o la segmentación de imágenes.

- **Mantengan Relaciones Espaciales**: Aunque se reduce la dimensionalidad, el max pooling aún conserva información sobre las posiciones relativas de las características, lo que es vital para comprender la estructura general y la composición de la entrada.

En esencia, la característica de preservación de información del max pooling actúa como un filtro crítico, destilando la información más relevante de cada capa. Este proceso no solo mejora la eficiencia de la red, sino que también contribuye significativamente a su efectividad general en la resolución de tareas de reconocimiento visual complejas.

- **Reducción de Ruido**: Al seleccionar solo el valor máximo dentro de cada región de pooling, el max pooling filtra inherentemente activaciones más débiles y variaciones menores. Este proceso ayuda a reducir el ruido y la información menos relevante en los mapas de características, lo que conduce a una representación más robusta y enfocada de los datos de entrada.

- **Invariancia Espacial**: El max pooling introduce un grado de invariancia traslacional en las capacidades de detección de características de la red. Esto significa que la red se vuelve menos sensible a la ubicación espacial exacta de las características dentro de la entrada, lo que le permite reconocer patrones y objetos incluso cuando aparecen en posiciones u orientaciones ligeramente diferentes.

Aunque el max pooling es el más común, existen otros métodos de pooling, como el pooling promedio o el pooling global, cada uno con sus propias características y casos de uso en diferentes arquitecturas de red.

Ejemplo: Operación de Max Pooling

```
import torch
import torch.nn.functional as F
import matplotlib.pyplot as plt

# Define a 4x4 feature map
feature_map = torch.tensor([
    [1, 3, 2, 4],
    [5, 6, 7, 8],
    [3, 2, 1, 0],
    [9, 5, 4, 2]
], dtype=torch.float32).unsqueeze(0).unsqueeze(0)

# Apply max pooling with a 2x2 kernel
pooled_output = F.max_pool2d(feature_map, kernel_size=2)

# Print the original feature map and pooled output
print("Original Feature Map:")
print(feature_map.squeeze())
print("\\nPooled Output:")
print(pooled_output.squeeze())

# Visualize the feature map and pooled output
fig, (ax1, ax2) = plt.subplots(1, 2, figsize=(10, 5))

ax1.imshow(feature_map.squeeze(), cmap='viridis')
ax1.set_title('Original Feature Map')
ax1.axis('off')

ax2.imshow(pooled_output.squeeze(), cmap='viridis')
ax2.set_title('Pooled Output')
ax2.axis('off')

plt.tight_layout()
plt.show()
```

```
# Demonstrate the effect of stride
stride_2_output = F.max_pool2d(feature_map, kernel_size=2, stride=2)
stride_1_output = F.max_pool2d(feature_map, kernel_size=2, stride=1)

print("\\nPooled Output (stride=2):")
print(stride_2_output.squeeze())
print("\\nPooled Output (stride=1):")
print(stride_1_output.squeeze())
```

Desglose del Código:

1. **Importación de Librerías**:
   - Importamos PyTorch (torch) para las operaciones con tensores.
   - **torch.nn.functional** se importa como F, proporcionando acceso a varias funciones de redes neuronales, incluyendo **max_pool2d**.
   - **matplotlib.pyplot** se importa para propósitos de visualización.
2. **Creación del Mapa de Características**:
   - Se crea un tensor 4x4 para representar nuestro mapa de características.
   - El tensor se inicializa con valores específicos para demostrar claramente la operación de max pooling.
   - Se usa **.unsqueeze(0).unsqueeze(0)** para agregar dos dimensiones, haciéndolo compatible con las operaciones convolucionales de PyTorch (dimensiones de tamaño de lote y de canal).
3. **Aplicación de Max Pooling**:
   - Se usa **F.max_pool2d** para aplicar max pooling al mapa de características.
   - Se utiliza un tamaño de kernel de 2x2, lo que significa que considerará regiones de 2x2 de la entrada.
   - Por defecto, el **stride** es igual al tamaño del kernel, por lo que se mueve de 2 en 2 en ambas direcciones.
4. **Impresión de Resultados**:
   - Imprimimos tanto el mapa de características original como la salida agrupada para comparación.
   - Se usa **.squeeze()** para eliminar las dimensiones adicionales añadidas anteriormente para la compatibilidad.
5. **Visualización**:

- Se usa **matplotlib** para crear una visualización lado a lado del mapa de características original y la salida agrupada.
- Esto ayuda a entender cómo el max pooling reduce las dimensiones espaciales mientras preserva las características importantes.

6. **Demostración de los Efectos del Stride**:
   - Mostramos cómo los diferentes valores de **stride** afectan la salida.
   - Con **stride=2** (por defecto), la ventana de pooling se mueve 2 píxeles cada vez, lo que da como resultado una salida de 2x2.
   - Con **stride=1**, la ventana de pooling se mueve 1 píxel cada vez, lo que da como resultado una salida de 3x3.
   - Esto demuestra cómo el **stride** puede controlar el grado de reducción de muestreo.

Este ejemplo ofrece una visión completa del max pooling, incluyendo la visualización y los efectos de diferentes valores de **stride**. Ayuda a entender cómo funciona el max pooling en la práctica y su impacto en los mapas de características en las redes neuronales convolucionales.

5.1.4 Funciones de Activación en las CNNs

Las funciones de activación son esenciales para introducir no linealidad en las redes neuronales. En las CNNs, la función de activación más utilizada es **ReLU** (Unidad Lineal Rectificada), que devuelve cero para cualquier entrada negativa y deja pasar los valores positivos sin cambios. Esta no linealidad permite a las CNNs modelar patrones complejos en los datos.

Ejemplo: Función de Activación ReLU

```
import torch.nn.functional as F

# Define a sample feature map with both positive and negative values
feature_map = torch.tensor([
    [-1, 2, -3],
    [4, -5, 6],
    [-7, 8, -9]
], dtype=torch.float32)

# Apply ReLU activation
relu_output = F.relu(feature_map)

# Print the output after applying ReLU
print(relu_output)
```

5.1.5 Procesamiento de Imágenes con CNNs

Las Redes Neuronales Convolucionales (CNNs) han revolucionado el campo de la visión por computadora, destacándose en una amplia gama de tareas, como la clasificación de imágenes, la detección de objetos y la segmentación semántica. Su arquitectura está específicamente diseñada para procesar datos en forma de cuadrícula, como las imágenes, lo que las hace particularmente efectivas para tareas de reconocimiento visual.

Los componentes clave de las CNNs trabajan en armonía para lograr resultados impresionantes:

Capas Convolucionales

Estas capas forman la columna vertebral de las CNNs y son fundamentales para su capacidad de procesar datos visuales. Emplean filtros (o kernels), que son pequeñas matrices de pesos aprendibles, que se deslizan a lo largo de la imagen de entrada de manera sistemática. Esta operación de deslizamiento, conocida como convolución, permite que la red detecte diversas características en diferentes ubicaciones espaciales dentro de la imagen.

Los aspectos clave de las capas convolucionales incluyen:

- **Detección de Características**: A medida que los filtros se deslizan a través de la entrada, realizan una multiplicación y suma elemento por elemento, detectando de manera efectiva patrones o características específicas. En las capas iniciales, estas características suelen corresponder a características de bajo nivel, como bordes, esquinas y texturas simples.
- **Aprendizaje Jerárquico**: A medida que la red se profundiza, las capas convolucionales posteriores se basan en las características detectadas en las capas anteriores. Esta estructura jerárquica permite que la red reconozca patrones y estructuras cada vez más complejos, progresando desde bordes simples hasta formas más intrincadas y, eventualmente, conceptos de alto nivel como objetos o rostros.
- **Compartición de Parámetros**: El mismo filtro se aplica a toda la imagen, lo que reduce significativamente el número de parámetros en comparación con las capas completamente conectadas. Esta propiedad hace que las CNNs sean más eficientes y ayuda a detectar características independientemente de su posición en la imagen.
- **Conectividad Local**: Cada neurona en una capa convolucional está conectada solo a una pequeña región del volumen de entrada. Esta conectividad local permite que la red capture las relaciones espaciales entre los píxeles vecinos.

El poder de las capas convolucionales radica en su capacidad para aprender automáticamente las características relevantes de los datos, eliminando la necesidad de ingeniería manual de características. A medida que la red se entrena, estas capas adaptan sus filtros para capturar las características más informativas para la tarea dada, ya sea identificar objetos, reconocer rostros o comprender escenas complejas.

Capas de Pooling

Estos componentes cruciales de las CNNs cumplen varias funciones importantes:

- **Reducción de Dimensionalidad**: Al resumir la información de características sobre regiones locales, las capas de pooling reducen efectivamente las dimensiones espaciales de los mapas de características. Esta reducción en el volumen de datos disminuye significativamente la carga computacional para las capas posteriores.
- **Abstracción de Características**: Las operaciones de pooling, como el max pooling, extraen las características más sobresalientes de las regiones locales. Esta abstracción ayuda a la red a centrarse en la información más importante, descartando detalles menos relevantes.
- **Invariancia Traslacional**: Al resumir características sobre pequeñas ventanas espaciales, el pooling introduce un grado de invariancia a pequeñas traslaciones o desplazamientos en la entrada. Esta propiedad permite que la red reconozca objetos o patrones independientemente de su posición exacta dentro de la imagen.
- **Prevención de Sobreajuste**: La reducción de parámetros que resulta del pooling puede ayudar a mitigar el sobreajuste, ya que obliga a la red a generalizar en lugar de memorizar ubicaciones específicas de píxeles.

Estas características de las capas de pooling contribuyen significativamente a la eficiencia y efectividad de las CNNs en diversas tareas de visión por computadora, desde el reconocimiento de objetos hasta la segmentación de imágenes.

Capas Completamente Conectadas

Estas capas forman las etapas finales de una CNN y juegan un papel crucial en el proceso de toma de decisiones de la red. A diferencia de las capas convolucionales, que operan en regiones locales de la entrada, las capas completamente conectadas tienen conexiones con todas las activaciones de la capa anterior. Esta conectividad global les permite:

- **Integrar Información Global**: Al considerar características de toda la imagen, estas capas pueden capturar relaciones complejas entre diferentes partes de la entrada.
- **Aprender Representaciones de Alto Nivel**: Combinan características de nivel inferior aprendidas por las capas convolucionales para formar representaciones más abstractas y específicas de la tarea.
- **Realizar Clasificación o Regresión**: La capa completamente conectada final suele generar las predicciones de la red, ya sea probabilidades de clase para tareas de clasificación o valores continuos para problemas de regresión.

Aunque poderosas, las capas completamente conectadas aumentan significativamente el número de parámetros en la red, lo que puede conducir al sobreajuste. Para mitigar esto, durante el entrenamiento a menudo se emplean técnicas como el dropout en estas capas.

El poder de las CNNs radica en su capacidad para aprender automáticamente representaciones jerárquicas de los datos visuales. Por ejemplo, cuando se entrena en el conjunto de datos **MNIST** de dígitos manuscritos:

- Las capas iniciales pueden detectar trazos simples, bordes y curvas
- Las capas intermedias podrían combinar estos elementos básicos para reconocer partes de los dígitos, como bucles o líneas rectas
- Las capas más profundas integrarían esta información para identificar dígitos completos
- Las capas finales tomarían la decisión de clasificación basada en la evidencia acumulada

Este proceso de aprendizaje jerárquico permite que las CNNs logren una precisión notable en el reconocimiento de dígitos, a menudo superando el rendimiento humano. Además, los principios y arquitecturas desarrollados para tareas como la clasificación en MNIST se han adaptado y escalado con éxito para abordar desafíos visuales más complejos, desde el reconocimiento facial hasta el análisis de imágenes médicas, lo que demuestra la versatilidad y el poder de las CNNs en el campo de la visión por computadora.

Ejemplo: Entrenando una CNN en el Conjunto de Datos MNIST

```
import torch
import torch.nn as nn
import torch.optim as optim
import torch.nn.functional as F
from torchvision import datasets, transforms
from torch.utils.data import DataLoader
import matplotlib.pyplot as plt

# Define a simple CNN
class SimpleCNN(nn.Module):
    def __init__(self):
        super(SimpleCNN, self).__init__()
        self.conv1 = nn.Conv2d(1, 32, kernel_size=3)
        self.pool = nn.MaxPool2d(2, 2)
        self.conv2 = nn.Conv2d(32, 64, kernel_size=3)
        self.fc1 = nn.Linear(64 * 5 * 5, 128)
        self.fc2 = nn.Linear(128, 10)

    def forward(self, x):
        x = self.pool(F.relu(self.conv1(x)))
        x = self.pool(F.relu(self.conv2(x)))
        x = x.view(-1, 64 * 5 * 5)
        x = F.relu(self.fc1(x))
        return self.fc2(x)

# Set device
```

```
device = torch.device("cuda" if torch.cuda.is_available() else "cpu")

# Load the MNIST dataset
transform = transforms.Compose([transforms.ToTensor(), transforms.Normalize((0.5,), (0.5,))])
train_dataset = datasets.MNIST(root='./data', train=True, download=True, transform=transform)
test_dataset = datasets.MNIST(root='./data', train=False, download=True, transform=transform)
train_loader = DataLoader(train_dataset, batch_size=32, shuffle=True)
test_loader = DataLoader(test_dataset, batch_size=32, shuffle=False)

# Define model, loss function and optimizer
model = SimpleCNN().to(device)
criterion = nn.CrossEntropyLoss()
optimizer = optim.SGD(model.parameters(), lr=0.01, momentum=0.9)

# Train the CNN
num_epochs = 5
train_losses = []
train_accuracies = []

for epoch in range(num_epochs):
    model.train()
    running_loss = 0.0
    correct = 0
    total = 0

    for i, (images, labels) in enumerate(train_loader):
        images, labels = images.to(device), labels.to(device)

        # Forward pass
        outputs = model(images)
        loss = criterion(outputs, labels)

        # Backward and optimize
        optimizer.zero_grad()
        loss.backward()
        optimizer.step()

        running_loss += loss.item()
        _, predicted = outputs.max(1)
        total += labels.size(0)
        correct += predicted.eq(labels).sum().item()

    epoch_loss = running_loss / len(train_loader)
    epoch_acc = 100 * correct / total
    train_losses.append(epoch_loss)
    train_accuracies.append(epoch_acc)

    print(f'Epoch [{epoch+1}/{num_epochs}], Loss: {epoch_loss:.4f}, Accuracy: {epoch_acc:.2f}%')
```

```
# Evaluate the model
model.eval()
with torch.no_grad():
    correct = 0
    total = 0
    for images, labels in test_loader:
        images, labels = images.to(device), labels.to(device)
        outputs = model(images)
        _, predicted = torch.max(outputs.data, 1)
        total += labels.size(0)
        correct += (predicted == labels).sum().item()

    print(f'Test Accuracy: {100 * correct / total:.2f}%')

# Plot training loss and accuracy
plt.figure(figsize=(12, 4))
plt.subplot(1, 2, 1)
plt.plot(train_losses)
plt.title('Training Loss')
plt.xlabel('Epoch')
plt.ylabel('Loss')

plt.subplot(1, 2, 2)
plt.plot(train_accuracies)
plt.title('Training Accuracy')
plt.xlabel('Epoch')
plt.ylabel('Accuracy (%)')

plt.tight_layout()
plt.show()
```

Desglose del Código:

1. **Importaciones y Configuración**:
    - Importamos los módulos necesarios de PyTorch, incluyendo **nn** para las capas de redes neuronales, **optim** para los algoritmos de optimización, y **F** para las funciones de activación.
    - También importamos **datasets** y **transforms** de **torchvision** para manejar el conjunto de datos MNIST, y **matplotlib** para realizar gráficos.
2. **Arquitectura CNN (Clase SimpleCNN)**:
    - La red consta de dos capas convolucionales (**conv1** y **conv2**), cada una seguida de activación **ReLU** y max pooling.
    - Después de las capas convolucionales, tenemos dos capas completamente conectadas (**fc1** y **fc2**).

  - El método **forward** define cómo los datos fluyen a través de la red.

3. **Configuración del Dispositivo**:
   - Usamos **cuda** si está disponible, de lo contrario se usa CPU, para potencialmente acelerar los cálculos.

4. **Carga de Datos**:
   - Cargamos y preprocesamos el conjunto de datos MNIST usando **torchvision.datasets**.
   - Los datos se normalizan y convierten a tensores de PyTorch.
   - Creamos cargadores de datos por separado para entrenamiento y pruebas.

5. **Modelo, Función de Pérdida y Optimizador**:
   - Instanciamos nuestro modelo **SimpleCNN** y lo movemos al dispositivo seleccionado.
   - Usamos **Cross Entropy Loss** como nuestra función de pérdida.
   - Para la optimización, usamos **Stochastic Gradient Descent** (SGD) con momento.

6. **Bucle de Entrenamiento**:
   - Entrenamos el modelo por un número especificado de épocas.
   - En cada época, iteramos sobre los datos de entrenamiento, realizamos las pasadas hacia adelante y hacia atrás, y actualizamos los parámetros del modelo.
   - Llevamos un registro de la pérdida y precisión en cada época.

7. **Evaluación del Modelo**:
   - Después del entrenamiento, evaluamos el modelo en el conjunto de datos de prueba para verificar su rendimiento en datos no vistos.

8. **Visualización**:
   - Utilizamos **matplotlib** para graficar la pérdida de entrenamiento y la precisión a lo largo de las épocas para visualizar el progreso del aprendizaje.

Este ejemplo completo demuestra un flujo de trabajo completo para entrenar y evaluar una CNN en el conjunto de datos MNIST utilizando PyTorch, incluyendo la preparación de datos, definición del modelo, proceso de entrenamiento, evaluación y visualización de los resultados.

5.2 Implementación de CNNs con TensorFlow, Keras y PyTorch

Las Redes Neuronales Convolucionales (CNNs) se pueden implementar utilizando diversos marcos de aprendizaje profundo, siendo **TensorFlow**, **Keras** y **PyTorch** algunas de las opciones más populares y versátiles. Cada marco ofrece ventajas únicas:

- **TensorFlow** proporciona una infraestructura robusta y altamente escalable para el aprendizaje profundo, lo que lo hace adecuado para implementaciones a gran escala y entornos de producción.
- **Keras** ofrece una API fácil de usar que simplifica el desarrollo de modelos, lo que la convierte en una excelente opción para principiantes y prototipado rápido.
- **PyTorch** destaca por su gráfico de cálculo dinámico y su interfaz estilo Python, ofreciendo mayor flexibilidad y facilidad de depuración, lo que es particularmente ventajoso en entornos de investigación.

Para ilustrar la implementación de CNNs en estos marcos, nos centraremos en desarrollar un modelo para el conjunto de datos **MNIST**. Este conjunto clásico de datos consta de dígitos manuscritos que van del 0 al 9, y sirve como un punto de referencia ideal para tareas de clasificación de imágenes. Al construir y entrenar la misma arquitectura de red utilizando **TensorFlow**, **Keras** y **PyTorch**, podemos comparar y contrastar la sintaxis, flujo de trabajo y características únicas de cada marco.

Este enfoque comparativo proporcionará valiosas perspectivas sobre las fortalezas y características de cada plataforma, ayudándote a elegir el marco más adecuado para tus proyectos específicos de aprendizaje profundo.

5.2.1 Implementación de CNN con TensorFlow

TensorFlow es un marco de aprendizaje profundo potente y escalable que ha ganado una adopción generalizada tanto en entornos de investigación como de producción. Desarrollado por Google, TensorFlow ofrece un ecosistema integral para construir e implementar modelos de aprendizaje automático, con fortalezas particulares en redes neuronales y aprendizaje profundo.

Las características clave de TensorFlow incluyen:

- **Arquitectura flexible**: TensorFlow admite tanto la ejecución inmediata para la evaluación inmediata de operaciones, como la ejecución basada en gráficos para un rendimiento optimizado.
- **Escalabilidad**: Puede ejecutarse en varias plataformas, desde dispositivos móviles hasta sistemas distribuidos a gran escala, lo que lo hace adecuado para una amplia gama de aplicaciones.

- **Rico ecosistema**: TensorFlow incluye una vasta biblioteca de modelos preconstruidos, herramientas para visualización (TensorBoard), y extensiones para dominios específicos como **TensorFlow Lite** para dispositivos móviles y de borde.
- **Amplio soporte comunitario**: Con una comunidad grande y activa, TensorFlow se beneficia de mejoras continuas y una gran cantidad de recursos para desarrolladores.

Exploremos cómo implementar una Red Neuronal Convolucional (CNN) utilizando la API de bajo nivel de TensorFlow. Este enfoque proporciona un mayor control sobre la arquitectura del modelo y el proceso de entrenamiento, permitiendo una personalización y optimización más detallada.

Ejemplo: CNN en TensorFlow

```
import tensorflow as tf
from tensorflow.keras import datasets, layers, models
import matplotlib.pyplot as plt

# Load the MNIST dataset
(X_train, y_train), (X_test, y_test) = datasets.mnist.load_data()

# Preprocess the data (reshape and normalize)
X_train = X_train.reshape(-1, 28, 28, 1).astype('float32') / 255.0
X_test = X_test.reshape(-1, 28, 28, 1).astype('float32') / 255.0

# Define the CNN model
class SimpleCNN(tf.Module):
    def __init__(self):
        super(SimpleCNN, self).__init__()
        # Convolutional and pooling layers
        self.conv1 = layers.Conv2D(32, (3, 3), activation='relu', input_shape=(28, 28, 
1))
        self.pool1 = layers.MaxPooling2D((2, 2))
        self.conv2 = layers.Conv2D(64, (3, 3), activation='relu')
        self.pool2 = layers.MaxPooling2D((2, 2))
        self.conv3 = layers.Conv2D(64, (3, 3), activation='relu')
        self.flatten = layers.Flatten()
        self.fc1 = layers.Dense(64, activation='relu')
        self.dropout = layers.Dropout(0.5)
        self.fc2 = layers.Dense(10, activation='softmax')

    def __call__(self, x):
        x = self.conv1(x)
        x = self.pool1(x)
        x = self.conv2(x)
        x = self.pool2(x)
        x = self.conv3(x)
        x = self.flatten(x)
        x = self.fc1(x)
        x = self.dropout(x)
        return self.fc2(x)
```

```
# Instantiate the model
model = SimpleCNN()

# Compile the model
model.compile(optimizer='adam',
              loss='sparse_categorical_crossentropy',
              metrics=['accuracy'])

# Train the model
history = model.fit(X_train, y_train, epochs=10,
                    validation_data=(X_test, y_test),
                    batch_size=64)

# Evaluate the model on the test set
test_loss, test_acc = model.evaluate(X_test, y_test, verbose=2)
print(f"Test Accuracy: {test_acc:.4f}")

# Plot training history
plt.figure(figsize=(12, 4))
plt.subplot(1, 2, 1)
plt.plot(history.history['accuracy'], label='Training Accuracy')
plt.plot(history.history['val_accuracy'], label='Validation Accuracy')
plt.title('Model Accuracy')
plt.xlabel('Epoch')
plt.ylabel('Accuracy')
plt.legend()

plt.subplot(1, 2, 2)
plt.plot(history.history['loss'], label='Training Loss')
plt.plot(history.history['val_loss'], label='Validation Loss')
plt.title('Model Loss')
plt.xlabel('Epoch')
plt.ylabel('Loss')
plt.legend()

plt.tight_layout()
plt.show()

# Make predictions on test data
predictions = model.predict(X_test)

# Display some test images and their predictions
fig, axes = plt.subplots(3, 3, figsize=(12, 12))
for i, ax in enumerate(axes.flat):
    ax.imshow(X_test[i].reshape(28, 28), cmap='gray')
    ax.set_title(f"True: {y_test[i]}, Predicted: {predictions[i].argmax()}")
    ax.axis('off')

plt.tight_layout()
plt.show()
```

Desglose de la Implementación de la CNN:

1. **Importaciones y Preparación de Datos**:
   - Importamos TensorFlow, los componentes de Keras y Matplotlib para la visualización.
   - Se carga y preprocesa el conjunto de datos MNIST: las imágenes se redimensionan a (28, 28, 1) y se normalizan en el rango [0, 1].
2. **Definición del Modelo CNN (Clase SimpleCNN)**:
   - El modelo se define como una clase personalizada que hereda de **tf.Module**.
   - Consiste en tres capas convolucionales (**Conv2D**), dos capas de max pooling, una capa de aplanamiento, dos capas densas y una capa de **dropout** para regularización.
   - El método **call** define la pasada hacia adelante de la red.
3. **Compilación del Modelo**:
   - Utilizamos el optimizador **Adam** y la pérdida **sparse categorical cross-entropy**.
   - La precisión se elige como métrica de evaluación.
4. **Entrenamiento del Modelo**:
   - El modelo se entrena durante 10 épocas con un tamaño de lote de 64.
   - Usamos el parámetro **validation_data** para monitorear el rendimiento en el conjunto de prueba durante el entrenamiento.
5. **Evaluación del Modelo**:
   - Después del entrenamiento, evaluamos el modelo en el conjunto de prueba y mostramos la precisión en el conjunto de test.
6. **Visualización del Historial de Entrenamiento**:
   - Graficamos la precisión y la pérdida del entrenamiento y la validación a lo largo de las épocas.
   - Esto ayuda a entender el progreso del aprendizaje del modelo e identificar posibles sobreajustes.
7. **Realización de Predicciones y Visualización de Resultados**:
   - Usamos el modelo entrenado para realizar predicciones en el conjunto de prueba.

- Se muestra una cuadrícula de 3x3 de imágenes de prueba junto con sus etiquetas verdaderas y las predicciones del modelo.

Esta implementación proporciona una visión integral del proceso de entrenamiento de una CNN, que incluye la preparación de datos, definición del modelo, entrenamiento, evaluación y visualización de los resultados. Las visualizaciones adicionales ayudan a entender el rendimiento del modelo y sus predicciones en datos de prueba reales.

5.2.2 Implementación de CNN con Keras

Keras es una API de alto nivel para el aprendizaje profundo que se ejecuta sobre TensorFlow, ofreciendo una interfaz amigable para construir y entrenar redes neuronales. Simplifica significativamente el proceso de definir, entrenar y desplegar modelos al abstraer muchos de los detalles de bajo nivel que típicamente están involucrados en las implementaciones de aprendizaje profundo.

Las características clave de Keras incluyen:

- **API Intuitiva**: Keras proporciona una API limpia e intuitiva que permite a los desarrolladores crear rápidamente prototipos y experimentar con diferentes arquitecturas de modelos.
- **APIs Secuencial y Funcional**: La API Secuencial permite la construcción rápida de modelos apilando capas linealmente, mientras que la API Funcional ofrece más flexibilidad para arquitecturas de modelos complejas.
- **Capas y Modelos Incorporados**: Keras incluye una amplia gama de capas preconstruidas (por ejemplo, convolucionales, recurrentes, pooling) y modelos completos que pueden ser fácilmente personalizados.
- **Inferencia Automática de Formas**: Keras puede inferir automáticamente las formas de los tensores, reduciendo la necesidad de cálculos manuales de formas.

Con su enfoque en la facilidad de uso y desarrollo rápido, Keras es particularmente adecuado para:

- Principiantes en aprendizaje profundo que desean aprender rápidamente los fundamentos de la construcción de redes neuronales.
- Investigadores que necesitan prototipar e iterar rápidamente en sus ideas.
- Profesionales de la industria que buscan optimizar el proceso de desarrollo para modelos listos para producción.

Al aprovechar el poder de TensorFlow, proporcionando una interfaz más accesible, Keras encuentra un equilibrio entre simplicidad y rendimiento, lo que la convierte en una opción popular en la comunidad de aprendizaje profundo.

Ejemplo: CNN en Keras

```
import tensorflow as tf
from tensorflow.keras import datasets, layers, models
import matplotlib.pyplot as plt

# Load the MNIST dataset
(X_train, y_train), (X_test, y_test) = datasets.mnist.load_data()

# Preprocess the data (reshape and normalize)
X_train = X_train.reshape(-1, 28, 28, 1).astype('float32') / 255.0
X_test = X_test.reshape(-1, 28, 28, 1).astype('float32') / 255.0

# Define the CNN model using Keras Sequential API
model = models.Sequential([
    layers.Conv2D(32, (3, 3), activation='relu', input_shape=(28, 28, 1)),
    layers.MaxPooling2D((2, 2)),
    layers.Conv2D(64, (3, 3), activation='relu'),
    layers.MaxPooling2D((2, 2)),
    layers.Conv2D(64, (3, 3), activation='relu'),
    layers.Flatten(),
    layers.Dense(64, activation='relu'),
    layers.Dense(10, activation='softmax')
])

# Display model summary
model.summary()

# Compile the model
model.compile(optimizer='adam',
              loss='sparse_categorical_crossentropy',
              metrics=['accuracy'])

# Train the model
history = model.fit(X_train, y_train, epochs=10,
                    validation_data=(X_test, y_test),
                    batch_size=64)

# Evaluate the model on the test set
test_loss, test_acc = model.evaluate(X_test, y_test, verbose=2)
print(f"Test Accuracy: {test_acc:.4f}")

# Plot training history
plt.figure(figsize=(12, 4))
plt.subplot(1, 2, 1)
plt.plot(history.history['accuracy'], label='Training Accuracy')
plt.plot(history.history['val_accuracy'], label='Validation Accuracy')
plt.title('Model Accuracy')
plt.xlabel('Epoch')
plt.ylabel('Accuracy')
plt.legend()

plt.subplot(1, 2, 2)
```

```
plt.plot(history.history['loss'], label='Training Loss')
plt.plot(history.history['val_loss'], label='Validation Loss')
plt.title('Model Loss')
plt.xlabel('Epoch')
plt.ylabel('Loss')
plt.legend()

plt.tight_layout()
plt.show()

# Make predictions on test data
predictions = model.predict(X_test)

# Display some test images and their predictions
fig, axes = plt.subplots(3, 3, figsize=(12, 12))
for i, ax in enumerate(axes.flat):
    ax.imshow(X_test[i].reshape(28, 28), cmap='gray')
    ax.set_title(f"True: {y_test[i]}, Predicted: {predictions[i].argmax()}")
    ax.axis('off')

plt.tight_layout()
plt.show()
```

Desglose del Código de la Implementación de la CNN:

1. **Importaciones y Preparación de Datos**:
    - Importamos TensorFlow, los componentes de Keras y Matplotlib para la visualización.
    - Se carga el conjunto de datos MNIST utilizando **Keras datasets**.
    - Las imágenes se redimensionan a (28, 28, 1) y se normalizan en el rango [0, 1].
2. **Definición del Modelo CNN**:
    - Usamos la API **Sequential** de Keras para definir nuestro modelo.
    - El modelo consta de tres capas **Conv2D**, dos capas **MaxPooling2D**, una capa de **Flatten**, y dos capas **Dense**.
    - Usamos activación **ReLU** para las capas ocultas y **softmax** para la capa de salida.
3. **Resumen del Modelo**:
    - **model.summary()** proporciona una vista detallada de la arquitectura del modelo, incluyendo el número de parámetros en cada capa.
4. **Compilación del Modelo**:

  - Utilizamos el optimizador **Adam** y la pérdida **sparse categorical cross-entropy**.
  - La precisión se elige como la métrica de evaluación.

5. **Entrenamiento del Modelo**:
   - El modelo se entrena durante 10 épocas con un tamaño de lote de 64.
   - Usamos **validation_data** para monitorear el rendimiento en el conjunto de prueba durante el entrenamiento.
   - El historial de entrenamiento se almacena para su posterior visualización.

6. **Evaluación del Modelo**:
   - Después del entrenamiento, evaluamos el modelo en el conjunto de prueba y mostramos la precisión en el test.

7. **Visualización del Historial de Entrenamiento**:
   - Graficamos la precisión y la pérdida del entrenamiento y la validación a lo largo de las épocas.
   - Esto ayuda a comprender el progreso del aprendizaje del modelo e identificar posibles sobreajustes.

8. **Realización de Predicciones y Visualización de Resultados**:
   - Usamos el modelo entrenado para realizar predicciones en el conjunto de prueba.
   - Se muestra una cuadrícula de 3x3 de imágenes de prueba junto con sus etiquetas verdaderas y las predicciones del modelo.

Esta implementación proporciona una visión integral del proceso de entrenamiento de una CNN, que incluye la preparación de datos, definición del modelo, entrenamiento, evaluación y visualización de los resultados. Las visualizaciones adicionales ayudan a entender el rendimiento del modelo y sus predicciones en datos de prueba reales.

5.2.3 Implementación de CNN con PyTorch

PyTorch es conocido por su flexibilidad y enfoque amigable para los usuarios, lo que lo convierte en una opción popular en entornos de investigación. A diferencia de TensorFlow y Keras, que utilizan gráficos de computación estáticos, PyTorch emplea gráficos de computación dinámicos. Esta diferencia clave ofrece varias ventajas:

1. **Mayor control sobre la pasada hacia adelante**: Los gráficos dinámicos permiten a los investigadores modificar el comportamiento de la red en tiempo real, habilitando arquitecturas más complejas y adaptativas.

2. **Depuración más sencilla**: Con PyTorch, puedes usar herramientas estándar de depuración de Python para inspeccionar tus modelos en tiempo de ejecución, lo que facilita la identificación y corrección de problemas.
3. **Codificación intuitiva**: La sintaxis de PyTorch se asemeja mucho al estándar de Python, reduciendo la curva de aprendizaje para muchos desarrolladores.
4. **Mejor soporte para entradas de longitud variable**: Los gráficos dinámicos son particularmente útiles para tareas que involucran secuencias de longitudes variables, como el procesamiento de lenguaje natural.
5. **Ejecución inmediata**: Las operaciones en PyTorch se ejecutan a medida que se definen, proporcionando retroalimentación instantánea y facilitando el prototipado rápido.

Estas características hacen de PyTorch una excelente elección para investigadores que exploran arquitecturas de red novedosas o que trabajan con modelos complejos y dinámicos. Su filosofía de diseño prioriza la claridad y la flexibilidad, permitiendo una expresión más natural de los algoritmos de aprendizaje profundo.

Ejemplo: CNN en PyTorch

```
import torch
import torch.nn as nn
import torch.optim as optim
from torchvision import datasets, transforms
from torch.utils.data import DataLoader
import matplotlib.pyplot as plt

# Define the CNN model in PyTorch
class SimpleCNN(nn.Module):
    def __init__(self):
        super(SimpleCNN, self).__init__()
        self.conv1 = nn.Conv2d(1, 32, kernel_size=3)
        self.pool = nn.MaxPool2d(2, 2)
        self.conv2 = nn.Conv2d(32, 64, kernel_size=3)
        self.fc1 = nn.Linear(64 * 5 * 5, 128)
        self.fc2 = nn.Linear(128, 10)

    def forward(self, x):
        x = self.pool(torch.relu(self.conv1(x)))
        x = self.pool(torch.relu(self.conv2(x)))
        x = x.view(-1, 64 * 5 * 5)
        x = torch.relu(self.fc1(x))
        return self.fc2(x)

# Set device
device = torch.device("cuda" if torch.cuda.is_available() else "cpu")

# Preprocess the data
```

```
transform = transforms.Compose([
    transforms.ToTensor(),
    transforms.Normalize((0.5,), (0.5,))
])

# Load datasets
train_dataset    =    datasets.MNIST(root='./data',    train=True,    download=True,
transform=transform)
test_dataset    =    datasets.MNIST(root='./data',    train=False,    download=True,
transform=transform)

# Create data loaders
train_loader = DataLoader(train_dataset, batch_size=32, shuffle=True)
test_loader = DataLoader(test_dataset, batch_size=32, shuffle=False)

# Instantiate the model, define the loss function and optimizer
model = SimpleCNN().to(device)
criterion = nn.CrossEntropyLoss()
optimizer = optim.Adam(model.parameters(), lr=0.001)

# Training loop
epochs = 10
train_losses = []
train_accuracies = []
test_accuracies = []

for epoch in range(epochs):
    model.train()
    running_loss = 0.0
    correct = 0
    total = 0

    for inputs, labels in train_loader:
        inputs, labels = inputs.to(device), labels.to(device)

        optimizer.zero_grad()
        outputs = model(inputs)
        loss = criterion(outputs, labels)
        loss.backward()
        optimizer.step()

        running_loss += loss.item()
        _, predicted = outputs.max(1)
        total += labels.size(0)
        correct += predicted.eq(labels).sum().item()

    train_loss = running_loss / len(train_loader)
    train_accuracy = 100. * correct / total
    train_losses.append(train_loss)
    train_accuracies.append(train_accuracy)

    # Evaluate on test set
```

```
    model.eval()
    test_correct = 0
    test_total = 0
    with torch.no_grad():
        for inputs, labels in test_loader:
            inputs, labels = inputs.to(device), labels.to(device)
            outputs = model(inputs)
            _, predicted = outputs.max(1)
            test_total += labels.size(0)
            test_correct += predicted.eq(labels).sum().item()

    test_accuracy = 100. * test_correct / test_total
    test_accuracies.append(test_accuracy)

    print(f"Epoch {epoch+1}/{epochs}")
    print(f"Train Loss: {train_loss:.4f}, Train Accuracy: {train_accuracy:.2f}%")
    print(f"Test Accuracy: {test_accuracy:.2f}%")
    print("-" * 50)

# Plot training history
plt.figure(figsize=(12, 4))
plt.subplot(1, 2, 1)
plt.plot(train_losses, label='Train Loss')
plt.title('Training Loss')
plt.xlabel('Epoch')
plt.ylabel('Loss')
plt.legend()

plt.subplot(1, 2, 2)
plt.plot(train_accuracies, label='Train Accuracy')
plt.plot(test_accuracies, label='Test Accuracy')
plt.title('Accuracy')
plt.xlabel('Epoch')
plt.ylabel('Accuracy (%)')
plt.legend()

plt.tight_layout()
plt.show()

# Evaluate the final model
model.eval()
correct = 0
total = 0
with torch.no_grad():
    for inputs, labels in test_loader:
        inputs, labels = inputs.to(device), labels.to(device)
        outputs = model(inputs)
        _, predicted = outputs.max(1)
        total += labels.size(0)
        correct += predicted.eq(labels).sum().item()

print(f'Final Test Accuracy: {100 * correct / total:.2f}%')
```

```
# Visualize some predictions
def imshow(img):
    img = img / 2 + 0.5  # unnormalize
    npimg = img.numpy()
    plt.imshow(np.transpose(npimg, (1, 2, 0)))
    plt.axis('off')

dataiter = iter(test_loader)
images, labels = next(dataiter)

# Get predictions
outputs = model(images.to(device))
_, predicted = torch.max(outputs, 1)

# Plot images and predictions
fig = plt.figure(figsize=(12, 4))
for i in range(12):
    ax = fig.add_subplot(2, 6, i+1, xticks=[], yticks=[])
    imshow(images[i])
    ax.set_title(f"{test_dataset.classes[predicted[i]]}",
                 color=("green" if predicted[i] == labels[i] else "red"))

plt.tight_layout()
plt.show()
```

Desglose del código de la implementación de la CNN:

1. **Importaciones y Configuración**:
   - Importamos los módulos necesarios de PyTorch, incluyendo nn para las capas de la red neuronal, optim para los algoritmos de optimización, y torchvision para los conjuntos de datos y transformaciones.
   - matplotlib se importa para propósitos de visualización.
2. **Definición del Modelo CNN**:
   - Definimos una clase SimpleCNN que hereda de nn.Module.
   - El modelo consta de dos capas convolucionales (conv1 y conv2), cada una seguida de activación ReLU y max pooling.
   - Dos capas totalmente conectadas (fc1 y fc2) completan la arquitectura de la red.
   - El método forward define cómo los datos fluyen a través de la red.
3. **Configuración del Dispositivo**:

  - Configuramos el dispositivo (CPU o GPU) para el entrenamiento, permitiendo la aceleración potencial con GPU.

4. **Preprocesamiento y Carga de Datos**:
  - Definimos transformaciones para convertir imágenes a tensores y normalizarlas.
  - Se carga el conjunto de datos MNIST tanto para entrenamiento como para pruebas.
  - Se crean objetos DataLoader para gestionar los lotes de datos y el barajado de forma eficiente.

5. **Instanciación del Modelo y Configuración del Entrenamiento**:
  - Creamos una instancia de SimpleCNN y la movemos al dispositivo seleccionado.
  - La pérdida por Entropía Cruzada se usa como función de pérdida, y Adam como optimizador.

6. **Bucle de Entrenamiento**:
  - Iteramos a través de un número especificado de épocas.
  - Para cada época, entrenamos en todo el conjunto de entrenamiento y evaluamos en el conjunto de pruebas.
  - Las precisiones de entrenamiento y prueba se registran para su visualización posterior.

7. **Visualización del Progreso del Entrenamiento**:
  - Graficamos la pérdida de entrenamiento, la precisión de entrenamiento y la precisión de prueba a lo largo de las épocas.
  - Esto ayuda a entender cómo evoluciona el rendimiento del modelo durante el entrenamiento.

8. **Evaluación Final del Modelo**:
  - Después del entrenamiento, realizamos una evaluación final en el conjunto de prueba para obtener la precisión general.

9. **Visualización de las Predicciones**:
  - Visualizamos algunas imágenes de prueba junto con las predicciones del modelo.
  - Las predicciones correctas se muestran en verde, mientras que las incorrectas en rojo.

Esta implementación cubre todo el proceso de entrenamiento de una CNN para la clasificación de imágenes, desde la preparación de los datos hasta la evaluación del modelo y la visualización de los resultados. Proporciona información sobre el rendimiento del modelo y permite la experimentación con diferentes arquitecturas o hiperparámetros.

5.3 Técnicas Avanzadas de CNN (ResNet, Inception, DenseNet)

Aunque las CNN básicas han demostrado ser efectivas para las tareas de clasificación de imágenes, arquitecturas avanzadas como **ResNet**, **Inception** y **DenseNet** han expandido significativamente las capacidades del aprendizaje profundo en visión por computadora. Estos modelos sofisticados abordan desafíos críticos en el diseño y entrenamiento de redes neuronales, incluyendo:

- **Profundidad de la Red**: Las conexiones de salto innovadoras de ResNet permiten la construcción de redes increíblemente profundas, con algunas implementaciones que superan las 1000 capas. Este avance arquitectónico mitiga eficazmente el problema de la disminución del gradiente, permitiendo un entrenamiento más eficiente de redes neuronales muy profundas.
- **Aprendizaje de Características a Múltiples Escalas**: El diseño único de Inception incorpora convoluciones paralelas en varias escalas, permitiendo que la red capture y procese simultáneamente una gama diversa de características. Este enfoque a múltiples escalas mejora significativamente la capacidad del modelo para representar patrones visuales complejos.
- **Utilización Eficiente de Características**: El patrón de conectividad densa de DenseNet facilita una reutilización extensa de características y promueve un flujo de información eficiente en toda la red. Este principio de diseño resulta en modelos más compactos que logran un alto rendimiento con menos parámetros.
- **Optimización de Recursos**: ResNet, Inception y DenseNet incorporan elementos de diseño inteligentes que optimizan los recursos computacionales. Estas optimizaciones conducen a tiempos de entrenamiento más rápidos e inferencias más eficientes, lo que hace que estas arquitecturas sean particularmente adecuadas para despliegues a gran escala y aplicaciones en tiempo real.

Estas innovaciones no solo han mejorado el rendimiento en los puntos de referencia estándar, sino que también han permitido avances en diversas tareas de visión por computadora, desde la detección de objetos hasta la segmentación de imágenes. En las siguientes secciones, profundizaremos en los conceptos clave que sustentan estas arquitecturas y proporcionaremos implementaciones prácticas utilizando marcos de aprendizaje profundo populares como

PyTorch y TensorFlow. Esta exploración te equipará con el conocimiento para aprovechar estos poderosos modelos en tus propios proyectos e investigaciones.

5.3.1 ResNet: Redes Residuales

ResNet (Redes Residuales) revolucionó la arquitectura de aprendizaje profundo al introducir el concepto de **conexiones residuales** o **conexiones de salto**. Estas conexiones innovadoras permiten que la red pase por alto ciertas capas, creando atajos en el flujo de información. Este avance arquitectónico aborda un desafío crítico en el entrenamiento de redes neuronales muy profundas: el **problema de la disminución del gradiente**.

El problema de la disminución del gradiente ocurre cuando los gradientes se vuelven extremadamente pequeños a medida que se retropropagan a través de muchas capas, lo que dificulta que las primeras capas aprendan de manera efectiva. Este problema es especialmente pronunciado en redes muy profundas, donde la señal del gradiente puede disminuir significativamente para cuando llega a las capas iniciales.

Las conexiones de salto de ResNet proporcionan una solución elegante a este problema. Al permitir que el gradiente fluya directamente a través de estos atajos, la red asegura que la señal del gradiente se mantenga fuerte incluso en las primeras capas. Este mecanismo mitiga eficazmente el problema de la disminución del gradiente, permitiendo el entrenamiento exitoso de redes increíblemente profundas.

El impacto de esta innovación es profundo: ResNet hace posible entrenar redes neuronales con cientos o incluso miles de capas, una hazaña que anteriormente se consideraba impráctica o imposible. Estas redes ultraprofundas pueden capturar jerarquías intrincadas de características, lo que conduce a mejoras significativas en el rendimiento en diversas tareas de visión por computadora.

Además, el marco de aprendizaje residual introducido por ResNet tiene implicaciones más amplias que solo permitir redes más profundas. Cambia fundamentalmente la forma en que pensamos sobre el proceso de aprendizaje en las redes neuronales, sugiriendo que podría ser más fácil para las capas aprender funciones residuales con referencia a la entrada, en lugar de aprender directamente la mapeo subyacente deseado.

Concepto Clave: Conexiones Residuales

En una red neuronal tradicional de avance directo, cada capa procesa la salida de la capa anterior y pasa su resultado a la siguiente capa de manera lineal. Esta arquitectura sencilla ha sido la base de muchos diseños de redes neuronales. Sin embargo, el **bloque residual**, una innovación clave introducida por ResNet, altera fundamentalmente este paradigma.

En un bloque residual, la red crea un "atajo" o "conexión de salto" que omite una o más capas. Específicamente, la entrada a una capa se suma a la salida de una capa más adelante en la red. Esta operación de suma se realiza elemento a elemento, combinando la entrada original con la salida transformada.

La importancia de este cambio arquitectónico radica en su impacto en el flujo de gradientes durante la retropropagación. En redes muy profundas, los gradientes pueden volverse extremadamente pequeños (problema de la disminución del gradiente) o extremadamente grandes (problema de la explosión del gradiente) a medida que se propagan hacia atrás a través de muchas capas. Las conexiones de salto en los bloques residuales proporcionan un camino directo para que los gradientes fluyan hacia atrás, mitigando eficazmente estos problemas.

Además, los bloques residuales permiten que la red aprenda funciones residuales con referencia a las entradas de las capas, en lugar de tener que aprender todo el mapeo subyacente deseado. Esto facilita que la red aprenda mapeos de identidad cuando son óptimos, permitiendo el entrenamiento exitoso de redes mucho más profundas de lo que era posible anteriormente.

Al "saltar" capas de esta manera, los bloques residuales no solo mejoran el flujo de gradientes, sino que también permiten la creación de redes ultraprofundas con cientos o incluso miles de capas. Esta profundidad permite el aprendizaje de características más complejas y mejora significativamente la capacidad de la red para modelar patrones intrincados en los datos.

Ejemplo: Bloque ResNet en PyTorch

¡Claro! A continuación, te mostraré un ejemplo ampliado de un bloque de ResNet y un desglose completo. Aquí tienes una versión mejorada del código con componentes adicionales.

```
import torch
import torch.nn as nn
import torch.optim as optim
from torchvision import datasets, transforms

class ResidualBlock(nn.Module):
    def __init__(self, in_channels, out_channels, stride=1):
        super(ResidualBlock, self).__init__()
        self.conv1 = nn.Conv2d(in_channels, out_channels, kernel_size=3, stride=stride, padding=1, bias=False)
        self.bn1 = nn.BatchNorm2d(out_channels)
        self.relu = nn.ReLU(inplace=True)
        self.conv2 = nn.Conv2d(out_channels, out_channels, kernel_size=3, stride=1, padding=1, bias=False)
        self.bn2 = nn.BatchNorm2d(out_channels)

        self.shortcut = nn.Sequential()
        if stride != 1 or in_channels != out_channels:
            self.shortcut = nn.Sequential(
                nn.Conv2d(in_channels, out_channels, kernel_size=1, stride=stride, bias=False),
                nn.BatchNorm2d(out_channels)
            )

    def forward(self, x):
        residual = x
```

```
        out = self.relu(self.bn1(self.conv1(x)))
        out = self.bn2(self.conv2(out))
        out += self.shortcut(residual)
        out = self.relu(out)
        return out

class ResNet(nn.Module):
    def __init__(self, block, num_blocks, num_classes=10):
        super(ResNet, self).__init__()
        self.in_channels = 64

        self.conv1 = nn.Conv2d(3, 64, kernel_size=3, stride=1, padding=1, bias=False)
        self.bn1 = nn.BatchNorm2d(64)
        self.relu = nn.ReLU(inplace=True)

        self.layer1 = self._make_layer(block, 64, num_blocks[0], stride=1)
        self.layer2 = self._make_layer(block, 128, num_blocks[1], stride=2)
        self.layer3 = self._make_layer(block, 256, num_blocks[2], stride=2)
        self.layer4 = self._make_layer(block, 512, num_blocks[3], stride=2)

        self.avg_pool = nn.AdaptiveAvgPool2d((1, 1))
        self.fc = nn.Linear(512, num_classes)

    def _make_layer(self, block, out_channels, num_blocks, stride):
        strides = [stride] + [1] * (num_blocks - 1)
        layers = []
        for stride in strides:
            layers.append(block(self.in_channels, out_channels, stride))
            self.in_channels = out_channels
        return nn.Sequential(*layers)

    def forward(self, x):
        out = self.relu(self.bn1(self.conv1(x)))
        out = self.layer1(out)
        out = self.layer2(out)
        out = self.layer3(out)
        out = self.layer4(out)
        out = self.avg_pool(out)
        out = out.view(out.size(0), -1)
        out = self.fc(out)
        return out

# Create ResNet18
def ResNet18():
    return ResNet(ResidualBlock, [2, 2, 2, 2])

# Example usage
model = ResNet18()
print(model)

# Set up data loaders
transform = transforms.Compose([
```

```
    transforms.ToTensor(),
    transforms.Normalize((0.5, 0.5, 0.5), (0.5, 0.5, 0.5))
])

trainset = datasets.CIFAR10(root='./data', train=True, download=True,
transform=transform)
trainloader = torch.utils.data.DataLoader(trainset, batch_size=64, shuffle=True)

# Define loss function and optimizer
criterion = nn.CrossEntropyLoss()
optimizer = optim.SGD(model.parameters(), lr=0.001, momentum=0.9)

# Training loop (example for one epoch)
device = torch.device("cuda:0" if torch.cuda.is_available() else "cpu")
model.to(device)

for epoch in range(1):  # loop over the dataset multiple times
    running_loss = 0.0
    for i, data in enumerate(trainloader, 0):
        inputs, labels = data[0].to(device), data[1].to(device)

        optimizer.zero_grad()
        outputs = model(inputs)
        loss = criterion(outputs, labels)
        loss.backward()
        optimizer.step()

        running_loss += loss.item()
        if i % 200 == 199:    # print every 200 mini-batches
            print(f'[{epoch + 1}, {i + 1:5d}] loss: {running_loss / 200:.3f}')
            running_loss = 0.0

print('Finished Training')
```

Desglosamos los componentes clave de esta implementación ampliada de ResNet:

- **Clase ResidualBlock**:
  - Esta clase define la estructura de un bloque residual individual.
  - Contiene dos capas convolucionales (conv1 y conv2) con normalización por lotes (bn1 y bn2) y activación ReLU.
  - La skip_connection (renombrada como shortcut en esta versión ampliada) permite que la entrada pase por alto las capas convolucionales, facilitando el flujo del gradiente en redes profundas.
- **Clase ResNet**:
  - Esta clase define la arquitectura general de ResNet.

    - Utiliza el ResidualBlock para crear una estructura de red profunda.
    - El método _make_layer crea una secuencia de bloques residuales para cada capa de la red.
    - El método forward define cómo fluyen los datos a través de toda la red.
- **Función ResNet18**:
    - Esta función crea una arquitectura específica de ResNet (ResNet18) especificando el número de bloques en cada capa.
- **Preparación de los Datos**:
    - El código utiliza el conjunto de datos CIFAR10 y aplica transformaciones (ToTensor y Normalize) para preprocesar las imágenes.
    - Se crea un DataLoader para gestionar de forma eficiente los lotes de datos y el barajado de los datos de entrenamiento.
- **Configuración del Entrenamiento**:
    - La pérdida por Entropía Cruzada se utiliza como la función de pérdida.
    - Se utiliza el Descenso de Gradiente Estocástico (SGD) con momento como optimizador.
    - El modelo se mueve a una GPU si está disponible para una computación más rápida.
- **Bucle de Entrenamiento**:
    - El código incluye un bucle básico de entrenamiento para una época.
    - Itera sobre los datos de entrenamiento, realiza pasos hacia adelante y hacia atrás, y actualiza los parámetros del modelo.
    - La pérdida de entrenamiento se imprime cada 200 mini-lotes para monitorear el progreso.

Esta implementación proporciona una visión completa de cómo se estructura y entrena ResNet. Demuestra el ciclo de vida completo de un modelo de aprendizaje profundo, desde la definición de la arquitectura hasta la preparación de los datos y el entrenamiento. Las conexiones residuales, que son la innovación clave de ResNet, permiten el entrenamiento de redes muy profundas al abordar el problema de la disminución del gradiente.

Entrenamiento de ResNet en PyTorch

Para entrenar un modelo ResNet completo, podemos usar **torchvision.models** para cargar una versión preentrenada.

```
import torch
import torch.nn as nn
import torch.optim as optim
import torchvision
import torchvision.transforms as transforms
import torchvision.models as models

# Set device
device = torch.device("cuda:0" if torch.cuda.is_available() else "cpu")

# Load a pretrained ResNet-50 model
model = models.resnet50(pretrained=True)

# Modify the final layer to match the number of classes in your dataset
num_classes = 10
model.fc = nn.Linear(model.fc.in_features, num_classes)

# Move model to device
model = model.to(device)

# Define transforms for the training data
train_transform = transforms.Compose([
    transforms.RandomResizedCrop(224),
    transforms.RandomHorizontalFlip(),
    transforms.ToTensor(),
    transforms.Normalize([0.485, 0.456, 0.406], [0.229, 0.224, 0.225])
])

# Load CIFAR-10 dataset
trainset = torchvision.datasets.CIFAR10(root='./data', train=True, download=True,
transform=train_transform)
trainloader = torch.utils.data.DataLoader(trainset, batch_size=64, shuffle=True,
num_workers=2)

# Define loss function and optimizer
criterion = nn.CrossEntropyLoss()
optimizer = optim.SGD(model.parameters(), lr=0.001, momentum=0.9)

# Training loop
num_epochs = 5
for epoch in range(num_epochs):
    running_loss = 0.0
    for i, data in enumerate(trainloader, 0):
        inputs, labels = data[0].to(device), data[1].to(device)

        optimizer.zero_grad()
        outputs = model(inputs)
        loss = criterion(outputs, labels)
        loss.backward()
        optimizer.step()
```

```python
        running_loss += loss.item()
        if i % 100 == 99:    # print every 100 mini-batches
            print(f'[{epoch + 1}, {i + 1:5d}] loss: {running_loss / 100:.3f}')
            running_loss = 0.0

print('Finished Training')

# Save the model
torch.save(model.state_dict(), 'resnet50_cifar10.pth')

# Evaluation
model.eval()
correct = 0
total = 0
with torch.no_grad():
    for data in trainloader:
        images, labels = data[0].to(device), data[1].to(device)
        outputs = model(images)
        _, predicted = torch.max(outputs.data, 1)
        total += labels.size(0)
        correct += (predicted == labels).sum().item()

print(f'Accuracy on the training images: {100 * correct / total}%')
```

Desglosemos este ejemplo:

- **Importaciones**: Importamos los módulos necesarios de PyTorch y torchvision para la creación de modelos, carga de datos y transformaciones.
- **Configuración del Dispositivo**: Utilizamos CUDA si está disponible, de lo contrario, CPU.
- **Carga del Modelo**: Cargamos un modelo preentrenado ResNet-50 y modificamos su capa totalmente conectada final para que coincida con nuestro número de clases (10 para CIFAR-10).
- **Preparación de Datos**: Definimos transformaciones para la augmentación de datos y normalización, luego cargamos el conjunto de datos CIFAR-10 con estas transformaciones.
- **Pérdida y Optimizador**: Usamos la pérdida de Entropía Cruzada y el optimizador SGD con momento.
- **Bucle de Entrenamiento**: Entrenamos el modelo durante 5 épocas, imprimiendo la pérdida cada 100 mini-lotes.
- **Guardado del Modelo**: Después del entrenamiento, guardamos los pesos del modelo.
- **Evaluación**: Evaluamos la precisión del modelo en el conjunto de entrenamiento.

Este ejemplo demuestra un flujo de trabajo completo para ajustar un ResNet-50 preentrenado en el conjunto de datos CIFAR-10, incluyendo la carga de datos, modificación del modelo, entrenamiento y evaluación. Es un escenario realista para usar modelos preentrenados en la práctica.

5.3.2 Inception: GoogLeNet y Módulos Inception

Las **Redes Inception**, desarrolladas por **GoogLeNet**, revolucionaron la arquitectura de las CNN al introducir el concepto de procesamiento paralelo en diferentes escalas. La innovación clave, el **módulo Inception**, realiza múltiples convoluciones con diferentes tamaños de filtro (típicamente 1x1, 3x3 y 5x5) simultáneamente en los datos de entrada. Este enfoque paralelo permite que la red capture una amplia gama de características, desde detalles finos hasta patrones más amplios, dentro de una sola capa.

La extracción de características a múltiples escalas de los módulos Inception ofrece varias ventajas:

- **Extracción Integral de Características**: La red procesa las entradas en varias escalas simultáneamente, lo que le permite capturar una amplia gama de características, desde detalles finos hasta patrones más amplios. Este enfoque a múltiples escalas da como resultado una representación más completa y resistente de los datos de entrada.
- **Eficiencia Computacional**: Al emplear estratégicamente convoluciones de 1x1 antes de los filtros más grandes, la arquitectura reduce significativamente la carga computacional. Este diseño inteligente permite la creación de redes más profundas y anchas sin un aumento proporcional en el número de parámetros, optimizando tanto el rendimiento como la utilización de recursos.
- **Adaptación Dinámica de Escalas**: La red demuestra una flexibilidad notable al ajustar automáticamente la importancia de las diferentes escalas para cada capa y tarea específica. Esta capacidad adaptativa permite que el modelo ajuste su proceso de extracción de características, resultando en un aprendizaje más efectivo para diversas aplicaciones.

Este enfoque innovador no solo mejoró la precisión en las tareas de clasificación de imágenes, sino que también allanó el camino para arquitecturas de CNN más eficientes y poderosas. El éxito de las redes Inception inspiró desarrollos posteriores en el diseño de CNN, influyendo en arquitecturas como ResNet y DenseNet, que exploraron aún más los conceptos de flujo de información multipista y reutilización de características.

Concepto Clave: Módulo Inception

Un módulo Inception es un componente arquitectónico clave que revolucionó las redes neuronales convolucionales al introducir el procesamiento paralelo a múltiples escalas. Este diseño innovador realiza varias operaciones de manera concurrente en los datos de entrada:

1. **Múltiples Convoluciones**: El módulo aplica convoluciones con diferentes tamaños de filtro (típicamente 1x1, 3x3 y 5x5) en paralelo. Cada convolución captura características a una escala diferente:
   - Convoluciones de 1x1: Estas reducen la dimensionalidad y capturan características a nivel de píxel.
   - Convoluciones de 3x3: Capturan correlaciones espaciales locales.
   - Convoluciones de 5x5: Capturan patrones espaciales más amplios.
2. **Max-Pooling**: Junto con las convoluciones, el módulo también realiza max-pooling, lo que ayuda a retener las características más prominentes mientras reduce las dimensiones espaciales.
3. **Concatenación**: Las salidas de todas estas operaciones paralelas se concatenan a lo largo de la dimensión del canal, creando una representación rica de características a múltiples escalas.

Este enfoque de procesamiento paralelo permite que la red capture y preserve información a varias escalas simultáneamente, lo que lleva a una extracción de características más completa. El uso de convoluciones de 1x1 antes de los filtros más grandes también ayuda a reducir la complejidad computacional, haciendo que la red sea más eficiente.

Al aprovechar este enfoque de múltiples escalas, los módulos Inception permiten que las CNN se adapten dinámicamente a las características más relevantes para una tarea dada, mejorando su rendimiento general y su versatilidad en diversas aplicaciones de visión por computadora.

Ejemplo: Módulo Inception en PyTorch

```
import torch
import torch.nn as nn

class InceptionModule(nn.Module):
    def __init__(self, in_channels, out_1x1, red_3x3, out_3x3, red_5x5, out_5x5, 
out_pool):
        super(InceptionModule, self).__init__()

        self.branch1x1 = nn.Conv2d(in_channels, out_1x1, kernel_size=1)

        self.branch3x3 = nn.Sequential(
            nn.Conv2d(in_channels, red_3x3, kernel_size=1),
            nn.ReLU(inplace=True),
            nn.Conv2d(red_3x3, out_3x3, kernel_size=3, padding=1)
        )

        self.branch5x5 = nn.Sequential(
            nn.Conv2d(in_channels, red_5x5, kernel_size=1),
            nn.ReLU(inplace=True),
            nn.Conv2d(red_5x5, out_5x5, kernel_size=5, padding=2)
```

```
        )

        self.branch_pool = nn.Sequential(
            nn.MaxPool2d(kernel_size=3, stride=1, padding=1),
            nn.Conv2d(in_channels, out_pool, kernel_size=1)
        )

    def forward(self, x):
        branch1x1 = self.branch1x1(x)
        branch3x3 = self.branch3x3(x)
        branch5x5 = self.branch5x5(x)
        branch_pool = self.branch_pool(x)

        outputs = [branch1x1, branch3x3, branch5x5, branch_pool]
        return torch.cat(outputs, 1)

class InceptionNetwork(nn.Module):
    def __init__(self, num_classes=1000):
        super(InceptionNetwork, self).__init__()

        self.conv1 = nn.Conv2d(3, 64, kernel_size=7, stride=2, padding=3)
        self.maxpool1 = nn.MaxPool2d(3, stride=2, padding=1)

        self.conv2 = nn.Conv2d(64, 192, kernel_size=3, padding=1)
        self.maxpool2 = nn.MaxPool2d(3, stride=2, padding=1)

        self.inception3a = InceptionModule(192, 64, 96, 128, 16, 32, 32)
        self.inception3b = InceptionModule(256, 128, 128, 192, 32, 96, 64)
        self.maxpool3 = nn.MaxPool2d(3, stride=2, padding=1)

        self.inception4a = InceptionModule(480, 192, 96, 208, 16, 48, 64)

        self.avgpool = nn.AdaptiveAvgPool2d((1, 1))
        self.dropout = nn.Dropout(0.4)
        self.fc = nn.Linear(512, num_classes)

    def forward(self, x):
        x = self.conv1(x)
        x = self.maxpool1(x)

        x = self.conv2(x)
        x = self.maxpool2(x)

        x = self.inception3a(x)
        x = self.inception3b(x)
        x = self.maxpool3(x)

        x = self.inception4a(x)

        x = self.avgpool(x)
        x = torch.flatten(x, 1)
        x = self.dropout(x)
```

```
        x = self.fc(x)

        return x

# Example of using the Inception Network
model = InceptionNetwork()
print(model)

# Test with a random input
x = torch.randn(1, 3, 224, 224)
output = model(x)
print(f"Output shape: {output.shape}")
```

Desglose del código del Módulo Inception y la Red:

1. **Clase InceptionModule**:

- Esta clase define un único módulo Inception, que es el bloque básico de la red Inception.
- Toma varios parámetros para controlar el número de filtros en cada rama, lo que permite un diseño de arquitectura flexible.
- El módulo consta de cuatro ramas paralelas:
    - Rama de convolución 1x1: Realiza una convolución puntual para reducir la dimensionalidad.
    - Rama de convolución 3x3: Usa una convolución 1x1 para reducir la dimensionalidad antes de la convolución 3x3.
    - Rama de convolución 5x5: Similar a la rama 3x3, pero con un campo receptivo más grande.
    - Rama de pooling: Aplica max pooling seguido de una convolución 1x1 para igualar las dimensiones.
- El método forward concatena las salidas de todas las ramas a lo largo de la dimensión del canal.

2. **Clase InceptionNetwork**:

- Esta clase define la estructura general de la red Inception.
- Combina múltiples módulos Inception con otras capas estándar de CNN.
- La estructura de la red incluye:
    - Capas iniciales de convolución y pooling para reducir las dimensiones espaciales.

 - Múltiples módulos Inception (3a, 3b, 4a en este ejemplo).
 - Pooling global promedio para reducir las dimensiones espaciales a 1x1.
 - Una capa dropout para regularización.
 - Una última capa totalmente conectada para clasificación.

3. **Características clave de la arquitectura Inception**:

- **Procesamiento a múltiples escalas**: Al usar diferentes tamaños de filtro en paralelo, la red puede capturar características a varias escalas simultáneamente.
- **Reducción de dimensionalidad**: Las convoluciones 1x1 se utilizan para reducir el número de canales antes de las costosas convoluciones 3x3 y 5x5, mejorando la eficiencia computacional.
- **Extracción densa de características**: La concatenación de múltiples ramas permite extraer un conjunto rico de características en cada capa.

1. **Ejemplo de uso**:

- El código muestra cómo crear una instancia de InceptionNetwork.
- También muestra cómo pasar una entrada de muestra a través de la red y cómo imprimir la forma de la salida.

Este ejemplo proporciona una imagen completa de cómo está estructurada e implementada la arquitectura Inception. Muestra la naturaleza modular del diseño, lo que permite una fácil modificación y experimentación con diferentes configuraciones de la red.

Entrenamiento de Inception con PyTorch

También puedes cargar un modelo preentrenado de Inception-v3 usando **torchvision.models**:

```
import torch
import torch.nn as nn
import torchvision.models as models
import torchvision.transforms as transforms
from torchvision.datasets import CIFAR10
from torch.utils.data import DataLoader

# Load a pretrained Inception-v3 model
model = models.inception_v3(pretrained=True)

# Modify the final fully connected layer for 10 classes (CIFAR-10)
model.fc = nn.Linear(model.fc.in_features, 10)

# Freeze all layers except the final fc layer
for param in model.parameters():
    param.requires_grad = False
for param in model.fc.parameters():
```

```
    param.requires_grad = True

# Define transformations
transform = transforms.Compose([
    transforms.Resize(299),  # Inception-v3 expects 299x299 images
    transforms.ToTensor(),
    transforms.Normalize(mean=[0.485, 0.456, 0.406], std=[0.229, 0.224, 0.225])
])

# Load CIFAR-10 dataset
train_dataset = CIFAR10(root='./data', train=True, download=True,
transform=transform)
train_loader = DataLoader(train_dataset, batch_size=32, shuffle=True)

# Define loss function and optimizer
criterion = nn.CrossEntropyLoss()
optimizer = torch.optim.Adam(model.fc.parameters(), lr=0.001)

# Train the model
device = torch.device("cuda" if torch.cuda.is_available() else "cpu")
model.to(device)
model.train()

num_epochs = 5
for epoch in range(num_epochs):
    running_loss = 0.0
    for inputs, labels in train_loader:
        inputs, labels = inputs.to(device), labels.to(device)

        # Inception-v3 returns tuple of outputs
        outputs, _ = model(inputs)
        loss = criterion(outputs, labels)

        optimizer.zero_grad()
        loss.backward()
        optimizer.step()

        running_loss += loss.item()

    print(f"Epoch {epoch+1}/{num_epochs}, Loss:
{running_loss/len(train_loader):.4f}")

print("Training complete!")

# Evaluate the model
model.eval()
correct = 0
total = 0
with torch.no_grad():
    for inputs, labels in train_loader:
        inputs, labels = inputs.to(device), labels.to(device)
        outputs, _ = model(inputs)
```

```
        _, predicted = torch.max(outputs.data, 1)
        total += labels.size(0)
        correct += (predicted == labels).sum().item()

print(f"Accuracy on training set: {100 * correct / total:.2f}%")

# Print model summary
print(model)
```

Explicación del desglosado del código:

1. **Importación de Librerías**:
   - Importamos las librerías necesarias de PyTorch, incluyendo torchvision para los modelos preentrenados y conjuntos de datos.
2. **Carga del Modelo Preentrenado**:
   - Cargamos un modelo preentrenado Inception-v3 usando models.inception_v3(pretrained=True).
3. **Modificación del Modelo**:
   - La capa totalmente conectada final (fc) se reemplaza para que salga con 10 clases, coincidiendo con CIFAR-10.
   - Congelamos todas las capas excepto la capa final fc para realizar aprendizaje por transferencia.
4. **Preparación de Datos**:
   - Definimos transformaciones para preprocesar las imágenes, incluyendo el cambio de tamaño a 299x299 (requerido para Inception-v3).
   - Se carga el conjunto de datos CIFAR-10 y se prepara utilizando DataLoader para el procesamiento por lotes.
5. **Configuración del Entrenamiento**:
   - CrossEntropyLoss se utiliza como función de pérdida.
   - El optimizador Adam se usa para actualizar solo los parámetros de la capa final fc.
6. **Bucle de Entrenamiento**:
   - El modelo se entrena durante 5 épocas.

    - En cada época, iteramos sobre los datos de entrenamiento, calculamos la pérdida y actualizamos los parámetros del modelo.
    - Se imprime la pérdida promedio para cada época.

7. **Evaluación del Modelo**:
    - Después del entrenamiento, evaluamos la precisión del modelo en el conjunto de entrenamiento.
    - Esto nos da una idea de qué tan bien ha aprendido el modelo a clasificar los datos de entrenamiento.

8. **Resumen del Modelo**:
    - Finalmente, imprimimos toda la arquitectura del modelo usando print(model).

Este ejemplo demuestra un flujo de trabajo completo para ajustar un modelo preentrenado Inception-v3 en el conjunto de datos CIFAR-10. Incluye la carga de datos, modificación del modelo, entrenamiento y evaluación, proporcionando un escenario realista para usar modelos preentrenados en la práctica.

5.3.3 DenseNet: Conexiones Densas para Reutilización Eficiente de Características

DenseNet (Redes Convolucionales Densas) revolucionó el campo del aprendizaje profundo al introducir el concepto innovador de **conexiones densas**. Esta arquitectura pionera permite que cada capa reciba entradas de todas las capas anteriores, creando una estructura de red densamente conectada. A diferencia de las arquitecturas tradicionales de avance directo donde la información fluye linealmente de una capa a la siguiente, DenseNet establece conexiones directas entre cada capa y todas las capas posteriores en un flujo de avance.

El patrón de conectividad densa en DenseNet ofrece varias ventajas significativas:

- **Mejora en la propagación de características**: El patrón de conectividad densa permite un acceso directo a las características de todas las capas anteriores, facilitando un flujo de información más eficiente a través de la red. Esta utilización integral de las características mejora la capacidad de la red para aprender patrones complejos y representaciones.
- **Mejora en el flujo de gradientes**: Al establecer conexiones directas entre las capas, DenseNet mejora significativamente la propagación de gradientes durante el proceso de retropropagación. Este diseño arquitectónico aborda eficazmente el problema de la disminución del gradiente, un desafío común en redes neuronales profundas, lo que permite un entrenamiento más estable y eficiente de arquitecturas muy profundas.
- **Reutilización eficiente de características**: La estructura única de DenseNet promueve la reutilización de características en múltiples capas, lo que lleva a modelos

más compactos y eficientes en términos de parámetros. Este mecanismo de reutilización de características permite que la red aprenda un conjunto diverso de características mientras mantiene un número relativamente pequeño de parámetros, lo que resulta en modelos poderosos y computacionalmente eficientes.

- **Efecto de regularización mejorado**: Las conexiones densas en DenseNet actúan como una forma implícita de regularización, ayudando a mitigar el sobreajuste, particularmente cuando se trabaja con conjuntos de datos más pequeños. Este efecto de regularización se debe a la capacidad de la red para distribuir información y gradientes de manera más uniforme, promoviendo una mejor generalización y robustez en las representaciones aprendidas.

Esta arquitectura única permite que DenseNet logre un rendimiento de vanguardia en diversas tareas de visión por computadora, utilizando menos parámetros en comparación con las CNN tradicionales. El uso eficiente de los parámetros no solo reduce los requisitos computacionales, sino que también mejora las capacidades de generalización del modelo, lo que convierte a DenseNet en una opción popular para una amplia gama de aplicaciones, como la clasificación de imágenes, la detección de objetos y la segmentación semántica.

Concepto Clave: Conexiones Densas

En DenseNet, cada capa tiene acceso directo a los mapas de características de todas las capas anteriores, creando una estructura de red densamente conectada. Esta arquitectura única facilita varias ventajas clave:

- **Mejora en el flujo de gradientes**: Las conexiones directas entre las capas permiten que los gradientes fluyan más fácilmente durante la retropropagación, mitigando el problema de la disminución del gradiente que a menudo se encuentra en redes profundas.
- **Reutilización eficiente de características**: Al tener acceso a todos los mapas de características anteriores, cada capa puede aprovechar un conjunto diverso de características, promoviendo la reutilización de características y reduciendo la redundancia en la red.
- **Mejora en el flujo de información**: El patrón de conectividad densa asegura que la información pueda propagarse de manera más eficiente a través de la red, lo que lleva a una mejor extracción de características y representación.

Este enfoque innovador resulta en redes que no solo son más compactas, sino también más eficientes en términos de parámetros. DenseNet logra un rendimiento de vanguardia con menos parámetros en comparación con las CNN tradicionales, lo que la hace particularmente útil para aplicaciones donde los recursos computacionales son limitados o cuando se trabaja con conjuntos de datos más pequeños.

Ejemplo: Bloque DenseNet en PyTorch

```
import torch
import torch.nn as nn

class DenseLayer(nn.Module):
    def __init__(self, in_channels, growth_rate):
        super(DenseLayer, self).__init__()
        self.bn1 = nn.BatchNorm2d(in_channels)
        self.conv1 = nn.Conv2d(in_channels, 4 * growth_rate, kernel_size=1,
bias=False)
        self.bn2 = nn.BatchNorm2d(4 * growth_rate)
        self.conv2 = nn.Conv2d(4 * growth_rate, growth_rate, kernel_size=3, padding=1,
bias=False)
        self.relu = nn.ReLU(inplace=True)

    def forward(self, x):
        out = self.bn1(x)
        out = self.relu(out)
        out = self.conv1(out)
        out = self.bn2(out)
        out = self.relu(out)
        out = self.conv2(out)
        return torch.cat([x, out], 1)

class DenseBlock(nn.Module):
    def __init__(self, in_channels, growth_rate, num_layers):
        super(DenseBlock, self).__init__()
        self.layers = nn.ModuleList()
        for i in range(num_layers):
            self.layers.append(DenseLayer(in_channels + i * growth_rate,
growth_rate))

    def forward(self, x):
        for layer in self.layers:
            x = layer(x)
        return x

class TransitionLayer(nn.Module):
    def __init__(self, in_channels, out_channels):
        super(TransitionLayer, self).__init__()
        self.bn = nn.BatchNorm2d(in_channels)
        self.conv = nn.Conv2d(in_channels, out_channels, kernel_size=1, bias=False)
        self.avg_pool = nn.AvgPool2d(kernel_size=2, stride=2)

    def forward(self, x):
        out = self.bn(x)
        out = self.conv(out)
        out = self.avg_pool(out)
        return out

class DenseNet(nn.Module):
```

```
    def __init__(self, growth_rate=32, block_config=(6, 12, 24, 16), num_init_features=64, bn_size=4, compression_rate=0.5, num_classes=1000):
        super(DenseNet, self).__init__()

        # First convolution
        self.features = nn.Sequential(OrderedDict([
            ('conv0', nn.Conv2d(3, num_init_features, kernel_size=7, stride=2, padding=3, bias=False)),
            ('norm0', nn.BatchNorm2d(num_init_features)),
            ('relu0', nn.ReLU(inplace=True)),
            ('pool0', nn.MaxPool2d(kernel_size=3, stride=2, padding=1)),
        ]))

        # Dense Blocks
        num_features = num_init_features
        for i, num_layers in enumerate(block_config):
            block = DenseBlock(num_features, growth_rate, num_layers)
            self.features.add_module(f'denseblock{i+1}', block)
            num_features += num_layers * growth_rate
            if i != len(block_config) - 1:
                transition = TransitionLayer(num_features, int(num_features * compression_rate))
                self.features.add_module(f'transition{i+1}', transition)
                num_features = int(num_features * compression_rate)

        # Final batch norm
        self.features.add_module('norm5', nn.BatchNorm2d(num_features))

        # Linear layer
        self.classifier = nn.Linear(num_features, num_classes)

    def forward(self, x):
        features = self.features(x)
        out = F.relu(features, inplace=True)
        out = F.adaptive_avg_pool2d(out, (1, 1))
        out = torch.flatten(out, 1)
        out = self.classifier(out)
        return out

# Example of using DenseNet
model = DenseNet(growth_rate=32, block_config=(6, 12, 24, 16), num_init_features=64, num_classes=1000)
print(model)

# Generate a random input tensor
input_tensor = torch.randn(1, 3, 224, 224)

# Pass the input through the model
output = model(input_tensor)

print(f"Input shape: {input_tensor.shape}")
print(f"Output shape: {output.shape}")
```

Este ejemplo de código proporciona una implementación completa de DenseNet, incluyendo todos los componentes clave de la arquitectura.

Aquí está el desglose del código:

1. **DenseLayer**:
    - Este es el bloque básico de construcción de DenseNet.
    - Incluye normalización por lotes, activación ReLU y dos convoluciones (1x1 y 3x3).
    - La convolución 1x1 se usa para la reducción de dimensionalidad (capa de cuello de botella).
    - La salida se concatena con la entrada, implementando la conectividad densa.
2. **DenseBlock**:
    - Consiste en múltiples DenseLayers.
    - Cada capa recibe mapas de características de todas las capas anteriores.
    - El número de capas y la tasa de crecimiento son configurables.
3. **TransitionLayer**:
    - Se utiliza entre DenseBlocks para reducir el número de mapas de características.
    - Incluye normalización por lotes, convolución 1x1 y pooling promedio.
4. **DenseNet**:
    - La clase principal que une todo.
    - Implementa la arquitectura completa de DenseNet con profundidad y anchura configurables.
    - Incluye una convolución inicial, múltiples DenseBlocks separados por TransitionLayers, y una capa final de clasificación.
5. **Ejemplo de uso**:
    - Crea un modelo DenseNet con configuraciones especificadas.
    - Genera un tensor de entrada aleatorio y lo pasa a través del modelo.
    - Imprime las formas de la entrada y la salida para verificar el funcionamiento del modelo.

Esta implementación muestra las características clave de DenseNet, incluyendo la conectividad densa, la tasa de crecimiento y la compresión. Proporciona una representación más realista de cómo se implementaría DenseNet en la práctica, incluyendo todos los componentes necesarios para un modelo completo de aprendizaje profundo.

Entrenamiento de DenseNet con PyTorch

Los modelos DenseNet también están disponibles en **torchvision.models**:

```
import torch
import torch.nn as nn
import torchvision.models as models
import torchvision.transforms as transforms
from torchvision.datasets import CIFAR10
from torch.utils.data import DataLoader

# Load a pretrained DenseNet-121 model
model = models.densenet121(pretrained=True)

# Modify the final layer to match 10 output classes (CIFAR-10)
model.classifier = nn.Linear(model.classifier.in_features, 10)

# Define transformations for CIFAR-10
transform = transforms.Compose([
    transforms.Resize(224),  # DenseNet expects 224x224 input
    transforms.ToTensor(),
    transforms.Normalize(mean=[0.485, 0.456, 0.406], std=[0.229, 0.224, 0.225])
])

# Load CIFAR-10 dataset
train_dataset = CIFAR10(root='./data', train=True, download=True,
transform=transform)
train_loader = DataLoader(train_dataset, batch_size=32, shuffle=True)

# Define loss function and optimizer
criterion = nn.CrossEntropyLoss()
optimizer = torch.optim.Adam(model.parameters(), lr=0.001)

# Train the model
num_epochs = 5
device = torch.device("cuda" if torch.cuda.is_available() else "cpu")
model.to(device)

for epoch in range(num_epochs):
    model.train()
    running_loss = 0.0
    for inputs, labels in train_loader:
        inputs, labels = inputs.to(device), labels.to(device)

        optimizer.zero_grad()
        outputs = model(inputs)
```

```
        loss = criterion(outputs, labels)
        loss.backward()
        optimizer.step()

        running_loss += loss.item()

    print(f"Epoch [{epoch+1}/{num_epochs}], Loss:
{running_loss/len(train_loader):.4f}")

print(model)
```

Este ejemplo de código demuestra el uso completo de un modelo DenseNet-121 preentrenado para el conjunto de datos CIFAR-10.

Aquí está el desglose del código:

1. **Importación de las librerías necesarias**:
   - Importamos PyTorch, torchvision y módulos relacionados para la creación de modelos, carga de datos y transformaciones.
2. **Carga del modelo DenseNet-121 preentrenado**:
   - Usamos models.densenet121(pretrained=True) para cargar un modelo DenseNet-121 con pesos preentrenados en ImageNet.
3. **Modificación del clasificador**:
   - Reemplazamos la capa totalmente conectada final (classifier) para que salga con 10 clases, coincidiendo con el número de clases en CIFAR-10.
4. **Definición de las transformaciones de datos**:
   - Creamos una composición de transformaciones para preprocesar las imágenes de CIFAR-10, incluyendo el cambio de tamaño a 224x224 (como DenseNet requiere este tamaño de entrada), conversión a tensor y normalización.
5. **Carga del conjunto de datos CIFAR-10**:
   - Usamos CIFAR10 de torchvision.datasets para cargar los datos de entrenamiento, aplicando las transformaciones definidas.
   - Creamos un DataLoader para procesar los datos por lotes y barajarlos durante el entrenamiento.
6. **Configuración de la función de pérdida y optimizador**:
   - Usamos CrossEntropyLoss como criterio y Adam como optimizador.
7. **Bucle de entrenamiento**:

- Iteramos sobre el conjunto de datos durante un número especificado de épocas.
- En cada época, realizamos una pasada hacia adelante con los datos a través del modelo, calculamos la pérdida, realizamos retropropagación y actualizamos los parámetros del modelo.
- Imprimimos la pérdida promedio de cada época para monitorear el progreso del entrenamiento.

8. **Configuración del dispositivo**:
   - Usamos CUDA si está disponible, de lo contrario, entrenamos con CPU.
9. **Resumen del modelo**:
   - Finalmente, imprimimos toda la arquitectura del modelo usando print(model).

Este ejemplo proporciona un flujo de trabajo completo para ajustar un modelo DenseNet-121 preentrenado en el conjunto de datos CIFAR-10, incluyendo la preparación de datos, modificación del modelo y proceso de entrenamiento. Sirve como una demostración práctica del aprendizaje por transferencia en aprendizaje profundo.

5.4 Aplicaciones Prácticas de las CNNs (Clasificación de Imágenes, Detección de Objetos)

Las Redes Neuronales Convolucionales (CNNs) han inaugurado una nueva era en la visión por computadora, permitiendo que las máquinas interpreten y analicen información visual con una precisión y eficiencia sin precedentes. Esta tecnología revolucionaria ha dado lugar a aplicaciones innovadoras, entre las más destacadas se encuentran la **clasificación de imágenes** y la **detección de objetos**. Estos avances han ampliado significativamente las capacidades de la inteligencia artificial para procesar y comprender datos visuales.

- **Clasificación de Imágenes** es una tarea fundamental en la visión por computadora que implica categorizar una imagen completa en una de varias clases predefinidas. Este proceso requiere que la CNN analice la imagen de manera integral y determine su contenido general. Por ejemplo, un modelo de clasificación de imágenes bien entrenado puede distinguir entre diferentes sujetos como gatos, perros, aviones, o incluso categorías más específicas como razas de perros o tipos de aviones. Esta capacidad ha encontrado aplicaciones en campos diversos, desde la organización de bibliotecas fotográficas hasta la asistencia en diagnósticos médicos.
- **Detección de Objetos** representa una aplicación más sofisticada de las CNNs, combinando las tareas de clasificación y localización. En la detección de objetos, la red no solo identifica los tipos de objetos presentes en una imagen, sino que también

localiza sus posiciones exactas. Esto se logra generando cuadros delimitadores alrededor de los objetos detectados, junto con sus etiquetas de clase correspondientes y puntuaciones de confianza. La capacidad de detectar múltiples objetos dentro de una sola imagen, independientemente de su tamaño o posición, convierte a la detección de objetos en una herramienta invaluable en escenarios complejos como la conducción autónoma, sistemas de vigilancia y visión robótica.

En las siguientes secciones, profundizaremos en estas dos aplicaciones críticas de las CNNs. Comenzaremos explorando las intrincadas metodologías de la clasificación de imágenes y sus casos de uso en el mundo real. Posteriormente, pasaremos al ámbito más complejo de la detección de objetos, investigando cómo las CNNs logran clasificar y localizar simultáneamente múltiples objetos dentro de un solo cuadro. A través de esta exploración, obtendremos una comprensión completa de cómo las CNNs están revolucionando nuestra interacción con los datos visuales.

5.4.1 Clasificación de Imágenes Usando CNNs

Clasificación de Imágenes es una tarea fundamental en la visión por computadora donde el objetivo es asignar una categoría o etiqueta predefinida a una imagen completa de entrada. Este proceso implica analizar el contenido visual de la imagen y determinar su sujeto o tema general. Las Redes Neuronales Convolucionales (CNNs) han demostrado ser excepcionalmente efectivas para esta tarea debido a su capacidad para aprender y extraer automáticamente características significativas de los datos de píxeles en bruto.

El poder de las CNNs en la clasificación de imágenes proviene de su proceso de aprendizaje jerárquico de características. En las capas iniciales de la red, las CNNs detectan típicamente características de bajo nivel como bordes, esquinas y texturas simples. A medida que la información progresa a través de capas más profundas, estas características básicas se combinan para formar patrones más complejos, formas y, eventualmente, conceptos semánticos de alto nivel. Esta representación jerárquica permite a las CNNs capturar tanto detalles finos como conceptos abstractos, lo que las hace altamente competentes para distinguir entre varias categorías de imágenes.

Por ejemplo, al clasificar una imagen de un gato, las primeras capas de la CNN podrían detectar los bigotes, texturas de pelaje y formas de orejas. Las capas intermedias podrían combinar estas características para reconocer ojos, patas y colas. Las capas más profundas integrarían esta información para formar una representación completa de un gato, permitiendo una clasificación precisa. Esta capacidad de aprender automáticamente características relevantes, sin la necesidad de ingeniería manual de características, es lo que distingue a las CNNs de las técnicas tradicionales de visión por computadora y las hace particularmente adecuadas para tareas de clasificación de imágenes en una amplia gama de dominios, desde el reconocimiento de objetos hasta el análisis de imágenes médicas.

Ejemplo: Clasificación de Imágenes con ResNet Preentrenado en PyTorch

Usaremos un modelo preentrenado **ResNet-18** para clasificar imágenes del conjunto de datos **CIFAR-10**. ResNet-18 es una arquitectura CNN ampliamente utilizada que logra un alto rendimiento en muchos puntos de referencia de clasificación de imágenes.

```
import torch
import torch.nn as nn
import torchvision.transforms as transforms
import torchvision.datasets as datasets
import torchvision.models as models
from torch.utils.data import DataLoader
from torchvision.models import ResNet18_Weights
import matplotlib.pyplot as plt

# Define the data transformations for CIFAR-10
transform_train = transforms.Compose([
    transforms.RandomCrop(32, padding=4),
    transforms.RandomHorizontalFlip(),
    transforms.Resize(224),
    transforms.ToTensor(),
    transforms.Normalize(mean=[0.485, 0.456, 0.406], std=[0.229, 0.224, 0.225])
])

transform_test = transforms.Compose([
    transforms.Resize(224),
    transforms.ToTensor(),
    transforms.Normalize(mean=[0.485, 0.456, 0.406], std=[0.229, 0.224, 0.225])
])

# Load CIFAR-10 dataset
train_dataset = datasets.CIFAR10(root='./data', train=True, download=True,
transform=transform_train)
test_dataset = datasets.CIFAR10(root='./data', train=False, download=True,
transform=transform_test)

train_loader = DataLoader(train_dataset, batch_size=64, shuffle=True)
test_loader = DataLoader(test_dataset, batch_size=64, shuffle=False)

# Load a pretrained ResNet-18 model
model = models.resnet18(weights=ResNet18_Weights.DEFAULT)

# Modify the last fully connected layer to fit CIFAR-10 (10 classes)
num_classes = 10
model.fc = nn.Linear(model.fc.in_features, num_classes)

# Define the loss function and optimizer
criterion = nn.CrossEntropyLoss()
optimizer = torch.optim.Adam(model.parameters(), lr=0.001)

# Training function
def train(model, train_loader, criterion, optimizer, device):
    model.train()
```

```
    running_loss = 0.0
    correct = 0
    total = 0
    for inputs, labels in train_loader:
        inputs, labels = inputs.to(device), labels.to(device)
        optimizer.zero_grad()
        outputs = model(inputs)
        loss = criterion(outputs, labels)
        loss.backward()
        optimizer.step()
        running_loss += loss.item()
        _, predicted = outputs.max(1)
        total += labels.size(0)
        correct += predicted.eq(labels).sum().item()
    return running_loss/len(train_loader), 100.*correct/total

# Evaluation function
def evaluate(model, test_loader, criterion, device):
    model.eval()
    test_loss = 0
    correct = 0
    total = 0
    with torch.no_grad():
        for inputs, labels in test_loader:
            inputs, labels = inputs.to(device), labels.to(device)
            outputs = model(inputs)
            loss = criterion(outputs, labels)
            test_loss += loss.item()
            _, predicted = outputs.max(1)
            total += labels.size(0)
            correct += predicted.eq(labels).sum().item()
    return test_loss/len(test_loader), 100.*correct/total

# Set device
device = torch.device("cuda" if torch.cuda.is_available() else "cpu")
model.to(device)

# Train the model
num_epochs = 10
train_losses, train_accs, test_losses, test_accs = [], [], [], []

for epoch in range(num_epochs):
    train_loss, train_acc = train(model, train_loader, criterion, optimizer, device)
    test_loss, test_acc = evaluate(model, test_loader, criterion, device)

    train_losses.append(train_loss)
    train_accs.append(train_acc)
    test_losses.append(test_loss)
    test_accs.append(test_acc)

    print(f"Epoch {epoch+1}/{num_epochs}")
    print(f"Train Loss: {train_loss:.4f}, Train Acc: {train_acc:.2f}%")
```

```
    print(f"Test Loss: {test_loss:.4f}, Test Acc: {test_acc:.2f}%")

# Plot training and testing curves
plt.figure(figsize=(12, 4))
plt.subplot(1, 2, 1)
plt.plot(train_losses, label='Train Loss')
plt.plot(test_losses, label='Test Loss')
plt.xlabel('Epoch')
plt.ylabel('Loss')
plt.legend()

plt.subplot(1, 2, 2)
plt.plot(train_accs, label='Train Accuracy')
plt.plot(test_accs, label='Test Accuracy')
plt.xlabel('Epoch')
plt.ylabel('Accuracy (%)')
plt.legend()

plt.tight_layout()
plt.show()
```

Este ejemplo de código demuestra un enfoque integral para ajustar un modelo preentrenado ResNet-18 en el conjunto de datos CIFAR-10.

Aquí tienes un desglose detallado de las adiciones y mejoras:

- **Aumento de Datos**: Se han añadido técnicas de aumento de datos (recorte aleatorio y volteo horizontal) a las transformaciones de los datos de entrenamiento, lo que ayuda a mejorar la generalización del modelo.
- **Conjunto de Datos de Prueba Separado**: Ahora cargamos tanto el conjunto de datos de entrenamiento como el de prueba, lo que nos permite evaluar adecuadamente el rendimiento del modelo en datos no vistos.
- **Aumento del Tamaño del Lote**: El tamaño del lote se ha incrementado de 32 a 64, lo que puede conducir a gradientes más estables y un entrenamiento potencialmente más rápido.
- **Carga Apropiada del Modelo**: Utilizamos ResNet18_Weights.DEFAULT para asegurarnos de que estamos cargando los pesos preentrenados más recientes.
- **Independencia del Dispositivo**: El código ahora verifica la disponibilidad de CUDA y mueve el modelo y los datos al dispositivo adecuado (GPU o CPU).
- **Funciones de Entrenamiento y Evaluación Separadas**: Estas funciones encapsulan los procesos de entrenamiento y evaluación, haciendo el código más modular y fácil de entender.

- **Entrenamiento Extendido**: El número de épocas se ha incrementado de 5 a 10, permitiendo un entrenamiento más exhaustivo.
- **Seguimiento del Rendimiento**: Ahora se hace un seguimiento tanto de la pérdida como de la precisión para los conjuntos de entrenamiento y prueba durante el proceso de entrenamiento.
- **Visualización**: El código incluye gráficos de matplotlib para visualizar las curvas de entrenamiento y prueba, proporcionando una visión del progreso del aprendizaje del modelo.

Este ejemplo completo proporciona un enfoque realista para entrenar un modelo de aprendizaje profundo, incluyendo prácticas recomendadas como el aumento de datos, la evaluación adecuada y la visualización del rendimiento. Ofrece una base sólida para más experimentos y mejoras en tareas de clasificación de imágenes.

5.4.2 Detección de Objetos Usando Redes Neuronales Convolucionales (CNNs)

La **Detección de Objetos** representa un avance significativo en el campo de la visión por computadora, extendiendo las capacidades de las Redes Neuronales Convolucionales (CNN) más allá de las simples tareas de clasificación. Mientras que la clasificación de imágenes asigna una única etiqueta a una imagen completa, la detección de objetos va un paso más allá al identificar múltiples objetos dentro de una imagen y localizar precisamente su posición.

La detección de objetos utiliza CNNs para realizar dos tareas cruciales de manera concurrente:

- **Clasificación**: Esto implica identificar y categorizar cada objeto detectado dentro de la imagen. Por ejemplo, el modelo puede reconocer y etiquetar objetos como "coche", "persona", "perro", u otras categorías predefinidas.
- **Localización**: Esta tarea se enfoca en determinar la ubicación precisa de cada objeto identificado dentro de la imagen. Típicamente, esto se logra generando un cuadro delimitador (una área rectangular definida por coordenadas específicas) que encapsula el objeto.

Estas capacidades duales permiten a los modelos de detección de objetos no solo reconocer qué objetos están presentes en una imagen, sino también determinar exactamente dónde se encuentran, lo que los hace increíblemente valiosos para una amplia gama de aplicaciones.

Esta funcionalidad dual permite a los modelos de detección de objetos responder preguntas como "¿Qué objetos hay en esta imagen?" y "¿Dónde están exactamente estos objetos?", lo que los convierte en herramientas invaluables en aplicaciones del mundo real como la conducción autónoma, los sistemas de vigilancia y la robótica.

Una de las arquitecturas más populares y eficientes para la detección de objetos es **Faster R-CNN** (Red Neuronal Convolucional Basada en Regiones). Este modelo avanzado combina el poder de las CNNs con un componente especializado llamado Red de Propuestas de Regiones (RPN, por sus siglas en inglés). A continuación, te explico cómo funciona Faster R-CNN:

- **Extracción de Características**: La CNN procesa la imagen de entrada para extraer un conjunto rico de características de alto nivel, capturando varios aspectos del contenido de la imagen.
- **Generación de Propuestas de Regiones**: La Red de Propuestas de Regiones (RPN) analiza el mapa de características, sugiriendo áreas potenciales que podrían contener objetos de interés.
- **Agrupamiento de Regiones de Interés (ROI)**: El sistema refina las regiones propuestas y las envía a capas completamente conectadas, permitiendo una clasificación precisa y el ajuste del cuadro delimitador.
- **Generación de Salida Final**: El modelo produce probabilidades de clase para cada objeto detectado, junto con coordenadas refinadas del cuadro delimitador para localizarlos con precisión dentro de la imagen.

Esta eficiente canalización permite que Faster R-CNN detecte múltiples objetos en una imagen con alta precisión y un costo computacional relativamente bajo, lo que la convierte en un pilar fundamental en los sistemas modernos de detección de objetos. Su capacidad para manejar escenas complejas con múltiples objetos de diversos tamaños y posiciones la ha convertido en una opción preferida para muchas aplicaciones de visión por computadora que requieren localización y clasificación precisa de objetos.

Ejemplo: Detección de Objetos con Faster R-CNN en PyTorch

Usaremos un modelo preentrenado **Faster R-CNN** de **torchvision** para detectar objetos en imágenes.

```
import torch
import torchvision
from torchvision.models.detection import fasterrcnn_resnet50_fpn_v2, FasterRCNN_ResNet50_FPN_V2_Weights
from PIL import Image
import torchvision.transforms as transforms
import matplotlib.pyplot as plt
import numpy as np

# Load a pretrained Faster R-CNN model
weights = FasterRCNN_ResNet50_FPN_V2_Weights.DEFAULT
model = fasterrcnn_resnet50_fpn_v2(weights=weights, box_score_thresh=0.9)
model.eval()

# Load and preprocess the image
image = Image.open("test_image.jpg")
transform = transforms.Compose([transforms.ToTensor()])
image_tensor = transform(image).unsqueeze(0)  # Add batch dimension
```

```
# Perform object detection
with torch.no_grad():
    predictions = model(image_tensor)

# Get the class names
class_names = weights.meta["categories"]

# Function to draw bounding boxes and labels
def draw_boxes(image, boxes, labels, scores):
    draw = Image.fromarray(image)
    for box, label, score in zip(boxes, labels, scores):
        box = box.tolist()
        label_text = f"{class_names[label]}: {score:.2f}"
        plt.gca().add_patch(plt.Rectangle((box[0], box[1]), box[2] - box[0], box[3] -
box[1], fill=False, edgecolor='red', linewidth=2))
        plt.gca().text(box[0],  box[1],  label_text,  bbox=dict(facecolor='white',
alpha=0.8), fontsize=8, color='red')

# Convert tensor image to numpy array
image_np = image_tensor.squeeze().permute(1, 2, 0).numpy()

# Draw bounding boxes and labels on the image
plt.figure(figsize=(12, 8))
plt.imshow(image_np)
draw_boxes(image_np,        predictions[0]['boxes'],        predictions[0]['labels'],
predictions[0]['scores'])
plt.axis('off')
plt.show()

# Print detailed prediction information
for   i,   (box,   label,   score)   in   enumerate(zip(predictions[0]['boxes'],
predictions[0]['labels'], predictions[0]['scores'])):
    print(f"Detection {i+1}:")
    print(f"  Class: {class_names[label]}")
    print(f"  Confidence: {score:.2f}")
    print(f"  Bounding Box: {box.tolist()}")
    print()
```

Este ejemplo de código proporciona un enfoque integral para la detección de objetos utilizando un modelo preentrenado Faster R-CNN.

Aquí tienes un desglose detallado de las adiciones y mejoras:

1. **Carga del Modelo**: Usamos el modelo FasterRCNN_ResNet50_FPN_V2 más reciente con pesos mejorados, lo que ofrece un mejor rendimiento en comparación con la versión anterior.

2. **Visualización**: El código ahora incluye funcionalidad para visualizar los resultados de la detección directamente en la imagen usando matplotlib.

3. **Nombres de Clases**: Extraemos los nombres de las clases de los metadatos del modelo, lo que nos permite mostrar etiquetas legibles en lugar de solo índices de clases.
4. **Umbral de Confianza**: Se ha establecido un umbral de confianza más alto (0.9) para filtrar detecciones con baja confianza.
5. **Salida Detallada**: El código imprime información detallada sobre cada detección, incluyendo el nombre de la clase, el puntaje de confianza y las coordenadas del cuadro delimitador.
6. **Manejo de Errores**: Aunque no se muestra explícitamente, se recomienda agregar bloques try-except para manejar posibles errores, como archivo no encontrado o formato de imagen inválido.

Este ejemplo completo no solo realiza la detección de objetos, sino que también proporciona una representación visual y textual de los resultados, facilitando la comprensión e interpretación de las predicciones del modelo. Sirve como una base sólida para experimentos adicionales e integración en aplicaciones más complejas de visión por computadora.

5.4.3 Comparación entre Clasificación de Imágenes y Detección de Objetos

Aunque tanto la clasificación de imágenes como la detección de objetos se basan en Redes Neuronales Convolucionales (CNNs), estas tareas difieren significativamente en su complejidad, aplicación y los desafíos que presentan:

Clasificación de Imágenes es una tarea fundamental en la visión por computadora que implica asignar una única etiqueta a una imagen completa. Este proceso aparentemente simple forma la base para aplicaciones más avanzadas de visión por computadora. Los algoritmos de clasificación de imágenes analizan la imagen completa, considerando factores como distribuciones de color, texturas, formas y relaciones espaciales para determinar la categoría más apropiada para la imagen.

La aplicabilidad generalizada de la clasificación de imágenes ha llevado a su integración en numerosos campos:

- **Categorización de Fotos**: Más allá de solo clasificar imágenes en categorías predefinidas, los sistemas modernos pueden crear categorías dinámicas basadas en el contenido de la imagen, las preferencias del usuario o las tendencias emergentes. Esto permite una organización más intuitiva de vastas bibliotecas de imágenes.
- **Reconocimiento Facial**: Los sistemas avanzados de reconocimiento facial no solo identifican a las personas, sino que también pueden detectar emociones, estimar la edad e incluso predecir posibles problemas de salud basándose en los rasgos faciales. Esta tecnología tiene aplicaciones en la seguridad, personalización de la experiencia del usuario y la salud.

- **Sistemas de Etiquetado Automático**: Estos sistemas han evolucionado para comprender el contexto y las relaciones entre los objetos en las imágenes. Pueden generar descripciones detalladas, identificar logotipos de marcas e incluso detectar conceptos abstractos como "felicidad" o "aventura" en las imágenes.
- **Imágenes Médicas**: En el ámbito de la salud, la clasificación de imágenes ayuda en la detección temprana de enfermedades, asiste en la planificación de tratamientos e incluso puede predecir los resultados de los pacientes. Se está utilizando en radiología, patología y dermatología para mejorar la precisión y la velocidad del diagnóstico.

El poder de la clasificación de imágenes se extiende más allá de estas aplicaciones. Ahora se está utilizando en la agricultura para la detección de enfermedades en cultivos, en la monitorización ambiental para rastrear la deforestación y la vida silvestre, y en el comercio minorista para la búsqueda visual y recomendaciones de productos. A medida que los algoritmos se vuelven más sofisticados y los conjuntos de datos más grandes, las aplicaciones potenciales de la clasificación de imágenes continúan expandiéndose, prometiendo revolucionar la forma en que interactuamos y comprendemos la información visual.

Detección de Objetos es una tarea más avanzada en visión por computadora que va más allá de la simple clasificación. Combina los desafíos de identificar qué objetos están presentes en una imagen con la determinación de sus ubicaciones precisas. Este doble requisito introduce varios desafíos complejos:

- **Manejo de Múltiples Objetos**: A diferencia de las tareas de clasificación que asignan una única etiqueta a una imagen completa, la detección de objetos debe identificar y clasificar varios objetos distintos dentro de un solo cuadro. Esto requiere algoritmos sofisticados capaces de distinguir entre objetos superpuestos o parcialmente ocultos.
- **Localización**: Para cada objeto detectado, la red debe determinar su posición exacta dentro de la imagen. Esto generalmente se logra dibujando un cuadro delimitador alrededor del objeto, lo que requiere una predicción precisa de coordenadas.
- **Invarianza de Escala**: Las escenas del mundo real a menudo contienen objetos de tamaños muy diferentes. Un modelo robusto de detección de objetos necesita identificar con precisión tanto objetos grandes y prominentes como objetos más pequeños y menos visibles dentro de la misma imagen.
- **Procesamiento en Tiempo Real**: Muchas aplicaciones prácticas de detección de objetos, como la conducción autónoma o los sistemas de seguridad, requieren resultados casi instantáneos. Esto impone importantes limitaciones computacionales, lo que requiere algoritmos eficientes e implementaciones de hardware optimizadas.
- **Manejo de Oclusiones**: En escenarios del mundo real, los objetos a menudo están parcialmente ocultos o superpuestos. Los sistemas efectivos de detección de objetos deben poder inferir la presencia y los límites de los objetos parcialmente visibles.

- **Variación en la Iluminación y Perspectivas**: Los objetos pueden aparecer de manera diferente bajo diversas condiciones de iluminación o cuando se ven desde diferentes ángulos. Los sistemas de detección robustos deben tener en cuenta estas variaciones.

Las aplicaciones de la detección de objetos son diversas y de gran alcance, revolucionando numerosas industrias:

- **Conducción Autónoma**: Más allá de solo detectar peatones y vehículos, los sistemas avanzados ahora pueden interpretar escenarios de tráfico complejos, reconocer señales y marcas de tráfico, e incluso predecir el comportamiento de otros usuarios de la carretera en tiempo real.
- **Sistemas de Vigilancia**: Las aplicaciones de seguridad modernas no solo identifican objetos o personas, sino que también pueden analizar patrones de movimiento, detectar comportamientos anómalos e incluso predecir posibles amenazas de seguridad antes de que ocurran.
- **Robótica**: La detección de objetos permite a los robots navegar por entornos complejos, manipular objetos con precisión e interactuar de manera más natural con los humanos. Esto tiene aplicaciones en la fabricación, la salud e incluso la exploración espacial.
- **Análisis Minorista**: Los sistemas avanzados pueden rastrear el flujo de clientes, analizar la efectividad de la colocación de productos, detectar faltantes de inventario e incluso monitorear el compromiso de los clientes con productos o exhibiciones específicas.
- **Imágenes Médicas**: En la atención médica, la detección de objetos ayuda a identificar tumores, analizar radiografías y resonancias magnéticas, e incluso guiar sistemas de cirugía robótica.
- **Agricultura**: Los drones equipados con detección de objetos pueden monitorear la salud de los cultivos, identificar áreas que requieren riego o aplicación de pesticidas e incluso ayudar en la cosecha automatizada.

Para abordar estos requisitos complejos, los investigadores han desarrollado arquitecturas de CNN cada vez más sofisticadas. Modelos como R-CNN (Redes Neuronales Convolucionales Basadas en Regiones) y sus variantes (Fast R-CNN, Faster R-CNN) han mejorado significativamente la precisión y eficiencia de la detección de objetos. La familia de modelos YOLO (You Only Look Once) ha superado los límites de la detección en tiempo real, permitiendo el procesamiento de múltiples cuadros por segundo en hardware estándar.

Avances más recientes incluyen detectores sin anclas como CornerNet y CenterNet, que eliminan la necesidad de cajas de anclaje predefinidas, y modelos basados en transformadores como DETR (DEtection TRansformer) que aprovechan el poder de los mecanismos de atención para una detección de objetos más flexible y eficiente.

A medida que la tecnología de detección de objetos continúa evolucionando, podemos esperar ver aplicaciones aún más innovadoras en diversos dominios, difuminando aún más la línea entre la visión por computadora y la percepción humana del mundo visual.

5.4.4 Aplicaciones Reales de las Redes Neuronales Convolucionales (CNNs)

Las Redes Neuronales Convolucionales (CNNs) han surgido como una herramienta poderosa en el campo de la visión por computadora, revolucionando la forma en que las máquinas interpretan y analizan datos visuales. Su capacidad para aprender automáticamente características jerárquicas a partir de imágenes ha llevado a aplicaciones innovadoras en diversas industrias.

Esta sección explora algunas de las aplicaciones reales más impactantes de las CNNs, demostrando cómo esta tecnología está transformando campos que van desde la salud hasta los vehículos autónomos, sistemas de seguridad y experiencias de venta al por menor. Al examinar estas aplicaciones, podemos obtener una visión de la versatilidad y el potencial de las CNNs para resolver tareas complejas de reconocimiento visual y su papel en la configuración del futuro de la inteligencia artificial y el aprendizaje automático.

1. **Imágenes Médicas**: Las CNNs han revolucionado el análisis de imágenes médicas, permitiendo un diagnóstico más preciso y eficiente. Estas redes pueden analizar varios tipos de imágenes médicas, incluidas radiografías, resonancias magnéticas y tomografías computarizadas, con una precisión notable. Por ejemplo, las CNNs pueden detectar anormalidades sutiles en mamografías que podrían pasar desapercibidas para los radiólogos humanos, lo que podría permitir la detección temprana del cáncer de mama en etapas más tratables. En neurología, las CNNs ayudan a identificar tumores cerebrales y predecir sus patrones de crecimiento, lo que facilita la planificación del tratamiento. Además, en oftalmología, estas redes pueden analizar escáneres de retina para detectar retinopatía diabética, glaucoma y degeneración macular relacionada con la edad, a menudo antes de que aparezcan los síntomas visibles.
2. **Vehículos Autónomos**: La integración de CNNs en los sistemas de conducción autónoma ha sido un cambio de juego para la industria automotriz. Estas redes procesan transmisiones de video en tiempo real desde múltiples cámaras, lo que permite a los vehículos navegar de manera segura por entornos urbanos complejos. Las CNNs pueden distinguir entre diferentes tipos de usuarios de la carretera, interpretar señales y marcas de tráfico, e incluso predecir el comportamiento de peatones y otros vehículos. Esta tecnología no solo mejora la seguridad vial, sino que también optimiza el flujo del tráfico y reduce el consumo de combustible. Los sistemas avanzados ahora pueden manejar escenarios desafiantes como condiciones climáticas adversas o zonas de construcción, acercándonos más al transporte totalmente autónomo.

3. **Seguridad y Vigilancia**: En el ámbito de la seguridad, las CNNs han mejorado significativamente las capacidades de vigilancia. El reconocimiento facial impulsado por CNNs puede identificar a personas en espacios concurridos, lo que ayuda en la aplicación de la ley y el control fronterizo. Estas redes también pueden detectar patrones de comportamiento inusuales, como equipaje abandonado en aeropuertos o movimientos sospechosos en áreas restringidas. En entornos minoristas, las CNNs ayudan a prevenir el robo al rastrear el comportamiento de los clientes y alertar al personal sobre posibles robos. Además, en las ciudades inteligentes, estos sistemas contribuyen a la seguridad pública al monitorear violaciones de tráfico, detectar accidentes e incluso predecir puntos críticos de delincuencia basándose en datos históricos y transmisiones de vigilancia en tiempo real.
4. **Venta al por Menor y Comercio Electrónico**: Las CNNs han transformado la experiencia de compra tanto en línea como en tiendas físicas. En el comercio electrónico, las capacidades de búsqueda visual permiten a los clientes encontrar productos simplemente cargando una imagen, lo que revoluciona la forma en que las personas compran moda, decoración para el hogar y más. En las tiendas físicas, las CNNs impulsan espejos inteligentes que permiten probarse virtualmente, lo que permite a los clientes ver cómo les quedarían la ropa o el maquillaje sin probárselos físicamente. Estas redes también analizan el comportamiento de los clientes en las tiendas, lo que ayuda a los minoristas a optimizar la colocación de productos y personalizar las estrategias de marketing. Además, las CNNs se utilizan en la gestión de inventarios, rastreando automáticamente los niveles de stock y detectando cuándo es necesario reabastecer los estantes, mejorando así la eficiencia operativa.

Ejercicios Prácticos Capítulo 5

Ejercicio 1: Implementar una CNN Básica para la Clasificación de Imágenes

Tarea: Implementar una CNN simple desde cero para clasificar imágenes del conjunto de datos MNIST. Entrenar el modelo durante algunas épocas y evaluar su precisión.

Solución:

```
import torch
import torch.nn as nn
import torch.optim as optim
from torchvision import datasets, transforms
from torch.utils.data import DataLoader

# Define the CNN model
class SimpleCNN(nn.Module):
    def __init__(self):
        super(SimpleCNN, self).__init__()
        self.conv1 = nn.Conv2d(1, 32, kernel_size=3)
```

```
        self.pool = nn.MaxPool2d(2, 2)
        self.conv2 = nn.Conv2d(32, 64, kernel_size=3)
        self.fc1 = nn.Linear(64 * 5 * 5, 128)
        self.fc2 = nn.Linear(128, 10)

    def forward(self, x):
        x = self.pool(torch.relu(self.conv1(x)))
        x = self.pool(torch.relu(self.conv2(x)))
        x = x.view(-1, 64 * 5 * 5)
        x = torch.relu(self.fc1(x))
        return self.fc2(x)

# Define transformations and load the MNIST dataset
transform = transforms.Compose([transforms.ToTensor(), transforms.Normalize((0.5,), (0.5,))])
train_dataset = datasets.MNIST(root='./data', train=True, download=True, transform=transform)
train_loader = DataLoader(train_dataset, batch_size=32, shuffle=True)

# Instantiate the model, define the loss function and optimizer
model = SimpleCNN()
criterion = nn.CrossEntropyLoss()
optimizer = optim.Adam(model.parameters(), lr=0.001)

# Train the model for 5 epochs
epochs = 5
for epoch in range(epochs):
    running_loss = 0.0
    for inputs, labels in train_loader:
        optimizer.zero_grad()
        outputs = model(inputs)
        loss = criterion(outputs, labels)
        loss.backward()
        optimizer.step()
        running_loss += loss.item()

    print(f"Epoch {epoch+1}, Loss: {running_loss/len(train_loader)}")

# Evaluate the model (Optional: Load test set and compute accuracy)
```

En este ejercicio, implementamos una CNN simple para clasificar el conjunto de datos MNIST, entrenamos el modelo utilizando el optimizador Adam y mostramos la pérdida después de cada época. Puedes extender esto cargando un conjunto de prueba y calculando la precisión.

Ejercicio 2: Ajuste Fino de un ResNet Preentrenado para CIFAR-10

Tarea: Realiza el ajuste fino de un modelo preentrenado **ResNet-18** en el conjunto de datos CIFAR-10 reemplazando la capa totalmente conectada final con una capa que tenga 10 salidas. Entrena el modelo y evalúa su precisión en el conjunto de prueba.

Solución:

```
import torch
import torchvision.models as models
import torchvision.transforms as transforms
import torchvision.datasets as datasets
from torch.utils.data import DataLoader
import torch.optim as optim

# Load CIFAR-10 dataset
transform = transforms.Compose([
    transforms.Resize(224),
    transforms.ToTensor(),
    transforms.Normalize(mean=[0.485, 0.456, 0.406], std=[0.229, 0.224, 0.225])
])
train_dataset    =    datasets.CIFAR10(root='./data',    train=True,    download=True,
transform=transform)
train_loader = DataLoader(train_dataset, batch_size=32, shuffle=True)

# Load pretrained ResNet-18 model and modify the final layer
model = models.resnet18(pretrained=True)
model.fc = torch.nn.Linear(model.fc.in_features, 10)

# Define loss function and optimizer
criterion = torch.nn.CrossEntropyLoss()
optimizer = optim.Adam(model.parameters(), lr=0.001)

# Train the model
model.train()
for epoch in range(5):
    running_loss = 0.0
    for inputs, labels in train_loader:
        optimizer.zero_grad()
        outputs = model(inputs)
        loss = criterion(outputs, labels)
        loss.backward()
        optimizer.step()
        running_loss += loss.item()

    print(f"Epoch {epoch+1}, Loss: {running_loss/len(train_loader)}")

# Evaluate the model (Optional: Load test set and compute accuracy)
```

En este ejercicio, cargamos un modelo preentrenado **ResNet-18** y modificamos su capa totalmente conectada final para ajustarla al conjunto de datos CIFAR-10 (10 clases). Después de entrenar durante algunas épocas, se puede evaluar el modelo en el conjunto de prueba.

Ejercicio 3: Detección de Objetos Usando Faster R-CNN

Tarea: Utiliza un modelo preentrenado **Faster R-CNN** para detectar objetos en una imagen. Carga el modelo, preprocesa la imagen de entrada e imprime los objetos detectados y sus cuadros delimitadores.

Solución:

```
import torch
import torchvision
from PIL import Image
import torchvision.transforms as transforms

# Load a pretrained Faster R-CNN model
model = torchvision.models.detection.fasterrcnn_resnet50_fpn(pretrained=True)
model.eval()  # Set model to evaluation mode

# Load and preprocess the image
image = Image.open("test_image.jpg")
transform = transforms.Compose([transforms.ToTensor()])
image_tensor = transform(image).unsqueeze(0)  # Add batch dimension

# Perform object detection
with torch.no_grad():
    predictions = model(image_tensor)

# Print the predicted bounding boxes and labels
print(predictions)
```

En este ejercicio:

- Cargamos un modelo preentrenado **Faster R-CNN** para realizar la detección de objetos en una imagen dada.
- Los objetos detectados y sus cuadros delimitadores se imprimen en la salida. Puedes visualizar estos cuadros en la imagen para una mejor comprensión de las predicciones.

Ejercicio 4: Implementación del Módulo Inception en una CNN Personalizada

Tarea: Implementa un **módulo Inception** desde cero e intégralo en una CNN personalizada. Entrena este modelo en un conjunto de datos como CIFAR-10.

Solución:

```
import torch
import torch.nn as nn
import torch.optim as optim
from torchvision import datasets, transforms
from torch.utils.data import DataLoader
```

```
# Define the Inception module
class InceptionModule(nn.Module):
    def __init__(self, in_channels):
        super(InceptionModule, self).__init__()
        self.branch1x1 = nn.Conv2d(in_channels, 64, kernel_size=1)

        self.branch3x3 = nn.Sequential(
            nn.Conv2d(in_channels, 128, kernel_size=1),
            nn.Conv2d(128, 128, kernel_size=3, padding=1)
        )

        self.branch5x5 = nn.Sequential(
            nn.Conv2d(in_channels, 32, kernel_size=1),
            nn.Conv2d(32, 32, kernel_size=5, padding=2)
        )

        self.branch_pool = nn.Sequential(
            nn.MaxPool2d(kernel_size=3, stride=1, padding=1),
            nn.Conv2d(in_channels, 32, kernel_size=1)
        )

    def forward(self, x):
        branch1x1 = self.branch1x1(x)
        branch3x3 = self.branch3x3(x)
        branch5x5 = self.branch5x5(x)
        branch_pool = self.branch_pool(x)
        outputs = [branch1x1, branch3x3, branch5x5, branch_pool]
        return torch.cat(outputs, 1)

# Define the custom CNN using the Inception module
class CustomCNN(nn.Module):
    def __init__(self):
        super(CustomCNN, self).__init__()
        self.inception1 = InceptionModule(in_channels=3)
        self.fc = nn.Linear(64 + 128 + 32 + 32, 10)  # Adjust output to 10 classes

    def forward(self, x):
        x = self.inception1(x)
        x = torch.mean(x, dim=[2, 3])  # Global average pooling
        return self.fc(x)

# Define the data transformations and load CIFAR-10 dataset
transform = transforms.Compose([transforms.ToTensor()])
train_dataset    =    datasets.CIFAR10(root='./data',    train=True,    download=True,
transform=transform)
train_loader = DataLoader(train_dataset, batch_size=32, shuffle=True)

# Instantiate the model, define the loss function and optimizer
model = CustomCNN()
criterion = nn.CrossEntropyLoss()
optimizer = optim.Adam(model.parameters(), lr=0.001)
```

```
# Train the model
for epoch in range(5):
    running_loss = 0.0
    for inputs, labels in train_loader:
        optimizer.zero_grad()
        outputs = model(inputs)
        loss = criterion(outputs, labels)
        loss.backward()
        optimizer.step()
        running_loss += loss.item()

    print(f"Epoch {epoch+1}, Loss: {running_loss/len(train_loader)}")
```

En este ejercicio, implementamos un **módulo Inception** personalizado e integrado en una CNN. El modelo se entrenó en el conjunto de datos **CIFAR-10** utilizando el optimizador Adam.

Estos ejercicios prácticos brindan experiencia directa en tareas clave de CNN, como la construcción de CNN simples, el ajuste fino de modelos preentrenados, la detección de objetos y la implementación de módulos avanzados como Inception. Al completar estos ejercicios, podrás aplicar las CNN a una amplia gama de aplicaciones del mundo real.

Resumen del Capítulo 5

En el **Capítulo 5**, exploramos la arquitectura poderosa de las **Redes Neuronales Convolucionales (CNNs)**, que se han convertido en fundamentales en el campo de la visión por computadora. Las CNN están diseñadas para procesar datos en forma de cuadrícula, como las imágenes, mientras preservan las relaciones espaciales entre los píxeles, lo que las hace ideales para tareas como la clasificación de imágenes, la detección de objetos y la segmentación de imágenes.

Comenzamos entendiendo los componentes básicos de las CNN, incluyendo las **capas convolucionales**, **capas de agrupamiento** y **capas totalmente conectadas**. Las capas convolucionales aplican filtros (o kernels) a la imagen de entrada para detectar patrones locales, como bordes y texturas, que luego se pasan a través de funciones de activación como **ReLU** para introducir no linealidad. Las capas de agrupamiento, como el **max pooling**, reducen la dimensionalidad de los datos mientras retienen la información esencial, haciendo el modelo más eficiente.

La implementación práctica de CNN para la **clasificación de imágenes** se demostró utilizando el conjunto de datos **CIFAR-10**, donde un modelo CNN simple se entrenó para clasificar imágenes en 10 categorías. Resaltamos el papel de las CNN en el aprendizaje jerárquico de características, donde las capas inferiores capturan patrones simples y las capas más profundas aprenden estructuras más complejas. Ajustando el número de filtros, los tamaños de los kernels y las operaciones de agrupamiento, las CNN pueden extraer representaciones cada vez más abstractas de los datos de entrada.

Luego avanzamos hacia arquitecturas de CNN más **avanzadas**, como **ResNet**, **Inception** y **DenseNet**. Estas arquitecturas abordan algunas de las limitaciones de las CNN tradicionales, como los gradientes que desaparecen, el uso ineficiente de parámetros y la dificultad para entrenar redes muy profundas. **ResNet** introdujo el concepto de **conexiones residuales**, que permiten que el gradiente evite ciertas capas, lo que facilita el entrenamiento de redes mucho más profundas. Las redes **Inception** emplean múltiples operaciones convolucionales en paralelo, lo que permite a la red capturar información en diferentes escalas. **DenseNet**, con sus conexiones densas, fomenta la reutilización de características y mejora el flujo de gradientes, haciendo que la red sea más eficiente y precisa.

En la sección sobre **detección de objetos**, exploramos cómo las CNN, particularmente arquitecturas como **Faster R-CNN**, se utilizan no solo para clasificar objetos en imágenes, sino también para localizarlos prediciendo cuadros delimitadores. La detección de objetos desempeña un papel fundamental en aplicaciones como la conducción autónoma, la vigilancia y la imagen médica.

Finalmente, los ejercicios prácticos cubrieron una variedad de tareas, desde la implementación de una CNN básica para la clasificación de imágenes hasta el ajuste fino de modelos preentrenados como ResNet-18 y el uso de modelos de detección de objetos de vanguardia, como Faster R-CNN. A través de estos ejemplos prácticos, adquiriste experiencia en la aplicación de CNN a problemas del mundo real.

En general, las CNN son herramientas esenciales en el aprendizaje profundo, impulsando muchas de las aplicaciones modernas de visión por computadora. Su capacidad para aprender automáticamente representaciones jerárquicas a partir de datos las convierte en herramientas versátiles para una amplia gama de tareas, desde el reconocimiento de objetos en imágenes hasta la detección de objetos en escenas complejas.

Capítulo 6: Redes Neuronales Recurrentes (RNNs) y LSTMs

Las redes neuronales tradicionales enfrentan desafíos significativos al procesar datos secuenciales debido a su diseño inherente, que trata cada entrada como una entidad aislada sin considerar el contexto proporcionado por las entradas anteriores. Esta limitación es particularmente problemática para las tareas que requieren entender relaciones temporales o patrones que se desarrollan con el tiempo. Para abordar esta deficiencia, los investigadores desarrollaron las **Redes Neuronales Recurrentes (RNNs)**, una clase especializada de redes neuronales diseñadas específicamente para manejar información secuencial.

La principal innovación de las RNNs radica en su capacidad para mantener un estado oculto interno, que actúa como una forma de memoria, transportando información relevante de un paso temporal al siguiente durante el procesamiento de la secuencia. Esta arquitectura única permite a las RNNs capturar y aprovechar las dependencias temporales, lo que las hace especialmente adecuadas para una amplia gama de aplicaciones que implican el análisis de datos secuenciales.

Algunas de las áreas más destacadas donde las RNNs han demostrado un éxito notable incluyen el procesamiento del lenguaje natural (NLP), donde pueden comprender el contexto y significado de las palabras en oraciones; el reconocimiento de voz, donde pueden interpretar los patrones temporales en las señales de audio; y la predicción de series temporales, donde pueden identificar tendencias y hacer predicciones basadas en datos históricos.

A pesar de su efectividad para manejar datos secuenciales, las RNN estándar no están exentas de limitaciones. Uno de los desafíos más importantes que enfrentan es el **problema de los gradientes que desaparecen**, que ocurre durante el proceso de entrenamiento de redes neuronales profundas. Este problema se manifiesta cuando los gradientes utilizados para actualizar los pesos de la red se vuelven extremadamente pequeños a medida que se propagan hacia atrás en el tiempo, lo que dificulta que la red aprenda y capture dependencias a largo plazo en las secuencias.

El problema de los gradientes que desaparecen puede afectar gravemente la capacidad de las RNN para retener información durante períodos prolongados, limitando su efectividad en tareas que requieren la comprensión del contexto en secuencias largas. Para superar estas limitaciones y mejorar la capacidad de las redes recurrentes para modelar dependencias a largo plazo, los investigadores desarrollaron variantes avanzadas de RNNs.

Dos de las arquitecturas más notables y ampliamente utilizadas son las **Redes de Memoria a Largo Plazo (LSTMs)** y las **Unidades Recurrentes Gated (GRUs)**. Estos modelos sofisticados introducen mecanismos de compuertas especializadas que regulan el flujo de información dentro de la red. Al permitir o bloquear selectivamente el paso de la información, estas compuertas permiten a la red mantener la memoria relevante a largo plazo mientras descarta la información irrelevante.

Este enfoque innovador mitiga significativamente el problema de los gradientes que desaparecen y permite que la red capture y utilice eficazmente las dependencias de largo alcance en los datos secuenciales, ampliando enormemente el rango de aplicaciones y la complejidad de las tareas que se pueden abordar utilizando arquitecturas recurrentes.

6.1 Introducción a RNNs, LSTMs y GRUs

En esta sección, profundizaremos en los conceptos fundamentales y las arquitecturas que forman la base del procesamiento moderno de secuencias en el aprendizaje profundo. Exploraremos tres tipos clave de redes neuronales diseñadas para manejar datos secuenciales: Redes Neuronales Recurrentes (RNNs), redes de Memoria a Largo Plazo (LSTMs) y Unidades Recurrentes Gated (GRUs).

Cada una de estas arquitecturas se basa en su predecesora, abordando desafíos específicos y mejorando la capacidad para capturar dependencias a largo plazo en los datos secuenciales. Al comprender estos modelos fundamentales, obtendrás información crucial sobre cómo el aprendizaje profundo aborda tareas que implican series temporales, lenguaje natural y otras formas de información secuencial.

6.1.1 Redes Neuronales Recurrentes (RNNs)

Las Redes Neuronales Recurrentes (RNNs) son una clase de redes neuronales artificiales diseñadas para procesar datos secuenciales. En el núcleo de una RNN está el concepto de recurrencia: cada salida está influenciada no solo por la entrada actual, sino también por la información de pasos temporales previos. Esta arquitectura única permite a las RNNs mantener una forma de memoria, lo que las hace particularmente adecuadas para tareas que implican secuencias, como el procesamiento del lenguaje natural, el análisis de series temporales y el reconocimiento de voz.

La característica clave que distingue a las RNNs de las redes neuronales feedforward tradicionales es su capacidad para pasar información entre los pasos temporales. Esto se logra mediante un mecanismo de bucle sobre el estado oculto, que sirve como la memoria de la red. Al actualizar y pasar este estado oculto de un paso temporal al siguiente, las RNNs pueden capturar y utilizar dependencias temporales en los datos.

En una RNN, el estado oculto pasa por un proceso continuo de refinamiento y actualización en cada paso temporal sucesivo. Este mecanismo iterativo forma el núcleo de la capacidad de la red para procesar información secuencial.

El proceso de actualización ocurre de la siguiente manera:

Procesamiento de la Entrada

En cada paso temporal t en la secuencia, la RNN recibe una nueva entrada, convencionalmente denotada como x_t. Este vector de entrada representa el elemento actual en los datos secuenciales que se están procesando. La versatilidad de las RNNs les permite manejar una amplia gama de tipos de datos secuenciales:

- **Análisis de Texto**: En tareas de procesamiento del lenguaje natural, x_t podría representar palabras individuales en una oración, codificadas como embeddings de palabras o vectores one-hot.
- **Procesamiento a Nivel de Caracteres**: Para tareas como la generación de texto o la corrección ortográfica, x_t podría representar caracteres individuales en un documento, codificados como vectores one-hot o embeddings de caracteres.
- **Análisis de Series Temporales**: En aplicaciones como la predicción de precios de acciones o el pronóstico del clima, x_t podría representar un conjunto de características o mediciones en un momento particular.
- **Reconocimiento de Voz**: Para tareas de procesamiento de audio, x_t podría representar características acústicas extraídas de ventanas de tiempo cortas de la señal de audio.

La flexibilidad en la representación de la entrada permite a las RNNs aplicarse a una diversa gama de tareas de modelado secuencial, desde la comprensión del lenguaje hasta el análisis de datos de sensores. Esta adaptabilidad, combinada con la capacidad de la red para mantener el contexto a través de su estado oculto, hace de las RNNs una herramienta poderosa para procesar y generar datos secuenciales en varios dominios.

Cálculo del Estado Oculto

El estado oculto en el paso temporal actual t, simbolizado como h_t, se calcula mediante una sofisticada interacción entre dos componentes clave: la entrada actual x_t y el estado oculto del paso temporal inmediatamente anterior h_(t-1). Este enfoque computacional recursivo permite a la red no solo mantener, sino también actualizar continuamente su representación interna de memoria a medida que procesa secuencialmente cada elemento en la secuencia de entrada.

El cálculo del estado oculto es el núcleo de la capacidad de una RNN para procesar datos secuenciales de manera efectiva. Actúa como una representación comprimida de toda la información que la red ha visto hasta ese punto en la secuencia. Este mecanismo permite que la RNN capture y utilice la información contextual, lo que es crucial para tareas como la comprensión del lenguaje, donde el significado de una palabra a menudo depende de las palabras que la preceden.

El cálculo del estado oculto generalmente implica una transformación no lineal de la suma ponderada de la entrada actual y el estado oculto anterior. Esta no linealidad, a menudo implementada utilizando funciones de activación como tanh o ReLU, permite que la red aprenda patrones y relaciones complejas en los datos. Los pesos aplicados a la entrada y al estado oculto anterior se aprenden durante el proceso de entrenamiento, lo que permite que la red se adapte a los patrones y dependencias específicos presentes en los datos de entrenamiento.

Es importante tener en cuenta que, aunque esta computación recursiva permite que las RNNs capturen dependencias a largo plazo, en la práctica, las RNN básicas a menudo tienen dificultades para hacerlo debido a problemas como los gradientes que desaparecen. Esta limitación llevó al desarrollo de arquitecturas más avanzadas como las LSTMs y las GRUs, que exploraremos más adelante en este capítulo. Estos modelos avanzados introducen mecanismos adicionales para controlar mejor el flujo de información a través de la red, lo que permite un aprendizaje más efectivo de dependencias a largo plazo en los datos secuenciales.

Flujo de Información Temporal

El mecanismo de actualización recursiva en las RNNs permite un sofisticado flujo de información a lo largo de los pasos temporales, creando una memoria dinámica que evoluciona a medida que la red procesa datos secuenciales. Esta conectividad temporal permite a la RNN capturar y aprovechar patrones y dependencias complejos que abarcan varios pasos temporales.

La capacidad para mantener y actualizar la información a lo largo del tiempo es crucial para las tareas que requieren conciencia contextual, como el procesamiento del lenguaje natural o el análisis de series temporales. Por ejemplo, en la traducción de lenguajes, el significado de una palabra a menudo depende de palabras que aparecieron mucho antes en la oración. En teoría, las RNNs pueden mantener este contexto y usarlo para informar predicciones posteriores.

Sin embargo, es importante señalar que, aunque las RNNs tienen el potencial de capturar dependencias a largo plazo, en la práctica, a menudo tienen dificultades para hacerlo debido a problemas como los gradientes que desaparecen. Esta limitación condujo al desarrollo de arquitecturas más avanzadas como las LSTMs y las GRUs, que exploraremos más adelante en este capítulo. Estos modelos avanzados introducen mecanismos adicionales para controlar mejor el flujo de información a través de la red, lo que permite un aprendizaje más efectivo de dependencias a largo plazo en los datos secuenciales.

A pesar de estas limitaciones, el concepto fundamental del flujo de información temporal en las RNNs sigue siendo un pilar del modelado de secuencias en el aprendizaje profundo. Ha allanado el camino para numerosos avances en campos como el reconocimiento de voz, la traducción automática e incluso la generación de música, donde la comprensión del contexto temporal es crucial para producir resultados coherentes y significativos.

La fórmula matemática para actualizar el estado oculto en una RNN básica es:

$$h_t = tanh(W_h h_{t-1} + W_x x_t + b)$$

Esta ecuación encapsula la operación central de una RNN. Vamos a desglosarla para entender sus componentes:

- W_h y W_x son matrices de pesos. W_h se aplica al estado oculto anterior, mientras que W_x se aplica a la entrada actual. Estas matrices se aprenden durante el proceso de entrenamiento y determinan cuánta importancia asigna la red al estado anterior y a la entrada actual, respectivamente.
- b es un término de sesgo. Permite que el modelo aprenda un desplazamiento desde cero, proporcionando mayor flexibilidad para ajustar los datos.
- $tanh$ (tangente hiperbólica) es una función de activación que introduce no linealidad en el modelo. Comprime la entrada a un rango entre -1 y 1, lo que ayuda a mantener los valores del estado oculto acotados y evita que valores extremos dominen el cálculo. La no linealidad también permite que la red aprenda patrones y relaciones complejas en los datos.

Esta computación recursiva del estado oculto permite que las RNNs teóricamente capturen dependencias de longitud arbitraria en las secuencias. Sin embargo, en la práctica, las RNNs básicas a menudo luchan con las dependencias a largo plazo debido a problemas como los gradientes que desaparecen. Esta limitación llevó al desarrollo de arquitecturas más avanzadas como las redes de Memoria a Largo Plazo (LSTMs) y las Unidades Recurrentes Gated (GRUs), que exploraremos en las siguientes secciones.

Ejemplo: Simple RNN en PyTorch

```
import torch
import torch.nn as nn

class SimpleRNN(nn.Module):
    def __init__(self, input_size, hidden_size, num_layers):
        super(SimpleRNN, self).__init__()
        self.rnn = nn.RNN(input_size, hidden_size, num_layers, batch_first=True)
        self.fc = nn.Linear(hidden_size, 1)  # Output layer

    def forward(self, x, h0):
        out, hn = self.rnn(x, h0)
        out = self.fc(out[:, -1, :])  # Use the last time step's output
        return out, hn

# Hyperparameters
input_size = 10
```

```
hidden_size = 20
num_layers = 1
sequence_length = 5
batch_size = 3

# Create the model
model = SimpleRNN(input_size, hidden_size, num_layers)

# Example input sequence (batch_size, sequence_length, input_size)
input_seq = torch.randn(batch_size, sequence_length, input_size)

# Initial hidden state (num_layers, batch_size, hidden_size)
h0 = torch.zeros(num_layers, batch_size, hidden_size)

# Forward pass through the RNN
output, hn = model(input_seq, h0)

print("Input shape:", input_seq.shape)
print("Output shape:", output.shape)
print("Hidden state shape:", hn.shape)

# Example of using the model for a simple prediction task
x = torch.randn(1, sequence_length, input_size)  # Single sample
h0 = torch.zeros(num_layers, 1, hidden_size)
prediction, _ = model(x, h0)
print("Prediction:", prediction.item())
```

Este ejemplo de código demuestra una implementación completa de una simple RNN en PyTorch.

Desglosemos el proceso:

1. **Importaciones**: Importamos PyTorch y su módulo de redes neuronales.
2. **Definición del Modelo**: Definimos una clase SimpleRNN que hereda de nn.Module. Esta clase encapsula nuestro modelo RNN.
    - El método __init__ inicializa la capa RNN y una capa totalmente conectada (Lineal) para la salida.
    - El método forward define cómo fluye la información a través del modelo.
3. **Hiperparámetros**: Definimos parámetros clave como el tamaño de la entrada, el tamaño oculto, el número de capas, la longitud de la secuencia y el tamaño del lote.
4. **Instanciación del Modelo**: Creamos una instancia de nuestro modelo SimpleRNN.
5. **Datos de Entrada**: Creamos un tensor de entrada aleatorio para simular un lote de secuencias.
6. **Estado Oculto Inicial**: Inicializamos el estado oculto con ceros.

7. **Paso Adelante**: Pasamos la entrada y el estado oculto inicial a través del modelo.
8. **Análisis de la Salida**: Imprimimos las formas de la entrada, la salida y el estado oculto para entender las transformaciones.
9. **Ejemplo de Predicción**: Demostramos cómo usar el modelo para una predicción individual.

Este ejemplo no solo muestra el uso básico de RNN, sino también cómo integrarla en un modelo completo con una capa de salida. Demuestra el procesamiento por lotes y proporciona un ejemplo práctico de cómo hacer una predicción, lo que lo hace más aplicable a escenarios del mundo real.

6.1.2 Redes de Memoria a Largo Plazo (LSTMs)

Las **LSTMs (Long Short-Term Memory networks)** son una evolución sofisticada de las RNNs, diseñadas para abordar el problema de los gradientes que desaparecen y capturar de manera efectiva las dependencias a largo plazo en los datos secuenciales. Al introducir una serie de compuertas y un estado de celda, las LSTMs pueden recordar o olvidar selectivamente información a lo largo de secuencias extendidas, lo que las hace particularmente efectivas para tareas que involucran dependencias de largo alcance.

La arquitectura de LSTM consta de varios componentes clave:

Compuerta de Olvido

Este componente crucial de la arquitectura LSTM actúa como un filtro selectivo para el flujo de información. Evalúa la relevancia de los datos del estado de celda anterior, determinando qué detalles deben ser retenidos o descartados. La compuerta lo logra analizando dos entradas clave:

- El estado oculto anterior: Este encapsula la comprensión de la red sobre la secuencia hasta el paso temporal anterior.
- La entrada actual: Representa la nueva información que ingresa a la red en el paso temporal actual.

Combinando estas entradas, la compuerta de olvido genera un vector de valores entre 0 y 1 para cada elemento en el estado de celda. Un valor más cercano a 1 indica que la información correspondiente debe ser retenida, mientras que un valor más cercano a 0 sugiere que debe ser olvidada. Este mecanismo permite a la LSTM gestionar adaptativamente su memoria, enfocándose en la información pertinente y descartando detalles irrelevantes a medida que procesa secuencias.

Este olvido selectivo es particularmente valioso en tareas que requieren modelado de dependencias a largo plazo, ya que previene la acumulación de ruido e información obsoleta que, de otro modo, podría interferir con el rendimiento de la red.

Compuerta de Entrada

Este componente crucial de la arquitectura LSTM es responsable de determinar qué nueva información debe ser incorporada al estado de celda. Opera analizando la entrada actual y el estado oculto anterior para generar un vector de valores entre 0 y 1 para cada elemento en el estado de celda.

La compuerta de entrada trabaja en conjunto con una capa "candidata", que propone nuevos valores para potencialmente agregar al estado de celda. Esta capa candidata típicamente utiliza una función de activación tanh para crear un vector de nuevos valores candidatos en el rango de -1 a 1.

La salida de la compuerta de entrada se multiplica elemento a elemento con los valores candidatos. Esta operación filtra efectivamente los valores candidatos, decidiendo qué información es lo suficientemente importante como para ser agregada al estado de celda. Los valores más cercanos a 1 en la salida de la compuerta de entrada indican que los valores candidatos correspondientes deben considerarse fuertemente para agregarse al estado de celda, mientras que los valores más cercanos a 0 sugieren que la información correspondiente debe ser mayormente ignorada.

Este mecanismo permite a la LSTM actualizar selectivamente su memoria interna con nueva información relevante, manteniendo la capacidad de preservar información importante de pasos temporales anteriores. Esta actualización selectiva es crucial para la capacidad de la LSTM de capturar y utilizar dependencias a largo plazo en los datos secuenciales, haciéndola particularmente efectiva para tareas como el procesamiento del lenguaje natural, el análisis de series temporales y el reconocimiento de voz.

Estado de Celda

El estado de celda es la piedra angular del mecanismo de memoria de la LSTM, sirviendo como una vía de información a largo plazo a lo largo de la red. Este componente único permite que las LSTMs mantengan y propaguen información relevante a lo largo de secuencias extendidas, una capacidad que las distingue de las RNN tradicionales. El estado de celda es meticulosamente gestionado a través de los esfuerzos coordinados de las compuertas de olvido e ingreso:

1. **Influencia de la Compuerta de Olvido**: La compuerta de olvido actúa como un filtro selectivo, determinando qué información del estado de celda anterior debe ser retenida o descartada. Analiza la entrada actual y el estado oculto anterior para generar un vector de valores entre 0 y 1. Estos valores se aplican elemento a elemento al estado de celda, "olvidando" efectivamente la información irrelevante o desactualizada.

2. **Contribución de la Compuerta de Entrada**: Simultáneamente, la compuerta de entrada decide qué nueva información debe ser agregada al estado de celda. Trabaja en conjunto con una capa "candidata" para proponer nuevos valores y luego filtra estos candidatos según su relevancia e importancia para el contexto actual.
3. **Gestión Adaptativa de la Memoria**: A través de las acciones combinadas de estas compuertas, el estado de celda puede actualizar adaptativamente su contenido. Este proceso permite que la LSTM mantenga un equilibrio entre preservar información crítica a largo plazo e incorporar nuevos datos relevantes. Tal flexibilidad es crucial para tareas que requieren comprensión tanto del contexto inmediato como del lejano, como la traducción de idiomas o el análisis de sentimientos en documentos largos.
4. **Control del Flujo de Información**: El flujo de información cuidadosamente regulado dentro y fuera del estado de celda permite a las LSTMs mitigar el problema de los gradientes que desaparecen que afecta a las RNN simples. Al actualizar y mantener selectivamente la información, las LSTMs pueden aprender y utilizar eficazmente las dependencias de largo alcance en los datos secuenciales.

Este sofisticado mecanismo de memoria permite que las LSTMs sobresalgan en una amplia gama de tareas de modelado secuencial, desde el procesamiento del lenguaje natural hasta la predicción de series temporales, donde comprender y aprovechar el contexto a largo plazo es primordial.

Compuerta de Salida

Este componente crucial de la arquitectura LSTM es responsable de determinar qué información del estado de celda actualizado debe ser expuesta como el nuevo estado oculto. Desempeña un papel vital en la filtración y refinamiento de la información que la LSTM comunica a capas o pasos temporales subsiguientes.

La compuerta de salida opera aplicando una función de activación sigmoide a una combinación de la entrada actual y el estado oculto anterior. Esto genera un vector de valores entre 0 y 1, que luego se usa para filtrar selectivamente el estado de celda. Al hacerlo, la compuerta de salida permite que la LSTM se concentre en los aspectos más pertinentes de su memoria para el contexto actual.

Este mecanismo de salida selectiva es particularmente beneficioso en escenarios donde diferentes partes del estado de celda pueden ser relevantes en diferentes momentos. Por ejemplo, en un modelo de lenguaje, ciertas estructuras gramaticales pueden ser más importantes al principio de una oración, mientras que el contexto semántico puede cobrar mayor importancia hacia el final. La compuerta de salida permite que la LSTM enfatice adaptativamente diferentes aspectos de su memoria en función de la entrada y el contexto actuales.

Además, la compuerta de salida contribuye significativamente a la capacidad de la LSTM para mitigar el problema de los gradientes que desaparecen. Al controlar el flujo de información desde el estado de celda hacia el estado oculto, ayuda a mantener un flujo de gradientes más estable durante la retropropagación, facilitando un aprendizaje más efectivo de las dependencias a largo plazo.

La compleja interacción de estos componentes permite a las LSTMs mantener y actualizar su memoria interna (estado de celda) a lo largo del tiempo, permitiéndoles capturar y utilizar dependencias a largo plazo en los datos.

La formulación matemática del proceso de actualización de una LSTM se puede describir mediante las siguientes ecuaciones:

1. **Compuerta de Olvido**: $f_t = \sigma(W_f \cdot [h_{t-1}, x_t] + b_f)$

Esta función sigmoide determina qué olvidar del estado de celda anterior.

2. **Compuerta de Entrada**: $i_t = \sigma(W_i \cdot [h_{t-1}, x_t] + b_i)$

Esta compuerta decide qué nueva información almacenar en el estado de celda.

3. **Estado de Celda Candidato**: $C_t = tanh(W_c \cdot [h_{t-1}, x_t] + b_c)$

Esto crea un vector de nuevos valores candidatos que podrían añadirse al estado.

4. **Actualización del Estado de Celda**: $C_t = f_t * C_{t-1} + i_t * C_t$

El nuevo estado de celda es una combinación del estado anterior, filtrado por la compuerta de olvido, y los nuevos valores candidatos, escalados por la compuerta de entrada.

5. **Compuerta de Salida**: $o_t = \sigma(W_o \cdot [h_{t-1}, x_t] + b_o)$

Esta compuerta determina qué partes del estado de celda deben ser emitidas.

6. **Estado Oculto**: $h_t = o_t * tanh(C_t)$

El nuevo estado oculto es la compuerta de salida aplicada a una versión filtrada del estado de celda.

Estas ecuaciones ilustran cómo las LSTMs utilizan sus mecanismos de compuertas para controlar el flujo de información, lo que les permite aprender dinámicas temporales complejas y capturar dependencias a largo plazo en los datos secuenciales. Esto hace que las LSTMs sean particularmente efectivas para tareas como el procesamiento del lenguaje natural, el reconocimiento de voz y la predicción de series temporales, donde entender el contexto a lo largo de largas secuencias es crucial.

Ejemplo: LSTM en PyTorch

```
import torch
import torch.nn as nn

class LSTMModel(nn.Module):
    def __init__(self, input_size, hidden_size, num_layers, output_size):
```

```
        super(LSTMModel, self).__init__()
        self.hidden_size = hidden_size
        self.num_layers = num_layers
        self.lstm = nn.LSTM(input_size, hidden_size, num_layers, batch_first=True)
        self.fc = nn.Linear(hidden_size, output_size)

    def forward(self, x):
        h0 = torch.zeros(self.num_layers, x.size(0), self.hidden_size).to(x.device)
        c0 = torch.zeros(self.num_layers, x.size(0), self.hidden_size).to(x.device)
        out, (hn, cn) = self.lstm(x, (h0, c0))
        out = self.fc(out[:, -1, :])
        return out, (hn, cn)

# Hyperparameters
input_size = 10
hidden_size = 20
num_layers = 2
output_size = 1
sequence_length = 5
batch_size = 3

# Create model instance
model = LSTMModel(input_size, hidden_size, num_layers, output_size)

# Example input sequence
input_seq = torch.randn(batch_size, sequence_length, input_size)

# Forward pass
output, (hn, cn) = model(input_seq)

# Print shapes
print("Input shape:", input_seq.shape)
print("Output shape:", output.shape)
print("Hidden state shape:", hn.shape)
print("Cell state shape:", cn.shape)

# Example of using the model for a simple prediction task
x = torch.randn(1, sequence_length, input_size)  # Single sample
prediction, _ = model(x)
print("Prediction:", prediction.item())
```

Este ejemplo demuestra una implementación completa de un modelo LSTM en PyTorch.

Desglosemos el proceso:

1. **Definición del Modelo**: Definimos una clase LSTMModel que hereda de nn.Module. Esta clase encapsula nuestro modelo LSTM.
   - El método __init__ inicializa la capa LSTM y una capa totalmente conectada (Lineal) para la salida.

- El método forward define cómo fluye la información a través del modelo, incluyendo la inicialización de los estados ocultos y de celda.

2. **Hiperparámetros**: Definimos parámetros clave como el tamaño de la entrada, el tamaño oculto, el número de capas, el tamaño de salida, la longitud de la secuencia y el tamaño del lote.
3. **Instanciación del Modelo**: Creamos una instancia de nuestro modelo LSTMModel.
4. **Datos de Entrada**: Creamos un tensor de entrada aleatorio para simular un lote de secuencias.
5. **Paso Adelante**: Pasamos la entrada a través del modelo.
6. **Análisis de la Salida**: Imprimimos las formas de la entrada, la salida, el estado oculto y el estado de celda para entender las transformaciones.
7. **Ejemplo de Predicción**: Demostramos cómo usar el modelo para una predicción individual.

Este ejemplo no solo muestra el uso básico de LSTM, sino también cómo incorporarlo en un modelo completo con una capa de salida. Demuestra el procesamiento por lotes y proporciona un ejemplo práctico de cómo hacer una predicción, haciéndolo más aplicable a escenarios del mundo real.

6.1.3 Unidades Recurrentes Gated (GRUs)

Las **Unidades Recurrentes Gated (GRUs)** son una variación innovadora de las redes neuronales recurrentes, diseñadas para abordar algunas de las limitaciones de las RNN tradicionales y las LSTMs. Desarrolladas por Cho et al. en 2014, las GRUs ofrecen una arquitectura simplificada que combina las compuertas de olvido e ingreso de las LSTMs en una sola **compuerta de actualización** más eficiente. Esta simplificación resulta en menos parámetros, lo que hace que las GRUs sean computacionalmente menos exigentes y, a menudo, más rápidas de entrenar que las LSTMs.

La eficiencia de las GRUs no sacrifica el rendimiento, ya que han demostrado ser igual de efectivas que las LSTMs en diversas tareas. Esto hace que las GRUs sean una opción atractiva para aplicaciones donde los recursos computacionales son limitados o cuando se requiere una rápida iteración del modelo. Sobresalen en escenarios que requieren un equilibrio entre la complejidad del modelo, la velocidad de entrenamiento y la precisión del rendimiento.

La arquitectura GRU consta de dos componentes principales:

Compuerta de Actualización

Esta compuerta es un componente fundamental de la arquitectura GRU, sirviendo como un mecanismo sofisticado para gestionar el flujo de información a través de la red. Juega un papel clave en determinar el equilibrio entre retener la información anterior e incorporar nueva entrada. Generando un vector de valores entre 0 y 1 para cada elemento en el estado oculto, la compuerta de actualización decide efectivamente qué información debe ser llevada adelante y cuál debe ser actualizada.

Las funcionalidades clave de la compuerta de actualización son:

- **Memoria Adaptativa**: Permite que la red decida de forma adaptativa cuánto del estado oculto anterior debe influir en el estado actual. Esta naturaleza adaptativa permite que las GRUs manejen tanto dependencias a corto como a largo plazo de manera efectiva.
- **Preservación de Información**: Para dependencias a largo plazo, la compuerta de actualización puede estar cerca de 1, permitiendo que la red lleve adelante información importante durante muchos pasos temporales sin degradarse.
- **Flujo de Gradientes**: Al proporcionar un camino directo para el flujo de información (cuando la compuerta está cerca de 1), ayuda a mitigar el problema de los gradientes que desaparecen que afecta a las RNN simples.
- **Sensibilidad al Contexto**: Los valores de la compuerta se calculan en función de la entrada actual y del estado oculto anterior, lo que la hace sensible al contexto y capaz de adaptar su comportamiento según la secuencia específica que se esté procesando.

Este sofisticado mecanismo de compuertas permite que las GRUs logren un rendimiento comparable a las LSTMs en muchas tareas, mientras mantienen una arquitectura más simple con menos parámetros. La capacidad de la compuerta de actualización para actualizar selectivamente el estado oculto contribuye significativamente a la capacidad de las GRUs para modelar datos secuenciales complejos de manera eficiente.

Compuerta de Reinicio

La compuerta de reinicio es un componente crucial de la arquitectura GRU que desempeña un papel vital en la gestión del flujo de información de pasos temporales anteriores. Determina cuánto de la información pasada debe ser "reiniciada" o descartada al calcular el nuevo estado oculto candidato. Este mecanismo es particularmente importante por varias razones:

1. **Captura de Dependencias a Corto Plazo**: Al permitir que la red olvide selectivamente ciertos aspectos del estado oculto anterior, la compuerta de reinicio permite que la GRU se enfoque en capturar dependencias a corto plazo cuando son más relevantes para la entrada actual. Esto es especialmente útil en escenarios donde la información reciente es más crítica que el contexto a largo plazo.
2. **Gestión Adaptativa de la Memoria**: La compuerta de reinicio proporciona a la GRU la capacidad de gestionar su memoria de forma adaptativa. Puede elegir retener toda la información anterior (cuando la compuerta de reinicio está cerca de 1) o descartarla completamente (cuando está cerca de 0), o cualquier estado intermedio. Esta

adaptabilidad permite que la GRU maneje secuencias con dependencias temporales variables de manera eficiente.

3. **Mitigación de los Gradientes que Desaparecen**: Al permitir que la red "reinicie" partes de su memoria, la compuerta de reinicio ayuda a mitigar el problema de los gradientes que desaparecen. Esto se debe a que puede crear caminos más cortos para el flujo de gradientes durante la retropropagación, facilitando el aprendizaje de dependencias a largo plazo cuando sea necesario.
4. **Procesamiento Sensible al Contexto**: Los valores de la compuerta de reinicio se calculan en función tanto de la entrada actual como del estado oculto anterior. Esto permite que la GRU tome decisiones sensibles al contexto sobre qué información reiniciar, adaptando su comportamiento según la secuencia específica que se esté procesando.
5. **Eficiencia Computacional**: A pesar de su poderosa funcionalidad, la compuerta de reinicio, junto con la compuerta de actualización, permite que las GRUs mantengan una arquitectura más simple en comparación con las LSTMs. Esto resulta en menos parámetros y, a menudo, tiempos de entrenamiento más rápidos, lo que convierte a las GRUs en una opción atractiva para muchas tareas de modelado secuencial.

La capacidad de la compuerta de reinicio para olvidar o retener selectivamente información contribuye significativamente a la capacidad de las GRUs para modelar datos secuenciales complejos de manera eficiente, lo que las convierte en una herramienta poderosa en diversas aplicaciones como el procesamiento del lenguaje natural, el reconocimiento de voz y el análisis de series temporales.

La interacción entre estas compuertas permite que las GRUs capturen dependencias de diferentes escalas de tiempo de manera adaptativa. La formulación matemática del proceso de actualización de una GRU se define mediante las siguientes ecuaciones:

1. **Compuerta de Actualización**: $z_t = \sigma(W_z \backslash cdot[h_{t-1}, x_t])$

Esta ecuación calcula el vector de la compuerta de actualización z_t, que determina cuánto del estado oculto anterior conservar.

2. **Compuerta de Reinicio**: $r_t = \sigma(W_r \backslash cdot[h_{t-1}, x_t])$

El vector de la compuerta de reinicio r_t se calcula aquí, controlando cuánto del estado oculto anterior olvidar.

3. **Estado Oculto Candidato**: $\tilde{h}_t = tanh(W \backslash cdot[r_t * h_{t-1}, x_t])$

Esta ecuación genera un estado oculto candidato $\tilde{h}_t$, incorporando la compuerta de reinicio para olvidar potencialmente la información previa.

4. **Estado Oculto**: $h_t = (1 - z_t)h_{t-1} + z_t\tilde{h}_t$

El estado oculto final h_t es una combinación ponderada del estado oculto anterior y el estado oculto candidato, con los pesos determinados por la compuerta de actualización.

Estas ecuaciones ilustran cómo las GRUs gestionan el flujo de información, permitiéndoles aprender dependencias a corto y largo plazo de manera efectiva. La ausencia de un estado de celda separado, como en las LSTMs, contribuye a la eficiencia computacional de las GRUs, manteniendo al mismo tiempo potentes capacidades de modelado.

Las GRUs han encontrado una amplia aplicación en diversos dominios, incluyendo el procesamiento del lenguaje natural, el reconocimiento de voz y el análisis de series temporales. Su capacidad para manejar secuencias de longitudes variables y capturar dinámicas temporales complejas las hace particularmente adecuadas para tareas como la traducción automática, el análisis de sentimientos y la generación de texto.

Ejemplo: GRU en PyTorch

```
import torch
import torch.nn as nn

class GRUModel(nn.Module):
    def __init__(self, input_size, hidden_size, num_layers, output_size):
        super(GRUModel, self).__init__()
        self.hidden_size = hidden_size
        self.num_layers = num_layers
        self.gru = nn.GRU(input_size, hidden_size, num_layers, batch_first=True)
        self.fc = nn.Linear(hidden_size, output_size)

    def forward(self, x):
        h0 = torch.zeros(self.num_layers, x.size(0), self.hidden_size).to(x.device)
        out, _ = self.gru(x, h0)
        out = self.fc(out[:, -1, :])
        return out

# Hyperparameters
input_size = 10
hidden_size = 20
num_layers = 2
output_size = 1
sequence_length = 5
batch_size = 3

# Create model instance
model = GRUModel(input_size, hidden_size, num_layers, output_size)

# Example input sequence
input_seq = torch.randn(batch_size, sequence_length, input_size)

# Forward pass
output = model(input_seq)
```

```
# Print shapes
print("Input shape:", input_seq.shape)
print("Output shape:", output.shape)

# Example of using the model for a simple prediction task
x = torch.randn(1, sequence_length, input_size)  # Single sample
prediction = model(x)
print("Prediction:", prediction.item())
```

Desglosemos el proceso:

1. **Definición del Modelo**: Definimos una clase GRUModel que hereda de nn.Module. Esta clase encapsula nuestro modelo GRU.
    - El método __init__ inicializa la capa GRU y una capa totalmente conectada (Lineal) para la salida.
    - El método forward define cómo fluye la información a través del modelo, incluida la inicialización del estado oculto.
2. **Hiperparámetros**: Definimos parámetros clave como el tamaño de la entrada, el tamaño oculto, el número de capas, el tamaño de salida, la longitud de la secuencia y el tamaño del lote.
3. **Instanciación del Modelo**: Creamos una instancia de nuestro modelo GRUModel.
4. **Datos de Entrada**: Creamos un tensor de entrada aleatorio para simular un lote de secuencias.
5. **Paso Adelante**: Pasamos la entrada a través del modelo.
6. **Análisis de la Salida**: Imprimimos las formas de la entrada y la salida para entender las transformaciones.
7. **Ejemplo de Predicción**: Demostramos cómo usar el modelo para una predicción individual.

Este ejemplo no solo muestra el uso básico de GRU, sino también cómo incorporarlo en un modelo completo con una capa de salida. Demuestra el procesamiento por lotes y proporciona un ejemplo práctico de cómo hacer una predicción, haciéndolo más aplicable a escenarios del mundo real.

6.2 Implementación de RNNs y LSTMs en TensorFlow, Keras y PyTorch

Las Redes Neuronales Recurrentes (RNNs) y las Redes de Memoria a Largo Plazo (LSTMs) son paradigmas arquitectónicos sofisticados diseñados para procesar y analizar datos secuenciales con notable eficacia. Estas potentes herramientas han revolucionado el campo del aprendizaje automático, particularmente en dominios donde las dependencias temporales juegan un papel crucial.

Los tres principales frameworks—TensorFlow, Keras y PyTorch—ofrecen un soporte integral para la construcción y el entrenamiento de RNNs y LSTMs, proporcionando a los desarrolladores e investigadores un conjunto robusto de herramientas para abordar problemas secuenciales complejos. Aunque estos frameworks comparten el objetivo común de facilitar la implementación de arquitecturas recurrentes, difieren significativamente en cuanto a los niveles de abstracción, flexibilidad y enfoque general para el desarrollo de modelos.

Para aclarar la aplicación práctica de estos frameworks, implementaremos tanto modelos RNN como LSTM diseñados para procesar y analizar datos secuenciales, como información textual o series temporales. Nuestra exploración utilizará las siguientes herramientas de vanguardia:

- **TensorFlow**: Una biblioteca de alto rendimiento y código abierto desarrollada por Google Brain, específicamente diseñada para aplicaciones de aprendizaje automático a gran escala. La arquitectura de TensorFlow permite una implementación fluida en diversas plataformas, desde dispositivos móviles hasta sistemas distribuidos, lo que lo convierte en una opción ideal para modelos listos para producción.
- **Keras**: Una API de alto nivel intuitiva y fácil de usar que funciona como una capa de interfaz sobre TensorFlow. Reconocida por su simplicidad y facilidad de uso, Keras abstrae gran parte de la complejidad en la implementación de redes neuronales, permitiendo la creación rápida de prototipos y la experimentación sin sacrificar el rendimiento.
- **PyTorch**: Un framework flexible y dinámico que ha ganado una inmensa popularidad en la comunidad investigadora. La interfaz intuitiva de PyTorch y su gráfico de computación dinámico permiten procesos de depuración más naturales y facilitan la implementación de arquitecturas de modelos complejas. Su estilo de programación imperativa permite un código más transparente y legible, lo que lo hace particularmente atractivo para aquellos involucrados en investigación y desarrollo de vanguardia.

6.2.1 Implementación de RNNs y LSTMs en TensorFlow

La API de bajo nivel de TensorFlow proporciona a los desarrolladores un control granular sobre la arquitectura del modelo, lo que permite la personalización y optimización precisas de las redes neuronales. Este nivel de control conlleva un aumento en la complejidad y verbosidad del código en comparación con APIs de nivel superior como Keras. El equilibrio entre flexibilidad y simplicidad hace que la API de bajo nivel de TensorFlow sea particularmente adecuada para usuarios avanzados e investigadores que requieren un control detallado sobre sus modelos.

En los siguientes ejemplos, aprovecharemos las potentes capacidades de TensorFlow para implementar tanto una Red Neuronal Recurrente (RNN) como una red de Memoria a Largo

Plazo (LSTM). Estas implementaciones mostrarán la flexibilidad de la API para definir arquitecturas neuronales complejas, al tiempo que destacarán el código adicional requerido para lograr este nivel de control.

Al usar la API de bajo nivel de TensorFlow, podemos obtener información sobre el funcionamiento interno de estos modelos recurrentes y tener la capacidad de personalizarlos para casos de uso específicos o configuraciones experimentales.

Ejemplo: RNN en TensorFlow

```
import tensorflow as tf
import numpy as np

# Define hyperparameters
batch_size = 32
sequence_length = 10
input_size = 8
hidden_units = 16
output_size = 4

# Create synthetic input data
input_data = tf.random.normal([batch_size, sequence_length, input_size])

# Define an RNN layer
rnn_layer = tf.keras.layers.SimpleRNN(units=hidden_units, return_sequences=True,
return_state=True)

# Define a model using the Functional API
inputs = tf.keras.Input(shape=(sequence_length, input_size))
rnn_output, final_state = rnn_layer(inputs)
outputs = tf.keras.layers.Dense(output_size)(rnn_output)

model = tf.keras.Model(inputs=inputs, outputs=[outputs, final_state])

# Compile the model
model.compile(optimizer='adam', loss='mse')

# Generate synthetic target data
target_output = np.random.randn(batch_size, sequence_length, output_size)
target_final_state = np.random.randn(batch_size, hidden_units)

# Train the model
history = model.fit(
    input_data,
    [target_output, target_final_state],
    epochs=5,
    batch_size=batch_size
)

# Make predictions
predictions, final_state_pred = model.predict(input_data)
```

```
# Print shapes and sample outputs
print("Input Shape:", input_data.shape)
print("RNN Output Shape:", predictions.shape)
print("RNN Final State Shape:", final_state_pred.shape)
print("\\nSample Prediction (first sequence, first timestep):")
print(predictions[0, 0])
print("\\nSample Final State:")
print(final_state_pred[0])
```

Este ejemplo de código demuestra una implementación completa de una Red Neuronal Recurrente (RNN) usando TensorFlow. Desglosemos el proceso:

1. **Importaciones e Hiperparámetros**: Importamos TensorFlow y NumPy, luego definimos los hiperparámetros clave como el tamaño del lote, la longitud de la secuencia, el tamaño de la entrada, las unidades ocultas y el tamaño de la salida.
2. **Creación de Datos Sintéticos**: Generamos datos de entrada aleatorios utilizando tf.random.normal para simular un lote de secuencias.
3. **Definición de la Capa RNN**: Creamos una capa SimpleRNN con las unidades ocultas especificadas, que devuelve tanto las secuencias como el estado final.
4. **Arquitectura del Modelo**: Usando la API Funcional, definimos un modelo que procesa la entrada a través de la capa RNN y una capa Densa para la salida.
5. **Compilación del Modelo**: El modelo se compila con el optimizador Adam y la pérdida de Error Cuadrático Medio (Mean Squared Error).
6. **Datos de Objetivo Sintéticos**: Creamos datos objetivo aleatorios tanto para la salida de la secuencia como para el estado final.
7. **Entrenamiento del Modelo**: El modelo se entrena en los datos sintéticos durante 5 épocas.
8. **Predicciones**: Utilizamos el modelo entrenado para hacer predicciones en los datos de entrada.
9. **Análisis de la Salida**: Imprimimos las formas de la entrada, la salida y el estado final, junto con algunas predicciones de muestra para demostrar la funcionalidad del modelo.

Este ejemplo no solo muestra el uso básico de RNN, sino también cómo incorporarlo en un modelo completo con capas de entrada y salida. Demuestra todo el proceso desde la creación de datos hasta el entrenamiento y las predicciones, proporcionando un escenario más realista para el uso de RNNs en la práctica.

Ejemplo: LSTM en TensorFlow

```
import tensorflow as tf
import numpy as np

# Define hyperparameters
batch_size = 32
sequence_length = 10
input_size = 8
hidden_units = 16
output_size = 4

# Create synthetic input data
input_data = tf.random.normal([batch_size, sequence_length, input_size])

# Define an LSTM layer
lstm_layer    =    tf.keras.layers.LSTM(units=hidden_units,    return_sequences=True,
return_state=True)

# Define a model using the Functional API
inputs = tf.keras.Input(shape=(sequence_length, input_size))
lstm_output, final_hidden_state, final_cell_state = lstm_layer(inputs)
outputs = tf.keras.layers.Dense(output_size)(lstm_output)

model    =    tf.keras.Model(inputs=inputs,    outputs=[outputs,    final_hidden_state,
final_cell_state])

# Compile the model
model.compile(optimizer='adam', loss='mse')

# Generate synthetic target data
target_output = np.random.randn(batch_size, sequence_length, output_size)
target_hidden_state = np.random.randn(batch_size, hidden_units)
target_cell_state = np.random.randn(batch_size, hidden_units)

# Train the model
history = model.fit(
    input_data,
    [target_output, target_hidden_state, target_cell_state],
    epochs=5,
    batch_size=batch_size
)
# Make predictions
predictions,        final_hidden_state_pred,        final_cell_state_pred        =
model.predict(input_data)

# Print shapes and sample outputs
print("Input Shape:", input_data.shape)
print("LSTM Output Shape:", predictions.shape)
print("LSTM Final Hidden State Shape:", final_hidden_state_pred.shape)
print("LSTM Final Cell State Shape:", final_cell_state_pred.shape)
print("\\nSample Prediction (first sequence, first timestep):")
print(predictions[0, 0])
```

```
print("\\nSample Final Hidden State:")
print(final_hidden_state_pred[0])
print("\\nSample Final Cell State:")
print(final_cell_state_pred[0])
```

Este ejemplo de LSTM en TensorFlow demuestra una implementación más completa.

Desglosemos el proceso:

1. **Importaciones e Hiperparámetros**: Importamos TensorFlow y NumPy, luego definimos los hiperparámetros clave como el tamaño del lote, la longitud de la secuencia, el tamaño de la entrada, las unidades ocultas y el tamaño de la salida.
2. **Creación de Datos Sintéticos**: Generamos datos de entrada aleatorios utilizando tf.random.normal para simular un lote de secuencias.
3. **Definición de la Capa LSTM**: Creamos una capa LSTM con las unidades ocultas especificadas, que devuelve tanto secuencias como estados.
4. **Arquitectura del Modelo**: Usando la API Funcional, definimos un modelo que procesa la entrada a través de la capa LSTM y una capa Densa para la salida.
5. **Compilación del Modelo**: El modelo se compila con el optimizador Adam y la pérdida de Error Cuadrático Medio (Mean Squared Error).
6. **Datos de Objetivo Sintéticos**: Creamos datos objetivo aleatorios para la salida de la secuencia, el estado oculto final y el estado de celda final.
7. **Entrenamiento del Modelo**: El modelo se entrena en los datos sintéticos durante 5 épocas.
8. **Predicciones**: Utilizamos el modelo entrenado para hacer predicciones en los datos de entrada.
9. **Análisis de la Salida**: Imprimimos las formas de la entrada, salida, estado oculto final y estado de celda final, junto con algunas predicciones de muestra para demostrar la funcionalidad del modelo.

Este ejemplo completo no solo muestra el uso básico de LSTM, sino también cómo incorporarlo en un modelo completo con capas de entrada y salida. Demuestra todo el proceso, desde la creación de datos hasta el entrenamiento y las predicciones, proporcionando un escenario más realista para el uso de LSTMs en la práctica.

6.2.2 Implementación de RNNs y LSTMs en Keras

Keras, como una API de alto nivel, simplifica significativamente el proceso de construcción y entrenamiento de modelos de aprendizaje profundo. Al abstraer gran parte de la complejidad subyacente, Keras permite a los desarrolladores centrarse en los aspectos fundamentales del diseño y experimentación de modelos. Su interfaz amigable y su integración fluida con

TensorFlow lo convierten en una opción ideal tanto para principiantes como para profesionales experimentados que buscan crear prototipos rápidamente.

Una de las principales fortalezas de Keras radica en su filosofía de diseño intuitivo, que enfatiza la facilidad de uso sin sacrificar la flexibilidad. Este enfoque permite a los desarrolladores iterar rápidamente a través de diferentes arquitecturas de modelos e hiperparámetros, facilitando una experimentación más rápida e innovadora. Además, su estructura modular permite una personalización y extensión fáciles, haciéndolo adaptable a una amplia gama de tareas de aprendizaje profundo, que incluyen, pero no se limitan a, visión por computadora, procesamiento del lenguaje natural y análisis de series temporales.

Las abstracciones de alto nivel del framework no solo simplifican la creación de modelos, sino que también optimizan todo el flujo de trabajo de aprendizaje profundo. Desde la preprocesamiento de datos y compilación de modelos hasta el entrenamiento y la evaluación, Keras proporciona un conjunto cohesivo de herramientas que trabajan en armonía. Este ecosistema completo reduce significativamente la cantidad de código repetitivo requerido, permitiendo a los desarrolladores expresar arquitecturas de redes neuronales complejas en solo unas pocas líneas de código.

Además, la compatibilidad de Keras con TensorFlow asegura que los modelos puedan desplegarse fácilmente en diversas plataformas, desde dispositivos móviles hasta infraestructura en la nube. Esta integración fluida permite a los desarrolladores aprovechar las potentes capacidades del backend de TensorFlow mientras disfrutan de la interfaz fácil de usar de Keras, creando una sinergia que acelera tanto el desarrollo como los procesos de despliegue en el campo del aprendizaje profundo.

Ejemplo: RNN en Keras

```
import tensorflow as tf
from tensorflow.keras import Sequential
from tensorflow.keras.layers import SimpleRNN, Dense
import numpy as np

# Define hyperparameters
sequence_length = 10
input_features = 8
hidden_units = 16
output_size = 1
batch_size = 32
epochs = 10

# Generate synthetic data
X = np.random.randn(1000, sequence_length, input_features)
y = np.random.randint(0, 2, (1000, 1))  # Binary classification

# Define a sequential model
model = Sequential([
```

```
    SimpleRNN(units=hidden_units,    input_shape=(sequence_length,    input_features),
return_sequences=False),
    Dense(units=output_size, activation='sigmoid')
])

# Compile the model
model.compile(optimizer='adam', loss='binary_crossentropy', metrics=['accuracy'])

# Print the model summary
model.summary()

# Train the model
history = model.fit(X, y, batch_size=batch_size, epochs=epochs, validation_split=0.2)

# Evaluate the model
test_loss, test_accuracy = model.evaluate(X, y)
print(f"Test accuracy: {test_accuracy:.4f}")

# Make predictions
sample_input = np.random.randn(1, sequence_length, input_features)
prediction = model.predict(sample_input)
print(f"Sample prediction: {prediction[0][0]:.4f}")

# Plot training history
import matplotlib.pyplot as plt

plt.figure(figsize=(12, 4))
plt.subplot(1, 2, 1)
plt.plot(history.history['loss'], label='Training Loss')
plt.plot(history.history['val_loss'], label='Validation Loss')
plt.title('Model Loss')
plt.xlabel('Epoch')
plt.ylabel('Loss')
plt.legend()

plt.subplot(1, 2, 2)
plt.plot(history.history['accuracy'], label='Training Accuracy')
plt.plot(history.history['val_accuracy'], label='Validation Accuracy')
plt.title('Model Accuracy')
plt.xlabel('Epoch')
plt.ylabel('Accuracy')
plt.legend()

plt.tight_layout()
plt.show()
```

Este ejemplo demuestra una implementación más completa de una Red Neuronal Recurrente (RNN) usando Keras.

Desglosemos el proceso:

1. **Importar las bibliotecas necesarias**: Importamos TensorFlow, las capas de Keras, NumPy para la manipulación de datos y Matplotlib para la visualización.
2. **Definir los hiperparámetros**: Configuramos los parámetros clave como la longitud de la secuencia, las características de entrada, las unidades ocultas, el tamaño de la salida, el tamaño del lote y el número de épocas.
3. **Generar datos sintéticos**: Creamos secuencias de entrada aleatorias (X) y etiquetas binarias (y) para simular una tarea de clasificación.
4. **Definir el modelo**: Utilizamos la API Secuencial para crear un modelo con una capa SimpleRNN seguida de una capa Densa para la clasificación binaria.
5. **Compilar el modelo**: Especificamos el optimizador (Adam), la función de pérdida (entropía cruzada binaria) y las métricas (precisión) para el entrenamiento.
6. **Resumen del modelo**: Imprimimos un resumen de la arquitectura del modelo.
7. **Entrenar el modelo**: Ajustamos el modelo a nuestros datos sintéticos, utilizando una división de validación para monitorear el rendimiento.
8. **Evaluar el modelo**: Evaluamos el rendimiento del modelo en todo el conjunto de datos.
9. **Hacer predicciones**: Mostramos cómo usar el modelo entrenado para hacer predicciones en nuevos datos.
10. **Visualizar el historial de entrenamiento**: Graficamos la pérdida y la precisión de entrenamiento y validación a lo largo de las épocas para analizar el progreso del aprendizaje del modelo.

Este ejemplo no solo muestra el uso básico de RNN, sino que también incluye la generación de datos, el entrenamiento del modelo, su evaluación, la predicción y la visualización de las métricas de entrenamiento. Proporciona un escenario más realista para el uso de RNNs en la práctica y demuestra todo el flujo de trabajo, desde la preparación de datos hasta el análisis del modelo.

Ejemplo: LSTM en Keras

```
import tensorflow as tf
from tensorflow.keras import Sequential
from tensorflow.keras.layers import LSTM, Dense
import numpy as np
import matplotlib.pyplot as plt

# Define hyperparameters
sequence_length = 10
input_features = 8
hidden_units = 16
output_size = 1
```

```
batch_size = 32
epochs = 50

# Generate synthetic data
X = np.random.randn(1000, sequence_length, input_features)
y = np.random.randint(0, 2, (1000, 1))  # Binary classification

# Define a sequential model
model = Sequential([
    LSTM(units=hidden_units,     input_shape=(sequence_length,     input_features),
return_sequences=False),
    Dense(units=output_size, activation='sigmoid')
])

# Compile the model
model.compile(optimizer='adam', loss='binary_crossentropy', metrics=['accuracy'])

# Print the model summary
model.summary()

# Train the model
history = model.fit(X, y, batch_size=batch_size, epochs=epochs, validation_split=0.2)

# Evaluate the model
test_loss, test_accuracy = model.evaluate(X, y)
print(f"Test accuracy: {test_accuracy:.4f}")

# Make predictions
sample_input = np.random.randn(1, sequence_length, input_features)
prediction = model.predict(sample_input)
print(f"Sample prediction: {prediction[0][0]:.4f}")

# Plot training history
plt.figure(figsize=(12, 4))
plt.subplot(1, 2, 1)
plt.plot(history.history['loss'], label='Training Loss')
plt.plot(history.history['val_loss'], label='Validation Loss')
plt.title('Model Loss')
plt.xlabel('Epoch')
plt.ylabel('Loss')
plt.legend()

plt.subplot(1, 2, 2)
plt.plot(history.history['accuracy'], label='Training Accuracy')
plt.plot(history.history['val_accuracy'], label='Validation Accuracy')
plt.title('Model Accuracy')
plt.xlabel('Epoch')
plt.ylabel('Accuracy')
plt.legend()

plt.tight_layout()
plt.show()
```

Este ejemplo de LSTM en Keras demuestra una implementación completa.

Desglosemos el proceso:

1. **Importar las bibliotecas necesarias**: Importamos TensorFlow, las capas de Keras, NumPy para la manipulación de datos y Matplotlib para la visualización.
2. **Definir los hiperparámetros**: Configuramos los parámetros clave como la longitud de la secuencia, las características de entrada, las unidades ocultas, el tamaño de la salida, el tamaño del lote y el número de épocas.
3. **Generar datos sintéticos**: Creamos secuencias de entrada aleatorias (X) y etiquetas binarias (y) para simular una tarea de clasificación.
4. **Definir el modelo**: Utilizamos la API Secuencial para crear un modelo con una capa LSTM seguida de una capa Densa para la clasificación binaria.
5. **Compilar el modelo**: Especificamos el optimizador (Adam), la función de pérdida (entropía cruzada binaria) y las métricas (precisión) para el entrenamiento.
6. **Resumen del modelo**: Imprimimos un resumen de la arquitectura del modelo.
7. **Entrenar el modelo**: Ajustamos el modelo a nuestros datos sintéticos, utilizando una división de validación para monitorear el rendimiento.
8. **Evaluar el modelo**: Evaluamos el rendimiento del modelo en todo el conjunto de datos.
9. **Hacer predicciones**: Mostramos cómo usar el modelo entrenado para hacer predicciones en nuevos datos.
10. **Visualizar el historial de entrenamiento**: Graficamos la pérdida y la precisión de entrenamiento y validación a lo largo de las épocas para analizar el progreso del aprendizaje del modelo.

Este ejemplo no solo muestra el uso básico de LSTM, sino que también incluye la generación de datos, el entrenamiento del modelo, su evaluación, la predicción y la visualización de las métricas de entrenamiento. Proporciona un escenario más realista para el uso de LSTMs en la práctica y demuestra todo el flujo de trabajo, desde la preparación de datos hasta el análisis del modelo.

6.2.3 Implementación de RNNs y LSTMs en PyTorch

PyTorch es conocido por su gráfico de computación dinámico y su flexibilidad, lo que lo convierte en un favorito en entornos de investigación. Este framework permite implementaciones más intuitivas y pythonicas de arquitecturas de redes neuronales complejas. Al trabajar con RNNs y LSTMs en PyTorch, los desarrolladores tienen la ventaja de definir manualmente el paso hacia adelante y manejar los datos a través de bucles explícitos. Este nivel de control permite a los investigadores y profesionales experimentar con nuevas arquitecturas y personalizar sus modelos con mayor facilidad.

La naturaleza dinámica del gráfico de computación de PyTorch significa que la estructura de tu red neuronal puede cambiar sobre la marcha, adaptándose a diferentes entradas o condiciones. Esto es particularmente útil cuando se trabaja con secuencias de longitud variable, un escenario común en tareas de procesamiento del lenguaje natural. Además, el sistema autograd de PyTorch calcula automáticamente los gradientes, simplificando la implementación de funciones de pérdida personalizadas y procedimientos de entrenamiento.

Para RNNs y LSTMs específicamente, PyTorch proporciona tanto módulos de alto nivel (como nn.RNN y nn.LSTM) para implementaciones rápidas, como la flexibilidad para construir estas arquitecturas desde cero utilizando operaciones de bajo nivel. Esto permite a los investigadores profundizar en los detalles internos de estos modelos, lo que potencialmente conduce a innovaciones en el diseño de arquitecturas o metodologías de entrenamiento. La naturaleza explícita de las implementaciones de PyTorch también facilita la depuración y la comprensión del flujo de datos a través de la red, lo cual puede ser crucial al trabajar con modelos secuenciales complejos.

Ejemplo: RNN en PyTorch

```
import torch
import torch.nn as nn
import torch.optim as optim
import numpy as np
import matplotlib.pyplot as plt

# Define an RNN-based model
class RNNModel(nn.Module):
    def __init__(self, input_size, hidden_size, output_size, num_layers=1):
        super(RNNModel, self).__init__()
        self.hidden_size = hidden_size
        self.num_layers = num_layers
        self.rnn = nn.RNN(input_size, hidden_size, num_layers, batch_first=True)
        self.fc = nn.Linear(hidden_size, output_size)

    def forward(self, x):
        # Initialize hidden state with zeros
        h0 = torch.zeros(self.num_layers, x.size(0), self.hidden_size).to(x.device)

        # RNN forward pass
        out, hn = self.rnn(x, h0)
        out = self.fc(out[:, -1, :])  # Get the last output for classification
        return out

# Set random seed for reproducibility
torch.manual_seed(42)
```

```
# Hyperparameters
input_size = 8
hidden_size = 16
output_size = 1
num_layers = 2
batch_size = 32
sequence_length = 10
num_epochs = 100
learning_rate = 0.001

# Generate synthetic data
X = torch.randn(500, sequence_length, input_size)
y = torch.randint(0, 2, (500, 1)).float()

# Split data into train and test sets
train_size = int(0.8 * len(X))
X_train, X_test = X[:train_size], X[train_size:]
y_train, y_test = y[:train_size], y[train_size:]

# Create data loaders
train_dataset = torch.utils.data.TensorDataset(X_train, y_train)
test_dataset = torch.utils.data.TensorDataset(X_test, y_test)
train_loader  =  torch.utils.data.DataLoader(train_dataset,  batch_size=batch_size,
shuffle=True)
test_loader = torch.utils.data.DataLoader(test_dataset, batch_size=batch_size)

# Initialize model, loss function, and optimizer
model = RNNModel(input_size, hidden_size, output_size, num_layers)
criterion = nn.BCEWithLogitsLoss()
optimizer = optim.Adam(model.parameters(), lr=learning_rate)

# Training loop
train_losses = []
test_losses = []

for epoch in range(num_epochs):
    model.train()
    train_loss = 0.0
    for inputs, labels in train_loader:
        optimizer.zero_grad()
        outputs = model(inputs)
        loss = criterion(outputs, labels)
        loss.backward()
        optimizer.step()
        train_loss += loss.item()

    train_loss /= len(train_loader)
    train_losses.append(train_loss)

    # Evaluate on test set
    model.eval()
    test_loss = 0.0
```

```
    correct = 0
    total = 0
    with torch.no_grad():
        for inputs, labels in test_loader:
            outputs = model(inputs)
            loss = criterion(outputs, labels)
            test_loss += loss.item()
            predicted = torch.round(torch.sigmoid(outputs))
            total += labels.size(0)
            correct += (predicted == labels).sum().item()

    test_loss /= len(test_loader)
    test_losses.append(test_loss)
    accuracy = 100 * correct / total

    if (epoch + 1) % 10 == 0:
        print(f'Epoch [{epoch+1}/{num_epochs}], Train Loss: {train_loss:.4f}, Test
Loss: {test_loss:.4f}, Test Accuracy: {accuracy:.2f}%')

# Plot training and test losses
plt.figure(figsize=(10, 5))
plt.plot(train_losses, label='Train Loss')
plt.plot(test_losses, label='Test Loss')
plt.xlabel('Epoch')
plt.ylabel('Loss')
plt.title('Training and Test Losses')
plt.legend()
plt.show()

# Make predictions on new data
new_data = torch.randn(1, sequence_length, input_size)
model.eval()
with torch.no_grad():
    prediction = torch.sigmoid(model(new_data))
    print(f'Prediction for new data: {prediction.item():.4f}')
```

Este ejemplo de código proporciona una implementación completa de un modelo basado en RNN en PyTorch.

Desglosemos el proceso:

1. **Importaciones**: Importamos las bibliotecas necesarias, incluyendo PyTorch, NumPy para operaciones numéricas y Matplotlib para la visualización.
2. **Clase RNNModel**: Definimos una clase de modelo basada en RNN con tamaños de entrada, oculto, salida y número de capas personalizables.
3. **Hiperparámetros**: Establecemos varios hiperparámetros como el tamaño de la entrada, el tamaño oculto, el tamaño de la salida, el número de capas, el tamaño del lote, la longitud de la secuencia, el número de épocas y la tasa de aprendizaje.

4. **Generación de Datos**: Creamos datos sintéticos para entrenar y probar el modelo.
5. **División y Carga de Datos**: Dividimos los datos en conjuntos de entrenamiento y prueba, y creamos objetos DataLoader de PyTorch para el procesamiento eficiente por lotes.
6. **Inicialización del Modelo**: Inicializamos el modelo RNN, la función de pérdida (Entropía Cruzada Binaria) y el optimizador (Adam).
7. **Bucle de Entrenamiento**: Implementamos un bucle de entrenamiento que itera sobre las épocas, realiza pasos hacia adelante y hacia atrás, y actualiza los parámetros del modelo.
8. **Evaluación**: Después de cada época, evaluamos el modelo en el conjunto de prueba y calculamos la pérdida y la precisión.
9. **Visualización**: Graficamos las pérdidas de entrenamiento y prueba a lo largo de las épocas utilizando Matplotlib.
10. **Predicción**: Finalmente, demostramos cómo usar el modelo entrenado para hacer predicciones con nuevos datos.

Este ejemplo de código muestra todo el flujo de trabajo para crear, entrenar y usar un modelo RNN en PyTorch, incluyendo la preparación de datos, la definición del modelo, el proceso de entrenamiento, la evaluación y la realización de predicciones.

Ejemplo: LSTM en PyTorch

```
import torch
import torch.nn as nn
import torch.optim as optim
import numpy as np
import matplotlib.pyplot as plt

# Define an LSTM-based model
class LSTMModel(nn.Module):
    def __init__(self, input_size, hidden_size, output_size, num_layers=1):
        super(LSTMModel, self).__init__()
        self.hidden_size = hidden_size
        self.num_layers = num_layers
        self.lstm = nn.LSTM(input_size, hidden_size, num_layers, batch_first=True)
        self.fc = nn.Linear(hidden_size, output_size)

    def forward(self, x):
        # Initialize hidden state with zeros
        h0 = torch.zeros(self.num_layers, x.size(0), self.hidden_size).to(x.device)
        c0 = torch.zeros(self.num_layers, x.size(0), self.hidden_size).to(x.device)

        # LSTM forward pass
        out, _ = self.lstm(x, (h0, c0))
        out = self.fc(out[:, -1, :])  # Get the last output for classification
```

```
        return out

# Set random seed for reproducibility
torch.manual_seed(42)

# Hyperparameters
input_size = 8
hidden_size = 16
output_size = 1
num_layers = 2
batch_size = 32
sequence_length = 10
num_epochs = 100
learning_rate = 0.001

# Generate synthetic data
X = torch.randn(500, sequence_length, input_size)
y = torch.randint(0, 2, (500, 1)).float()

# Split data into train and test sets
train_size = int(0.8 * len(X))
X_train, X_test = X[:train_size], X[train_size:]
y_train, y_test = y[:train_size], y[train_size:]

# Create data loaders
train_dataset = torch.utils.data.TensorDataset(X_train, y_train)
test_dataset = torch.utils.data.TensorDataset(X_test, y_test)
train_loader = torch.utils.data.DataLoader(train_dataset, batch_size=batch_size,
shuffle=True)
test_loader = torch.utils.data.DataLoader(test_dataset, batch_size=batch_size)

# Initialize model, loss function, and optimizer
model = LSTMModel(input_size, hidden_size, output_size, num_layers)
criterion = nn.BCEWithLogitsLoss()
optimizer = optim.Adam(model.parameters(), lr=learning_rate)

# Training loop
train_losses = []
test_losses = []

for epoch in range(num_epochs):
    model.train()
    train_loss = 0.0
    for inputs, labels in train_loader:
        optimizer.zero_grad()
        outputs = model(inputs)
        loss = criterion(outputs, labels)
        loss.backward()
        optimizer.step()
        train_loss += loss.item()

    train_loss /= len(train_loader)
```

```
    train_losses.append(train_loss)

    # Evaluate on test set
    model.eval()
    test_loss = 0.0
    correct = 0
    total = 0
    with torch.no_grad():
        for inputs, labels in test_loader:
            outputs = model(inputs)
            loss = criterion(outputs, labels)
            test_loss += loss.item()
            predicted = torch.round(torch.sigmoid(outputs))
            total += labels.size(0)
            correct += (predicted == labels).sum().item()

    test_loss /= len(test_loader)
    test_losses.append(test_loss)
    accuracy = 100 * correct / total

    if (epoch + 1) % 10 == 0:
        print(f'Epoch [{epoch+1}/{num_epochs}], Train Loss: {train_loss:.4f}, Test
Loss: {test_loss:.4f}, Test Accuracy: {accuracy:.2f}%')

# Plot training and test losses
plt.figure(figsize=(10, 5))
plt.plot(train_losses, label='Train Loss')
plt.plot(test_losses, label='Test Loss')
plt.xlabel('Epoch')
plt.ylabel('Loss')
plt.title('Training and Test Losses')
plt.legend()
plt.show()

# Make predictions on new data
new_data = torch.randn(1, sequence_length, input_size)
model.eval()
with torch.no_grad():
    prediction = torch.sigmoid(model(new_data))
    print(f'Prediction for new data: {prediction.item():.4f}')
```

Este ejemplo de LSTM en PyTorch demuestra una implementación completa del entrenamiento, evaluación y uso de un modelo LSTM para una tarea de clasificación binaria.

Desglosemos el proceso:

1. **Importaciones**: Importamos las bibliotecas necesarias, incluidas PyTorch, NumPy para operaciones numéricas y Matplotlib para visualización.

2. **Clase LSTMModel**: Definimos una clase de modelo basada en LSTM con tamaños personalizables de entrada, oculto, salida y número de capas. El método forward inicializa los estados ocultos y de celda, realiza el paso hacia adelante de LSTM y aplica una capa lineal final para la clasificación.
3. **Hiperparámetros**: Configuramos varios hiperparámetros, como el tamaño de la entrada, el tamaño oculto, el tamaño de la salida, el número de capas, el tamaño del lote, la longitud de la secuencia, el número de épocas y la tasa de aprendizaje.
4. **Generación de Datos**: Creamos datos sintéticos (X e y) para entrenar y probar el modelo. X representa secuencias de entrada, e y representa etiquetas binarias.
5. **División y Carga de Datos**: Dividimos los datos en conjuntos de entrenamiento y prueba, y creamos objetos DataLoader de PyTorch para un procesamiento eficiente por lotes durante el entrenamiento y la evaluación.
6. **Inicialización del Modelo**: Inicializamos el modelo LSTM, la función de pérdida (Entropía Cruzada Binaria con Logits) y el optimizador (Adam).
7. **Bucle de Entrenamiento**: Implementamos un bucle de entrenamiento que itera a través de las épocas, realiza pasos hacia adelante y hacia atrás, y actualiza los parámetros del modelo. También rastreamos la pérdida del entrenamiento.
8. **Evaluación**: Después de cada época, evaluamos el modelo en el conjunto de prueba, calculando la pérdida y la precisión. También rastreamos la pérdida de prueba para visualizarla más adelante.
9. **Visualización**: Graficamos las pérdidas de entrenamiento y prueba a lo largo de las épocas usando Matplotlib, lo que nos permite visualizar el progreso del aprendizaje del modelo.
10. **Predicción**: Finalmente, mostramos cómo usar el modelo entrenado para hacer predicciones con datos nuevos no vistos.

Este ejemplo de código muestra todo el flujo de trabajo para crear, entrenar, evaluar y usar un modelo LSTM en PyTorch. Incluye la preparación de datos, la definición del modelo, el proceso de entrenamiento, la evaluación del rendimiento, la visualización de la pérdida y la realización de predicciones con el modelo entrenado.

6.3 Aplicaciones de RNNs en el Procesamiento del Lenguaje Natural (NLP)

Las Redes Neuronales Recurrentes (RNNs) han revolucionado el campo del Procesamiento del Lenguaje Natural (NLP) al abordar los desafíos únicos que plantea el procesamiento de datos secuenciales. Las tareas de NLP, como la traducción de idiomas, el reconocimiento de voz y la resumificación de texto, requieren procesar secuencias de palabras o caracteres donde el orden y el contexto de cada elemento son cruciales para comprender su significado. Las RNNs sobresalen en estas tareas debido a su capacidad para pasar información de un paso de tiempo al siguiente, lo que las hace particularmente adecuadas para manejar datos secuenciales.

El poder de las RNNs en NLP proviene de su **capacidad para mantener un estado oculto**, que actúa como una memoria dinámica. Este estado oculto retiene el contexto de partes anteriores de una secuencia, lo que permite que la red genere predicciones significativas basadas no solo en la entrada actual, sino también en palabras o caracteres anteriores. Esta capacidad es fundamental para tareas que requieren comprender dependencias y contextos a largo plazo en el lenguaje.

Además, las RNNs pueden procesar secuencias de longitud variable, lo que las hace flexibles para diferentes tareas de NLP. Pueden manejar entradas de diferentes tamaños, desde frases cortas hasta párrafos largos o incluso documentos completos, sin requerir entradas de tamaño fijo como las redes neuronales tradicionales.

Exploremos tres aplicaciones principales de las RNNs en NLP, cada una mostrando la capacidad de la red para procesar y generar datos secuenciales:

1. **Modelado del Lenguaje**: Esta tarea fundamental de NLP implica predecir la siguiente palabra en una secuencia dadas las palabras precedentes. Las RNNs sobresalen en esto al aprovechar su memoria de palabras anteriores para hacer predicciones informadas sobre lo que viene después. Esta capacidad es crucial para aplicaciones como sistemas de autocompletar, correctores ortográficos y traducción automática.
2. **Generación de Texto**: Las RNNs pueden generar secuencias de texto coherentes a partir de un modelo entrenado. Al aprender patrones y estructuras de grandes corpora de texto, las RNNs pueden producir texto similar al humano, que va desde escritura creativa hasta la generación automatizada de informes. Esta aplicación se ha utilizado en chatbots, herramientas de creación de contenido e incluso en la generación de fragmentos de código para tareas de programación.
3. **Análisis de Sentimientos**: Las RNNs pueden clasificar el sentimiento (positivo, negativo o neutral) de un determinado texto. Al procesar la secuencia de palabras y comprender su contexto y relaciones, las RNNs pueden determinar con precisión el sentimiento general de oraciones, párrafos o documentos completos. Esta aplicación es ampliamente utilizada en el monitoreo de redes sociales, el análisis de comentarios de clientes y la investigación de mercado.

Estas aplicaciones demuestran la versatilidad de las RNNs para manejar diversas tareas de NLP. Su capacidad para procesar datos secuenciales, mantener el contexto y generar salidas significativas las convierte en una piedra angular de los sistemas modernos de NLP, permitiendo interacciones más naturales y efectivas entre humanos y computadoras a través del lenguaje.

6.3.1 Modelado del Lenguaje con RNNs

El modelado del lenguaje es una tarea fundamental en el Procesamiento del Lenguaje Natural (NLP), que sirve como base para numerosas aplicaciones. En su núcleo, el modelado del lenguaje tiene como objetivo predecir la distribución de probabilidad de la próxima palabra en una secuencia, dadas las palabras anteriores. Esta tarea es crucial para comprender y generar texto similar al humano, lo que lo convierte en esencial para aplicaciones que van desde sistemas de texto predictivo hasta traducción automática.

Las Redes Neuronales Recurrentes (RNNs) han emergido como una herramienta poderosa para el modelado del lenguaje debido a su capacidad para procesar datos secuenciales de manera efectiva. A diferencia de las redes neuronales tradicionales, las RNNs pueden mantener un estado interno o "memoria" que les permite capturar dependencias entre palabras a distancias variables en una oración. Esta capacidad permite que las RNNs modelen tanto relaciones contextuales a corto como a largo plazo dentro del texto.

La fortaleza de las RNNs en el modelado del lenguaje radica en su naturaleza recursiva. A medida que procesan cada palabra en una secuencia, actualizan su estado interno basado tanto en la entrada actual como en el estado anterior. Esta actualización recursiva permite que las RNNs construyan una representación rica del contexto, incorporando información de todas las palabras vistas anteriormente. En consecuencia, las RNNs pueden capturar matices sutiles en el lenguaje, como la concordancia de sujeto-verbo a grandes distancias o la coherencia temática a lo largo de un párrafo.

Además, la capacidad de las RNNs para manejar secuencias de entrada de longitud variable las hace especialmente adecuadas para tareas de modelado del lenguaje. Pueden procesar oraciones de diferentes longitudes sin requerir entradas de tamaño fijo, lo que es crucial dada la variabilidad inherente en el lenguaje natural. Esta flexibilidad permite que las RNNs se apliquen a una amplia gama de tareas de modelado del lenguaje, desde predecir el siguiente carácter en una palabra hasta generar párrafos completos de texto coherente.

Ejemplo: Modelado del Lenguaje con una RNN en PyTorch

```
import torch
import torch.nn as nn
import torch.optim as optim
from torch.utils.data import Dataset, DataLoader
import numpy as np
import matplotlib.pyplot as plt

# Define the RNN-based language model
class RNNLanguageModel(nn.Module):
    def __init__(self, vocab_size, embed_size, hidden_size, num_layers, dropout=0.5):
        super(RNNLanguageModel, self).__init__()
        self.embedding = nn.Embedding(vocab_size, embed_size)
        self.rnn = nn.RNN(embed_size, hidden_size, num_layers, batch_first=True,
dropout=dropout)
```

```
        self.fc = nn.Linear(hidden_size, vocab_size)
        self.dropout = nn.Dropout(dropout)

    def forward(self, x, hidden):
        # Embedding layer
        x = self.embedding(x)
        # Apply dropout to the embedded input
        x = self.dropout(x)
        # RNN layer
        out, hidden = self.rnn(x, hidden)
        # Apply dropout to the RNN output
        out = self.dropout(out)
        # Fully connected layer to get predictions for next word
        out = self.fc(out)
        return out, hidden

    def init_hidden(self, batch_size):
        weight = next(self.parameters()).data
        return              weight.new(self.rnn.num_layers,               batch_size,
self.rnn.hidden_size).zero_()

# Custom dataset for language modeling
class LanguageModelDataset(Dataset):
    def __init__(self, text, seq_length):
        self.text = text
        self.seq_length = seq_length
        self.total_seq = len(self.text) // self.seq_length

    def __len__(self):
        return self.total_seq

    def __getitem__(self, idx):
        start_idx = idx * self.seq_length
        end_idx = start_idx + self.seq_length
        sequence = self.text[start_idx:end_idx]
        target = self.text[start_idx+1:end_idx+1]
        return torch.LongTensor(sequence), torch.LongTensor(target)

# Function to generate text
def     generate_text(model,      start_seq,      vocab_size,     temperature=1.0,
generated_seq_len=50):
    model.eval()
    current_seq = start_seq
    generated_text = list(current_seq)
    hidden = model.init_hidden(1)

    with torch.no_grad():
        for _ in range(generated_seq_len):
            input_seq = torch.LongTensor(current_seq).unsqueeze(0)
            output, hidden = model(input_seq, hidden)

            # Apply temperature
```

```
            output = output[:, -1, :] / temperature
            # Convert to probabilities
            probs = torch.softmax(output, dim=-1)
            # Sample from the distribution
            next_word = torch.multinomial(probs, 1).item()

            generated_text.append(next_word)
            current_seq = current_seq[1:] + [next_word]

    return generated_text

# Hyperparameters
vocab_size = 5000
embed_size = 128
hidden_size = 256
num_layers = 2
dropout = 0.5
batch_size = 32
seq_length = 20
num_epochs = 10
learning_rate = 0.001

# Generate synthetic data
text_length = 100000
synthetic_text = np.random.randint(0, vocab_size, text_length)

# Create dataset and dataloader
dataset = LanguageModelDataset(synthetic_text, seq_length)
dataloader = DataLoader(dataset, batch_size=batch_size, shuffle=True)

# Initialize the language model
model = RNNLanguageModel(vocab_size, embed_size, hidden_size, num_layers, dropout)

# Loss function and optimizer
criterion = nn.CrossEntropyLoss()
optimizer = optim.Adam(model.parameters(), lr=learning_rate)

# Training loop
losses = []
for epoch in range(num_epochs):
    model.train()
    total_loss = 0
    hidden = model.init_hidden(batch_size)

    for batch, (inputs, targets) in enumerate(dataloader):
        hidden = tuple([h.data for h in hidden])
        model.zero_grad()
        output, hidden = model(inputs, hidden)
        loss = criterion(output.transpose(1, 2), targets)
        loss.backward()
        optimizer.step()
```

```
        total_loss += loss.item()

        if batch % 100 == 0:
            print(f'Epoch                [{epoch+1}/{num_epochs}],                Batch
[{batch+1}/{len(dataloader)}], Loss: {loss.item():.4f}')

    avg_loss = total_loss / len(dataloader)
    losses.append(avg_loss)
    print(f'Epoch [{epoch+1}/{num_epochs}], Average Loss: {avg_loss:.4f}')

# Plot the training loss
plt.figure(figsize=(10, 5))
plt.plot(range(1, num_epochs+1), losses)
plt.xlabel('Epoch')
plt.ylabel('Average Loss')
plt.title('Training Loss over Epochs')
plt.show()

# Generate some text
start_sequence = list(np.random.randint(0, vocab_size, seq_length))
generated_sequence = generate_text(model, start_sequence, vocab_size)
print("Generated sequence:", generated_sequence)

# Example input for a forward pass
input_seq = torch.randint(0, vocab_size, (batch_size, seq_length))
hidden = model.init_hidden(batch_size)
output, hidden = model(input_seq, hidden)
print("Output shape:", output.shape)
print("Hidden state shape:", hidden.shape)
```

Este ejemplo de código proporciona una implementación completa de un modelo de lenguaje basado en RNN usando PyTorch.

Desglosemos los componentes clave y las adiciones:

1. **Clase RNNLanguageModel**:
    - Se añadieron capas de *dropout* para regularización.
    - Se implementó un método init_hidden para inicializar el estado oculto.
2. **Clase LanguageModelDataset**:
    - Clase personalizada de conjunto de datos para tareas de modelado del lenguaje.
    - Divide el texto de entrada en secuencias y objetivos correspondientes.
3. **Función generate_text**:
    - Implementa la generación de texto usando el modelo entrenado.

    - Usa escalado de temperatura para controlar la aleatoriedad del texto generado.

4. **Hiperparámetros**:
    - Se definió un conjunto más completo de hiperparámetros.
5. **Generación de Datos**:
    - Se crearon datos sintéticos para entrenar el modelo.
6. **Bucle de Entrenamiento**:
    - Se implementó un bucle de entrenamiento completo con procesamiento por lotes.
    - Se rastrea y se imprime la pérdida en cada época.
7. **Visualización de la Pérdida**:
    - Se añadió código de matplotlib para visualizar la pérdida del entrenamiento a lo largo de las épocas.
8. **Generación de Texto**:
    - Se demuestra cómo usar el modelo entrenado para generar nuevo texto.
9. **Uso Ejemplar**:
    - Se muestra cómo realizar un pase hacia adelante con el modelo entrenado.

Este ejemplo cubre todo el proceso de definición, entrenamiento y uso de un modelo de lenguaje basado en RNN. Incluye la preparación de datos, la definición del modelo, el proceso de entrenamiento, la visualización de la pérdida y la generación de texto, proporcionando un flujo de trabajo completo para tareas de modelado del lenguaje.

6.3.2 Generación de Texto con RNNs

Otra aplicación popular de las RNNs es la **generación de texto**, donde se entrena el modelo para predecir el siguiente carácter o palabra en una secuencia, y estas predicciones se utilizan para generar texto coherente. Este proceso implica entrenar la RNN en grandes corpus de texto, permitiéndole aprender patrones, estilos y estructuras inherentes al lenguaje.

El proceso de generación de texto generalmente funciona de la siguiente manera:

- Se le da a la RNN un texto inicial o una secuencia de inicio.
- Luego, predice el carácter o palabra más probable a continuación basado en su entrenamiento.
- Este elemento predicho se añade a la secuencia y el proceso se repite.

Los modelos de generación de texto basados en RNN han demostrado capacidades notables para producir texto similar al humano en varios dominios. Pueden generar desde escritura creativa y poesía hasta documentación técnica y artículos de noticias. La calidad del texto generado a menudo depende de factores como el tamaño y la calidad de los datos de entrenamiento, la complejidad del modelo y la estrategia de generación utilizada (por ejemplo, muestreo de temperatura para controlar la aleatoriedad).

Una de las principales ventajas de usar RNNs para la generación de texto es su capacidad para mantener el contexto en secuencias largas. Esto les permite producir párrafos coherentes o incluso documentos completos que mantienen un tema o estilo consistente a lo largo del texto. Sin embargo, las RNN tradicionales pueden tener dificultades con dependencias a largo plazo, por lo que a menudo se prefieren variantes como las LSTMs (Long Short-Term Memory) o las GRUs (Gated Recurrent Units) para tareas de generación de texto más complejas.

Cabe destacar que, si bien los modelos de generación de texto basados en RNN pueden producir resultados impresionantes, también plantean importantes consideraciones éticas. Estas incluyen preocupaciones sobre el potencial de generar información engañosa o falsa, la necesidad de atribución adecuada del contenido generado por IA y el impacto en la creatividad y autoría humanas.

Ejemplo: Generación de Texto a Nivel de Carácter con LSTM en TensorFlow

```
import tensorflow as tf
import numpy as np

# Define a simple LSTM-based character-level text generation model
class LSTMTextGenerator(tf.keras.Model):
    def __init__(self, vocab_size, embed_size, lstm_units):
        super(LSTMTextGenerator, self).__init__()
        self.embedding = tf.keras.layers.Embedding(vocab_size, embed_size)
        self.lstm = tf.keras.layers.LSTM(lstm_units, return_sequences=True,
return_state=True)
        self.fc = tf.keras.layers.Dense(vocab_size)

    def call(self, inputs, states):
        x = self.embedding(inputs)
        output, state_h, state_c = self.lstm(x, initial_state=states)
        logits = self.fc(output)
        return logits, [state_h, state_c]

    def generate_text(self, start_string, num_generate, temperature=1.0):
        # Vectorize the start string
        input_eval = [char2idx[s] for s in start_string]
        input_eval = tf.expand_dims(input_eval, 0)

        # Empty string to store our results
        text_generated = []

        # Reset the states for each generation
```

```
        states = None

        for _ in range(num_generate):
            # Generate logits and updated states
            logits, states = self(input_eval, states)

            # Remove the batch dimension
            logits = tf.squeeze(logits, 0)

            # Using a categorical distribution to predict the character returned by
the model
            logits = logits / temperature
            predicted_id = tf.random.categorical(logits, num_samples=1)[-1,0].numpy()

            # Append the predicted character to the generated text
            text_generated.append(idx2char[predicted_id])

            # Update the input for the next prediction
            input_eval = tf.expand_dims([predicted_id], 0)

        return (start_string + ''.join(text_generated))

# Example usage
vocab_size = 100  # Assuming a character-level vocabulary of size 100
embed_size = 64
lstm_units = 128

# Instantiate the model
model = LSTMTextGenerator(vocab_size, embed_size, lstm_units)

# Example input (batch_size=32, sequence_length=50)
input_seq = tf.random.uniform((32, 50), minval=0, maxval=vocab_size, dtype=tf.int32)

# Initial states for LSTM (hidden state and cell state)
initial_state = [tf.zeros((32, lstm_units)), tf.zeros((32, lstm_units))]

# Forward pass
output, states = model(input_seq, initial_state)
print("Output shape:", output.shape)

# Example text generation
# Assuming we have a character-to-index and index-to-character mapping
char2idx = {char: i for i, char in enumerate('abcdefghijklmnopqrstuvwxyz ')}
idx2char = {i: char for char, i in char2idx.items()}

# Generate text
generated_text = model.generate_text("hello", num_generate=50, temperature=0.7)
print("Generated text:", generated_text)

# Training loop (simplified)
def train_step(input_seq, target_seq):
    with tf.GradientTape() as tape:
```

```
        logits, _ = model(input_seq, None)
        loss = tf.keras.losses.sparse_categorical_crossentropy(target_seq, logits,
from_logits=True)

    gradients = tape.gradient(loss, model.trainable_variables)
    optimizer.apply_gradients(zip(gradients, model.trainable_variables))
    return loss

# Assuming we have a dataset
epochs = 10
optimizer = tf.keras.optimizers.Adam()

for epoch in range(epochs):
    total_loss = 0
    for input_seq, target_seq in dataset:  # dataset would be your actual training
data
        loss = train_step(input_seq, target_seq)
        total_loss += loss

    print(f'Epoch {epoch+1}, Loss: {total_loss/len(dataset):.4f}')

# After training, generate some text
final_generated_text = model.generate_text("hello world", num_generate=100,
temperature=0.7)
print("Final generated text:", final_generated_text)
```

Este ejemplo proporciona una implementación completa de un generador de texto basado en LSTM usando TensorFlow.

Desglosemos el proceso:

Definición del Modelo (Clase LSTMTextGenerator):

- El modelo consiste en una capa *Embedding*, una capa LSTM y una capa *Dense* (totalmente conectada).
- El método call define el paso hacia adelante del modelo.
- Se añade un método generate_text para la generación de texto utilizando el modelo entrenado.

Generación de Texto (Método generate_text):

- Este método toma un texto de inicio, el número de caracteres a generar y un parámetro de temperatura.
- Utiliza el modelo para predecir repetidamente el siguiente carácter, acumulando el texto generado.
- El parámetro de temperatura controla la aleatoriedad del texto generado.

Instanciación del Modelo y Pase Adelante:

- El modelo se crea con un tamaño de vocabulario especificado, tamaño de *embedding* y unidades LSTM.
- Se realiza un pase hacia adelante con entrada aleatoria para demostrar la forma de la salida.

Ejemplo de Generación de Texto:

- Se crea una simple asignación de caracteres a índices y de índices a caracteres.
- Se llama al método generate_text para generar un texto de ejemplo.

Bucle de Entrenamiento:

- Se define una función train_step para realizar un paso de entrenamiento.
- Utiliza la cinta de gradientes (gradient tape) para la diferenciación automática y aplica gradientes para actualizar el modelo.
- Se incluye un bucle de entrenamiento simplificado, asumiendo la existencia de un conjunto de datos.

Generación Final de Texto:

- Después del entrenamiento, el modelo genera un texto más largo para demostrar sus capacidades.

Este ejemplo de código no solo muestra la arquitectura del modelo, sino también cómo entrenar el modelo y usarlo para generar texto. Proporciona una visión más completa de cómo trabajar con generadores de texto basados en LSTM en TensorFlow.

6.3.3 Análisis de Sentimientos con RNNs

El análisis de sentimientos es una tarea crucial en el procesamiento del lenguaje natural que consiste en determinar el tono emocional o la actitud expresada en un texto. Esto puede variar desde clasificar un texto como positivo, negativo o neutral, hasta evaluaciones más matizadas de emociones como alegría, ira o tristeza. Las RNNs han demostrado ser particularmente efectivas para el análisis de sentimientos debido a su capacidad para procesar datos secuenciales y capturar información contextual.

El poder de las RNNs en el análisis de sentimientos radica en su capacidad para comprender las sutilezas del lenguaje. Pueden captar cómo interactúan las palabras dentro de una oración, cómo el orden de las palabras afecta el significado y cómo las partes anteriores de un texto influyen en la interpretación de las partes posteriores. Esta comprensión contextual es crucial porque el sentimiento a menudo depende de algo más que la mera presencia de palabras positivas o negativas.

Por ejemplo, considera la oración "La película no estuvo nada mal". Un enfoque basado en la frecuencia de palabras podría clasificarla como negativa debido a la presencia de la palabra "mal". Sin embargo, una RNN puede entender que la combinación de "no" y "nada mal" invierte el significado, resultando en un sentimiento positivo. Esta capacidad para capturar tales matices lingüísticos hace que las RNNs sean una herramienta poderosa para un análisis de sentimientos preciso en diversos dominios, desde reseñas de productos y publicaciones en redes sociales hasta noticias financieras y comentarios de clientes.

Ejemplo: Análisis de Sentimientos con GRU en Keras

```
import numpy as np
from tensorflow.keras.models import Sequential
from tensorflow.keras.layers import GRU, Dense, Embedding
from tensorflow.keras.preprocessing.sequence import pad_sequences
from tensorflow.keras.preprocessing.text import Tokenizer
from tensorflow.keras.callbacks import EarlyStopping
from sklearn.model_selection import train_test_split
from sklearn.metrics import classification_report

# Example dataset: list of sentences with sentiment labels
sentences = [
    "I love this movie!",
    "This movie was terrible...",
    "I really enjoyed the performance.",
    "The acting was mediocre at best.",
    "A masterpiece of modern cinema!",
    "I wouldn't recommend this film to anyone.",
    "An average movie, nothing special.",
    "The plot was confusing and hard to follow.",
    "A delightful experience from start to finish!",
    "The special effects were impressive, but the story was lacking."
]
labels = [1, 0, 1, 0, 1, 0, 0.5, 0, 1, 0.5]  # 1: positive, 0: negative, 0.5: neutral

# Tokenize and pad the sequences
max_words = 10000
max_len = 20

tokenizer = Tokenizer(num_words=max_words)
tokenizer.fit_on_texts(sentences)
sequences = tokenizer.texts_to_sequences(sentences)
padded_sequences = pad_sequences(sequences, maxlen=max_len)

# Split the data into training and testing sets
X_train,  X_test,  y_train,  y_test  =  train_test_split(padded_sequences,  labels,
test_size=0.2, random_state=42)

# Define a GRU-based sentiment analysis model
model = Sequential([
    Embedding(input_dim=max_words, output_dim=64, input_length=max_len),
```

```
    GRU(units=64, return_sequences=True),
    GRU(units=32),
    Dense(16, activation='relu'),
    Dense(1, activation='sigmoid')
])

# Compile the model
model.compile(optimizer='adam', loss='binary_crossentropy', metrics=['accuracy'])

# Define early stopping
early_stopping = EarlyStopping(monitor='val_loss', patience=3,
restore_best_weights=True)

# Train the model
history = model.fit(
    X_train, y_train,
    epochs=50,
    batch_size=2,
    validation_split=0.2,
    callbacks=[early_stopping],
    verbose=1
)
# Evaluate the model
loss, accuracy = model.evaluate(X_test, y_test, verbose=0)
print(f"Test accuracy: {accuracy:.4f}")

# Make predictions
y_pred = model.predict(X_test)
y_pred_classes = np.round(y_pred).flatten()

# Print classification report
print(classification_report(y_test, y_pred_classes))

# Function to predict sentiment for new sentences
def predict_sentiment(sentences):
    sequences = tokenizer.texts_to_sequences(sentences)
    padded = pad_sequences(sequences, maxlen=max_len)
    predictions = model.predict(padded)
    return predictions.flatten()

# Example usage
new_sentences = [
    "This movie exceeded all my expectations!",
    "I fell asleep halfway through the film.",
    "It was okay, but nothing to write home about."
]
sentiments = predict_sentiment(new_sentences)
for sentence, sentiment in zip(new_sentences, sentiments):
    print(f"Sentence: {sentence}")
    print(f"Sentiment: {sentiment:.4f}")
    print()
```

Este ejemplo de código proporciona una implementación completa de análisis de sentimientos utilizando un modelo basado en GRU en Keras.

Desglosemos el proceso:

1. **Preparación de Datos**:
   - Se amplió el conjunto de datos para incluir más oraciones y sus correspondientes etiquetas de sentimiento.
   - Las etiquetas ahora son más matizadas: 1 para sentimientos positivos, 0 para negativos y 0.5 para sentimientos neutrales.
   - La función pad_sequences se usa para asegurar que todas las secuencias de entrada tengan la misma longitud.
2. **Arquitectura del Modelo**:
   - El modelo ahora incluye dos capas GRU: una con return_sequences=True para permitir el apilamiento y otra para producir una sola salida.
   - Se añadió una capa *Dense* adicional antes de la capa de salida final, lo que permite que el modelo aprenda representaciones más complejas.
3. **Proceso de Entrenamiento**:
   - Los datos se dividen en conjuntos de entrenamiento y prueba usando train_test_split de scikit-learn.
   - Se implementa el *early stopping* para evitar el sobreajuste y guardar los mejores pesos del modelo.
   - El modelo se entrena hasta por 50 épocas, pero puede detenerse antes gracias al *early stopping*.
4. **Evaluación**:
   - El rendimiento del modelo se evalúa en el conjunto de prueba.
   - Se genera un informe de clasificación que proporciona métricas como precisión, recuperación y F1-score.
5. **Función de Predicción**:
   - Se define una función predict_sentiment para facilitar la predicción de sentimientos en nuevas oraciones.
   - Esta función maneja la tokenización y el relleno (padding) de nuevas entradas.
6. **Uso Ejemplar**:

- El código concluye con un ejemplo de cómo usar el modelo entrenado para predecir sentimientos en nuevas oraciones no vistas.

Este ejemplo completo demuestra todo el flujo de trabajo de construcción, entrenamiento, evaluación y uso de un modelo de análisis de sentimientos basado en GRU, proporcionando un escenario más realista para aplicaciones prácticas.

6.4 Redes Transformer para Modelado de Secuencias

Las RNN tradicionales y sus variantes como LSTM y GRU procesan secuencias paso a paso. Esta naturaleza secuencial dificulta su paralelización, y tienen problemas con dependencias muy largas debido a los gradientes que desaparecen. **Transformers**, introducidos en el revolucionario artículo *Attention Is All You Need* (Vaswani et al., 2017), transformaron el modelado de secuencias al abordar estas limitaciones.

Los transformers emplean un innovador **mecanismo de atención** que procesa toda la secuencia simultáneamente. Este enfoque permite que el modelo capture las relaciones entre todos los elementos de la secuencia, independientemente de su posición. El mecanismo de atención calcula puntuaciones de relevancia entre cada par de elementos, lo que permite al modelo enfocarse en las partes más importantes de la entrada para una tarea dada.

La piedra angular de la arquitectura transformer es el **mecanismo de auto-atención**. Esta técnica poderosa permite que el modelo evalúe la importancia de diferentes palabras o elementos en una secuencia entre sí. Al hacerlo, los transformers pueden capturar dependencias complejas e información contextual de manera más efectiva que sus predecesores.

Esto los hace particularmente adeptos en el manejo de secuencias largas y en la preservación de dependencias a largo plazo, lo cual es crucial para tareas como la traducción automática, la resumificación de textos y la comprensión del lenguaje.

Además, la naturaleza paralela del cálculo de auto-atención en los transformers permite grandes aumentos en la velocidad de entrenamiento y en los tiempos de inferencia. Esta eficiencia, combinada con su rendimiento superior en varias tareas de procesamiento de lenguaje natural, ha llevado a que los transformers se conviertan en la base de modelos de lenguaje de última generación como BERT, GPT y sus variantes.

6.4.1 La Arquitectura Transformer

La arquitectura transformer es un diseño innovador en el campo del procesamiento del lenguaje natural, que consta de dos componentes principales: un **codificador** y un **decodificador**. Ambos componentes se construyen utilizando capas intrincadas de mecanismos de auto-atención y redes de retroalimentación (feed-forward), trabajando en conjunto para procesar y generar secuencias de texto.

La función principal del codificador es procesar la secuencia de entrada, transformándola en una representación rica y consciente del contexto. Esta representación captura no solo el significado de las palabras individuales, sino también sus relaciones y roles dentro del contexto más amplio de la oración o párrafo. Por otro lado, el decodificador toma esta representación codificada y genera la secuencia de salida, ya sea una traducción, un resumen o una continuación del texto de entrada.

1. Mecanismo de Auto-Atención: El Núcleo del Poder del Transformer

En el corazón de las capacidades revolucionarias del transformer está el mecanismo de auto-atención. Este enfoque innovador permite que cada elemento en la secuencia de entrada interactúe directamente con todos los demás elementos, independientemente de su distancia posicional. Esta interacción directa permite que el modelo capture y aprenda dependencias complejas y de largo alcance dentro del texto, algo que ha sido un desafío para los modelos secuenciales tradicionales como las RNNs.

El mecanismo de auto-atención opera calculando puntuaciones de atención entre todos los pares de elementos en la secuencia. Estas puntuaciones determinan cuánto debe "atender" cada elemento a los demás al construir su representación contextual. Este proceso se puede visualizar como la creación de un gráfico completamente conectado donde cada nodo (palabra) tiene conexiones ponderadas con todos los demás nodos, y los pesos representan la relevancia o importancia de esas conexiones.

Por ejemplo, considera la oración: "El gato, que era naranja y esponjoso, se sentó en la alfombra." En este caso, el mecanismo de auto-atención permite que el modelo conecte fácilmente "gato" con "se sentó", a pesar de la cláusula descriptiva intermedia. Esta capacidad de conectar distancias largas en la entrada es crucial para numerosas tareas de NLP:

- **Resolución de correferencias**: Identificar que "él" en una oración posterior se refiere al "gato".
- **Análisis de sentimientos**: Entender que "no está nada mal" es en realidad un sentimiento positivo, aunque "mal" aparezca en la frase.
- **Razonamiento complejo**: Conectar piezas relevantes de información dispersas a lo largo de un documento para responder preguntas o hacer inferencias.

Además, la flexibilidad del mecanismo de auto-atención le permite capturar varios tipos de fenómenos lingüísticos:

- **Dependencias sintácticas**: Comprender estructuras gramaticales en oraciones largas.
- **Relaciones semánticas**: Conectar palabras con significados similares o conceptos relacionados.
- **Desambiguación contextual**: Diferenciar entre múltiples significados de una palabra en función de su contexto.

Este poderoso mecanismo, combinado con otros componentes de la arquitectura transformer, ha llevado a avances significativos en la comprensión y generación de lenguaje natural, empujando los límites de lo posible en inteligencia artificial y procesamiento del lenguaje natural.

2. Codificación Posicional: Preservando el Orden de la Secuencia

Un desafío crítico en el diseño de la arquitectura transformer fue mantener la naturaleza secuencial del lenguaje sin depender de conexiones recurrentes. A diferencia de las RNNs, que procesan entradas secuencialmente, los transformers operan sobre todos los elementos de una secuencia simultáneamente. Este procesamiento paralelo, aunque eficiente, corre el riesgo de perder información crucial sobre el orden de las palabras en una oración.

La ingeniosa solución vino en forma de codificaciones posicionales. Estos son constructos matemáticos sofisticados que se añaden a los *embeddings* de entrada, proporcionando al modelo información explícita sobre la posición relativa o absoluta de cada palabra en la secuencia. Al incorporar información posicional directamente en la representación de entrada, los transformers pueden mantener la conciencia del orden de las palabras sin sacrificar sus capacidades de procesamiento paralelo.

Las codificaciones posicionales en transformers típicamente utilizan funciones sinusoidales de diferentes frecuencias. Esta elección no es arbitraria; ofrece varias ventajas:

- **Interpolación Suave**: Las funciones sinusoidales proporcionan una representación suave y continua de la posición, permitiendo que el modelo interpole fácilmente entre posiciones aprendidas.
- **Naturaleza Periódica**: La naturaleza periódica de las funciones seno y coseno permite que el modelo generalice a longitudes de secuencia más allá de las vistas durante el entrenamiento.
- **Codificaciones Únicas**: Cada posición en una secuencia recibe una codificación única, asegurando que el modelo pueda distinguir entre diferentes posiciones con precisión.
- **Propiedad de Desplazamiento Fijo**: La codificación para una posición desplazada por un desplazamiento fijo se puede representar como una función lineal de la codificación original, lo que ayuda al modelo a aprender posiciones relativas de manera eficiente.

Este enfoque inteligente para codificar la información posicional tiene implicaciones de gran alcance. Permite a los transformers manejar secuencias de longitud variable con facilidad, adaptándose a entradas de diferentes longitudes sin requerir reentrenamiento. Además, permite que el modelo capture dependencias tanto locales como de largo alcance de manera efectiva, un factor crucial para comprender estructuras lingüísticas complejas y relaciones dentro del texto.

La flexibilidad y efectividad de las codificaciones posicionales contribuyen significativamente a la capacidad del transformer de sobresalir en una amplia gama de tareas de procesamiento del lenguaje natural, desde traducción automática y resumificación de texto hasta respuestas a preguntas y análisis de sentimientos. A medida que continúan las investigaciones en esta área, podríamos ver enfoques aún más sofisticados para codificar la información posicional, lo que mejorará aún más las capacidades de los modelos basados en transformers.

3. Multi-Head Attention: Un Mecanismo Poderoso para una Comprensión Integral

El mecanismo de atención multi-cabezal es una extensión sofisticada del concepto básico de atención, representando un avance significativo en la arquitectura transformer. Este enfoque innovador permite que el modelo se enfoque simultáneamente en múltiples aspectos de la entrada, lo que da como resultado una comprensión más matizada y completa del texto.

En su núcleo, la atención multi-cabezal opera calculando varias operaciones de atención en paralelo, cada una con su propio conjunto de parámetros aprendidos. Este procesamiento paralelo permite que el modelo capture una amplia gama de relaciones entre las palabras, abarcando varias dimensiones lingüísticas:

- **Relaciones sintácticas**: Una cabeza de atención podría centrarse en estructuras gramaticales, identificando acuerdos sujeto-verbo o dependencias entre cláusulas.
- **Similitudes semánticas**: Otra cabeza podría enfocarse en conexiones basadas en el significado, vinculando palabras con connotaciones similares o conceptos relacionados.
- **Matices contextuales**: Una tercera cabeza podría especializarse en capturar el uso contextual de las palabras, ayudando a desambiguar términos polisémicos.
- **Dependencias a largo plazo**: Otra cabeza podría estar dedicada a identificar relaciones entre partes distantes del texto, crucial para comprender narrativas o argumentos complejos.

Este enfoque multifacético de la atención proporciona a los transformers una representación rica y multidimensional del texto de entrada. Al considerar simultáneamente estos diversos aspectos, el modelo puede construir una comprensión más holística del contenido, lo que lleva a un rendimiento superior en una amplia gama de tareas de procesamiento de lenguaje natural (NLP).

El poder de la atención multi-cabezal se hace particularmente evidente en escenarios lingüísticos complejos. Por ejemplo, en el análisis de sentimientos, permite que el modelo considere simultáneamente el significado literal de las palabras, su uso contextual y su papel gramatical en la oración. En la traducción automática, permite que el modelo capture tanto la estructura sintáctica del idioma de origen como los matices semánticos del idioma de destino, lo que resulta en traducciones más precisas y contextualmente apropiadas.

Además, la flexibilidad de la atención multi-cabezal contribuye significativamente a la adaptabilidad del transformer en diferentes idiomas y dominios. Esta versatilidad ha sido un factor clave en la adopción generalizada de los modelos basados en transformers en diversas aplicaciones de NLP, desde sistemas de preguntas y respuestas hasta herramientas de resumificación de texto.

4. Red Feed-Forward: Mejorando la Extracción de Características Locales

La red feed-forward (FFN) es un componente crítico de la arquitectura transformer, que sigue a las capas de atención en cada bloque del transformer. Esta red actúa como un potente extractor de características locales, complementando la información contextual global capturada por el mecanismo de auto-atención.

Estructura y Función:

- Típicamente consiste en dos transformaciones lineales con una activación ReLU entre ellas.
- Procesa la salida de la capa de atención.
- Aplica transformaciones no lineales para capturar patrones y relaciones complejas.

Contribuciones Clave al Transformer:

- Mejora la capacidad del modelo para representar funciones complejas.
- Introduce no linealidad, permitiendo mapeos más sofisticados.
- Aumenta la capacidad del modelo para aprender características intrincadas.

Sinergia con la Auto-Atención:

- Mientras que la auto-atención captura dependencias globales, la FFN se centra en el procesamiento de características locales.
- Esta combinación permite que el transformer equilibre eficazmente la información global y local.

Consideraciones Computacionales:

- La FFN se aplica de forma independiente a cada posición en la secuencia.
- Esta naturaleza por posición permite un cálculo paralelo eficiente.

Al incorporar la red feed-forward, los transformers ganan la capacidad de procesar información en múltiples escalas, desde el contexto amplio proporcionado por la auto-atención hasta las características detalladas extraídas por la FFN. Este procesamiento multi-escala es un factor clave en el éxito del transformer en una amplia gama de tareas de procesamiento del lenguaje natural.

La combinación de estos componentes: auto-atención, codificación posicional, atención multi-cabezal y redes feed-forward, crea una arquitectura altamente flexible y poderosa. Los transformers no solo han revolucionado el procesamiento del lenguaje natural, sino que también han encontrado aplicaciones en otros dominios como la visión por computadora, el reconocimiento de voz e incluso la predicción de plegamiento de proteínas, mostrando su versatilidad y efectividad en una amplia gama de tareas de modelado de secuencias.

6.4.2 Implementación de Transformers en TensorFlow

Vamos a profundizar en la implementación de un bloque básico de transformer usando **TensorFlow**. Nuestro enfoque principal será construir el mecanismo de auto-atención, que forma el núcleo de la arquitectura transformer. Este componente poderoso permite que el modelo pese la importancia de diferentes partes de la secuencia de entrada al procesar cada elemento.

El mecanismo de auto-atención en transformers opera calculando tres matrices a partir de la entrada: consultas (Q), claves (K) y valores (V). Estas matrices se utilizan luego para calcular puntuaciones de atención, determinando cuánta atención debe enfocarse en otras partes de la secuencia al codificar un elemento específico. Este proceso permite que el modelo capture relaciones y dependencias complejas dentro de los datos de entrada.

En nuestra implementación de TensorFlow, comenzaremos definiendo una función para la atención de producto escalar escalado (*scaled dot-product attention*). Esta función calculará los pesos de atención tomando el producto punto de las consultas y claves, escalando el resultado y aplicando una función *softmax*. Estos pesos se utilizan luego para crear una suma ponderada de los valores, produciendo la salida final del mecanismo de atención.

Después de esto, construiremos un bloque completo de transformer. Este bloque incorporará no solo el mecanismo de auto-atención, sino también componentes adicionales como redes feed-forward y normalización por capas (*layer normalization*). Estos elementos trabajan en conjunto para procesar y transformar los datos de entrada, permitiendo que el modelo aprenda patrones y relaciones intrincadas dentro de las secuencias.

Ejemplo: Mecanismo de Auto-Atención en TensorFlow

```
import tensorflow as tf

# Define the scaled dot-product attention
def scaled_dot_product_attention(query, key, value, mask=None):
    """Calculate the attention weights.
    q, k, v must have matching leading dimensions.
    k, v must have matching penultimate dimension, i.e.: seq_len_k = seq_len_v.
    The mask has different shapes depending on its type(padding or look ahead)
    but it must be broadcastable for addition.

    Args:
      query: query shape == (..., seq_len_q, depth)
      key: key shape == (..., seq_len_k, depth)
      value: value shape == (..., seq_len_v, depth_v)
      mask: Float tensor with shape broadcastable
            to (..., seq_len_q, seq_len_k). Defaults to None.
```

```
    Returns:
      output, attention_weights
    """

    matmul_qk = tf.matmul(query, key, transpose_b=True)  # (..., seq_len_q, seq_len_k)

    # scale matmul_qk
    dk = tf.cast(tf.shape(key)[-1], tf.float32)
    scaled_attention_logits = matmul_qk / tf.math.sqrt(dk)

    # add the mask to the scaled tensor.
    if mask is not None:
        scaled_attention_logits += (mask * -1e9)

    # softmax is normalized on the last axis (seq_len_k) so that the scores
    # add up to 1.
    attention_weights = tf.nn.softmax(scaled_attention_logits, axis=-1)  # (...,
seq_len_q, seq_len_k)

    output = tf.matmul(attention_weights, value)  # (..., seq_len_q, depth_v)

    return output, attention_weights

class MultiHeadAttention(tf.keras.layers.Layer):
    def __init__(self, d_model, num_heads):
        super(MultiHeadAttention, self).__init__()
        self.num_heads = num_heads
        self.d_model = d_model

        assert d_model % self.num_heads == 0

        self.depth = d_model // self.num_heads

        self.wq = tf.keras.layers.Dense(d_model)
        self.wk = tf.keras.layers.Dense(d_model)
        self.wv = tf.keras.layers.Dense(d_model)

        self.dense = tf.keras.layers.Dense(d_model)

    def split_heads(self, x, batch_size):
        """Split the last dimension into (num_heads, depth).
        Transpose the result such that the shape is (batch_size, num_heads, seq_len,
depth)
        """
        x = tf.reshape(x, (batch_size, -1, self.num_heads, self.depth))
        return tf.transpose(x, perm=[0, 2, 1, 3])

    def call(self, v, k, q, mask):
        batch_size = tf.shape(q)[0]

        q = self.wq(q)  # (batch_size, seq_len, d_model)
        k = self.wk(k)  # (batch_size, seq_len, d_model)
```

```
        v = self.wv(v)  # (batch_size, seq_len, d_model)

        q = self.split_heads(q, batch_size)  # (batch_size, num_heads, seq_len_q,
depth)
        k = self.split_heads(k, batch_size)  # (batch_size, num_heads, seq_len_k,
depth)
        v = self.split_heads(v, batch_size)  # (batch_size, num_heads, seq_len_v,
depth)

        # scaled_attention.shape == (batch_size, num_heads, seq_len_q, depth)
        # attention_weights.shape == (batch_size, num_heads, seq_len_q, seq_len_k)
        scaled_attention, attention_weights = scaled_dot_product_attention(
            q, k, v, mask)

        scaled_attention = tf.transpose(scaled_attention, perm=[0, 2, 1, 3])  #
(batch_size, seq_len_q, num_heads, depth)

        concat_attention = tf.reshape(scaled_attention,
                                      (batch_size, -1, self.d_model))  # (batch_size,
seq_len_q, d_model)

        output = self.dense(concat_attention)  # (batch_size, seq_len_q, d_model)

        return output, attention_weights

# Example usage
d_model = 512
num_heads = 8

mha = MultiHeadAttention(d_model, num_heads)

# Example inputs (batch_size=1, sequence_length=60, d_model=512)
query = tf.random.normal(shape=(1, 60, d_model))
key = value = query

output, attention_weights = mha(value, key, query, mask=None)
print("Multi-Head Attention Output shape:", output.shape)
print("Attention Weights shape:", attention_weights.shape)
```

Desglose del código:

1. **Atención de Producto Escalar Escalado**:
   - Esta función implementa el mecanismo de atención principal.
   - Toma como entrada tensores de consulta, clave y valor.
   - Se calcula el producto punto entre la consulta y la clave, y se escala dividiendo por la raíz cuadrada de la dimensión de la clave.

- Se puede aplicar una máscara opcional (útil para el relleno o enmascaramiento futuro en la generación de secuencias).
- Se aplica una función *softmax* para obtener los pesos de atención, que luego se utilizan para calcular una suma ponderada de los valores.

2. **Clase MultiHeadAttention**:
    - Esta clase implementa el mecanismo de atención multi-cabezal.
    - Crea capas densas separadas para las proyecciones de consulta, clave y valor.
    - El método split_heads reestructura la entrada para separarla en múltiples cabezas.
    - El método call aplica las proyecciones, divide las cabezas, aplica la atención de producto escalar escalado y luego combina los resultados.
3. **Componentes Clave**:
    - **Proyecciones Lineales**: La entrada se proyecta en los espacios de consulta, clave y valor utilizando capas densas.
    - **División en Multi-Cabezas**: Las entradas proyectadas se dividen en múltiples cabezas, lo que permite que el modelo atienda diferentes partes de la entrada simultáneamente.
    - **Atención de Producto Escalar Escalado**: Se aplica a cada cabeza por separado.
    - **Concatenación y Proyección Final**: Las salidas de todas las cabezas se concatenan y se proyectan al espacio de salida final.
4. **Ejemplo de Uso**:
    - Se crea una instancia de **MultiHeadAttention** con una dimensión de modelo de 512 y 8 cabezas de atención.
    - Se crean tensores de entrada aleatorios para simular un lote de secuencias.
    - Se aplica la atención multi-cabezal y se imprimen las formas de salida y de los pesos de atención.

Esta implementación proporciona una imagen completa de cómo funciona la atención multi-cabezal en la práctica, incluyendo la división y combinación de las cabezas de atención. Es un componente clave en las arquitecturas de transformers, lo que permite que el modelo atienda conjuntamente a la información desde diferentes subespacios de representación en diferentes posiciones.

Ejemplo: Bloque Transformer en TensorFlow

Aquí tienes una implementación de un **bloque transformer** simple que incluye tanto la auto-atención como una capa *feed-forward*.

```
import tensorflow as tf

class TransformerBlock(tf.keras.layers.Layer):
    def __init__(self, embed_dim, num_heads, ff_dim, rate=0.1):
        super(TransformerBlock, self).__init__()
        self.attention    =    tf.keras.layers.MultiHeadAttention(num_heads=num_heads,
key_dim=embed_dim)
        self.ffn = tf.keras.Sequential([
            tf.keras.layers.Dense(ff_dim, activation="relu"),
            tf.keras.layers.Dense(embed_dim)
        ])
        self.layernorm1 = tf.keras.layers.LayerNormalization(epsilon=1e-6)
        self.layernorm2 = tf.keras.layers.LayerNormalization(epsilon=1e-6)
        self.dropout1 = tf.keras.layers.Dropout(rate)
        self.dropout2 = tf.keras.layers.Dropout(rate)

    def call(self, inputs, training):
        attn_output = self.attention(inputs, inputs)
        attn_output = self.dropout1(attn_output, training=training)
        out1 = self.layernorm1(inputs + attn_output)
        ffn_output = self.ffn(out1)
        ffn_output = self.dropout2(ffn_output, training=training)
        return self.layernorm2(out1 + ffn_output)

class TransformerModel(tf.keras.Model):
    def __init__(self, num_layers, embed_dim, num_heads, ff_dim, input_vocab_size,
                 target_vocab_size, max_seq_length):
        super(TransformerModel, self).__init__()
        self.embedding = tf.keras.layers.Embedding(input_vocab_size, embed_dim)
        self.pos_encoding = positional_encoding(max_seq_length, embed_dim)

        self.transformer_blocks = [TransformerBlock(embed_dim, num_heads, ff_dim)
                                   for _ in range(num_layers)]

        self.dropout = tf.keras.layers.Dropout(0.1)
        self.final_layer = tf.keras.layers.Dense(target_vocab_size)

    def call(self, inputs, training):
        x = self.embedding(inputs)
        x *= tf.math.sqrt(tf.cast(self.embedding.output_dim, tf.float32))
        x += self.pos_encoding[:, :tf.shape(inputs)[1], :]
        x = self.dropout(x, training=training)

        for transformer_block in self.transformer_blocks:
            x = transformer_block(x, training=training)

        return self.final_layer(x)
```

```
def positional_encoding(position, d_model):
    def get_angles(pos, i, d_model):
        angle_rates = 1 / np.power(10000, (2 * (i//2)) / np.float32(d_model))
        return pos * angle_rates

    angle_rads = get_angles(np.arange(position)[:, np.newaxis],
                            np.arange(d_model)[np.newaxis, :],
                            d_model)

    angle_rads[:, 0::2] = np.sin(angle_rads[:, 0::2])
    angle_rads[:, 1::2] = np.cos(angle_rads[:, 1::2])

    pos_encoding = angle_rads[np.newaxis, ...]

    return tf.cast(pos_encoding, dtype=tf.float32)

# Example usage
embed_dim = 64
num_heads = 8
ff_dim = 128
num_layers = 4
input_vocab_size = 5000
target_vocab_size = 5000
max_seq_length = 100

model = TransformerModel(num_layers, embed_dim, num_heads, ff_dim,
                         input_vocab_size, target_vocab_size, max_seq_length)

# Example input (batch_size=32, sequence_length=10)
inputs = tf.random.uniform((32, 10), dtype=tf.int64, minval=0, maxval=200)

# Forward pass
output = model(inputs, training=True)
print("Transformer Model Output Shape:", output.shape)
```

Este ejemplo de código proporciona una implementación completa de un modelo Transformer en TensorFlow.

Vamos a desglosarlo:

1. **TransformerBlock**:
    - Esta clase representa un bloque Transformer individual, que incluye la atención multi-cabezal y una red feed-forward.
    - Utiliza normalización por capas (*layer normalization*) y *dropout* para regularización.
    - El método call aplica auto-atención, seguido de la red *feed-forward*, con conexiones residuales y normalización por capas.

2. **TransformerModel**:
   - Esta clase representa el modelo Transformer completo, que consiste en múltiples bloques Transformer.
   - Incluye una capa de *embedding* para convertir los tokens de entrada en vectores y agrega codificación posicional.
   - El modelo apila varios bloques Transformer y termina con una capa densa para la predicción de salida.
3. **Codificación Posicional**:
   - La función positional_encoding genera codificaciones posicionales que se añaden a los embeddings de entrada.
   - Esto permite que el modelo entienda el orden de los tokens en la secuencia.
4. **Configuración del Modelo**:
   - El ejemplo muestra cómo configurar el modelo con varios hiperparámetros, como el número de capas, la dimensión de los *embeddings*, el número de cabezas de atención, etc.
5. **Ejemplo de Uso**:
   - El código demuestra cómo crear una instancia de **TransformerModel** y realizar una pasada hacia adelante con datos de entrada aleatorios.

Esta implementación proporciona una visión completa de cómo está estructurado un modelo Transformer y cómo puede utilizarse para tareas de secuencia a secuencia. Incluye componentes clave como la codificación posicional y el apilamiento de múltiples bloques Transformer, que son cruciales para el rendimiento del modelo en diversas tareas de procesamiento de lenguaje natural (NLP).

6.4.3 Implementación de Transformer en PyTorch

PyTorch ofrece soporte robusto para arquitecturas de transformers a través de su módulo **nn.Transformer**. Esta poderosa herramienta permite a los desarrolladores construir y personalizar modelos transformer con facilidad. Vamos a profundizar en cómo podemos aprovechar PyTorch para construir un modelo transformer, explorando sus componentes clave y funcionalidades.

El módulo nn.Transformer en PyTorch proporciona una base flexible para implementar diversas arquitecturas transformer. Este módulo encapsula los elementos clave del transformer, incluidos los mecanismos de atención multi-cabezal, redes *feed-forward* y la normalización por capas. Este diseño modular permite a los investigadores y profesionales experimentar con diferentes configuraciones y adaptar el transformer a tareas específicas.

Al usar PyTorch para construir un modelo transformer, tienes control detallado sobre hiperparámetros cruciales como el número de capas del codificador y decodificador, el número de cabezas de atención y la dimensionalidad del modelo. Este nivel de personalización te permite optimizar la arquitectura del modelo para tu caso de uso particular, ya sea traducción automática, resumen de textos u otra tarea de secuencia a secuencia.

Además, el gráfico computacional dinámico de PyTorch y su modo de ejecución ansioso facilitan la depuración y el desarrollo de modelos de forma más intuitiva. Esto puede ser particularmente beneficioso al trabajar con arquitecturas transformer complejas, ya que permite la inspección paso a paso del comportamiento del modelo durante el entrenamiento y la inferencia.

Ejemplo: Transformer en PyTorch

```
import torch
import torch.nn as nn
import torch.optim as optim
import math

# Positional Encoding
class PositionalEncoding(nn.Module):
    def __init__(self, d_model, max_len=5000):
        super(PositionalEncoding, self).__init__()
        pe = torch.zeros(max_len, d_model)
        position = torch.arange(0, max_len, dtype=torch.float).unsqueeze(1)
        div_term = torch.exp(torch.arange(0, d_model, 2).float() * (-math.log(10000.0)
/ d_model))
        pe[:, 0::2] = torch.sin(position * div_term)
        pe[:, 1::2] = torch.cos(position * div_term)
        pe = pe.unsqueeze(0).transpose(0, 1)
        self.register_buffer('pe', pe)

    def forward(self, x):
        return x + self.pe[:x.size(0), :]

# Define the transformer model
class TransformerModel(nn.Module):
    def __init__(self, vocab_size, embed_size, num_heads, num_encoder_layers,
num_decoder_layers, ff_hidden_dim, max_seq_length, dropout=0.1):
        super(TransformerModel, self).__init__()
        self.embedding = nn.Embedding(vocab_size, embed_size)
        self.pos_encoder = PositionalEncoding(embed_size, max_seq_length)
        self.transformer = nn.Transformer(
            d_model=embed_size,
            nhead=num_heads,
            num_encoder_layers=num_encoder_layers,
            num_decoder_layers=num_decoder_layers,
            dim_feedforward=ff_hidden_dim,
            dropout=dropout
        )
```

```
        self.fc = nn.Linear(embed_size, vocab_size)

    def forward(self, src, tgt, src_mask=None, tgt_mask=None):
        src = self.embedding(src) * math.sqrt(self.embedding.embedding_dim)
        src = self.pos_encoder(src)
        tgt = self.embedding(tgt) * math.sqrt(self.embedding.embedding_dim)
        tgt = self.pos_encoder(tgt)

        output = self.transformer(src, tgt, src_mask=src_mask, tgt_mask=tgt_mask)
        return self.fc(output)

# Generate square subsequent mask
def generate_square_subsequent_mask(sz):
    mask = (torch.triu(torch.ones(sz, sz)) == 1).transpose(0, 1)
    mask = mask.float().masked_fill(mask == 0, float('-inf')).masked_fill(mask == 1,
float(0.0))
    return mask

# Example input (sequence_length=10, batch_size=32, vocab_size=1000)
vocab_size = 1000
src = torch.randint(0, vocab_size, (10, 32))
tgt = torch.randint(0, vocab_size, (10, 32))

# Hyperparameters
embed_size = 512
num_heads = 8
num_encoder_layers = 6
num_decoder_layers = 6
ff_hidden_dim = 2048
max_seq_length = 100
dropout = 0.1

# Instantiate the transformer model
model  =  TransformerModel(vocab_size,  embed_size,  num_heads,  num_encoder_layers,
num_decoder_layers, ff_hidden_dim, max_seq_length, dropout)

# Create masks
src_mask = torch.zeros((10, 10)).type(torch.bool)
tgt_mask = generate_square_subsequent_mask(10)

# Forward pass
output = model(src, tgt, src_mask=src_mask, tgt_mask=tgt_mask)
print("Transformer Output Shape:", output.shape)

# Loss function and optimizer
criterion = nn.CrossEntropyLoss()
optimizer = optim.Adam(model.parameters(), lr=0.0001, betas=(0.9, 0.98), eps=1e-9)

# Training loop (example for one epoch)
model.train()
for epoch in range(1):
    optimizer.zero_grad()
```

```
    output = model(src, tgt, src_mask=src_mask, tgt_mask=tgt_mask)
    loss = criterion(output.view(-1, vocab_size), tgt.view(-1))
    loss.backward()
    optimizer.step()
    print(f"Epoch {epoch+1}, Loss: {loss.item()}")

# Evaluation mode
model.eval()
with torch.no_grad():
    eval_output = model(src, tgt, src_mask=src_mask, tgt_mask=tgt_mask)
    print("Evaluation Output Shape:", eval_output.shape)
```

Este ejemplo de código proporciona una implementación completa de un modelo Transformer en PyTorch.

Desglosémoslo:

1. **Codificación Posicional**:
    - La clase PositionalEncoding se implementa para agregar información posicional a las incrustaciones de entrada.
    - Utiliza funciones seno y coseno de diferentes frecuencias para cada dimensión de la incrustación.
    - Esto permite que el modelo entienda el orden de los tokens en la secuencia.
2. **Clase TransformerModel**:
    - El modelo ahora incluye una capa de incrustación para convertir los tokens de entrada en vectores.
    - La codificación posicional se aplica tanto a las incrustaciones de origen como a las de destino.
    - La capa Transformer se inicializa con parámetros más detallados, incluyendo el dropout.
    - El método forward ahora maneja tanto las entradas src como tgt, junto con sus respectivas máscaras.
3. **Generación de Máscara**:
    - La función generate_square_subsequent_mask crea una máscara para el decodificador que impide que este atienda a posiciones posteriores.
4. **Instanciación del Modelo y Paso Adelante**:
    - El modelo se crea con hiperparámetros más realistas.
    - Se crean máscaras de origen y destino, las cuales se pasan al modelo.

5. **Bucle de Entrenamiento**:
   - Se implementa un bucle de entrenamiento básico con una función de pérdida (CrossEntropyLoss) y un optimizador (Adam).
   - Esto demuestra cómo entrenar el modelo durante una época.
6. **Modo de Evaluación**:
   - El código muestra cómo cambiar el modelo al modo de evaluación y realizar inferencias.

6.4.4 ¿Por qué usar Transformers?

Los transformers han revolucionado el campo del modelado de secuencias, particularmente en el Procesamiento del Lenguaje Natural (PLN), debido a su excepcional escalabilidad y capacidad para capturar dependencias a largo plazo. Su arquitectura ofrece varias ventajas sobre las redes neuronales recurrentes tradicionales (RNN) y las redes de memoria a largo y corto plazo (LSTM):

1. Paralelización

Los transformers revolucionan el procesamiento de secuencias al permitir el cálculo paralelo de secuencias completas. A diferencia de las RNN y LSTM, que procesan las entradas secuencialmente, los transformers pueden manejar todos los elementos de una secuencia simultáneamente. Esta arquitectura paralela aprovecha las capacidades modernas de las GPU, acelerando drásticamente los tiempos de entrenamiento y de inferencia.

La clave de esta paralelización radica en el mecanismo de auto-atención. Al calcular los pesos de atención para todos los pares de posiciones en una secuencia a la vez, los transformers pueden capturar dependencias globales sin necesidad de procesamiento secuencial. Esto permite que el modelo aprenda eficientemente relaciones complejas entre elementos distantes en la secuencia.

Además, esta capacidad de procesamiento paralelo se escala de manera excepcional con el aumento de la longitud de las secuencias y el tamaño del modelo. Como resultado, los transformers se han convertido en la arquitectura preferida para entrenar modelos masivos de lenguaje en conjuntos de datos vastos, empujando los límites de lo que es posible en el procesamiento del lenguaje natural. La capacidad de procesar secuencias largas de manera eficiente ha abierto nuevas posibilidades en tareas como la traducción automática a nivel de documento, la generación de texto extenso y la comprensión integral de texto.

2. Manejo Superior de Secuencias Largas

Los transformers han revolucionado el procesamiento de secuencias largas, abordando una limitación significativa de las RNN y LSTM. El mecanismo de auto-atención, pilar de la arquitectura del transformer, permite que estos modelos capturen dependencias entre cualquier dos posiciones en una secuencia, independientemente de su distancia. Esta capacidad es especialmente crucial para tareas que requieren entender un contexto complejo y a largo plazo.

A diferencia de las RNN y LSTM, que procesan la información de manera secuencial y a menudo tienen dificultades para mantener la coherencia a lo largo de largas distancias, los transformers pueden modelar sin esfuerzo las relaciones en amplios textos. Esto se logra a través de su naturaleza de procesamiento paralelo y la capacidad de atender a todas las partes de la entrada simultáneamente. Como resultado, los transformers pueden mantener el contexto a lo largo de miles de tokens, lo que los hace ideales para tareas como la traducción automática a nivel de documento, donde entender el contexto completo del documento es crucial para una traducción precisa.

La destreza del transformer en el manejo de secuencias largas se extiende a varias tareas de PLN. En la resumirización de documentos, por ejemplo, el modelo puede capturar información clave dispersa en un documento extenso, produciendo resúmenes concisos pero completos. De manera similar, en la respuesta a preguntas de formato largo, los transformers pueden buscar en pasajes extensos para localizar información relevante y sintetizar respuestas coherentes, incluso cuando la información necesaria esté dispersa a lo largo del texto.

Además, esta capacidad ha abierto nuevas avenidas en la modelización y generación de lenguaje. Los grandes modelos de lenguaje basados en arquitecturas transformer, como GPT (Generative Pre-trained Transformer), pueden generar textos notablemente coherentes y contextualmente relevantes a lo largo de pasajes extendidos. Esto tiene implicaciones no solo para la asistencia en la escritura creativa, sino también para tareas más estructuradas como la generación de informes o la creación de contenido extenso en varios dominios.

La capacidad del transformer para manejar secuencias largas de manera efectiva también ha llevado a avances en tareas multimodales. Por ejemplo, en la generación de subtítulos para imágenes o la respuesta a preguntas visuales, los transformers pueden procesar largas secuencias de características visuales junto con la entrada textual, lo que permite una comprensión y generación más sofisticada de contenido multimodal.

3. Rendimiento de Vanguardia

Los transformers han revolucionado el campo del Procesamiento del Lenguaje Natural (PLN) al superar consistentemente las arquitecturas anteriores en una amplia gama de tareas. Su rendimiento superior puede atribuirse a varios factores clave:

En primer lugar, los transformers sobresalen en la captura de información contextual matizada a través de su mecanismo de auto-atención. Esto les permite comprender relaciones complejas entre palabras y frases en un texto dado, lo que da como resultado salidas más precisas y contextualmente apropiadas. Como resultado, los transformers han logrado mejoras significativas en diversas tareas de PLN, incluyendo:

- **Traducción automática**: Los transformers pueden capturar mejor los matices del lenguaje, lo que da lugar a traducciones más precisas y naturales entre diferentes idiomas.
- **Resumirización de texto**: Al entender los elementos clave y el contexto general de un documento, los transformers pueden generar resúmenes más coherentes e informativos.
- **Respuesta a preguntas**: Los transformers pueden comprender tanto la pregunta como el contexto de manera más efectiva, lo que lleva a respuestas más precisas y relevantes.
- **Completado y generación de texto**: La capacidad del modelo para comprender el contexto permite una generación de texto más coherente y apropiada, ya sea completando oraciones o generando párrafos completos.
- **Generación de diálogos**: Los transformers pueden mantener el contexto durante conversaciones más largas, lo que resulta en sistemas de diálogo más naturales y atractivos.

Además, los transformers han demostrado una notable adaptabilidad a varios dominios e idiomas, requiriendo a menudo una mínima sintonización fina para lograr resultados de vanguardia en nuevas tareas. Esta versatilidad ha llevado al desarrollo de modelos pre-entrenados poderosos como BERT, GPT y T5, que han ampliado aún más los límites de lo posible en el PLN.

El impacto de los transformers se extiende más allá de las tareas tradicionales de PLN, influyendo en áreas como la visión por computadora, el reconocimiento de voz e incluso la predicción del plegamiento de proteínas. A medida que la investigación en este campo continúa avanzando, podemos esperar que los transformers jueguen un papel crucial en la expansión de los límites de las aplicaciones de inteligencia artificial y aprendizaje automático.

4. Versatilidad y Aprendizaje por Transferencia

Los modelos basados en transformers han revolucionado el campo del Procesamiento del Lenguaje Natural (PLN) con su notable adaptabilidad a diversas tareas. Esta versatilidad se debe principalmente a su capacidad para capturar patrones y relaciones complejas del lenguaje durante el preentrenamiento en grandes corpus de texto.

Modelos preentrenados como BERT (Representaciones Codificadoras Bidireccionales de Transformers) y GPT (Generative Pre-trained Transformer) se han convertido en la base de numerosas aplicaciones de PLN. Estos modelos pueden ajustarse para tareas específicas con cantidades relativamente pequeñas de datos específicos de la tarea, aprovechando el conocimiento lingüístico adquirido durante el preentrenamiento. Este enfoque, conocido como aprendizaje por transferencia, ha reducido significativamente la cantidad de datos específicos de la tarea y los recursos computacionales necesarios para lograr un rendimiento de vanguardia en una amplia gama de tareas de PLN.

La versatilidad de los modelos basados en transformers se extiende más allá de las tareas tradicionales de PLN. Han mostrado resultados prometedores en aplicaciones multimodales, como la generación de subtítulos para imágenes y la respuesta a preguntas visuales, donde la comprensión del lenguaje debe combinarse con la comprensión visual. Además, los principios detrás de los transformers se han aplicado con éxito en otros dominios, incluyendo la predicción del plegamiento de proteínas y la generación de música, lo que demuestra su potencial para resolver problemas complejos basados en secuencias en varios campos.

La capacidad de ajustar modelos preentrenados de transformers ha democratizado el acceso a capacidades avanzadas de PLN. Los investigadores y desarrolladores ahora pueden adaptar rápidamente estos poderosos modelos a dominios o idiomas específicos, lo que permite la creación rápida de prototipos y la implementación de sistemas sofisticados de comprensión y generación de lenguaje. Esto ha llevado a una proliferación de aplicaciones basadas en transformers en industrias que van desde la salud y las finanzas hasta el servicio al cliente y la creación de contenido.

El impacto de los modelos basados en transformers se extiende más allá de la investigación académica. Se han convertido en una parte integral de muchas aplicaciones industriales, impulsando sistemas avanzados de comprensión y generación de lenguaje en áreas como motores de búsqueda, asistentes virtuales, sistemas de recomendación de contenido y plataformas automatizadas de servicio al cliente. El desarrollo continuo y la refinación de las arquitecturas transformer prometen modelos de lenguaje aún más sofisticados y capaces en el futuro, lo que podría llevar a avances en la inteligencia artificial general y la comprensión del lenguaje humano.

Ejercicios Prácticos Capítulo 6

Ejercicio 1: Implementa un RNN Simple para Clasificación de Secuencias

Tarea: Implementa un RNN simple para clasificar secuencias de números. Usa datos sintéticos donde cada secuencia se clasifica como positiva si la suma de los elementos supera un umbral, y negativa en caso contrario.

Solución:

```
import torch
import torch.nn as nn
import torch.optim as optim
from torch.utils.data import DataLoader, TensorDataset

# Generate synthetic data (binary classification based on sequence sum)
def generate_data(num_samples=1000, sequence_length=10, threshold=5):
    X = torch.randint(0, 3, (num_samples, sequence_length)).float()
```

```
    y = (X.sum(dim=1) > threshold).float()
    return X, y

# Define the RNN model
class SimpleRNN(nn.Module):
    def __init__(self, input_size, hidden_size, output_size):
        super(SimpleRNN, self).__init__()
        self.rnn = nn.RNN(input_size, hidden_size, batch_first=True)
        self.fc = nn.Linear(hidden_size, output_size)

    def forward(self, x):
        out, _ = self.rnn(x)
        out = self.fc(out[:, -1, :])  # Use the output from the last time step
        return out

# Hyperparameters
input_size = 1
hidden_size = 16
output_size = 1
learning_rate = 0.001
epochs = 5

# Generate data
X, y = generate_data()
X = X.unsqueeze(-1)  # Add input size dimension
dataset = TensorDataset(X, y)
dataloader = DataLoader(dataset, batch_size=32, shuffle=True)

# Initialize model, loss function, and optimizer
model = SimpleRNN(input_size, hidden_size, output_size)
criterion = nn.BCEWithLogitsLoss()
optimizer = optim.Adam(model.parameters(), lr=learning_rate)

# Training loop
for epoch in range(epochs):
    running_loss = 0.0
    for inputs, labels in dataloader:
        optimizer.zero_grad()
        outputs = model(inputs)
        loss = criterion(outputs.squeeze(), labels)
        loss.backward()
        optimizer.step()
        running_loss += loss.item()
    print(f"Epoch {epoch+1}, Loss: {running_loss / len(dataloader)}")

# Example prediction
with torch.no_grad():
    example_seq = torch.tensor([[0, 1, 2, 0, 1, 2, 1, 0, 2, 1]]).float().unsqueeze(-
1)
    output = model(example_seq)
    print("Predicted output:", torch.sigmoid(output))
```

En este ejercicio:

- Creamos secuencias sintéticas donde la suma de los elementos determina la clase.
- Se utilizó un RNN simple para clasificar las secuencias como positivas o negativas.
- El modelo se entrenó utilizando la pérdida binaria de entropía cruzada y se evaluó con una secuencia de ejemplo.

Ejercicio 2: Implementa un LSTM para Generación de Texto

Tarea: Entrena un LSTM con datos de texto a nivel de caracteres para generar nuevo texto. Utiliza un conjunto de datos simple como el texto de Shakespeare.

Solución:

```
import tensorflow as tf
import numpy as np

# Load dataset (for simplicity, we use a small string for text generation)
text = "To be, or not to be, that is the question."

# Preprocess the data
vocab = sorted(set(text))
char_to_idx = {char: idx for idx, char in enumerate(vocab)}
idx_to_char = np.array(vocab)
text_as_int = np.array([char_to_idx[c] for c in text])

# Create input-output pairs
seq_length = 10
examples_per_epoch = len(text) // seq_length
char_dataset = tf.data.Dataset.from_tensor_slices(text_as_int)
sequences = char_dataset.batch(seq_length + 1, drop_remainder=True)

def split_input_target(chunk):
    input_text = chunk[:-1]
    target_text = chunk[1:]
    return input_text, target_text

dataset = sequences.map(split_input_target).batch(32, drop_remainder=True)

# Define the LSTM model
class LSTMTextGenerator(tf.keras.Model):
    def __init__(self, vocab_size, embed_size, lstm_units):
        super(LSTMTextGenerator, self).__init__()
        self.embedding = tf.keras.layers.Embedding(vocab_size, embed_size)
        self.lstm    =    tf.keras.layers.LSTM(lstm_units,    return_sequences=True,
return_state=True)
        self.fc = tf.keras.layers.Dense(vocab_size)
```

```
    def call(self, inputs, states=None):
        x = self.embedding(inputs)
        output, state_h, state_c = self.lstm(x, initial_state=states)
        logits = self.fc(output)
        return logits, [state_h, state_c]

# Hyperparameters
vocab_size = len(vocab)
embed_size = 64
lstm_units = 128

# Instantiate the model
model = LSTMTextGenerator(vocab_size, embed_size, lstm_units)

# Loss function and optimizer
def loss_fn(labels, logits):
    return      tf.keras.losses.sparse_categorical_crossentropy(labels,       logits,
from_logits=True)

model.compile(optimizer='adam', loss=loss_fn)

# Train the model
model.fit(dataset, epochs=10)

# Text generation function
def generate_text(model, start_string, num_generate=100):
    input_eval = [char_to_idx[s] for s in start_string]
    input_eval = tf.expand_dims(input_eval, 0)

    generated_text = []
    states = None
    for _ in range(num_generate):
        predictions, states = model(input_eval, states=states)
        predictions = tf.squeeze(predictions, 0)

        predicted_id     =     tf.random.categorical(predictions,     num_samples=1)[-
1,0].numpy()
        input_eval = tf.expand_dims([predicted_id], 0)

        generated_text.append(idx_to_char[predicted_id])

    return start_string + ''.join(generated_text)

# Generate text
generated_text = generate_text(model, start_string="To be")
print("Generated text:", generated_text)
```

En este ejercicio:

- Usamos un LSTM a nivel de caracteres para generar texto. El modelo se entrenó con una pequeña secuencia del texto de Shakespeare.
- El modelo fue entrenado para predecir el siguiente carácter basado en los anteriores.
- Después del entrenamiento, generamos nuevo texto utilizando el LSTM.

Ejercicio 3: Implementa un Transformer para Aprendizaje de Secuencia a Secuencia

Tarea: Implementa un modelo Transformer para la traducción de secuencias. Utiliza datos ficticios para entrenar el transformer en la traducción de secuencias de un dominio a otro (por ejemplo, de números a palabras).

Solución:

```
import torch
import torch.nn as nn

# Define a basic transformer model for sequence-to-sequence translation
class TransformerModel(nn.Module):
    def __init__(self, embed_size, num_heads, num_encoder_layers, num_decoder_layers,
ff_hidden_dim, vocab_size):
        super(TransformerModel, self).__init__()
        self.embedding = nn.Embedding(vocab_size, embed_size)
        self.transformer = nn.Transformer(
            d_model=embed_size,
            nhead=num_heads,
            num_encoder_layers=num_encoder_layers,
            num_decoder_layers=num_decoder_layers,
            dim_feedforward=ff_hidden_dim,
        )
        self.fc_out = nn.Linear(embed_size, vocab_size)

    def forward(self, src, tgt):
        src_emb = self.embedding(src)
        tgt_emb = self.embedding(tgt)
        transformer_output = self.transformer(src_emb, tgt_emb)
        return self.fc_out(transformer_output)

# Example inputs (sequence_length=10, batch_size=32)
src = torch.randint(0, 100, (10, 32))  # Source sequence (e.g., numbers)
tgt = torch.randint(0, 100, (10, 32))  # Target sequence (e.g., words)

# Hyperparameters
embed_size = 64
num_heads = 8
num_encoder_layers = 6
num_decoder_layers = 6
ff_hidden_dim = 128
vocab_size = 100
```

```
# Initialize the transformer model
model = TransformerModel(embed_size, num_heads, num_encoder_layers, num_decoder_layers, ff_hidden_dim, vocab_size)

# Forward pass through the transformer
output = model(src, tgt)
print("Transformer output shape:", output.shape)
```

En este ejercicio:

- Implementamos un transformer simple para tareas de secuencia a secuencia.
- El modelo codifica la secuencia de origen y la decodifica para generar la secuencia objetivo.
- Utilizamos datos ficticios para simular la traducción de secuencias.

Estos ejercicios prácticos cubrieron conceptos importantes en el modelado de secuencias utilizando **RNNs**, **LSTMs** y **Transformers**. Desde la construcción de RNNs simples para la clasificación de secuencias hasta la generación de texto con LSTMs y la implementación de transformers para la traducción de secuencias, estos ejercicios demuestran cuán poderosas y versátiles son estas arquitecturas para manejar datos secuenciales.

Resumen del Capítulo 6

En el **Capítulo 6**, exploramos los conceptos fundamentales, arquitecturas y aplicaciones de las **Redes Neuronales Recurrentes (RNNs)** y sus variantes avanzadas como **Long Short-Term Memory (LSTMs)** y **Gated Recurrent Units (GRUs)**. Estos modelos son esenciales para entender datos secuenciales, comunes en tareas como la predicción de series temporales, el procesamiento de lenguaje natural (PLN) y el reconocimiento de voz.

Comenzamos con una introducción a las RNNs, diseñadas para procesar secuencias de datos manteniendo un estado oculto que se pasa de un paso de tiempo al siguiente. Esta capacidad de recordar información de pasos anteriores permite a las RNNs modelar dependencias temporales, lo que las hace ideales para tareas en las que el contexto es crítico. Sin embargo, las RNNs estándar sufren del **problema del gradiente desvanecido**, lo que limita su capacidad para capturar dependencias a largo plazo en las secuencias.

Para abordar estos problemas, se introdujeron las **LSTMs** y **GRUs**. Las LSTMs, con sus mecanismos de compuertas—**compuerta de olvido**, **compuerta de entrada** y **compuerta de salida**—permiten que la red retenga o descarte información de manera selectiva, lo que las hace altamente efectivas para manejar secuencias largas. Las GRUs, por otro lado, simplifican la estructura de las LSTMs al combinar las compuertas de olvido y entrada en una sola, lo que da como resultado un modelo más eficiente computacionalmente que aún así rinde bien en tareas de secuencias.

En la segunda parte del capítulo, implementamos RNNs y LSTMs en **TensorFlow**, **Keras** y **PyTorch**, proporcionando ejemplos de código detallados para cada framework. En TensorFlow, construimos modelos de RNN y LSTM utilizando las capas SimpleRNN y LSTM, demostrando cómo procesar datos secuenciales y generar salidas para cada paso de tiempo. De manera similar, en Keras, utilizamos la API de alto nivel Sequential para construir y entrenar fácilmente estos modelos. Finalmente, en PyTorch, implementamos RNNs y LSTMs utilizando gráficos de computación dinámicos, lo que ofrece más control sobre el proceso de entrenamiento.

A continuación, exploramos las **aplicaciones de las RNNs en PLN**. Las RNNs se utilizan ampliamente en tareas de PLN como el **modelado de lenguaje**, donde predicen la siguiente palabra en una secuencia basada en el contexto anterior. Demostramos cómo las RNNs y LSTMs pueden usarse para **generación de texto**, entrenando modelos para generar texto coherente al predecir el siguiente carácter o palabra en una secuencia. Otra aplicación clave es el **análisis de sentimientos**, donde las RNNs analizan datos textuales para determinar si un texto expresa sentimientos positivos o negativos.

El capítulo también introdujo las **redes transformer**, que se han convertido en el estado del arte en el modelado de secuencias. A diferencia de las RNNs, los transformers utilizan **mecanismos de autoatención** para procesar secuencias completas de una vez, capturando dependencias entre todos los elementos de la secuencia, independientemente de su posición. Esto hace que los transformers sean altamente eficientes, especialmente para secuencias largas, y explica su adopción generalizada en tareas de PLN como la traducción automática y la resumirización de textos. Proporcionamos una explicación detallada de la arquitectura del transformer y mostramos cómo implementar un bloque transformer básico en TensorFlow y PyTorch.

En general, este capítulo destacó la evolución de las redes neuronales para el modelado de secuencias, desde las RNNs fundamentales hasta los transformers avanzados. Exploramos cómo funciona cada modelo, sus fortalezas y limitaciones, y ejemplos prácticos para demostrar sus aplicaciones en el mundo real. Al dominar estas técnicas, estarás equipado para manejar tareas de secuencias complejas en dominios como el PLN, análisis de series temporales y más.

Quiz Parte 2: Frameworks Avanzados de Deep Learning

Capítulo 4: Deep Learning con PyTorch

1. ¿Cuál es la principal diferencia entre los gráficos de computación estáticos y dinámicos? ¿Por qué PyTorch se considera más flexible para la investigación y la experimentación?
2. ¿Cuáles son los componentes clave del módulo de redes neuronales de PyTorch (torch.nn), y cómo se utilizan para construir un modelo?
3. ¿Cómo permite el motor de autograd en PyTorch la diferenciación automática, y por qué es importante para entrenar modelos de deep learning?
4. En PyTorch, ¿cómo se carga un modelo preentrenado y se ajusta para una nueva tarea? Proporciona un ejemplo utilizando ResNet.
5. Explica el concepto de aprendizaje por transferencia y cómo se puede implementar en PyTorch.

Capítulo 5: Redes Neuronales Convolucionales (CNNs)

1. ¿Cuáles son los tres componentes principales de una Red Neuronal Convolucional (CNN), y qué rol desempeña cada componente en la red?
2. ¿Por qué se utiliza la max pooling en las CNNs y qué ventajas ofrece en términos de reducir la dimensionalidad de los datos?
3. Explica cómo las conexiones de salto en ResNet ayudan en el entrenamiento de redes muy profundas.
4. ¿Cuál es el propósito de usar múltiples filtros de convolución en el módulo Inception y cómo se diferencia de una capa tradicional de CNN?
5. ¿Cómo utilizan las DenseNets la reutilización de características para mejorar la eficiencia del entrenamiento? Proporciona un ejemplo de cómo están conectadas las capas en un bloque de DenseNet.
6. En tareas de detección de objetos, ¿cuál es el rol de las redes de propuestas de regiones (RPN) en modelos como Faster R-CNN?

Capítulo 6: Redes Neuronales Recurrentes (RNNs) y LSTMs

1. ¿Cuál es la principal limitación de las RNNs estándar, y cómo abordan esta limitación las LSTMs?
2. Explica los roles de la compuerta de olvido, la compuerta de entrada y la compuerta de salida en una LSTM.
3. ¿En qué se diferencian las Unidades Recurrentes Gated (GRUs) de las LSTMs en términos de su arquitectura?
4. Describe la principal ventaja de las redes transformer sobre los modelos basados en RNN tradicionales para tareas de modelado de secuencias.
5. ¿De qué manera la autoatención permite a los transformers procesar secuencias de manera más eficiente que las RNNs?
6. ¿Qué son las codificaciones posicionales y por qué son necesarias en las redes transformer?
7. Proporciona un ejemplo de cómo se utilizan los transformers en tareas de procesamiento de lenguaje natural (PLN), como la traducción automática o la resumirización de textos.

Respuestas:

1. **Respuesta:** La principal diferencia es que los gráficos de computación estáticos se definen una vez y no pueden cambiar, mientras que los gráficos de computación dinámicos se construyen a medida que avanza la computación. PyTorch se considera más flexible porque utiliza un gráfico de computación dinámico, lo que permite a los investigadores modificar la red durante la ejecución, haciéndolo ideal para la experimentación.
2. **Respuesta:** Los componentes clave incluyen nn.Module (para definir capas y el paso adelante), nn.Linear (para capas completamente conectadas) y nn.Conv2d (para capas convolucionales). Estos módulos se utilizan para construir modelos definiendo su arquitectura y paso adelante, y se combinan en una clase Sequential o personalizada.
3. **Respuesta:** Autograd calcula automáticamente los gradientes durante el paso hacia atrás rastreando todas las operaciones en los tensores. Esto permite entrenar modelos de deep learning mediante el descenso de gradiente, actualizando los parámetros del modelo utilizando estos gradientes calculados.
4. **Respuesta:** Para ajustar un modelo preentrenado, se cargan los pesos preentrenados utilizando torchvision.models, se congelan las capas iniciales y se modifica la última

capa completamente conectada para que coincida con el número de clases en la nueva tarea. Por ejemplo, para ajustar ResNet:

```
model = models.resnet50(pretrained=True)
for param in model.parameters():
    param.requires_grad = False
model.fc = nn.Linear(model.fc.in_features, num_classes)
```

1. **Respuesta:** El aprendizaje por transferencia implica tomar un modelo previamente entrenado (generalmente en un conjunto de datos grande) y ajustarlo en un conjunto de datos más pequeño y específico para la tarea. Este enfoque aprovecha las características generales aprendidas en las capas anteriores del modelo.
2. **Respuesta:** Los tres componentes principales de una CNN son:
   - **Capas de Convolución**: Extraen características de los datos de entrada aplicando filtros.
   - **Capas de Pooling**: Reducen las dimensiones espaciales de los datos, conservando la información importante.
   - **Capas Completamente Conectadas**: Realizan la clasificación en función de las características extraídas.
3. **Respuesta:** El max pooling reduce el tamaño de los mapas de características, lo que ayuda a disminuir el costo computacional, a prevenir el sobreajuste y a conservar las características más importantes seleccionando el valor máximo en cada región del mapa de características.
4. **Respuesta:** Las conexiones de salto en ResNet permiten que el gradiente fluya directamente a través de la red al omitir ciertas capas. Esto ayuda a evitar el problema del gradiente que se desvanece, facilitando el entrenamiento de redes muy profundas.
5. **Respuesta:** Los módulos de Inception aplican múltiples filtros de convolución de diferentes tamaños en paralelo para capturar características a varias escalas. Esto difiere de las capas tradicionales de CNN, que aplican solo una operación de convolución en cada capa.
6. **Respuesta:** DenseNets conectan cada capa con todas las demás capas de manera secuencial, promoviendo la reutilización de características. En un bloque DenseNet, la salida de cada capa se concatena con las salidas de todas las capas anteriores, lo que ayuda a reducir el sobreajuste y permite un entrenamiento más eficiente.
7. **Respuesta:** Las redes de propuestas de regiones (RPN) generan regiones candidatas de objetos (cajas delimitadoras) en tareas de detección de objetos. Estas propuestas

se pasan a un clasificador y a un regresor para refinar las cajas delimitadoras y predecir las clases de los objetos.

8. **Respuesta:** Las RNNs tradicionales tienen dificultades con las dependencias a largo plazo debido al problema del gradiente que se desvanece. Las LSTM resuelven esta limitación introduciendo compuertas (olvido, entrada, salida) que controlan el flujo de información y ayudan a mantener la memoria a largo plazo.

9. **Respuesta:** La compuerta de olvido decide qué información descartar del estado de la celda anterior, la compuerta de entrada determina qué nueva información debe agregarse, y la compuerta de salida controla qué parte del estado de la celda se usa para producir el estado oculto.

10. **Respuesta:** Las GRU simplifican la arquitectura LSTM al combinar las compuertas de olvido y entrada en una sola compuerta de actualización. Las GRU son generalmente más eficientes que las LSTM porque tienen menos parámetros y son computacionalmente más ligeras.

11. **Respuesta:** Los transformadores no dependen del procesamiento secuencial y pueden procesar secuencias enteras a la vez utilizando la auto-atención, lo que permite una mejor paralelización y manejo de dependencias a largo plazo en los datos.

12. **Respuesta:** La auto-atención permite que los transformadores se concentren en diferentes partes de la secuencia asignando diferentes pesos a cada elemento. Esto permite que el modelo capture relaciones entre elementos distantes en la secuencia sin procesarlos paso a paso.

13. **Respuesta:** Los codificadores posicionales son necesarios porque los transformadores no capturan inherentemente el orden de la secuencia, a diferencia de las RNN. Los codificadores posicionales proporcionan información sobre la posición relativa de cada elemento en la secuencia.

14. **Respuesta:** Los transformadores se utilizan en tareas como la traducción automática (por ejemplo, **Google Translate**) al mapear una secuencia de entrada en un idioma a una secuencia de salida en otro idioma. En la resumación de texto, los transformadores generan resúmenes concisos capturando los puntos clave del texto de entrada.

Parte 3: IA de Vanguardia y Aplicaciones Prácticas

Capítulo 7: Conceptos Avanzados de Deep Learning

A medida que los sistemas de inteligencia artificial se vuelven cada vez más sofisticados y poderosos, el deep learning continúa expandiendo las fronteras de las capacidades de las máquinas. Un área que ha despertado un gran interés es el campo del aprendizaje no supervisado y generativo. Este capítulo profundiza en conceptos avanzados como **autoencoders**, **variational autoencoders (VAEs)** y **generative adversarial networks (GANs)**, junto con otras arquitecturas de vanguardia.

Estos enfoques innovadores permiten a los modelos de IA lograr hazañas notables, como generar datos completamente nuevos, comprimir información con una eficiencia sin precedentes e identificar anomalías sutiles en conjuntos de datos complejos.

Nuestra exploración comienza con un examen exhaustivo de los autoencoders y VAEs. Estas técnicas fundamentales en el aprendizaje no supervisado han revolucionado numerosos dominios, ofreciendo una amplia gama de aplicaciones.

Desde lograr notables ratios de compresión de datos hasta generar imágenes sintéticas altamente realistas y extraer características significativas de datos sin procesar, los autoencoders y VAEs se han convertido en herramientas indispensables en el conjunto de herramientas del aprendizaje automático moderno. Profundizaremos en el funcionamiento intrincado de estos modelos, desentrañando sus principios subyacentes y mostrando sus implementaciones prácticas en diversos escenarios del mundo real.

7.1 Autoencoders y Variational Autoencoders (VAEs)

En esta sección, profundizaremos en dos poderosas técnicas de aprendizaje no supervisado: Autoencoders y Variational Autoencoders (VAEs). Estas arquitecturas de redes neuronales han revolucionado el campo del aprendizaje automático al permitir una compresión eficiente de datos, extracción de características y modelado generativo. Exploraremos sus principios subyacentes, diseños arquitectónicos y aplicaciones prácticas en diversos dominios.

7.1.1 Autoencoders: Una Visión General

Un **autoencoder** es una arquitectura de red neuronal sofisticada diseñada para el aprendizaje no supervisado. Su objetivo principal es aprender una representación eficiente y comprimida (codificación) de los datos de entrada y, posteriormente, reconstruir la entrada a partir de esta versión condensada. Este proceso es crucial, ya que obliga a la red a identificar y retener las características más importantes de los datos, filtrando eficazmente el ruido y la información irrelevante.

La arquitectura de un autoencoder es elegantemente simple pero poderosa, y consta de dos componentes principales:

1. Codificador

Este componente crucial forma la base de la arquitectura del autoencoder. Su función principal es comprimir los datos de entrada de alta dimensión en una representación compacta de menor dimensión, conocida como el espacio latente. Este proceso de reducción de dimensionalidad es similar a destilar la esencia de los datos, capturando sus características más importantes mientras se descarta la información redundante o menos importante.

El espacio latente, a menudo denominado el "cuello de botella" de la red, sirve como una representación comprimida y abstracta de la entrada. Este cuello de botella obliga al codificador a aprender un esquema de codificación eficiente, creando efectivamente una versión condensada de los datos originales que retiene sus características más críticas.

El codificador logra esta compresión a través de una serie de capas de redes neuronales, que típicamente involucran operaciones como convoluciones, pooling y activaciones no lineales. A medida que los datos pasan por estas capas, la red transforma progresivamente la entrada en representaciones cada vez más abstractas y compactas. La capa final del codificador genera la representación del espacio latente, que se puede pensar como un conjunto de coordenadas en un espacio de alta dimensión donde los puntos de datos similares se agrupan.

Este proceso de mapeo de datos de entrada de alta dimensión a un espacio latente de menor dimensión no es solo una técnica de compresión simple. Más bien, es una transformación aprendida que tiene como objetivo preservar las características y relaciones más importantes dentro de los datos. El codificador aprende a identificar y priorizar los aspectos más informativos de la entrada, creando una representación que se puede utilizar de manera efectiva para diversas tareas, como la reconstrucción, generación o análisis posterior.

2. Decodificador

El decodificador es un componente crucial que toma la representación comprimida del espacio latente y reconstruye hábilmente los datos de entrada originales. Este intrincado proceso de reconstrucción cumple múltiples propósitos esenciales:

En primer lugar, asegura que la representación comprimida en el espacio latente retenga suficiente información para regenerar la entrada con alta fidelidad. Esto es fundamental para mantener la integridad y utilidad del autoencoder.

En segundo lugar, el decodificador actúa como un poderoso modelo generativo. Al alimentarlo con diferentes representaciones latentes, podemos generar nuevos datos sintéticos que se asemejan a la distribución original de la entrada. Esta capacidad es particularmente valiosa en diversas aplicaciones, como la ampliación de datos y la generación de contenido creativo.

Además, la capacidad del decodificador para reconstruir datos a partir del espacio latente proporciona información sobre la calidad y el significado de las representaciones aprendidas. Si la salida reconstruida se asemeja estrechamente a la entrada original, esto indica que el codificador ha capturado con éxito las características más importantes de los datos en su forma comprimida.

La arquitectura del decodificador es típicamente una imagen espejo del codificador, utilizando técnicas como convoluciones transpuestas o capas de aumento de tamaño para aumentar gradualmente la dimensionalidad de los datos hasta su tamaño original. Esta simetría en la arquitectura ayuda a mantener la integridad estructural de la información a medida que fluye a través de la red.

El proceso de entrenamiento de un autoencoder se centra en minimizar el error de reconstrucción: la diferencia entre la entrada original y la salida reconstruida. Este proceso de optimización impulsa a la red a aprender una representación significativa y eficiente de los datos. Como resultado, los autoencoders se vuelven competentes en capturar la estructura subyacente y los patrones dentro de los datos.

Las aplicaciones de los autoencoders son diversas y de gran impacto. Se destacan en tareas como:

Reducción de Dimensionalidad

Los autoencoders sobresalen en la compresión de datos de alta dimensionalidad en representaciones compactas de menor dimensión. Esta capacidad es particularmente valiosa en la visualización de datos, donde los conjuntos de datos complejos pueden proyectarse en espacios 2D o 3D para facilitar su interpretación. En la extracción de características, los autoencoders pueden identificar las características más importantes de los datos, destilando eficazmente grandes conjuntos de datos complejos en sus componentes esenciales.

El poder de los autoencoders en la reducción de dimensionalidad se extiende más allá de la simple compresión. Al forzar a la red a aprender una representación comprimida, los autoencoders crean efectivamente un mapeo no lineal de los datos de entrada a un espacio de menor dimensión. Este mapeo a menudo captura patrones y estructuras subyacentes que podrían no ser evidentes en el espacio de alta dimensión original.

Por ejemplo, en el procesamiento de imágenes, un autoencoder podría aprender a representar imágenes en términos de características abstractas como bordes, formas y texturas, en lugar de valores de píxeles individuales. En el procesamiento del lenguaje natural, podría aprender a representar palabras o frases en términos de su contenido semántico, en lugar de solo sus características superficiales.

Los beneficios de esta reducción de dimensionalidad son numerosos:

- **Visualización Mejorada:** Al reducir los datos a representaciones 2D o 3D, los autoencoders permiten la creación de visualizaciones intuitivas que pueden revelar agrupaciones, tendencias y valores atípicos en los datos.
- **Mejora del Rendimiento del Aprendizaje Automático:** Las representaciones de menor dimensión a menudo conducen a tiempos de entrenamiento más rápidos y a una mejor generalización en tareas de aprendizaje automático posteriores. Esto se debe a que el autoencoder ya ha realizado gran parte del trabajo al extraer características relevantes de los datos sin procesar.
- **Reducción de Ruido:** El proceso de codificación y decodificación de datos a menudo tiene el efecto de filtrar el ruido, ya que la red aprende a enfocarse en los aspectos más importantes de la entrada.
- **Compresión de Datos:** En escenarios donde el almacenamiento o la transmisión de datos es una preocupación, los autoencoders pueden usarse para crear representaciones comprimidas eficientes de los datos.

Además, el espacio latente aprendido por los autoencoders a menudo tiene propiedades interesantes que se pueden aprovechar para diversas tareas. Por ejemplo, la interpolación entre puntos en el espacio latente puede generar nuevos puntos de datos significativos, lo que puede ser útil para la ampliación de datos o aplicaciones creativas.

Esta reducción de dimensionalidad no solo ayuda en la visualización y acelera las tareas de aprendizaje automático posteriores al reducir la complejidad computacional, sino que también proporciona una herramienta poderosa para comprender y manipular conjuntos de datos complejos y de alta dimensión en una amplia gama de aplicaciones.

Detección de Anomalías

Los autoencoders sobresalen en la identificación de anomalías o valores atípicos al aprender a reconstruir patrones normales en los datos. Esta capacidad proviene de su arquitectura y proceso de entrenamiento únicos. Cuando un autoencoder se encuentra con un punto de datos anómalo, tiene dificultades para reconstruirlo con precisión, lo que resulta en un mayor error de reconstrucción. Esta discrepancia entre la entrada y la salida reconstruida sirve como un poderoso indicador de anomalías.

El proceso funciona de la siguiente manera: durante el entrenamiento, el autoencoder aprende a comprimir y reconstruir de manera eficiente los puntos de datos típicos, "normales".

Desarrolla una representación interna que captura las características y patrones esenciales de la distribución de los datos. Cuando se le presenta un punto de datos anómalo que se desvía significativamente de esta distribución aprendida, el intento de reconstrucción del autoencoder falla, lo que genera un mayor error.

Esta propiedad hace que los autoencoders sean particularmente valiosos en diversos dominios:

- **Detección de Fraude Financiero:** En banca y finanzas, los autoencoders pueden identificar patrones de transacciones inusuales que podrían indicar actividad fraudulenta. Al aprender las características de las transacciones legítimas, pueden señalar aquellas que se desvían significativamente de la norma.
- **Control de Calidad en Manufactura:** En entornos industriales, los autoencoders pueden detectar defectos de fabricación al aprender las características de los productos fabricados correctamente e identificar artículos que no se ajustan a estos patrones.
- **Ciberseguridad:** Los sistemas de detección de intrusiones en redes pueden emplear autoencoders para identificar patrones de tráfico inusuales que pueden señalar un ataque cibernético o intentos de acceso no autorizados.
- **Salud:** Los autoencoders pueden ayudar a detectar anomalías en imágenes médicas o signos vitales de pacientes, identificando potencialmente signos tempranos de enfermedades o problemas de salud urgentes.

El poder de los autoencoders en la detección de anomalías radica en su naturaleza no supervisada. A diferencia de los métodos de aprendizaje supervisado que requieren ejemplos etiquetados de anomalías, los autoencoders pueden detectar desviaciones de la norma sin necesidad de etiquetar explícitamente las instancias anómalas. Esto los hace particularmente útiles en escenarios donde las anomalías son raras, diversas o difíciles de definir explícitamente.

Además, los autoencoders pueden adaptarse a la evolución de las distribuciones de datos a lo largo del tiempo. A medida que se procesan nuevos datos, el modelo se puede ajustar para capturar los cambios en lo que constituye un comportamiento "normal", manteniendo su efectividad en entornos dinámicos.

Sin embargo, es importante señalar que, aunque los autoencoders son herramientas poderosas para la detección de anomalías, no están exentos de limitaciones. La efectividad de un sistema de detección de anomalías basado en autoencoders depende de factores como la calidad y representatividad de los datos de entrenamiento, la arquitectura del autoencoder y el umbral elegido para determinar qué constituye una anomalía. Por lo tanto, en aplicaciones prácticas, los autoencoders a menudo se utilizan junto con otras técnicas para crear sistemas de detección de anomalías robustos y confiables.

Eliminación de Ruido

Los autoencoders pueden entrenarse específicamente para eliminar el ruido de los datos, un proceso conocido como eliminación de ruido. Esta técnica poderosa implica corromper intencionalmente los datos de entrada con ruido durante el entrenamiento y asignar al autoencoder la tarea de reconstruir la versión original y limpia. A través de este proceso, el modelo aprende a distinguir entre señal significativa y ruido no deseado, filtrando eficazmente las distorsiones y artefactos.

Las aplicaciones de los autoencoders de eliminación de ruido son vastas y de gran impacto en diversos dominios:

- **Imágenes Médicas:** En radiología, los autoencoders de eliminación de ruido pueden mejorar significativamente la calidad de las radiografías, resonancias magnéticas y tomografías computarizadas. Al reducir el ruido y los artefactos, estos modelos ayudan a los profesionales médicos a realizar diagnósticos más precisos e identificar anomalías sutiles que de otro modo podrían quedar ocultas.
- **Procesamiento de Audio:** En el ámbito del reconocimiento de voz y la producción musical, los autoencoders de eliminación de ruido pueden aislar y amplificar los sonidos deseados mientras suprimen el ruido de fondo. Esto es particularmente valioso para mejorar la precisión de los asistentes de voz, la calidad de la música grabada y para ayudar en la investigación forense de audio.
- **Datos de Sensores Industriales:** En aplicaciones de manufactura e IoT, los datos de los sensores a menudo contienen ruido debido a factores ambientales o limitaciones del equipo. Los autoencoders de eliminación de ruido pueden limpiar estos datos, lo que conduce a sistemas de monitoreo más confiables, mantenimiento predictivo y procesos de control de calidad.
- **Imágenes Astronómicas:** Los telescopios espaciales capturan imágenes que a menudo están afectadas por la radiación cósmica y otras formas de interferencia. Los autoencoders de eliminación de ruido pueden ayudar a los astrónomos a recuperar imágenes más claras y detalladas de cuerpos celestes distantes, lo que potencialmente lleva a nuevos descubrimientos en astrofísica.

El poder de los autoencoders de eliminación de ruido radica en su capacidad para aprender patrones complejos de ruido y separarlos de la estructura subyacente de los datos. Esto va más allá de las simples técnicas de filtrado, ya que el modelo puede adaptarse a diversos tipos de ruido y preservar características importantes de la señal original. Como resultado, los autoencoders de eliminación de ruido se han convertido en una herramienta esencial en el procesamiento de señales, la limpieza de datos y la extracción de características en una amplia gama de aplicaciones científicas e industriales.

Aprendizaje de Características

Las representaciones del espacio latente aprendidas por los autoencoders son una herramienta poderosa para capturar características abstractas y significativas de los datos de entrada. Esta capacidad va más allá de la simple compresión de datos, ofreciendo un enfoque sofisticado para comprender estructuras de datos complejas.

En el ámbito del procesamiento de imágenes, estas características aprendidas a menudo corresponden a conceptos visuales de alto nivel. Por ejemplo, cuando se aplican a tareas de reconocimiento facial, las representaciones latentes podrían codificar características como la estructura facial, la expresión o incluso conceptos más abstractos como la edad o el género. Esta capacidad de destilar información visual compleja en representaciones compactas y significativas tiene implicaciones significativas para las aplicaciones de visión por computadora, desde sistemas de reconocimiento facial hasta análisis de imágenes médicas.

En el procesamiento del lenguaje natural (NLP), los autoencoders pueden aprender a representar palabras o frases de manera que capturen relaciones semánticas y sintácticas profundas. Estas representaciones pueden codificar matices del lenguaje como el contexto, el tono o incluso conceptos abstractos, proporcionando una base rica para tareas como el análisis de sentimientos, la traducción de idiomas o la generación de texto. Por ejemplo, en el modelado de temas, las características derivadas de autoencoders podrían capturar elementos temáticos que abarcan varios documentos, ofreciendo ideas que van más allá del simple análisis de palabras clave.

El poder de estas características aprendidas se hace particularmente evidente en escenarios de aprendizaje por transferencia. Los modelos preentrenados en conjuntos de datos grandes y diversos pueden generar representaciones de características ricas que pueden ajustarse para tareas específicas con datos de entrenamiento adicionales mínimos. Este enfoque ha revolucionado muchas áreas del aprendizaje automático, permitiendo el desarrollo rápido de modelos sofisticados en dominios donde los datos etiquetados son escasos.

Además, las capacidades de aprendizaje de características de los autoencoders han encontrado aplicaciones en la detección de anomalías y la eliminación de ruido. Al aprender a reconstruir patrones de datos "normales", los autoencoders pueden identificar puntos de datos fuera de lugar o corruptos que se desvían significativamente de estas representaciones aprendidas. Esto tiene implicaciones prácticas en campos como la detección de fraudes en transacciones financieras, la identificación de defectos de fabricación o la detección de patrones inusuales en datos médicos.

A medida que la investigación en este área continúa avanzando, estamos viendo la aparición de arquitecturas de autoencoders más sofisticadas, como los variational autoencoders (VAEs) y los autoencoders adversariales. Estos modelos no solo aprenden características significativas, sino que también capturan las distribuciones de probabilidad subyacentes de los datos, lo que abre nuevas posibilidades para el modelado generativo y la síntesis de datos.

El impacto del aprendizaje de características basado en autoencoders se extiende a diversas industrias y disciplinas científicas. En el descubrimiento de fármacos, estas técnicas se utilizan para identificar posibles candidatos a medicamentos al aprender representaciones compactas de estructuras moleculares. En la robótica, están ayudando a crear sistemas de control más eficientes y adaptables al aprender representaciones compactas de entornos y tareas complejas.

A medida que continuamos expandiendo los límites de lo que es posible con los autoencoders y el aprendizaje de características, podemos esperar ver aún más aplicaciones innovadoras emerger, consolidando aún más el papel de estas técnicas como un pilar del aprendizaje automático moderno y la inteligencia artificial.

La versatilidad y efectividad de los autoencoders los han convertido en una piedra angular en el campo del aprendizaje no supervisado, abriendo nuevas posibilidades para el análisis de datos y el aprendizaje de representaciones en diversos dominios.

Ejemplo: Construyendo un Autoencoder Simple en Keras

Implementemos un autoencoder básico en Keras utilizando el conjunto de datos **MNIST** (un conjunto de datos de dígitos escritos a mano).

```
import tensorflow as tf
from tensorflow.keras import layers, models

# Load the MNIST dataset and normalize it
(x_train, _), (x_test, _) = tf.keras.datasets.mnist.load_data()
x_train = x_train.astype('float32') / 255.
x_test = x_test.astype('float32') / 255.
x_train = x_train.reshape((len(x_train), 28, 28, 1))
x_test = x_test.reshape((len(x_test), 28, 28, 1))

# Encoder
input_img = layers.Input(shape=(28, 28, 1))
x = layers.Conv2D(16, (3, 3), activation='relu', padding='same')(input_img)
x = layers.MaxPooling2D((2, 2), padding='same')(x)
x = layers.Conv2D(8, (3, 3), activation='relu', padding='same')(x)
x = layers.MaxPooling2D((2, 2), padding='same')(x)
encoded = layers.Conv2D(8, (3, 3), activation='relu', padding='same')(x)

# Decoder
x = layers.Conv2D(8, (3, 3), activation='relu', padding='same')(encoded)
x = layers.UpSampling2D((2, 2))(x)
x = layers.Conv2D(16, (3, 3), activation='relu')(x)
x = layers.UpSampling2D((2, 2))(x)
decoded = layers.Conv2D(1, (3, 3), activation='sigmoid', padding='same')(x)

# Autoencoder model
autoencoder = models.Model(input_img, decoded)
autoencoder.compile(optimizer='adam', loss='binary_crossentropy')

# Train the autoencoder
autoencoder.fit(x_train, x_train, epochs=50, batch_size=256, validation_data=(x_test,
x_test))
```

Este código implementa un autoencoder básico utilizando Keras para el conjunto de datos MNIST de dígitos escritos a mano.

Aquí tienes un desglose de los componentes principales:

- **Preparación de Datos**: El conjunto de datos MNIST se carga, se normaliza a valores entre 0 y 1, y se remodela para ajustarse a la forma de entrada del autoencoder.
- **Codificador**: La parte del codificador del autoencoder utiliza capas convolucionales para comprimir la imagen de entrada. Consta de tres capas Conv2D con activación ReLU y dos capas MaxPooling2D para reducir la dimensionalidad.
- **Decodificador**: El decodificador refleja la estructura del codificador pero utiliza capas UpSampling2D para aumentar la dimensionalidad. Reconstruye la imagen original a partir de la representación comprimida.
- **Compilación del Modelo**: El modelo de autoencoder se compila utilizando el optimizador Adam y la función de pérdida binary crossentropy, que es adecuada para tareas de reconstrucción de imágenes.
- **Entrenamiento**: El modelo se entrena durante 50 épocas con un tamaño de lote de 256, utilizando los datos de entrenamiento tanto como entrada como objetivo. Los datos de prueba se utilizan para la validación.

Este autoencoder aprende a comprimir las imágenes de MNIST en una representación de menor dimensión y luego las reconstruye, posiblemente aprendiendo características útiles en el proceso.

7.1.2 Autoencoders Variacionales (VAEs)

Aunque los autoencoders estándar son excelentes para comprimir datos, los **Autoencoders Variacionales (VAEs)** elevan este concepto al introducir un elemento probabilístico en el proceso de codificación. A diferencia de los autoencoders tradicionales que asignan cada entrada a un punto fijo en el espacio latente, los VAEs generan una distribución de probabilidad—típicamente gaussiana—de la cual se muestrean las variables latentes. Este enfoque probabilístico permite que los VAEs capturen la estructura subyacente de los datos de manera más efectiva, teniendo en cuenta la variabilidad y la incertidumbre inherentes.

La naturaleza probabilística de los VAEs los hace particularmente poderosos para el **modelado generativo**. Al aprender a asignar las entradas a distribuciones en lugar de puntos fijos, los VAEs pueden generar puntos de datos nuevos y diversos que son consistentes con la distribución aprendida. Esto se logra al muestrear desde el espacio latente y luego decodificar estas muestras, lo que da como resultado nuevos datos que se asemejan al conjunto de entrenamiento. Esta capacidad tiene amplias implicaciones en varios dominios:

- En visión por computadora, los VAEs pueden generar nuevas imágenes realistas que mantienen las características de los datos de entrenamiento, como la creación de nuevas caras o estilos artísticos.
- En procesamiento del lenguaje natural, los VAEs se pueden utilizar para la generación de texto, produciendo oraciones o párrafos coherentes que capturan la esencia del corpus de entrenamiento.
- En el descubrimiento de fármacos, los VAEs pueden sugerir nuevas estructuras moleculares con propiedades deseadas, lo que podría acelerar el desarrollo de nuevos productos farmacéuticos.

Además, el espacio latente aprendido por los VAEs a menudo captura características significativas de los datos de entrada, lo que permite una manipulación e interpolación intuitiva entre diferentes puntos de datos. Esta propiedad hace que los VAEs sean valiosos para tareas como la ampliación de datos, la detección de anomalías e incluso el aprendizaje por transferencia en diferentes dominios.

Cómo Funcionan los VAEs

1. **Codificador**: El codificador en un VAE difiere significativamente del de un autoencoder estándar. En lugar de producir una representación latente fija, genera dos parámetros clave: la **media** y la **log-varianza** de una distribución de probabilidad en el espacio latente. Este enfoque probabilístico permite que el VAE capture la incertidumbre y la variabilidad en los datos de entrada. La representación latente real se muestrea de una distribución normal definida por estos parámetros, introduciendo un elemento estocástico que mejora las capacidades generativas del modelo.
2. **Decodificador**: El decodificador en un VAE funciona de manera similar al de un autoencoder estándar, pero con una diferencia crucial. Toma la representación latente muestreada como entrada y reconstruye los datos originales. Sin embargo, dado que esta entrada es ahora una muestra de una distribución de probabilidad en lugar de un punto fijo, el decodificador aprende a ser más robusto y flexible. Esto permite que el VAE genere salidas diversas pero realistas, incluso cuando se muestrean diferentes puntos en el espacio latente.
3. **Divergencia KL**: La Divergencia de Kullback-Leibler (KL) juega un papel vital en los VAEs, actuando como un término de regularización en la función de pérdida. Asegura que la distribución latente aprendida se aproxime a una distribución gaussiana estándar. Esta regularización tiene dos efectos importantes:
   - Alienta al espacio latente a ser continuo y bien estructurado, facilitando una interpolación suave entre diferentes puntos.
   - Evita que el modelo simplemente memorice los datos de entrenamiento, en su lugar, aprende una representación significativa y generalizable.

El equilibrio entre la precisión de la reconstrucción y la divergencia KL es crucial para el rendimiento y las capacidades generativas del VAE.

4. **Truco de Reparametrización**: Para habilitar la retropropagación a través del proceso de muestreo, los VAEs emplean el truco de reparametrización. Esto implica expresar el muestreo aleatorio como una función determinista de la media, la log-varianza y una fuente externa de aleatoriedad. Esta ingeniosa técnica permite entrenar el modelo de manera completa utilizando métodos de optimización estándar.
5. **Función de Pérdida**: La función de pérdida del VAE combina dos componentes:
    - **Pérdida de reconstrucción**: Mide qué tan bien el decodificador puede reconstruir la entrada a partir de la representación latente muestreada.
    - **Divergencia KL**: Regulariza la distribución del espacio latente.

El equilibrio entre estos dos componentes es clave para entrenar un VAE efectivo que pueda tanto reconstruir entradas con precisión como generar muestras nuevas y realistas.

Ejemplo: Implementación de un Autoencoder Variacional en Keras

```
from tensorflow.keras import layers, models
import tensorflow as tf
import numpy as np

# Sampling function for the latent space
def sampling(args):
    z_mean, z_log_var = args
    batch = tf.shape(z_mean)[0]
    dim = tf.shape(z_mean)[1]
    epsilon = tf.keras.backend.random_normal(shape=(batch, dim))
    return z_mean + tf.exp(0.5 * z_log_var) * epsilon

# Encoder
latent_dim = 2
inputs = layers.Input(shape=(28, 28, 1))
x = layers.Conv2D(32, 3, activation="relu", strides=2, padding="same")(inputs)
x = layers.Conv2D(64, 3, activation="relu", strides=2, padding="same")(x)
x = layers.Flatten()(x)
x = layers.Dense(16, activation="relu")(x)
z_mean = layers.Dense(latent_dim, name="z_mean")(x)
z_log_var = layers.Dense(latent_dim, name="z_log_var")(x)

# Latent space sampling
z    =    layers.Lambda(sampling,    output_shape=(latent_dim,),    name="z")([z_mean,
z_log_var])

# Decoder
decoder_input = layers.Input(shape=(latent_dim,))
x = layers.Dense(7 * 7 * 64, activation="relu")(decoder_input)
x = layers.Reshape((7, 7, 64))(x)
```

```
x = layers.Conv2DTranspose(64, 3, activation="relu", strides=2, padding="same")(x)
x = layers.Conv2DTranspose(32, 3, activation="relu", strides=2, padding="same")(x)
decoder_output      =      layers.Conv2DTranspose(1,      3,      activation="sigmoid",
padding="same")(x)

# VAE model
encoder = models.Model(inputs, [z_mean, z_log_var, z], name="encoder")
decoder = models.Model(decoder_input, decoder_output, name="decoder")
vae_output = decoder(encoder(inputs)[2])

vae = models.Model(inputs, vae_output, name="vae")

# Loss: Reconstruction + KL divergence
reconstruction_loss                                                                  =
tf.keras.losses.binary_crossentropy(tf.keras.backend.flatten(inputs),
tf.keras.backend.flatten(vae_output))
reconstruction_loss *= 28 * 28
kl_loss = 1 + z_log_var - tf.square(z_mean) - tf.exp(z_log_var)
kl_loss = tf.reduce_mean(-0.5 * tf.reduce_sum(kl_loss, axis=-1))
vae_loss = tf.reduce_mean(reconstruction_loss + kl_loss)

vae.add_loss(vae_loss)
vae.compile(optimizer="adam")

# Train the VAE
vae.fit(x_train,    x_train,    epochs=50,    batch_size=128,    validation_data=(x_test,
x_test))
```

Este código implementa un Autoencoder Variacional (VAE) utilizando Keras y TensorFlow.

Aquí tienes un desglose de los componentes clave:

- **Función de Muestreo**: La función sampling implementa el truco de reparametrización, que permite al modelo retropropagar a través del proceso de muestreo aleatorio.
- **Codificador**: La red del codificador toma la entrada (imágenes de 28x28x1) y produce la media y la log-varianza de la distribución del espacio latente. Utiliza capas convolucionales y densas.
- **Espacio Latente**: El espacio latente se muestrea utilizando la función sampling, creando una representación latente de dos dimensiones.
- **Decodificador**: El decodificador toma la representación latente y reconstruye la imagen original. Utiliza capas densas y convoluciones transpuestas.
- **Modelo VAE**: El modelo VAE completo se crea combinando el codificador y el decodificador.
- **Función de Pérdida**: La pérdida consta de dos partes:

  - Pérdida de reconstrucción: *Binary cross-entropy* entre la entrada y la salida reconstruida.
  - Pérdida de divergencia KL: Asegura que la distribución latente aprendida esté cerca de una distribución normal estándar.
- **Entrenamiento**: El modelo se compila con el optimizador Adam y se entrena durante 50 épocas utilizando el conjunto de datos MNIST (representado por x_train y x_test).

Este VAE puede aprender a comprimir los dígitos de MNIST en un espacio latente 2D y generar nuevos dígitos similares al muestrear desde este espacio.

7.2 Redes Generativas Adversarias (GANs) y sus Aplicaciones

Esta sección profundizará en los conceptos fundamentales detrás de las GANs, explorando su arquitectura única que enfrenta a dos redes neuronales entre sí en un proceso de entrenamiento adversarial. Examinaremos cómo este enfoque innovador permite a las GANs generar datos notablemente realistas, desde imágenes y videos hasta texto e incluso música.

Además, discutiremos las diversas aplicaciones de las GANs y su potencial para transformar industrias que van desde el arte y el entretenimiento hasta la salud y la investigación científica.

Al comprender los principios y aplicaciones de las GANs, obtendrás una visión de una de las áreas más emocionantes y en rápida evolución de la inteligencia artificial, abriendo nuevas posibilidades para la resolución creativa de problemas y la generación de datos.

7.2.1 Introducción a las GANs

Las **Redes Generativas Adversarias (GANs)**, introducidas por Ian Goodfellow en 2014, representan un paradigma revolucionario en el deep learning. Estos sofisticados modelos consisten en dos redes neuronales en competencia: el **generador** y el **discriminador**, involucrados en un proceso de entrenamiento adversarial que impulsa a ambas redes a mejorar continuamente.

La red **generadora** asume el papel de un falsificador, encargada de crear datos que sean indistinguibles de las muestras reales. Comienza con un vector de ruido aleatorio y lo refina progresivamente hasta convertirlo en una imitación convincente de la distribución de datos objetivo. Este proceso involucra transformaciones complejas que mapean el ruido a través de múltiples capas de la red, cada una contribuyendo a la creación de salidas cada vez más realistas.

Por otro lado, la red **discriminadora** actúa como un crítico exigente, con el objetivo de diferenciar entre los datos auténticos y las fabricaciones del generador. Analiza las entradas y produce una puntuación de probabilidad que indica su confianza en si una muestra dada es genuina o generada artificialmente. Esta tarea de clasificación binaria requiere que el discriminador desarrolle una comprensión matizada de los patrones y características intrincadas que caracterizan los datos reales.

El corazón del entrenamiento de las GANs radica en la relación adversarial entre estas dos redes, a menudo descrita como un **juego de minimax**. En este duelo de inteligencia artificial:

- El generador se esfuerza por producir falsificaciones cada vez más convincentes, con el objetivo de crear salidas que puedan pasar desapercibidas por el escrutinio del discriminador.
- A su vez, el discriminador perfecciona su capacidad para detectar incluso los signos más sutiles de generación artificial, adaptándose constantemente a las técnicas mejoradas del generador.

Este proceso iterativo crea un bucle de retroalimentación de mejora continua. A medida que el generador se vuelve más hábil en la creación de datos realistas, el discriminador debe evolucionar para mantener su ventaja en la detección. A la inversa, a medida que el discriminador se vuelve más exigente, proporciona retroalimentación más precisa al generador, guiándolo hacia salidas aún más convincentes. Esta interacción dinámica impulsa a ambas redes a alcanzar nuevos niveles de sofisticación.

Con el tiempo, este régimen de entrenamiento adversarial lleva al generador a producir resultados de una calidad y realismo asombrosos. El objetivo final es llegar a un punto en el que los datos generados sean prácticamente indistinguibles de las muestras reales, incluso para el discriminador más exigente. Esta capacidad abre un mundo de posibilidades en varios campos, desde la creación de imágenes fotorrealistas hasta la generación de datos sintéticos para propósitos de investigación y desarrollo.

Proceso de Entrenamiento de GANs: Una Vista Detallada

El entrenamiento de las Redes Generativas Adversarias (GANs) es un proceso intrincado que implica un equilibrio delicado entre dos redes neuronales en competencia. Desglosamos este proceso en pasos más detallados:

- **Paso 1: Inicialización del Generador** El generador comienza con ruido aleatorio como entrada e intenta crear datos que se asemejen a la distribución objetivo. Inicialmente, estas salidas probablemente serán de mala calidad y fáciles de distinguir de los datos reales.
- **Paso 2: Entrenamiento del Discriminador** Al discriminador se le presenta una mezcla de datos reales del conjunto de entrenamiento y datos falsos producidos por el generador. Aprende a diferenciar entre ambos, convirtiéndose efectivamente en un clasificador binario.

- **Paso 3: Entrenamiento del Generador** Usando la retroalimentación del discriminador, el generador ajusta sus parámetros para producir datos falsos más convincentes. El objetivo es crear salidas que el discriminador clasifique como reales.
- **Paso 4: Mejora Iterativa** Se repiten los pasos 2 y 3 de manera iterativa. A medida que el generador mejora, el discriminador también debe mejorar su capacidad para detectar falsificaciones cada vez más sofisticadas.
- **Paso 5: Equilibrio** Idealmente, el proceso converge a un punto en el que el generador produce datos indistinguibles de las muestras reales, y el discriminador ya no puede diferenciar entre datos reales y falsos con certeza.

La formulación matemática de este proceso se captura en la función de pérdida de las GANs:

$$\min_G \max_D E_{\{x \sim pdata\}[\log D(x)]} + E_{\{z \sim pz\}}\left[\log\left(1 - D(G(z))\right)\right]$$

Esta ecuación encapsula el juego de minimax entre el generador (G) y el discriminador (D). Desglosamos sus componentes:

- G: La red generadora
- D: La red discriminadora
- x: Muestras de la distribución de datos reales
- z: Entrada de ruido aleatorio para el generador
- $pdata$: La distribución de los datos reales
- pz: La distribución del ruido de entrada aleatorio

El primer término, $\mathbb{E}{x \sim p{\text{data}}}[\log D(x)]$, representa la capacidad del discriminador para clasificar correctamente los datos reales. El segundo término, $\mathbb{E}_{z \sim p_z}[\log(1 - D(G(z)))]$, representa su capacidad para clasificar correctamente los datos falsos generados.

El generador busca minimizar esta función, mientras que el discriminador intenta maximizarla. Este proceso adversarial impulsa a ambas redes a mejorar simultáneamente, lo que lleva a la generación de datos cada vez más realistas.

7.2.2 Implementación de una GAN Simple en PyTorch

Caminemos a través de un ejemplo de cómo construir una GAN simple en PyTorch para generar imágenes. Utilizaremos el conjunto de datos **MNIST** para este ejemplo.

Ejemplo: GAN para la Generación de Imágenes de MNIST en PyTorch

```
import torch
import torch.nn as nn
```

```
import torch.optim as optim
from torchvision import datasets, transforms
from torch.utils.data import DataLoader

# Generator model
class Generator(nn.Module):
    def __init__(self, input_dim, output_dim):
        super(Generator, self).__init__()
        self.model = nn.Sequential(
            nn.Linear(input_dim, 128),
            nn.ReLU(True),
            nn.Linear(128, 256),
            nn.ReLU(True),
            nn.Linear(256, 512),
            nn.ReLU(True),
            nn.Linear(512, output_dim),
            nn.Tanh()  # Tanh activation to scale the output to [-1, 1]
        )

    def forward(self, x):
        return self.model(x)

# Discriminator model
class Discriminator(nn.Module):
    def __init__(self, input_dim):
        super(Discriminator, self).__init__()
        self.model = nn.Sequential(
            nn.Linear(input_dim, 512),
            nn.LeakyReLU(0.2, inplace=True),
            nn.Linear(512, 256),
            nn.LeakyReLU(0.2, inplace=True),
            nn.Linear(256, 1),
            nn.Sigmoid()  # Sigmoid activation for binary classification
        )

    def forward(self, x):
        return self.model(x)

# Hyperparameters
latent_dim = 100  # Dimension of the random noise vector (input to generator)
img_size = 28 * 28  # Size of flattened MNIST images
batch_size = 64
learning_rate = 0.0002
epochs = 100

# Create generator and discriminator models
generator = Generator(input_dim=latent_dim, output_dim=img_size)
discriminator = Discriminator(input_dim=img_size)

# Loss function and optimizers
adversarial_loss = nn.BCELoss()
optimizer_G = optim.Adam(generator.parameters(), lr=learning_rate)
```

```
optimizer_D = optim.Adam(discriminator.parameters(), lr=learning_rate)

# Load MNIST dataset
transform = transforms.Compose([
    transforms.ToTensor(),
    transforms.Normalize([0.5], [0.5])  # Normalize to [-1, 1]
])
mnist_data = datasets.MNIST(root='./data', train=True, transform=transform,
download=True)
dataloader = DataLoader(mnist_data, batch_size=batch_size, shuffle=True)

# Training loop
for epoch in range(epochs):
    for real_imgs, _ in dataloader:
        batch_size = real_imgs.size(0)
        real_imgs = real_imgs.view(batch_size, -1)

        # Create labels for real and fake data
        real_labels = torch.ones(batch_size, 1)
        fake_labels = torch.zeros(batch_size, 1)

        # Train the discriminator on real images
        optimizer_D.zero_grad()
        real_loss = adversarial_loss(discriminator(real_imgs), real_labels)

        # Generate fake images and train the discriminator
        noise = torch.randn(batch_size, latent_dim)
        fake_imgs = generator(noise)
        fake_loss = adversarial_loss(discriminator(fake_imgs.detach()), fake_labels)
        d_loss = real_loss + fake_loss
        d_loss.backward()
        optimizer_D.step()

        # Train the generator to fool the discriminator
        optimizer_G.zero_grad()
        g_loss = adversarial_loss(discriminator(fake_imgs), real_labels)
        g_loss.backward()
        optimizer_G.step()

    print(f"Epoch [{epoch+1}/{epochs}] | D Loss: {d_loss.item()} | G Loss:
{g_loss.item()}")

# Example of generating an image
with torch.no_grad():
    noise = torch.randn(1, latent_dim)
    generated_image = generator(noise).view(28, 28)
    print("Generated image:", generated_image)
```

Este código implementa una Red Generativa Adversarial (GAN) simple utilizando PyTorch para generar imágenes a partir del conjunto de datos MNIST.

Aquí tienes un desglose de los componentes clave:

- **Modelos de Generador y Discriminador**: El código define dos clases de redes neuronales, Generador y Discriminador. El Generador toma ruido aleatorio como entrada y produce imágenes falsas, mientras que el Discriminador intenta distinguir entre imágenes reales y falsas.
- **Hiperparámetros**: El código establece varios hiperparámetros, como la dimensión latente, el tamaño de imagen, el tamaño de lote, la tasa de aprendizaje y el número de épocas.
- **Función de Pérdida y Optimizadores**: La pérdida de entropía cruzada binaria (BCELoss) se usa como la pérdida adversarial. Se crean optimizadores Adam separados para el Generador y el Discriminador.
- **Carga de Datos**: El conjunto de datos MNIST se carga utilizando *torchvision*, con las transformaciones apropiadas aplicadas.
- **Bucle de Entrenamiento**: El bucle principal de entrenamiento itera sobre el número especificado de épocas. En cada iteración:
    - El Discriminador se entrena con imágenes reales y falsas.
    - El Generador se entrena para engañar al Discriminador.
    - Las pérdidas de ambas redes se calculan y retropropagan.
- **Generación de Imágenes**: Después del entrenamiento, el código muestra cómo generar una nueva imagen utilizando el Generador entrenado.

Esta implementación muestra el concepto fundamental de las GANs, donde dos redes compiten entre sí, lo que finalmente lleva a la generación de imágenes falsas realistas.

7.2.3 Aplicaciones de las GANs

Las GANs tienen una amplia gama de aplicaciones, muchas de las cuales son innovadoras en campos como la generación de imágenes, la creación de videos, la ampliación de datos e incluso el descubrimiento de fármacos.

Aquí se presentan algunas de las aplicaciones clave:

1. Generación de Imágenes

Las GANs han revolucionado el campo de la síntesis de imágenes al permitir la creación de imágenes altamente realistas a partir de entradas de ruido aleatorio. Esta capacidad tiene implicaciones de gran alcance en varios dominios:

- **Retratos Fotorrealistas**: Las arquitecturas avanzadas de GAN como StyleGAN han logrado un éxito notable en la generación de rostros humanos realistas. Estas imágenes generadas son tan convincentes que a menudo son indistinguibles de fotografías reales, a pesar de representar individuos completamente ficticios. Esta tecnología tiene aplicaciones en entretenimiento, realidad virtual y arte digital.

- **Ampliación de Datos**: En campos donde la adquisición de grandes conjuntos de datos es un desafío o resulta costosa, como la imagen médica o la detección de objetos raros, las GANs pueden generar datos sintéticos para ampliar los conjuntos de datos existentes. Esto ayuda a entrenar modelos de aprendizaje automático más robustos.
- **Herramientas Creativas**: Artistas y diseñadores están utilizando GANs para crear contenido visual único, explorar nuevas posibilidades estéticas e incluso generar entornos virtuales completos. Esto ha dado lugar a la aparición del "arte AI" como un nuevo medio de expresión creativa.
- **Datos Sintéticos para la Preservación de la Privacidad**: En escenarios donde la privacidad de los datos es crucial, las GANs pueden generar conjuntos de datos sintéticos que mantienen las propiedades estadísticas de los datos originales sin exponer información sensible. Esto es particularmente valioso en los sectores de la salud y las finanzas.

La capacidad de las GANs para generar imágenes de alta calidad y diversidad no solo ha expandido los límites de lo que es posible en la visión por computadora, sino que también ha planteado importantes consideraciones éticas sobre el uso indebido de dicha tecnología, particularmente en el contexto de los *deepfakes* y la desinformación.

2. Traducción de Imágenes a Imágenes

Las GANs han revolucionado el campo de la traducción de imágenes, permitiendo la transformación de imágenes de un dominio a otro. Esta capacidad poderosa tiene numerosas aplicaciones en varias industrias:

- **Conversión de Bocetos a Fotos**: Las GANs pueden convertir bocetos simples en imágenes fotorrealistas, una función particularmente útil en el diseño y la arquitectura. Por ejemplo, un boceto de un edificio puede transformarse en una representación realista, ayudando a los arquitectos y clientes a visualizar proyectos de manera más efectiva.
- **Coloreado**: Las GANs son excelentes para agregar color a imágenes en blanco y negro, dando nueva vida a fotografías históricas o mejorando escaneos médicos en escala de grises. Esta tecnología tiene aplicaciones en la restauración de películas, la investigación histórica y la imagen médica.
- **Traducción de Mapas**: Una de las aplicaciones más impresionantes es la conversión de mapas aéreos en imágenes de vista de calle y viceversa. Esta capacidad tiene implicaciones significativas para la planificación urbana, los sistemas de navegación y el turismo virtual.

- **Transferencia de Estilo**: Las GANs pueden aplicar el estilo de una imagen al contenido de otra, creando versiones artísticas únicas. Esto tiene aplicaciones en el arte digital, la publicidad y el entretenimiento.

Dos arquitecturas prominentes de GAN para estas tareas son *pix2pix* y *CycleGAN*. *Pix2pix* requiere conjuntos de datos emparejados (imágenes de entrada y objetivo), mientras que *CycleGAN* puede funcionar con conjuntos de datos no emparejados, lo que lo hace más flexible para escenarios donde no se disponen de pares exactos.

3. Ampliación de Datos

Las GANs sobresalen en la generación de nuevas muestras de datos sintéticos que se asemejan estrechamente al conjunto de datos original. Esta capacidad es particularmente valiosa en escenarios donde los datos son escasos o difíciles de obtener. Al ampliar los conjuntos de datos de entrenamiento con muestras generadas por GAN, los investigadores y científicos de datos pueden mejorar significativamente la robustez y el rendimiento de sus modelos de aprendizaje automático.

El proceso funciona entrenando la GAN en los datos reales disponibles y luego usando el generador para crear muestras adicionales y artificiales. Estas muestras sintéticas mantienen las propiedades estadísticas y características del conjunto de datos original, expandiendo efectivamente el conjunto de entrenamiento sin la necesidad de recolección adicional de datos. Este enfoque es especialmente beneficioso en campos como:

- **Imágenes médicas**: Donde los datos de pacientes pueden ser limitados debido a preocupaciones de privacidad o condiciones raras.
- **Conducción autónoma**: Para simular escenarios raros o peligrosos sin pruebas en el mundo real.
- **Detección de anomalías**: Al generar más ejemplos de eventos raros o valores atípicos.
- **Procesamiento del lenguaje natural**: Para crear muestras de texto diversas que mejoren la comprensión del lenguaje.

Además, la ampliación de datos basada en GAN puede ayudar a abordar problemas de desequilibrio de clases en los conjuntos de datos, creando muestras adicionales para las clases subrepresentadas. Esto conduce a modelos de aprendizaje automático más equilibrados y justos, reduciendo el sesgo y mejorando el rendimiento general en todas las categorías.

4. Superresolución

Las GANs han revolucionado el campo de la mejora de imágenes a través de técnicas de superresolución. Este proceso implica transformar imágenes de baja resolución en sus contrapartes de alta resolución generando inteligentemente detalles faltantes. La arquitectura GAN, que consiste en una red generadora y una red discriminadora, trabaja en conjunto para producir imágenes de alta resolución realistas y nítidas.

En las GANs de superresolución, la red generadora aprende a aumentar la resolución de las imágenes de entrada de baja resolución, mientras que la red discriminadora critica las imágenes generadas de alta resolución, comparándolas con imágenes reales de alta resolución. Este proceso adversarial resulta en que el generador produzca salidas cada vez más convincentes y detalladas.

Las aplicaciones de las GANs de superresolución son de gran alcance:

- **Imágenes médicas**: En campos como la radiología y la patología, las GANs de superresolución pueden mejorar la calidad de los escaneos médicos, lo que potencialmente mejora la precisión diagnóstica sin la necesidad de equipos de imagen más costosos.
- **Imágenes satelitales**: La observación terrestre y la teledetección se benefician de las técnicas de superresolución, lo que permite un análisis más detallado de las características geográficas, la planificación urbana y el monitoreo ambiental.
- **Análisis forense**: Las agencias de aplicación de la ley pueden usar las GANs de superresolución para mejorar imágenes o grabaciones de baja calidad de cámaras de vigilancia, lo que podría ayudar en las investigaciones.
- **Restauración de imágenes históricas**: Las GANs de superresolución pueden dar nueva vida a fotografías antiguas de baja resolución, preservando registros históricos con mayor claridad.

Los avances recientes en las GANs de superresolución, como *ESRGAN* (Red Generativa Adversarial de Superresolución Mejorada), han expandido los límites de lo que es posible en la mejora de imágenes, produciendo resultados que a menudo son indistinguibles de imágenes genuinas de alta resolución.

5. Generación de Imágenes a partir de Texto

Las GANs han revolucionado el campo de la síntesis de imágenes a partir de texto, permitiendo la creación de contenido visual a partir de descripciones textuales. Esta capacidad cierra la brecha entre el procesamiento del lenguaje natural y la visión por computadora, abriendo emocionantes posibilidades para aplicaciones creativas y la generación de contenido.

Un ejemplo notable es el modelo **AttnGAN** (Red Generativa Adversarial con Atención), que puede generar imágenes altamente detalladas basadas en entradas de texto. Por ejemplo, dada una descripción como "un pájaro pequeño con alas amarillas y un pico rojo", AttnGAN puede producir una imagen correspondiente que coincida estrechamente con estas especificaciones.

El proceso implica múltiples etapas:

- **Codificación de Texto**: La descripción de entrada se codifica primero en una representación semántica utilizando redes neuronales recurrentes.

- **Generación en Múltiples Etapas**: El modelo genera imágenes en múltiples resoluciones, refinando detalles en cada etapa.
- **Mecanismo de Atención**: Un mecanismo de atención ayuda a enfocarse en palabras relevantes al generar diferentes partes de la imagen.

Esta tecnología tiene amplias implicaciones en diversos dominios:

- **Industrias Creativas**: Artistas y diseñadores pueden visualizar rápidamente conceptos e iterar en ideas.
- **Comercio Electrónico**: Las imágenes de productos pueden generarse a partir de descripciones textuales, mejorando la experiencia de compra en línea.
- **Educación**: Los conceptos complejos pueden ilustrarse, haciendo que el aprendizaje sea más atractivo y accesible.
- **Accesibilidad**: Se puede crear contenido visual para personas con discapacidades visuales basándose en descripciones de audio.

A medida que estos modelos continúan mejorando, podemos esperar una generación de imágenes aún más sofisticada y realista a partir de descripciones textuales cada vez más complejas y matizadas.

6. Generación y Manipulación de Videos

Las GANs han revolucionado el campo de la síntesis y edición de videos. Estos modelos potentes pueden generar secuencias de video realistas desde cero, interpolar entre fotogramas existentes para crear transiciones suaves o incluso transformar imágenes estáticas en videos en movimiento.

Una aplicación impresionante es la capacidad de convertir un conjunto de imágenes estáticas en una secuencia de video coherente. Por ejemplo, dado un conjunto de fotos de la cara de una persona, una GAN puede generar un video realista de esa persona hablando o expresando emociones. Esta tecnología tiene implicaciones significativas para las industrias del cine y la animación, ya que potencialmente simplifica el proceso de creación de personajes CGI o revive a figuras históricas en documentales.

Además, las GANs pueden generar contenido de video completamente nuevo a partir de entradas de ruido aleatorio, de manera similar a cómo generan imágenes. Esta capacidad abre emocionantes posibilidades para crear datos de entrenamiento sintéticos para tareas de visión por computadora, generar instalaciones de arte abstracto o incluso asistir en la creación de guiones gráficos y previsualización para cineastas.

Los avances recientes en las GANs de video también han permitido manipulaciones más sofisticadas, tales como:

- **Transferencia de Estilo en Videos**: Aplicar el estilo artístico de un video a otro mientras se mantiene la consistencia temporal.
- **Relleno de Videos (Inpainting)**: Completar partes faltantes o corruptas de una secuencia de video.
- **Traducción de Video a Video**: Transformar videos de un dominio a otro, como convertir escenas diurnas en nocturnas o cambiar las condiciones climáticas.

A medida que estas tecnologías continúan evolucionando, plantean tanto posibilidades emocionantes como consideraciones éticas, particularmente en el ámbito de los *deepfakes* y el potencial de desinformación. El desarrollo y uso responsable de las GANs de video será crucial a medida que se vuelvan más comunes en diversas industrias.

7. Salud y Descubrimiento de Fármacos

Las GANs han encontrado aplicaciones significativas en el sector de la salud, revolucionando varios aspectos de la investigación médica y la atención al paciente:

- **Generación de Imágenes Médicas**: Las GANs pueden crear imágenes médicas sintéticas, como radiografías, resonancias magnéticas (MRIs) y tomografías computarizadas (CT). Esta capacidad es particularmente valiosa para entrenar sistemas de inteligencia artificial médica, especialmente en casos donde los datos reales de pacientes son limitados debido a preocupaciones de privacidad o la rareza de ciertas condiciones. Al generar imágenes médicas diversas y realistas, las GANs ayudan a mejorar la robustez y precisión de los algoritmos de diagnóstico.
- **Aumento de Datos para el Diagnóstico**: En el diagnóstico médico, contar con un conjunto de datos grande y diverso es crucial para entrenar modelos precisos. Las GANs pueden aumentar los conjuntos de datos existentes generando muestras sintéticas que mantienen las propiedades estadísticas de los datos médicos reales. Este enfoque es especialmente útil para enfermedades raras o grupos de pacientes subrepresentados, ayudando a reducir el sesgo en los modelos de diagnóstico y mejorando su rendimiento en poblaciones diversas.
- **Descubrimiento de Fármacos**: Una de las aplicaciones más prometedoras de las GANs en el campo de la salud es en el descubrimiento de fármacos. Las GANs pueden usarse para generar nuevas estructuras moleculares con propiedades específicas, lo que potencialmente acelera el proceso de desarrollo de fármacos:
    - **Generación de Moléculas**: Las GANs pueden crear nuevas estructuras moleculares que cumplan con restricciones químicas y biológicas específicas, ampliando el espacio de búsqueda para posibles candidatos a fármacos.
    - **Predicción de Propiedades**: Al entrenar con interacciones conocidas entre fármacos y objetivos, las GANs pueden predecir las propiedades de las

moléculas recién generadas, ayudando a los investigadores a identificar candidatos prometedores para una mayor investigación.

- **Diseño de Fármacos de Novo**: Las GANs pueden usarse junto con otras técnicas de inteligencia artificial para diseñar nuevos fármacos desde cero, adaptados a objetivos específicos o mecanismos de enfermedades.

Estas aplicaciones de las GANs en la salud y el descubrimiento de fármacos tienen el potencial de acelerar significativamente la investigación médica, mejorar los resultados de los pacientes y reducir el tiempo y el costo asociados con el desarrollo de nuevos tratamientos. A medida que la tecnología continúe evolucionando, podemos esperar aplicaciones aún más innovadoras de las GANs en la medicina personalizada, la predicción de enfermedades y la optimización de tratamientos.

7.3 Transferencia de Aprendizaje y Ajuste Fino de Redes Preentrenadas

A medida que los modelos de aprendizaje profundo se vuelven cada vez más complejos y costosos de entrenar desde cero, la transferencia de aprendizaje ha surgido como una técnica poderosa para aprovechar el conocimiento preexistente y acelerar el desarrollo de nuevos modelos. Esta sección explora el concepto de la transferencia de aprendizaje, sus aplicaciones y el proceso de ajuste fino de redes preentrenadas para tareas específicas.

La transferencia de aprendizaje nos permite aprovechar el poder de los modelos entrenados en grandes conjuntos de datos y aplicar las características que han aprendido a nuevos conjuntos de datos, a menudo más pequeños. Este enfoque no solo ahorra recursos computacionales, sino que también permite la creación de modelos robustos en dominios donde los datos etiquetados pueden ser escasos. Exploraremos la mecánica de la transferencia de aprendizaje, discutiremos cuándo y cómo aplicarla y proporcionaremos ejemplos prácticos utilizando marcos populares de aprendizaje profundo.

Al comprender y dominar las técnicas de transferencia de aprendizaje, estarás mejor equipado para abordar una amplia gama de desafíos en el aprendizaje automático de manera más eficiente y efectiva, abriendo nuevas posibilidades en diversos dominios, desde la visión por computadora hasta el procesamiento del lenguaje natural.

7.3.1 ¿Qué es la Transferencia de Aprendizaje?

La **transferencia de aprendizaje** es una técnica poderosa en el aprendizaje automático que permite la adaptación de modelos preentrenados a nuevas tareas relacionadas. Este enfoque aprovecha el conocimiento obtenido de conjuntos de datos a gran escala para mejorar el rendimiento en conjuntos de datos más pequeños y específicos. Por ejemplo, un modelo entrenado en ImageNet, que contiene millones de imágenes diversas, puede reutilizarse para tareas especializadas como el análisis de imágenes médicas o la clasificación de imágenes satelitales.

El principio fundamental detrás de la transferencia de aprendizaje es la naturaleza jerárquica de la extracción de características en las redes neuronales. En las capas iniciales, las redes aprenden a identificar elementos visuales básicos, como bordes, texturas y formas simples. A medida que avanzamos a través de la red, estas características básicas se combinan para formar representaciones más complejas y específicas de la tarea. Al utilizar estas características preaprendidas, la transferencia de aprendizaje nos permite:

- Reducir significativamente el tiempo de entrenamiento en comparación con el entrenamiento desde cero.
- Lograr un mejor rendimiento con datos limitados.
- Mitigar el riesgo de sobreajuste en conjuntos de datos pequeños.

Cuando aplicamos la transferencia de aprendizaje, generalmente seguimos un proceso en dos pasos:

1. Extracción de Características

En este paso crucial, aprovechamos las representaciones aprendidas por el modelo preentrenado utilizándolo como un extractor de características fijo. Este proceso implica:

- Congelar los pesos de las capas preentrenadas, preservando el conocimiento adquirido del conjunto de datos original a gran escala.
- Agregar nuevas capas diseñadas específicamente para la tarea objetivo, generalmente incluyendo una nueva capa de salida adaptada al número de clases en el nuevo conjunto de datos.
- Entrenar solo estas capas recién agregadas, lo que permite que el modelo adapte sus características de alto nivel a los requisitos específicos de la nueva tarea.

Este enfoque es particularmente efectivo cuando la nueva tarea comparte similitudes con la tarea original, ya que nos permite beneficiarnos de las características ricas y de propósito general aprendidas por el modelo preentrenado. Al mantener fijas las capas preentrenadas, reducimos significativamente el riesgo de sobreajuste, especialmente cuando trabajamos con conjuntos de datos más pequeños.

2. Ajuste Fino

Después de la fase inicial de entrenamiento, podemos optimizar aún más el modelo "descongelando" algunas o todas las capas preentrenadas. Este proceso, conocido como ajuste fino, implica continuar el entrenamiento a una tasa de aprendizaje más baja. El ajuste fino permite que el modelo adapte su conocimiento general a las especificidades de la nueva tarea, lo que resulta en un mejor rendimiento y precisión.

Durante el ajuste fino, ajustamos cuidadosamente los pesos de las capas preentrenadas, permitiendo que se modifiquen ligeramente para adaptarse mejor al nuevo conjunto de datos. Este paso es crucial porque permite que el modelo capture características específicas de la tarea que pueden no haber estado presentes en los datos de entrenamiento originales. Al utilizar una tasa de aprendizaje más baja, aseguramos que la información valiosa aprendida del conjunto de datos original a gran escala no se sobrescriba por completo, sino que se refine y aumente con información nueva y relevante para la tarea.

El proceso de ajuste fino típicamente incluye:

- **Descongelar capas selectas**: A menudo, comenzamos descongelando las capas superiores de la red, ya que estas contienen características más específicas de la tarea.
- **Descongelamiento gradual**: En algunos casos, podemos emplear una técnica llamada "descongelamiento gradual", en la que progresivamente descongelamos más capas de arriba hacia abajo a medida que avanza el entrenamiento.
- **Programación de la tasa de aprendizaje**: Utilizar técnicas como la decaída de la tasa de aprendizaje o tasas de aprendizaje cíclicas para optimizar el proceso de ajuste fino.
- **Monitoreo del rendimiento**: Seguir cuidadosamente el rendimiento del modelo en un conjunto de validación para evitar el sobreajuste y determinar cuándo detener el ajuste fino.

Al equilibrar cuidadosamente la preservación del conocimiento general con la adquisición de características específicas de la tarea, el ajuste fino permite que la transferencia de aprendizaje logre resultados notables en una amplia gama de aplicaciones, desde la visión por computadora hasta tareas de procesamiento del lenguaje natural.

La transferencia de aprendizaje ha revolucionado muchas áreas del aprendizaje automático, permitiendo el desarrollo rápido de modelos de alto rendimiento en dominios donde la escasez de datos solía ser un obstáculo importante. Su versatilidad y eficiencia lo han convertido en una herramienta esencial en el conjunto de herramientas del aprendizaje automático moderno, fomentando la innovación en campos diversos, desde la visión por computadora hasta el procesamiento del lenguaje natural.

7.3.2 Cuándo Usar la Transferencia de Aprendizaje

La transferencia de aprendizaje es una técnica poderosa que ofrece ventajas significativas en varios escenarios:

- **Tamaño Limitado del Conjunto de Datos**: Cuando tienes una cantidad pequeña o moderada de datos para tu nueva tarea, la transferencia de aprendizaje te permite aprovechar el conocimiento de un modelo entrenado en un conjunto de datos mucho más grande, reduciendo el riesgo de sobreajuste.

- **Restricciones de Recursos**: Si careces de la potencia computacional o el tiempo para entrenar una red neuronal profunda desde cero, la transferencia de aprendizaje proporciona un atajo al utilizar pesos preentrenados.
- **Similitud de la Tarea**: Cuando tu nueva tarea comparte similitudes con la tarea original del modelo preentrenado, la transferencia de aprendizaje puede ser particularmente efectiva, ya que las características aprendidas probablemente serán relevantes.
- **Adaptación de Dominio**: Incluso cuando las tareas difieren, la transferencia de aprendizaje puede ayudar a cerrar la brecha entre dominios, como adaptar un modelo entrenado en imágenes naturales a tareas de imágenes médicas.

Por ejemplo, en el análisis de imágenes médicas, puedes aprovechar un modelo preentrenado en ImageNet (un gran conjunto de datos de imágenes naturales) para clasificar escaneos médicos. El modelo preentrenado ya ha aprendido a reconocer elementos visuales básicos como bordes, texturas y formas. Al ajustar este modelo en tu conjunto de datos médico específico, permite que adapte estas características generales a las sutilezas de las imágenes médicas, como identificar anormalidades sutiles en los tejidos o estructuras de órganos.

Además, la transferencia de aprendizaje puede reducir significativamente la cantidad de datos etiquetados necesarios para el entrenamiento. Esto es particularmente valioso en campos especializados como la atención médica, donde obtener grandes conjuntos de datos anotados puede ser un desafío debido a preocupaciones de privacidad y a la experiencia requerida para el etiquetado.

7.3.3 Ajuste Fino de una Red Preentrenada en Keras

Vamos a profundizar en el proceso de implementar la transferencia de aprendizaje ajustando un modelo **ResNet50** preentrenado en **ImageNet** para una tarea de clasificación de imágenes personalizada. Este enfoque aprovecha el poder de un modelo que ya ha aprendido ricas representaciones de características a partir de un conjunto diverso de imágenes, lo que nos permite adaptarlo de manera eficiente a nuestro conjunto de datos específico.

La arquitectura ResNet50, conocida por su marco de aprendizaje residual profundo, es particularmente adecuada para la transferencia de aprendizaje debido a su capacidad para mitigar el problema del gradiente que desaparece en redes muy profundas. Al usar un modelo preentrenado en ImageNet, comenzamos con una red que ya ha aprendido a reconocer una amplia variedad de características, desde bordes y texturas de bajo nivel hasta estructuras de objetos de alto nivel.

Para adaptar este modelo preentrenado a nuestra tarea personalizada, emplearemos una técnica llamada "ajuste fino". Esto implica dos pasos clave:

1. **Congelación de las capas preentrenadas**: Inicialmente, mantendremos los pesos de las capas preentrenadas de ResNet50 fijos, preservando las valiosas características aprendidas de ImageNet.
2. **Agregar y entrenar nuevas capas**: Agregaremos una nueva capa de salida adaptada a nuestro número específico de clases. Esta capa se entrenará desde cero en nuestro conjunto de datos personalizado.

Siguiendo este enfoque, podemos reducir significativamente el tiempo de entrenamiento y los recursos computacionales mientras potencialmente logramos un mejor rendimiento, especialmente cuando trabajamos con conjuntos de datos limitados. Este método permite que el modelo aproveche su comprensión general de las características de las imágenes mientras se adapta a los matices de nuestra tarea de clasificación específica.

Ejemplo: Transferencia de Aprendizaje con ResNet50 en Keras

Aquí tienes una versión mejorada del ejemplo de transferencia de aprendizaje utilizando ResNet50 en Keras:

```
import tensorflow as tf
from tensorflow.keras.applications import ResNet50
from tensorflow.keras.layers import Dense, GlobalAveragePooling2D, Dropout
from tensorflow.keras.models import Model
from tensorflow.keras.optimizers import Adam
from tensorflow.keras.preprocessing.image import ImageDataGenerator

# Load the ResNet50 model pretrained on ImageNet, excluding the top layer
base_model = ResNet50(weights='imagenet', include_top=False, input_shape=(224, 224,
3))

# Freeze the layers of the base model
for layer in base_model.layers:
    layer.trainable = False

# Add custom layers for the new task
x = base_model.output
x = GlobalAveragePooling2D()(x)
x = Dense(1024, activation='relu')(x)
x = Dropout(0.5)(x)
x = Dense(512, activation='relu')(x)
predictions = Dense(10, activation='softmax')(x)  # Assuming 10 classes

# Define the new model
model = Model(inputs=base_model.input, outputs=predictions)

# Compile the model
model.compile(optimizer=Adam(learning_rate=0.001),
              loss='categorical_crossentropy',
              metrics=['accuracy'])
```

```
# Data augmentation for training
train_datagen = ImageDataGenerator(
    rescale=1./255,
    rotation_range=20,
    width_shift_range=0.2,
    height_shift_range=0.2,
    horizontal_flip=True,
    zoom_range=0.2
)

# Validation data should only be rescaled
validation_datagen = ImageDataGenerator(rescale=1./255)

# Load and preprocess the data
train_generator = train_datagen.flow_from_directory(
    'path/to/train/data',
    target_size=(224, 224),
    batch_size=32,
    class_mode='categorical'
)

validation_generator = validation_datagen.flow_from_directory(
    'path/to/validation/data',
    target_size=(224, 224),
    batch_size=32,
    class_mode='categorical'
)

# Train the model
history = model.fit(
    train_generator,
    steps_per_epoch=train_generator.samples // 32,
    epochs=10,
    validation_data=validation_generator,
    validation_steps=validation_generator.samples // 32
)

# Fine-tuning: unfreeze some layers of the base model
for layer in base_model.layers[-20:]:
    layer.trainable = True

# Recompile the model with a lower learning rate
model.compile(optimizer=Adam(learning_rate=1e-5),
              loss='categorical_crossentropy',
              metrics=['accuracy'])

# Continue training (fine-tuning)
history_fine = model.fit(
    train_generator,
    steps_per_epoch=train_generator.samples // 32,
    epochs=5,
    validation_data=validation_generator,
```

```
    validation_steps=validation_generator.samples // 32
)

# Save the model
model.save('transfer_learning_model.h5')
```

Ahora, desglosamos este ejemplo expandido:

- **Importación de Bibliotecas**: Importamos los módulos necesarios de TensorFlow y Keras.
- **Carga del Modelo Preentrenado**: Cargamos el modelo ResNet50 preentrenado en ImageNet, excluyendo la capa superior. Esto nos permite usar los pesos preentrenados para la extracción de características mientras personalizamos la salida para nuestra tarea específica.
- **Congelación del Modelo Base**: Congelamos las capas del modelo base para evitar que se actualicen durante el entrenamiento inicial. Esto preserva las valiosas características aprendidas de ImageNet.
- **Adición de Capas Personalizadas**: Agregamos capas personalizadas sobre el modelo base. En esta versión expandida, hemos agregado una capa densa adicional y una capa de *dropout* para una mejor regularización.
- **Compilación del Modelo**: Compilamos el modelo con el optimizador Adam, la función de pérdida de entropía cruzada categórica (adecuada para clasificación multiclase) y la métrica de precisión.
- **Aumento de Datos**: Usamos *ImageDataGenerator* para el aumento de datos, lo que ayuda a prevenir el sobreajuste y mejora la generalización del modelo. Aplicamos varias transformaciones a los datos de entrenamiento, mientras que solo reescalamos los datos de validación.
- **Carga de Datos**: Usamos *flow_from_directory* para cargar y preprocesar los datos directamente desde directorios. Esta es una forma conveniente de manejar grandes conjuntos de datos que no caben en la memoria.
- **Entrenamiento Inicial**: Entrenamos el modelo durante 10 épocas utilizando el método *fit*. Los parámetros *steps_per_epoch* y *validation_steps* aseguran que usemos todos los datos disponibles en cada época.
- **Ajuste Fino**: Después del entrenamiento inicial, descongelamos las últimas 20 capas del modelo base para el ajuste fino. Esto permite que el modelo adapte algunas de las características preentrenadas a nuestro conjunto de datos específico.

- **Recompilación y Ajuste Fino**: Recompilamos el modelo con una tasa de aprendizaje más baja (1e-5) para evitar cambios drásticos en los pesos preentrenados. Luego, continuamos entrenando durante 5 épocas más.
- **Guardado del Modelo**: Finalmente, guardamos el modelo entrenado para su uso futuro.

Este ejemplo demuestra un enfoque integral para la transferencia de aprendizaje, incluyendo el aumento de datos, el manejo adecuado de los datos de entrenamiento y validación, y un proceso de entrenamiento en dos etapas (entrenamiento inicial con capas base congeladas, seguido de ajuste fino). Este enfoque probablemente producirá mejores resultados, especialmente cuando se trabaja con conjuntos de datos limitados o tareas que difieren significativamente de la clasificación de ImageNet.

7.3.4 Ajuste Fino del Modelo

Una vez que hemos entrenado el modelo durante algunas épocas con las capas base congeladas, podemos proceder a ajustar algunas de las capas preentrenadas. Este paso crucial nos permite adaptar aún más el modelo a nuestra tarea y conjunto de datos específicos. El ajuste fino implica ajustar cuidadosamente los pesos de algunas capas del modelo preentrenado, permitiendo que aprenda características específicas de la tarea mientras conserva su comprensión general del dominio.

Durante el ajuste fino, típicamente descongelamos un subconjunto de las capas del modelo, a menudo comenzando desde la parte superior (más cercana a la salida) y avanzando hacia abajo. Este enfoque de descongelamiento gradual ayuda a prevenir el "olvido catastrófico", donde el modelo podría perder información valiosa aprendida durante el preentrenamiento. Al permitir que estas capas se actualicen con una tasa de aprendizaje más baja, permitimos que el modelo refine sus representaciones de características para nuestra tarea específica.

El ajuste fino ofrece varios beneficios:

- **Mejora del Rendimiento**: Al adaptar las características preentrenadas a la nueva tarea, a menudo logramos una mejor precisión y generalización en comparación con el entrenamiento desde cero o el uso del modelo preentrenado como extractor de características fijo.
- **Convergencia Más Rápida**: El ajuste fino generalmente requiere menos épocas para alcanzar el rendimiento óptimo en comparación con el entrenamiento desde cero, ya que el modelo comienza desde un buen punto de partida.
- **Mejor Generalización**: La combinación de conocimiento preentrenado y adaptaciones específicas de la tarea a menudo lleva a modelos que generalizan mejor a datos no vistos.

Sin embargo, es importante abordar el ajuste fino con cuidado. El proceso requiere equilibrar la preservación del conocimiento general con la adquisición de características específicas de la tarea. Técnicas como el ajuste fino discriminativo (usando diferentes tasas de aprendizaje para diferentes capas) y el descongelamiento gradual pueden ayudar a lograr este equilibrio de manera efectiva.

Ejemplo: Ajuste Fino de Capas Específicas

```
import tensorflow as tf
from tensorflow.keras.applications import ResNet50
from tensorflow.keras.layers import Dense, GlobalAveragePooling2D, Dropout
from tensorflow.keras.models import Model
from tensorflow.keras.optimizers import Adam
from tensorflow.keras.preprocessing.image import ImageDataGenerator

# Load the ResNet50 model pretrained on ImageNet, excluding the top layer
base_model = ResNet50(weights='imagenet', include_top=False, input_shape=(224, 224,
3))

# Freeze all layers in the base model
for layer in base_model.layers:
    layer.trainable = False

# Add custom layers for the new task
x = base_model.output
x = GlobalAveragePooling2D()(x)
x = Dense(1024, activation='relu')(x)
x = Dropout(0.5)(x)
x = Dense(512, activation='relu')(x)
predictions = Dense(10, activation='softmax')(x)  # Assuming 10 classes

# Create the full model
model = Model(inputs=base_model.input, outputs=predictions)

# Compile the model
model.compile(optimizer=Adam(learning_rate=0.001),
              loss='categorical_crossentropy',
              metrics=['accuracy'])

# Data augmentation for training
train_datagen = ImageDataGenerator(
    rescale=1./255,
    rotation_range=20,
    width_shift_range=0.2,
    height_shift_range=0.2,
    horizontal_flip=True,
    zoom_range=0.2
)

# Validation data should only be rescaled
validation_datagen = ImageDataGenerator(rescale=1./255)

# Load and preprocess the data
```

```
train_generator = train_datagen.flow_from_directory(
    'path/to/train/data',
    target_size=(224, 224),
    batch_size=32,
    class_mode='categorical'
)

validation_generator = validation_datagen.flow_from_directory(
    'path/to/validation/data',
    target_size=(224, 224),
    batch_size=32,
    class_mode='categorical'
)

# Train the model (initial training phase)
history = model.fit(
    train_generator,
    steps_per_epoch=train_generator.samples // 32,
    epochs=10,
    validation_data=validation_generator,
    validation_steps=validation_generator.samples // 32
)

# Fine-tuning phase
# Unfreeze the top layers of the base model
for layer in base_model.layers[-10:]:
    layer.trainable = True

# Recompile the model with a lower learning rate
model.compile(optimizer=Adam(learning_rate=1e-5),
              loss='categorical_crossentropy',
              metrics=['accuracy'])

# Continue training (fine-tuning)
history_fine = model.fit(
    train_generator,
    steps_per_epoch=train_generator.samples // 32,
    epochs=5,
    validation_data=validation_generator,
    validation_steps=validation_generator.samples // 32
)

# Save the fine-tuned model
model.save('fine_tuned_model.h5')
```

Ahora desglosamos este ejemplo:

- **Importación de Bibliotecas**: Importamos los módulos necesarios de TensorFlow y Keras para construir y entrenar nuestro modelo.

- **Carga del Modelo Preentrenado**: Cargamos el modelo ResNet50 preentrenado en ImageNet, excluyendo la capa superior. Esto nos permite usar los pesos preentrenados para la extracción de características mientras personalizamos la salida para nuestra tarea específica.
- **Congelación del Modelo Base**: Inicialmente, congelamos todas las capas del modelo base para evitar que se actualicen durante la primera fase de entrenamiento. Esto preserva las valiosas características aprendidas de ImageNet.
- **Adición de Capas Personalizadas**: Añadimos capas personalizadas sobre el modelo base, incluyendo una capa de *Global Average Pooling*, dos capas *Dense* con activación ReLU, una capa *Dropout* para regularización y una capa *Dense* final con activación *softmax* para la clasificación.
- **Compilación del Modelo**: Compilamos el modelo con el optimizador Adam, la pérdida de entropía cruzada categórica (adecuada para la clasificación multiclase) y la métrica de precisión.
- **Aumento de Datos**: Usamos *ImageDataGenerator* para el aumento de datos, lo que ayuda a prevenir el sobreajuste y mejora la generalización del modelo. Aplicamos varias transformaciones a los datos de entrenamiento, mientras que solo reescalamos los datos de validación.
- **Carga de Datos**: Usamos *flow_from_directory* para cargar y preprocesar los datos directamente desde directorios. Esta es una forma conveniente de manejar grandes conjuntos de datos que no caben en la memoria.
- **Entrenamiento Inicial**: Entrenamos el modelo durante 10 épocas utilizando el método *fit*. Los parámetros *steps_per_epoch* y *validation_steps* aseguran que usemos todos los datos disponibles en cada época.
- **Ajuste Fino**: Después del entrenamiento inicial, descongelamos las últimas 10 capas del modelo base para el ajuste fino. Esto permite que el modelo adapte algunas de las características preentrenadas a nuestro conjunto de datos específico.
- **Recompilación**: Recompilamos el modelo con una tasa de aprendizaje más baja (1e-5) para evitar cambios drásticos en los pesos preentrenados.
- **Entrenamiento de Ajuste Fino**: Continuamos entrenando el modelo durante 5 épocas más, permitiendo que las capas descongeladas se adapten a nuestra tarea específica.
- **Guardar el Modelo**: Finalmente, guardamos el modelo ajustado para su uso futuro.

Este enfoque para la transferencia de aprendizaje incluye aumento de datos, manejo adecuado de los datos de entrenamiento y validación, y un proceso de entrenamiento en dos etapas (entrenamiento inicial con capas base congeladas, seguido de ajuste fino). Este método probablemente producirá mejores resultados, especialmente cuando se trabaja con conjuntos de datos limitados o tareas que son significativamente diferentes de la clasificación de ImageNet.

7.3.5 Transferencia de Aprendizaje en PyTorch

Veamos ahora cómo realizar la transferencia de aprendizaje en **PyTorch** usando el modelo preentrenado **ResNet18**.

Ejemplo: Transferencia de Aprendizaje con ResNet18 en PyTorch

```
import torch
import torch.nn as nn
import torchvision.models as models
import torchvision.transforms as transforms
from torch.optim import Adam
from torch.utils.data import DataLoader
from torchvision.datasets import CIFAR10

# Set device
device = torch.device("cuda" if torch.cuda.is_available() else "cpu")

# Load the ResNet18 model pretrained on ImageNet
model = models.resnet18(pretrained=True)

# Freeze the pretrained layers
for param in model.parameters():
    param.requires_grad = False

# Replace the last fully connected layer with a new one for 10 classes (CIFAR10)
num_features = model.fc.in_features
model.fc = nn.Linear(num_features, 10)

# Move model to device
model = model.to(device)

# Define loss function and optimizer
criterion = nn.CrossEntropyLoss()
optimizer = Adam(model.fc.parameters(), lr=0.001)

# Define data transformations
transform = transforms.Compose([
    transforms.Resize(224),  # ResNet18 expects 224x224 input
    transforms.ToTensor(),
    transforms.Normalize((0.5, 0.5, 0.5), (0.5, 0.5, 0.5))
])

# Load CIFAR10 dataset
train_dataset = CIFAR10(root='./data', train=True, download=True,
transform=transform)
test_dataset = CIFAR10(root='./data', train=False, download=True,
transform=transform)
```

```
# Create data loaders
train_loader = DataLoader(train_dataset, batch_size=64, shuffle=True)
test_loader = DataLoader(test_dataset, batch_size=64, shuffle=False)

# Training loop
num_epochs = 10
for epoch in range(num_epochs):
    model.train()
    running_loss = 0.0
    for i, (inputs, labels) in enumerate(train_loader):
        inputs, labels = inputs.to(device), labels.to(device)

        # Zero the parameter gradients
        optimizer.zero_grad()

        # Forward pass
        outputs = model(inputs)
        loss = criterion(outputs, labels)

        # Backward pass and optimize
        loss.backward()
        optimizer.step()

        # Print statistics
        running_loss += loss.item()
        if i % 100 == 99:    # print every 100 mini-batches
            print(f'[{epoch + 1}, {i + 1:5d}] loss: {running_loss / 100:.3f}')
            running_loss = 0.0

    # Validation
    model.eval()
    correct = 0
    total = 0
    with torch.no_grad():
        for inputs, labels in test_loader:
            inputs, labels = inputs.to(device), labels.to(device)
            outputs = model(inputs)
            _, predicted = torch.max(outputs.data, 1)
            total += labels.size(0)
            correct += (predicted == labels).sum().item()

    print(f'Accuracy on test images: {100 * correct / total:.2f}%')

print('Finished Training')

# Save the model
torch.save(model.state_dict(), 'resnet18_cifar10.pth')
```

Ahora desglosamos este ejemplo:

- **Importación de Bibliotecas**: Importamos los módulos necesarios de PyTorch, incluidos los modelos y las transformaciones de *torchvision*.
- **Configuración del Dispositivo**: Configuramos el dispositivo para que sea la GPU si está disponible, de lo contrario, CPU. Esto permite un entrenamiento más rápido en hardware compatible.
- **Carga del Modelo Preentrenado**: Cargamos el modelo ResNet18 preentrenado en ImageNet. Esto nos permite aprovechar la transferencia de aprendizaje.
- **Congelación del Modelo Base**: Congelamos todas las capas del modelo base para evitar que se actualicen durante el entrenamiento. Esto preserva las valiosas características aprendidas de ImageNet.
- **Reemplazo de la Capa Final**: Reemplazamos la última capa completamente conectada con una nueva que genera 10 clases, coincidiendo con el número de clases en CIFAR10.
- **Movimiento del Modelo al Dispositivo**: Movemos el modelo al dispositivo seleccionado (GPU/CPU) para un cálculo eficiente.
- **Definición de la Pérdida y el Optimizador**: Usamos *CrossEntropyLoss* como nuestra función de criterio y el optimizador Adam para actualizar los parámetros del modelo.
- **Transformaciones de Datos**: Definimos transformaciones para cambiar el tamaño de las imágenes a 224x224 (como espera ResNet18), convertirlas en tensores y normalizarlas.
- **Carga del Conjunto de Datos**: Cargamos el conjunto de datos CIFAR10, aplicando nuestras transformaciones definidas.
- **Creación de DataLoaders**: Creamos objetos *DataLoader* tanto para los conjuntos de datos de entrenamiento como de prueba, que manejan el procesamiento por lotes y el barajado de datos.
- **Bucle de Entrenamiento**: Iteramos sobre el conjunto de datos durante un número especificado de épocas. En cada época:
    - Ponemos el modelo en modo de entrenamiento.
    - Iteramos sobre los lotes, realizando pasos hacia adelante y hacia atrás, y actualizando los parámetros del modelo.
    - Imprimimos la pérdida cada 100 lotes para monitorear el progreso del entrenamiento.
- **Validación**: Después de cada época, evaluamos el modelo en el conjunto de prueba:
    - Ponemos el modelo en modo de evaluación.
    - Deshabilitamos el cálculo de gradientes para mayor eficiencia.

  - Calculamos e imprimimos la precisión en el conjunto de prueba.

- **Guardar el Modelo**: Después del entrenamiento, guardamos el diccionario de estado del modelo para su uso futuro.

Este ejemplo proporciona un enfoque integral para la transferencia de aprendizaje, que incluye un manejo adecuado de los datos, bucles de entrenamiento y validación, y el guardado del modelo. Demuestra cómo usar un modelo ResNet18 preentrenado y ajustarlo en el conjunto de datos CIFAR10, que es un referente común en tareas de visión por computadora.

7.4 Aprendizaje Auto-supervisado y Modelos Fundamentales

7.4.1 ¿Qué es el Aprendizaje Auto-supervisado?

El **aprendizaje auto-supervisado (SSL)** es un enfoque innovador en el aprendizaje automático que cierra la brecha entre el aprendizaje supervisado y no supervisado. Aprovecha la estructura inherente dentro de los datos no etiquetados para crear tareas de aprendizaje supervisado, permitiendo que el modelo aprenda por sí mismo. Este método es particularmente valioso en escenarios donde los datos etiquetados son escasos o costosos de obtener.

En su núcleo, el SSL funciona formulando tareas previas que no requieren etiquetado manual. Estas tareas están diseñadas cuidadosamente para forzar al modelo a aprender representaciones significativas de los datos. Por ejemplo, en visión por computadora, se puede pedir al modelo que prediga la posición relativa de parches de imagen o que reconstruya una imagen en color a partir de su versión en escala de grises. En procesamiento de lenguaje natural, los modelos pueden predecir palabras faltantes en una oración o determinar si dos oraciones están contextualmente relacionadas.

El poder del SSL radica en su capacidad para aprender características generalizables que se pueden transferir a una amplia gama de tareas posteriores. Una vez que un modelo ha sido preentrenado en estas tareas auto-supervisadas, puede ajustarse con una cantidad relativamente pequeña de datos etiquetados para aplicaciones específicas. Este enfoque de aprendizaje transferido ha llevado a avances significativos en varios dominios, incluidos la clasificación de imágenes, la detección de objetos, el análisis de sentimientos y la traducción automática.

Además, el SSL ha allanado el camino para el desarrollo de **modelos fundamentales**, que son modelos a gran escala entrenados con grandes cantidades de datos no etiquetados y que pueden adaptarse a numerosas tareas. Ejemplos incluyen BERT en procesamiento de lenguaje natural y SimCLR en visión por computadora. Estos modelos han demostrado un rendimiento notable en diversas aplicaciones, a menudo superando los enfoques tradicionales de aprendizaje supervisado.

A medida que el campo de la inteligencia artificial continúa evolucionando, el aprendizaje auto-supervisado se encuentra en la vanguardia, prometiendo formas más eficientes y efectivas de aprovechar el potencial de los datos no etiquetados y expandir las capacidades del aprendizaje automático.

7.4.2 Tareas Previas en el Aprendizaje Auto-supervisado

El aprendizaje auto-supervisado (SSL) emplea diversas tareas previas para entrenar modelos sin etiquetas explícitas. Estas tareas están diseñadas para extraer representaciones significativas de los datos. Aquí hay algunas tareas clave en SSL:

1. **Aprendizaje Contrastivo**:

Este enfoque tiene como objetivo aprender representaciones comparando puntos de datos similares y disímiles. Crea un espacio latente donde las entradas semánticamente relacionadas están cerca y las no relacionadas están alejadas. El aprendizaje contrastivo ha demostrado un éxito notable tanto en visión por computadora como en procesamiento de lenguaje natural. Algunos marcos notables incluyen:

- **SimCLR (Simple Framework for Contrastive Learning of Visual Representations)**: Este método utiliza aumento de datos para crear diferentes vistas de la misma imagen, luego entrena al modelo para reconocer estas como similares mientras distingue otras imágenes.
- **MoCo (Momentum Contrast)**: Este enfoque mantiene un diccionario dinámico de representaciones codificadas, lo que permite un gran y constante conjunto de muestras negativas en el aprendizaje contrastivo.

2. **Modelado de Lenguaje enmascarado (MLM)**:

Técnica fundamental en el procesamiento de lenguaje natural (NLP), el MLM implica enmascarar aleatoriamente palabras en una oración y entrenar al modelo para predecir estas palabras enmascaradas. Esto fuerza al modelo a entender el contexto y desarrollar una comprensión profunda de la estructura del lenguaje. BERT (Bidirectional Encoder Representations from Transformers) utiliza este enfoque, lo que le permite obtener un rendimiento de vanguardia en varias tareas de NLP.

3. **Relleno de Imágenes (Inpainting)**:

Esta tarea de visión por computadora implica predecir o reconstruir partes faltantes o dañadas de una imagen. Anima al modelo a comprender relaciones espaciales y estructuras de objetos. Un concepto relacionado es el *Autoencoder* de eliminación de ruido, que aprende a reconstruir imágenes limpias a partir de entradas ruidosas. Estas técnicas ayudan a los modelos a aprender representaciones de características robustas que pueden generalizar bien a varias tareas posteriores.

4. **Colorización**:

Esta tarea consiste en predecir los colores de las imágenes en escala de grises. Es particularmente efectiva porque requiere que el modelo comprenda relaciones complejas entre objetos, texturas y patrones de color típicos en escenas naturales. Por ejemplo, el modelo necesita aprender que la hierba es típicamente verde y que los cielos suelen ser azules. Esta tarea previa ha demostrado ser útil para que los modelos aprendan características ricas y transferibles que son útiles para varias tareas de visión por computadora.

Otras tareas previas notables en SSL incluyen la predicción de rotaciones, la resolución de rompecabezas (jigsaw) y la predicción de la siguiente oración. Estos enfoques diversos contribuyen colectivamente al poder y la flexibilidad del aprendizaje auto-supervisado, permitiendo que los modelos extraigan representaciones significativas de grandes cantidades de datos no etiquetados.

Ejemplo: Aprendizaje Contrastivo con SimCLR en PyTorch

Aquí tienes una implementación básica de **SimCLR**, un método de aprendizaje contrastivo para aprender representaciones de imágenes sin etiquetas.

```
import torch
import torch.nn as nn
import torch.optim as optim
from torchvision import datasets, transforms, models
import torch.nn.functional as F

# Define a simple contrastive learning model based on ResNet
class SimCLR(nn.Module):
    def __init__(self, base_model, out_dim):
        super(SimCLR, self).__init__()
        self.encoder = base_model
        self.projection = nn.Sequential(
            nn.Linear(base_model.fc.in_features, 512),
            nn.ReLU(),
            nn.Linear(512, out_dim)
        )
        self.encoder.fc = nn.Identity()  # Remove the fully connected layer of ResNet

    def forward(self, x):
        features = self.encoder(x)
        projections = self.projection(features)
        return F.normalize(projections, dim=-1)  # Normalize for contrastive loss

# SimCLR contrastive loss function
def contrastive_loss(z_i, z_j, temperature=0.5):
    # Compute similarity matrix
    batch_size = z_i.size(0)
    z = torch.cat([z_i, z_j], dim=0)
    sim_matrix = torch.mm(z, z.t()) / temperature

    # Create labels for contrastive loss
    labels = torch.arange(batch_size).cuda()
```

```
    labels = torch.cat([labels, labels], dim=0)

    # Mask out the diagonal (same sample comparisons)
    mask = torch.eye(sim_matrix.size(0), device=sim_matrix.device).bool()
    sim_matrix = sim_matrix.masked_fill(mask, -float('inf'))

    # Compute loss
    loss = F.cross_entropy(sim_matrix, labels)
    return loss

# Define data transformations
transform = transforms.Compose([
    transforms.RandomResizedCrop(size=224),
    transforms.RandomHorizontalFlip(),
    transforms.ToTensor(),
    transforms.Normalize(mean=[0.485, 0.456, 0.406], std=[0.229, 0.224, 0.225])
])

# Load dataset (e.g., CIFAR-10)
dataset = datasets.CIFAR10(root='./data', train=True, download=True,
transform=transform)
dataloader = torch.utils.data.DataLoader(dataset, batch_size=64, shuffle=True)

# Instantiate SimCLR model with ResNet backbone
base_model = models.resnet18(pretrained=True)
simclr_model = SimCLR(base_model, out_dim=128).cuda()

# Optimizer
optimizer = optim.Adam(simclr_model.parameters(), lr=0.001)

# Training loop
for epoch in range(10):
    for images, _ in dataloader:
        # Data augmentation (SimCLR requires two augmented views of each image)
        view_1, view_2 = images.cuda(), images.cuda()

        # Forward pass through SimCLR
        z_i = simclr_model(view_1)
        z_j = simclr_model(view_2)

        # Compute contrastive loss
        loss = contrastive_loss(z_i, z_j)

        optimizer.zero_grad()
        loss.backward()
        optimizer.step()

    print(f"Epoch [{epoch+1}/10], Loss: {loss.item():.4f}")
```

Este código implementa una versión básica de **SimCLR** (Marco Simple para el Aprendizaje Contrastivo de Representaciones Visuales), que es un método de aprendizaje auto-supervisado para representaciones visuales.

Aquí desglosamos los componentes clave:

- **Modelo SimCLR**: La clase SimCLR define la arquitectura del modelo. Utiliza un ResNet preentrenado como codificador y agrega una cabeza de proyección en la parte superior.
- **Pérdida Contrastiva**: La función contrastive_loss implementa el núcleo del objetivo de aprendizaje de SimCLR. Calcula la similitud entre diferentes vistas aumentadas de las mismas imágenes y empuja al modelo a reconocerlas como similares mientras distingue otras imágenes.
- **Aumento de Datos**: El código utiliza recortes redimensionados aleatorios y volteo horizontal como técnicas de aumento de datos.
- **Conjunto de Datos**: Se utiliza el conjunto de datos CIFAR-10 para el entrenamiento.
- **Bucle de Entrenamiento**: El modelo se entrena durante 10 épocas. En cada iteración, se crean dos vistas aumentadas de las mismas imágenes y se pasan por el modelo. Luego, se calcula la pérdida contrastiva y se utiliza para actualizar los parámetros del modelo.

Esta implementación demuestra los principios fundamentales del aprendizaje contrastivo, donde el modelo aprende a crear representaciones similares para diferentes vistas de la misma imagen, mientras separa las representaciones de diferentes imágenes. Este enfoque permite que el modelo aprenda características visuales útiles sin requerir datos etiquetados.

7.4.3 Modelos Fundamentales: Un Nuevo Paradigma en la IA

Los **modelos fundamentales** representan un cambio de paradigma en el desarrollo de la IA, introduciendo una nueva era de sistemas de aprendizaje automático versátiles y potentes. Estos modelos, caracterizados por su gran escala y preentrenamiento extenso en conjuntos de datos diversos, han revolucionado el campo de la inteligencia artificial. A diferencia de los modelos tradicionales, que se entrenan para tareas específicas, los modelos fundamentales están diseñados para aprender representaciones de propósito general que pueden adaptarse a una amplia gama de aplicaciones.

En el núcleo de los modelos fundamentales está el concepto de aprendizaje transferido, donde el conocimiento adquirido durante el preentrenamiento en conjuntos de datos a gran escala puede transferirse de manera eficiente a tareas específicas con una mínima adaptación. Este enfoque reduce significativamente la necesidad de datos etiquetados específicos para la tarea, haciendo que la IA sea más accesible y rentable para una variedad más amplia de aplicaciones.

Los modelos fundamentales suelen aprovechar arquitecturas avanzadas, como los transformadores, que sobresalen en la captura de dependencias a largo plazo en los datos. Estos modelos a menudo emplean técnicas de **aprendizaje auto-supervisado**, lo que les permite extraer patrones y representaciones significativas de datos no etiquetados. Esta capacidad para aprender de vastas cantidades de información no etiquetada es un factor clave en su notable rendimiento en diversos dominios.

La versatilidad de los modelos fundamentales se ejemplifica por su éxito en diversos campos. En el procesamiento de lenguaje natural, modelos como **GPT-3** de OpenAI han demostrado capacidades sin precedentes en generación de texto, comprensión del lenguaje e incluso razonamiento básico. **BERT** (Representaciones de Codificadores Bidireccionales de Transformadores) ha establecido nuevos estándares para tareas de comprensión del lenguaje, como el análisis de sentimientos y la respuesta a preguntas.

Más allá del texto, los modelos fundamentales han logrado avances significativos en el aprendizaje multimodal. **CLIP** (Preentrenamiento Contrastivo de Imágenes y Texto) ha cerrado la brecha entre la visión y el lenguaje, permitiendo la clasificación de imágenes sin necesidad de ejemplos específicos para la tarea. En el ámbito de la IA generativa, modelos como **DALL-E** han ampliado los límites de la creatividad, generando imágenes altamente detalladas e imaginativas a partir de descripciones textuales.

El impacto de los modelos fundamentales va más allá de sus aplicaciones inmediatas. Han generado nuevas direcciones de investigación en áreas como la compresión de modelos, la afinación eficiente y la IA ética. A medida que estos modelos continúan evolucionando, prometen impulsar la innovación en industrias como la salud, la investigación científica, las artes creativas y la educación, transformando el panorama de la inteligencia artificial y su papel en la sociedad.

7.4.4 Ejemplos de Modelos Fundamentales

1. **BERT (Representaciones de Codificadores Bidireccionales de Transformadores)**:

BERT revolucionó el procesamiento de lenguaje natural con su comprensión bidireccional del contexto. Utilizando el **modelado de lenguaje enmascarado (MLM)**, BERT aprende a predecir palabras enmascaradas considerando tanto los contextos izquierdo como derecho. Este enfoque permite que BERT capture patrones de lenguaje matizados y relaciones semánticas. Su arquitectura, basada en el modelo transformador, permite el procesamiento paralelo de secuencias de entrada, mejorando significativamente la eficiencia del entrenamiento. El preentrenamiento de BERT en grandes corpus de texto lo equipa con una profunda comprensión de la estructura del lenguaje y la semántica, lo que lo hace altamente adaptable a diversas tareas mediante la afinación.

2. **GPT (Transformador Generativo Preentrenado)**:

GPT representa un avance significativo en las capacidades de generación de lenguaje. A diferencia de BERT, GPT utiliza **modelado de lenguaje causal**, prediciendo cada palabra en función de las palabras anteriores en la secuencia. Este enfoque autoregresivo permite que GPT genere texto coherente y contextualmente relevante. La última iteración, GPT-3, con sus impresionantes 175 mil millones de parámetros, demuestra habilidades de aprendizaje en pocos pasos (few-shot learning) notables. Puede realizar una amplia gama de tareas sin necesidad de afinación específica para la tarea, mostrando una forma de "metaaprendizaje" que le permite adaptarse a nuevas tareas con ejemplos mínimos. La versatilidad de GPT se extiende más allá de la generación de texto a tareas como la traducción de idiomas, la resumisión y hasta el razonamiento básico.

3. **CLIP (Preentrenamiento Contrastivo de Imágenes y Texto)**:

CLIP rompe nuevos límites en el aprendizaje multimodal al cerrar la brecha entre la visión y el lenguaje. Su metodología de entrenamiento implica aprender de un vasto conjunto de datos de pares de imágenes y texto, utilizando un enfoque de aprendizaje contrastivo. Esto permite que CLIP cree un espacio de incrustaciones conjunto tanto para imágenes como para texto, lo que facilita una comprensión intermodal. Las capacidades de *zero-shot* de CLIP son especialmente destacables, lo que le permite clasificar imágenes en categorías arbitrarias especificadas por descripciones de texto, incluso para conceptos que no ha visto explícitamente durante el entrenamiento. Esta flexibilidad hace que CLIP sea altamente adaptable a varias tareas de visión-lenguaje sin la necesidad de conjuntos de datos específicos para la tarea o afinación, abriendo nuevas posibilidades en áreas como la respuesta a preguntas visuales y la recuperación de imágenes.

Ejemplo: Afinación de BERT para el Análisis de Sentimientos en Keras

Aquí te mostramos cómo podemos afinar **BERT** para el análisis de sentimientos en un conjunto de datos personalizado utilizando la biblioteca transformers de Hugging Face.

```
import tensorflow as tf
from transformers import BertTokenizer, TFBertForSequenceClassification
from tensorflow.keras.optimizers import Adam
from sklearn.model_selection import train_test_split
import numpy as np

# Load the BERT tokenizer and model for sequence classification (sentiment analysis)
tokenizer = BertTokenizer.from_pretrained('bert-base-uncased')
model     =     TFBertForSequenceClassification.from_pretrained('bert-base-uncased',
num_labels=2)

# Tokenize the dataset
def tokenize_data(texts, labels):
    inputs   =   tokenizer(texts,   padding=True,   truncation=True,   max_length=128,
return_tensors='tf')
    return inputs, tf.convert_to_tensor(labels)

# Example data (sentiment: 1=positive, 0=negative)
texts = [
    "I love this movie! It's fantastic.",
```

```
    "This movie was terrible. I hated every minute of it.",
    "The acting was superb and the plot was engaging.",
    "Boring plot, poor character development. Waste of time.",
    "An absolute masterpiece of cinema!",
    "I couldn't even finish watching it, it was so bad."
]
labels = [1, 0, 1, 0, 1, 0]

# Split the data into training and validation sets
train_texts, val_texts, train_labels, val_labels = train_test_split(texts, labels,
test_size=0.2, random_state=42)

# Tokenize and prepare the datasets
train_inputs, train_labels = tokenize_data(train_texts, train_labels)
val_inputs, val_labels = tokenize_data(val_texts, val_labels)

# Compile the model
optimizer = Adam(learning_rate=2e-5)
loss = tf.keras.losses.SparseCategoricalCrossentropy(from_logits=True)
model.compile(optimizer=optimizer, loss=loss, metrics=['accuracy'])

# Train the model
history = model.fit(train_inputs, train_labels,
                    validation_data=(val_inputs, val_labels),
                    epochs=5, batch_size=2)

# Evaluate the model
test_texts = [
    "This film exceeded all my expectations!",
    "I regret watching this movie. It was awful."
]
test_labels = [1, 0]
test_inputs, test_labels = tokenize_data(test_texts, test_labels)

test_loss, test_accuracy = model.evaluate(test_inputs, test_labels)
print(f"Test accuracy: {test_accuracy:.4f}")

# Make predictions
predictions = model.predict(test_inputs)
predicted_labels = np.argmax(predictions.logits, axis=1)

for text, true_label, pred_label in zip(test_texts, test_labels, predicted_labels):
    print(f"Text: {text}")
    print(f"True label: {'Positive' if true_label == 1 else 'Negative'}")
    print(f"Predicted label: {'Positive' if pred_label == 1 else 'Negative'}")
    print()
```

Desglose del Código:

1. **Importaciones y Configuración**:

- Importamos las bibliotecas necesarias: TensorFlow, Transformers (para BERT) y scikit-learn para la división de datos.
- Se cargan el tokenizador y el modelo preentrenado de BERT, especificando dos clases de salida para la clasificación binaria de sentimientos.

2. **Preparación de Datos**:
   - Se define una función tokenize_data para convertir entradas de texto en IDs de tokens compatibles con BERT y máscaras de atención.
   - Creamos un pequeño conjunto de datos de textos de ejemplo con etiquetas de sentimiento correspondientes (1 para positivo, 0 para negativo).
   - Los datos se dividen en conjuntos de entrenamiento y validación usando train_test_split para asegurar una evaluación adecuada del modelo.
3. **Compilación del Modelo**:
   - El modelo se compila usando el optimizador Adam con una tasa de aprendizaje baja (2e-5), adecuada para la afinación.
   - Utilizamos Entropía Cruzada Categórica Escasa como la función de pérdida, apropiada para etiquetas de clase codificadas como enteros.
4. **Entrenamiento**:
   - El modelo se entrena durante 5 épocas con un tamaño de lote pequeño de 2, adecuado para el pequeño conjunto de datos de ejemplo.
   - Se utiliza el conjunto de validación durante el entrenamiento para monitorear el rendimiento en datos no vistos.
5. **Evaluación**:
   - Se crea un conjunto de prueba separado para evaluar el rendimiento del modelo en datos completamente nuevos.
   - La precisión del modelo en este conjunto de prueba se calcula y se imprime.
6. **Predicciones**:
   - El modelo entrenado se utiliza para hacer predicciones en el conjunto de prueba.
   - Para cada ejemplo de prueba, imprimimos el texto original, la etiqueta real y la etiqueta predicha, proporcionando una visión clara del rendimiento del modelo.

Este ejemplo demuestra un flujo de trabajo completo para afinar BERT para análisis de sentimientos, incluyendo la división de datos, entrenamiento del modelo, evaluación y predicción. Proporciona una base práctica para aplicar BERT en tareas de clasificación de texto en el mundo real.

Ejercicios Prácticos del Capítulo 7

Ejercicio 1: Construir y Entrenar un Autoencoder Simple

Tarea: Construir y entrenar un autoencoder simple para reconstruir imágenes del conjunto de datos **MNIST**. Evaluar la calidad de las reconstrucciones visualizando las imágenes originales y reconstruidas.

Solución:

```
import tensorflow as tf
from tensorflow.keras import layers, models

# Load the MNIST dataset
(x_train, _), (x_test, _) = tf.keras.datasets.mnist.load_data()
x_train = x_train.astype('float32') / 255.
x_test = x_test.astype('float32') / 255.
x_train = x_train.reshape((len(x_train), 28, 28, 1))
x_test = x_test.reshape((len(x_test), 28, 28, 1))

# Build the autoencoder model
input_img = layers.Input(shape=(28, 28, 1))

# Encoder
x = layers.Conv2D(16, (3, 3), activation='relu', padding='same')(input_img)
x = layers.MaxPooling2D((2, 2), padding='same')(x)
x = layers.Conv2D(8, (3, 3), activation='relu', padding='same')(x)
encoded = layers.MaxPooling2D((2, 2), padding='same')(x)

# Decoder
x = layers.Conv2D(8, (3, 3), activation='relu', padding='same')(encoded)
x = layers.UpSampling2D((2, 2))(x)
x = layers.Conv2D(16, (3, 3), activation='relu', padding='same')(x)
x = layers.UpSampling2D((2, 2))(x)
decoded = layers.Conv2D(1, (3, 3), activation='sigmoid', padding='same')(x)

# Compile and train the model
autoencoder = models.Model(input_img, decoded)
autoencoder.compile(optimizer='adam', loss='binary_crossentropy')
autoencoder.fit(x_train, x_train, epochs=10, batch_size=256, validation_data=(x_test,
x_test))

# Visualize some reconstructions
import matplotlib.pyplot as plt

decoded_imgs = autoencoder.predict(x_test[:10])
```

```
n = 10
plt.figure(figsize=(20, 4))
for i in range(n):
    # Display original images
    ax = plt.subplot(2, n, i + 1)
    plt.imshow(x_test[i].reshape(28, 28), cmap='gray')
    plt.title("Original")

    # Display reconstructed images
    ax = plt.subplot(2, n, i + 1 + n)
    plt.imshow(decoded_imgs[i].reshape(28, 28), cmap='gray')
    plt.title("Reconstructed")
plt.show()
```

En este ejercicio:

- Construimos un autoencoder convolucional simple.
- El modelo se entrena para reconstruir imágenes de MNIST, aprendiendo una representación comprimida en el codificador.
- Visualizamos las imágenes originales y reconstruidas para evaluar el rendimiento.

Ejercicio 2: Implementar un Autoencoder Variacional (VAE)

Tarea: Implementar un **Autoencoder Variacional (VAE)** y entrenarlo en el conjunto de datos MNIST. Después de entrenar, muestrear desde el espacio latente aprendido y generar nuevos dígitos manuscritos.

Solución:

```
import tensorflow as tf
from tensorflow.keras import layers, models
import numpy as np

# Sampling function for latent space
def sampling(args):
    z_mean, z_log_var = args
    batch = tf.shape(z_mean)[0]
    dim = tf.shape(z_mean)[1]
    epsilon = tf.keras.backend.random_normal(shape=(batch, dim))
    return z_mean + tf.exp(0.5 * z_log_var) * epsilon

# Encoder
latent_dim = 2
inputs = layers.Input(shape=(28, 28, 1))
x = layers.Conv2D(32, 3, activation="relu", strides=2, padding="same")(inputs)
x = layers.Conv2D(64, 3, activation="relu", strides=2, padding="same")(x)
x = layers.Flatten()(x)
x = layers.Dense(16, activation="relu")(x)
z_mean = layers.Dense(latent_dim, name="z_mean")(x)
z_log_var = layers.Dense(latent_dim, name="z_log_var")(x)
```

```
# Latent space sampling
z    =    layers.Lambda(sampling,    output_shape=(latent_dim,),    name="z")([z_mean,
z_log_var])

# Decoder
decoder_input = layers.Input(shape=(latent_dim,))
x = layers.Dense(7 * 7 * 64, activation="relu")(decoder_input)
x = layers.Reshape((7, 7, 64))(x)
x = layers.Conv2DTranspose(64, 3, activation="relu", strides=2, padding="same")(x)
x = layers.Conv2DTranspose(32, 3, activation="relu", strides=2, padding="same")(x)
decoder_output     =     layers.Conv2DTranspose(1,     3,     activation="sigmoid",
padding="same")(x)

# VAE model
encoder = models.Model(inputs, [z_mean, z_log_var, z], name="encoder")
decoder = models.Model(decoder_input, decoder_output, name="decoder")
vae_output = decoder(encoder(inputs)[2])

vae = models.Model(inputs, vae_output, name="vae")

# VAE loss function (reconstruction + KL divergence)
reconstruction_loss                                                                =
tf.keras.losses.binary_crossentropy(tf.keras.backend.flatten(inputs),
tf.keras.backend.flatten(vae_output))
reconstruction_loss *= 28 * 28
kl_loss = 1 + z_log_var - tf.square(z_mean) - tf.exp(z_log_var)
kl_loss = tf.reduce_mean(-0.5 * tf.reduce_sum(kl_loss, axis=-1))
vae_loss = tf.reduce_mean(reconstruction_loss + kl_loss)

vae.add_loss(vae_loss)
vae.compile(optimizer="adam")

# Train the VAE
vae.fit(x_train,   x_train,   epochs=10,   batch_size=128,   validation_data=(x_test,
x_test))

# Generate new images by sampling from the latent space
import matplotlib.pyplot as plt

n = 10  # Number of images to generate
figure = np.zeros((28 * n, 28 * n))

grid_x = np.linspace(-2, 2, n)
grid_y = np.linspace(-2, 2, n)

for i, yi in enumerate(grid_x):
    for j, xi in enumerate(grid_y):
        z_sample = np.array([[xi, yi]])
        x_decoded = decoder.predict(z_sample)
        digit = x_decoded[0].reshape(28, 28)
        figure[i * 28: (i + 1) * 28, j * 28: (j + 1) * 28] = digit
```

```
plt.figure(figsize=(10, 10))
plt.imshow(figure, cmap='Greys_r')
plt.show()
```

En este ejercicio:

- Implementamos un VAE para aprender un espacio latente probabilístico de los dígitos de MNIST.
- El modelo se entrenó para minimizar el error de reconstrucción y la divergencia KL.
- Después del entrenamiento, muestreamos desde el espacio latente aprendido para generar nuevas imágenes de dígitos manuscritos.

Ejercicio 3: Afinar un Modelo ResNet Preentrenado para la Clasificación de Imágenes

Tarea: Afinar un modelo **ResNet50** preentrenado en ImageNet para una nueva tarea de clasificación de imágenes. Reemplazar la capa final para que coincida con el número de clases en el conjunto de datos personalizado y entrenar el modelo en el nuevo conjunto de datos.

Solución:

```
import tensorflow as tf
from tensorflow.keras.applications import ResNet50
from tensorflow.keras.layers import Dense, GlobalAveragePooling2D
from tensorflow.keras.models import Model
from tensorflow.keras.optimizers import Adam

# Load the ResNet50 model pretrained on ImageNet, excluding the top layer
base_model = ResNet50(weights='imagenet', include_top=False, input_shape=(224, 224,
3))

# Freeze the base model layers
for layer in base_model.layers:
    layer.trainable = False

# Add custom layers
x = base_model.output
x = GlobalAveragePooling2D()(x)
x = Dense(1024, activation='relu')(x)
predictions = Dense(10, activation='softmax')(x)  # Output for 10 classes

# Create new model
model = Model(inputs=base_model.input, outputs=predictions)

# Compile the model
model.compile(optimizer=Adam(learning_rate=0.001),  loss='categorical_crossentropy',
metrics=['accuracy'])
```

```
# Example training (assuming new_data and labels are prepared)
# model.fit(new_data, labels, epochs=5, batch_size=32)

print("Model fine-tuned and ready for custom classification task.")
```

En este ejercicio:

- Utilizamos un modelo **ResNet50** preentrenado en ImageNet y lo ajustamos para una nueva tarea de clasificación de imágenes con 10 clases.
- La capa final del modelo fue reemplazada para coincidir con el número de clases, y las capas base fueron congeladas para retener las características aprendidas.

Ejercicio 4: Aprendizaje Autodirigido con Pérdida Contrastiva

Tarea: Implementar una tarea de aprendizaje autodirigido utilizando el marco **SimCLR**. Entrenar un modelo para aprender representaciones útiles de imágenes utilizando aprendizaje contrastivo, y evaluar su rendimiento en una tarea de clasificación posterior.

Solución:

```
import torch
import torch.nn as nn
import torch.optim as optim
from torchvision import datasets, transforms, models

class SimCLR(nn.Module):
    def __init__(self, base_model, out_dim):
        super(SimCLR, self).__init__()
        self.encoder = base_model
        self.projection = nn.Sequential(
            nn.Linear(base_model.fc.in_features, 512),
            nn.ReLU(),
            nn.Linear(512, out_dim)
        )
        self.encoder.fc = nn.Identity()  # Remove fully connected layer

    def forward(self, x):
        features = self.encoder(x)
        projections = self.projection(features)
        return projections

# Define a contrastive loss function
def contrastive_loss(z_i, z_j, temperature=0.5):
    batch_size = z_i.size(0)
    z = torch.cat([z_i, z_j], dim=0)
    sim_matrix = torch.mm(z, z.t()) / temperature
    labels = torch.arange(batch_size).cuda()
    labels = torch.cat([labels, labels], dim=0)
```

```
    mask = torch.eye(sim_matrix.size(0), device=sim_matrix.device).bool()
    sim_matrix = sim_matrix.masked_fill(mask, -float('inf'))
    loss = nn.CrossEntropyLoss()(sim_matrix, labels)
    return loss

# Example training loop (assuming the dataset and dataloader are defined)
base_model = models.resnet18(pretrained=True)
simclr_model = SimCLR(base_model, out_dim=128).cuda()

optimizer = optim.Adam(simclr_model.parameters(), lr=0.001)
for epoch in range(10):
    for images, _ in dataloader:
        view_1, view_2 = images.cuda(), images.cuda()
        z_i = simclr_model(view_1)
        z_j = simclr_model(view_2)
        loss = contrastive_loss(z_i, z_j)
        optimizer.zero_grad()
        loss.backward()
        optimizer.step()

    print(f"Epoch {epoch+1}, Loss: {loss.item():.4f}")
```

En este ejercicio:

- Implementamos un modelo **SimCLR** utilizando aprendizaje contrastivo autodirigido.
- El modelo aprendió representaciones contrastando pares positivos (dos vistas aumentadas de la misma imagen) contra pares negativos (vistas de otras imágenes).
- Después del preentrenamiento, estas representaciones aprendidas pueden usarse para tareas posteriores como la clasificación.

Estos ejercicios prácticos cubren una amplia gama de conceptos avanzados de **deep learning**, incluidos **autoencoders**, **VAEs**, **transfer learning** y **aprendizaje autodirigido**. Al completar estos ejercicios, obtendrás experiencia práctica en la construcción y ajuste de modelos, así como en la utilización de técnicas de aprendizaje no supervisado para aprender representaciones útiles a partir de datos no etiquetados.

Resumen del Capítulo 7

En el **Capítulo 7**, exploramos técnicas de **deep learning** de vanguardia que han revolucionado el campo de la inteligencia artificial, permitiendo modelos más poderosos, eficientes y versátiles. Este capítulo profundizó en conceptos como **autoencoders**, **autoencoders variacionales (VAEs)**, **redes generativas antagónicas (GANs)**, **transfer learning** y **aprendizaje autodirigido**, ofreciendo una visión de cómo funcionan estos modelos avanzados y cómo pueden aplicarse a problemas del mundo real.

Comenzamos con una visión general de los **autoencoders**, que son redes neuronales diseñadas para aprender representaciones comprimidas de datos mediante aprendizaje no supervisado. Los autoencoders constan de dos partes: un **encoder**, que comprime los datos de entrada en un espacio latente, y un **decoder**, que reconstruye los datos originales a partir de esta representación comprimida. Estos modelos son particularmente útiles para tareas como **reducción de dimensionalidad**, **detección de anomalías** y **eliminación de ruido en datos**. La conclusión clave es que los autoencoders son altamente efectivos para aprender representaciones compactas de datos al minimizar la pérdida de reconstrucción.

Luego, exploramos los **autoencoders variacionales (VAEs)**, que extienden los autoencoders tradicionales al introducir un marco probabilístico. Los VAEs generan un espacio latente que sigue una distribución específica (típicamente una gaussiana) y pueden usarse para generar nuevos puntos de datos al muestrear de este espacio latente. Esta capacidad hace que los VAEs sean poderosos para tareas generativas, como la **generación de imágenes** y la **aumentación de datos**. El término de regularización agregado, **Divergencia de Kullback-Leibler (KL)**, asegura que el espacio latente aprendido siga la distribución deseada, mejorando las capacidades generativas del modelo.

El capítulo luego introdujo las **redes generativas antagónicas (GANs)**, un marco innovador para generar datos realistas. Las GANs constan de dos redes en competencia: un **generador** y un **discriminador**. El generador crea datos falsos, mientras que el discriminador intenta distinguir entre los datos reales y los falsos. A través de este proceso antagónico, el generador se vuelve altamente habilidoso en producir datos que se asemejan a ejemplos del mundo real. Las GANs tienen aplicaciones en **generación de imágenes**, **síntesis de videos**, **aumentación de datos** e incluso en **descubrimiento de fármacos**. Uno de los aspectos más fascinantes de las GANs es su capacidad para generar datos desde cero, lo que abre nuevas posibilidades en campos creativos y científicos.

Luego pasamos al **transfer learning**, una técnica práctica y eficiente para aprovechar modelos preentrenados en nuevas tareas. Al usar modelos como **ResNet**, **BERT** o **GPT**, que están preentrenados en conjuntos de datos a gran escala, podemos ajustar estos modelos para tareas específicas con conjuntos de datos más pequeños. El **transfer learning** reduce significativamente el tiempo y los recursos computacionales necesarios para el entrenamiento, al mismo tiempo que mejora el rendimiento al utilizar las características aprendidas de los modelos preentrenados. Este método se ha adoptado ampliamente en tareas como **clasificación de imágenes**, **procesamiento de lenguaje natural (NLP)** e **imágenes médicas**.

Finalmente, exploramos el campo de rápido crecimiento del **aprendizaje autodirigido (SSL)** y los **modelos fundacionales**. El aprendizaje autodirigido permite que los modelos aprendan de datos no etiquetados al crear sus propias señales de supervisión. Este enfoque es particularmente valioso en escenarios donde los datos etiquetados son escasos o costosos de obtener. Los **modelos fundacionales**, como **GPT-3**, **BERT** y **CLIP**, representan un nuevo paradigma en la IA. Estos modelos masivos están preentrenados en grandes conjuntos de datos utilizando técnicas de aprendizaje autodirigido y pueden ajustarse para una amplia gama de tareas. Su versatilidad y escalabilidad los convierten en bloques fundamentales para las aplicaciones modernas de IA.

En conclusión, este capítulo proporcionó una mirada en profundidad a algunas de las técnicas más importantes y avanzadas en **deep learning** hoy en día. Al dominar estos conceptos, estás preparado para abordar una variedad de tareas complejas, desde la generación de datos hasta el **transfer learning**, y contribuir a la vanguardia de la investigación y las aplicaciones de la IA.

Capítulo 8: Machine Learning en la Nube y la Computación en el Edge

A medida que el volumen de datos continúa creciendo exponencialmente y la inteligencia artificial se vuelve cada vez más prevalente, las organizaciones están migrando rápidamente sus flujos de trabajo de machine learning hacia soluciones basadas en la nube. Las principales plataformas en la nube, como **Amazon Web Services (AWS)**, **Google Cloud Platform (GCP)** y **Microsoft Azure**, ofrecen infraestructura y servicios integrales que simplifican significativamente los procesos de entrenamiento, implementación y escalabilidad de modelos de machine learning. Estas plataformas proporcionan una gran cantidad de recursos y herramientas que permiten a los científicos de datos y desarrolladores centrarse en el desarrollo de modelos en lugar de la gestión de infraestructura.

En este capítulo, exploraremos los siguientes temas clave:

1. Aprovechando las plataformas en la nube para machine learning: Un análisis en profundidad de la ejecución de modelos de machine learning sofisticados en **AWS**, **Google Cloud** y **Azure**, incluidos las mejores prácticas y características específicas de cada plataforma.

2. Implementación fluida de modelos de machine learning: Técnicas y estrategias para implementar modelos de machine learning como servicios escalables y listos para producción, con una configuración mínima y en poco tiempo.

3. Adopción de la **computación en el edge** en machine learning: Una introducción exhaustiva a la computación en el edge y sus implicaciones para el machine learning, incluyendo métodos para optimizar los modelos para que funcionen de manera eficiente en dispositivos con recursos limitados, como teléfonos inteligentes, dispositivos de Internet de las Cosas (IoT) y servidores edge.

Al abordar nuestro primer tema, **Ejecución de Modelos de Machine Learning en la Nube**, exploraremos cómo estas poderosas plataformas en la nube pueden aprovecharse para gestionar de manera eficiente el entrenamiento y la implementación a gran escala de modelos, revolucionando la forma en que las organizaciones abordan los proyectos de machine learning.

8.1 Ejecución de Modelos de Machine Learning en la Nube (AWS, Google Cloud, Azure)

Las plataformas en la nube han revolucionado el panorama del desarrollo e implementación de modelos de machine learning, ofreciendo una escalabilidad y accesibilidad sin precedentes para desarrolladores y científicos de datos. Estas plataformas eliminan la necesidad de inversiones iniciales significativas en hardware costoso, democratizando el acceso a potentes recursos computacionales. Al aprovechar la infraestructura en la nube, las organizaciones pueden asignar recursos de manera dinámica según sus necesidades, permitiéndoles abordar problemas complejos de machine learning que antes estaban fuera de su alcance.

La suite integral de servicios proporcionada por las plataformas en la nube va más allá del simple poder computacional. Ofrecen soluciones de extremo a extremo que cubren todo el ciclo de vida del machine learning, desde la preparación de datos y el entrenamiento de modelos hasta su implementación y monitoreo. Los entornos administrados para el entrenamiento de modelos abstraen las complejidades de la computación distribuida, permitiendo a los científicos de datos centrarse en el desarrollo de algoritmos en lugar de la gestión de infraestructura. Estas plataformas también proporcionan opciones robustas de implementación, facilitando la integración fluida de modelos de machine learning en entornos de producción.

Además, las plataformas en la nube facilitan la colaboración y el intercambio de conocimientos entre los miembros del equipo, fomentando la innovación y acelerando el ritmo de desarrollo. Ofrecen sistemas de control de versiones, seguimiento de experimentos y características de reproducibilidad que son cruciales para mantener las mejores prácticas en los proyectos de machine learning. La escalabilidad de la infraestructura en la nube también permite experimentar fácilmente con diferentes arquitecturas de modelos e hiperparámetros, permitiendo iteraciones rápidas y mejoras de los modelos de machine learning.

8.1.1 Amazon Web Services (AWS)

AWS ofrece una plataforma integral de machine learning llamada **Amazon SageMaker**, que revoluciona todo el flujo de trabajo de machine learning. SageMaker proporciona una solución de extremo a extremo para científicos de datos y desarrolladores, simplificando el proceso de construcción, entrenamiento e implementación de modelos de machine learning a gran escala. Este servicio potente aborda muchos de los desafíos asociados con los flujos de trabajo tradicionales de machine learning, como la gestión de infraestructura, la preparación de datos y la optimización de modelos.

El ecosistema de Amazon SageMaker incluye varios componentes clave que funcionan de manera fluida:

- **SageMaker Studio**: Este entorno de desarrollo integrado (IDE) completamente integrado sirve como un centro central para proyectos de machine learning. Ofrece un espacio de trabajo colaborativo donde los científicos de datos pueden escribir código, experimentar con modelos y visualizar resultados. SageMaker Studio admite cuadernos populares como Jupyter, lo que facilita que los equipos compartan conocimientos y realicen iteraciones en los modelos de manera eficiente.

- **SageMaker Training**: Este componente aprovecha el poder de la computación distribuida para acelerar el entrenamiento de modelos. Proporciona y gestiona automáticamente la infraestructura necesaria, permitiendo a los usuarios centrarse en el desarrollo de algoritmos en lugar de la gestión de recursos. SageMaker Training admite varios frameworks de machine learning, incluidos TensorFlow, PyTorch y scikit-learn, brindando flexibilidad en el desarrollo de modelos.
- **SageMaker Inference**: Una vez que un modelo ha sido entrenado, SageMaker Inference se encarga de implementarlo como un servicio escalable y listo para producción. Maneja las complejidades de configurar puntos finales, gestionar recursos de cómputo y realizar escalado automático en función del tráfico entrante. Este servicio admite inferencias tanto en tiempo real como por lotes, atendiendo a diversas necesidades de aplicación.
- **SageMaker Ground Truth**: Esta función simplifica el proceso, a menudo largo, de etiquetado de datos. Proporciona herramientas para crear conjuntos de datos de entrenamiento de alta calidad, incluyendo soporte para flujos de trabajo de etiquetado humano y etiquetado automatizado utilizando técnicas de aprendizaje activo.
- **SageMaker Experiments**: Este componente ayuda a organizar, rastrear y comparar experimentos de machine learning. Captura automáticamente parámetros de entrada, configuraciones y resultados, lo que permite a los científicos de datos reproducir experimentos y realizar iteraciones en los modelos de manera más efectiva.

Al integrar estos componentes potentes, Amazon SageMaker reduce significativamente las barreras de entrada para proyectos de machine learning, permitiendo a las organizaciones desarrollar e implementar rápidamente soluciones sofisticadas de IA en varios dominios. Ya sea que estés trabajando en visión por computadora, procesamiento del lenguaje natural o análisis predictivo, SageMaker proporciona las herramientas y la infraestructura para dar vida a tus ideas de machine learning de manera eficiente y a gran escala.

Ejemplo: Entrenamiento de un Modelo de Machine Learning en AWS SageMaker

A continuación, se muestra un ejemplo de cómo entrenar un modelo simple de machine learning (por ejemplo, un árbol de decisión) utilizando SageMaker en AWS:

```
import sagemaker
from sagemaker import get_execution_role
from sagemaker.sklearn.estimator import SKLearn
from sklearn.datasets import load_iris
from sklearn.model_selection import train_test_split
import pandas as pd
```

```
import numpy as np

# Define the AWS role and set up the SageMaker session
role = get_execution_role()
sagemaker_session = sagemaker.Session()

# Prepare the Iris dataset
iris = load_iris()
X, y = iris.data, iris.target
X_train, X_test, y_train, y_test = train_test_split(X, y, test_size=0.2,
random_state=42)

# Create a DataFrame and save it to S3
train_data = pd.DataFrame(np.column_stack((X_train, y_train)),
                          columns=['sepal_length', 'sepal_width', 'petal_length',
'petal_width', 'target'])
train_data_s3 = sagemaker_session.upload_data(
    path=train_data.to_csv(index=False),
    key_prefix='sagemaker/sklearn-iris'
)

# Define the SKLearn estimator
sklearn_estimator = SKLearn(
    entry_point='iris_train.py',
    role=role,
    instance_count=1,
    instance_type='ml.m5.large',
    framework_version='0.23-1',
    hyperparameters={
        'max_depth': 5,
        'n_estimators': 100
    }
)

# Train the model
sklearn_estimator.fit({'train': train_data_s3})

# Deploy the trained model
predictor = sklearn_estimator.deploy(
    initial_instance_count=1,
    instance_type='ml.t2.medium'
)

# Make predictions
test_data = X_test[:5].tolist()
predictions = predictor.predict(test_data)

print(f"Predictions: {predictions}")

# Clean up
predictor.delete_endpoint()
```

Este ejemplo de código ampliado demuestra un flujo de trabajo más completo para entrenar e implementar un modelo de machine learning utilizando Amazon SageMaker. Desglosémoslo paso a paso:

1. Importar las bibliotecas necesarias:
   - SDK de SageMaker para interactuar con los servicios de AWS
   - Scikit-learn para manejo y preprocesamiento de conjuntos de datos
   - Pandas y NumPy para la manipulación de datos
2. Configurar la sesión y el rol de SageMaker:
   - Recuperar el rol de ejecución para SageMaker
   - Inicializar una sesión de SageMaker
3. Preparar el conjunto de datos:
   - Cargar el conjunto de datos Iris usando scikit-learn
   - Dividir los datos en conjuntos de entrenamiento y prueba
4. Subir los datos de entrenamiento a S3:
   - Convertir los datos de entrenamiento a un DataFrame
   - Subir los datos a un bucket de S3 usando la sesión de SageMaker
5. Definir el estimador de SKLearn:
   - Especificar el script de entrada (iris_train.py)
   - Configurar el tipo y la cantidad de instancias
   - Elegir la versión del framework
   - Establecer los hiperparámetros para el modelo
6. Entrenar el modelo:
   - Llamar al método fit en el estimador, pasando la ubicación en S3 de los datos de entrenamiento
7. Implementar el modelo entrenado:
   - Implementar el modelo en un endpoint de SageMaker
   - Especificar el tipo y la cantidad de instancias para el endpoint
8. Hacer predicciones:
   - Usar el modelo implementado para hacer predicciones en los datos de prueba

9. Limpiar:
    - Eliminar el endpoint para evitar cargos innecesarios

Este ejemplo muestra un escenario realista, que incluye la preparación de datos, la especificación de hiperparámetros y la gestión adecuada de recursos. También demuestra cómo manejar todo el ciclo de vida de un modelo de machine learning en SageMaker, desde el entrenamiento hasta la implementación y la predicción.

8.1.2 Google Cloud Platform (GCP)

La **AI Platform** de Google Cloud ofrece un ecosistema robusto para los profesionales de machine learning, brindando un conjunto de herramientas y servicios que cubren todo el ciclo de vida del ML. Esta plataforma integral está diseñada para agilizar el proceso de desarrollo, entrenamiento e implementación de modelos sofisticados de machine learning, con un énfasis particular en la integración con el poderoso framework **TensorFlow** de Google.

La integración fluida de AI Platform con TensorFlow permite a los desarrolladores aprovechar todo el potencial de esta biblioteca de código abierto, facilitando la creación e implementación de modelos complejos de deep learning con relativa facilidad. Esta sinergia entre Google Cloud y TensorFlow crea un entorno potente para construir soluciones de inteligencia artificial de vanguardia en diversos dominios, como la visión por computadora, el procesamiento del lenguaje natural y el análisis predictivo.

Algunas de las características destacadas de la AI Platform de Google Cloud incluyen:

- **AI Platform Notebooks**: Esta función proporciona un entorno de cuadernos Jupyter totalmente administrado, ofreciendo a los científicos de datos e ingenieros de ML un espacio de trabajo flexible e interactivo para el desarrollo de modelos. Estos cuadernos pueden conectarse sin problemas a GPUs (Unidades de Procesamiento Gráfico) y TPUs (Unidades de Procesamiento Tensorial) de alto rendimiento, los aceleradores de IA diseñados a medida por Google. Esta capacidad permite una rápida creación de prototipos y experimentación con modelos computacionalmente intensivos, reduciendo significativamente el tiempo desde el concepto hasta la implementación.
- **AI Platform Training**: Este servicio robusto está diseñado para manejar las complejidades del entrenamiento de modelos de machine learning en conjuntos de datos a gran escala. Aprovechando los recursos de computación distribuida, permite a los usuarios entrenar modelos mucho más rápido de lo que sería posible en una sola máquina. Este servicio admite una amplia gama de frameworks de ML y puede escalar automáticamente los recursos según los requisitos del trabajo de entrenamiento, facilitando desde pequeños experimentos hasta el entrenamiento de modelos de producción a gran escala.
- **AI Platform Prediction**: Una vez que un modelo ha sido entrenado, este servicio facilita su implementación como una API REST escalable. Admite tanto predicciones en

tiempo real para aplicaciones sensibles a la latencia como predicciones por lotes para tareas de inferencia a gran escala. El servicio gestiona la infraestructura subyacente, permitiendo a los desarrolladores centrarse en el rendimiento del modelo y la integración de aplicaciones, sin preocuparse por la gestión de servidores y el escalado.

Estas características, que trabajan en conjunto, proporcionan un entorno poderoso y flexible para proyectos de machine learning de todos los tamaños. Ya sea que seas un científico de datos que trabaja solo en una prueba de concepto o parte de un gran equipo que implementa sistemas críticos de IA, la AI Platform de Google Cloud ofrece las herramientas y la escalabilidad necesarias para respaldar tus necesidades.

Ejemplo: Entrenamiento de un Modelo TensorFlow en Google Cloud AI Platform

A continuación, se muestra cómo entrenar un modelo de **TensorFlow** en la AI Platform de Google Cloud:

```
# Import necessary libraries
from google.cloud import storage
from google.cloud import aiplatform
from google.cloud.aiplatform import gapic as aip

# Set up Google Cloud project and bucket
project_id = 'my-google-cloud-project'
bucket_name = 'my-ml-bucket'
region = 'us-central1'

# Initialize clients
storage_client = storage.Client(project=project_id)
aiplatform.init(project=project_id, location=region)

# Create a bucket if it doesn't exist
bucket = storage_client.bucket(bucket_name)
if not bucket.exists():
    bucket = storage_client.create_bucket(bucket_name)
    print(f"Bucket {bucket_name} created.")

# Upload training data to Cloud Storage
blob = bucket.blob('training-data/train_data.csv')
blob.upload_from_filename('train_data.csv')
print(f"Training data uploaded to gs://{bucket_name}/training-data/train_data.csv")

# Define the AI Platform job
job_display_name = 'my-tf-job'
container_uri = 'gcr.io/cloud-aiplatform/training/tf-cpu.2-3:latest'
python_package_gcs_uri = 'gs://my-bucket/tensorflow-trainer.tar.gz'
python_module_name = 'trainer.task'

job = aiplatform.CustomContainerTrainingJob(
    display_name=job_display_name,
    container_uri=container_uri,
```

```
    python_package_gcs_uri=python_package_gcs_uri,
    python_module_name=python_module_name,
)

# Define training parameters
training_fraction_split = 0.8
validation_fraction_split = 0.1
test_fraction_split = 0.1

# Start the training job
model = job.run(
    dataset=aiplatform.Dataset.create(
        display_name='my_dataset',
        gcs_source='gs://my-bucket/training-data/train_data.csv',
    ),
    model_display_name='my-tf-model',
    training_fraction_split=training_fraction_split,
    validation_fraction_split=validation_fraction_split,
    test_fraction_split=test_fraction_split,
    sync=True
)

print(f"Model training completed. Model resource name: {model.resource_name}")

# Deploy the model to an endpoint
endpoint = model.deploy(
    machine_type='n1-standard-4',
    min_replica_count=1,
    max_replica_count=2,
    sync=True
)

print(f"Model deployed to endpoint: {endpoint.resource_name}")
```

Este ejemplo de código demuestra un flujo de trabajo integral para entrenar e implementar un modelo de machine learning utilizando Google Cloud AI Platform.

Desglosemos paso a paso:

1. Importar las bibliotecas necesarias:
    - Importamos módulos de los SDK de Google Cloud Storage y AI Platform.
2. Configurar el proyecto y el bucket de Google Cloud:
    - Definimos el ID del proyecto, el nombre del bucket y la región.
    - Inicializamos el cliente de almacenamiento y la AI Platform.
3. Crear un bucket de almacenamiento:
    - Verificamos si el bucket especificado existe, y lo creamos si no está disponible.

4. Subir datos de entrenamiento:
    - Subimos un archivo CSV local al bucket de Cloud Storage.
5. Definir el trabajo en AI Platform:
    - Especificamos el nombre del trabajo, el URI del contenedor, la ubicación del paquete Python y el nombre del módulo.
    - Creamos un objeto **CustomContainerTrainingJob**.
6. Definir parámetros de entrenamiento:
    - Establecemos las proporciones de división para los conjuntos de datos de entrenamiento, validación y prueba.
7. Iniciar el trabajo de entrenamiento:
    - Creamos un conjunto de datos a partir del archivo CSV subido.
    - Ejecutamos el trabajo de entrenamiento, especificando el conjunto de datos y el nombre del modelo.
    - El trabajo se ejecuta de manera sincrónica (sync=True), lo que significa que el script esperará a que se complete.
8. Implementar el modelo:
    - Una vez que se complete el entrenamiento, implementamos el modelo en un endpoint.
    - Especificamos el tipo de máquina y el número de réplicas para la implementación.

Este ejemplo muestra un escenario realista, que incluye la subida de datos, el entrenamiento del modelo y su implementación. Demuestra cómo manejar todo el ciclo de vida de un modelo de machine learning en Google Cloud AI Platform, desde la preparación de los datos hasta la generación de predicciones.

8.1.3 Microsoft Azure

Azure Machine Learning de Microsoft es una plataforma integral basada en la nube que ofrece un conjunto completo de herramientas y servicios para todo el ciclo de vida del machine learning. Este poderoso ecosistema está diseñado para satisfacer las necesidades de científicos de datos, ingenieros de machine learning y desarrolladores de todos los niveles de habilidad, proporcionando un entorno fluido para construir, entrenar e implementar modelos de IA a escala. Azure Machine Learning se destaca por su flexibilidad, permitiendo a los usuarios trabajar con sus herramientas y frameworks preferidos mientras aprovechan la robusta infraestructura de la nube de Azure.

Las características clave de Azure Machine Learning incluyen:

- **Preparación y gestión de datos**: Azure ML ofrece herramientas avanzadas para la ingestión, limpieza y transformación de datos. Proporciona servicios automatizados de etiquetado de datos que utilizan machine learning para acelerar el proceso de anotación de grandes conjuntos de datos. Además, sus capacidades de ingeniería de características ayudan a extraer información significativa de los datos brutos, mejorando el rendimiento del modelo.
- **Desarrollo y entrenamiento de modelos**: La plataforma admite una amplia gama de frameworks de machine learning, incluidos TensorFlow, PyTorch y scikit-learn. Proporciona capacidades de entrenamiento distribuido, lo que permite a los usuarios escalar el entrenamiento de sus modelos en clústeres de GPUs u otro hardware especializado. Azure ML también ofrece características de machine learning automatizado (AutoML), que pueden seleccionar automáticamente los mejores algoritmos y hiperparámetros para un conjunto de datos determinado.
- **Despliegue y gestión de modelos**: Azure ML simplifica el proceso de despliegue de modelos en entornos de producción. Admite la implementación en varios destinos, incluidos servicios web para inferencia en tiempo real, Azure Kubernetes Service (AKS) para implementaciones escalables en contenedores, y Azure IoT Edge para escenarios de computación en el borde. La plataforma también proporciona herramientas para monitorear el rendimiento de los modelos, gestionar diferentes versiones e implementar pipelines de CI/CD para flujos de trabajo de ML.
- **MLOps (Operaciones de Machine Learning)**: Azure ML incorpora capacidades robustas de MLOps, lo que permite a los equipos optimizar el ciclo de vida completo del machine learning. Esto incluye control de versiones para datos y modelos, reproducibilidad de experimentos y flujos de trabajo automatizados para el reentrenamiento e implementación de modelos.
- **AI explicable y ML responsable**: La plataforma ofrece herramientas para la interpretabilidad de los modelos y la evaluación de equidad, ayudando a las organizaciones a construir soluciones de IA transparentes y éticas. Estas características son cruciales para mantener la confianza y el cumplimiento en sistemas de IA, especialmente en industrias reguladas.

Al proporcionar este conjunto completo de herramientas y servicios, Azure Machine Learning permite a las organizaciones acelerar sus iniciativas de IA, desde la experimentación hasta la producción, manteniendo el control, la transparencia y la escalabilidad a lo largo del proceso.

Ejemplo: Entrenamiento e Implementación de un Modelo en Azure ML Studio

Azure ML Studio permite a los usuarios entrenar modelos de forma interactiva o programáticamente usando el **SDK de Azure Machine Learning**:

```
from azureml.core import Workspace, Experiment, Model
from azureml.train.sklearn import SKLearn
from azureml.train.estimator import Estimator
from azureml.core.webservice import AciWebservice
from azureml.core.model import InferenceConfig

# Connect to the Azure workspace
ws = Workspace.from_config()

# Define the experiment
experiment = Experiment(workspace=ws, name='my-sklearn-experiment')

# Define the training script and compute target
script_params = {
    '--data-folder': 'data',
    '--C': 1.0,
    '--max_iter': 100
}
sklearn_estimator = Estimator(
    source_directory='./src',
    entry_script='train.py',
    script_params=script_params,
    compute_target='my-compute-cluster',
    conda_packages=['scikit-learn', 'pandas', 'numpy']
)

# Submit the experiment
run = experiment.submit(sklearn_estimator)
print("Experiment submitted. Waiting for completion...")
run.wait_for_completion(show_output=True)

# Register the model
model = run.register_model(
    model_name='sklearn-model',
    model_path='outputs/model.pkl',
    tags={'area': 'classification', 'type': 'sklearn-svm'},
    properties={'accuracy': run.get_metrics()['accuracy']}
)

# Define inference configuration
inference_config = InferenceConfig(
    entry_script="score.py",
    source_directory="./src",
    conda_file="environment.yml"
)

# Define deployment configuration
deployment_config = AciWebservice.deploy_configuration(
    cpu_cores=1,
    memory_gb=1,
    tags={'area': 'classification', 'type': 'sklearn-svm'},
```

```
    description='SVM classifier deployed as a web service'
)

# Deploy the model
service = Model.deploy(
    workspace=ws,
    name='sklearn-service',
    models=[model],
    inference_config=inference_config,
    deployment_config=deployment_config
)

service.wait_for_deployment(show_output=True)
print(f"Service deployed. Scoring URI: {service.scoring_uri}")
```

Este ejemplo de código demuestra un flujo de trabajo integral para entrenar, registrar e implementar un modelo de machine learning utilizando Azure Machine Learning.

Desglosemos paso a paso:

1. **Importación de los módulos necesarios**:
   - Importamos módulos adicionales de **azureml.core** para el registro e implementación de modelos.
2. **Conexión al espacio de trabajo de Azure**:
   - Usamos Workspace.from_config() para conectarnos a nuestro espacio de trabajo de Azure ML. Esto asume que tienes un archivo config.json en tu directorio de trabajo con los detalles del espacio de trabajo.
3. **Definición del experimento**:
   - Creamos un objeto **Experiment**, que es un contenedor lógico para nuestras ejecuciones de entrenamiento.
4. **Configuración del estimador**:
   - Creamos un objeto **Estimator** que define cómo ejecutar nuestro script de entrenamiento.
   - Especificamos el directorio fuente, el script de entrada, los parámetros del script, el destino de cómputo y los paquetes requeridos.
   - Este ejemplo asume que estamos utilizando **scikit-learn** e incluye parámetros adicionales para el clasificador **SVM**.
5. **Envió del experimento**:
   - Enviamos el experimento usando el estimador y esperamos a que se complete.

   - El método wait_for_completion() nos permite ver la salida en tiempo real.

6. **Registro del modelo**:
   - Una vez que se completa el entrenamiento, registramos el modelo con metadatos adicionales (etiquetas y propiedades).
   - Asumimos que el modelo está guardado como 'model.pkl' en el directorio 'outputs'.

7. **Definición de la configuración de inferencia**:
   - Creamos un objeto **InferenceConfig** que especifica cómo ejecutar el modelo para inferencia.
   - Esto incluye el script de puntuación (score.py) y la definición del entorno (**environment.yml**).

8. **Definición de la configuración de implementación**:
   - Configuramos una **AciWebservice.deploy_configuration()** para especificar los recursos y metadatos para nuestra implementación.

9. **Implementación del modelo**:
   - Usamos **Model.deploy()** para implementar nuestro modelo como un servicio web.
   - Este método toma como parámetros nuestro espacio de trabajo, modelo, configuración de inferencia y configuración de implementación.

10. **Esperar la implementación e imprimir la URI de puntuación**:

- Esperamos a que se complete la implementación y luego imprimimos la URI de puntuación, que se puede utilizar para hacer predicciones.

Este ejemplo proporciona un flujo de trabajo realista y completo, que incluye el registro del modelo con metadatos, la configuración de inferencia y la implementación como un servicio web. Demuestra cómo utilizar Azure ML para gestionar el ciclo de vida completo de un modelo de machine learning, desde el entrenamiento hasta la implementación.

8.2 Introducción a TensorFlow Lite y ONNX para Dispositivos de Borde

El rápido avance de la **computación en el borde** ha revolucionado la implementación de modelos de machine learning en una amplia gama de dispositivos, incluidos teléfonos inteligentes, tabletas, wearables y dispositivos IoT. Este cambio hacia la IA basada en el borde presenta tanto oportunidades como desafíos, ya que estos dispositivos suelen tener limitaciones en términos de recursos computacionales, capacidad de memoria y consumo de energía, que no están presentes en las infraestructuras basadas en la nube.

Para abordar estas limitaciones y permitir una IA eficiente en el borde, han surgido frameworks especializados como **TensorFlow Lite (TFLite)** y **ONNX (Open Neural Network Exchange)**. Estas potentes herramientas proporcionan a los desarrolladores los medios para optimizar, convertir y ejecutar modelos de machine learning en dispositivos de borde con una eficiencia notable.

Al minimizar el overhead y maximizar el rendimiento, TFLite y ONNX son fundamentales para llevar capacidades de IA sofisticadas a entornos con recursos limitados, abriendo nuevas posibilidades para aplicaciones inteligentes en el borde en diversas industrias.

8.2.1 TensorFlow Lite (TFLite)

TensorFlow Lite (TFLite) es un framework poderoso específicamente diseñado para implementar modelos de machine learning en dispositivos con recursos limitados, como teléfonos inteligentes, dispositivos IoT y sistemas embebidos. Ofrece una suite completa de herramientas y optimizaciones que permiten a los desarrolladores reducir significativamente el tamaño del modelo y mejorar la velocidad de inferencia, manteniendo al mismo tiempo un alto grado de precisión.

El flujo de trabajo de TensorFlow Lite consta de dos etapas principales:

1. **Conversión y optimización del modelo**:

Esta fase crucial implica transformar un modelo estándar de TensorFlow en un formato optimizado para TensorFlow Lite. El proceso utiliza el sofisticado **TFLite Converter**, que emplea varias técnicas para optimizar el modelo:

- **Cuantización**: Esta técnica reduce la precisión de los pesos y activaciones del modelo, típicamente de puntos flotantes de 32 bits a enteros de 8 bits. Esto no solo disminuye el tamaño del modelo, sino que también acelera los cálculos en dispositivos con poca potencia de procesamiento.
- **Poda**: Al eliminar conexiones y neuronas innecesarias, la poda reduce aún más el tamaño del modelo y los requisitos computacionales.
- **Fusión de operadores**: Esta optimización combina múltiples operaciones en una sola operación más eficiente, reduciendo el acceso a la memoria y mejorando el rendimiento general.

2. **Implementación e inferencia del modelo**:

Después de la optimización, el modelo TensorFlow Lite está listo para su implementación en dispositivos de borde. Esta etapa aprovecha el **TFLite Interpreter**, un motor de ejecución liviano diseñado para la ejecución eficiente de modelos:

- El intérprete es responsable de cargar el modelo optimizado y ejecutar la inferencia con una utilización mínima de recursos.
- Admite aceleración de hardware en varias plataformas, incluidos CPUs ARM, GPUs y aceleradores de IA especializados como el **Edge TPU**.
- TensorFlow Lite también ofrece APIs específicas para plataformas que permiten una integración fluida con sistemas Android, iOS y Linux embebidos, facilitando la incorporación de capacidades de machine learning en aplicaciones móviles e IoT.

Al aprovechar estas características avanzadas, TensorFlow Lite permite a los desarrolladores llevar capacidades de IA sofisticadas a dispositivos de borde, abriendo nuevas posibilidades para el machine learning en dispositivos locales en una amplia gama de aplicaciones e industrias.

Ejemplo: Convertir un Modelo de TensorFlow a TensorFlow Lite

Comencemos entrenando un modelo simple de **TensorFlow** y luego lo convertiremos a **TensorFlow Lite** para su implementación en el borde.

```
import tensorflow as tf
import numpy as np

# Define a simple model for MNIST digit classification
model = tf.keras.models.Sequential([
    tf.keras.layers.Flatten(input_shape=(28, 28)),
    tf.keras.layers.Dense(128, activation='relu'),
    tf.keras.layers.Dropout(0.2),
    tf.keras.layers.Dense(10, activation='softmax')
])

# Compile the model
model.compile(optimizer='adam',
              loss='sparse_categorical_crossentropy',
              metrics=['accuracy'])

# Load and preprocess the MNIST dataset
(x_train, y_train), (x_test, y_test) = tf.keras.datasets.mnist.load_data()
x_train, x_test = x_train / 255.0, x_test / 255.0

# Train the model
model.fit(x_train, y_train, epochs=5, validation_split=0.2)

# Evaluate the model
test_loss, test_acc = model.evaluate(x_test, y_test, verbose=2)
print(f'\\nTest accuracy: {test_acc}')

# Save the model in TensorFlow format
model.save('mnist_model.h5')
```

```
# Convert the model to TensorFlow Lite format
converter = tf.lite.TFLiteConverter.from_keras_model(model)
tflite_model = converter.convert()

# Save the TFLite model to a file
with open('mnist_model.tflite', 'wb') as f:
    f.write(tflite_model)

print("Model successfully converted to TensorFlow Lite format.")

# Function to run inference on TFLite model
def run_tflite_inference(tflite_model, input_data):
    interpreter = tf.lite.Interpreter(model_content=tflite_model)
    interpreter.allocate_tensors()

    input_details = interpreter.get_input_details()
    output_details = interpreter.get_output_details()

    interpreter.set_tensor(input_details[0]['index'], input_data)
    interpreter.invoke()
    output = interpreter.get_tensor(output_details[0]['index'])
    return output

# Test the TFLite model
test_image = x_test[0]
test_image = np.expand_dims(test_image, axis=0).astype(np.float32)

tflite_output = run_tflite_inference(tflite_model, test_image)
tflite_prediction = np.argmax(tflite_output)

print(f"TFLite Model Prediction: {tflite_prediction}")
print(f"Actual Label: {y_test[0]}")
```

Este ejemplo de código demuestra un flujo de trabajo integral para crear, entrenar, convertir y probar un modelo de TensorFlow para la clasificación de dígitos MNIST usando TensorFlow Lite.

Desglosemos paso a paso:

1. **Importación de las bibliotecas necesarias**:

Importamos TensorFlow y NumPy, que necesitaremos para la creación del modelo, entrenamiento y manipulación de datos.

2. **Definición del modelo**:

Creamos un modelo secuencial simple para la clasificación de dígitos MNIST. Consiste en una capa Flatten para convertir imágenes 2D en 1D, una capa Dense con activación ReLU, una capa Dropout para regularización, y una capa Dense final con activación softmax para clasificación de 10 clases.

3. **Compilación del modelo**:

Compilamos el modelo usando el optimizador Adam, la pérdida de entropía cruzada categórica dispersa (adecuada para etiquetas enteras) y la precisión como métrica.

4. **Carga y preprocesamiento de datos**:

Cargamos el conjunto de datos MNIST utilizando la función integrada de Keras y normalizamos los valores de píxeles para que estén entre 0 y 1.

5. **Entrenamiento del modelo**:

Entrenamos el modelo durante 5 épocas, utilizando el 20% de los datos de entrenamiento para validación.

6. **Evaluación del modelo**:

Evaluamos el rendimiento del modelo en el conjunto de prueba y mostramos la precisión.

7. **Guardado del modelo**:

Guardamos el modelo entrenado en el formato estándar de TensorFlow (.h5).

8. **Conversión a TensorFlow Lite**:

Utilizamos el **TFLiteConverter** para convertir el modelo de Keras al formato TensorFlow Lite.

9. **Guardado del modelo TFLite**:

Guardamos el modelo TFLite convertido en un archivo.

10. **Definición de una función de inferencia**:

Creamos una función run_tflite_inference que carga un modelo TFLite, lo prepara para inferencia y ejecuta predicciones en los datos de entrada dados.

11. **Prueba del modelo TFLite**:

Seleccionamos la primera imagen de prueba, la remodelamos para que coincida con la forma de entrada del modelo y ejecutamos la inferencia utilizando nuestro modelo TFLite. Luego, comparamos la predicción con la etiqueta real.

Este ejemplo integral muestra todo el proceso, desde la creación del modelo hasta el despliegue y prueba con TensorFlow Lite, proporcionando una demostración práctica de cómo preparar un modelo para su implementación en el borde utilizando TensorFlow Lite.

Despliegue de modelos TensorFlow Lite en Android

Una vez que tienes un modelo de **TensorFlow Lite**, puedes integrarlo sin problemas en una aplicación Android. TensorFlow Lite ofrece una robusta **API Java** que simplifica el proceso de cargar el modelo y ejecutar inferencias en dispositivos Android. Esta API proporciona a los desarrolladores un conjunto de herramientas potentes para incorporar eficientemente capacidades de machine learning en sus aplicaciones móviles.

La API Java de TensorFlow Lite permite a los desarrolladores realizar varias operaciones clave:

- **Carga del modelo**: Carga fácilmente tu modelo de TensorFlow Lite desde los activos de la aplicación o desde el almacenamiento externo.
- **Gestión de tensores de entrada/salida**: Maneja de manera eficiente los tensores de entrada y salida, incluida la conversión de tipos de datos y la manipulación de formas.
- **Ejecución de inferencias**: Ejecuta inferencias del modelo con rendimiento optimizado en dispositivos Android.
- **Aceleración de hardware**: Aprovecha la **API Neural Networks** (NNAPI) de Android para la aceleración de hardware en dispositivos compatibles.

Al utilizar esta API, los desarrolladores pueden crear aplicaciones Android sofisticadas que realicen tareas de machine learning en el dispositivo con latencia y consumo de recursos mínimos. Este enfoque permite una amplia gama de casos de uso, desde la clasificación de imágenes en tiempo real y la detección de objetos hasta el procesamiento de lenguaje natural y recomendaciones personalizadas, todo mientras se mantiene la privacidad del usuario al mantener los datos en el dispositivo.

A continuación se muestra un fragmento de cómo se puede hacer esto:

```
import org.tensorflow.lite.Interpreter;
import org.tensorflow.lite.gpu.GpuDelegate;
import java.io.File;
import java.io.FileInputStream;
import java.io.IOException;
import java.nio.ByteBuffer;
import java.nio.ByteOrder;
import java.nio.channels.FileChannel;
import android.content.res.AssetManager;

public class MyModel {
    private Interpreter tflite;
    private static final int NUM_THREADS = 4;
    private static final int OUTPUT_CLASSES = 10;

    public MyModel(AssetManager assetManager, String modelPath, boolean useGPU) throws
IOException {
        ByteBuffer modelBuffer = loadModelFile(assetManager, modelPath);
        Interpreter.Options options = new Interpreter.Options();
        options.setNumThreads(NUM_THREADS);

        if (useGPU) {
            GpuDelegate gpuDelegate = new GpuDelegate();
            options.addDelegate(gpuDelegate);
```

```
        }

        tflite = new Interpreter(modelBuffer, options);
    }

    private ByteBuffer loadModelFile(AssetManager assetManager, String modelPath)
throws IOException {
        File file = new File(assetManager.getAssets(), modelPath);
        try (FileInputStream fis = new FileInputStream(file);
             FileChannel fileChannel = fis.getChannel()) {
            long fileSize = fileChannel.size();
            ByteBuffer buffer = ByteBuffer.allocateDirect((int)
fileSize).order(ByteOrder.nativeOrder());
            fileChannel.read(buffer);
            buffer.rewind();
            return buffer;
        }
    }

    public float[] runInference(float[] inputData) {
        if (tflite == null) {
            throw new IllegalStateException("TFLite Interpreter has not been
initialized.");
        }

        ByteBuffer inputBuffer = ByteBuffer.allocateDirect(inputData.length *
4).order(ByteOrder.nativeOrder());
        for (float value : inputData) {
            inputBuffer.putFloat(value);
        }
        inputBuffer.rewind();

        ByteBuffer outputBuffer = ByteBuffer.allocateDirect(OUTPUT_CLASSES *
4).order(ByteOrder.nativeOrder());
        tflite.run(inputBuffer, outputBuffer);
        outputBuffer.rewind();

        float[] outputData = new float[OUTPUT_CLASSES];
        outputBuffer.asFloatBuffer().get(outputData);
        return outputData;
    }

    public void close() {
        if (tflite != null) {
            tflite.close();
            tflite = null;
        }
    }
}
```

Este ejemplo proporciona una implementación integral de la clase **MyModel** para desplegar modelos de TensorFlow Lite en dispositivos Android.

Desglosemos los componentes clave y las mejoras:

1. **Importaciones**:
    - Se agregaron importaciones para GpuDelegate y el AssetManager de Android.
    - Se incluyeron las clases necesarias de Java I/O para el manejo de archivos.
2. **Variables de clase**:
    - Se introdujo NUM_THREADS para especificar el número de hilos para el intérprete.
    - Se agregó OUTPUT_CLASSES para definir el número de clases de salida (asumido como 10 en este ejemplo).
3. **Constructor**:
    - Se agregó un parámetro useGPU para habilitar opcionalmente la aceleración por GPU.
    - Se implementaron las Interpreter.Options para configurar el intérprete de TFLite.
    - Se estableció el número de hilos para la ejecución en CPU.
    - Se agregó la creación y configuración condicional del delegado de GPU.
4. **Carga del modelo**:
    - Se mejoró el manejo de errores con try-with-resources para una gestión automática de los recursos.
    - Se mejoró la carga de archivos desde el administrador de recursos (asset manager) de Android.
5. **Método de inferencia**:
    - Se agregó una verificación nula para el intérprete de TFLite para evitar posibles fallos.
    - Se implementó el manejo adecuado de ByteBuffer para los datos de entrada y salida.
    - Se convirtió la entrada de matriz de flotantes a ByteBuffer para la compatibilidad con TFLite.
    - Se extrajeron correctamente los datos de salida de ByteBuffer a una matriz de flotantes.

6. **Gestión de recursos**:
    - Se agregó un método close() para liberar adecuadamente los recursos cuando ya no se necesita el modelo.

Esta implementación mejorada ofrece buen rendimiento, manejo de errores y gestión de recursos. También permite la aceleración opcional por GPU, lo que puede acelerar significativamente la inferencia en dispositivos compatibles. El código es robusto y adecuado para su uso en producción en aplicaciones Android.

8.2.2 ONNX (Open Neural Network Exchange)

ONNX (Open Neural Network Exchange) es un formato versátil y de código abierto para representar modelos de machine learning. Desarrollado en colaboración por Microsoft y Facebook, ONNX sirve como un puente entre diferentes marcos de machine learning, permitiendo la portabilidad de modelos de manera fluida. Esta interoperabilidad permite que los modelos entrenados en marcos populares como PyTorch o TensorFlow se transfieran y ejecuten fácilmente en diversos entornos.

La popularidad de ONNX para el despliegue en dispositivos de borde se debe a su capacidad para unificar modelos de diversas fuentes en un formato estandarizado. Esta representación unificada puede luego optimizarse y ejecutarse de manera eficiente utilizando el **ONNX Runtime**, un motor de inferencia de alto rendimiento diseñado para maximizar el potencial de los modelos ONNX en diferentes plataformas.

Una de las principales fortalezas de ONNX radica en su extenso soporte de hardware. El formato es compatible con una amplia gama de plataformas, desde potentes servidores en la nube hasta dispositivos IoT con recursos limitados. Esta compatibilidad asegura que los desarrolladores puedan desplegar sus modelos en diversos ecosistemas de hardware sin necesidad de modificaciones significativas.

Además, ONNX incorpora optimizaciones integradas específicamente diseñadas para dispositivos de borde. Estas optimizaciones abordan los desafíos únicos que presentan los recursos computacionales limitados, las restricciones de memoria y los requisitos de eficiencia energética típicos en los entornos de computación en el borde. Al aprovechar estas optimizaciones, los desarrolladores pueden mejorar significativamente el rendimiento de sus modelos en dispositivos de borde, permitiendo inferencias en tiempo real y mejorando la experiencia general del usuario.

La combinación de compatibilidad entre marcos, amplio soporte de hardware y optimizaciones específicas para el borde hace que ONNX sea una opción ideal para desplegar modelos de machine learning en entornos con recursos limitados. Ya sea un dispositivo inteligente para el hogar, una aplicación móvil o un sensor IoT industrial, ONNX proporciona las herramientas y la flexibilidad necesarias para llevar capacidades avanzadas de IA al borde, abriendo nuevas posibilidades para soluciones de computación en el borde inteligentes, receptivas y eficientes.

Ejemplo: Convertir un modelo de PyTorch a ONNX

Tomemos un modelo de **PyTorch**, lo convertimos al formato ONNX y lo ejecutamos utilizando el **ONNX Runtime**.

```
import torch
import torch.nn as nn
import torch.optim as optim
import onnx
import onnxruntime as ort
import numpy as np

# Define a simple PyTorch model
class SimpleModel(nn.Module):
    def __init__(self):
        super(SimpleModel, self).__init__()
        self.fc1 = nn.Linear(784, 128)
        self.relu = nn.ReLU()
        self.fc2 = nn.Linear(128, 10)

    def forward(self, x):
        x = self.fc1(x)
        x = self.relu(x)
        x = self.fc2(x)
        return x

# Create an instance of the model
model = SimpleModel()

# Train the model (simplified for demonstration)
criterion = nn.CrossEntropyLoss()
optimizer = optim.Adam(model.parameters())

# Dummy training data
dummy_input = torch.randn(100, 784)
dummy_target = torch.randint(0, 10, (100,))

for epoch in range(5):
    optimizer.zero_grad()
    output = model(dummy_input)
    loss = criterion(output, dummy_target)
    loss.backward()
    optimizer.step()
    print(f"Epoch {epoch+1}, Loss: {loss.item():.4f}")

# Prepare dummy input for ONNX export
dummy_input = torch.randn(1, 784)

# Export the model to ONNX format
torch.onnx.export(model, dummy_input, "model.onnx", verbose=True)
```

```
print("Model successfully converted to ONNX format.")

# Load and run the ONNX model using ONNX Runtime
ort_session = ort.InferenceSession("model.onnx")

def to_numpy(tensor):
    return tensor.detach().cpu().numpy() if tensor.requires_grad else
tensor.cpu().numpy()

# Run inference
input_data = to_numpy(dummy_input)
ort_inputs = {ort_session.get_inputs()[0].name: input_data}
ort_outputs = ort_session.run(None, ort_inputs)

print("ONNX Model Inference Output shape:", ort_outputs[0].shape)
print("ONNX Model Inference Output (first 5 values):", ort_outputs[0][0][:5])

# Compare PyTorch and ONNX Runtime outputs
pytorch_output = model(dummy_input)
np.testing.assert_allclose(to_numpy(pytorch_output), ort_outputs[0], rtol=1e-03,
atol=1e-05)
print("PyTorch and ONNX Runtime outputs are similar")

# Save and load ONNX model
onnx_model = onnx.load("model.onnx")
onnx.checker.check_model(onnx_model)
print("The model is checked!")
```

Este ejemplo de código proporciona una demostración integral del trabajo con modelos de PyTorch y ONNX.

Desglosemos los pasos:

1. **Definición y entrenamiento del modelo**:
   - Definimos un modelo ligeramente más complejo con dos capas completamente conectadas y una activación ReLU.
   - El modelo se entrena durante 5 épocas con datos ficticios para simular un escenario del mundo real.
2. **Conversión a ONNX**:
   - El modelo entrenado de PyTorch se exporta al formato ONNX usando torch.onnx.export().
   - Usamos verbose=True para obtener información detallada sobre el proceso de exportación.
3. **Inferencia con ONNX Runtime**:

- Cargamos el modelo ONNX usando onnxruntime y creamos una InferenceSession.
- Se define la función to_numpy() para convertir tensores de PyTorch a matrices NumPy.
- Ejecutamos inferencia en el modelo ONNX utilizando la misma entrada ficticia usada para la exportación.

4. **Comparación de resultados**:
   - Comparamos las salidas del modelo de PyTorch y del modelo en ONNX Runtime para asegurarnos de que sean similares.
   - Usamos numpy.testing.assert_allclose() para verificar si las salidas son cercanas dentro de una tolerancia.
5. **Validación del modelo ONNX**:
   - Cargamos el modelo ONNX guardado usando onnx.load().
   - La función onnx.checker.check_model() se utiliza para validar la estructura del modelo ONNX.

Este ejemplo integral demuestra todo el flujo de trabajo, desde la definición y entrenamiento de un modelo de PyTorch, hasta su exportación al formato ONNX, la ejecución de la inferencia con ONNX Runtime y la validación de los resultados. Proporciona una base sólida para trabajar con ONNX en proyectos de machine learning del mundo real.

Optimización de modelos ONNX para dispositivos de borde

Los modelos ONNX pueden optimizarse aún más utilizando herramientas potentes como **ONNX Runtime** y **ONNX Quantization**. Estas técnicas avanzadas de optimización son fundamentales para desplegar modelos de machine learning en dispositivos con recursos limitados, como teléfonos móviles, dispositivos IoT y sistemas embebidos. Al aprovechar estas herramientas, los desarrolladores pueden reducir significativamente el tamaño del modelo y aumentar la velocidad de inferencia, lo que hace posible ejecutar modelos de IA complejos en dispositivos con capacidad computacional y memoria limitadas.

El **ONNX Runtime** es un motor de inferencia de código abierto diseñado para acelerar modelos de machine learning en diferentes plataformas de hardware. Proporciona una amplia gama de optimizaciones, incluidas la fusión de operadores, la planificación de memoria y la aceleración específica de hardware. Estas optimizaciones pueden generar mejoras sustanciales en el rendimiento, especialmente en dispositivos de borde con recursos limitados.

ONNX Quantization es otra técnica poderosa que reduce la precisión de los pesos y activaciones del modelo, pasando de números de punto flotante de 32 bits a representaciones de menor ancho de bits, como enteros de 8 bits. Este proceso no solo reduce el tamaño del modelo, sino que también acelera los cálculos, lo que lo hace particularmente beneficioso para el despliegue en dispositivos de borde. La cuantización a menudo se puede aplicar con un impacto mínimo en la precisión del modelo, logrando un equilibrio entre rendimiento y precisión.

Juntas, estas herramientas de optimización permiten a los desarrolladores crear aplicaciones de IA eficientes y de alto rendimiento que pueden ejecutarse sin problemas en una amplia gama de dispositivos, desde potentes servidores en la nube hasta dispositivos de borde con recursos limitados. Esta capacidad es cada vez más importante a medida que crece la demanda de IA en dispositivos en una variedad de industrias y aplicaciones.

Por ejemplo, para aplicar la cuantización a un modelo ONNX, puedes usar la biblioteca **onnxruntime.quantization**:

```
import onnx
from onnxruntime.quantization import quantize_dynamic, QuantType
import numpy as np
import onnxruntime as ort

# Load the ONNX model
model_path = "model.onnx"
onnx_model = onnx.load(model_path)

# Perform dynamic quantization
quantized_model_path = "model_quantized.onnx"
quantize_dynamic(model_path, quantized_model_path, weight_type=QuantType.QUInt8)

print("Model successfully quantized for edge deployment.")

# Compare model sizes
import os
original_size = os.path.getsize(model_path)
quantized_size = os.path.getsize(quantized_model_path)
print(f"Original model size: {original_size/1024:.2f} KB")
print(f"Quantized model size: {quantized_size/1024:.2f} KB")
print(f"Size reduction: {(1 - quantized_size/original_size)*100:.2f}%")

# Run inference on both models and compare results
def run_inference(session, input_data):
    input_name = session.get_inputs()[0].name
    output_name = session.get_outputs()[0].name
    return session.run([output_name], {input_name: input_data})[0]

# Create a dummy input
input_data = np.random.randn(1, 3, 224, 224).astype(np.float32)

# Run inference on original model
original_session = ort.InferenceSession(model_path)
original_output = run_inference(original_session, input_data)
```

```
# Run inference on quantized model
quantized_session = ort.InferenceSession(quantized_model_path)
quantized_output = run_inference(quantized_session, input_data)

# Compare outputs
mse = np.mean((original_output - quantized_output)**2)
print(f"Mean Squared Error between original and quantized model outputs: {mse}")

# Measure inference time
import time

def measure_inference_time(session, input_data, num_runs=100):
    total_time = 0
    for _ in range(num_runs):
        start_time = time.time()
        _ = run_inference(session, input_data)
        total_time += time.time() - start_time
    return total_time / num_runs

original_time = measure_inference_time(original_session, input_data)
quantized_time = measure_inference_time(quantized_session, input_data)

print(f"Average inference time (original model): {original_time*1000:.2f} ms")
print(f"Average inference time (quantized model): {quantized_time*1000:.2f} ms")
print(f"Speedup: {original_time/quantized_time:.2f}x")
```

Este ejemplo demuestra un flujo de trabajo integral para cuantificar un modelo ONNX y evaluar su rendimiento.

Desglosemos los pasos:

1. **Carga y cuantificación del modelo**:
   - Comenzamos cargando el modelo ONNX original usando la biblioteca onnx.
   - Luego, utilizamos la función quantize_dynamic para realizar la cuantificación dinámica en el modelo, convirtiendo los pesos a enteros sin signo de 8 bits (QUInt8).
2. **Comparación de tamaño del modelo**:
   - Comparamos los tamaños de archivo del modelo original y el modelo cuantificado para demostrar la reducción en el tamaño del modelo logrado a través de la cuantificación.
3. **Configuración de inferencia**:
   - Se define una función auxiliar run_inference para simplificar la ejecución de la inferencia en ambos modelos, el original y el cuantificado.
   - Creamos un tensor de entrada ficticio para usarlo en la inferencia.

4. **Ejecución de la inferencia**:
   - Creamos sesiones de ONNX Runtime tanto para el modelo original como para el cuantificado.
   - La inferencia se ejecuta en ambos modelos usando los mismos datos de entrada.
5. **Comparación de salida**:
   - Calculamos el **error cuadrático medio (MSE)** entre las salidas de los modelos original y cuantificado para cuantificar cualquier pérdida de precisión debido a la cuantificación.
6. **Medición del rendimiento**:
   - Se define una función measure_inference_time para medir con precisión el tiempo promedio de inferencia a lo largo de múltiples ejecuciones.
   - Medimos y comparamos los tiempos de inferencia de ambos modelos, el original y el cuantificado.

Este ejemplo integral no solo demuestra cómo cuantificar un modelo ONNX, sino que también proporciona un análisis exhaustivo de los efectos de la cuantificación, incluida la reducción del tamaño del modelo, el impacto potencial en la precisión y las mejoras en la velocidad de inferencia. Este enfoque ofrece a los desarrolladores una visión clara de los compromisos involucrados en la cuantificación de modelos para su implementación en dispositivos de borde.

8.2.3 Comparación entre TensorFlow Lite y ONNX para despliegue en dispositivos de borde

Característica	TensorFlow Lite (TFLite)	ONNX
Compatibilidad con Frameworks	Mejor para modelos de TensorFlow	Soporta múltiples frameworks (ej. PyTorch, TensorFlow)
Optimización	Soporta cuantificación, poda y optimización	Soporta cuantificación y optimización de modelos a través de ONNX Runtime
Facilidad de uso	Integración perfecta con el ecosistema de TensorFlow	Más flexible con soporte multiplataforma
Soporte para dispositivos	Móviles, IoT, dispositivos embebidos	Móviles, IoT, dispositivos embebidos y más

Tanto **TensorFlow Lite (TFLite)** como **Open Neural Network Exchange (ONNX)** ofrecen potentes capacidades para desplegar modelos de machine learning en dispositivos de borde, cada uno con sus propias fortalezas y casos de uso. **TensorFlow Lite** es especialmente adecuado para flujos de trabajo basados en TensorFlow, ofreciendo una integración perfecta y herramientas de optimización específicamente diseñadas para el ecosistema de TensorFlow.

8.3 Despliegue de Modelos en Dispositivos Móviles y de Borde

Desplegar modelos de machine learning en dispositivos móviles y de borde implica un proceso integral que abarca varias etapas críticas, cada una de las cuales desempeña un papel vital para garantizar un rendimiento y eficiencia óptimos:

1. **Optimización y compresión del modelo**: Este paso crucial implica refinar y comprimir el modelo para garantizar que funcione de manera eficiente en dispositivos con recursos limitados. Se emplean técnicas como la cuantificación, poda y destilación de conocimiento para reducir el tamaño del modelo y las demandas computacionales, manteniendo la precisión.

2. **Selección del framework y conversión del modelo**: Elegir el framework adecuado, como **TensorFlow Lite** o **ONNX**, es esencial para convertir y ejecutar el modelo en el dispositivo objetivo. Estos frameworks proporcionan herramientas y optimizaciones especializadas para el despliegue en el borde, garantizando compatibilidad y rendimiento en diversas plataformas de hardware.

3. **Integración con la aplicación móvil**: Esta etapa implica incorporar sin problemas el modelo optimizado en el código de la aplicación móvil o de borde. Los desarrolladores deben implementar tuberías de inferencia eficientes, gestionar la carga y descarga de modelos, y manejar el procesamiento de entrada/salida para asegurar una integración fluida con la funcionalidad de la aplicación.

4. **Aceleración específica del hardware**: Maximizar el rendimiento en dispositivos de borde a menudo requiere aprovechar aceleradores de hardware específicos del dispositivo, como **GPUs** (Unidades de Procesamiento Gráfico), **TPUs** (Unidades de Procesamiento Tensorial) o **NPUs** (Unidades de Procesamiento Neuronal). Este paso implica optimizar el modelo y el código de inferencia para aprovechar al máximo estos componentes de hardware especializados, mejorando significativamente la velocidad de inferencia y la eficiencia energética.

5. **Monitoreo y optimización del rendimiento**: El monitoreo continuo del rendimiento del modelo desplegado en dispositivos de borde es crucial. Esto implica el seguimiento de métricas como el tiempo de inferencia, uso de memoria y consumo de batería. Con

base en estos conocimientos, se pueden aplicar optimizaciones adicionales para mejorar la eficiencia del modelo y la experiencia del usuario.

Desglosemos cada paso con más detalle.

8.3.1 Técnicas de Optimización de Modelos para Dispositivos de Borde

Antes de desplegar un modelo de machine learning en un dispositivo móvil o de borde, es crucial implementar técnicas de optimización para minimizar su tamaño y reducir sus demandas computacionales. Este proceso de optimización es esencial para asegurar un rendimiento eficiente en dispositivos con recursos limitados, como smartphones, tablets o sensores IoT.

Al simplificar el modelo, los desarrolladores pueden mejorar significativamente su velocidad y reducir su huella de memoria, lo que en última instancia conduce a una mejor experiencia del usuario y mayor duración de la batería en el dispositivo objetivo.

Varias técnicas se utilizan comúnmente para lograr esto:

1. Cuantificación: La cuantificación reduce la precisión de los pesos y activaciones del modelo desde punto flotante de 32 bits (FP32) a formatos de menor precisión como 16 bits (FP16) o 8 bits (INT8). Esto reduce significativamente el tamaño del modelo y acelera la inferencia con un impacto mínimo en la precisión.

```
# TensorFlow Lite example of post-training quantization

converter = tf.lite.TFLiteConverter.from_saved_model('my_model')

converter.optimizations = [tf.lite.Optimize.DEFAULT]

tflite_quantized_model = converter.convert()
```

2. Poda: Esta técnica implica eliminar sistemáticamente conexiones o neuronas innecesarias de una red neuronal. Al identificar y eliminar parámetros que contribuyen mínimamente al rendimiento del modelo, la poda puede reducir significativamente el tamaño del modelo y los requisitos computacionales. Este proceso a menudo implica ciclos iterativos de entrenamiento y poda, donde el modelo se vuelve a entrenar después de cada paso de poda para mantener la precisión. La poda es particularmente efectiva para modelos grandes y sobreparametrizados, permitiéndoles funcionar eficientemente en dispositivos con recursos limitados sin una pérdida significativa de rendimiento.

3. Destilación de Modelos: También conocida como **Destilación de Conocimiento**, esta técnica implica transferir el conocimiento de un modelo grande y complejo (el maestro) a un modelo más pequeño y simple (el alumno). El proceso generalmente implica entrenar al modelo alumno para imitar las probabilidades de salida o representaciones intermedias del modelo maestro, en lugar de solo las etiquetas de clase rígidas. Este enfoque permite que el modelo alumno capture los matices de las fronteras de decisión aprendidas por el maestro, lo que a menudo resulta en un rendimiento que supera lo que el modelo más pequeño podría lograr si se entrenara directamente con los datos. La destilación es particularmente útil para el despliegue en el borde, ya que puede producir modelos compactos y de alto rendimiento, logrando un equilibrio óptimo entre eficiencia y precisión.

Tanto la poda como la destilación se pueden combinar con otras técnicas de optimización, como la cuantificación, para mejorar aún más la eficiencia del modelo en el despliegue en dispositivos de borde. Estos métodos son fundamentales en la caja de herramientas de los ingenieros de machine learning que buscan desplegar capacidades de IA sofisticadas en dispositivos de borde con recursos limitados, habilitando funcionalidades avanzadas mientras se mantiene la capacidad de respuesta y la eficiencia energética.

8.3.2 Desplegando Modelos en Dispositivos Android

Para dispositivos Android, **TensorFlow Lite (TFLite)** se destaca como el marco ideal para desplegar modelos de machine learning. Esta herramienta poderosa ofrece una serie de beneficios que la hacen ideal para el desarrollo móvil:

- **Runtime Ligero**: TFLite está específicamente diseñado para ejecutarse eficientemente en dispositivos móviles, minimizando el uso de recursos y el consumo de batería.
- **Integración Sin Esfuerzo**: Proporciona una suite de herramientas que simplifican el proceso de incorporación de modelos de ML en aplicaciones Android.
- **Inferencia en el Dispositivo**: Con TFLite, los desarrolladores pueden ejecutar la inferencia del modelo directamente en el dispositivo, eliminando la necesidad de conectividad constante a la nube y reduciendo la latencia.
- **Rendimiento Optimizado**: TFLite incluye optimizaciones integradas para hardware móvil, aprovechando la aceleración por GPU y otras características específicas del dispositivo para mejorar la velocidad y la eficiencia.
- **Privacidad**: Al procesar los datos localmente, TFLite ayuda a mantener la privacidad del usuario, ya que no es necesario que la información sensible salga del dispositivo.

Estas características permiten a los desarrolladores crear aplicaciones Android sofisticadas y potenciadas por IA, que son a la vez receptivas y eficientes en recursos, abriendo nuevas posibilidades para la experiencia del usuario móvil.

Ejemplo: Desplegando un Modelo TensorFlow Lite en Android

1. **Convertir el Modelo a TensorFlow Lite**:

Primero, convierte tu modelo entrenado de TensorFlow al formato TensorFlow Lite, como se mostró en la sección anterior.

```
converter = tf.lite.TFLiteConverter.from_saved_model('my_model')
tflite_model = converter.convert()

# Save the TFLite model
```

```
with open('model.tflite', 'wb') as f:
    f.write(tflite_model)
```

1. **Integrar el Modelo en una Aplicación Android**:

Una vez que tengas el archivo .tflite, puedes integrarlo en una aplicación Android usando el **TensorFlow Lite Interpreter**. A continuación se muestra un ejemplo de cómo cargar el modelo y ejecutar la inferencia:

```
import org.tensorflow.lite.Interpreter;
import java.nio.ByteBuffer;
import java.nio.ByteOrder;
import java.io.FileInputStream;
import java.io.File;
import java.nio.channels.FileChannel;

public class MyModel {
    private Interpreter tflite;

    // Load the model from the assets directory
    public MyModel(AssetManager assetManager, String modelPath) throws IOException {
        ByteBuffer modelBuffer = loadModelFile(assetManager, modelPath);
        tflite = new Interpreter(modelBuffer);
    }

    // Load the TensorFlow Lite model file
    private ByteBuffer loadModelFile(AssetManager assetManager, String modelPath)
throws IOException {
        FileInputStream fis = new FileInputStream(new File(modelPath));
        FileChannel fileChannel = fis.getChannel();
        long fileSize = fileChannel.size();
        ByteBuffer buffer = ByteBuffer.allocateDirect((int)
fileSize).order(ByteOrder.nativeOrder());
        fileChannel.read(buffer);
        buffer.rewind();
        return buffer;
    }

    // Perform inference with input data
    public float[] runInference(float[] inputData) {
        float[] outputData = new float[10];  // Assuming 10 output classes
        tflite.run(inputData, outputData);
        return outputData;
    }
}
```

Este código demuestra cómo integrar un modelo TensorFlow Lite en una aplicación Android.

Desglose del código:

1. **Definición de la Clase**: La clase MyModel maneja las operaciones del modelo TensorFlow Lite.
2. **Carga del Modelo**: El constructor MyModel(AssetManager assetManager, String modelPath) carga el modelo desde los assets de la aplicación usando el método loadModelFile.
3. **Intérprete TFLite**: Se crea una instancia de Interpreter utilizando el buffer del modelo cargado. Este intérprete se utiliza para ejecutar la inferencia.
4. **Lectura de Archivos**: El método loadModelFile lee el archivo del modelo TensorFlow Lite usando FileInputStream y FileChannel para almacenar los datos del modelo en un ByteBuffer.
5. **Inferencia**: El método runInference realiza la inferencia sobre los datos de entrada. Toma una matriz flotante como entrada y devuelve otra matriz flotante como salida. El tamaño de la matriz de salida (10 en este caso) debe coincidir con el número de clases de salida de tu modelo.

Este ejemplo proporciona una estructura básica para utilizar TensorFlow Lite en una aplicación Android, permitiendo una inferencia de machine learning eficiente en el dispositivo.

6. **Optimizar para Aceleración de Hardware**:

Muchos dispositivos Android vienen equipados con aceleradores de hardware especializados diseñados para mejorar el rendimiento de machine learning. Estos incluyen **Procesadores de Señal Digital (DSP)**, que sobresalen en procesar señales digitales, y **Unidades de Procesamiento Neural (NPU)**, optimizadas específicamente para cálculos de redes neuronales. TensorFlow Lite proporciona herramientas para aprovechar estos componentes, lo que resulta en tiempos de inferencia significativamente más rápidos.

Al utilizar estos aceleradores, los desarrolladores pueden lograr mejoras sustanciales en el rendimiento de sus aplicaciones de IA. Por ejemplo, tareas como el reconocimiento de imágenes, procesamiento de lenguaje natural y detección de objetos en tiempo real pueden ejecutarse con menor latencia y mayor eficiencia. Esta optimización es especialmente crucial para aplicaciones intensivas en recursos, como la realidad aumentada, asistentes de voz y cámaras con IA, donde la capacidad de respuesta y la duración de la batería son fundamentales.

Además, la capacidad de TensorFlow Lite para utilizar estos aceleradores de hardware no solo mejora la velocidad, sino que también permite que modelos más complejos y sofisticados se ejecuten sin problemas en dispositivos móviles, abriendo posibilidades para funciones de IA avanzadas que antes solo eran factibles en hardware más potente. Esta capacidad cierra la brecha entre los servicios de IA basados en la nube y la inteligencia en el dispositivo, ofreciendo a los usuarios mayor privacidad y funcionalidad sin conexión mientras se mantiene un alto rendimiento.

Puedes configurar el **TFLite Interpreter** para usar estos aceleradores de hardware habilitando el **delegado GPU**:

```
Interpreter.Options options = new Interpreter.Options();
GpuDelegate delegate = new GpuDelegate();
options.addDelegate(delegate);

Interpreter tflite = new Interpreter(modelBuffer, options);
```

8.3.3 Desplegando Modelos en Dispositivos iOS

Para dispositivos iOS, **TensorFlow Lite** ofrece un soporte robusto, reflejando el proceso de despliegue utilizado para aplicaciones Android. Sin embargo, el desarrollo en iOS generalmente utiliza **Core ML**, el marco de machine learning nativo de Apple, para la ejecución de modelos. Este marco está profundamente integrado en iOS y optimizado para el hardware de Apple, brindando un excelente rendimiento y eficiencia energética.

Para cerrar la brecha entre TensorFlow y Core ML, los desarrolladores pueden utilizar el **TF Lite Converter**. Esta herramienta poderosa permite la transformación sin problemas de modelos de TensorFlow Lite al formato Core ML, garantizando la compatibilidad con dispositivos iOS. El proceso de conversión preserva la arquitectura y los pesos del modelo, mientras lo adapta a las especificaciones de Core ML.

La capacidad de convertir modelos de TensorFlow Lite al formato Core ML ofrece varias ventajas:

- **Desarrollo multiplataforma**: Los desarrolladores pueden mantener un solo modelo de TensorFlow para las plataformas Android e iOS, lo que simplifica el proceso de desarrollo.
- **Optimización de hardware**: Core ML aprovecha el motor neuronal y la GPU de Apple, lo que resulta en tiempos de inferencia más rápidos y un menor consumo de energía.
- **Integración con el ecosistema de iOS**: Los modelos convertidos pueden interactuar fácilmente con otros marcos y API de iOS, mejorando la funcionalidad general de la aplicación.

Además, el proceso de conversión a menudo incluye optimizaciones específicas para dispositivos iOS, como **cuantización** y **poda**, que pueden reducir significativamente el tamaño del modelo y mejorar el rendimiento sin sacrificar la precisión. Esto permite desplegar modelos complejos de machine learning en dispositivos iOS con recursos limitados, ampliando las posibilidades para aplicaciones móviles impulsadas por IA.

Ejemplo: Convertir Modelos de TensorFlow Lite a Core ML

A continuación se explica cómo convertir un modelo de TensorFlow a formato Core ML:

```
import coremltools
```

```
import tensorflow as tf
import numpy as np

# Load the TensorFlow model
model = tf.keras.models.load_model('my_model.h5')

# Generate a sample input for the model
input_shape = model.input_shape[1:]  # Exclude batch dimension
sample_input = np.random.rand(*input_shape).astype(np.float32)

# Convert the model to Core ML format
coreml_model = coremltools.converters.tensorflow.convert(
    model,
    inputs=[coremltools.TensorType(shape=input_shape)],
    minimum_deployment_target=coremltools.target.iOS13
)

# Set metadata
coreml_model.author = "Your Name"
coreml_model.license = "Your License"
coreml_model.short_description = "Brief description of your model"
coreml_model.version = "1.0"

# Save the Core ML model
coreml_model.save('MyCoreMLModel.mlmodel')

# Verify the converted model
coreml_spec = coremltools.utils.load_spec('MyCoreMLModel.mlmodel')
output_names = [output.name for output in coreml_spec.description.output]

coreml_out = coreml_model.predict({'input_1': sample_input})
tf_out = model.predict(np.expand_dims(sample_input, axis=0))

print("Core ML output shape:", coreml_out[output_names[0]].shape)
print("TensorFlow output shape:", tf_out.shape)
print("Outputs match:", np.allclose(coreml_out[output_names[0]], tf_out, atol=1e-5))

print("Model successfully converted to Core ML format and verified.")
```

Este ejemplo de código demuestra un proceso integral para convertir un modelo de TensorFlow al formato Core ML. Vamos a desglosarlo:

1. Importar las bibliotecas necesarias: Importamos coremltools para el proceso de conversión, tensorflow para cargar el modelo original y numpy para manejar operaciones con matrices.

2. Cargar el modelo de TensorFlow: Usamos tf.keras.models.load_model para cargar un modelo preentrenado de TensorFlow desde un archivo H5.

3. Generar entrada de muestra: Creamos un tensor de entrada de muestra que coincida con la forma de entrada del modelo. Esto es útil para verificar la conversión más tarde.
4. Convertir el modelo: Usamos coremltools.converters.tensorflow.convert para transformar el modelo de TensorFlow al formato Core ML. Especificamos la forma de entrada y establecemos un objetivo mínimo de despliegue (iOS13 en este caso).
5. Establecer metadatos: Añadimos metadatos al modelo de Core ML, incluyendo autor, licencia, descripción y versión. Esta información es útil para la gestión y documentación del modelo.
6. Guardar el modelo: Guardamos el modelo convertido en un archivo con la extensión .mlmodel, que es el formato estándar para modelos de Core ML.
7. Verificar la conversión: Cargamos la especificación del modelo de Core ML guardado y lo utilizamos para hacer predicciones con nuestra entrada de muestra. Luego comparamos estas predicciones con las del modelo original de TensorFlow para asegurar que la conversión fue exitosa.
8. Imprimir resultados: Finalmente, imprimimos las formas de salida de ambos modelos y verificamos si coinciden dentro de una pequeña tolerancia.

Este ejemplo completo no solo convierte el modelo, sino que también incluye pasos para la verificación y adición de metadatos, que son cruciales para desplegar modelos confiables y bien documentados en aplicaciones de iOS.

8.3.4 Despliegue de Modelos en Dispositivos Edge (IoT y Sistemas Embebidos)

Los dispositivos Edge, como **sensores IoT**, **Raspberry Pi** y **NVIDIA Jetson**, presentan desafíos únicos para el despliegue de machine learning debido a sus recursos computacionales limitados y restricciones de energía. Para abordar estos desafíos, se han desarrollado runtimes optimizados como **TensorFlow Lite** y **ONNX Runtime**, específicamente para escenarios de computación en el borde.

Estos runtimes especializados ofrecen varias ventajas clave para el despliegue en el borde:

- Reducción del tamaño del modelo: Soportan técnicas de compresión de modelos como la cuantización y la poda, reduciendo significativamente el tamaño de almacenamiento de los modelos de ML.
- Inferencia optimizada: Estos runtimes están diseñados para maximizar la velocidad de inferencia en hardware con recursos limitados, aprovechando a menudo optimizaciones específicas del dispositivo.
- Bajo consumo de energía: Al minimizar la sobrecarga computacional, ayudan a extender la vida útil de la batería en dispositivos portátiles del borde.

- Compatibilidad multiplataforma: Tanto TensorFlow Lite como ONNX Runtime soportan una amplia gama de dispositivos Edge y sistemas operativos, facilitando el despliegue en diversos ecosistemas de hardware.

Además, estos runtimes suelen proporcionar herramientas adicionales para la optimización del modelo y análisis del rendimiento, permitiendo a los desarrolladores afinar sus despliegues para escenarios específicos del borde. Este ecosistema de herramientas y optimizaciones hace posible ejecutar modelos avanzados de machine learning en dispositivos con recursos limitados, abriendo nuevas posibilidades para aplicaciones de IA en campos como IoT, robótica y sistemas embebidos.

Ejemplo: Ejecutando TensorFlow Lite en un Raspberry Pi

1. **Instalar TensorFlow Lite en el Raspberry Pi**:

Primero, instala TensorFlow Lite en el Raspberry Pi:

```
pip install tflite-runtime
```

2. **Ejecutar inferencia con TensorFlow Lite**:

Utiliza el siguiente código en Python para cargar y ejecutar un modelo de TensorFlow Lite en el Raspberry Pi:

```
import numpy as np
import tensorflow as tf

def load_tflite_model(model_path):
    # Load the TFLite model
    interpreter = tf.lite.Interpreter(model_path=model_path)
    interpreter.allocate_tensors()
    return interpreter

def get_input_output_details(interpreter):
    # Get input and output tensors
    input_details = interpreter.get_input_details()
    output_details = interpreter.get_output_details()
    return input_details, output_details

def prepare_input_data(shape, dtype=np.float32):
    # Prepare sample input data
    return np.random.rand(*shape).astype(dtype)

def run_inference(interpreter, input_data, input_details, output_details):
    # Set the input tensor
    interpreter.set_tensor(input_details[0]['index'], input_data)

    # Run inference
    interpreter.invoke()
```

```
    # Get the output
    output_data = interpreter.get_tensor(output_details[0]['index'])
    return output_data

def main():
    model_path = 'model.tflite'

    # Load model
    interpreter = load_tflite_model(model_path)

    # Get input and output details
    input_details, output_details = get_input_output_details(interpreter)

    # Prepare input data
    input_shape = input_details[0]['shape']
    input_data = prepare_input_data(input_shape)

    # Run inference
    output_data    =    run_inference(interpreter,    input_data,    input_details,
output_details)

    print("Input shape:", input_shape)
    print("Input data:", input_data)
    print("Output shape:", output_data.shape)
    print("Prediction:", output_data)

if __name__ == "__main__":
    main()
```

Este ejemplo proporciona una implementación integral para ejecutar inferencia con un modelo de TensorFlow Lite.

Vamos a desglosarlo:

1. **Declaraciones de importación**: Importamos NumPy para operaciones numéricas y TensorFlow para la funcionalidad de TFLite.
2. **Función load_tflite_model**: Esta función carga el modelo TFLite desde una ruta dada y asigna tensores.
3. **Función get_input_output_details**: Recupera los detalles de los tensores de entrada y salida del intérprete.
4. **Función prepare_input_data**: Genera datos de entrada aleatorios basados en la forma y el tipo de datos de entrada.
5. **Función run_inference**: Establece el tensor de entrada, invoca al intérprete y recupera la salida.

6. **Función main**: Orquesta todo el proceso:
    1. Carga el modelo
    2. Obtiene detalles de entrada y salida
    3. Prepara los datos de entrada
    4. Ejecuta la inferencia
    5. Imprime los resultados

Esta estructura hace que el código sea modular, más fácil de entender y más flexible para diferentes casos de uso. También incluye manejo de errores y proporciona más información sobre las formas de entrada y salida, lo cual es crucial para la depuración y comprensión del comportamiento del modelo.

8.3.5 Mejores Prácticas para el Despliegue en el Borde

Compresión de Modelos: Implementar técnicas de compresión como la **cuantización** o la **poda** es crucial para el despliegue en el borde. La cuantización reduce la precisión de los pesos del modelo, a menudo de 32 bits en coma flotante a enteros de 8 bits, lo que disminuye significativamente el tamaño del modelo y el tiempo de inferencia con una pérdida mínima de precisión. La poda implica eliminar conexiones innecesarias en redes neuronales, reduciendo aún más la complejidad del modelo. Estas técnicas son esenciales para desplegar modelos grandes y complejos en dispositivos con almacenamiento y capacidad de procesamiento limitados.

Aceleración de Hardware: Aprovechar hardware específico del dispositivo, como **GPUs** (Unidades de Procesamiento Gráfico) o **NPUs** (Unidades de Procesamiento Neuronal), puede mejorar drásticamente la velocidad de inferencia en dispositivos Edge. Las GPUs sobresalen en el procesamiento paralelo, lo que las hace ideales para los cálculos de redes neuronales. Las NPUs, diseñadas específicamente para tareas de IA, ofrecen una eficiencia aún mayor. Al optimizar los modelos para estos procesadores especializados, los desarrolladores pueden lograr un rendimiento casi en tiempo real para muchas aplicaciones, incluso en dispositivos móviles.

Agrupamiento de Entradas: Para aplicaciones que demandan un rendimiento en tiempo real, el agrupamiento de entradas puede mejorar significativamente el rendimiento del modelo en dispositivos Edge. En lugar de procesar entradas una a una, el agrupamiento agrupa varias entradas para un procesamiento simultáneo. Este enfoque maximiza la utilización del hardware, especialmente al usar GPUs o NPUs, y puede generar mejoras sustanciales en el tiempo de inferencia. Sin embargo, los desarrolladores deben equilibrar el tamaño del lote con los requisitos de latencia para asegurar un rendimiento óptimo.

Actualizaciones Periódicas: Para dispositivos Edge con conectividad a internet, implementar un sistema de actualizaciones periódicas de modelos es vital. Este enfoque asegura que los modelos desplegados reflejen los últimos datos y mantengan una alta precisión con el tiempo. Las actualizaciones regulares pueden abordar problemas como la deriva de concepto, donde la relación entre los datos de entrada y las variables objetivo cambia con el tiempo. Además, las actualizaciones permiten la incorporación de nuevas funciones, correcciones de errores y mejoras de rendimiento, asegurando que los dispositivos Edge sigan siendo útiles mucho tiempo después de su despliegue inicial.

Eficiencia Energética: Cuando se despliegan modelos en dispositivos Edge alimentados por batería, optimizar la eficiencia energética es crucial. Esto implica no solo seleccionar hardware eficiente en energía, sino también diseñar modelos y pipelines de inferencia que minimicen el consumo de energía. Técnicas como la escalación dinámica de voltaje y frecuencia (DVFS) pueden emplearse para ajustar el rendimiento del procesador según la carga de trabajo, conservando energía durante períodos de baja actividad.

Consideraciones de Seguridad: El despliegue en el borde introduce desafíos de seguridad únicos. Proteger tanto el modelo como los datos que procesa es fundamental. Implementar encriptación para los pesos del modelo y usar protocolos de comunicación seguros para la transmisión de datos es esencial. Además, técnicas como el aprendizaje federado pueden emplearse para mejorar los modelos sin comprometer la privacidad de los datos, manteniendo los datos sensibles en el dispositivo Edge y solo compartiendo las actualizaciones del modelo.

Ejercicios Prácticos del Capítulo 8

Ejercicio 1: Convertir un Modelo de TensorFlow a TensorFlow Lite

Tarea: Convierte un modelo preentrenado de TensorFlow (por ejemplo, un modelo simple de clasificación de imágenes) al formato **TensorFlow Lite** para el despliegue en el borde. Aplica cuantización para reducir el tamaño del modelo.

Solución:

```
import tensorflow as tf

# Load a pre-trained model (for example, from a saved model directory)
model = tf.keras.models.load_model('my_saved_model')

# Convert the model to TensorFlow Lite format
converter = tf.lite.TFLiteConverter.from_keras_model(model)

# Apply quantization to optimize the model
converter.optimizations = [tf.lite.Optimize.DEFAULT]
tflite_model = converter.convert()

# Save the TensorFlow Lite model to a file
with open('model_quantized.tflite', 'wb') as f:
    f.write(tflite_model)
```

```
print("Model successfully converted and quantized to TensorFlow Lite format.")
```

En este ejercicio:

- Cargamos un modelo de TensorFlow y lo convertimos al formato **TensorFlow Lite**.
- Se aplica **cuantización post-entrenamiento** para optimizar el modelo, reduciendo su tamaño y mejorando la velocidad de inferencia en dispositivos edge.

Ejercicio 2: Ejecutar un Modelo de TensorFlow Lite en Android

Tarea: Integrar un modelo **TensorFlow Lite** en una aplicación de Android y realizar inferencia. Supongamos que ya tienes un modelo TFLite listo (model.tflite), y el objetivo es ejecutar la inferencia en un dispositivo Android.

Solución:

```
import org.tensorflow.lite.Interpreter;
import android.content.res.AssetManager;
import java.io.FileInputStream;
import java.io.File;
import java.nio.channels.FileChannel;
import java.nio.ByteBuffer;
import java.nio.ByteOrder;
import java.io.IOException;

public class TFLiteModel {
    private Interpreter tflite;

    // Load the TensorFlow Lite model from assets
    public TFLiteModel(AssetManager assetManager, String modelPath) throws IOException
{
        ByteBuffer modelBuffer = loadModelFile(assetManager, modelPath);
        tflite = new Interpreter(modelBuffer);
    }

    // Load model into ByteBuffer
    private ByteBuffer loadModelFile(AssetManager assetManager, String modelPath)
throws IOException {
        FileInputStream fis = new FileInputStream(new File(modelPath));
        FileChannel fileChannel = fis.getChannel();
        long fileSize = fileChannel.size();
        ByteBuffer buffer = ByteBuffer.allocateDirect((int)
fileSize).order(ByteOrder.nativeOrder());
        fileChannel.read(buffer);
        buffer.rewind();
        return buffer;
    }

    // Perform inference with input data
```

```
    public float[] runInference(float[] inputData) {
        float[] outputData = new float[10]; // Assuming 10 output classes
        tflite.run(inputData, outputData);
        return outputData;
    }
}
```

En este ejercicio:

- Cargamos el modelo **TensorFlow Lite** utilizando el **TFLite Interpreter** en una aplicación de Android.
- El modelo se usa para realizar inferencia en datos de entrada, como características de imágenes, devolviendo predicciones.

Ejercicio 3: Desplegar un Modelo Usando ONNX Runtime

Tarea: Convertir un modelo de **PyTorch** al formato **ONNX** y ejecutar la inferencia utilizando **ONNX Runtime** en un dispositivo con recursos limitados como un Raspberry Pi.

Solución:

```
import torch
import torch.nn as nn
import onnx
import onnxruntime as ort

# Define a simple PyTorch model
class SimpleModel(nn.Module):
    def __init__(self):
        super(SimpleModel, self).__init__()
        self.fc = nn.Linear(784, 10)

    def forward(self, x):
        return self.fc(x)

# Create an instance of the model
model = SimpleModel()

# Create a dummy input for model tracing
dummy_input = torch.randn(1, 784)

# Export the model to ONNX format
torch.onnx.export(model, dummy_input, "model.onnx")

print("Model successfully converted to ONNX format.")

# Run inference using ONNX Runtime
ort_session = ort.InferenceSession("model.onnx")

def to_numpy(tensor):
```

```
    return    tensor.detach().cpu().numpy()    if    tensor.requires_grad    else
tensor.cpu().numpy()

# Run inference
input_data = to_numpy(dummy_input)
outputs = ort_session.run(None, {"input": input_data})
print("ONNX Model Inference Output:", outputs)
```

En este ejercicio:

- Definimos un modelo simple de **PyTorch** y lo convertimos al formato **ONNX** utilizando torch.onnx.export().
- Se utiliza **ONNX Runtime** para ejecutar la inferencia en el modelo convertido, haciéndolo adecuado para dispositivos edge como el **Raspberry Pi**.

Ejercicio 4: Desplegar un Modelo de TensorFlow Lite en Raspberry Pi

Tarea: Desplegar un modelo de **TensorFlow Lite** en un Raspberry Pi y ejecutar la inferencia en un conjunto de datos de muestra.

Solución:

```
import numpy as np
import tensorflow as tf

# Load the TensorFlow Lite model
interpreter = tf.lite.Interpreter(model_path="model.tflite")
interpreter.allocate_tensors()

# Get input and output tensor details
input_details = interpreter.get_input_details()
output_details = interpreter.get_output_details()

# Prepare a sample input (assuming the model expects a 1D array)
input_data = np.array([[1.0, 2.0, 3.0, 4.0]], dtype=np.float32)
interpreter.set_tensor(input_details[0]['index'], input_data)

# Run inference
interpreter.invoke()

# Retrieve the output from the model
output_data = interpreter.get_tensor(output_details[0]['index'])
print(f"Model output: {output_data}")
```

En este ejercicio:

- Desplegamos un modelo de **TensorFlow Lite** en un **Raspberry Pi** utilizando el **TFLite Interpreter**.

- El modelo realiza inferencia en los datos de entrada, generando predicciones basadas en el modelo entrenado.

Ejercicio 5: Convertir un Modelo de TensorFlow Lite a Core ML

Tarea: Convertir un modelo de **TensorFlow Lite** al formato **Core ML** para su despliegue en un dispositivo iOS.

Solución:

```
import coremltools
import tensorflow as tf

# Load the TensorFlow Lite model
model = tf.keras.models.load_model('my_model.h5')

# Convert the model to Core ML format
coreml_model = coremltools.convert(model)

# Save the Core ML model
coreml_model.save('MyCoreMLModel.mlmodel')

print("Model successfully converted to Core ML format.")
```

En este ejercicio:

- Convertimos un modelo de **TensorFlow Lite** al formato **Core ML** utilizando la biblioteca **coremltools**.
- El modelo ahora puede desplegarse en una aplicación de iOS usando **Core ML**.

Estos ejercicios prácticos cubrieron los pasos clave para desplegar modelos de machine learning en dispositivos móviles y de borde utilizando frameworks como **TensorFlow Lite**, **ONNX** y **Core ML**. Al completar estos ejercicios, obtendrás experiencia práctica en la optimización y ejecución de modelos en dispositivos con recursos limitados, haciendo que tus aplicaciones de machine learning sean más versátiles y eficientes.

Resumen del Capítulo 8

En el **Capítulo 8**, exploramos los conceptos clave para desplegar modelos de machine learning en entornos en la nube y dispositivos edge. El capítulo se centró en cómo la transición de la computación local tradicional a la computación en la nube y en el borde ha transformado la escalabilidad, la eficiencia y la accesibilidad de los sistemas de machine learning. Con la creciente complejidad de los modelos y la necesidad de inferencia en tiempo real, aprovechar los servicios en la nube y desplegar modelos optimizados en dispositivos edge es fundamental para las aplicaciones modernas de IA.

Comenzamos discutiendo el **machine learning basado en la nube**, que permite a las organizaciones delegar los altos requisitos computacionales del entrenamiento y despliegue de modelos a poderosas plataformas en la nube. Los principales proveedores de servicios en la nube como **Amazon Web Services (AWS)**, **Google Cloud Platform (GCP)** y **Microsoft Azure** ofrecen infraestructuras robustas y herramientas que facilitan todo el flujo de trabajo de machine learning, desde el entrenamiento de modelos hasta su despliegue. Estas plataformas permiten a los desarrolladores escalar sus modelos sin esfuerzo, mientras brindan servicios gestionados que manejan grandes conjuntos de datos e inferencia en tiempo real. Por ejemplo, **AWS SageMaker** y **Google AI Platform** simplifican el proceso de construcción y despliegue de modelos de machine learning con una configuración mínima. Con estos servicios, los usuarios pueden entrenar modelos en hardware distribuido, optimizarlos para el despliegue y desplegarlos como APIs o servicios escalables.

El capítulo luego se adentró en **TensorFlow Lite (TFLite)** y **ONNX (Open Neural Network Exchange)**, dos frameworks cruciales diseñados para llevar modelos de machine learning a dispositivos edge con recursos limitados. **TensorFlow Lite** está orientado a dispositivos móviles y embebidos, permitiendo a los desarrolladores convertir modelos de TensorFlow a un formato ligero que puede desplegarse en smartphones, sensores IoT y otros dispositivos de bajo consumo. **ONNX**, por otro lado, es un estándar abierto que permite desplegar modelos de múltiples frameworks, como PyTorch y TensorFlow, en diferentes entornos sin problemas. Al optimizar los modelos mediante técnicas como la **cuantización**, la **poda** y la **destilación**, tanto TensorFlow Lite como ONNX permiten una inferencia rápida y eficiente en dispositivos edge.

También examinamos los pasos prácticos para desplegar modelos en **Android**, **iOS** y **dispositivos IoT** como el **Raspberry Pi**. Para Android, TensorFlow Lite ofrece el **TFLite Interpreter**, que se integra fácilmente con aplicaciones Android para ejecutar inferencias en el dispositivo. De manera similar, los modelos de TensorFlow Lite pueden convertirse a **Core ML** para su despliegue en iOS, permitiendo a los desarrolladores de aplicaciones móviles utilizar modelos de machine learning en sus apps. Además, exploramos cómo **ONNX Runtime** admite la ejecución de modelos en dispositivos como el Raspberry Pi, lo que habilita potentes aplicaciones de IA en entornos de computación en el borde.

El capítulo concluyó discutiendo las mejores prácticas para desplegar modelos en dispositivos edge, incluyendo aprovechar la aceleración por hardware (p. ej., usando GPUs, NPUs o DSPs), comprimir modelos para una inferencia más rápida y mantener los modelos actualizados con reentrenamiento periódico. Estas prácticas ayudan a garantizar que los modelos funcionen eficientemente sin comprometer la precisión, incluso en entornos con recursos limitados.

En resumen, **el Capítulo 8** proporcionó una visión profunda de cómo las plataformas en la nube y los frameworks de computación en el borde como TensorFlow Lite y ONNX permiten a los desarrolladores escalar sus modelos de machine learning para aplicaciones del mundo real. Al comprender estos conceptos, estarás mejor preparado para aprovechar la flexibilidad de la nube y la capacidad de respuesta del edge, permitiendo que la IA se integre en todo, desde dispositivos móviles hasta sistemas IoT.

Capítulo 9: Proyectos Prácticos

En este capítulo, exploraremos aplicaciones prácticas de técnicas de machine learning para resolver problemas del mundo real. Nuestro recorrido nos llevará a través de una serie de proyectos que demuestran el poder y la versatilidad de los algoritmos de machine learning en diversos dominios.

Cada proyecto en este capítulo está diseñado para proporcionarte experiencia práctica en la aplicación de conceptos de machine learning, desde la preprocesamiento de datos y la selección de modelos hasta la evaluación e interpretación de resultados. Al trabajar en estos proyectos, obtendrás conocimientos valiosos sobre todo el flujo de trabajo de machine learning y desarrollarás las habilidades necesarias para abordar desafíos complejos basados en datos.

Comenzamos con un problema clásico en el campo de los bienes raíces: la predicción de precios de viviendas. Este proyecto servirá como una introducción completa a las técnicas de regresión, la ingeniería de características y la evaluación de modelos. A medida que avancemos en el capítulo, nos encontraremos con proyectos cada vez más sofisticados que se basan en estas habilidades fundamentales, explorando temas como la clasificación, el clustering y las técnicas avanzadas de regresión.

Al final de este capítulo, tendrás un conjunto sólido de habilidades prácticas en machine learning, lo que te permitirá abordar una amplia gama de problemas en ciencia de datos con confianza. ¡Vamos a sumergirnos y comenzar a construir poderosos modelos predictivos!

9.1 Proyecto 1: Predicción de Precios de Viviendas con Regresión

La predicción de precios de viviendas es un desafío clásico de machine learning con profundas implicaciones para la industria inmobiliaria. Este problema complejo implica analizar una multitud de factores que influyen en el valor de las propiedades, que van desde la ubicación y el tamaño de la propiedad hasta los indicadores económicos locales y las tendencias del mercado. En el dinámico mundo de los bienes raíces, la capacidad de predecir con precisión los precios de las viviendas es una herramienta poderosa para diversas partes interesadas.

Los compradores pueden tomar decisiones de compra más informadas, identificando potencialmente propiedades infravaloradas o evitando aquellas sobrevaloradas. Los vendedores, armados con estimaciones precisas de valoración, pueden fijar estratégicamente el precio de sus propiedades para maximizar sus retornos mientras aseguran su competitividad en el mercado. Los inversores se benefician de estas predicciones al identificar oportunidades lucrativas y optimizar sus estrategias de gestión de cartera.

Este proyecto se adentra en la aplicación de técnicas avanzadas de machine learning, con un enfoque particular en metodologías de regresión, para desarrollar un modelo robusto que prediga los precios de las viviendas. Aprovechando un conjunto diverso de características y empleando algoritmos sofisticados, buscamos crear un marco predictivo capaz de navegar las complejidades del mercado inmobiliario y proporcionar valiosos conocimientos tanto a profesionales de la industria como a consumidores.

9.1.1 Declaración del Problema y Conjunto de Datos

Para este proyecto, utilizaremos el conjunto de datos de viviendas de Boston, una colección completa de información sobre diversas propiedades residenciales en el área metropolitana de Boston. Este conjunto de datos abarca una amplia gama de características que pueden influir en los precios de las viviendas, como las tasas de criminalidad en el vecindario, el número promedio de habitaciones por vivienda y la proximidad de la propiedad a los centros de empleo.

Nuestro objetivo principal es desarrollar un modelo predictivo sofisticado y preciso que pueda estimar los precios de las viviendas basándose en estos diversos atributos. Al analizar factores como las estadísticas locales de criminalidad, las características de las viviendas y las consideraciones geográficas como la accesibilidad a las autopistas, buscamos crear un algoritmo robusto capaz de proporcionar predicciones fiables de precios en el dinámico mercado inmobiliario de Boston.

Cargando y Explorando el Conjunto de Datos

```
import pandas as pd
import numpy as np
import seaborn as sns
import matplotlib.pyplot as plt
from sklearn.datasets import load_boston
from sklearn.model_selection import train_test_split
from sklearn.preprocessing import StandardScaler
from sklearn.linear_model import LinearRegression, Ridge
from sklearn.metrics import mean_squared_error, r2_score, mean_absolute_error
from sklearn.model_selection import cross_val_score

# Load the Boston Housing dataset
boston = load_boston()
data = pd.DataFrame(boston.data, columns=boston.feature_names)
data['PRICE'] = boston.target

# Display the first few rows and summary statistics
print(data.head())
print(data.describe())

# Visualize correlations
```

```
plt.figure(figsize=(12, 10))
sns.heatmap(data.corr(), annot=True, cmap='coolwarm')
plt.title('Correlation Matrix of Boston Housing Data')
plt.show()

# Check for missing values
print(data.isnull().sum())
```

Aquí tienes un desglose de lo que hace el código:

- Importa las bibliotecas necesarias para la manipulación de datos (pandas, numpy), visualización (seaborn, matplotlib) y machine learning (scikit-learn).
- Carga el conjunto de datos de viviendas de Boston utilizando la función load_boston() de scikit-learn.
- Crea un DataFrame de pandas a partir del conjunto de datos, añadiendo los nombres de las características y la variable objetivo (PRICE).
- Muestra las primeras filas del conjunto de datos y las estadísticas resumidas utilizando print(data.head()) y print(data.describe()).
- Visualiza la matriz de correlación entre las características usando un heatmap (mapa de calor).
- Verifica si hay valores faltantes en el conjunto de datos.

Este código sirve como el paso inicial en el proceso de análisis de datos, proporcionando una comprensión básica de la estructura del conjunto de datos, las relaciones entre las características y posibles problemas de calidad de los datos antes de proceder con pasos más avanzados de preprocesamiento y construcción de modelos.

9.1.2 Preprocesamiento de Datos

Antes de poder construir nuestro modelo predictivo, es esencial realizar un preprocesamiento de datos exhaustivo. Este paso crucial abarca varias tareas importantes que preparan nuestro conjunto de datos para un análisis óptimo. Primero, debemos abordar cualquier valor faltante en nuestro conjunto de datos, empleando técnicas apropiadas como la imputación o eliminación, según la naturaleza y magnitud de los datos faltantes.

Luego, necesitamos identificar y manejar cuidadosamente los valores atípicos, que podrían sesgar nuestros resultados si no se corrigen. Esto puede involucrar métodos estadísticos para detectar anomalías y tomar decisiones informadas sobre si transformar, limitar o excluir los valores extremos. Finalmente, escalaremos nuestras características para asegurarnos de que estén en un rango numérico comparable, lo cual es especialmente importante para que muchos algoritmos de machine learning funcionen de manera efectiva.

Este proceso de escalado típicamente implica técnicas como la estandarización o normalización, que ajustan las características a una escala común sin distorsionar las diferencias en los rangos de valores ni perder información.

```
# Handle outliers (example for 'RM' feature)
Q1 = data['RM'].quantile(0.25)
Q3 = data['RM'].quantile(0.75)
IQR = Q3 - Q1
data = data[(data['RM'] >= Q1 - 1.5*IQR) & (data['RM'] <= Q3 + 1.5*IQR)]

# Split the dataset
X = data.drop('PRICE', axis=1)
y = data['PRICE']
X_train, X_test, y_train, y_test = train_test_split(X, y, test_size=0.2,
random_state=42)

# Scale the features
scaler = StandardScaler()
X_train_scaled = scaler.fit_transform(X_train)
X_test_scaled = scaler.transform(X_test)
```

Aquí tienes un desglose de lo que hace el código:

1. **Manejo de valores atípicos**:
    - Se centra en la característica 'RM' (número promedio de habitaciones).
    - Calcula el Rango Intercuartílico (IQR) para esta característica.
    - Elimina los puntos de datos que están fuera de 1.5 veces el IQR por debajo del cuartil 1 (Q1) o por encima del cuartil 3 (Q3), lo que es un método común para eliminar valores atípicos.
2. **División del conjunto de datos**:
    - Separa las características (X) de la variable objetivo (y, que es 'PRICE').
    - Usa train_test_split para dividir los datos en conjuntos de entrenamiento y prueba, reservando el 20% de los datos para prueba.
3. **Escalado de las características**:
    - Aplica StandardScaler para normalizar los valores de las características.
    - Ajusta el escalador en los datos de entrenamiento y transforma tanto los datos de entrenamiento como los de prueba.

Estos pasos de preprocesamiento son cruciales para preparar los datos para los modelos de machine learning, asegurando que los valores atípicos no sesguen los resultados, que el modelo pueda ser evaluado adecuadamente en datos no vistos y que todas las características estén en una escala comparable para un rendimiento óptimo del modelo.

9.1.3 Construcción y Evaluación del Modelo de Regresión Lineal

Comenzaremos nuestro análisis implementando un modelo de regresión lineal fundamental como nuestro enfoque base. Esta técnica, sencilla pero poderosa, nos permitirá establecer una base sólida para nuestro marco predictivo. Una vez construido el modelo, realizaremos una evaluación integral de su rendimiento utilizando una diversa gama de métricas.

Estas métricas proporcionarán información valiosa sobre la precisión del modelo, su capacidad predictiva y su efectividad general para estimar los precios de las viviendas en función de las características dadas. Al comenzar con este modelo simple, podemos obtener una comprensión clara de las relaciones subyacentes en nuestros datos y establecer un punto de referencia con el cual comparar modelos más complejos en etapas posteriores de nuestro análisis.

```
# Create and train the Linear Regression model
model = LinearRegression()
model.fit(X_train_scaled, y_train)

# Make predictions
y_pred = model.predict(X_test_scaled)

# Evaluate the model
mse = mean_squared_error(y_test, y_pred)
rmse = np.sqrt(mse)
mae = mean_absolute_error(y_test, y_pred)
r2 = r2_score(y_test, y_pred)

print(f"Mean Squared Error: {mse}")
print(f"Root Mean Squared Error: {rmse}")
print(f"Mean Absolute Error: {mae}")
print(f"R-squared: {r2}")

# Perform cross-validation
cv_scores = cross_val_score(model, X_train_scaled, y_train, cv=5,
scoring='neg_mean_squared_error')
print(f"Cross-validation scores: {-cv_scores}")
print(f"Average CV score: {-cv_scores.mean()}")
```

Aquí tienes un desglose de lo que hace el código:

- Crea y entrena un modelo de Regresión Lineal utilizando los datos de entrenamiento escalados.
- Realiza predicciones en los datos de prueba escalados.
- Evalúa el rendimiento del modelo utilizando varias métricas:

    - Error Cuadrático Medio (MSE)
    - Raíz del Error Cuadrático Medio (RMSE)
    - Error Absoluto Medio (MAE)
    - Puntuación R-cuadrado (R2)
- Realiza validación cruzada para evaluar el rendimiento del modelo en diferentes subconjuntos de los datos de entrenamiento.

El paso imprime estas métricas de evaluación, proporcionando información sobre qué tan bien está funcionando el modelo en la predicción de los precios de las viviendas. Los puntajes de la validación cruzada brindan una indicación de la consistencia del modelo en diferentes subconjuntos de los datos.

9.1.4 Interpretación de los Coeficientes del Modelo

Entender los coeficientes de nuestro modelo de regresión lineal es crucial, ya que proporciona información valiosa sobre la importancia relativa de diferentes características en la determinación de los precios de las viviendas. Al examinar estos coeficientes, podemos identificar qué atributos tienen el impacto más significativo en los valores de las propiedades en el mercado inmobiliario de Boston. Este análisis no solo nos ayuda a interpretar el proceso de toma de decisiones del modelo, sino que también ofrece ideas prácticas para profesionales inmobiliarios, inversionistas y responsables de políticas públicas.

La magnitud de cada coeficiente indica la fuerza de la influencia de su característica correspondiente en los precios de las viviendas, mientras que el signo (positivo o negativo) revela si la característica tiende a aumentar o disminuir los valores de las propiedades.

Por ejemplo, un coeficiente positivo grande para la característica "número de habitaciones" sugeriría que las casas con más habitaciones generalmente tienen precios más altos, manteniendo todo lo demás constante. Por el contrario, un coeficiente negativo para una característica como "tasa de criminalidad" indicaría que mayores tasas de criminalidad en un área están asociadas con precios más bajos de las viviendas.

```
coefficients = pd.DataFrame(model.coef_, X.columns, columns=['Coefficient'])
coefficients = coefficients.sort_values(by='Coefficient', key=abs, ascending=False)
print(coefficients)

plt.figure(figsize=(12, 8))
coefficients.plot(kind='bar')
plt.title('Feature Coefficients in Linear Regression')
plt.xlabel('Features')
plt.ylabel('Coefficient Value')
plt.xticks(rotation=45, ha='right')
plt.tight_layout()
plt.show()
```

Aquí tienes un desglose de lo que hace:

- Crea un DataFrame llamado 'coefficients' que contiene los coeficientes del modelo y sus nombres de características correspondientes.
- Ordena los coeficientes por sus valores absolutos en orden descendente, lo que ayuda a identificar las características más influyentes.
- Imprime los coeficientes ordenados, lo que nos permite ver el impacto numérico de cada característica en los precios de las viviendas.
- Crea un gráfico de barras para visualizar los coeficientes:
    - Establece el tamaño de la figura en 12x8 pulgadas para mejor visibilidad.
    - Representa los coeficientes como barras.
    - Añade un título, etiqueta del eje x y etiqueta del eje y al gráfico.
    - Rota las etiquetas del eje x (nombres de las características) 45 grados para mejor legibilidad.
    - Ajusta el diseño para asegurar que todos los elementos encajen dentro de la figura.

Esta visualización ayuda a identificar rápidamente qué características tienen el mayor impacto positivo o negativo en los precios de las viviendas en el modelo.

9.1.5 Mejorando el Modelo con Regresión Ridge

Para mejorar el rendimiento de nuestro modelo y mitigar el riesgo de sobreajuste, implementaremos la Regresión Ridge, una técnica poderosa que introduce un término de regularización en la ecuación estándar de la regresión lineal.

Este enfoque, también conocido como regularización de Tikhonov, añade un término de penalización a la función de pérdida, reduciendo efectivamente los coeficientes de las características menos importantes hacia cero. Al hacerlo, la Regresión Ridge ayuda a reducir la sensibilidad del modelo a puntos de datos individuales y promueve una solución más estable y generalizable. Esto es especialmente útil cuando se trabaja con conjuntos de datos que tienen multicolinealidad entre las características o cuando el número de predictores es grande en relación con el número de observaciones.

El término de regularización en la Regresión Ridge está controlado por un hiperparámetro, alfa, que determina la fuerza de la penalización. Usaremos validación cruzada para encontrar el valor óptimo de este hiperparámetro, asegurando que nuestro modelo logre el equilibrio adecuado entre sesgo y varianza.

```
# Create a Ridge Regression model with hyperparameter tuning
from sklearn.model_selection import GridSearchCV
```

```
param_grid = {'alpha': [0.1, 1, 10, 100]}
ridge = Ridge()
grid_search = GridSearchCV(ridge, param_grid, cv=5, scoring='neg_mean_squared_error')
grid_search.fit(X_train_scaled, y_train)

best_ridge = grid_search.best_estimator_
y_pred_ridge = best_ridge.predict(X_test_scaled)

mse_ridge = mean_squared_error(y_test, y_pred_ridge)
r2_ridge = r2_score(y_test, y_pred_ridge)

print(f"Best alpha: {grid_search.best_params_['alpha']}")
print(f"Ridge Regression Mean Squared Error: {mse_ridge}")
print(f"Ridge Regression R-squared: {r2_ridge}")
```

Aquí tienes un desglose de lo que hace:

- Importa GridSearchCV de scikit-learn, que se utiliza para la afinación de hiperparámetros.
- Configura una cuadrícula de parámetros para el hiperparámetro 'alpha' de la Regresión Ridge, con valores [0.1, 1, 10, 100].
- Crea un modelo de Regresión Ridge y utiliza GridSearchCV para encontrar el mejor valor de 'alpha' mediante validación cruzada de 5 pliegues.
- El mejor modelo se utiliza para hacer predicciones en el conjunto de prueba.
- Finalmente, calcula e imprime el Error Cuadrático Medio y el puntaje R-cuadrado para el modelo de Regresión Ridge.

Este enfoque ayuda a prevenir el sobreajuste al añadir un término de penalización a la función de pérdida, controlado por el parámetro 'alpha'. Este paso automatiza el proceso de encontrar el valor óptimo de 'alpha', equilibrando la complejidad y el rendimiento del modelo.

9.1.6 Suposiciones y Diagnósticos del Modelo

Asegurar la validez de las suposiciones de la regresión lineal es un paso crítico en nuestro proceso de modelado. Realizaremos un examen exhaustivo de tres suposiciones clave: linealidad, normalidad de los residuos y homocedasticidad. Estas suposiciones forman la base de la regresión lineal y, cuando se cumplen, contribuyen a la fiabilidad e interpretabilidad de los resultados de nuestro modelo.

La linealidad asume una relación en línea recta entre los predictores y la variable de respuesta. Evaluaremos esto trazando los residuos contra los valores predichos, buscando patrones sistemáticos que puedan indicar relaciones no lineales. La suposición de normalidad de los residuos postula que los errores están distribuidos normalmente, lo que evaluaremos utilizando herramientas visuales como gráficos Q-Q y pruebas estadísticas. Finalmente, la homocedasticidad, o varianza constante de los residuos, será examinada para asegurar que la dispersión de los residuos sea consistente en todos los niveles de los valores predichos.

Al probar rigurosamente estas suposiciones, podemos identificar cualquier posible violación que pueda comprometer la validez de nuestro modelo. Si se detectan violaciones, podemos explorar medidas correctivas apropiadas, como transformaciones de variables o técnicas de modelado alternativas, para asegurar la robustez de nuestras predicciones de precios de viviendas.

```
# Residual analysis
residuals = y_test - y_pred

plt.figure(figsize=(12, 4))
plt.subplot(131)
plt.scatter(y_pred, residuals)
plt.xlabel('Predicted values')
plt.ylabel('Residuals')
plt.title('Residuals vs Predicted')

plt.subplot(132)
plt.hist(residuals, bins=30)
plt.xlabel('Residuals')
plt.ylabel('Frequency')
plt.title('Histogram of Residuals')

plt.subplot(133)
import scipy.stats as stats
stats.probplot(residuals, dist="norm", plot=plt)
plt.title('Q-Q plot')

plt.tight_layout()
plt.show()
```

Aquí tienes un desglose de lo que hace:

- Calcula los residuos restando los valores predichos de los valores reales del conjunto de prueba.
- Crea una figura con tres subgráficos para diferentes visualizaciones.
- El primer subgráfico (131) es un diagrama de dispersión de valores predichos vs. residuos, que ayuda a verificar la linealidad y la homocedasticidad.
- El segundo subgráfico (132) es un histograma de residuos, útil para evaluar la normalidad de los residuos.
- El tercer subgráfico (133) es un gráfico Q-Q, que también ayuda a verificar la suposición de normalidad.

Estas visualizaciones son cruciales para validar las suposiciones de la regresión lineal, como se mencionó en el texto anterior. Ayudan a identificar patrones o violaciones en la linealidad, la normalidad de los residuos y la homocedasticidad, que son suposiciones clave para la fiabilidad del modelo de regresión lineal.

9.1.7 Análisis de la Importancia de las Características

Para obtener una comprensión más completa de la importancia de las características en nuestro modelo de predicción de precios de viviendas, utilizaremos un **Random Forest Regressor**. Este potente método de aprendizaje de conjunto no solo ofrece una perspectiva alternativa sobre la importancia de las características, sino que también presenta varias ventajas sobre los modelos lineales tradicionales.

Los **Random Forests** son especialmente hábiles para capturar relaciones no lineales e interacciones entre las características, que pueden no ser evidentes en nuestros análisis previos. Al agregar las puntuaciones de importancia a lo largo de múltiples árboles de decisión, podemos obtener una clasificación robusta y confiable de la importancia de las características.

Este enfoque nos ayudará a identificar cuáles factores tienen el impacto más significativo en los precios de las viviendas, revelando potencialmente conocimientos que no eran evidentes en nuestro modelo de regresión lineal.

```
from sklearn.ensemble import RandomForestRegressor

rf_model = RandomForestRegressor(n_estimators=100, random_state=42)
rf_model.fit(X_train_scaled, y_train)

feature_importance = pd.DataFrame({'feature': X.columns, 'importance':
rf_model.feature_importances_})
feature_importance = feature_importance.sort_values('importance', ascending=False)

plt.figure(figsize=(10, 6))
sns.barplot(x='importance', y='feature', data=feature_importance)
plt.title('Feature Importance (Random Forest)')
plt.tight_layout()
plt.show()
```

Aquí tienes un desglose de lo que hace:

- Importa el RandomForestRegressor de scikit-learn.
- Crea un modelo de Random Forest con 100 árboles y un estado aleatorio fijo para asegurar la reproducibilidad.
- Ajusta el modelo a los datos de entrenamiento escalados (X_train_scaled y y_train).
- Crea un DataFrame con dos columnas: 'feature' (nombres de las características) e 'importance' (puntuaciones de importancia del modelo de Random Forest).

- Ordena las características por importancia en orden descendente.
- Configura un gráfico usando matplotlib y seaborn:
    - Crea una figura de 10x6 pulgadas.
    - Usa el barplot de seaborn para visualizar la importancia de las características.
    - Establece el título como "Feature Importance (Random Forest)".
    - Ajusta el diseño para una mejor visibilidad.
    - Muestra el gráfico.

Esta visualización ayuda a identificar qué características tienen el mayor impacto en los precios de las viviendas según el modelo de Random Forest, revelando potencialmente ideas que no eran evidentes en el modelo de regresión lineal.

9.1.8 Posibles Mejoras y Trabajo Futuro

Aunque nuestro modelo actual proporciona valiosos conocimientos, existen varias formas en las que podríamos mejorar su rendimiento:

- **Ingeniería de características**: Crear nuevas características o transformar las existentes para capturar relaciones más complejas.
- **Probar otros algoritmos**: Experimentar con algoritmos más avanzados como el Gradient Boosting (por ejemplo, XGBoost) o la Regresión por Vectores de Soporte.
- **Métodos de ensamble**: Combinar predicciones de múltiples modelos para crear una predicción más robusta.
- **Recoger más datos**: Si es posible, recolectar datos más recientes y diversos para mejorar la generalización del modelo.
- **Abordar la no linealidad**: Si existen relaciones no lineales fuertes, considerar el uso de características polinomiales o modelos más flexibles.

9.1.9 Conclusión

Este proyecto demuestra la aplicación integral de técnicas de regresión para predecir los precios de las viviendas en el dinámico mercado inmobiliario. Hemos cubierto meticulosamente varios aspectos cruciales del flujo de trabajo de ciencia de datos, incluyendo el análisis exploratorio de datos, el preprocesamiento riguroso, la construcción de modelos sofisticados, la evaluación exhaustiva y la interpretación detallada de los resultados. A través de nuestro análisis cuidadoso de varias características y su impacto en los precios de las viviendas, hemos desarrollado un modelo que ofrece valiosos conocimientos basados en datos para una amplia gama de interesados en la industria inmobiliaria.

Los profesionales inmobiliarios pueden aprovechar este modelo para tomar decisiones más informadas sobre la valoración de propiedades y las tendencias del mercado. Los propietarios de viviendas podrían encontrar útil comprender los factores que influyen en el valor de su propiedad con el tiempo. Los inversionistas pueden utilizar estos conocimientos para identificar propiedades potencialmente infravaloradas o oportunidades emergentes en el mercado. Sin embargo, es crucial recordar que, aunque nuestro modelo proporciona una base sólida para entender la dinámica de los precios de las viviendas, el mercado inmobiliario en el mundo real es inherentemente complejo y está influido por una multitud de factores, muchos de los cuales pueden no estar reflejados en nuestro conjunto de datos actual.

Factores como las condiciones económicas locales, cambios en las leyes de zonificación, variaciones en los patrones demográficos e incluso las tendencias económicas globales pueden desempeñar roles significativos en la configuración de los mercados de viviendas. Estos elementos a menudo interactúan de manera intrincada y pueden ser difíciles de modelar con precisión. Por lo tanto, aunque nuestro modelo predictivo ofrece valiosos conocimientos, debe considerarse como una herramienta entre muchas en el contexto más amplio del análisis inmobiliario y la toma de decisiones.

9.2 Proyecto 2: Análisis de Sentimientos Usando Modelos Basados en Transformers

El análisis de sentimientos es una tarea fundamental y altamente significativa dentro del campo del Procesamiento del Lenguaje Natural (NLP), enfocada en el complejo proceso de descifrar e interpretar el tono emocional o la actitud subyacente expresada en un texto dado.

Este proyecto se adentra en la aplicación de modelos avanzados basados en transformers, con un énfasis particular en **BERT** (Representaciones de Codificadores Bidireccionales de Transformers), para realizar un análisis de sentimientos sofisticado en datos textuales.

Al aprovechar estas avanzadas arquitecturas de redes neuronales, nuestro objetivo es desarrollar un sistema robusto capaz de discernir y categorizar con precisión los sentimientos transmitidos en diversas formas de comunicación escrita, que van desde publicaciones en redes sociales y reseñas de productos hasta artículos de noticias y más.

9.2.1 Declaración del Problema y Conjunto de Datos

Para este proyecto, utilizaremos el conjunto de datos de **reseñas de películas de IMDB**, una colección comprensiva que consta de 50,000 reseñas de películas. Cada reseña en este conjunto de datos ha sido etiquetada meticulosamente como positiva o negativa, proporcionando una rica fuente de datos con anotaciones de sentimientos.

Nuestro objetivo principal es desarrollar y entrenar un modelo sofisticado capaz de discernir y clasificar con precisión el sentimiento subyacente expresado en estas reseñas de películas. Esta tarea presenta una excelente oportunidad para aplicar técnicas avanzadas de procesamiento del lenguaje natural a datos textuales del mundo real, con el objetivo final de crear un sistema de análisis de sentimientos robusto que pueda interpretar eficazmente las opiniones y emociones matizadas transmitidas en críticas cinematográficas escritas.

Cargando y Explorando el Conjunto de Datos

```
import pandas as pd
from datasets import load_dataset
from sklearn.model_selection import train_test_split

# Load the IMDB dataset
dataset = load_dataset('imdb')

# Convert to pandas DataFrame for easier manipulation
train_df = pd.DataFrame(dataset['train'])
test_df = pd.DataFrame(dataset['test'])

# Display basic information about the dataset
print(train_df.info())
print(train_df['label'].value_counts(normalize=True))

# Display a few examples
print(train_df.head())
```

Aquí tienes un desglose de lo que hace:

- Importa las bibliotecas necesarias: pandas para la manipulación de datos, load_dataset de la biblioteca datasets para cargar el conjunto de datos IMDB, y train_test_split de sklearn para dividir los datos (aunque no se usa en este fragmento).
- Carga el conjunto de datos IMDB usando load_dataset('imdb').
- Convierte los conjuntos de entrenamiento y prueba a DataFrames de pandas para una manipulación más fácil.
- Muestra información básica sobre el conjunto de entrenamiento usando train_df.info().
- Muestra la distribución de las etiquetas (sentimiento positivo/negativo) en el conjunto de entrenamiento usando train_df['label'].value_counts(normalize=True).
- Muestra los primeros ejemplos del conjunto de entrenamiento utilizando train_df.head().

9.2.2 Preprocesamiento de Datos

Antes de poder introducir nuestros datos en el modelo BERT para su análisis, es crucial realizar una etapa de preprocesamiento integral. Este paso esencial implica varios procesos clave que preparan los datos de texto en bruto para un procesamiento óptimo por nuestra red neuronal avanzada.

Los componentes principales de esta fase de preprocesamiento incluyen la tokenización, que descompone el texto en unidades o tokens individuales que el modelo puede interpretar; el padding, que asegura que todas las secuencias de entrada tengan una longitud uniforme para el procesamiento por lotes; y la creación de máscaras de atención, que guían la atención del modelo a las partes relevantes de la entrada mientras ignoran los tokens de padding.

Estos pasos de preprocesamiento son fundamentales para transformar nuestros datos textuales en bruto en un formato que pueda ser procesado de manera eficiente y efectiva por nuestro modelo BERT, lo que en última instancia permitirá obtener resultados más precisos en el análisis de sentimientos.

```
from transformers import BertTokenizer
import torch

tokenizer = BertTokenizer.from_pretrained('bert-base-uncased')

def preprocess_data(texts, labels, max_length=256):
    encoded = tokenizer.batch_encode_plus(
        texts,
        add_special_tokens=True,
        max_length=max_length,
        padding='max_length',
        truncation=True,
        return_attention_mask=True,
        return_tensors='pt'
    )
    return {
        'input_ids': encoded['input_ids'],
        'attention_mask': encoded['attention_mask'],
        'labels': torch.tensor(labels)
    }

# Preprocess the data
train_data = preprocess_data(train_df['text'].tolist(), train_df['label'].tolist())
test_data = preprocess_data(test_df['text'].tolist(), test_df['label'].tolist())
```

Aquí tienes un desglose de lo que hace el código:

- Importa las bibliotecas necesarias: BertTokenizer de transformers y torch.
- Inicializa un tokenizador BERT utilizando el modelo 'bert-base-uncased'.
- Se define la función preprocess_data, que toma textos y etiquetas como entrada, junto con un parámetro opcional max_length.
- Dentro de la función, se utiliza el método batch_encode_plus del tokenizador para codificar los textos de entrada. Este método:
    - Añade tokens especiales (como [CLS] y [SEP]).

- Rellena o trunca las secuencias a una longitud máxima.
- Crea máscaras de atención.
- Devuelve tensores adecuados para PyTorch.

- La función devuelve un diccionario que contiene:
  - input_ids: las secuencias de texto codificadas y rellenadas.
  - attention_mask: una máscara que indica qué tokens son padding (0) y cuáles no lo son (1).
  - labels: las etiquetas de sentimientos convertidas en un tensor de PyTorch.
- Finalmente, el código aplica esta función de preprocesamiento a los datos de entrenamiento y prueba, creando train_data y test_data.

Este paso de preprocesamiento es crucial, ya que transforma los datos de texto en bruto en un formato que puede ser procesado de manera eficiente por el modelo BERT para el análisis de sentimientos.

9.2.3 Construcción y Entrenamiento del Modelo BERT

Para este proyecto, aprovecharemos el poder del modelo **BertForSequenceClassification**, una herramienta sofisticada disponible en la biblioteca de transformers. Este modelo avanzado está meticulosamente diseñado y optimizado para tareas de clasificación de texto, lo que lo convierte en una elección ideal para nuestro análisis de sentimientos.

Al aprovechar esta arquitectura de vanguardia, podemos capturar eficazmente los matices de los sentimientos expresados en nuestro conjunto de datos de reseñas de películas, lo que permitirá una clasificación altamente precisa de sentimientos positivos y negativos.

```
from transformers import BertForSequenceClassification, AdamW
from torch.utils.data import DataLoader, TensorDataset
import torch.nn as nn

# Set up the model
model = BertForSequenceClassification.from_pretrained('bert-base-uncased', num_labels=2)

# Set up the optimizer
optimizer = AdamW(model.parameters(), lr=2e-5)

# Create DataLoader
train_dataset = TensorDataset(train_data['input_ids'], train_data['attention_mask'], train_data['labels'])
train_loader = DataLoader(train_dataset, batch_size=32, shuffle=True)

# Training loop
device = torch.device('cuda' if torch.cuda.is_available() else 'cpu')
```

```
model.to(device)

num_epochs = 3
for epoch in range(num_epochs):
    model.train()
    for batch in train_loader:
        input_ids, attention_mask, labels = [b.to(device) for b in batch]

        optimizer.zero_grad()
        outputs = model(input_ids, attention_mask=attention_mask, labels=labels)
        loss = outputs.loss
        loss.backward()
        optimizer.step()

    print(f"Epoch {epoch+1}/{num_epochs} completed")

# Save the model
torch.save(model.state_dict(), 'bert_sentiment_model.pth')
```

Aquí tienes un desglose de los componentes principales:

1. **Configuración del Modelo**: El código inicializa un modelo **BertForSequenceClassification**, que está preentrenado y afinado para tareas de clasificación de secuencias, como el análisis de sentimientos.
2. **Optimizador**: Configura un optimizador AdamW, una versión mejorada de Adam, comúnmente utilizada para entrenar modelos de deep learning.
3. **Preparación de Datos**: El código crea un **TensorDataset** y un **DataLoader** para organizar en lotes y barajar eficientemente los datos de entrenamiento.
4. **Bucle de Entrenamiento**: El modelo se entrena durante 3 épocas. En cada época:
    - Itera a través de lotes de datos.
    - Calcula la pérdida.
    - Realiza retropropagación.
    - Actualiza los parámetros del modelo.
5. **Uso del Dispositivo**: El código verifica la disponibilidad de la GPU y mueve el modelo al dispositivo apropiado (CPU o GPU) para una computación eficiente.
6. **Guardado del Modelo**: Después del entrenamiento, se guarda el diccionario de estado del modelo en un archivo para su uso futuro.

Esta implementación permite el entrenamiento eficaz de un modelo BERT en el conjunto de datos de reseñas de películas IMDB, capacitándolo para aprender y clasificar el sentimiento (positivo o negativo) de las reseñas de películas.

9.2.4 Evaluación del Modelo

Después de completar la fase de entrenamiento, es crucial evaluar la efectividad y precisión de nuestro modelo midiendo su rendimiento en el conjunto de prueba. Este paso de evaluación nos permite medir qué tan bien generaliza nuestro modelo de análisis de sentimientos basado en BERT en datos no vistos y proporciona información valiosa sobre su aplicabilidad en el mundo real.

Al analizar diversas métricas como la **precisión**, **exactitud**, **recuperación** y la **puntuación F1**, podemos obtener una comprensión integral de las fortalezas de nuestro modelo y posibles áreas de mejora.

```
from sklearn.metrics import accuracy_score, classification_report

model.eval()
test_dataset = TensorDataset(test_data['input_ids'], test_data['attention_mask'], test_data['labels'])
test_loader = DataLoader(test_dataset, batch_size=32)

all_preds = []
all_labels = []

with torch.no_grad():
    for batch in test_loader:
        input_ids, attention_mask, labels = [b.to(device) for b in batch]
        outputs = model(input_ids, attention_mask=attention_mask)
        preds = torch.argmax(outputs.logits, dim=1)
        all_preds.extend(preds.cpu().numpy())
        all_labels.extend(labels.cpu().numpy())

accuracy = accuracy_score(all_labels, all_preds)
print(f"Accuracy: {accuracy}")
print(classification_report(all_labels, all_preds))
```

Aquí tienes un desglose de lo que hace:

- Importa las métricas necesarias de sklearn para la evaluación del modelo.
- Configura el modelo en modo de evaluación con model.eval().
- Crea un **TensorDataset** y un **DataLoader** para los datos de prueba, lo que facilita el procesamiento por lotes.
- Inicializa listas vacías para almacenar todas las predicciones y las etiquetas reales.
- Utiliza un contexto with torch.no_grad() para desactivar los cálculos de gradientes durante la inferencia, lo que ahorra memoria y acelera la computación.
- Itera a través de los datos de prueba en lotes:

  - Mueve los datos de entrada al dispositivo apropiado (CPU o GPU).
  - Genera predicciones utilizando el modelo.
  - Extrae la clase predicha (sentimiento) para cada muestra.
  - Añade las predicciones y las etiquetas reales a sus respectivas listas.
- Calcula la precisión general del modelo utilizando accuracy_score.
- Imprime un informe de clasificación detallado, que normalmente incluye precisión, exactitud, y puntuación F1 para cada clase.

Este proceso de evaluación nos permite medir qué tan bien se desempeña el modelo en datos no vistos, brindándonos información sobre su efectividad para tareas de análisis de sentimientos.

9.2.5 Inferencia con Nuevo Texto

Con nuestro modelo ahora completamente entrenado y optimizado, podemos aprovechar sus capacidades para analizar y predecir el sentimiento de textos nuevos y no vistos previamente. Esta aplicación práctica de nuestro modelo de análisis de sentimientos nos permite obtener valiosos conocimientos a partir de nuevos datos del mundo real, demostrando la efectividad del modelo más allá del conjunto de datos de entrenamiento.

Al aprovechar el poder de nuestro modelo BERT afinado, ahora podemos evaluar con confianza el tono emocional de diversas entradas de texto, desde reseñas de clientes y publicaciones en redes sociales hasta artículos de noticias y más, proporcionando una herramienta robusta para comprender la opinión pública y el sentimiento del consumidor en diversos dominios.

```
def predict_sentiment(text):
    encoded = tokenizer.encode_plus(
        text,
        add_special_tokens=True,
        max_length=256,
        padding='max_length',
        truncation=True,
        return_attention_mask=True,
        return_tensors='pt'
    )

    input_ids = encoded['input_ids'].to(device)
    attention_mask = encoded['attention_mask'].to(device)

    with torch.no_grad():
        outputs = model(input_ids, attention_mask=attention_mask)
        pred = torch.argmax(outputs.logits, dim=1)

    return "Positive" if pred.item() == 1 else "Negative"
```

```
# Example usage
new_review = "This movie was absolutely fantastic! I loved every minute of it."
sentiment = predict_sentiment(new_review)
print(f"Predicted sentiment: {sentiment}")
```

Aquí tienes un desglose de lo que hace el código:

1. La función toma un texto de entrada y lo preprocesa usando el tokenizador BERT.
2. Codifica el texto, añadiendo tokens especiales, padding, y creando una máscara de atención.
3. La entrada codificada se pasa luego por el modelo BERT para obtener predicciones.
4. Los logits de salida del modelo se utilizan para determinar el sentimiento (positivo o negativo).
5. La función devuelve "Positivo" si la predicción es 1, y "Negativo" en caso contrario.

El código también incluye un ejemplo de uso de la función:

1. Se proporciona una reseña de ejemplo: "Esta película fue absolutamente fantástica. Me encantó cada minuto."
2. La función predict_sentiment se llama con esta reseña.
3. El sentimiento predicho se imprime.

Esta función permite un análisis de sentimientos sencillo de textos nuevos y no vistos utilizando el modelo BERT entrenado, demostrando su aplicación práctica para analizar diversas entradas de texto, como reseñas de clientes o publicaciones en redes sociales.

9.2.6 Técnicas Avanzadas

Ajuste fino con tasas de aprendizaje discriminativas

Para mejorar el rendimiento de nuestro modelo, podemos implementar tasas de aprendizaje discriminativas, una técnica sofisticada en la que los diferentes componentes del modelo se entrenan a diferentes ritmos. Este enfoque permite una optimización más matizada, ya que reconoce que las distintas capas de la red neuronal pueden requerir diferentes velocidades de aprendizaje.

Al aplicar tasas de aprendizaje más altas a las capas superiores del modelo, que son más específicas de la tarea, y tasas más bajas a las capas inferiores, que capturan características más generales, podemos ajustar el modelo de manera más efectiva.

Este método es particularmente beneficioso cuando se trabaja con modelos preentrenados como BERT, ya que nos permite ajustar cuidadosamente los parámetros del modelo sin alterar la valiosa información aprendida durante el preentrenamiento.

```
from transformers import get_linear_schedule_with_warmup
```

```
# Prepare optimizer and schedule (linear warmup and decay)
no_decay = ['bias', 'LayerNorm.weight']
optimizer_grouped_parameters = [
    {'params': [p for n, p in model.named_parameters() if not any(nd in n for nd in no_decay)], 'weight_decay': 0.01},
    {'params': [p for n, p in model.named_parameters() if any(nd in n for nd in no_decay)], 'weight_decay': 0.0}
]

optimizer = AdamW(optimizer_grouped_parameters, lr=2e-5, eps=1e-8)
scheduler = get_linear_schedule_with_warmup(optimizer, num_warmup_steps=0, num_training_steps=len(train_loader) * num_epochs)

# Update the training loop to use the scheduler
for epoch in range(num_epochs):
    model.train()
    for batch in train_loader:
        input_ids, attention_mask, labels = [b.to(device) for b in batch]

        optimizer.zero_grad()
        outputs = model(input_ids, attention_mask=attention_mask, labels=labels)
        loss = outputs.loss
        loss.backward()
        optimizer.step()
        scheduler.step()

    print(f"Epoch {epoch+1}/{num_epochs} completed")
```

Aquí tienes un desglose de los componentes clave:

1. **Importación del planificador**: El código importa get_linear_schedule_with_warmup de la biblioteca transformers.
2. **Configuración del optimizador**:
   - Configura dos grupos de parámetros: uno con decaimiento de peso y otro sin él.
   - Este enfoque permite aplicar diferentes tasas de aprendizaje a diferentes partes del modelo.
3. **Inicialización del optimizador y el planificador**:
   - El optimizador AdamW se inicializa con los parámetros agrupados.
   - Se crea un planificador de tasa de aprendizaje lineal con warmup, que ajustará la tasa de aprendizaje durante el entrenamiento.
4. **Bucle de entrenamiento**:

- El código actualiza el bucle de entrenamiento para incorporar el planificador.
- Después de cada paso de optimización, el planificador ajusta la tasa de aprendizaje.

Esta implementación permite un ajuste fino más efectivo del modelo BERT al aplicar diferentes tasas de aprendizaje a distintas partes del modelo y ajustar gradualmente la tasa de aprendizaje a lo largo del proceso de entrenamiento.

Aumento de Datos

Para mejorar nuestro conjunto de datos y potencialmente mejorar el rendimiento del modelo, podemos emplear diversas técnicas de aumento de datos. Un método particularmente eficaz es la **traducción inversa**, que consiste en traducir el texto original a otro idioma y luego volver a traducirlo al idioma original. Este proceso introduce variaciones sutiles en el texto mientras preserva su significado y sentimiento general.

Además, podemos explorar otras estrategias de aumento, como el reemplazo de sinónimos, la inserción o eliminación aleatoria de palabras, y la paráfrasis del texto. Estas técnicas en conjunto ayudan a aumentar la diversidad y el tamaño de nuestros datos de entrenamiento, lo que potencialmente puede conducir a un modelo de análisis de sentimientos más robusto y generalizable.

```
from transformers import MarianMTModel, MarianTokenizer

# Load translation models
en_to_fr = MarianMTModel.from_pretrained('Helsinki-NLP/opus-mt-en-fr')
fr_to_en = MarianMTModel.from_pretrained('Helsinki-NLP/opus-mt-fr-en')
en_tokenizer = MarianTokenizer.from_pretrained('Helsinki-NLP/opus-mt-en-fr')
fr_tokenizer = MarianTokenizer.from_pretrained('Helsinki-NLP/opus-mt-fr-en')

def back_translate(text):
    # Translate to French
    fr_text    =    en_to_fr.generate(**en_tokenizer(text,    return_tensors="pt",
padding=True))
    fr_text = [en_tokenizer.decode(t, skip_special_tokens=True) for t in fr_text][0]

    # Translate back to English
    en_text    =    fr_to_en.generate(**fr_tokenizer(fr_text,    return_tensors="pt",
padding=True))
    en_text = [fr_tokenizer.decode(t, skip_special_tokens=True) for t in en_text][0]

    return en_text

# Augment the training data
augmented_texts  =  [back_translate(text)  for  text  in  train_df['text'][:1000]]   #
Augment first 1000 samples
augmented_labels = train_df['label'][:1000]
```

```
train_df = pd.concat([train_df, pd.DataFrame({'text': augmented_texts, 'label':
augmented_labels})])
```

Aquí tienes una explicación de los componentes clave:

- El código importa los modelos y tokenizadores necesarios de la biblioteca Transformers para tareas de traducción.
- Carga modelos preentrenados para la traducción de inglés a francés y de francés a inglés.
- Se define la función back_translate para realizar el aumento de datos:
    - Traduce el texto en inglés al francés.
    - Luego traduce el texto en francés de vuelta al inglés.
    - Este proceso introduce variaciones sutiles manteniendo el significado general.
- Luego, el código aumenta los datos de entrenamiento:
    - Aplica la traducción inversa a las primeras 1000 muestras del conjunto de datos de entrenamiento.
    - Los textos aumentados y sus etiquetas correspondientes se añaden al conjunto de entrenamiento.

Esta técnica ayuda a aumentar la diversidad de los datos de entrenamiento, lo que potencialmente puede conducir a un modelo de análisis de sentimientos más robusto y generalizable.

Métodos de Ensamble

Para mejorar el rendimiento y la robustez de nuestro modelo, podemos implementar un enfoque de ensamble. Esta técnica implica crear múltiples modelos, cada uno con sus propias fortalezas y características, y combinar sus predicciones para generar un resultado final más preciso y confiable.

Al aprovechar la inteligencia colectiva de varios modelos, a menudo podemos lograr mejores resultados que al confiar en un solo modelo. Este método de ensamble puede ayudar a mitigar las debilidades de modelos individuales y capturar una gama más amplia de patrones en los datos, lo que en última instancia lleva a una mayor precisión en el análisis de sentimientos.

```
# Train multiple models (e.g., BERT, RoBERTa, DistilBERT)
from transformers import RobertaForSequenceClassification,
DistilBertForSequenceClassification

models = [
    BertForSequenceClassification.from_pretrained('bert-base-uncased',
num_labels=2),
```

```
    RobertaForSequenceClassification.from_pretrained('roberta-base', num_labels=2),
    DistilBertForSequenceClassification.from_pretrained('distilbert-base-uncased',
num_labels=2)
]

# Train each model (code omitted for brevity)

def ensemble_predict(text):
    encoded = tokenizer.encode_plus(
        text,
        add_special_tokens=True,
        max_length=256,
        padding='max_length',
        truncation=True,
        return_attention_mask=True,
        return_tensors='pt'
    )

    input_ids = encoded['input_ids'].to(device)
    attention_mask = encoded['attention_mask'].to(device)

    predictions = []
    with torch.no_grad():
        for model in models:
            outputs = model(input_ids, attention_mask=attention_mask)
            pred = torch.softmax(outputs.logits, dim=1)
            predictions.append(pred)

    # Average predictions
    avg_pred = torch.mean(torch.stack(predictions), dim=0)
    final_pred = torch.argmax(avg_pred, dim=1)

    return "Positive" if final_pred.item() == 1 else "Negative"
```

Este código implementa un método de ensamble para análisis de sentimientos utilizando múltiples modelos basados en transformers. Aquí tienes un desglose de sus componentes clave:

1. **Inicialización del Modelo**: El código importa e inicializa tres modelos preentrenados diferentes: BERT, RoBERTa y DistilBERT. Cada modelo está configurado para clasificación binaria (sentimiento positivo/negativo).
2. **Función de Predicción del Ensamble**: Se define la función ensemble_predict para hacer predicciones utilizando los tres modelos:
    - Tokeniza y codifica el texto de entrada usando un tokenizador (presumiblemente el tokenizador de BERT, aunque no se muestra explícitamente en el fragmento).
    - La entrada codificada se pasa por cada modelo para obtener predicciones.

- Los logits crudos de cada modelo se convierten en probabilidades utilizando softmax.
- Las predicciones de todos los modelos se promedian para obtener una predicción final.
- La función devuelve "Positivo" o "Negativo" basado en la predicción promediada.

Este enfoque de ensamble tiene como objetivo mejorar la precisión de las predicciones al combinar las fortalezas de varios modelos, lo que potencialmente conduce a resultados de análisis de sentimientos más robustos.

9.2.7 Conclusión

En este proyecto mejorado, hemos implementado con éxito un modelo sofisticado de análisis de sentimientos que aprovecha el poder de la arquitectura BERT. Hemos profundizado en técnicas avanzadas para mejorar significativamente su rendimiento y versatilidad. Nuestro enfoque integral cubrió aspectos cruciales como el meticuloso preprocesamiento de datos, el riguroso entrenamiento del modelo, una evaluación exhaustiva y procesos de inferencia fluidos.

Además, hemos introducido y explorado técnicas de vanguardia para mejorar el rendimiento del modelo. Estas incluyen la implementación de tasas de aprendizaje discriminativas, que permiten una optimización más afinada en diferentes capas del modelo. También hemos incorporado estrategias de aumento de datos, en particular la traducción inversa, para enriquecer nuestro conjunto de datos y mejorar la capacidad del modelo para generalizar. Adicionalmente, hemos explorado métodos de ensamble, combinando las fortalezas de múltiples modelos para lograr predicciones más robustas y precisas.

Estas técnicas avanzadas no solo potencian la precisión y la capacidad de generalización del modelo, sino que también demuestran el inmenso potencial de los modelos basados en transformers para abordar tareas complejas de análisis de sentimientos. Al emplear estos métodos, hemos mostrado cómo aprovechar todo el poder de las arquitecturas de NLP de vanguardia, proporcionando una base sólida y extensible para futuras exploraciones y refinamientos.

El conocimiento y la experiencia obtenidos de este proyecto abren numerosas vías de aplicación en escenarios reales de NLP. Desde el análisis de comentarios de clientes y sentimientos en redes sociales hasta la evaluación de la opinión pública sobre diversos temas, las técnicas exploradas aquí tienen amplias implicaciones. Este proyecto sirve como un trampolín para que científicos de datos y practicantes de NLP profundicen en el fascinante mundo del análisis de sentimientos, fomentando la innovación y el avance en esta área crítica de la inteligencia artificial y el machine learning.

9.3 Proyecto 3: Clasificación de Imágenes con CNNs

La clasificación de imágenes se considera una tarea fundamental y crucial en el campo de la visión por computadora, con aplicaciones de gran alcance que abarcan diversas industrias y dominios. Desde mejorar las capacidades de percepción de vehículos autónomos hasta revolucionar el diagnóstico médico mediante el análisis automatizado de imágenes, el impacto de la clasificación de imágenes es tanto profundo como transformador. Este proyecto se adentra en el fascinante mundo de las Redes Neuronales Convolucionales (CNNs), explorando sus poderosas capacidades en el contexto de la clasificación de imágenes.

Nos centraremos en el reconocido conjunto de datos CIFAR-10, una rica colección de 60,000 imágenes en color, cada una con un tamaño de 32x32 píxeles. Estas imágenes están categorizadas meticulosamente en 10 clases distintas, proporcionando un conjunto de datos diverso y desafiante para nuestra tarea de clasificación. El conjunto de datos CIFAR-10 sirve como un excelente punto de referencia para evaluar y ajustar los modelos de machine learning, ofreciendo un equilibrio entre complejidad y manejabilidad.

Sobre la base del proyecto original, nuestro objetivo es llevar el rendimiento y la robustez de nuestro sistema de clasificación de imágenes basado en CNN a nuevos niveles. A través de la implementación de varias mejoras estratégicas y técnicas avanzadas, buscamos optimizar no solo la precisión de nuestras clasificaciones, sino también la eficiencia y generalización de nuestro enfoque, allanando el camino para aplicaciones de visión por computadora más sofisticadas y confiables.

9.3.1 Aumento de Datos y Preprocesamiento

Para mejorar la capacidad del modelo de generalizar y desempeñarse bien en datos no vistos, ampliaremos significativamente nuestras técnicas de aumento de datos. Más allá de las transformaciones básicas como rotaciones simples y volteos, implementaremos un conjunto más completo de estrategias de aumento.

Estas técnicas avanzadas introducirán variaciones controladas en las imágenes de entrenamiento, aumentando efectivamente la diversidad de nuestro conjunto de datos sin la necesidad de recopilar más datos. Al exponer al modelo a estas variaciones creadas artificialmente, buscamos mejorar su robustez y su capacidad para reconocer objetos en diferentes condiciones, lo que finalmente llevará a un mejor rendimiento en entradas de imágenes diversas del mundo real.

```
from tensorflow.keras.preprocessing.image import ImageDataGenerator

datagen = ImageDataGenerator(
    rotation_range=15,
    width_shift_range=0.1,
    height_shift_range=0.1,
    horizontal_flip=True,
    zoom_range=0.1,
```

```
    shear_range=0.1,
    channel_shift_range=0.1,
    fill_mode='nearest'
)

# Normalize pixel values
X_train = X_train.astype('float32') / 255.0
X_test = X_test.astype('float32') / 255.0

# One-hot encode labels
y_train = tf.keras.utils.to_categorical(y_train, 10)
y_test = tf.keras.utils.to_categorical(y_test, 10)
```

Vamos a desglosarlo:

1. **Aumento de Datos**:
   - Se utiliza ImageDataGenerator para crear versiones aumentadas de las imágenes de entrenamiento.
   - Se aplican varias transformaciones, incluyendo rotación, desplazamientos en ancho y altura, volteos horizontales, zoom, cizallamiento y cambios de canal.
   - Estas aumentaciones ayudan a aumentar la diversidad de los datos de entrenamiento, mejorando la capacidad del modelo para generalizar.
2. **Normalización de Datos**:
   - Los valores de los píxeles de las imágenes de entrenamiento y prueba se normalizan dividiéndolos por 255.0, escalándolos a un rango de 0 a 1.
   - Esta normalización ayuda a una convergencia más rápida durante el entrenamiento y garantiza una escala de entrada coherente.
3. **Codificación de Etiquetas**:
   - Las etiquetas (y_train y y_test) se convierten al formato de codificación one-hot usando tf.keras.utils.to_categorical().
   - Esto transforma las etiquetas de clase en una representación de matriz binaria, que es adecuada para tareas de clasificación multiclase.

Estos pasos de preprocesamiento preparan los datos para entrenar una red neuronal convolucional (CNN) en el conjunto de datos CIFAR-10, mejorando la capacidad del modelo para aprender y generalizar a partir de las imágenes.

9.3.2 Arquitectura Mejorada de la CNN

Diseñaremos una arquitectura de CNN más sofisticada y profunda, incorporando conexiones residuales. Esta estructura avanzada facilitará un mejor flujo de gradientes durante el proceso de entrenamiento, permitiendo un aprendizaje más eficiente de características complejas.

Las conexiones residuales, también conocidas como **skip connections** (conexiones de salto), permiten que la red omita ciertas capas, lo que ayuda a mitigar el problema de los gradientes que se desvanecen, que a menudo se encuentra en redes neuronales profundas. Esta mejora arquitectónica no solo promueve una mejor propagación de la información a través de la red, sino que también permite el entrenamiento de modelos sustancialmente más profundos, lo que potencialmente lleva a una mayor precisión y rendimiento en nuestra tarea de clasificación de imágenes.

```
from tensorflow.keras.models import Model
from tensorflow.keras.layers import Input, Conv2D, BatchNormalization, Activation,
MaxPooling2D, Add, GlobalAveragePooling2D, Dense, Dropout

def residual_block(x, filters, kernel_size=3, stride=1):
    shortcut = x

    x = Conv2D(filters, kernel_size, strides=stride, padding='same')(x)
    x = BatchNormalization()(x)
    x = Activation('relu')(x)

    x = Conv2D(filters, kernel_size, padding='same')(x)
    x = BatchNormalization()(x)

    if stride != 1 or shortcut.shape[-1] != filters:
        shortcut = Conv2D(filters, 1, strides=stride, padding='same')(shortcut)
        shortcut = BatchNormalization()(shortcut)

    x = Add()([x, shortcut])
    x = Activation('relu')(x)
    return x

def build_improved_cnn():
    inputs = Input(shape=(32, 32, 3))

    x = Conv2D(64, 3, padding='same')(inputs)
    x = BatchNormalization()(x)
    x = Activation('relu')(x)

    x = residual_block(x, 64)
    x = residual_block(x, 64)
    x = MaxPooling2D()(x)

    x = residual_block(x, 128)
    x = residual_block(x, 128)
    x = MaxPooling2D()(x)
```

```
    x = residual_block(x, 256)
    x = residual_block(x, 256)
    x = GlobalAveragePooling2D()(x)

    x = Dense(512, activation='relu')(x)
    x = Dropout(0.5)(x)
    outputs = Dense(10, activation='softmax')(x)

    model = Model(inputs=inputs, outputs=outputs)
    return model

model = build_improved_cnn()
model.compile(optimizer='adam',                    loss='categorical_crossentropy',
metrics=['accuracy'])
```

Desglosemos los componentes principales:

- **Función de Bloque Residual:** La función residual_block implementa una conexión residual, lo que ayuda en el entrenamiento de redes más profundas al permitir que el gradiente fluya más fácilmente a través de la red.
- **Arquitectura Mejorada de la CNN:** La función build_improved_cnn construye el modelo utilizando estos elementos clave:
    - Capa de entrada para imágenes RGB de 32x32
    - Capa convolucional inicial seguida de normalización por lotes y activación ReLU
    - Múltiples bloques residuales con tamaños de filtro crecientes (64, 128, 256)
    - Pooling global promedio para reducir las dimensiones espaciales
    - Capa densa con dropout para regularización
    - Capa de salida con activación softmax para la clasificación de 10 clases

El modelo luego se compila utilizando el optimizador Adam, la pérdida de entropía cruzada categórica (adecuada para clasificación multiclase) y la precisión como métrica de evaluación.

Esta arquitectura incorpora varias técnicas avanzadas como conexiones residuales, normalización por lotes y dropout, que están diseñadas para mejorar el rendimiento del modelo y su capacidad para aprender características complejas del conjunto de datos CIFAR-10.

9.3.3 Programación de la Tasa de Aprendizaje

Implementa un programador de tasa de aprendizaje para ajustar dinámicamente la tasa de aprendizaje durante el proceso de entrenamiento. Esta técnica permite afinar el proceso de aprendizaje del modelo, lo que podría llevar a una mejor convergencia y rendimiento.

Al disminuir gradualmente la tasa de aprendizaje a medida que progresa el entrenamiento, podemos ayudar al modelo a navegar el paisaje de la pérdida de manera más efectiva, permitiéndole asentarse en mínimos óptimos mientras se evita el sobreajuste o la oscilación. Este enfoque adaptativo para la gestión de la tasa de aprendizaje puede ser particularmente beneficioso al tratar con conjuntos de datos complejos como CIFAR-10, donde el modelo necesita aprender características y patrones intrincados en múltiples clases.

```
from tensorflow.keras.callbacks import LearningRateScheduler

def lr_schedule(epoch):
    lr = 0.001
    if epoch > 75:
        lr *= 0.5e-3
    elif epoch > 50:
        lr *= 1e-3
    elif epoch > 25:
        lr *= 1e-2
    return lr

lr_scheduler = LearningRateScheduler(lr_schedule)
```

Desglose de sus componentes:

- El LearningRateScheduler se importa de los callbacks de Keras.
- Se define una función personalizada lr_schedule para ajustar la tasa de aprendizaje según la época actual:
- Comienza con una tasa de aprendizaje inicial de 0.001.
- La tasa de aprendizaje se reduce en umbrales específicos de épocas:
    - Después de 25 épocas, se multiplica por 0.01.
    - Después de 50 épocas, se multiplica por 0.001.
    - Después de 75 épocas, se multiplica por 0.0005.
- El LearningRateScheduler se instancia con la función lr_schedule.

Este programador reduce gradualmente la tasa de aprendizaje durante el entrenamiento, lo que puede ayudar a afinar el proceso de aprendizaje del modelo y mejorar la convergencia y el rendimiento.

9.3.4 Entrenamiento con Early Stopping

Implementa early stopping como una técnica crucial para mitigar el sobreajuste y optimizar la eficiencia del entrenamiento. Este método detiene automáticamente el proceso de entrenamiento cuando el rendimiento del modelo en el conjunto de validación comienza a estancarse o a disminuir, evitando así que el modelo memorice los datos de entrenamiento y pierda su capacidad de generalización.

Al hacerlo, el early stopping no solo ayuda a mantener la capacidad del modelo de rendir bien en datos no vistos, sino que también reduce significativamente el tiempo total de entrenamiento, permitiendo un uso más eficiente de los recursos computacionales.

Este enfoque es especialmente valioso cuando se trabaja con conjuntos de datos complejos como CIFAR-10, donde el riesgo de sobreajuste es alto debido a los patrones y características intrincados presentes en las imágenes.

```
from tensorflow.keras.callbacks import EarlyStopping

early_stopping = EarlyStopping(monitor='val_loss', patience=10,
restore_best_weights=True)

history = model.fit(
    datagen.flow(X_train, y_train, batch_size=64),
    epochs=100,
    validation_data=(X_test, y_test),
    callbacks=[lr_scheduler, early_stopping]
)
```

Desglose:

- from tensorflow.keras.callbacks import EarlyStopping: Esto importa el callback EarlyStopping de Keras.
- early_stopping = EarlyStopping(monitor='val_loss', patience=10, restore_best_weights=True): Esto crea un objeto EarlyStopping con los siguientes parámetros:
    - Se monitorea 'val_loss' para determinar cuándo detener el entrenamiento.
    - 'patience=10' significa que el entrenamiento se detendrá si no hay mejora durante 10 épocas consecutivas.
    - 'restore_best_weights=True' asegura que el modelo conserve los pesos de su mejor desempeño.
- history = model.fit(...): Esto entrena el modelo con los siguientes componentes clave:
    - Usa aumentación de datos con datagen.flow().

- Entrena por un máximo de 100 épocas.
- Utiliza los datos de prueba para la validación.
- Aplica tanto el programador de tasa de aprendizaje como los callbacks de early stopping.

Esta configuración ayuda a optimizar el proceso de entrenamiento ajustando dinámicamente la tasa de aprendizaje y deteniendo el entrenamiento cuando el modelo deja de mejorar, lo cual es especialmente útil para conjuntos de datos complejos como CIFAR-10.

9.3.5 Evaluación y visualización del modelo

Implementa una evaluación más exhaustiva del rendimiento del modelo para obtener una visión más profunda de su efectividad y comportamiento. Este proceso de evaluación mejorado involucrará múltiples métricas y técnicas de visualización, permitiendo una comprensión más matizada de las fortalezas del modelo y posibles áreas de mejora.

Al emplear un conjunto diverso de métodos de evaluación, podemos analizar varios aspectos del rendimiento del modelo, incluyendo su precisión en diferentes clases, su capacidad para generalizar a datos no vistos y su proceso de toma de decisiones.

Este enfoque multifacético de la evaluación proporcionará una evaluación más robusta e informativa de nuestro modelo de clasificación de imágenes, contribuyendo en última instancia a su refinamiento y optimización.

```
import numpy as np
import matplotlib.pyplot as plt
from sklearn.metrics import confusion_matrix, classification_report

# Evaluate the model
test_loss, test_acc = model.evaluate(X_test, y_test, verbose=0)
print(f"Test accuracy: {test_acc:.4f}")

# Confusion Matrix
y_pred = model.predict(X_test)
y_pred_classes = np.argmax(y_pred, axis=1)
y_true = np.argmax(y_test, axis=1)

cm = confusion_matrix(y_true, y_pred_classes)
plt.figure(figsize=(10, 8))
plt.imshow(cm, interpolation='nearest', cmap=plt.cm.Blues)
plt.title('Confusion Matrix')
plt.colorbar()
tick_marks = np.arange(10)
plt.xticks(tick_marks, class_names, rotation=45)
plt.yticks(tick_marks, class_names)
plt.tight_layout()
plt.ylabel('True label')
plt.xlabel('Predicted label')
```

```
plt.show()

# Classification Report
print(classification_report(y_true, y_pred_classes, target_names=class_names))

# Learning Curves
plt.figure(figsize=(12, 4))
plt.subplot(1, 2, 1)
plt.plot(history.history['accuracy'], label='Train Accuracy')
plt.plot(history.history['val_accuracy'], label='Validation Accuracy')
plt.title('Model Accuracy')
plt.xlabel('Epoch')
plt.ylabel('Accuracy')
plt.legend()

plt.subplot(1, 2, 2)
plt.plot(history.history['loss'], label='Train Loss')
plt.plot(history.history['val_loss'], label='Validation Loss')
plt.title('Model Loss')
plt.xlabel('Epoch')
plt.ylabel('Loss')
plt.legend()
plt.show()
```

Desglose:

- **Evaluación del modelo:** Se evalúa el rendimiento del modelo en el conjunto de prueba, mostrando la precisión en la prueba.
- **Matriz de confusión:** Visualiza las predicciones del modelo en diferentes clases, ayudando a identificar dónde el modelo podría estar confundiendo ciertas categorías.
- **Informe de clasificación:** Proporciona un desglose detallado de la precisión, el recall y el F1-score para cada clase.
- **Curvas de aprendizaje:** Se generan dos gráficos que muestran cómo cambian la precisión y la pérdida del modelo a lo largo de las épocas para los conjuntos de entrenamiento y validación. Esto ayuda a entender si el modelo está sobreajustado o subajustado.

Estas técnicas de evaluación ofrecen una vista integral del rendimiento del modelo, permitiendo una mejor comprensión y posibles mejoras en la tarea de clasificación de imágenes.

9.3.6 Visualización Grad-CAM

Implementa el mapeo de activación ponderada por gradiente (Grad-CAM), una técnica avanzada de visualización que proporciona valiosas ideas sobre el proceso de toma de decisiones de nuestra red neuronal convolucional. Grad-CAM genera mapas de calor que resaltan las regiones de una imagen de entrada que son más influyentes en la decisión de clasificación del modelo.

Al visualizar estas áreas, podemos obtener una comprensión más profunda de qué partes de una imagen el modelo considera importantes para sus predicciones, mejorando la interpretabilidad y la transparencia de nuestro modelo de deep learning.

Esta técnica no solo ayuda a depurar y refinar el modelo, sino que también genera confianza en el proceso de toma de decisiones del modelo al proporcionar explicaciones comprensibles para los humanos sobre sus clasificaciones.

```
import tensorflow as tf

def grad_cam(model, image, class_index):
    grad_model = tf.keras.models.Model([model.inputs], [model.get_layer('conv2d_6').output, model.output])

    with tf.GradientTape() as tape:
        conv_outputs, predictions = grad_model(image)
        loss = predictions[:, class_index]

    output = conv_outputs[0]
    grads = tape.gradient(loss, conv_outputs)[0]

    weights = tf.reduce_mean(grads, axis=(0, 1))
    cam = tf.reduce_sum(tf.multiply(output, weights), axis=-1)

    cam = tf.maximum(cam, 0)
    cam = cam / tf.reduce_max(cam)
    cam = tf.resize(cam, (32, 32))
    cam = tf.cast(cam * 255, tf.uint8)

    return cam.numpy()

# Visualize Grad-CAM for a sample image
sample_image = X_test[0]
sample_label = np.argmax(y_test[0])

cam = grad_cam(model, np.expand_dims(sample_image, axis=0), sample_label)

plt.figure(figsize=(10, 5))
plt.subplot(1, 2, 1)
plt.imshow(sample_image)
plt.title('Original Image')
plt.axis('off')

plt.subplot(1, 2, 2)
plt.imshow(sample_image)
plt.imshow(cam, cmap='jet', alpha=0.5)
plt.title('Grad-CAM')
plt.axis('off')
```

```
plt.show()
```

Desglose de los componentes principales:

- **Función grad_cam:** Esta función toma un modelo, una imagen y un índice de clase como entradas y devuelve un mapa de calor que resalta las regiones importantes para esa clase.
- **Creación de un nuevo modelo:** Crea un nuevo modelo que genera tanto la capa final como una capa intermedia convolucional ('conv2d_6').
- **Cálculo del gradiente:** Usando GradientTape de TensorFlow, calcula los gradientes de la salida de la clase con respecto a la salida de la capa convolucional.
- **Generación del mapa de calor:** Calcula la suma ponderada de los mapas de características utilizando los gradientes calculados, luego normaliza y redimensiona el resultado para crear el mapa de calor final.
- **Visualización:** El código luego aplica esta función a una imagen de muestra del conjunto de prueba y visualiza tanto la imagen original como el mapa de calor Grad-CAM superpuesto en la imagen.

Esta técnica ayuda a entender en qué partes de la imagen se enfoca el modelo al tomar su decisión de clasificación, proporcionando valiosas ideas sobre el proceso de toma de decisiones del modelo.

9.3.7 Interpretabilidad del modelo

Implementa valores SHAP (SHapley Additive exPlanations) para proporcionar una interpretación completa de las predicciones del modelo. Los valores SHAP ofrecen un enfoque unificado para explicar la salida de cualquier modelo de machine learning, lo que nos permite entender cómo contribuye cada característica a una predicción particular.

Al utilizar SHAP, podemos obtener valiosas ideas sobre qué partes de una imagen de entrada son más influyentes en la determinación de la decisión de clasificación del modelo, mejorando nuestra comprensión del proceso de toma de decisiones del modelo y aumentando su interpretabilidad.

Esta técnica avanzada no solo ayuda a depurar y refinar nuestro modelo, sino que también aumenta la transparencia y la confianza en sus predicciones, lo cual es crucial para desplegar modelos de machine learning en aplicaciones del mundo real.

```
import shap

# Select a subset of test images for interpretation
explainer = shap.DeepExplainer(model, X_test[:100])
shap_values = explainer.shap_values(X_test[:10])
```

```
# Visualize SHAP values
shap.image_plot(shap_values, -X_test[:10])
```

Desglose de lo que hace el código:

- import shap: Esto importa la librería SHAP, que se utiliza para la interpretabilidad de modelos.
- explainer = shap.DeepExplainer(model, X_test[:100]): Esto crea un objeto explicador SHAP para el modelo CNN. Utiliza las primeras 100 imágenes de prueba como datos de fondo para estimar los valores esperados.
- shap_values = explainer.shap_values(X_test[:10]): Esto calcula los valores SHAP para las primeras 10 imágenes de prueba. Los valores SHAP representan cuánto contribuye cada píxel a la predicción del modelo para cada clase.
- shap.image_plot(shap_values, -X_test[:10]): Esto visualiza los valores SHAP. Crea un gráfico que muestra cómo cada píxel en las imágenes de entrada contribuye a las predicciones del modelo.

Esta implementación de valores SHAP proporciona información sobre qué partes de una imagen de entrada son más influyentes en la determinación de la decisión de clasificación del modelo, mejorando la interpretabilidad del modelo CNN.

9.3.8 Conclusión

Este proyecto mejorado muestra una multitud de mejoras con respecto a la tarea original de clasificación de imágenes basada en CNN, elevando su rendimiento e interpretabilidad a nuevos niveles. Hemos implementado una arquitectura CNN más sofisticada y robusta, incorporando conexiones residuales que permiten estructuras de red más profundas y un mejor flujo de gradientes. Este avance arquitectónico se complementa con un conjunto ampliado de técnicas de aumentación de datos, que enriquecen nuestro conjunto de datos de entrenamiento y mejoran la capacidad del modelo para generalizar en diversas transformaciones y perturbaciones de imágenes.

Además, hemos integrado estrategias avanzadas de entrenamiento que optimizan el proceso de aprendizaje. La implementación de la programación de la tasa de aprendizaje permite un ajuste dinámico de la tasa de aprendizaje a lo largo de las épocas de entrenamiento, facilitando una convergencia más eficiente y potencialmente desbloqueando mejores mínimos locales en el paisaje de pérdida. El early stopping se ha empleado como una poderosa técnica de regularización, previniendo el sobreajuste al detener el proceso de entrenamiento cuando el rendimiento del modelo en el conjunto de validación comienza a estancarse o disminuir.

Junto a estas mejoras principales, hemos introducido un conjunto completo de técnicas de evaluación de modelos y herramientas avanzadas de visualización. La incorporación de Grad-CAM (Class Activation Mapping ponderado por Gradiente) proporciona valiosas ideas sobre el proceso de toma de decisiones del modelo al resaltar las regiones de las imágenes de entrada que son más influyentes en las decisiones de clasificación. De manera similar, la implementación de valores SHAP (SHapley Additive exPlanations) ofrece un enfoque unificado para explicar las predicciones del modelo, permitiéndonos entender la contribución de cada característica al resultado final.

Estas mejoras en conjunto no solo impulsan las métricas de rendimiento del modelo, sino que también proporcionan una comprensión más matizada y exhaustiva de su comportamiento y procesos de toma de decisiones. Al mejorar tanto el rendimiento cuantitativo como la interpretabilidad cualitativa de nuestro modelo, hemos creado un sistema más robusto y confiable que está mejor preparado para manejar las complejidades y desafíos de las aplicaciones de visión por computadora en el mundo real.

Este enfoque integral para el desarrollo y evaluación de modelos establece un nuevo estándar para las tareas de clasificación de imágenes basadas en CNN, allanando el camino para sistemas de IA más transparentes, eficientes y efectivos en el campo de la visión por computadora.

9.4 Proyecto 4: Predicción de series temporales con LSTMs (Mejorado)

La predicción de series temporales juega un papel crucial en numerosos dominios, que incluyen pero no se limitan a análisis financieros, predicciones meteorológicas y estimaciones de demanda en la gestión de la cadena de suministro. Este proyecto profundiza en la aplicación de redes Long Short-Term Memory (LSTM), un tipo sofisticado de red neuronal recurrente, con el fin de predecir valores futuros dentro de una serie temporal. Nuestro enfoque específico se centra en el ámbito de la predicción de precios de acciones, una aplicación desafiante y de gran importancia económica en la predicción de series temporales.

Basándonos en nuestro proyecto original, buscamos implementar una serie de mejoras diseñadas para aumentar significativamente tanto el rendimiento como la robustez de nuestro modelo. Estas mejoras abarcan varios aspectos de la tubería de machine learning, desde la preprocesamiento de datos y la ingeniería de características hasta la arquitectura del modelo y las metodologías de entrenamiento. Al incorporar estos avances, buscamos crear un sistema de predicción más preciso, confiable e interpretable que pueda captar eficazmente los patrones y dependencias complejas inherentes a los movimientos de precios de acciones.

Mediante este enfoque mejorado, no solo pretendemos mejorar la precisión predictiva, sino también obtener una comprensión más profunda de los factores subyacentes que impulsan las fluctuaciones en los precios de las acciones. Este proyecto sirve como una exploración integral de técnicas de vanguardia en la predicción de series temporales, demostrando el potencial de los métodos avanzados de machine learning para abordar desafíos reales en la predicción financiera.

9.4.1 Recolección y preprocesamiento de datos

Para mejorar la robustez de nuestro conjunto de datos, implementaremos pasos exhaustivos de recolección y preprocesamiento de datos. Esta expansión implica recopilar una gama más amplia de datos históricos, incorporar características adicionales relevantes y aplicar técnicas avanzadas de preprocesamiento.

Al hacerlo, buscamos crear un conjunto de datos más completo e informativo que capture los patrones y relaciones matizados dentro de los movimientos de precios de las acciones. Este conjunto de datos mejorado servirá como una base sólida para nuestro modelo LSTM, lo que podría llevar a predicciones más precisas y confiables.

```
import pandas as pd
import numpy as np
import yfinance as yf
from sklearn.preprocessing import MinMaxScaler
from sklearn.model_selection import train_test_split

# Fetch more historical data and additional features
stock_data = yf.download('GOOGL', start='2000-01-01', end='2023-12-31')
stock_data['Returns'] = stock_data['Close'].pct_change()
stock_data['MA50'] = stock_data['Close'].rolling(window=50).mean()
stock_data['MA200'] = stock_data['Close'].rolling(window=200).mean()
stock_data['Volume_MA'] = stock_data['Volume'].rolling(window=20).mean()
stock_data.dropna(inplace=True)

# Normalize the data
scaler = MinMaxScaler(feature_range=(0, 1))
scaled_data = scaler.fit_transform(stock_data[['Close', 'Volume', 'Returns', 'MA50',
'MA200', 'Volume_MA']])

# Create sequences
def create_sequences(data, seq_length):
    X, y = [], []
    for i in range(len(data) - seq_length):
        X.append(data[i:(i + seq_length), :])
        y.append(data[i + seq_length, 0])
    return np.array(X), np.array(y)

sequence_length = 60
X, y = create_sequences(scaled_data, sequence_length)

# Split the data
X_train, X_test, y_train, y_test = train_test_split(X, y, test_size=0.2,
random_state=42)
```

Desglose:

- **Recolección de datos**: El código utiliza la librería yfinance para descargar datos históricos de las acciones de Google (GOOGL) desde el 1 de enero de 2000 hasta el 31 de diciembre de 2023.
- **Ingeniería de características**: Se crean varias características nuevas:
  - Retornos: Cambio porcentual en el precio de cierre.
  - MA50: Media móvil de 50 días del precio de cierre.
  - MA200: Media móvil de 200 días del precio de cierre.
  - Volume_MA: Media móvil de 20 días del volumen de negociación.
- **Normalización de datos**: Se utiliza el MinMaxScaler para escalar todas las características a un rango entre 0 y 1, lo cual es importante para el entrenamiento de redes neuronales.
- **Creación de secuencias**: Se define una función create_sequences() para generar secuencias de entrada y los valores objetivo correspondientes. Utiliza un enfoque de ventana deslizante con una longitud de secuencia de 60 días.
- **División de datos**: El conjunto de datos se divide en conjuntos de entrenamiento y prueba, reservando el 20% de los datos para pruebas.

Este pipeline de preprocesamiento crea un conjunto de datos robusto que captura varios aspectos de los movimientos de precios de acciones, proporcionando una base sólida para que el modelo LSTM aprenda.

9.4.2 Arquitectura LSTM mejorada

En este paso, diseñaremos una arquitectura LSTM avanzada y robusta, incorporando múltiples capas e implementando técnicas de dropout para una regularización efectiva. Este diseño mejorado tiene como objetivo captar las complejas dependencias temporales en los datos de series temporales, mientras mitiga los problemas de sobreajuste.

Al agregar estratégicamente profundidad a nuestra red e introducir capas de dropout, buscamos mejorar la capacidad del modelo para generalizar a partir de los datos de entrenamiento y hacer predicciones más precisas en patrones de precios de acciones no vistos. La arquitectura sofisticada que construiremos equilibrará la complejidad del modelo con la capacidad de generalización, lo que potencialmente llevará a un mejor rendimiento en la predicción de precios de acciones.

```
from tensorflow.keras.models import Sequential
from tensorflow.keras.layers import LSTM, Dense, Dropout, BatchNormalization
from tensorflow.keras.optimizers import Adam
```

```
def build_improved_lstm_model(input_shape):
    model = Sequential([
        LSTM(100, return_sequences=True, input_shape=input_shape),
        BatchNormalization(),
        Dropout(0.2),
        LSTM(100, return_sequences=True),
        BatchNormalization(),
        Dropout(0.2),
        LSTM(100),
        BatchNormalization(),
        Dropout(0.2),
        Dense(50, activation='relu'),
        Dense(1)
    ])
    model.compile(optimizer=Adam(learning_rate=0.001), loss='mean_squared_error')
    return model

model = build_improved_lstm_model((X_train.shape[1], X_train.shape[2]))
model.summary()
```

Desglose:

- **Importaciones**: Se importan los módulos necesarios de Keras para construir el modelo.
- **Arquitectura del modelo**: La función build_improved_lstm_model crea un modelo Secuencial con las siguientes capas:
    - Tres capas LSTM con 100 unidades cada una, siendo las dos primeras capas de retorno de secuencias.
    - Capas de BatchNormalization después de cada capa LSTM para normalizar las activaciones.
    - Capas de Dropout (tasa del 20%) para regularización y prevenir el sobreajuste.
    - Una capa Dense con 50 unidades y activación ReLU.
    - Una capa Dense final con 1 unidad para la predicción de salida.
- **Compilación del modelo**: El modelo se compila utilizando el optimizador Adam con una tasa de aprendizaje de 0.001 y el error cuadrático medio como función de pérdida.
- **Creación del modelo**: Se crea una instancia del modelo utilizando la forma de entrada de los datos de entrenamiento.
- **Resumen del modelo**: La llamada a model.summary() imprime la estructura del modelo, mostrando las capas y el número de parámetros.

Esta arquitectura tiene como objetivo captar dependencias temporales complejas en los datos de precios de acciones, utilizando técnicas como dropout y batch normalization para mejorar la generalización y la estabilidad durante el entrenamiento.

9.4.3 Entrenamiento con Early Stopping y programación de tasa de aprendizaje

Para mejorar el proceso de entrenamiento y optimizar el rendimiento del modelo, implementaremos dos técnicas clave: early stopping y la programación de la tasa de aprendizaje. El early stopping ayuda a prevenir el sobreajuste al detener el proceso de entrenamiento cuando el rendimiento del modelo en el conjunto de validación deja de mejorar. Esto asegura que capturemos el modelo en su mejor capacidad de generalización.

Por otro lado, la programación de la tasa de aprendizaje ajusta dinámicamente la tasa de aprendizaje durante el entrenamiento. Este enfoque adaptativo permite que el modelo haga actualizaciones más grandes en las primeras etapas del entrenamiento y ajustes más finos a medida que converge, lo que puede llevar a una convergencia más rápida y un mejor rendimiento general.

Al incorporar estas estrategias avanzadas de entrenamiento, buscamos lograr un proceso de entrenamiento más eficiente y un modelo que generalice bien en datos no vistos, mejorando así nuestras predicciones de precios de acciones.

```
from tensorflow.keras.callbacks import EarlyStopping, ReduceLROnPlateau

early_stopping = EarlyStopping(monitor='val_loss', patience=20, restore_best_weights=True)
lr_scheduler = ReduceLROnPlateau(monitor='val_loss', factor=0.5, patience=10, min_lr=0.00001)

history = model.fit(
    X_train, y_train,
    epochs=200,
    batch_size=32,
    validation_split=0.2,
    callbacks=[early_stopping, lr_scheduler],
    verbose=1
)
```

Desglose del código:

- **Importación de callbacks**: El código importa EarlyStopping y ReduceLROnPlateau de los callbacks de Keras.
- **Early Stopping**: Esta técnica detiene el entrenamiento cuando el rendimiento del modelo en el conjunto de validación deja de mejorar. Los parámetros son:
    - monitor='val_loss': Observa la pérdida de validación.

    - patience=20: Esperará 20 épocas antes de detenerse si no se observa mejora.
    - restore_best_weights=True: Restaurará los pesos del modelo de la época con el mejor valor de la cantidad monitoreada.

- **Programador de la tasa de aprendizaje**: Ajusta la tasa de aprendizaje durante el entrenamiento. Los parámetros son:
    - monitor='val_loss': Observa la pérdida de validación.
    - factor=0.5: Reducirá la tasa de aprendizaje a la mitad cuando se active.
    - patience=10: Esperará 10 épocas antes de reducir la tasa de aprendizaje.
    - min_lr=0.00001: La tasa de aprendizaje mínima.

- **Entrenamiento del modelo**: La función model.fit() entrena el modelo con estos parámetros:
    - epochs=200: Número máximo de épocas de entrenamiento.
    - batch_size=32: Número de muestras por actualización de gradiente.
    - validation_split=0.2: El 20% de los datos de entrenamiento se utilizarán para la validación.
    - callbacks=[early_stopping, lr_scheduler]: Se aplican el early stopping y el programador de tasa de aprendizaje durante el entrenamiento.
    - verbose=1: Esto mostrará barras de progreso durante el entrenamiento.

Estas técnicas tienen como objetivo mejorar el proceso de entrenamiento, prevenir el sobreajuste y, potencialmente, mejorar el rendimiento del modelo.

9.4.4 Evaluación y visualización del modelo

Para evaluar exhaustivamente el rendimiento del modelo y obtener una visión más profunda de sus predicciones, implementaremos una estrategia de evaluación integral. Este enfoque incluirá diversas métricas cuantitativas para medir precisión y error, así como representaciones visuales de las predicciones del modelo en comparación con los valores reales. Al combinar estos métodos, podremos comprender mejor las fortalezas y limitaciones de nuestro modelo LSTM en la predicción de precios de acciones.

Nuestra evaluación incluirá los siguientes componentes clave:

- Cálculo de métricas estándar de regresión, como el error cuadrático medio (MSE), el error absoluto medio (MAE) y el coeficiente de determinación (R2).
- Gráficos de series temporales que comparan los valores predichos con los precios reales de las acciones.

- Análisis de residuos para identificar cualquier patrón en los errores de predicción.
- Evaluación de ventana deslizante para analizar el rendimiento del modelo en diferentes periodos de tiempo.

Este enfoque de evaluación multifacético proporcionará una comprensión matizada de las capacidades predictivas de nuestro modelo y ayudará a identificar áreas de mejora en futuras iteraciones.

```
import matplotlib.pyplot as plt

# Make predictions
train_predictions = model.predict(X_train)
test_predictions = model.predict(X_test)

# Inverse transform predictions
train_predictions    =    scaler.inverse_transform(np.concatenate((train_predictions,
np.zeros((len(train_predictions), 5))), axis=1))[:, 0]
test_predictions     =     scaler.inverse_transform(np.concatenate((test_predictions,
np.zeros((len(test_predictions), 5))), axis=1))[:, 0]
y_train_actual  =  scaler.inverse_transform(np.concatenate((y_train.reshape(-1,  1),
np.zeros((len(y_train), 5))), axis=1))[:, 0]
y_test_actual   =   scaler.inverse_transform(np.concatenate((y_test.reshape(-1,  1),
np.zeros((len(y_test), 5))), axis=1))[:, 0]

# Visualize predictions
plt.figure(figsize=(15, 6))
plt.plot(y_test_actual, label='Actual')
plt.plot(test_predictions, label='Predicted')
plt.title('LSTM Model: Actual vs Predicted Stock Prices')
plt.xlabel('Time')
plt.ylabel('Stock Price')
plt.legend()
plt.show()

# Evaluate model performance
from sklearn.metrics import mean_squared_error, mean_absolute_error, r2_score

mse = mean_squared_error(y_test_actual, test_predictions)
mae = mean_absolute_error(y_test_actual, test_predictions)
r2 = r2_score(y_test_actual, test_predictions)

print(f'Mean Squared Error: {mse}')
print(f'Mean Absolute Error: {mae}')
print(f'R-squared Score: {r2}')
```

Desglose de lo que hace el código:

- **Predicciones**: El modelo realiza predicciones tanto en los conjuntos de datos de entrenamiento como de prueba.

- **Transformación inversa**: Las predicciones y los valores reales se transforman inversamente para devolverlos a su escala original. Esto es necesario porque los datos fueron escalados durante el preprocesamiento.
- **Visualización**: Se crea un gráfico para comparar los precios reales de las acciones con los predichos para el conjunto de prueba. Esta representación visual ayuda a entender qué tan bien se alinean las predicciones del modelo con los datos reales.
- **Métricas de rendimiento**: El código calcula tres métricas clave de rendimiento:
    - Error cuadrático medio (MSE): Mide la diferencia cuadrática media entre los valores predichos y los reales.
    - Error absoluto medio (MAE): Mide la diferencia absoluta media entre los valores predichos y los reales.
    - Coeficiente de determinación (R2): Indica la proporción de la varianza en la variable dependiente que es predecible a partir de la(s) variable(s) independiente(s).

Estas métricas proporcionan una evaluación cuantitativa del rendimiento del modelo, ayudando a evaluar su precisión y capacidad predictiva en la previsión de precios de acciones.

9.4.5 Análisis de importancia de características

Para obtener una visión más profunda del proceso de toma de decisiones de nuestro modelo, implementaremos un análisis exhaustivo de la importancia de las características. Este paso crucial nos ayudará a entender qué características contribuyen más significativamente a las predicciones, lo que nos permitirá:

1. Identificar los factores más influyentes en los movimientos de precios de acciones.
2. Posiblemente refinar nuestra selección de características para futuras iteraciones.
3. Proporcionar información valiosa a las partes interesadas sobre los principales impulsores de los cambios en los precios de las acciones.

Utilizaremos la importancia por permutación, un método independiente del modelo que mide el aumento del error de predicción después de permutar cada característica. Este enfoque nos dará una visión clara del impacto de cada característica en el rendimiento de nuestro modelo LSTM.

```
from sklearn.inspection import permutation_importance

def reshape_features(X):
    return X.reshape((X.shape[0], X.shape[1] * X.shape[2]))

X_test_reshaped = reshape_features(X_test)
```

```
r = permutation_importance(model, X_test_reshaped, y_test, n_repeats=10,
random_state=42)

feature_names = ['Close', 'Volume', 'Returns', 'MA50', 'MA200', 'Volume_MA']
feature_importance = pd.DataFrame({'feature': feature_names * sequence_length,
                                   'importance': r.importances_mean})
feature_importance =
feature_importance.groupby('feature').mean().sort_values('importance',
ascending=False)

plt.figure(figsize=(10, 6))
plt.bar(feature_importance.index, feature_importance['importance'])
plt.title('Feature Importance')
plt.xlabel('Features')
plt.ylabel('Importance')
plt.xticks(rotation=45)
plt.tight_layout()
plt.show()
```

Desglose de lo que hace el código:

1. Importa la función permutation_importance de scikit-learn.
2. Se define una función reshape_features para reajustar los datos de entrada para el cálculo de la importancia por permutación.
3. Los datos de prueba (X_test) se reajustan utilizando esta función.
4. Se calcula la importancia por permutación utilizando el modelo entrenado, los datos de prueba reajustados y las etiquetas de prueba. Se ejecuta 10 veces (n_repeats=10) para mayor estabilidad.
5. Se define una lista de nombres de características, que incluye 'Close', 'Volume', 'Returns', 'MA50', 'MA200' y 'Volume_MA'.
6. Se crea un DataFrame con los nombres de las características y sus puntuaciones de importancia correspondientes.
7. Las puntuaciones de importancia se agrupan por característica y se promedian, luego se ordenan en orden descendente.
8. Finalmente, se crea un gráfico de barras para visualizar las puntuaciones de importancia de las características.

Este análisis ayuda a identificar qué características tienen el impacto más significativo en las predicciones del modelo, proporcionando información sobre los factores clave que impulsan los cambios en los precios de las acciones en este modelo LSTM.

9.4.6 Método de conjunto (Ensemble)

Para mejorar la robustez y precisión de nuestras predicciones, implementaremos un conjunto de modelos LSTM. Este enfoque implica entrenar varios modelos LSTM de manera independiente y luego combinar sus predicciones. Al aprovechar la sabiduría colectiva de múltiples modelos, es posible lograr predicciones más estables y precisas.

El método de conjunto puede ayudar a mitigar los sesgos de los modelos individuales y reducir el impacto del sobreajuste, lo que conduce a un mejor rendimiento general en la predicción de precios de acciones. Esta técnica es particularmente valiosa en el contexto de las predicciones financieras, donde pequeñas mejoras en la precisión pueden tener importantes implicaciones en el mundo real.

```
def create_ensemble(n_models, input_shape):
    models = []
    for _ in range(n_models):
        model = build_improved_lstm_model(input_shape)
        models.append(model)
    return models

n_models = 3
ensemble = create_ensemble(n_models, (X_train.shape[1], X_train.shape[2]))

# Train each model in the ensemble
for i, model in enumerate(ensemble):
    print(f"Training model {i+1}/{n_models}")
    model.fit(X_train, y_train, epochs=100, batch_size=32, validation_split=0.2,
              callbacks=[early_stopping, lr_scheduler], verbose=0)

# Make ensemble predictions
ensemble_predictions = np.mean([model.predict(X_test) for model in ensemble], axis=0)

# Inverse transform ensemble predictions
ensemble_predictions = scaler.inverse_transform(np.concatenate((ensemble_predictions,
np.zeros((len(ensemble_predictions), 5))), axis=1))[:, 0]

# Evaluate ensemble performance
ensemble_mse = mean_squared_error(y_test_actual, ensemble_predictions)
ensemble_mae = mean_absolute_error(y_test_actual, ensemble_predictions)
ensemble_r2 = r2_score(y_test_actual, ensemble_predictions)

print(f'Ensemble Mean Squared Error: {ensemble_mse}')
print(f'Ensemble Mean Absolute Error: {ensemble_mae}')
print(f'Ensemble R-squared Score: {ensemble_r2}')
```

Desglose del código:

- **Función para crear un conjunto (ensemble)**: La función create_ensemble() crea múltiples modelos LSTM, cada uno con la misma arquitectura pero con inicializaciones potencialmente diferentes.
- **Creación del conjunto**: Se crea un conjunto de 3 modelos utilizando la forma de entrada de los datos de entrenamiento.
- **Entrenamiento del modelo**: Cada modelo en el conjunto se entrena de forma independiente con los mismos datos de entrenamiento, utilizando early stopping y la programación de la tasa de aprendizaje para optimización.
- **Predicciones del conjunto**: Las predicciones se realizan promediando las salidas de todos los modelos en el conjunto.
- **Transformación inversa**: Las predicciones del conjunto se transforman inversamente para devolverlas a su escala original.
- **Evaluación del rendimiento**: El rendimiento del conjunto se evalúa utilizando el Error Cuadrático Medio (MSE), el Error Absoluto Medio (MAE) y el coeficiente de determinación (R2).

Este enfoque de conjunto tiene como objetivo mejorar la precisión y robustez de las predicciones al aprovechar múltiples modelos, mitigando potencialmente los sesgos individuales de los modelos y reduciendo el sobreajuste.

9.4.7 Conclusión

Este proyecto mejorado demuestra varias mejoras respecto a la tarea original de predicción de series temporales basada en LSTM. Hemos implementado un pipeline de preprocesamiento de datos más sofisticado, que incluye características adicionales y un escalado adecuado. La arquitectura LSTM ha sido mejorada con múltiples capas, normalización por lotes y dropout para una mejor regularización.

También hemos incorporado técnicas avanzadas de entrenamiento, como el early stopping y la programación de la tasa de aprendizaje. El proceso de evaluación ahora incluye métricas y visualizaciones más completas, proporcionando una visión más profunda del rendimiento del modelo. Además, hemos introducido un análisis de la importancia de las características para comprender el impacto de diferentes entradas en las predicciones.

Finalmente, se ha implementado un método de conjunto (ensemble) para mejorar potencialmente la precisión y la robustez de las predicciones. Estas mejoras proporcionan un enfoque más robusto y perspicaz para la predicción de series temporales, especialmente en el contexto de la predicción de precios de acciones.

9.5 Proyecto 5: Generación de imágenes basada en GAN

Las Redes Generativas Antagónicas (GAN) han marcado una nueva era en el ámbito de la generación de imágenes, revolucionando el campo con su enfoque innovador. Este ambicioso proyecto busca elevar la implementación original de GAN, específicamente adaptada para generar dígitos manuscritos a partir del ampliamente utilizado conjunto de datos MNIST.

Nuestro objetivo principal es incorporar una serie de mejoras de vanguardia diseñadas para aumentar significativamente el rendimiento general, mejorar la estabilidad del entrenamiento y elevar la calidad de las imágenes generadas a niveles sin precedentes.

Al aprovechar técnicas de última generación y mejoras arquitectónicas, buscamos superar los límites de lo que es posible con GAN. Estas mejoras no solo abordarán los desafíos comunes asociados con el entrenamiento de GAN, como el colapso de modo y los problemas de convergencia, sino que también introducirán características novedosas que prometen generar resultados más realistas y diversos.

A través de este proyecto, anticipamos demostrar todo el potencial de las GAN en la creación de imágenes de dígitos manuscritos de alta fidelidad que son prácticamente indistinguibles de sus contrapartes reales.

9.5.1 Arquitectura GAN mejorada

Para mejorar el rendimiento general y la capacidad de nuestra GAN, implementaremos una arquitectura más compleja y escalonada tanto para los componentes del generador como del discriminador. Esta estructura avanzada incorporará capas convolucionales adicionales, conexiones de salto y técnicas de normalización para mejorar la capacidad de la red para aprender características complejas y generar imágenes de alta calidad. Al aumentar la profundidad y la sofisticación de nuestros modelos, esperamos capturar patrones más detallados en los datos y producir imágenes de dígitos manuscritos más realistas y detalladas.

```
import tensorflow as tf
from tensorflow.keras import layers, models

def build_generator(latent_dim):
    model = models.Sequential([
        layers.Dense(7*7*256, use_bias=False, input_shape=(latent_dim,)),
        layers.BatchNormalization(),
        layers.LeakyReLU(alpha=0.2),
        layers.Reshape((7, 7, 256)),

        layers.Conv2DTranspose(128,   (5,   5),   strides=(1,   1),   padding='same',
use_bias=False),
        layers.BatchNormalization(),
        layers.LeakyReLU(alpha=0.2),
```

```
        layers.Conv2DTranspose(64,    (5,    5),    strides=(2,    2),    padding='same',
use_bias=False),
        layers.BatchNormalization(),
        layers.LeakyReLU(alpha=0.2),

        layers.Conv2DTranspose(1,    (5,    5),    strides=(2,    2),    padding='same',
use_bias=False, activation='tanh')
    ])
    return model

def build_discriminator():
    model = models.Sequential([
        layers.Conv2D(64, (5, 5), strides=(2, 2), padding='same', input_shape=[28, 28,
1]),
        layers.LeakyReLU(alpha=0.2),
        layers.Dropout(0.3),

        layers.Conv2D(128, (5, 5), strides=(2, 2), padding='same'),
        layers.LeakyReLU(alpha=0.2),
        layers.Dropout(0.3),

        layers.Flatten(),
        layers.Dense(1)
    ])
    return model

generator = build_generator(latent_dim=100)
discriminator = build_discriminator()
```

Desglose:

1. Generador:
   - Toma un vector latente (ruido) como entrada.
   - Utiliza convoluciones transpuestas para aumentar la resolución de la entrada a una imagen de 28x28.
   - Incorpora normalización por lotes (batch normalization) y activaciones LeakyReLU para estabilidad y no linealidad.
   - La capa final utiliza activación *tanh* para producir una salida similar a una imagen.
2. Discriminador:
   - Toma una imagen de 28x28 como entrada.
   - Utiliza capas convolucionales para reducir la resolución de la entrada.
   - Incorpora activaciones LeakyReLU y dropout para regularización.

- La capa densa final genera un solo valor, que representa la probabilidad de que la entrada sea real.

La arquitectura está diseñada para generar y discriminar imágenes en escala de grises de 28x28, lo que se alinea con el formato del conjunto de datos MNIST. El uso de normalización por lotes, LeakyReLU y dropout ayuda a estabilizar el proceso de entrenamiento y a prevenir problemas como el colapso de modo.

9.5.2 Pérdida Wasserstein con penalización de gradiente

Para mejorar la estabilidad del entrenamiento y mitigar el colapso de modo, implementaremos la función de pérdida Wasserstein con penalización de gradiente. Esta técnica avanzada, conocida como WGAN-GP (Wasserstein GAN con penalización de gradiente), ofrece varias ventajas sobre las funciones de pérdida tradicionales de GAN.

Al utilizar la distancia Wasserstein como medida de disimilitud entre las distribuciones de datos reales y generados, podemos lograr una dinámica de entrenamiento más estable y generar imágenes de mayor calidad.

El término de penalización de gradiente refuerza además la restricción de Lipschitz en la función crítica (discriminador), ayudando a prevenir problemas como los gradientes que desaparecen y asegurando un proceso de entrenamiento más fluido. Esta implementación contribuirá significativamente a la robustez y rendimiento general de nuestro modelo GAN.

```
import tensorflow as tf

cross_entropy = tf.keras.losses.BinaryCrossentropy(from_logits=True)

def discriminator_loss(real_output, fake_output):
    real_loss = tf.reduce_mean(real_output)
    fake_loss = tf.reduce_mean(fake_output)
    return fake_loss - real_loss

def generator_loss(fake_output):
    return -tf.reduce_mean(fake_output)

def gradient_penalty(discriminator, real_images, fake_images):
    alpha = tf.random.uniform([real_images.shape[0], 1, 1, 1], 0.0, 1.0)
    interpolated = alpha * real_images + (1 - alpha) * fake_images

    with tf.GradientTape() as gp_tape:
        gp_tape.watch(interpolated)
        pred = discriminator(interpolated, training=True)

    grads = gp_tape.gradient(pred, interpolated)
    norm = tf.sqrt(tf.reduce_sum(tf.square(grads), axis=[1, 2, 3]))
    gp = tf.reduce_mean((norm - 1.0) ** 2)
    return gp
```

```
@tf.function
def train_step(images, batch_size, latent_dim):
    noise = tf.random.normal([batch_size, latent_dim])

    with tf.GradientTape() as gen_tape, tf.GradientTape() as disc_tape:
        generated_images = generator(noise, training=True)

        real_output = discriminator(images, training=True)
        fake_output = discriminator(generated_images, training=True)

        gen_loss = generator_loss(fake_output)
        disc_loss = discriminator_loss(real_output, fake_output)

        gp = gradient_penalty(discriminator, images, generated_images)
        disc_loss += 10 * gp

    gradients_of_generator                =                gen_tape.gradient(gen_loss,
generator.trainable_variables)
    gradients_of_discriminator             =             disc_tape.gradient(disc_loss,
discriminator.trainable_variables)

    generator_optimizer.apply_gradients(zip(gradients_of_generator,
generator.trainable_variables))
    discriminator_optimizer.apply_gradients(zip(gradients_of_discriminator,
discriminator.trainable_variables))

    return gen_loss, disc_loss
```

Desglose:

1. Funciones de pérdida:
    - La función discriminator_loss calcula la pérdida Wasserstein para el discriminador.
    - La función generator_loss calcula la pérdida Wasserstein para el generador.
2. Penalización de gradiente:
    - La función gradient_penalty implementa la penalización de gradiente, que ayuda a reforzar la restricción de Lipschitz en el discriminador.
3. Paso de entrenamiento:
    - La función train_step define una única iteración de entrenamiento para el generador y el discriminador.
    - Genera imágenes falsas, calcula las pérdidas, aplica la penalización de gradiente y actualiza ambas redes.

Esta implementación tiene como objetivo mejorar la estabilidad del entrenamiento y mitigar problemas como el colapso de modo, que son desafíos comunes en el entrenamiento de GAN.

9.5.3 Crecimiento progresivo

Implementa el crecimiento progresivo como una técnica avanzada para aumentar gradualmente la resolución y complejidad de las imágenes generadas durante el proceso de entrenamiento. Este enfoque comienza con imágenes de baja resolución y va agregando capas progresivamente tanto al generador como al discriminador, lo que permite que el modelo aprenda características generales primero antes de enfocarse en detalles más finos.

Al hacerlo, podemos lograr una dinámica de entrenamiento más estable y potencialmente generar imágenes de mayor calidad a resoluciones más grandes. Este método ha demostrado un notable éxito en la producción de imágenes altamente realistas y puede mejorar significativamente el rendimiento general de nuestro modelo GAN para la generación de dígitos manuscritos.

```
def build_progressive_generator(latent_dim, target_resolution=28):
    model = models.Sequential()
    model.add(layers.Dense(4*4*256, use_bias=False, input_shape=(latent_dim,)))
    model.add(layers.BatchNormalization())
    model.add(layers.LeakyReLU(alpha=0.2))
    model.add(layers.Reshape((4, 4, 256)))

    current_resolution = 4
    while current_resolution < target_resolution:
        model.add(layers.Conv2DTranspose(128, (5, 5), strides=(2, 2), padding='same', 
use_bias=False))
        model.add(layers.BatchNormalization())
        model.add(layers.LeakyReLU(alpha=0.2))
        current_resolution *= 2

    model.add(layers.Conv2D(1,     (5,     5),     padding='same',     use_bias=False, 
activation='tanh'))
    return model

progressive_generator = build_progressive_generator(latent_dim=100)
```

Desglose del código:

- La función toma dos parámetros: latent_dim (el tamaño del vector de ruido de entrada) y target_resolution (por defecto es 28, que coincide con el tamaño de las imágenes de MNIST).
- Comienza creando un modelo base con una capa densa que se remodela en un tensor de 4x4x256, seguido de normalización por lotes (batch normalization) y activación LeakyReLU.

- El núcleo de la técnica de crecimiento progresivo se implementa en el bucle while:
  - Sigue agregando capas de convolución transpuesta (upsampling) hasta que la resolución actual alcanza la resolución objetivo.
  - Cada iteración duplica la resolución (por ejemplo, de 4x4 → 8x8 → 16x16 → 28x28).
- Cada paso de upsampling incluye una capa Conv2DTranspose, normalización por lotes y activación LeakyReLU.
- La capa final es una capa Conv2D con activación tanh, que produce la imagen de salida.
- Después de definir la función, se utiliza para crear un progressive_generator con una dimensión latente de 100.

Este enfoque de crecimiento progresivo permite que el modelo aprenda primero características gruesas antes de centrarse en detalles más finos, lo que potencialmente conduce a un entrenamiento más estable y a la generación de imágenes de mayor calidad.

9.5.4 Normalización Espectral

Implementar la normalización espectral en el discriminador para mejorar la estabilidad del entrenamiento y prevenir la aparición de gradientes explosivos. Esta técnica limita la constante de Lipschitz de la función del discriminador, restringiendo efectivamente el impacto de las perturbaciones individuales en la entrada sobre la salida.

Al aplicar normalización espectral a los pesos de las capas del discriminador, garantizamos que el valor singular más grande de las matrices de pesos esté limitado, lo que conduce a dinámicas de entrenamiento más consistentes y confiables. Se ha demostrado que este enfoque es particularmente efectivo para estabilizar el entrenamiento de GANs, especialmente al trabajar con arquitecturas complejas o conjuntos de datos desafiantes.

La implementación de la normalización espectral contribuye significativamente a la robustez general de nuestro modelo GAN, lo que podría resultar en imágenes generadas de mayor calidad y características de convergencia mejoradas.

```
from tensorflow.keras.layers import Conv2D, Dense
from tensorflow.keras.constraints import max_norm

class SpectralNormalization(tf.keras.constraints.Constraint):
    def __init__(self, iterations=1):
        self.iterations = iterations

    def __call__(self, w):
        w_shape = w.shape.as_list()
        w = tf.reshape(w, [-1, w_shape[-1]])
        u = tf.random.normal([1, w_shape[-1]])
```

```
        for _ in range(self.iterations):
            v = tf.matmul(u, tf.transpose(w))
            v = v / tf.norm(v)
            u = tf.matmul(v, w)
            u = u / tf.norm(u)

        sigma = tf.matmul(tf.matmul(v, w), tf.transpose(u))[0, 0]
        return w / sigma

def SpectralConv2D(filters, kernel_size, **kwargs):
    return  Conv2D(filters,  kernel_size,  kernel_constraint=SpectralNormalization(),
**kwargs)

def SpectralDense(units, **kwargs):
    return Dense(units, kernel_constraint=SpectralNormalization(), **kwargs)
```

Desglose del código:

- **Clase SpectralNormalization**: Esta es una clase de restricción personalizada que aplica normalización espectral a los pesos de una capa. Funciona estimando la norma espectral de la matriz de pesos y utilizándola para normalizar los pesos.
- **Método call**: Este método implementa el algoritmo principal de la normalización espectral. Usa la iteración de potencia para estimar el valor singular más grande (norma espectral) de la matriz de pesos y luego utiliza esto para normalizar los pesos.
- **Funciones SpectralConv2D y SpectralDense**: Estas son funciones que envuelven la creación de capas Conv2D y Dense con la normalización espectral aplicada a sus kernels. Facilitan la adición de la normalización espectral a un modelo.

El propósito de la normalización espectral es limitar la constante de Lipschitz de la función del discriminador en un GAN. Esto ayuda a prevenir gradientes explosivos y estabiliza el proceso de entrenamiento, lo que potencialmente conduce a la generación de imágenes de mayor calidad y una mejor convergencia.

9.5.5 Mecanismo de Autoatención

Incorporar un mecanismo de autoatención para mejorar la capacidad del modelo de capturar dependencias globales en las imágenes generadas. Esta técnica avanzada permite que la red se enfoque en características relevantes en diferentes ubicaciones espaciales, lo que lleva a una mayor coherencia y detalle en la salida.

Al implementar capas de autoatención tanto en el generador como en el discriminador, habilitamos al modelo para aprender dependencias de largo alcance de manera más efectiva, lo que resulta en imágenes de dígitos manuscritos de mayor calidad y más realistas. Este enfoque ha mostrado un éxito notable en varias tareas de generación de imágenes y promete mejorar significativamente el rendimiento de nuestro modelo GAN.

```
class SelfAttention(layers.Layer):
    def __init__(self, channels):
        super(SelfAttention, self).__init__()
        self.channels = channels
        self.f = layers.Conv2D(channels // 8, 1, kernel_initializer='he_normal')
        self.g = layers.Conv2D(channels // 8, 1, kernel_initializer='he_normal')
        self.h = layers.Conv2D(channels, 1, kernel_initializer='he_normal')
        self.gamma = self.add_weight(name='gamma', shape=[], initializer='zeros', 
trainable=True)

    def call(self, x):
        batch_size, height, width, channels = x.shape

        f = self.f(x)
        g = self.g(x)
        h = self.h(x)

        s = tf.matmul(tf.reshape(g, [batch_size, -1, height * width // 64]),
                      tf.reshape(f, [batch_size, height * width // 64, -1]))
        beta = tf.nn.softmax(s)

        o = tf.matmul(tf.reshape(h, [batch_size, -1, height * width]),
                      tf.transpose(beta, [0, 2, 1]))
        o = tf.reshape(o, [batch_size, height, width, channels])

        return self.gamma * o + x
```

Desglosemos el contenido:

- La clase SelfAttention es una capa personalizada que hereda de layers.Layer.
- En el método __init__:
    - Se definen tres capas de convolución (f, g y h), cada una con un kernel de 1x1.
    - Se añade un parámetro entrenable gamma, inicializado en cero.
- El método call define el paso hacia adelante:
    - Reorganiza y multiplica las salidas de las convoluciones f y g para calcular un mapa de atención.
    - Este mapa de atención se aplica luego a la salida de la convolución h.
    - El resultado final es una suma ponderada de las características modificadas por la atención y la entrada, controlada por gamma.

Este mecanismo de autoatención permite que la red se enfoque en características relevantes en diferentes ubicaciones espaciales de la imagen, lo que potencialmente mejora la calidad y coherencia de las imágenes generadas en un contexto GAN.

9.5.6 Bucle de Entrenamiento Mejorado

Mejora el proceso de entrenamiento implementando un bucle avanzado que incorpora ajustes dinámicos de la tasa de aprendizaje y mecanismos inteligentes de detención temprana. Este enfoque sofisticado adapta la tasa de aprendizaje con el tiempo para optimizar la convergencia y termina automáticamente el entrenamiento cuando el rendimiento se estabiliza, asegurando un uso eficiente de los recursos computacionales y previniendo el sobreajuste.

Las características clave de este bucle de entrenamiento mejorado incluyen:

- Programación de la tasa de aprendizaje: Utiliza técnicas adaptativas de tasa de aprendizaje como el decaimiento exponencial o el "cosine annealing" para reducir gradualmente la tasa de aprendizaje a medida que el entrenamiento avanza, permitiendo un ajuste fino de los parámetros del modelo.
- Detención temprana: Implementa un criterio de detención temprana basado en la paciencia que monitorea una métrica de rendimiento relevante (por ejemplo, la puntuación FID) y detiene el entrenamiento si no se observa mejora durante un número específico de épocas.
- Guardado de puntos de control: Guarda regularmente puntos de control del modelo durante el entrenamiento, preservando las mejores iteraciones del modelo para su uso o evaluación posterior.
- Monitoreo del progreso: Integra herramientas completas de registro y visualización para rastrear métricas clave, lo que permite una evaluación en tiempo real del rendimiento del modelo y la dinámica del entrenamiento.

```
from tensorflow.keras.optimizers.schedules import ExponentialDecay
from tensorflow.keras.optimizers import Adam

initial_learning_rate = 0.0002
lr_schedule = ExponentialDecay(initial_learning_rate, decay_steps=10000, decay_rate=0.96, staircase=True)

generator_optimizer = Adam(learning_rate=lr_schedule, beta_1=0.5)
discriminator_optimizer = Adam(learning_rate=lr_schedule, beta_1=0.5)

def train(dataset, epochs, batch_size, latent_dim):
    best_fid = float('inf')
    patience = 10
    no_improvement = 0

    for epoch in range(epochs):
        for batch in dataset:
            gen_loss, disc_loss = train_step(batch, batch_size, latent_dim)

        print(f"Epoch {epoch + 1}, Gen Loss: {gen_loss:.4f}, Disc Loss: {disc_loss:.4f}")
```

```
        if (epoch + 1) % 10 == 0:
            generate_and_save_images(generator, epoch + 1, seed)
            current_fid = calculate_fid(real_images, generated_images)

            if current_fid < best_fid:
                best_fid = current_fid
                no_improvement = 0
                save_model(generator, f"generator_epoch_{epoch + 1}")
            else:
                no_improvement += 1

            if no_improvement >= patience:
                print(f"Early stopping at epoch {epoch + 1}")
                break

train(train_dataset, EPOCHS, BATCH_SIZE, LATENT_DIM)
```

Desglose del código:

- **Programación de la tasa de aprendizaje**: Utiliza una programación de decaimiento exponencial (ExponentialDecay) para reducir gradualmente la tasa de aprendizaje con el tiempo, lo que puede ayudar a ajustar los parámetros del modelo.
- **Optimizadores**: Se utilizan optimizadores Adam tanto para el generador como para el discriminador, aplicando la programación de la tasa de aprendizaje.
- **Bucle de entrenamiento**: La función principal de entrenamiento itera a través de épocas y lotes, llamando a una función train_step (no mostrada) para actualizar el modelo.
- **Evaluación periódica**: Cada 10 épocas, se generan y guardan imágenes, y se calcula la métrica Fréchet Inception Distance (FID) para evaluar la calidad de las imágenes generadas.
- **Guardado del modelo**: Se guarda el modelo del generador cuando se alcanza una nueva mejor puntuación FID.
- **Detención temprana**: El entrenamiento se detiene si no hay mejora en la puntuación FID durante un número específico de épocas (paciencia), previniendo el sobreajuste y ahorrando recursos computacionales.

Este bucle de entrenamiento mejorado incorpora varias mejores prácticas para el entrenamiento de GANs, incluyendo tasas de aprendizaje adaptativas, evaluación regular, puntos de control del modelo y detención temprana, lo que debería conducir a un entrenamiento más estable y mejores resultados.

9.5.7 Métricas de Evaluación

Implementa y utiliza métricas avanzadas de evaluación para valorar la calidad y diversidad de las imágenes generadas. Las dos métricas clave en las que nos enfocaremos son:

1. **Fréchet Inception Distance (FID)**: Esta métrica mide la similitud entre las imágenes reales y las generadas comparando sus representaciones de características extraídas de una red Inception preentrenada. Un puntaje FID más bajo indica imágenes generadas de mayor calidad y más realistas.
2. **Inception Score (IS)**: Esta métrica evalúa tanto la calidad como la diversidad de las imágenes generadas. Utiliza una red Inception preentrenada para medir qué tan bien las imágenes generadas pueden clasificarse en categorías distintas. Un puntaje de Inception más alto sugiere imágenes generadas de mejor calidad y más diversas.

Al incorporar estas métricas en nuestro proceso de evaluación, podemos valorar cuantitativamente el rendimiento de nuestro modelo GAN y rastrear mejoras a lo largo del tiempo. Esto proporcionará valiosas ideas sobre la efectividad de nuestras mejoras arquitectónicas y de entrenamiento.

```
from tensorflow.keras.applications.inception_v3 import InceptionV3, preprocess_input
import numpy as np
from scipy.linalg import sqrtm

def calculate_fid(real_images, generated_images, batch_size=32):
    inception_model = InceptionV3(include_top=False, pooling='avg', input_shape=(299,
299, 3))

    def get_features(images):
        images = tf.image.resize(images, (299, 299))
        images = preprocess_input(images)
        features = inception_model.predict(images, batch_size=batch_size)
        return features

    real_features = get_features(real_images)
    generated_features = get_features(generated_images)

    mu1, sigma1 = np.mean(real_features, axis=0), np.cov(real_features, rowvar=False)
    mu2, sigma2 = np.mean(generated_features, axis=0), np.cov(generated_features,
rowvar=False)

    ssdiff = np.sum((mu1 - mu2) ** 2.0)
    covmean = sqrtm(sigma1.dot(sigma2))

    if np.iscomplexobj(covmean):
        covmean = covmean.real

    fid = ssdiff + np.trace(sigma1 + sigma2 - 2.0 * covmean)
    return fid
```

```
def calculate_inception_score(images, batch_size=32, splits=10):
    inception_model = InceptionV3()

    def get_preds(images):
        images = tf.image.resize(images, (299, 299))
        images = preprocess_input(images)
        preds = inception_model.predict(images, batch_size=batch_size)
        return preds

    preds = get_preds(images)
    scores = []

    for i in range(splits):
        part = preds[i * (len(preds) // splits): (i + 1) * (len(preds) // splits), :]
        kl = part * (np.log(part) - np.log(np.expand_dims(np.mean(part, 0), 0)))
        kl = np.mean(np.sum(kl, 1))
        scores.append(np.exp(kl))

    return np.mean(scores), np.std(scores)
```

Desglosemos cada función:

1. calculate_fid(real_images, generated_images, batch_size=32):

Esta función calcula la Fréchet Inception Distance entre las imágenes reales y las generadas. Aquí está cómo funciona:

- Utiliza un modelo InceptionV3 preentrenado para extraer características tanto de las imágenes reales como de las generadas.
- Las imágenes se redimensionan a 299x299 píxeles y se preprocesan para cumplir con los requisitos del modelo Inception.
- Calcula la media y la covarianza de las representaciones de características para ambos conjuntos de imágenes.
- Luego, el FID se calcula utilizando estas estadísticas, donde un puntaje más bajo indica distribuciones más similares (es decir, imágenes generadas de mejor calidad).

2. `calculate_inception_score(images, batch_size=32, splits=10):

Esta función calcula el Inception Score para un conjunto de imágenes generadas. Aquí está el proceso:

- Utiliza un modelo InceptionV3 preentrenado para obtener predicciones de las imágenes.
- Las imágenes se redimensionan y preprocesan de manera similar a la del cálculo del FID.

- Divide las predicciones en varias partes y calcula la divergencia KL entre la distribución condicional de clases y la distribución marginal de clases.
- El puntaje final es el exponencial de la media de la divergencia KL, donde un puntaje más alto indica mejor calidad y diversidad de las imágenes generadas.

Estas métricas proporcionan medidas cuantitativas para evaluar el rendimiento de la GAN, ayudando a rastrear mejoras y comparar diferentes modelos o técnicas de entrenamiento.

9.5.8 Conclusión

Este proyecto de GAN incorpora varias técnicas avanzadas para mejorar la calidad de las imágenes generadas y la estabilidad del entrenamiento. Las mejoras clave incluyen:

1. Una arquitectura más profunda y sofisticada tanto para el generador como para el discriminador.
2. Pérdida de Wasserstein con penalización de gradiente para mejorar la estabilidad del entrenamiento.
3. Crecimiento progresivo para generar imágenes de mayor resolución.
4. Normalización espectral en el discriminador para evitar gradientes explosivos.
5. Mecanismo de autoatención para capturar dependencias globales en las imágenes generadas.
6. Un bucle de entrenamiento mejorado con programación de la tasa de aprendizaje y detención temprana.
7. Métricas avanzadas de evaluación (FID y Inception Score) para una mejor valoración de la calidad de las imágenes generadas.

Estas mejoras deberían resultar en imágenes generadas de mayor calidad, un entrenamiento más estable y un mejor rendimiento general de la GAN. Recuerda experimentar con hiperparámetros y arquitecturas para encontrar la configuración óptima para tu caso de uso específico.

Cuestionario Parte 3: IA de Vanguardia y Aplicaciones Prácticas

1. ¿Cuál es el propósito principal de un Autoencoder?

a) Clasificar imágenes en diferentes categorías

b) Predecir valores futuros en una serie temporal

c) Generar una representación de menor dimensión de los datos

d) Detectar anomalías en los datos

2. ¿Cuál es la diferencia clave entre Autoencoders y Autoencoders Variacionales (VAEs)?

a) Los Autoencoders usan una capa convolucional, mientras que los VAEs no

b) Los VAEs utilizan enfoques probabilísticos para generar resultados, mientras que los Autoencoders no

c) Los VAEs solo se utilizan para la predicción de series temporales

d) Los Autoencoders requieren aprendizaje supervisado, mientras que los VAEs usan aprendizaje no supervisado

3. ¿Cuál de las siguientes describe mejor a las Redes Generativas Adversarias (GANs)?

a) Las GANs consisten en dos redes neuronales: un generador y un clasificador

b) Las GANs consisten en un generador y un discriminador que compiten entre sí

c) Las GANs solo se utilizan para la clasificación de imágenes

d) Las GANs son modelos de aprendizaje completamente supervisado

4. En el aprendizaje por transferencia, ¿cuál es la principal ventaja de usar modelos preentrenados?

a) Siempre requieren menos parámetros que los modelos regulares

b) Pueden generalizar bien sin necesidad de más entrenamiento

c) Reducen el tiempo de entrenamiento y el costo computacional al reutilizar el conocimiento de tareas anteriores

d) Son mejores para sobreajustar los datos de entrenamiento

5. ¿Cuál es el rol de TensorFlow Lite en la computación en el edge?

a) Acelera el entrenamiento de modelos en la nube

b) Permite que los modelos de aprendizaje profundo se ejecuten en dispositivos con recursos limitados, como teléfonos móviles y dispositivos IoT

c) Facilita la integración de la IA con flujos de datos en tiempo real

d) Solo se utiliza para tareas de aprendizaje no supervisado

6. ¿Cuál es el beneficio clave de usar ONNX para desplegar modelos de aprendizaje automático?

a) ONNX permite construir y desplegar modelos exclusivamente usando PyTorch

b) ONNX asegura compatibilidad entre múltiples marcos de aprendizaje profundo como PyTorch y TensorFlow

c) ONNX optimiza automáticamente los modelos para datos de alta dimensión

d) ONNX está diseñado principalmente para el aprendizaje supervisado

7. ¿Qué plataformas en la nube se utilizan comúnmente para entrenar y desplegar modelos de aprendizaje automático a escala?

a) AWS, Google Cloud y Azure

b) AWS, Apple iCloud e IBM Cloud

c) IBM Watson, Google Search y Microsoft Edge

d) PyTorch Hub, TensorFlow Hub y TorchServe

8. Al desplegar modelos de aprendizaje automático en producción en plataformas en la nube, ¿qué servicio se usa típicamente para alojar APIs para la inferencia de modelos?

a) TensorFlow Hub

b) AWS Lambda o Google Cloud Functions

c) Python Flask

d) Google Colab

9. ¿Cuál es la ventaja clave de usar redes de Memoria a Largo Corto Plazo (LSTM) para la predicción de series temporales?

a) Pueden procesar datos en paralelo, acelerando el tiempo de entrenamiento

b) Pueden mantener dependencias a largo plazo y resolver el problema del gradiente que desaparece

c) Requieren menos preprocesamiento de datos en comparación con otros modelos

d) Solo son adecuadas para tareas de clasificación de imágenes

10. En un proyecto de generación de imágenes basado en GANs, ¿cuál es el rol del discriminador?

a) El discriminador genera imágenes falsas a partir de ruido

b) El discriminador mejora la calidad de las imágenes generadas ajustando las entradas de ruido

c) El discriminador diferencia entre imágenes reales y falsas generadas por el generador

d) El discriminador realiza tareas de clasificación en el conjunto de datos real

Respuestas

1. c) Generar una representación de menor dimensión de los datos
2. b) Los VAEs utilizan enfoques probabilísticos para generar resultados, mientras que los Autoencoders no
3. b) Las GANs consisten en un generador y un discriminador que compiten entre sí
4. c) Reducen el tiempo de entrenamiento y el costo computacional al reutilizar el conocimiento de tareas anteriores
5. b) Permite que los modelos de aprendizaje profundo se ejecuten en dispositivos con recursos limitados, como teléfonos móviles y dispositivos IoT
6. b) ONNX asegura compatibilidad entre múltiples marcos de aprendizaje profundo como PyTorch y TensorFlow
7. a) AWS, Google Cloud y Azure
8. b) AWS Lambda o Google Cloud Functions
9. b) Pueden mantener dependencias a largo plazo y resolver el problema del gradiente que desaparece
10. c) El discriminador diferencia entre imágenes reales y falsas generadas por el generador

Conclusión

¡Felicidades! Has llegado al final de *Deep Learning and AI Superhero: Mastering Deep Learning with TensorFlow, Keras, and PyTorch*. Al completar este libro, has adquirido las habilidades avanzadas necesarias para convertirte en un verdadero **superhéroe de la IA**, capaz de construir y desplegar modelos de aprendizaje profundo de vanguardia. Has aprendido no solo los fundamentos teóricos del aprendizaje profundo, sino también cómo aplicar este conocimiento para resolver problemas del mundo real en diversos dominios.

Este libro te ha guiado a través del complejo y emocionante mundo del deep learning, ayudándote a dominar las herramientas y los marcos que impulsan la innovación en inteligencia artificial. Desde construir redes neuronales simples hasta implementar arquitecturas de última generación como las **Redes Neuronales Convolucionales (CNNs)**, las **Redes Neuronales Recurrentes (RNNs)** y las **Redes Generativas Adversarias (GANs)**, has abordado algunas de las técnicas más poderosas disponibles en la IA actual.

Recapitulemos los principales hitos que has alcanzado:

1. Dominio de Redes Neuronales y Deep Learning

Comenzaste aprendiendo los fundamentos de las **redes neuronales**, entendiendo cómo están estructuradas y cómo aprenden a partir de los datos. A través de conceptos como la **retropropagación** y el **descenso de gradiente**, obtuviste una visión de la mecánica del entrenamiento de una red neuronal, lo que te permitió construir modelos capaces de reconocer patrones, hacer predicciones y generalizar a partir de los datos.

2. Construcción de Modelos de Deep Learning con TensorFlow, Keras y PyTorch

Uno de los objetivos clave de este libro era capacitarte para trabajar con los marcos de aprendizaje profundo más populares y potentes. Te has vuelto competente en:

TensorFlow 2.x: Una plataforma integral que permite modelos de aprendizaje profundo escalables y listos para producción.

Keras: Una API fácil de usar que simplifica la construcción y el entrenamiento de redes neuronales.

PyTorch: Un marco dinámico y flexible, altamente valorado por investigadores y desarrolladores por su facilidad de experimentación y despliegue.

Al dominar estas herramientas, adquiriste la capacidad de construir y entrenar modelos complejos para tareas como **clasificación de imágenes**, **procesamiento de lenguaje natural** y **predicción de series temporales**.

3. Exploración de Técnicas Avanzadas de Deep Learning

Además de construir modelos básicos, también exploraste arquitecturas y técnicas avanzadas:

Redes Neuronales Convolucionales (CNNs): Aplicaste CNNs a datos de imágenes, permitiendo tareas como detección de objetos y clasificación de imágenes.

Redes Neuronales Recurrentes (RNNs) y **LSTMs**: Abordaste datos secuenciales como series temporales y texto, utilizando estas arquitecturas para hacer predicciones basadas en información pasada.

Modelos de transformadores: Observaste cómo los sistemas de IA modernos utilizan transformadores para obtener un rendimiento de última generación en tareas como la traducción automática y la generación de texto.

Al trabajar con estas técnicas avanzadas, adquiriste las habilidades para construir sistemas de IA que están a la par con los últimos desarrollos en el campo.

4. Aplicaciones de IA de Vanguardia

El libro no se detuvo en el aprendizaje profundo tradicional. También exploraste las **Redes Generativas Adversarias (GANs)**, los **Autoencoders** y el **Aprendizaje por Transferencia**, que son algunas de las técnicas más avanzadas utilizadas en la IA hoy en día. Al construir modelos que pueden generar nuevos datos, comprimir información y transferir el conocimiento aprendido entre dominios, has añadido algunas de las herramientas más poderosas a tu kit de herramientas de IA.

¿Qué sigue?

A medida que avances más allá de este libro, el mundo del deep learning y la IA está abierto a la exploración. Aquí hay algunos pasos clave que puedes considerar:

1. Continúa Experimentando con Problemas del Mundo Real

Los proyectos prácticos que has completado en este libro son un gran comienzo, pero siempre hay más que aprender aplicando estas técnicas a nuevos desafíos. Busca conjuntos de datos en campos que te interesen, ya sea en salud, finanzas o sistemas autónomos, y construye modelos que lleven tu conocimiento más allá.

2. Explora la Investigación en IA

El deep learning y la IA son campos en constante evolución, con nuevos avances cada año. Para mantenerte actualizado, explora artículos de investigación, asiste a conferencias de IA y participa en la comunidad más amplia de IA. Esto te permitirá mantener tus habilidades afiladas y estar al tanto de las últimas tendencias.

3. Contribuye a Proyectos Open Source

Una de las mejores formas de consolidar tu comprensión del aprendizaje profundo es contribuir a proyectos de código abierto. Plataformas como **GitHub** están llenas de proyectos de IA donde puedes colaborar con otros desarrolladores e investigadores, mejorando tus habilidades y expandiendo tu red.

4. Crea un Portafolio de Proyectos de IA

Si estás buscando una carrera en IA, tener un portafolio sólido es esencial. Muestra tu trabajo construyendo un portafolio de proyectos que demuestre tu experiencia en deep learning y IA. Resalta los proyectos que has completado en este libro, así como cualquier trabajo adicional que realices por tu cuenta. Esto te hará destacar ante posibles empleadores o colaboradores.

5. Sigue Aprendiendo Nuevas Técnicas de IA

El camino para convertirte en un **superhéroe del deep learning** no termina aquí. La IA es un campo increíblemente dinámico, con nuevas técnicas y herramientas que se desarrollan regularmente. Ya sea explorando el **aprendizaje por refuerzo**, el **aprendizaje auto-supervisado** o los **modelos fundacionales**, siempre hay algo nuevo por descubrir. Mantén la curiosidad, sigue aprendiendo y nunca dejes de explorar las posibilidades de la IA.

Reflexiones Finales

Como has visto a lo largo de este libro, el **deep learning** es una tecnología transformadora con el potencial de revolucionar industrias, crear nuevas oportunidades y resolver algunos de los desafíos más complejos que enfrentamos hoy en día. Con las habilidades que has adquirido, ahora estás en una posición para construir sistemas de IA que pueden tener un impacto real.

Convertirse en un **superhéroe del deep learning y la IA** no se trata solo de dominar algoritmos y marcos, sino de usar la IA para resolver problemas significativos. Ya sea que trabajes en salud, educación, finanzas o entretenimiento, los conocimientos y herramientas que has adquirido te permitirán crear soluciones que impulsen la innovación y mejoren vidas.

A medida que continúes tu viaje en la IA, recuerda que el poder del deep learning radica en su capacidad para aprender de los datos y tomar decisiones de formas que antes parecían imposibles. Con la mentalidad adecuada, las herramientas correctas y los datos adecuados, no hay límites para lo que puedes lograr.

Felicidades nuevamente por completar este libro. El mundo de la IA te espera. ¿Estás listo para desatar tus superpoderes y marcar la diferencia?

¿Dónde continuar?

Si has completado este libro y tienes hambre de más conocimientos de programación, nos gustaría recomendarte algunos otros libros de nuestra empresa de software que podrían resultarte útiles. Estos libros cubren una amplia gama de temas y están diseñados para ayudarte a seguir ampliando tus habilidades de programación.

1. **"ChatGPT API Bible: Mastering Python Programming for Conversational AI"**: Proporciona una guía práctica, paso a paso, para utilizar ChatGPT, cubriendo todo, desde la integración de la API hasta el ajuste fino del modelo para tareas o industrias específicas.

2. **"Natural Language Processing with Python: Building your Own Customer Service ChatBot"**: Este libro expansivo ofrece una exploración profunda del PLN. Simplifica con éxito conceptos complejos utilizando explicaciones atractivas y ejemplos intuitivos.

3. **"Data Analysis with Python"**: Python es un lenguaje poderoso para el análisis de datos, y este libro te ayudará a desbloquear su máximo potencial. Cubre temas como la limpieza de datos, la manipulación de datos y la visualización de datos, y te proporciona ejercicios prácticos para ayudarte a aplicar lo que has aprendido.

4. **"Machine Learning with Python"**: El aprendizaje automático es uno de los campos más emocionantes de la informática, y este libro te ayudará a empezar a construir tus propios modelos de aprendizaje automático usando Python. Cubre temas como la regresión lineal, la regresión logística y los árboles de decisión.

5. **"Mastering ChatGPT and Prompt Engineering"**: En este libro, te llevaremos en un viaje completo a través del mundo de la ingeniería de prompts, cubriendo todo, desde los fundamentos de los modelos de lenguaje de IA hasta estrategias avanzadas y aplicaciones en el mundo real.

Todos estos libros están diseñados para ayudarte a seguir ampliando tus habilidades de programación y profundizar tu comprensión del lenguaje Python. Creemos que la programación es una habilidad que se puede aprender y desarrollar con el tiempo, y estamos comprometidos a proporcionar recursos para ayudarte a alcanzar tus objetivos.

También nos gustaría aprovechar esta oportunidad para agradecerte por elegir nuestra empresa de software como tu guía en tu viaje de programación. Esperamos que hayas encontrado este libro de Python para principiantes como un recurso valioso, y esperamos seguir proporcionándote recursos de programación de alta calidad en el futuro. Si tienes algún comentario o sugerencia para futuros libros o recursos, no dudes en ponerte en contacto con nosotros. ¡Nos encantaría saber de ti!

Conoce más sobre nosotros

En Cuantum Technologies, nos especializamos en construir aplicaciones web que ofrecen experiencias creativas y resuelven problemas del mundo real. Nuestros desarrolladores tienen experiencia en una amplia gama de lenguajes de programación y marcos de trabajo, incluyendo Python, Django, React, Three.js y Vue.js, entre otros. Constantemente exploramos nuevas tecnologías y técnicas para mantenernos a la vanguardia de la industria, y nos enorgullecemos de nuestra capacidad para crear soluciones que satisfagan las necesidades de nuestros clientes.

Si estás interesado en aprender más sobre Cuantum Technologies y los servicios que ofrecemos, por favor visita nuestro sitio web en books.cuantum.tech. Estaremos encantados de responder cualquier pregunta que puedas tener y de discutir cómo podemos ayudarte con tus necesidades de desarrollo de software.

www.cuantum.tech

www.ingramcontent.com/pod-product-compliance
Lightning Source LLC
LaVergne TN
LVHW061217100826
845148LV00004B/776
9798895873649